사랑의 역사

Histoires d'amour

HISTOIRES D'AMOUR

by Juila Kristeva

사랑의 역사

쥘리아 크리스테바
김인환 옮김

민음사

조용히 서 있어라.
그러면 내가 너희에게 사랑의 철학이 담긴,
사랑에 대한 강론을 읽어 주리라.

—존 던, 「그림자에 대한 강론」

차례

사랑의 예찬

멀리서 나의 사랑을 회상할 수는 있어도 그 사랑에 대해 이야기하는 것은 어려운 일이다. 에로티시즘을 넘어서는 이 흥분은 순수한 고통이자 엄청난 행복이다. 그 고통과 행복은 말들을 정염으로 탈바꿈한다. 사랑의 언어는 직설적으로 옮기려 하면 부적절하고, 즉시 암시적이며 불가능한 것이 되어 수많은 은유들로 흩날려 간다. 사랑의 언어란 허구일 뿐이다. 그것은 특이한 언어이기 때문에 나는 그것을 오직 1인칭 단수로만 받아들인다. 그러나 내가 여기서 여러분에게 들려주고자 하는 것은 일종의 사랑에 대한 철학이다. 정신분석이란 자리바꿈하여 되풀이되고, 다시 시작되는 사랑의 체험을 통한 끊임없는 재생에 대한 탐색 아닌가. 그렇지 않다면 정신분석은 해제 반응으로서, 적어도 피분석자의 추후의 삶 한가운데에 죽지 않고 영원히 되살아나도록 적합한 조건으로 받아들여져 자리 잡은 체험이 아닐까?

내 사랑의 기이한 운명(조심스러운 내 가면 뒤에는 나만의 특유한 상처받기 쉬운 면이 감추어져 있다고 말해야 할까?)은 사랑의 체험인 성적 욕망과 이상으로 뒤얽힌 꼬임 앞에서 나의 담론을 점점 더 허약하게 만든다. 그리고 그 운명은 나로 하여금 서정적인 주술이나 심적·외설적 서술보다 과거를 더듬어 보는 언어 활동 쪽을 더 선호하게 만드는 것 같다. 바로 그러한 것이 또한 정신분석가의(사랑에 대한) 침묵이 전넘하는 바가 아닐까?

그러한 담론들을 단지 하나의 예방, 퇴각 또는 분신자살에 대한 두려움이라고 이해하지 말기를. 사실, 사랑에서 욕망과 갈망을 모두 희생시키거나 아니면 적어도 소진시켜야 한다는 느낌, 이것은 상대방을 향한 우리의 열정이 지닌 과격함에 대해 우리가 치러야 할 대가가 아닐까? 감정이 폭발할 경우 극단적으로는 사랑하는 사람에게 범죄까지 저지를 수 있는 사랑, 사람들이 광기라고 말하는 그러한 사랑은 예민하고 초자아적이며 강렬한 명석함과 잘 어울리기도 하지만 그런 사랑만이 잠시 모든 것을 중단시킬 수도 있다. 상대방에게 모든 것을 바치는 찬가인 그러한 사랑은 똑같이, 그리고 거의 명증적인 방법으로 내가 그를 희생시킬 수도 있고 나를 희생시킬 수도 있는 나르시스적인 힘에 대한 찬가인 것이다.

내가 사랑 속에서 모순과 애매모호의 도가니(무한한 감각인 동시에 감각의 공백)를 강조하는 것은, 그러한 사랑이 집단 또는 두 사람의 신경증이 우리에게 제시하는 가장과 타협의 잡동사니에 눌려 내가 숨 막혀 죽지 않도록 해 주기 때문이다. 그러한 사랑을 내가 귓속에 담아 두는 것은 피분석자의 권태와 불안을 보면서 졸려 잠들어 버리지 않기 위해서이고, 그러한 권태와 불안을 통해 오히려 죽음을 건 위험, 삶을 건 위험을 표출시키기 위해서이다. 그러한 사랑은 은유적인 잠재 의미의 방황 속에서 모습을 드러낸다. 사실상 사랑의 격정 속에서 개개인의 정체성의 한계는 철폐되고, 아울러 사랑의 담론이 지시하고 의미하는 바의 정확성은 희미해진다.(이에 대하여 바르트는 『사랑의 담론에 대한 단편』[1]에서 매우

---

1) 롤랑 바르트(R. Barthes), 『사랑의 담론에 대한 단편(Fragments d'un discours amoureux)』,

우아하게 썼다.) 우리가 사랑에 대해 말할 때 우리는 같은 것을 말하는 것일까? 그렇다면 무엇에 대해 말하는가? 사랑의 시련은 언어의 시련이다. 즉 언어의 일의성과 지칭력과 의사소통 능력에 대한 시험인 것이다.

어떤 아픔, 말 한마디, 편지 한 장

충격적인 사랑, 광적인 사랑, 무한한 사랑, 불타오르는 사랑······.

그러한 사랑에 대해 말하고자 하는 것은 그것을 체험할 때와는 다르지만 여전히 견디기 쉽지 않고, 감미롭게도 도취적이다. 우스꽝스럽다고? 차라리 미친 짓이다. 물론 사랑의 담론이 지닌 위험, 사랑에 빠진 담론의 위험은 특히 그 대상이 확실하지 않은 데서 유래한다. 그렇다면 우리는 무엇에 대해 말하는 것인가?

나를 포함한 여러 명의 소녀들이 나누었던 토론이 생각난다. 특히 사랑에 가장 잘 빠지는 인물인 소녀(열정적으로 '사랑'이라고 부르는 불더미 속에 쾌락과 욕망 그리고 이상을 뒤섞어 버리는 매혹적인 바람둥이의 상투적 표현)는 진실과 영원을 가장 강렬하게 나타내는 표시 중 하나이다. 그 토론에서는 사랑에 대해 이야기하면서 우리가 같은 주제를 가지고 이야기하는지 아닌지를 알아보는 것이 문제가 되었다. 그리고 무엇에 대해 이야기하는지도. 우리는 연인들에게 사랑에 빠졌다고 말하면서 우리가 지닌 열정의 참다운 농도를 드러내 보여 주었는가? 확실하지 않다. 왜냐하면 그들이 우리를 사랑한다고 고백하는 순간조차 그것이 그들에게 정확히 무엇을 의미하는지 우리는 도저히 확신할 수 없기 때문이다.

Éd. du Seuil, coll. *Tel Quel*, 1976.

그런 토론이 지니는 순박성은 아마도 형이상학적이거나 아니면 적어도 언어학적인 깊이를 내포하고 있을 것이다. 이러한 의문은 남성과 여성을 가르는 차이를 (한 번 더) 부각시키는 것을 떠나서, 사랑이란 서로 통할 수 없기 때문에 고독할 수밖에 없다는 사실을 넌지시 암시한다. 그것은 마치 한 개인이 지극히 진실하고 극도로 주관적이지만 동시에 상대방을 위해 전적으로 너그러워질 태세가 되어 있기 때문에 격렬하게 윤리적인 사람임을 드러내는 순간에, 자기 조건의 제약과 자기 언어의 무력함을 발견하는 것과 같다. 두 개의 사랑은 본질적으로 개인적이며, 따라서 측량할 수 없는 것으로서, 자기 짝을 오직 무한 속에서만 만날 수 있도록 선고하지 않았는가. 물론 이상, 신, 종교 집단 등과 같은 제3자를 통해 소통할 수는 있지만. 그러나 그런 것은 별개의 이야기이다. 왜냐하면 비종교적인 우리의 청춘 시절은 육체를 어지럽히고 이념이나 신학을 왜곡하니까. 따라서 사랑에 대해 말하는 것은 단순한 언어의 압축에 지나지 않고, 그 언어의 압축은 결국 청자에게 오직 그의 은유적인 능력만을 환기시킬 뿐이다. 그것은 오로지 사랑받는 자만이 자신도 모르게 그 열쇠를 지니고 있는, 조정할 수 없고 결정할 수 없는 상상의 대홍수이다. 그가 나에 대해 무엇을 알고 있는가? 나는 그에 대해 무엇을 알고 있는가? 모든 것을?(마치 우리가 말로 표현할 수 없을 정도로 완전한 일심동체의 정점의 순간에 그렇게 믿는 경향이 있는 것처럼? 아니면 아무것도 알지 못한다고?) 내가 그렇다고 생각하는 것처럼, 그도 깨지기 쉬운 우리의 거울 궁전을 뒤흔들어 놓는 첫 상처를 입고 나면 그렇다고 말할 수 있는 것처럼…….

정체성의 혼미, 언어의 혼란, 개인적인 차원에서 사랑이란 바로 그러한 갑작스러운 혁명이고 돌이킬 수 없는 대격변이며, 우리는 그것이 지나고 난 후에야 그에 대해 말한다. 그것을 겪고 있을 때에는 그에 대해 말하지 않는다. 단지 우리는 난생처음으로, 솔직하게 말한다는 인상을 받게 된다. 그런데 그것이 진정 무엇을 말하기 위한 것일까? 반드시 그런 것만은 아니다. 그렇다면 정확히 그것은 무엇이란 말인가? 연애편지 또한 별다른 악의 없이 놀이를 진정시키거나 아니면 한층 더 박차를 가하는 시도로서, 즉석에서 불길 속에 잠겨 버리기 때문에, '나'와 '너', 나아가 동일화의 연금술에서 나온 '우리'에 대해서만 말할 뿐이지 두 사람 사이에 실제로 일어나는 일에 대해서는 말하지 않는다. 위기 상태, 낙담 상태, 이성의 모든 방어벽을 허물 수 있는 광란 상태에 대해서도 말이 없다. 한창 성장하고 있는 생체의 역학처럼 마치 그런 상태가, 어떤 과오를 재생하고 개편하고 개조할 수 있으며, 하나의 육체와 정신, 한 사람을 부활시킬 수 있다는 듯, 아무 말이 없다. 더욱이 두 사람의 인생에 대해서는 말할 것도 없고.

그러나 설득하기 힘든 사랑에 빠진 소녀들과 달리, 주인공들이 나타내는 정동(情動, affect)과 감각은 측량할 수 없음에도 불구하고 우리가 어떤 사랑, '사랑' 그 자체에 대해 말할 수 있다고 단정할 경우, 그 사랑이 아무리 활력이 넘쳐도 그것이 우리를 불태우지 않고서는 우리 속에 들어와 있을 수 없다는 사실을 인정할 수밖에 없다. 지난 일이라 해도 사랑에 대해 말한다는 것은 그와 같은 불에 탄 화상에서부터 시작할 수밖에 없다. 사랑에 빠진 '자아'의 오만과 겸손이 아무리 괴이해도 그 '자아'가 엄청나게 확대되는 데 뒤이은 체험의 중심에는 기력의 쇠락이 생긴다. 나르시스적 상처일까? 거세에 의한 시련일까? 스스로 자초한 죽음일까? 말들은 노골적이고, 그것은 뿌리 깊은 취약 상태에, 사랑의 격류 위에 떠오르거나 아니면 사랑의 격류가 포기했던 주권을 다시 회복한 모습으로 육체적이고도 정신적인 고통의 교차점을 항상 은닉해 온 조용한 힘의 상태에 접근한다. 이 민감한 지점은(나를 노리는 위협과 쾌락을 통해, 그리고 내가 물론 임시로 현재는 불가능한 것처럼 상상되는 다른 사랑을 기다리면서 움츠러들기 전에) 나에게 사랑 속에서 '내'가 타자였음을 지적한다. 우리를 시(詩)나 정신착란으로 이끌고 가는 이러한 표현은, 개체가 분할 불가능한 상태로부터 벗어나 타자 속에서, 타자를 위해, 자신을 파기하는 것을 받아들이는 불안한 상태를 암시한다. 어떤 점에서 비극적인 이 위험은 사랑과 더불어, 정상화되어 최대한의 안정감을 선사한다.

그렇지만 남아 있는 고통은 타자를 통해, 타자를 위해 살아올 수 있었다는 사실상 기적 같은 이 모험의 증인이 된다. 우리가 행복하고 조화로우며 이상적인 사회를 꿈꿀 때, 우리는 그런 사회가 사랑 위에 세워진다고 상상한다. 왜냐하면 사랑은 나를 열광케 하면서 아울러 나를 초월하거나 나의 한계를 넘어서기 때문이다. 그러나 열정으로서의 사랑(amour-passion)은 합의와 거리가 멀고, 자신과 화해를 이룬 문명의 조용한 안식이라기보다는 문명의 정신착란, 이탈, 단절에 상응한다. 그것은 죽음과 재생이 서로 힘겨루기를 벌이는 허약한 정점이다.

우리는 옛날의 도덕 법규가 사랑을 금하면서 혹은 그 한계를 정하면서 우리에게 보장해 주던 힘과 상대적인 안정성을 잃었다. 산부인과 수술실과 텔레비전 화면의 격렬한 논쟁 아래 우리는 쾌락, 욕망, 혁명의 테두리 안에서밖에 발전, 개발, 경영, 즉 '정치'를 위해 사랑을 고백하지 못하고 묻어 버렸다. 야심 차고 때로는 과도하며 경우에 따라서는 관대한 이데올로기적 구축물들의 잔해 아래, 그 이데올로기적 구축물들이 사랑에 대한 갈증을 해소하기 위한 엄청나거나 우유부단한 시도들이었다는 것을 발견하기 이전에 묻어 버린 것이다. 그러한 사실을 인정한다는 것은 겸손하게 뒤로 물러서는 게 아니라 어쩌면 거창한 주장을 고백하는 것이다. 사랑이란 '내'가 나에게 비범할 수 있는 권리를 부여하는 시간이자 공간이다. 나는 개체가 아니라 군주이다. 분할될 수 있고, 길을 잃어 소멸되었지만, 사랑하는 사람과의 융합을 통해 초인적인 정신 현상의 무한한 공간 같은 것이 된다. 편집증 환자라고? 사랑 속에서 나는 주관성의 절정에 서 있게 된다.

욕망의 보너스로서, 쾌락을 넘어서 아니면 그 안에서 사랑은 나를 우주 차원으로 끌어올리기 위해 욕망과 쾌락을 우회한다. 누구의 사랑이냐고? 그것은 우리의 사랑, 나의 사랑과 그의 사랑이 혼합되고 확대된 사랑이다. 실신 상태에서 내가 사랑하는 사람을 중개로 삼아 이상적인 이미지를 상기해 말하는 무한히 팽창된 공간이다. 그 이미지가 나의 것일까? 그의 것일까? 우리의 것일까? 알 도리가 없지만 그래도 유지된다.

그 인물들을 하나하나 상세히 설명할까? 어떤 사람들, 더 능란한 문필가들은 그렇게 했다. 그들은 하나의 길을 열어 주었지만 우리는 그 길을 옮겨놓지 않으면 따라갈 수 없다. 왜냐하면 그 인물들 각각은 단수이기 때문에.

기다림은 이전에 내가 알지 못했던 나의 불완전성을 고통스럽게 느끼도록 한다. 왜냐하면 지금 기다림 속에서, '이전'과 '이후'가 불가능한 시간으로 서로 겹치기 때문이다. 사랑, 사랑하는 사람은 시간의 척도를 지워 버리니……. 부름, 그의 부름은 육체의 몸부림(우리가 감정이라고 부르는 것)과 약동 속에서 세심하고 깨어 있으며 명석한 만큼 다른 사람의 사고를 받아들이거나 꿰뚫어 볼 준비가 되어 있고, 막연하면서도 유연한 혼란에 빠진 사고와 뒤섞이는 하나의 흐름이 되어 넘쳐흐른다. 무엇을 향해서인가. 생물학적 도안 같기도 하고 종(種)의 길처럼 집요하고 맹목적인 운명을 향해서……. 부풀린 육체는 달콤한 부재를 통해 그의 모든 사지 속에 현존하고, 목소리는 떨리고 목은 메마르며 눈빛은 희미해지고 피부는 분홍빛을 띠거나 촉촉해지며 가슴은 두근거린다. 사랑의 징조는 공포의 징조일까? 그것은 더 이상 제한받고 억제되지 않지만 무시해 버리는 공포 / 선망이다. 예법, 금기를 뛰어넘는다는 두려움일 뿐 아니라,

무엇보다도 자기의 경계선을 넘어선다는 공포 / 욕망이다. 그래서 만남이란 쾌락, 약속 혹은 희망을 뒤섞으면서 미래 시제보다 하나 앞선 일종의 전(前) 미래 시제로 남는다. 만남은 사랑의 비(非)시간이다. 순간이면서 영원이고, 과거이면서 미래요, 해체된 현재인 그 시간은 나를 충족시키고 나를 파괴해 버리지만 여전히 나를 욕구불만 상태로 남겨 놓는다. 내일까지, 영원히, 언제나처럼, 충실하고, 항상 전과 같고, 너에게 그랬던 것처럼, 그럴 수 있었던 것처럼…… 욕망의 또는 실망의 영속성일까?

사랑이란 결국 말 한마디, 편지 한 장에 견줄 수 있는 어떤 아픔이다.

우리는 매번, 그야말로 둘도 없이 사랑하는 이와 함께, 매 순간, 모든 장소와 나이에, 사랑을 창조한다. 그게 아니면 오직 단 한 번.

우리에게는 사랑의 규약이 없기 때문에 오늘날 그러한 자유의 기쁨과 고통은 점점 더 심화된다. 어느 시대, 어느 집단, 어느 계급의 사랑을 위한 안정된 거울은 없다. 정신분석가의 진료용 의자만이 사회 계약이 명시적으로 사랑(결핍된 사랑)에 대한 탐색을 허용하는 유일한 장소이다.

나르시시즘과 이상화

욕망과 쾌락에 뿌리를 내리고 있고, 현실에서는 욕망과 쾌락 없이 지낼 수 있으면서 오로지 상징적으로만 혹은 상상적으로만 그것들을 불태우는 사랑은 나르시시즘과 이상화라는 양극단 사이에 군림한다는 사실을 누구나 인정할 것이다. '자아 폐하'는, 이상화된 대타자 속에 자신의 모습을 비추어 볼 때, 투사된 형상에 자만하거나 아니면 산산조각으로 폭발해 파멸한다. 이상화된 대타자는 숭고하고 누구와도 비교될 수 없으며, (나에게) 걸맞은 훌륭한 인물이고, 내가 그에 비해 자격이 없을 수도 있지만 따로 떼어 놓을 수 없는 우리의 결합을 위해 만들어졌기 때문이다. 모든 사랑의 담론은 나르시시즘을 거론했으며 이는 긍정적이고 이상적인 가치 규약으로 굳어졌다. 죄악과 악마적인 인물들을 넘어서 신학과 문학은 사랑 속에 우리의 고유한 영역을 명확하게 표시하도록 해 주고, 숭고한 대타자(절대 선(善)의 은유와 환유)를 초월하기에 적절한 우리로 자리 잡게 해 준다. 그것은 오늘날 너무도 많은 비열함으로 뒤덮인 우리에게 고유한 본질이 결여되었기 때문이고, 선을 향한 상승을 보장하던 푯말들이 의심스러운 것이 되어, 우리가 사랑의 위기를 맞이하였기 때문이다. 그것을 사랑의 결핍이라고 말해 두자. 그 반대로 특성이 없는 속성의 새로운 지도가 그려지는 지역들, 영원히 일시적이면서 이 순간에도 재론할 필요 없이 새로운 이상화가 우리를 사로잡는 그곳에서 우리는 새로운 사랑의 규약을 얻을 것이다. 그것은 분석 진료용 긴 의자에 누워서 말해지고, 공식적인 윤리 도덕에 반대하는 소외 집단들(어린이, 여성, 동성애자, 결국 이성애 커플(전혀 기대하지 않았기 때문에 가장 파렴치한))이 그 규약들을 추구한다. 역사의 다양성, 이야기들의 다양성이 끈질기고 항구적인 갈망을 감추고 있다는 것을 알아차리기 전까지는. 보편적인 갈망일까? 어쨌든 서구적인 갈망일 것이다. 왜냐하면 그러한 갈망이 우리 여정의 경계선이 될 테니까.

속임수 사랑, 전이의 사랑

사랑의 체험은 상징계,(식별될 수 있고, 생각될 수 있는 금지된 것) 상상계,(자아가 존속하고 확대되기 위해 스스로를 표상하는 것) 그리고 실재계(정동이 모든 것을 열망하고, 나는 한 부분에 지나지 않는다는 사실을 고려하는 사람이 아무도 없는 불가능한 영역)를 서로 분리할 수 없도록 엮어 놓는다. 꽉 조인 매듭 속에 질식된 현실은 사라져 버린다. 그러면 나는 현실을 고려하지 않게 되고, 내가 그것에 관해 생각하는 경우에는 현실을 그 세 가지 위계 중 하나로 이송한다. 이것은 내가 사랑 속에서 현실에 대해 계속 착각하고 있다는 말이다. 실수에서 환각에 이르기까지 이 속임수는 나의 담론과 동연적(同延的)일 수 있다. 그러나 나의 열정과는 확실히 동연적일 것이다. 그렇다면 그 속임수는 향락의 조건일까?

플라톤에서 데카르트, 칸트와 헤겔에 이르기까지, 사유가 현실에 대한 영향력을 보장하기를 목표로 하는 사유의 철학자들은 모두 사랑의 체험에서 연애 감정을 잘라 버림으로써 사랑의 체험을 지고의 선 혹은 절대 정신이 갈망하는 입문 여행(voyage initiatique)으로 축소시킨다. 오로지 신학만이, 신비주의적 탈선에 빠질 경우 「아가(Cantique des Cantiques)」에서부터 성 베르나르 또는 아벨라르에까지 이르는 사랑의 신성한 광기의 함정에 사로잡히게 된다.

현대인의 선두 주자이자 후기 낭만주의자인 지그문트 프로이트는 사랑으로 치료법을 만들 생각을 했다. 그는 연속되는 실수, 속임수, 환각들과 함께, 그리고 신체적인 고통에 이르기까지, 사랑이 화자의 존재 속에서 유도한다기보다는 보여 주는 혼돈으로 곧장 들어갔다. 그것은 모든 사실을 제자리에 위치시키고 싶어서였다. 다시 말하면 현실을 재도입하기 위해서였다. 현실 전부는 아닐지라도 얼마만큼은 말이다. 정신분석 / 전이가 회복시키고, 면죄해 주면서 안정시키는(혹자는 파괴한다고도 한다.) 사랑의 불꽃놀이에는 두 개의 지렛대가 있음을 주시해야 한다.

우선 문제는 분석 과정에서 성(性)에 속하는 것을 성에 내맡기는 것이다. 고통 속에서, 증후 속에서 혹은 환각 속에서 해석은 욕망이나 성적 외상의 억눌린 부분을 드러나게 한다. 그 부분을 인식으로 이끌어 오면서 해석은 환자 주체로 하여금 그가 지닌 환몽의 일부에서 벗어나게 하여 현실의 한 부분을 가리켜 준다. 현실이란 곧 성이다. 프로이트는 거기서부터 시작한다. 그리고 이러한 미니멀리즘이 환원주의처럼 보일지 몰라도, 그것은 물론 신비주의가 아니라면 실재계·상상계·상징계가 발생시킬 불평과 광기의 혼돈을 해소하기 위한 최종의 보장책이다. 그렇게 인정된 욕망에서부터 출발해 우리는 자신의 현실을 애정 생활의 다소 허약한 울타리로 삼아 마음껏 구축할 수 있을 것이다.

다른 한편, 그리고 그와 동시에, 정신분석가는 자신의 두 눈보다는 자신의 귀에 간단히 전달되는 말을 통해서 '전이의 사랑'이라고 하는 벼락 같은 사랑에 본의 아니게(?) 끌려든다. 그 전이의 사랑은 "알고 있다고 추정되는 주체"(라캉)에게 들으라고 한다는 의미에서 특이한 사랑이라 하겠지만, 그렇다고 그것이 단순한 사랑과 구별됨을 뜻하지는 않는다. 왜냐하면 사랑은 물론 언제나 힘에 대한 사랑을 내포하기 때문이다. 그러한 의미에서 전이의 사랑은 사랑하는 상태로 가는 왕도이다. 어찌되었든 사랑은 우리가 지상권(地上權)을 살짝 스치도록 한다.

그러한 경우는 예상된 것이었고, 프로이트는 일찍부터 그에 대해 언급했다.[2] 이때 그러한 열애 상태는, 두 육체가 안락의자와 진료용 긴 의자에 손발이 묶여 서로 얼굴을 보지 못하면서 듣고 말하기 때문에, 분석 장치가 원하는 것처럼 멀리 떨어진 상태에서도 지속되지는 않는다. 그러나 여자 환자(프로이트는 환자가 여자라고 즐겨 추측했다.)가 분석가에게 실제로 사랑에 빠졌다고 선언하면 우리는 열정의 절정에 이르고, 마지막

---

2) 「전이의 역학(La dynamique du transfert)」(1912) ; 「전이의 사랑에 대한 고찰 (Remarques sur l'amour de transfert)」(1915), 『전집(Gesammelte Werke)』, Ⅷ과 Ⅹ, 프랑스어 역 『정신분석학적 기법(De la technique psychanalytique)』(PUF, 1953) 참조.

에는 모든 심층 분석이, 적어도 그 여정의 어떤 순간에는 그러한 상태에 도달한다. 현실이 희미해진다. 환자는 정신분석가가 단지 의사에 지나지 않는다는 것과, 더욱이 그가 '자유롭지 않다'는 것을 알고 싶어 하지 않는다. 금기가 사라지고, 정동이 승리한다. 상상력은 우리가 처음에 생각한 것처럼 넘쳐흐르는 것이 아니라 사실상 정지된다. 환자는 그곳에 자리 잡은 채 문자 그대로 상냥하게 귀를 기울이는 사람 이외의 또 다른 존재를 상상할 수 없게 된다.[3] 모든 사랑의 상태는 이러한 역학을 어느 정도 따라간다. 빈(Wien) 출신 의사 프로이트의 그 괴상한 장치에는 사실을 밝히는 데 도움을 주면서 유인해 가는 이점이 있다. 환자를 사랑의 구렁텅이에 빠트려 놓은 다음 의사는 환자에게 이렇게 말한다. "천만에요. 당신이 (오직) 사랑하는 사람은 내가 아니라, 누구보다도 역시…… 그 아무개지요."

정신분석에서 이와 같은 손쉬운 돌변(당신이 사랑하는 이는 내가 아니라 X라는 사람이오.)은 능숙함, 난폭성 또는 유혹적인 친절과 함께 이루어지는데 그것은 물론 분석가의 성도착을 이용한다. 흥분 가능성의 기반이면서 원동력이 되는 성도착은 분석의 실천에서 보편화("우리는 모두 변태야.")도 아니고 행위에의 이행도 아니며(현실에서는 그런 일이 일어나지만) 물론 억압("당신의, 우리의 흥분 가능성에 대해서 나는 알고 싶지 않아요.")도 아닌 영원한 삶을 찾아낸다. 더 깊이 말하면, 아마도 성도착에서부터 시작하여(그러나 그것을 우리가 알고 있다는 전제가 있을 경우) 프로이트가 정한 치료의 근본 목적 가운데 한 가지가 실현될 수 있을 것이

---

3) 이 문제에 대해 우리는 옥타브 마노니(Octave Mannoni)의 견해에 동의한다. 그는 그러한 전이의 사랑을 실제 행위로 이행하는 데서 '현실의 암흑'을 본다. 옥타브 마노니, 「전이의 사랑(L'amour de transfert)」, ≪프로이트 연구(Études freudiennes)≫ 19~20, 1982년 5월, 7~14쪽 참조.

다. 그것은 그가 너무도 쉽게 비판받았던 것처럼 사회적인 역할을 그려 주는 금기의 부성적(父性的) 법칙을 지키는 것이 아니라, 초기 신경학 연구에서부터 목표가 되어 온 것, 말하자면 현실의 경계선이 아니라면 적어도 소극적으로나마 환몽과 환각의 경계선을 식별하는 것이었다. 전이의 사랑은 특히 행위에의 이행이 절정에 달하는 그 형태까지 포함하여, 진료 의자에 개입해 환자 주체가 담당한 언어의 칼날이 그 가능한 표명의 왕국에 범위를 정할 수 있도록 해 준다. 즉 주체가 해낼 수 있는 표상의 유형들(상징계·상상계·실재계)을 계열별로 분류하게 해 준다는 것이다. 피분석자는 정신분석가와 맺고 있는 다양한 관계 덕분에 그것들을 구분하면서 그 자신의 현실을 재구축할 시도를 할 수 있게 된다.

그러나 문제는 남아 있다. 무엇이 이러한 히스테리성 편집증 여자 환자로 하여금 실재계를 갈망하게끔 놓아두면서, 정동이 그녀를 집어삼킬 때까지 자기의 상상계의 자원들을 고갈시키고, 따라서 상징계를 파기하게 할까? 그것은 단지 그녀의 고유한 골격이자 피할 수 없는 운명일까? 아니면 그녀는 그 분석가가 세 가지 위계(실재계·상징계·상상계)를 다룰 능력이 없다고 폭로하는 것일까? 예를 들면 분석가가 환자의 모든 담론을 어린 시절의 체험으로 돌리려 하는 경향은 실제적인 정동이 빠져 드는 전기(傳記)를 상상으로 재구축하는 그물망 속에 제일 먼저 갇혀 버리게 하지는 않을까? 사랑하는 행위에의 이행을 유인하는 것 또한 그 반대되는 분석적 태도에서 나오는 것이 아닐까? 그 반대되는 분석적 태도란 단순히 자신을 실재적인 금기로, 실재적인 침묵이자 초자아로 삼음으로써 편집증적인 아버지에게 너무도 충실한 딸의 정념에 불을 붙이는 것이다. 우리는 그 인물들을 다양화할 수 있다. 그러나 장담하건대 사람들이 분석치료 과정에서 정말로 반하는 여자나 남자는 자신을 너무 심각하게 생각하는 사람이다. 그는 놀이를 하지 않는다. 놀이는(요령 있게!("손으로

만지기" —— 거리를 조정할 줄 알기. 그럼요, 수수께끼는 남아 있지요…….))
역할과 어조의 변화를 내포한다. 하나의 위치를 차지하고 있는 분석가는
위치를 설정할 수 있고 윤곽을 정할 수 있으며 독차지할 수도 있다. 그
가 자청하는 것은 사랑과 죽음의 영향력을 지닌 시원적 어머니로서의 권
위를 부여받기를 자청한 것이다. 히스테릭한 흥분에 사로잡혀 자기 위치
에 걸맞은 영광스럽고 남근적이며 사랑스러운 이미지를 요구하는 엄격하
면서도 변태적인 아버지처럼. 이와 같은 모든 상황 속에서 정신분석가는
한 가지 요구에 답을 준 셈이다. 정신분석가인 그 혹은 그녀가 맨 먼저
피분석자 속에서 욕구의 대상, 즉 아이, 부모, 새로이 사랑해야 할 연인
을 보았기 때문일까?

　　그러나 우리는 이 심각한 놀이에 대해 판단을 내릴 수 없다. 왜냐하면
내가 나의 환자들을 실제로 사랑하지 않는다면 그들에게서 무엇을 듣고
무엇을 말할 수 있는가. 역전이[4]의 사랑은 나를 그들의 위치에 갖다 놓을
수 있는 나의 능력이다. 다시 말하면 마치 내가 그 여자이거나 그 남자이
듯이 쳐다보고 꿈꾸고 괴로워하는 능력이다. 잠시 동안이나마 동화되는
순간들이다. 일시적이지만 실효성 있는 융합이다. 화합을 위한 유익한 번
쩍임이다. 내가 거기에서 벗어나 있음을 전제로 하고 말이다. 그들은 나에
게 감정을 남겨 둔다. 그것은 헌신, 용서, 동정, 연민, 자비의 감정이 아니
라, 옛날에 사랑했거나 미워했던, (대낮에는) 분리되어 있는 인물의 출현
이, 사랑할 수는 있지만 절대로 증오할 수는 없는 깊은 뜻을 지닌 초연
함의 출현이 꿈속에서 자극하는 강렬한 집착의 감정이다. 그것은 관대한
사랑이다. 조금은 시대에 뒤졌지만 절대로 시효가 지나지 않은 사랑이다.

----

4) (옮긴이) contre-transfert : 프로이트의 용어로서 분석가가 환자에 대해 무의식적
　　으로 품는 감정을 말한다.

꾸준한 뒷걸음질과 약간의 거리감으로 빚어진 사랑.

어떤 남자 피분석자 또는 여자 피분석자가 분석 협약의 인위성을 잊은 척하면서 나에게 그들의 사랑을 고백할 때, 남자건 여자건 간에 그들이 동성애자라고 말하는 것을 목격하는 경우가 있었다. 나는 그들이 '척한다'라고 말하는데, 왜냐하면 그들이 '실재적인' 사랑을 지속적으로 요구하는 것은 예견된 커다란 슬픔을 내포하고 있으며, 또한 마치 바로크식 미사에서처럼, 아마도 '진실'이 '그런 척하기' 속에 숨어들어 강렬한 진리도 그 양자를 구분할 수 없을 정도로 미묘한 경계를 가지고 놀고 싶은 욕망을 품고 있기 때문이다. 어째서 동성애자들인가? 그들은 그들의 고통과 마주하고 있는 나의 고통을 짐작했을까? 나는 지배적인 어머니, 조숙하고도 귀찮게 구는 연인, 버림받았거나 영원한 연인, 그렇지만 언제나 교활하게 매혹적인 연인의 위치에 서 있다. 나 대신 그들이, 어렸을 적에 잃어버린 나의 고유한 사랑을 사랑의 대상으로 건립하고 있는 것일까? 물론 그럴 수 있다. 게다가 거세의 자리에 남근을 구축하고, 남근의 힘이 있던 자리에서 구멍에 빠져들며, 상징계가 있는 곳에서 상상계를 보며, 어디에서나 실재계를 갈망하는 같은 성을 사랑하는 사람들 고유의 이 기능(취약성일까, 교활함일까?)과 함께……. 그렇다고 속아 넘어가지는 않는다.

나는 그들의 사랑 이야기를 믿는다. 내가 항상 침묵으로 응답하지 않기 때문에 그들이 나에게 제시하는 모호성이 나를 감동시키면서도 거리감을 느끼게 한다는 것을 그들은 알고 있다. 그러한 모호성을 나는 진실한 만큼 부조리하다고 생각한다. "난 너를 사랑해, 나 또한 사랑하지 않아." 오직 좋은 청자들이 우리에게 우리 자신의 구원만을 기다리게 해 준다.

사르트르의 부조리는 2차 세계대전 때 폭발한 폭탄만큼이나 성적인 폭발로 사상의 세계를 초토화했다. 사랑의 언사, 결국 모든 사랑의 언사를 조용히 받아들이는 침묵이 듣는 사람에게 화자의 욕망의 부조리성을 보여 준다는 사실을 정신분석가가 충분히 말한 적은 없다. 그의 자질은 얼마나 무모한가. 전이의 사랑은 역전이의 사랑과 마찬가지로 부조리로 짜여 있다. 그러나 그것은 재연되고, 재작동되고, 재탕된 것이다. 이것은 정신분석가가 '자신의 성 충동을 극복했다'는 말인가? 프로이트가 야릇하게도 약간 빈정거리며 가설적으로 먼 장래의 계기를 내다보면서, 융에게 다음과 같은 글을 쓴 것처럼? "내가 나의 리비도(평범한 의미에서)를 완전히 극복하면, 나는 '남성들의 애정 생활'에 대해 쓰겠소."(1907년 9월 19일 융에게 보낸 편지.)

정신분석적 글쓰기는 인간의 애정 생활에 관한 책을 쓰기에 초연하고 침착한 방식이 아니다. 정신분석은 그 삶의 총체적인 부분이다. 그렇기 때문에 프로이트는 절대로 그런 책을 쓰지 않을 것이다. 그의 저서 전반이 침묵에서 나온 언사를 통해 리비도를 끊임없이 극복한 명석한 나르시스, 회의적인 돈 후안, 부조리를 넘어 사랑에 빠진 남자에게서 나타나는 것과 같은 「남성의 애정 생활」이라고 생각한다면 모르겠지만.

따라서 우리가 분석가의 글을 통해 찾아보게 되는 것은 남성과 여성의 애정 생활이 아니다. 그렇다고 사랑에 대한 관념[5]을 다룬 완벽하고 객관적인 역사도 아니다. 그것은 단지 선집, 개요, 징후들일 뿐이다. 극복하기 어려운 리비도의 수많은 지표들인 만큼, 그 사랑은 (가장 부조리하고, 가장 숭고한) 우리들의 실현이자 실패이다.

---

5) 드니 드 루주몽(Denis de Rougemont)의 저서 『사랑과 서양(L'Amour et L'Occident)』은 그의 시대에 보기 드물게 박식하면서도 날카로운 훌륭한 입문서이다.

심리 현상의 종말 —— 열린 체계들

정신분석가는 단번에 사랑 속에 들어가 있다. 그런 사실을 잊고 있다면 그는 분석을 할 수 없다.

정신분석의 사랑은 프로이트가 전이(*Transfert*)라고 불렀던 것이다. 그것은 우선 『꿈의 해석』에서 감각과 강렬함의 이동으로 드러난 전위(*Verschiebung*), 그다음으로는 분석가에게 사랑의 이동인 양도(*Über-tragung*)이다. 우선 이 두 가지 '이동'에 주목하자. 그중 하나는 단어의 의미를 가지고 하는 놀이로서 논리적인 차원이고, 다른 하나는 대역에 지나지 않는 외부인에게 사랑을 이동시키는 경제적인 차원이다. 「전이의 역학」(1912) 또는 「전이의 사랑에 대한 고찰」(1915), 그리고 「정신분석에서의 축조」(1937)와 「종료되었으나 완료되지 않은 분석」(1937) 등에서 프로이트는 치료를 위한 이러한 특수 관계의 본질적인 변화들을 강조한다. 여기서는 다음에 언급할 것을 생각해 두 가지 결론만 끌어내기로 하자.

전이의 사랑은 세 사람 간의 역학이다. 즉 주체(피분석자), 그의 상상적 혹은 실재적 사랑의 대상(신경증 환자가 타자와 함께 벌이는 상호 주관적인 연극 또는 좀 더 심각하게는 정신병에 이르도록 하는 정체성의 파괴) 그리고 잠재적인 '이상', 가능한 '권력'을 대신하는 제3자. 분석가는 대타자(*l'Autre*)의 자리를 차지한다. 그는 알고 있다고 (그리고 사랑할 줄 안다고) 추정된 주체이고, 결과적으로 분석가는 치료 과정에서 지고의 연인이 되고 선택된 공격받는 자가 된다. 사실상 대타자의 그러한 심급과의 동일화와 그의 내투사(內投射, introjection)는 그의 상징적 혹은 상상적 살해 없이는 이루어질 수 없다. 분석가가 대타자 역할을 하는 치료 과정에서는 그가 사랑받는 대타자이다. 그렇기 때문에 치료가 약간 변태적으로 진행되면서, 그는 종교와 신앙의 힘이 아니라면 환자의 지배 도구, 속박의 도구가 될 것이다.

그러나 다른 한편, 우리가 그 '위대한 대타자'가 담론의 '의미'에 지나
지 않는다는 것을 받아들일 경우, 정신분석에서 그를 사랑의 대상으로
만든다는 사실은 의미의 심급이 엄격하게 지시적 일의성으로 고정되지
않는다는 것을 함의한다. 그 반대로 의미의 심급은 자유연상, 전위, 압축
등 기호들의 정념을 향해 열려 있다. 한마디로 의미의 심급은 사회적 규
약을 잃었지만, 그래도 위대한 예술의 카타르시스[6] 효과처럼, 혼란스럽
고 강렬하게 청중을 잃은 문학을 향해 열려 있다. 나의 분석가인 '평범한
이 남자 / 이 여자'의 중개로 출현하는 대타자가 내가 사랑하는 (그 당연
한 귀결로서 내가 증오하는) 하나의 대타자가 아니라면 정신분석은 존재
하지 않는다.

게다가 이와 같이 정립된 전이적 관계는 진정한 자동 조직화의 과정
이다. 돌발 사고, 공격, 나의 담론(나의 삶)의 실수들은 일단 전이의 역학
속에 도입되면, 더 이상 그전에 나를 괴롭히던 선형적 최종 과정의 결함
이 아니라는 말이다. 그와는 반대로, 전이의 사랑에서 '실수들'은 과잉 보
상되고 리비도의 자동 조직화를 만들어 내는데, 그것이 나를 더 복잡하
고 더 자율적으로 만들어 놓는다. 어째서일까? 담론을 통해 전이 속(사랑
속이라고 반복해야 할까?)에 도입된 죽음의 충동이나 프로이트적 의미의
'부정'은 상징적 수련, 자율 그리고 개체의 가장 큰 복잡화를 위해 도움
이 되기 때문이다. "열린 체계들"이라고 일컫는 논리학과 생물학의 현대
이론들(폰 푀르스터, E. 모랭, 앙리 아틀랑)이 주장하는 것처럼, 정확히 전
이는 프로이트적인 '자동 조직화'이다. 왜냐하면 그 내부에서 정신 현상
적 기능 작용이 생동하는 / 상징적인 인간(피분석자)과 타인 간의 관계에

---

6) (옮긴이) 아리스토텔레스의 용어로서 본래는 비극을 통해 '감정의 정화'를 이룬다는 뜻.

심히 의존적이기 때문이다. 이전에 고찰한 바와 같이 타자에 대한 이러한 개방은 각 세대의 성숙이나 각자의 개인적인 역사에서와 마찬가지로 종의 진화에 결정적인 역할을 한다. 그러나 우리는 프로이트와 함께 처음으로 상호적인 동일화와 분리(전이와 역전이)로서의 애정 관계(비록 상상적이라 해도)가 최상의 정신 현상적 기능 작용의 모형으로 간주되었다는 사실을 고려할 수 있다. 정신 현상은 달 너머의 세계를 향해 동경의 날개를 펴는 플라톤적인 영혼도 아니고, 단순히 플로티노스 이후 서양적 금욕주의를 사로잡은 명상적인 영혼도 아니다.[7] 정신 현상은 타자와 연결된 열린 체계이며, 또 그러한 조건에서만 다시 새로워질 수 있다. 당신의 정신 현상이 살아 있다면, 그것은 사랑을 하고 있다. 사랑을 하지 않는다면, 그 정신 현상은 죽은 것이다. "죽음은 인간의 삶을 살고 있다."라고 헤겔이 말했다. 우리가 사랑하지 않거나 정신분석 중이 아닐 때 그 말은 사실이다.

전이적 사랑은 결국 안정적인/불안정적인 모든 사랑의 체험에 고유한 그런 연결의 최적의 형태일 것이다. 전이적 사랑이 최적의 형태가 되는 이유는 그것이 더 높은 상징 조직 수준에 불운의 회복을 허용하면서 융합·사랑의 혼돈스러운 과잉 결합과 함께 사랑의 부재가 주는 치명적인 안정을 피할 수 있게 해 주기 때문이다. 그 결과 나/타자의 관계는 나/대타자의 관계로 재편된다. 정신분석적 해석이란 바로 대리인으로서, 한편으로는 충동의 소리로부터 이루어지는 자동 조직화에 속하는 욕망들과 또 한편으로는 언어에 의해 전달될 수 있고, 침전된 과거의 기억·의식 사이에서 진위를 결정할 수 없어 영원히 다시 만들어야 하는 본질적으로 열려 있는 역학 관계를 공급하면서 그 과정을 가능하게 하는 것이다.

---

7) 이 책 2부의 첫 장과 3부의 첫 장을 참조할 것.

전이 중에 작용하는 체계들이 '열려 있다'고 말하는 것은 상호 작용을 함축할 뿐 아니라, 이질적인 구성 요소들과 내적인 불안정으로 이루어진 각 체계가 '소리·욕망' 부분과 '의식·기억' 부분을 향해 열려 있다는 것도 함축한다. 전이적 관계와 해석은 요동, 휴식, 통제, 조절, 실수, 회복뿐만 아니라 불안과 파괴 등과 함께 그 두 가지 차원의 최적의 조직화, 서로 연결된 자동 조절을 가능하게 한다.

전이의 사랑에서 결합의 열린 체계의 자동 조절로서 드러나는 인간의 모습은 대단히 수치스럽다. 그것은 비심리학적이고 인간성을 말살하는 것이라는 개념이다. 고정적이고 더 큰 가치를 부여받은 단위로서의 인간은 진실의 탐구(일부 정신분석가들의 신념론이 감추어져 있는 시각)보다도 개선적인 능력을 위해 포기되었다. 사랑의 효과는 부흥이고, 우리의 부활이다. 대타자가 보장하는 리비도의 자동 조절이 의식·기억과 만나서 스스로를 상징화할 경우, 이 새로운 변화는 개화되어 우리를 어지럽힌다. 또한 그 반대로 불안정한 / 안정시킬 수 있는 자동 조직화의 새로운 우여곡절에 적응하기 위해 의식·기억 장치가 그것이 지닌 비진화론적(초사아적) 체계성을 포기할 경우, 그 새로운 변화는 부각된다. 프로이트적인 언어로 말하면 여기서 문제가 되는 것은 이상화와 승화로 변모하는 욕동(欲動, pulsion)의 탈성화(脫性化, désexualisation)이다. 뒤집어 말하자면 그것은 무형체들의 융합과 내투사의 과정들과 함께 이상화 장치들을 접근시키는 것이다. 어떤 의소 분석적 해석[8]에서 사랑 / 전이의 담론에 문제가 되는 것은 구성 언어 생볼리크(지시 대상의 기호들과 통사론적 분절에 속하는)와 본능 언어 세미오티크(무형체들의 융합과 내투사에 의존하는 리비도의 발산에 의한 전위와 압축의 기본적인 경향이며, 이 구조는 구순성,

---

8) 크리스테바, 『시적 언어의 혁명(Révolution du langage poétique)』(Seuil, 1974)을 참조할 것.

모음 발성, 두운법, 운율학 등을 중시한다.) 사이의 지속적인 안정화 / 불안
정화이다.

애정 상태가 부흥의 최고 보장인 동시에 혼란을 야기하는 역학일 경
우, 우리는 플라톤과 함께 처음부터 동반되는 형이상학적 담론의 견지에
서 그 상태가 일으킨 흥분을 이해하게 된다. 또한 우리는 사랑이 압축과
문학적 다의성(polyvalence)이라는 기호들의 열정의 특권을 부여받은 영
역이 된다는 점도 이해하게 된다.

그에 뒤이어 우리는 주체성의 역사를 정립하는 데 기여하기 위해, 서
양에서 다양한 사랑의 형상들(그리스 신화의 에로스, 유대교의 여호와, 기
독교의 아가페)과 사랑의 주인공들(나르시스, 돈 후안, 로미오와 줄리엣, 또
는 '성녀'가 그 원형인 자기 아이를 안고 있는 성모) 사이에서 드러나는 다
양한 역학들을 분석해 볼 것이다.

끝으로 우리는 담론에서 상호 간 열린 체계들의 사랑의 역학을 검토할
것인데, 그 체계들은 상징성의 본능 언어적 흐름을 나타내기 위해 그들
체계성 내부까지도 열어 보인다.

그러므로 시간을 따라, 또한 사랑이 요구하는 바와 같이 개인적인 욕
구의 표준을 벗어난 감정과 그 지배 아래서, 우리의 교양을 구성한 몇
가지 중요한 사랑의 사상들을 따라가 보자. 몇몇 위대한 신화는 우리의
교양을 황홀하게 했고, 몇 가지 언술 방식은 그 어쩔 수 없는 광기의 매
혹적인 힘을 언어의 기호들에까지 굴절시켰다. 어쩌면 그것들은, 이 책을
다 읽고 난 후에 사랑에 대해 우리가 어디에 와 있는지를 가늠할 수 있
게 해 줄지도 모른다.

사랑의 이론과 신화 들이 이루는 고귀한 역사 속에서 독자는 피분석
자들이 제시하는 것 같은 현대적인 사랑의 진부한 이야기들이 뒤섞여 있

음을 알게 될 것이다. 이런 기묘한 대조는 우리 측근들의 언어와 체험에 철학적인 혹은 미학적인 위엄을 부여할 수 있을 듯하다. 또한 그 대조는 아름다운 영혼들의 내막에 신랄한 빛을 던져 주는 용기 또는 무례함을 지닐 수도 있다. 탈신비화라고 할까? 평가절하라고 할까? 원한에 의한 깎아내리기라고 할까? 문제는 특정한 문화적 구성과 특정 개인의 드라마 사이에 평행선을 정립하는 것이 아니라 (멀리서, 암시를 통해) 천국과 지옥을 포함한 견딜 수 없는 열정의 복합적인 단계 속에 화자의 연애 체험을 열어 보려고 노력하는 것이다. 이상을 부정하지 않고, 또 그것이 지닌 가치도 잊지 않으면서 말이다.

1부

프로이트와 사랑—치료 중의 불안

사랑의 영역에서 프로이트는 히스테리와 분리된 공간을 횡단한 후 나르시스에 도달한다. 이 공간은 프로이트에게 '심적 공간'을 형성하도록 인도하는데, 그는 맨 먼저 나르시스를 통해, 그리고 최종적으로는 죽음의 욕동을 통해 그 심적 공간을 불가능한 공간, '애증(hainamoration)'의 공간, 말하자면 무한한 전이의 공간들로 분열시킨다.

나르시시즘 —— 공백의 화면

나르시스에 대한 가설은 프로이트의 생애에서 특별한 위치를 차지한다. 리비도가 '죽음'이라고 명명되기 전에 리비도의 전능은 일차적 변모를 겪는다. 그것은 자아에 대한 타자의 존재가 불확실하게 보이는 것 같은 변모이다. 프로이트는 나와 현실의 관계의 토대 위에 몽상을 자리 잡게 하면서, 정신적인 삶을 유인하고 지배할 수 있는 것이 에로스가 아니라 나르시스의 제국임을 암시하는 듯하다. 그러나 내 사랑의 현실 속에서 그러한 환상의 확고부동함은 개축되고 중화되고 정상화된다. 왜냐하면 프로이트는 애정 상태를 나르시시즘과 연결시키기 때문이다. '나르시스적'이든 '의지하기에 의한' 것이든 간에 사랑의 대상의 선택이 만족스러운 것으로 드러나는 경우는 다만 그 대상이 두 가지 방식을 따라서, 말하자면 개인의 나르시스적인 욕구 충족에 의해서이거나(이 경우 나르시스는 주체이다.) 아니면 나르시스의 위임을 통해서(이 경우 프로이트에게 나르시스는 상대방이고, 여자이다.) 주체의 나르시시즘과 어떤 관계를 확보해 줄 때이다. 나르시스적 운명은 어쩌면 우리의 모든 대상 선택에 잠재적으로 들어 있는 것으로서, 한편으로는 사회 그리고 다른 한편으로는 프로이트의 도덕적 엄격성이 '참된' 대상의 선택을 위해 배제하도록 겨냥하고 있는 운명일 것이다.[1] 그러나 좀 더 가까이에서 들여다보면 부모와 사회적 규약에 따른 선(善)과 미(美)의 모든 유혹을 짊어지고 있는 참된 대상을 향한 우리의 요구와 욕망의 전이를 확보해 주는 '자아의 이상'까지도 나르시시즘의 재연, 계승, 화해, 위안인 것이다. 우리는 프로이트의 텍스트가 나르시시즘의 편재성을 강제로 부과한다고 말할 수 있다.

---

1) 프로이트의 "Pour introduire au narcissisme"(1914), 『성생활(*La vie sexuelle*)』 (PUF, 1969), 『전집』, X 참조. 이 텍스트는 1차 세계대전과 프로이트의 불안 그리고 융과 매우 밀접하게 관련된 듯하다. 그러나 처음 연구에서부터 프로이트는 신경 세포의 구조에 기입되는 저항과 자아의 주 기능인 억압을 강조하고 있다.(*Esquisse d'une psychologie scientifique*(1895), *La Naissance de la psychanalyse*(PUF, 1956), 341쪽 이하.) "성적 충동 그 자체의 성격 속에 그 무엇인가가 완전한 만족을 실현하는 데 유리하게 작용하지 않는다."라고 프로이트는 "Sur le plus général des rabaissements de la vie amoureuse"(1912), 『성생활』(PUF, 1969), 64쪽, 『전집』, VIII, 89쪽에서 지적하고 있다. 그 후 그는 애정 생활의 중심에서처럼 정신 현상의 부근에서 나르시시즘과 올가미를 동시에 발견한다. 마지막으로 '이상한 것'이 오는데, 프로이트의 말에 따르자면 그것은 사랑의 불가능, 애증 그리고 일차 마조히즘에 대한 전개 이후에 정립된 죽음의 욕동에 대한 가설이다.(「쾌락 원칙을 넘어서」(1920), *Essais de psychanalyse*, Payot, 65~67쪽, 『전집』, XIII, 55~66쪽) 더 나아가서는 이 책 5부의 「로미오와 줄리엣」을 참조할 것.

그 나르시시즘은 한 대상이 혼돈, 거부, 파괴의 외부에서 있는 그대로 지칭될 수 있도록, 다시 말해서 상징화되고 사랑받을 수 있도록, 그 대상 속에서(대상 속에 그것이 반영되기 때문에) 우리가 그것을 다시 찾아볼 수 있을 정도로 다른 심급들을 관류하고 있다.

더욱이 '나르시시즘'이라는 개념의 편재성은 그것이 최초의 개념과는 거리가 멀다는 사실과 어깨를 나란히 하며 진행된다. 이것은 첨가된 결과이며, 프로이트는 그 개념이 한 가지 새로운 활동의 산물이라고 우리에게 알려 준다. 어머니 / 어린이 양자 관계의 자기성애에 보충적인 제삼의 심급이라고 이해해 두자. "따라서 그 어떤 것, 또 하나의 정신 활동이 자기성애에 첨가되어 나르시시즘을 형성하지 않으면 안 된다."[2]

이 지적은 제삼자에게 의존하는 상징 내부적 형성의 지위이지만 오이디푸스적 자아의 형성에 (연대기적으로 그리고 논리적으로) 선행하는 양식의 지위를 나르시시즘에게 부여한다. 그 지적은 '이름', '상징계'뿐만 아니라, 그것이 논리적 잠재력을 은닉하고 있는 '거울'에 선행하는 부성적 기능의 고전 양식을 생각하도록 유인한다. 우리는 이것을 '상상적 아버지'(다시 거론하겠다.)의 양식이라고 부를 수 있다. 라캉은 지체 없이 오직 "거울 단계"를 정립할 필요성을 강조하기 위해서만 프로이트의 관찰을 반복한다. 그는 "인간의 자아는 상상적 관계의 토대 위에서 구성된다."라고 확언한다.[3]

그러한 프로이트적 나르시시즘이 제기하는 문제는 다음과 같을 것이다. 이 나르시스적 '정체성'은 무엇인가? 그 경계선들의 안정 상태와 타자와의 관계의 안정 상태는 어떤 것인가? '거울 단계'[4]는 전무(*exnihilo*)

---

2) 『전집』, X, 142쪽.
3) 라캉, 『프로이트의 방법론(*Les Écrits techniques de Freud*)』, Éd. du Seuil(1975), 133쪽.

에서 솟아나는가? 그 출현의 조건들은 어떤 것인가? 일련의 복합적인 구조화가 요컨대 정신의학의 용어 '나르시시즘'을 통해 고찰될 수 있을 듯하다. 그 구조화는 이미 삼자관계에 의한 것이고, 오이디푸스의 그늘에서 축조되는 자아 / 대상 / 대타자라는 삼각형의 비교에 의해 다르게 분절된 것이다.

다른 한편, 프로이트의 나르시시즘의 편재성에 대해 일부 사람들은 나르시시즘이 프로이트의 환몽에 지나지 않으며, 존재하는 것은 오직 최초의 모방뿐이라고 말했다. 그러한 주장은 아마도 상징적이고 사회적인 관계의 기반에 존재하는 것에 대한 편집증적인 설명일 것이다. 말하자면 그 주장은 '희생양' 이론에서 그 구조를 찾아볼 수 있는데, 멜라니 클라인(Malanie Klein)의 '투영 관계'는 자기도 모르는 사이에 사회와 성(聖)의 초석 구실을 하게 된다. 그러나 프로이트의 텍스트 내부의 물수제비 놀이에서 착안된 나르시시즘은 초기에는 정신적 정체성(자아 / 대상)을 구성하는 모방 놀이의 인상을 준다. 그러나 후에 그 놀이는 마치 공백 위의 화면처럼 결국 반송의 현기증 속에서 자신을 드러낸다. 이 개념은 정신분석에서 그린[5]에 의해 정립되었는데, 그의 성찰은 정확히 바로 이 지점에서 우리의 성찰에 영감을 준다.

그러므로 인간의 정신 현상을 구성하는 이 공백의 개념을 강조해 보자. 이 공백은 우리에게는 거의 나타나지 않는데, 그 이유는 '여러 정신 병적 상태'가 진료 의자 위에서 개진되었기 때문이거나 그런 상태가 수

---

4) (옮긴이) 라캉이 1936년 마리엔바트의 14차 정신분석학회에서 발표한 개념. 유아를 침팬지와 구별하는 실험을 통해 생후 6개월 된 아이는 침팬지와 달리 자신의 모습에 매료되어 환성을 지른다는 것인데, 이 단계는 자신의 영상과 사랑에 빠진다는 나르시시즘과 깊은 관계가 있다.

5) 그린, 『삶의 나르시시즘, 죽음의 나르시시즘(Narcissisme de vie, narcissisme de mort)』, Éd. de Minuit(1983)를 참조할 것.

많은 신경증의 공백 속에 비쳐 보였기 때문이다. 정신분석의 목표가 바뀌었다는 사실을 확인할 도리밖에 없다. 정신의학의 징후학(*séméiologie*) 이후, 프로이트는 환몽의 은유이자 압축으로서의 증상(*symptôme*)을 발견했다. 오늘날에는 라캉 덕분에, 우리는 그를 통해 증상의 스크린을 분석하면서 의미 생성(*significance*)의 (의미와 주체의 형성과 왜곡 과정의) 기구들을 식별하게 된다. 그 기구들은 그 자체로서 화자 존재와 동연적이고, 또한 따라서 '정상 상태'와 '병적 상태'뿐만 아니라 정신분석적 증후학을 가로지른다. 그런 점에서 소쉬르가 말하는 기호의 자의성은 우리를 횡선과, 더 나아가 지시 대상 / 기의 / 기표를 구성하게 하는 공백과 마주하게 했다. 라캉은 거울 단계의 열린 상태(*béance*) 속에서 그 '가시적인' 양상만을 수용했다. 소쉬르의 기호의 자의성과 라캉의 열린 상태는 둘 다 프로이트가 말하는 '나르시시즘'의 일관성 부재와 편재 그리고 불안한 불확실성에서 출발해 그 표상 쪽에서 이해할 수 있는 것을 우리에게 직접 가르쳐 준다.

이처럼 언어와 그 학습 이론들의 배경에서 상징적 기능의 시초에 내재하는 이 공백은 아직 자아(Moi)가 아닌 것과 아직 대상이 아닌 것 사이의 첫 번째 분리처럼 나타나는 그 무엇이다. 나르시시즘이 그 공백의 방어일까? 그런데 무엇과의 대치에 대한 방어인가? 그것은 결국 나르시스적 과시의 전개를 통해 그 공백이 유지되도록 하기 위한 공백의('자의성'의, '열린 상태'의) 옹호이다. 이 과정이 이루어지지 못할 때 혼돈이 정착하게 되고 경계선도 지워진다. 나르시시즘은 그 공백을 보호하고 그것을 존재하게 만든다. 그리하여 공백의 이면으로서 나르시시즘은 기본적인 분리를 확보해 준다. 공백과 나르시시즘 사이에 그러한 유대 관계가 없다면 무질서가 구분, 흔적, 상징화의 모든 가능성을 휩쓸어 버리면서 신체, 말, 현실계, 상징계의 경계에 혼란을 가져올 것이다. 라캉에게는 미안한 말이지만, 어린이는 실재계와 상징계만을 필요로 하지 않는다. 어린이는 어린이로서 자신을 분명히 밝힌다. 다시 말하면 공백과 나르시시즘이 서로 떠받쳐 주면서 상상계의 영도(零度)를 구성하는 그 영역에서, 어린이는 있는 그대로의 주체로서 자신을 표시하지, 정신병자나 성인으로서 자신을 나타내지는 않는다.

그런데 우리는 또 다른 문제의 문턱에 도달해 있다. 즉 무엇이 그 공백(탄식의 원천이자 나르시스적이라고 불리는 구조들에 대한 절대적 필요성, 어린이의 나르시시즘에 내재하는 수수께끼 같고 창조적인 비의미(non-sens)의 일시적 효과)을 유지하게 하는가? 바로 이 지점에서 우리는 '동일화'의 개념을 재론할 수밖에 없다.

감정 동화 ── 은유적 '대상'과의 동일화

사랑의 동일화, 타자와의 감정 동화는 프로이트의 신랄한 명석함에 비추어 볼 때 마치 하나의 광기처럼 나타난다. 그것은 고유한 판단력을 포기하는 군중들의 집단 히스테리의 효모이고, 현실에 대한 지각을 자아의 이상에 위임하기 때문에 우리로 하여금 현실에 대한 지각을 잃게 하는 최면이다.[6] 최면 속에서 대상은 자아를 삼키거나 흡수하고, 양심의 목소리는 약화되어 "눈먼 사랑 속에서 우리는 후회를 모르는 죄인이 된다." 대상은 자아의 이상이었던 것의 자리를 차지했다.[7]

---

6) 프로이트, 「애정 상태와 최면(État amoureux et hypnose)」, *Psychologie collective et analyse du moi*(1921), 『전집』(프랑스어 역 *Essais de psychanalyse*(PUF, 1963))을 참조할 것.
7) 같은 책, 137쪽 ; 『전집』, XIII, 125쪽.

사랑의 광기인 최면 상태의 초석을 제공하는 동일화는 이상야릇한 대상에게 의존하고 있다. 리비도(그 안에서는 내가 통합하는 것이 바로 내가 변하는 것이고, 소유는 존재에 봉사한다.)를 조직화하는 구순기[8]의 특징인 이러한 인격 형성 초기의 동일화는 사실상 비대상적이다. 내가 대상과 동일화를 이루는 것이 아니라 나에게 본보기로 제시되는 것에 동일화한다. 리비도적인 면에서 아직은 투입해야 할 대상이 아니고 모방되어야 할 심적 구조에 대한 수수께끼 같은 포착은, 애정 상태란 대상 없는 상태가 아닐까 하는 의문을 갖게 한다. 그리하여 "어떤 대상 선택 이전에 가능한"[9] 인격 형성 초기 단계의 반복(모방보다는)으로 우리를 되돌려 보낸다. 이런 수수께끼 같은 비대상적 동일화는 담론에 내재하는, 회귀적, 췌언적, "다음에 말하기"에서 접근 가능한 논리로 귀결되는데, 그 동일화는 사랑, 기호, 반복을 정신 구조의 중심에 배치시킨다. 차후에 아니면 영원히 오지 않을 대상을 위해서일까? 내가 감정 동화에 의해 이미 포착되었다 해도 그게 무슨 소용이랴. 나중에 자기 성애의 바탕에서 그리고 오이디푸스 이전의 삼각 관계에서, 이러한 통합, 이러한 동일화가 일어날 수 있는 조건에 대해 자세히 설명하기로 하자.

여기서는 단지 일자(一者)처럼 되는 것을 프로이트가 구순기의 동화처럼 상상했음을 지적해 두자. 실제로 프로이트는 인격 형성 초기의 동일화 가능성을 "리비도 형성의 구순기"와 연결시키고,[10] 최종적으로는 『혈족 관계와 결혼』(1885)에서 "공동 실체의 인정에 바탕을 둔"[11] 공동 식사에 참여함으로써 공동체의 유대 관계가 성립되는 것을 묘사한 로버트슨

---

8) (옮긴이) 유아가 1세가 될 때까지 입을 통해 쾌락을 느끼는 기간. 이 기간은 인격 형성에 중요하다.

9) 프로이트, "L'Identification", 앞의 책, 127쪽 ; 『전집』, XIII, 116쪽.

10) 같은 책, 127쪽 ; 『전집』, 앞의 책, 116쪽.

11) 같은 책, 133쪽 ; 『전집』, 앞의 책, 121쪽.

스미스(Robertson Smith)를 상기시킨다. 페렌치(Ferenczi)와 그의 후계자들은 내투사(*introjection*)와 융합에 의한 체내화(*incorporation*)의 개념들을 발전시키기에 이른다.

그러나 우리는 어떤 대상의 '체내화' 또는 그 '내투사'와 '소유'의 차원이 아니라 단번에 '처럼 되기'로 정립되는 동일화 사이에서 일어나는 개념적 변동에 대해 의문을 가질 수 있다. 어떤 토양 위에서, 어떤 소재로, 소유가 존재로 선회하는가? 이 문제에 대한 해답을 찾는 가운데 구순기의 체내화와 내투사가 인간 존재, 즉 언어를 구성하는 것에 본질적인 기층의 기능 속에서 우리에게 드러난다. 내가 체내화하는 대상은 타자의 말이다.(정확히 말해서 그것은 하나의 비대상, 하나의 심적 구조, 하나의 본보기이다.) 나는 첫 번째 융합, 일체감, 통합 속에서 그것과 연결된다. 그것이 동일화이다. 내가 그러한 작용을 할 수 있기 위해서는 나의 리비도에 제동을 걸어야 할 것이다. 즉 무엇이든 삼키고 싶은 나의 갈망은 '정신적'이라고 할 수 있는 수준에서 지연되고 이동되어야 한다. 만약 거기에 억압이 있다면 정확히 말해서 그것은 일차적인 것이고, 말들로 씹거나 쑤셔 넣거나 영양을 섭취하는…… 즐거움을 지속하게 해 준다는 사실도 첨가해야 한다. 타자의 말을 받아들이고 그것을 동화하며, 반복하고 재생하면서 나는 그처럼, 즉 일자처럼 된다. 언술 작용의 한 주체가 되는 것이다. 정신적인 상호 침투·동일화에 의해서. 사랑으로.

프로이트는 '일자'를 상세히 기술했고, 나는 그와 함께한 '아버지'처럼 동일화(어떤 대상에 대한 애착을 나타내는 가장 최초의 형태)[12]를 수행한다. 프로이트는 "일차 동일화"가 무엇을 의미하는지 자세히 설명하지 않았지만 이 아버지가 "개인적 선사 시대의 아버지"임을 명확히 밝힌다.

---

12) 같은 책, 129쪽 ; 『전집』, 118쪽.

'직접적인' 그리고 대상 없는 동일화

아버지가 있었다면 이상한 아버지이다. 왜냐하면 그 시기에 프로이트는 성적 차이를 인정하지 않았으므로(그런 방식이라고 해두자.) 그 '아버지'는 '양친'과 같기 때문이다. 이 "선사 시대의 아버지", 즉 '상상의 아버지'와의 동일화는 '직접적'이고 '직통적'이다. 또한 프로이트는 그것이 "그 어떤 대상에 대해 정신력을 집중하기에 선행한다."라고 강조한다. 오직 이차 동일화 속에서 "성적인 일차 시기에 속하고 아버지와 어머니를 향한 리비도적 갈망이, 정상적인 경우에는 일차적이고 직접적인 자기 동일화를 강화하게 될 이차적이고 간접적인 동일화로 해소되는 듯하다."[13]

공백을 수용하는 모든 상징적인 원형(原型)은 여기서 오이디푸스 이전의 문제 제기에 동원된다. 사실, '자아의 이상'을 형성하는 1차 동일화가 리비도의 투입을 무시한다면, 우리는 충동적인 것과 정신적인 것의 분열에 직면하게 된다. 그와 동시에 절대적이라고 말해야 하는 존재가 설정되는데, 그것은 리비도로 가득 찬 심리 현상의 '동일화'의 존재이기보다는 전이의 존재이다.(그것은 『꿈의 해석』에 고유한 전위(Verschiebung)

---

13) 프로이트, "Le Moi et le Ça"(1923), *Essais de psychanalyse*, 200쪽 ; 『전집』, 259쪽.

프로이트의 사랑의 지침서의 중요한 사상 중 하나는 잠재기(6~7세에서 12~13세까지의 성적 욕구 기간 —— 옮긴이) 동안 오이디푸스의 쇠퇴('자연스럽'지만 사실상 수수께끼 같은)가 부분 충동의 금지를 유리하게 도와주고 이상들을 강화해 사춘기 동안 사랑하는 대상의 성욕 / 이상의 투입을 가능하게 한다. "나는 사랑하고 있어요."는 청년기의 사실로서 오이디푸스적 환몽들을 실현하기 어려운 이유에서 오는 부분적 억압을 가능하게 한다. 그리고 어느 특정인에 대한 이상화의 능력을 투영하는데 그 특정인에 대한 성적 욕망은 지연될 수 있다.(Christian David, *L'État amoureux* (Paris, Payot, 1971)) 그러나 그러한 애정 상태에 대한 전제들은 일차 동일화 시기까지 거슬러 올라가고, 하나의 사랑하는 사람을 구성하기 이전에 정신적 공간 자체를 형성한다.

의 의미에서뿐만 아니라, 동시에 치료 중 분석가에게 나타나는 것 같은 전이(*Übertragung*)의 의미에서이다.) 결국 그 전이는 직접적(*unmittelbare*)이라고 규정되고, 복잡한, 혼합적인, 한마디로 상상적인 심급('개인적 선사 시대의 아버지')을 향해 일어난다.

첫 번째 애정, 첫 모방은 첫 번째 모음 발성법과 마찬가지로 어머니를 향한 것임을 우리는 경험적으로 알고 있다. 이때 일차 사랑, 일차 동일화의 중심으로서 그와 같이 '아버지'를 가리키는 것은, 동일화가 언어의 영향 아래서는 상징계의 궤도에 이미 들어가 있음을 고려한다는 조건에서만 주장할 수 있다는 것을 강조할 필요가 있을까? 프로이트의 입장이 암묵적으로 그러한 듯하다고 하는 것은 그 저자에게 일신교가 다시 부상한 것만큼이나 존재 구성에 있어서 언어의 지배적 위치에 관한 감수성을 대하는 그의 입장이 단호하기 때문이다. 한데 그의 입장이 그처럼 다른 것일까?

그와 반대로 우리는 말로 표현할 수 없고 직접적인 상식에 더 가깝다고 할 수 있는 멜라니 클라인의 입상도 알고 있다. 죽음의 욕동에 대한 이론가인 그녀는 또한 "다른 사람들과 나의 '선한' 점을 인정하는 데 필요한", "사랑하는 능력에서 나오는 중요한 파생물"로서의 감사에 대한 이론가이기도 하다.[14] 그러한 능력은 어디에서 오는가? 클라인이 말하는 감사는 선천적인 것으로, 어린이의 배고픔을 채워 주고, 그 이후의 모든 즐거움과 행복의 원인이 될 충만함의 감정을 아이에게 안겨 줄 수 있는 "선한 젖가슴"의 체험으로 안내한다. 그러나 클라인의 감사는 총괄적으

---

14) *Envy and Gratitude*(1957), 프랑스어 역 *Envie et Gratitude*, coll. *Tel Quel* (Gallimard, 1968), 27쪽. 그리고 M. Klein과 Jean Rivière, *L'Amour et la Haine* (Payot, 1972). 멜라니 클라인 전반에 대해서는 Jean-Michel Petot, *Melanie Klein, le moi et le bon objet*(1932~1960)(Dunod, 1982) 참조.

로 모성적 대상을 향한 것이다.("나는 젖가슴이 아이에게 단지 신체적 대상을 표상한다고 말하지는 않는다."[15])

그러나 클라인은 선천성과 병행해서 사랑하는 능력이 인체의 활동이 아니라(클라인에 따르면 프로이트에게는 인체의 활동이지만) "자아의 중요한 활동"이라고 주장한다. 감사는 죽음의 힘에 맞설 필요에서 비롯되고, "삶의 본능에서 생겨나는 점진적인 통합"[16]으로 구성된다. '선한 대상'과 혼동되지 않으면서 이상화된 대상이 그것을 강화시킨다. "이상화는 피해에 대한 불안의 파생물이고, 그 불안에 대한 방어를 구성한다." "이상적인 젖가슴은 탐욕스러운 젖가슴의 보완물이다."[17] 모든 일이 마치 자연적으로 '선한 젖가슴'을 구성할 수 없었던 사람들이 이상화시키면서 그 곤경에서 벗어나는 것처럼 일어난다. 그런데 이상화는 종종 붕괴되어 그 원인을 노출시키는데, 그 원인은 이상화가 맞서기 위해 구성된 학대이다. 그렇다면 우리는 어떻게 이상화에 도달하는가? 학대하는 또는 매혹적인 페니스 이외에 다른 제삼자가 없는, 클라인이 말하는 두 사람의 인생에서 어떤 기적에 의해 이상화에 이르는가?

문제는 수수께끼(누가 일차 동일화의 대상일까, 아빠인가 엄마인가?)에 대한 해답을 찾아내는 것이 아니다. 그러한 시도는 정신적이고 상징적인 능력으로서 사랑하는 능력의 절대적 원천에 대한 불가능한 탐색으로 귀착될 수밖에 없을 것이다. 문제는 오히려 다음과 같다. 즉 정신분석 치료 내에서 정신적인 것과 육체적인 것, 이상화와 에로티시즘의 경계 상태에 사실상 영향을 미치는 질문이 어떤 가치를 가질 수 있을까 하는 것이다. 전이를 강조하기, 정신분석 과정의 기초를 쌓는 사랑을 강조하기는 감정

---

15) 같은 책, 17쪽.
16) 같은 책, 32쪽.
17) 같은 책, 34~35쪽.

동화라는 주체의 출현과 실종의 경계에서부터 시작해 발화되는 담론을 듣는다는 것을 뜻한다.

우리가 치료 과정에서의 모든 담론이 저항과 함께, 그리고 저항을 넘어서, 동일화의 역학에 따른다는 것을 잊지 않을 경우, 해석을 위한 결과는 적어도 두 가지가 된다. 우선 정신분석가가 한 정점에 자리 잡게 되고, 거기서는 한편 욕구 충족의, "끌어안기"(위니코트)의 '모성적' 위치와 다른 한편으로 차별화, 거리 두기 그리고 의미와 부조리를 증여하는 금지의 '부성적' 위치가 무한히, 무한정적으로 뒤섞이고 분리된다. 정신분석의 전략(해석의 적합성의 최후의 구실)은 아마도 동일화를 이용하는 능력일 것이고 그것과 함께 정신분석가의 상상적 원천을 이용해 환자를 대상적 관계의 경계와 예상치 못한 일들에까지 동반하는 것에 지나지 않을 것이다. 이 능력은 환자가 대상적 관계를 설정하기 어려워하거나 실패할 경우 더욱더 필요하다.

환유적 대상과 은유적 대상

다른 한편 감정 동화는 치료에서 교환된 언어 기표에 이질적이고 충동적인 차원의 자국을 남긴다. 감정 동화는 기표를 전(前) 언어적인 것으로, 게다가 표상 불가능한 것으로 가득 채우는데, 그것들은 담론(문체, 문법, 음성학)의 가장 정확한 분절들을 고려해 해독될 것을 요구하고, 또한 담론의 '기능 이상'(말실수, 비논리성 등)과 함께 환몽과 '통찰력'의 이야기들이 가리키는 형언 불가능한 것을 향하여 언어를 관통한다.

전이의 진술을 통해 감정 동화에 유의하는 그러한 정신분석적 청취는 라캉이 "소문자 대상", "a"[18]라고 칭하는 욕망의 환유적 대상과는 다른 심적 대상의 또 하나의 지위에 대해 분석가가 주의를 기울일 것을 요청한다.

여기서 문제가 되는 점은 부분 대상보다는 비대상(non-objet)일 것이다. 정체성을 구성하는 동일화의 중심이고 한 대상에게 주체의 출현을 보장하는 이 결합의 조건인 감정 동화의 '대상'은 은유적 대상이다. 이것은 나와 이미 마주해 있는 일자로 구성하는 '한 심급'의 통합적 영상 속으로 자기 성애적 운동성을 운반하기, 즉 주관성의 영도(零度)이다. 은유란 식별할 수 있는 것을 향한 움직임, 가시적인 것을 향한 여행이라고 이해해 두자. 조응, 몸짓, 지시 등은 우리가 상기시키고 있는 구성 도중에 양분된 단위에 대한 보다 적합한 명칭들일 것이다. 아리스토텔레스는 에피포라(epiphora, 어떤 비유적 의미의 객관화 이전의 은유적 움직임을 초청하는 용어)에 대해 말한 바 있다. 사랑하는 대상은 주체의 은유이다. 왜

---

18) 정신분석적 문학에서 대상은 흔히 부분적인 대상(젖꼭지, 단단한 변, 남근, 오줌)이다. 라캉은 분명히 밝히고 있다. "특징 : 부분적 대상들 속에 당연히 강조된 부분 대상들은 육체라는 총체적 대상의 부분에 적용되는 것이 아니라 그것을 생산하는 부분적 기능을 표상하는 것에만 적용된다." 의미의 관계를 추진하는 분리와 결여의 기능인 그 대상들은 소문자 'a'로 표시되고, '결여의 대상'이라고 불린다. "우리의 작업에서 이 대상들에 공통된 한 가지 특징은 거울에 의한 영상, 즉 이타성을 가지고 있지 않다는 것이다. 그래서 그것들은 '소재'가 될 수 있고, 더 좋게 말해서 안감이 될 수 있다. 그렇다고 그 이면은 아니다. 그것들은 바로 주체의 소재이고 안감이지만 의식의 주체라고 간주되는 주체는 아니다……. 거울의 영상은 거울에 포착 불가능한 주체에게 그 옷을 입혀 준다."(「주체의 전복과 욕망의 변증법」, Ecrits, Éd. du Seuil(1966), 817~818쪽) 환몽 속에서 라캉은 대상 a에 유효한 예를 찾아본다. 왜냐하면 그에게 환몽의 구조는 "대상의 조건에 …… 주체의 기표에 대한 종속에서 영향 받는 균열(Spaltung) 또는 재분할(refente)과 긴밀하게 연결되어 있는 주체의 점진적 사라짐 혹은 소멸을 연결시키기 때문이다.(같은 책, 816쪽) 그것이 상징하는 약호는 'S ◇ a'이고, '◇'는 욕망을 표시한다. 결국 환유적 구조는 라캉적인 대상 관계를 정의한다. 생략을 허용하여 기표가 대상 관계 속에 존재의 결여를 정착시키면서, 그것이 견뎌 내는 그 결여를 겨냥하는 욕망의 투입을 위해 의미 작용의 참조 기호의 가치를 이용하게 하는 것은 바로 기표에서 기표로 가는 연결이다."("L'instance de la lettre dans l'inconscient", Écrits, 515쪽)

냐하면 주체의 구성적인 은유, 그 '단일적 특징'은 사랑받는 사람의 사랑스러운 부분을 선택하게 함으로써 그 특징이 속해 있는 상징적 약호 속에 주체를 미리 위치시키기 때문이다.[19]

그러나 남근 자체에 대한 절대적인 언급보다는 형성 중인 대상성 쪽에 통합 부호를 위치시키는 것이 여러 가지 이점을 갖게 된다. 그것은 전이적 관계를 활성화하고, 분석가의 해석적 참여를 최대한으로 연루시키며, 그 모든 것이 이끄는 분석가에 고유한 상상적 형성물들의 후광과 함께 이번에는 분석가와 그 환자의 동일화로서 역전이에 대해 주의력을 집중시킨다. 그런 조건이 아니라면, 정신분석은 정확히 말해서 이상화의 굴레 속에 경직될 위험이 있지 않을까? 남근적이랄까 아니면 초자아적이랄까? 라캉의 장점들이여, 안녕!

욕망의 환유적 대상. 사랑의 은유적 대상은 환유적 대상이 환몽적 이야기를 움직인다. 은유적 대상은 환몽의 결정 현상을 그려 내고, 사랑의

---

19) "하나의 기표를 단지 이 전능성의 (타자의 권위의) 표시라고만 생각하자. 그것은 마음대로 움직이는 힘에 대해, 가능성의 기점에 대해 말하고자 하는 것이다. 그러면 우리는 단일적 특징을 얻게 되는데 그것은 주체가 기표로부터 갖게 되는 보이지 않는 걸어를 채워 주면서 자아의 이상을 형성하는 일차 동일화 속에서 주체를 소외시킨다."(라캉, 「주체의 전복과 욕망의 변증법」, *Écrits*, Éd. du Seuil(1966), 808쪽) 프로이트에게는 동일화 속에서 부분적인 것에 지나지 않는 동일화가 '유일한 특징'에서 제한되고(das beide Male die Identifizierung eine partielle, höchst beschränkte ist) 라캉의 단일적 특징은 그것을 거슬러 올라간다.(*Les Séminaires sur le transfert* (1960~1961)와 *L'Identification*(1961~1962)을 참조할 것.) 결국 프로이트에게서는 뚜렷하지 않은 그 동일화의 부분성으로부터 라캉은 단일적 특징을 끌어내 동일화를 본질적으로 상징계적인 것이라고 보았고, 그것은 의미적 특징의 변별성에 예속되고, 그 동일화는 '유일한 것'의, 하나의 특징의 표지에 의해 결정적으로 움직인다고 강조하였다. 그 단일적 특징은 우리가 상상적 아버지가 출현하는 것을 보았던 "나르시스적 동일화의 일차적인 영역 속에" 있지 않다. 라캉은 그 아버지가 "욕망의 영역에서…… 기표의 지배를 받고 있음" 단번에 본 것이다.(*Les Quatre Concepts fondamentaux de la psychanalyse*, 『세미나』 XI, Éd. du Seuil(1973), 231쪽)

담론의 시적 성격을 지배한다.

치료에서 정신분석가는 자신의 욕망과 사랑을 해석한다. 정확히 말하자면 그것이 분석가를 고결한 베르테르 같은 사람의 성도착적 위치에서처럼 유혹자의 성도착적 위치에서 이동시킨다. 그러나 분석가는 때로는 욕망하는 사람으로, 때로는 사랑하는 사람으로 자신을 드러내야 한다. 환자에게 사랑하는 대타자를 확인시키면서 분석가는 자아로 하여금(임시적으로) 분석가가 죽은 '아버지'가 아니라 살아 있는 아버지라는 환몽 속에 피신하고자 하는 욕동에 시달리도록 내버려둔다. 즉 욕망하는 아버지가 아니라 사랑하는 아버지로서 이상적 자아를 '자아의 이상'과 화해시키고, 경우에 따라서 또 차후에 정신분석이 이루어질 수 있는 심적 공간을 축조한다.

더구나 거기에서 출발해 분석가는 (자신은 분석가이지 선한 목자나 고해 신부가 아니기 때문에) 자기 역시 점점 사라져 버리고, 쇠약한 나머지 비천하기까지 한 욕망의 주체임을 밝혀야 한다. 이때 자신의 무지함 속에서 그의 에로스가 타나토스와 대결한다 해도 그들의 결투는 동일한 무기를 가지고 하는 싸움이 아님을 알고 있기 때문에, 분석가는 그의 사랑이 존재할 수 있게 해 주는 심적 공간 속에 삶의 욕동과 죽음의 욕동의 희비극을 촉발시킨다. 왜냐하면 타나토스는 순수하고, 반면에 에로스는 '가장 충동적인 것'이 죽음의 욕동이므로, 타나토스에게서 언제나 혈액을 공급받기 때문이다.(프로이트)

분석가가 사랑을 심적 공간이라는 존재 그 자체의 조건으로서 이상화적 거리를 허용하는 담론으로 다룬다고 말하는 것은 일차적 사랑의 대상, 즉 발린트[20]의 저서가 매혹적인 아량과 함께 우리에게 암시해 주는 생식

---

20) Michael Balint, 『일차적 사랑과 정신분석학적 방법(*Amour primaire et technique psychanalytique*)』(Payot, 1972)을 참조할 것.

적 사랑의 고전적인 전형에 정신분석적 태도를 동화시키는 것이 아니다. 정신분석에서, 잠시 동안, 사랑에 관한 성찰을 강조하는 것은 사실상 모성적 용기(容器)와 나르시스적 융합이 아니라 은유적 대상의 출현을 치료 도중에 탐색하게 해 준다. 은유적 대상이란 정신 현상을 새롭게 이루고, 욕동을 다른 사람의 상징계로 바꾸는 분열 자체이기 때문이다. 우리는 그것을 원초적 억압이라고 부른다. 은유적 역학(신체 조직적 욕구들의 동위성(同位性)을 파괴하는 이질적 전위라는 의미에서) 이외의 그 무엇도 이 타자가 '대타자'임을 정당화하지 못한다. 따라서 정신분석가는 자신이 이상화하는 동일화의 은유적 대상이라는 자격으로 그 '대타자'의 자리를 임시적으로 점유한다. 그는 그것을 알고 있으면서 전이의 공간을 창설하는 것이다. 반대로 그 공간을 억압한다면 분석가는 『대중의 심리(La Psychologie des masses)』에서 프로이트가 이미 혐오했던 안내자(Führer)가 되는 것이다. 즉 정신분석적인 실천이 그러한 히스테리적 현상들로부터 얼마나 안전하지 못한지를 보여 주는 혐오감 말이다.

증오의 동일화, 사랑의 동일화

프로이트는 다음과 같이 생각한다. "아버지와의 동일화와 성적 대상으로서의 아버지에 대한 애착의 차이를 간단한 형식으로 표현하기는 어렵다. 첫 번째 경우, 아버지는 '우리가 그렇게 되어 있기를 바라는 것'이고, 두 번째 경우 아버지는 '우리가 갖고 싶어하는 것'이다. 첫 번째 경우에 관계되는 것은 자아의 주체이고, 두 번째 경우는 그 대상이다. 그렇기 때문에 동일화는 대상의 선택 이전에 가능하다."[21]

이 연구에서 프로이트가 알려 주는 것은 첫 번째 동일화는 어머니와의 병적인 동일화라는 것이다.(예를 들면 소녀는 "어머니의 자리를 차지하겠다는 적대적인 욕망 때문에 어머니의 기침을 모방하는데 그 경우 증상은 아버지에 대한 성적인 애정을 표시한다.") 그러나 오이디푸스 콤플렉스 체제 속에서 구상된 생각으로 이 동일화는 '적대적인 욕망'에 의해 유지되고 선망되었기 때문에 가해자적인 어머니의 자리를 차지하고 싶은 온당치 않은 욕망에 의해 유지된 멜라니 클라인의 투영적 동일화를 상기시키기도 한다. 이것은 대상의 한 부분에 대한 증오에 의한, 그리고 박해의 두려움에 의한 대상과의 동일화이다. 두 번째 유형의 동일화는 사랑받는 사람의 병적인 징후를 모방하는 증상을 통해서 노출된다.(딸 도라는 아버지의 기침을 따라한다.) 이 경우 "동일화는 성적 성향의 자리를 차지했고, 성적 성향은 역행에 의해 동일화로 변모했다." 이 경우에는 적대감 없이 동일화가 "일종의 내 속에 대상을 도입하기"를 통해 욕망의 대상과 일치한다.(gleichsam durch Introjektion des Objekts ins Ich.) 앞에서 언급한 병적인 동일화와는 달리, 사랑이란 동일화의 이상과 욕망의 대상이 통합하는 것이다. 이 세 번째 유형에서는 리비도적 욕망이 몇 가지 공통적 특징에서 출발하여 다른 사람과의 동일화에서 완전히 부재할 수도 있다.

우리는 적어도 두 가지 동일화를 생각하게 된다. 그 하나는 원초적 동일화인데, 이것은 모성적 대상에 대한 시원적, 양면적, 감정적 애착에서 비롯된다. 또 한 가지 동일화는 순수한 애정관계의 역학을 제공하는 이미 리비도적인 대상 그 자체를 자아 속에 내투사하기의 기초를 이룬다. 첫 번째 동일화는 비인격화, 공포, 정신병에 가깝고, 두 번째 것은 동일화가 추구하는 남근적 이상을 책임지면서 히스테리적 애증과 동연적이다.

---

21) *L'dentification*, 127쪽 ; 『전집』, XIII, 116쪽.

히스테리와 사랑할 능력 없음 사이에서

사랑에 빠진 자는 대상이 있는 자기도취자이다. 사랑에서 문제가 되는 것은 나르시시즘의 중대한 교대이다. 그래서 프로이트가 정립한 사랑과 나르시시즘 사이의 관계는 우리에게 그 본질적인 차이를 잊지 못하게 한다. 정확히 말해 자기도취자는 사랑하기가 불가능한 인물임이 사실 아닌가?

사랑에 빠진 자는 사실상 나르시시즘과 히스테리를 화해시킨다. 그에게는 이상화할 수 있는 타자가 있다. 이 타자는 그에게 이상적인 그 자신의 영상(바로 그것이 나르시스적 순간이다.)을 반사하지만 그러나 그는 다른 사람이다. 사랑에 빠진 자에게 중요한 것은 그 이상적 타자의 존재를 유지하는 것이고, 그리고 그와 자기가 닮았고 그와 융합되어 있으며 특히 그와 자기가 구분되지 않는다고 상상할 수 있는 것이다. 사랑의 히스테리 속에서 이상적 대타자는 현실이지 은유가 아니다. 어떤 타자와 동일화할 수 있는 가능성에 대한 고고학은 프로이트가 "개인적 선사 시대의 아버지"라고 불렀던 것과 일차 동일화의 중심이 나르시스적 구조 속에서 차지하는 육중한 자리를 통해서 마련된다. 부모의 성적 특성을 물려받았고, 그렇기에 종합적이고 남근적인 형상인 그는 직접적인 실존적 요구들뿐만 아니라 이미 정신적인 만족의 증여자이다. 동일화의 이 시원적 중심은 직접적으로 나르시스적 자아가 되어 가고 있는 도상에서 이전의 본능 언어적인 육체의 이미 심령적인 전이를 강하게 불러일으키는 타자이다. 그가 존재하고, 내가 나를 그라고 생각할 수 있는 것 — 바로 이것이 일차 모성적 만족감으로부터 이미 우리를 이동시키고, 사랑의 이상화의 히스테리적 세계 속에 우리를 위치시킨다.

어린이들의 행동을 조금만 관찰해 봐도 사내아이와 여자 아이의 사랑의 첫 대상이 어머니라는 것을 확실히 알 수 있다. 그렇다면 그 "개인적 선사 시대의 아버지"를 가지고 무얼 하는가? 프로이트의 천재성은 아마도 유대인으로서 그에게 말을 걸겠지만, 무엇보다도 정신분석가로서 그에게 말을 걸 것이다. 실제로 그는 어머니와 아이 사이에 몸과 몸의 이상화(그것과 함께 사랑의 관계)를 분리시키고, 애정 생활의 자격을 지닌 정신생활의 조건으로서 '제삼자'를 도입한다. 사랑이 나르시스적 이상화에서 발생한다 해도, 그것은 모성적 정성이 아이에게 마련해 주는 피부와 항문 괄약근의 보호막과 아무런 관계가 없다. 더 나쁜 것은, 그 보호막이 연장될 경우, 어머니가 자기 아이와 '접착'하면서 어머니에 대한 아이의 요구와 사랑의 결여 속에서 혼란스러운 유형 성숙적(néotène)이고 히스테리적인 그 자신의 요구를 밀어붙일 경우, 사랑뿐만 아니라 정신생활도 알에서 깨어나지 못할 가능성이 충분히 있다는 사실이다. 사랑하는 어머니는, 정성 어린 그리고 접착력 있는 어머니와 달리, 욕망의 대상이 있고, 더 나아가 그와의 관계에서 중재 역할을 하게 될 대타자가 있는 사람이다. 이 어머니는 그 대타자의 견지에서 자기 아이를 사랑할 것이다. 그리고 아이는 그 제삼자에게 보내는 자신의 담론을 통해서 자기 어머니에게 '사랑하는 아이'로 자신을 구성해 나갈 것이다. "그놈 정말 잘생겼어." 또는 "난 네가 자랑스럽다." 등은 모성적 사랑의 언술들이다. 왜냐하면 그 언술들은 제삼자를 함축하고 있기 때문이다. 말하자면 제삼자의 견지에서 어머니가 말하는 아이는 그(il)가 되고, "난 네가 자랑스럽다." 등은 다른 사람들 앞에서 하는 말이다. 이러한 언어적 배경과 그 말을 전제로 하는 침묵 속에서 모성적 자애의 몸의 '맞대면'은 사랑을 훌륭하게 표상하는 상상적 부담을 감당할 수 있다. 그러나 제삼자에 대한 모성적 '소일거리'가 없다면 그 '맞대면'은 비열함 또는 집어삼킴이다. 거기서 나온 미래의 정신분열, 공포증 또는 경계례 증상(borderline)[22]이 적신호 표시를 유지할 것이고, 그에 대처할 유일한 수단은 증오일 것이다. 모든 경계례 증상은 결국 '사랑하는' 어머니를 그녀를 위해 되찾게 되지만, 사랑하는 사람 그 자체로서 그녀를 받아들일 수는 없다. 어머니는 그 말고는 아무도 사랑하지 않았으니까⋯⋯. 아버지의 오이디푸스적 부인(否認)은 어머니의 점착성 있는 감싸기에 대한 불평으로 이어지고, 그리하여 주체를 사랑할 능력 없음이 지배하는 정신적 고통으로 이끌고 간다.

우리가 나르시시즘의 삼자 구도와 그것이 이상화할 수 있는 대상(일차 동일화에 고유한 사랑의 대상)에 대한 히스테리적인 먹이를 이미 품고 있다는 사실을 받아들일 경우, 그와 반대되는 사랑의 불가능성을 어떻게 이해해야 할까? 사랑하기가 불가능한 경계례 증상의 차갑고 경직된 그리고 약간은 가식적인 탄식은 나르시시즘에 대해서가 아니라 자기 성애에 대한 호소일 것이다. 제삼자를 나르시시즘에 포함하는 '새로운 심령적 행동' 이전에 이루어지는 자기 성애적 구조에는 타자도 영상도 없다. 모든 자기 성애적 영상들, 그 모든 영상들은 그것들이 그 구조를 매혹시키는 만큼 그것을 실망시킨다. 자기 성애자가 '사랑받는 자'가 될 수 있는 것은 (자기가 남을 사랑하게 되는 것도) 오로지 피부에 접착되는 찜질(안도감을 주는 향기, 호흡곤란을 일으킬지 모르지만 그래도 항구적인 보호막)을 통해서이다. 이 가짜 어머니는 자기의 물건들을 가지고 그때부터 다형적 성도착자로 서서히 즐길 수 있는 사람으로 허용된 유일한 '지속적 아버지(père-manence)'[23]라는 존재이다. 그는 성 분화되지 않았고, 조각난 육체의 분쇄된 영역 안에 고정되어 있으며, 자기 성감대에 똬리를 틀고 있다. 그는 사랑에 무감각하고, 그에게 안심되는 구명대를 제공하는 쾌락 속에 일시적으로 움츠리고 있다. 그렇지만 자기 성애자가 자폐증 환자는

---

22) (옮긴이) 신경증과 정신병의 경계선상에 있는 증상.
23) (옮긴이) 동일한 음의 단어 'permanence(영속성)'에 대한 말놀이이다.

아니다. 그가 대상들을 발견하지만, 그것은 증오의 대상들이기 때문이다. 그런데 구제해 줄 은총도 없고, 주체가 영속성을 박탈당해 버린 순간에는, 마주하고 있는 대상이 주체에게 투사하는 증오가 분해하거나 석화해 버리겠다고 위협하면서 사실상 그 주체에게 보다 강력하게 행사한다. 사랑할 수 없다고 불평하거나 자랑하는 자기 성애자는 정신분열증 아니면 간질로 미쳐 버리지 않을까 두려워한다.

'이상'의 역학

주체는 자신을 이상적 타자와 동일시함으로써만 존재한다. 이상적 타자는 말을 하는 타자이고, 화자로서의 타자이다. 환영[24]이자, 거울 너머에 있는 상징적 형성물이며, 사실상 지배자의 위대함을 지닌 이 대타자는 동일화의 중심이다. 왜냐하면 대타자는 필요와 욕망의 대상이 아니기 때문이다. 이 '자아'가 대타자에게 품고 있는 사랑을 통해 그 자아를 내포하는 자아의 이상은 자아를 통일하고, 자아의 욕동들을 억제하며, 그것으로 하나의 '주체'를 만든다. 자아, 그것은 대타자에 대한 사랑을 위해 그리고 내가 존재할 수 있기 위해 죽이거나, 적어도 지연시켜야 할 육체이다. 사랑이란 나를 존재하게 하는 사형이다. 사랑의 열정에 내재적인 죽음이 현실에서 일어나고, 사랑하는 사람들 중 한 사람의 육신을 앗아간다면, 그 죽음은 가장 견디기 힘든 것이다. 이때 살아남은 연인은 자기가 열정 속에서 살던 상상적 죽음과 사랑이 그를 영원히 변경시켰던, 즉

---

24) "따라서, 주체는 그 자신의 억제의 환영을 자기에게 부여하는 타자의 영상을 매개로, 타자 속에서 자신의 욕망을 의식한다."(라캉, 『세미나』, 1권, Les Écrits techniques de Freud, Éd. du Seuil(1975), 178쪽)

구원해 주었던 냉혹한 현실을 갈라놓는 심연을 측정한다.

상징적 대타자, 즉 자아의 '이상'과 주체의 동일화는 필요의 대상으로서 어머니의 나르시스적 흡수 합병을 통과하는데, 이 흡수 합병은 이상적 자아를 구성한다. 사랑하는 사람은 이상적인 환영에 대한 숭배로부터 자신의 영상, 자기 몸의 황홀 또는 괴로움의 부풀리기로 그를 이끌고 가는 그러한 역행을 잘 알고 있다.

이러한 이상화적 동일화의 논리는, 욕망하는 타자의 언제나 부적합한 영상을 찾고 있는 환몽($S \lozenge a$)의 시각적인 거울 구조의 대역으로서, 선결 조건이라는 존재를 제기하도록 이끌고 간다. 환몽의 대상이 도피적이고 환유적인 것은, 그것이 동일화의 과정($S \varepsilon A$)이 축조한 선결적 이상에 부합하지 않기 때문이다. 주체는 대타자에게 속하기 때문에 존재한다. 그리고 그가 욕망의 상상적 대상들을 가지고 자신을 구축할 수 있는 것은 자기를 사랑과 죽음의 주체로 만드는 그 상징적 소속에서부터 시작된다. 그가 보여지고 들려진 바로 그 장소에서처럼 대타자($S \varepsilon A$)에게 전이된 사랑의 주체는 그 대타자에게 마치 하나의 소대상에게처럼 접근할 수는 없지만, 식별하고 구분하고 보게 하는 분화의 가능성에는 접근할 수 있다. 그러나 그 이상은 눈부시고 표상 불가능한 힘이며, 태양 또는 환영이다. "줄리엣은 태양이다."라고 로미오는 말한다. 이 사랑의 은유는 로미오가 자신의 몸을 죽음에 바치는 사랑의 상태에서 경험하는 찬란함을 줄리엣에게 전이함으로써, 자신의 사랑으로 재구성된 타자들의 상징적 공동체 속에서 영원불멸하게 된다.

대타자의 지지를 받은 '상징계'와의 이상적 동일화는 결국 영상보다는 말을 더 동원한다. 의미를 지닌 목소리는 마지막 심급에서 가시적인 것, 따라서 환몽을 형성하지 않는가? 어린이들이 형태를 익히는 것을 관찰해 보면 '감각 운동의 자발성'이 언어의 도움 없이는 별 도움이 되지 않는 것을 이해할 수 있다. 음악은 사랑의 언어이다. 시인들은 오래전부터 그것을 알고 있었기 때문에 사랑받는 아름다움에 의해 포착된 그리움이 이상적 기표를 통해 초월되었음을(선행되고 인도되었음을) 암시했다. 말하자면 내 존재의 가장자리에 있는 소리, 그것은 의미를 잃어, 까마득한 상실된 의미를 지닌 대타자의 자리로 나를 전이한다.[25] 요약해 보면, 동일화는 대타자의 기표 속에 주체를 존재하게 한다. 고풍스럽게, 원초적으로, 동일화는 대상적이지는 않지만 포착하고 통합하는 특성, 즉 '단일적 특성'의 자리에로의 전이처럼 작용한다. 분석가는 (어쩔 수 없이 부분적인) 대상이지만, 그는 '단일적 특성'의, 비대상(non-objet)의 견인력, 즉 가능한 은유성의 운동성을 행사한다.

은유라는 용어가 여기서는 고전적 (비유적 대 본래적) 수사학의 문채를 생각하게 해서는 안 된다. 그러나 한편 그것은 의소들의 무한한 충돌과 현재 실행 중인 의미를 해독하는 은유에 관한 현대 이론들과 관계 있고, 다른 한편 욕동과 감각에서 기표로 가는, 또한 그 반대 방향으로 움직이는 이질적인 심리 기구 내에서 이질성의 유동성과 관계 있다.[26]

동일화의 이러한 비대상성은 그 안에서 위험을 무릅쓰고 주체가 어떻게 결과적으로 그 지배자의 최면술에 걸린 노예가 될 수 있는지를 보여 준다. 즉 어떻게 주체가 비대상의 그림자인 비주체임이 밝혀질 수 있는가를 드러내 보여 준다. 그러나 또 한편으로는, 동일화의 비대상성을 고려해서 기표의 욕동적·비대상적 기층은 감정 동화를 억압하지 않고 행

---

25) "(욕망의 상상적 위치)는 인간 존재들 간의 언어 교환만을 구현할 수 있는 상징적 계획의, 합법적 교환의 차원에서, 상상계 너머에 안내자가 있는 경우에만 상정할 수 있다. 주체에게 명령하는 이 안내자는 자아의 이상이다."(앞의 책, 162쪽) 그리고 "사랑이 상상계의 차원에서 발생하고, 상징계의 진정한 제거를, 자아의 이상의 일종의 무효화, 충격을 유발하는 하나의 현상일지라도" 그러하다.(앞의 책)
26) 은유에 대해서는 364~374쪽에서 재론할 것이다.

해진 분석 치료에 동원된다. 따라서 바로 이때 전이는 '가짜 자아들', '경계례 증상들' 그리고 심신 의학적 증상들에 이르기까지 정신 현상의 비대상적인 상태에 작용하게 되는 행운을 갖는다. 사랑받지 못할 때 아픈 것은 사실이다. 이 말은 심적 구조가 신체적 증후이자 질병인 그 강생된 비대상 속에서 실현되는 경향이 있는 은유 혹은 동일화적 이상화를 갖지 못했다고 이해해야 한다. 신체적 환자들은 언어로 표출하지 않는 사람들이 아니라 복합적인 과정으로서의 이상화를 구축하는 은유성의 역학을 갖지 못하거나 이루지 못하는 주체들이다.

결국 사랑의 동일화의 중심이 됨으로써 대타자는 '순수 기표'로서가 아니라 은유적 유동성 그 자체의 공간처럼 명확해진다. 그것은 의소적 특징들과 그것들을 지탱시키고 넘어서고 벗어나는 표상 불가능한 욕동의 이질성의 압축이다. 사실상 이상화적 동일화 속에서의 '단일적 특성'의 부분성을 강조한 라캉은 이상화를 오로지 기표와 욕망의 영역에 위치시켰고, 그 이상화를 나르시시즘에서 그리고 욕동의 이질성과 모성적 용기에 대한 원초적인 지배력에서 확연히 또는 난폭하게 분리시켰다. 그 반대로 동일화적 이상화 운동의 은유성을 강조하면서, 우리는 거기에 자리잡은 정신분석적 관계(전이와 역전이)에 복합적인 활력을 다시 부여하는 시도를 할 수 있다. 그 활력은 나르시스적이고 욕동적인 전 대상성(pré-objectalité)을 포괄하고, 의미를 지닌 이상들에게 그 균형을 허락한다. 이러한 관점에서 볼 때, 승화에 의존하지 않는 정신분석적 이상화는 없는 듯하다. 말하자면 정신분석은 문학적 담론에 사용하기 위해 종교적 신앙과 경계를 접하고 있는 것이다.

직접적이고 절대적인 일차 동일화

프로이트는 '일차 동일화'에 대해 말하면서 그것을 "즉각적이고 직접적인 것"[27]으로 정의했으나, 우리가 알기로는 그것이 분석가들의 관심을 불러일으키지는 못했다. 그 용어들에 관해서 사변철학과 특히 헤겔의 철학이 그 직접성(immédiateté)에 부여한 가치를 잠시 생각해 보자.

'인식'에서 '절대'의 내재적 현존은 '주체'에게 한 번도 인식을 떠난 적이 없는 것에 대한 인정처럼 직접적으로 나타난다. 특히 헤겔적인 직접적인 것(Unmittelbare)은 형식을 향한 견실함을 최종적으로 떼어 내는 것이고, 즉자적 성찰에 내재하는 저울이며, 그 자체를 위해 그리고 타자를 위해 존재하지 않으면서 자기 속에서 자신을 말살하는 질료이다. 헤겔은 『논리학』에서 다음과 같이 쓰고 있다. "즉자적 성찰로서 직접성은 형식과 마찬가지로 견실함(Bestehen), 다른 것 속에서의 성찰, 자신을 말살하는 견실함이다."[28] 하이데거는 『정신 현상학』의 서문으로 쓴 「헤겔과 체험에 대한 그의 개념」이라는 텍스트에서 '주체'와 '인식'의 유대 관계, 절대의 직접적인 현존에 대해 질의하고자 했다. 그것은 선험 또는 '직접적인 것'의 폭력 행사를 드러내기 위해서였고, 또한 그 이전과 그 이후에 하이데거에게 소중한 "로고스의 개화"를 보여 주기 위해서였다.[29] 그러한 성찰의 영역에서 우리는 직접적인 것은 자기에 대한 확신의 자동 일탈이기 때문에, 대상과의 관계에서 확신을 떼어 내는 것인 동시에 매개 없이, 대상 없이, 그러나 그것들을 보존하고 그 두 가지를 포함하면서, 확신에게

---

27) "Le mot et le ça", 앞의 책, 200쪽 ; 『전집』, XIII, 259쪽.
28) Vrin, 1970, 385~386쪽.
29) 『아무 데도 데려다 주지 않는 길(Chemins qui ne mènent nulle part)』(Gallimard, 1962) 참조.

면죄(Absolvenz)의 힘을 부여하는 것이라고 주장할 수 있을 것이다. 따라서 직접적인 것은 그리스도 재림(parousie)의, 즉 대상을 위한 주체의 현존의 논리 그 자체이다. 하이데거는 "대상에게 곧바로 속하게 하는 모든 관계를 유지하는 것은 그것에게 속한다."라고 주석을 붙이고 있다. 그리스도 재림의 가장 기본적인 징조인 직접적인 것은 면죄의, 즉 관계 밖에서의 초연함의 논리처럼 나타나고, 절대의 절대성을 구성한다. "절대의 재림이 펼쳐지는 곳은 거기, 자기 표상(auto-représentation) 속이다."(앞의 책)

달리 말하면 '인식'에 대한 '절대'의 현존은 직접적으로 주체에게 드러나고, 그 결과 인식에 대한 다른 모든 '방법'은 식별에 지나지 않는다. "절대적인 것은 처음부터 우리 곁의 즉자와 대자이며, 그것은 우리 곁에 있고자 한다."라고 헤겔은 『현상학』의 서문에서 주장했다. 이 우리 곁에 있기(재림)는 "절대 그 자체의 진리의 빛이 우리를 비추는 방식"일 것이라고 하이데거는 주석에서 말한다. 우리는 재림과의 '관계'를 산출하기 전에 '언제나 이미' 직접적으로 재림 속에 있는 것이다.

하이데거가 지식이라는 단어를 그 울림(de vidi)으로 설명하면서 이해시키려 했고, 또한 라캉이 거울을 자아 구성의 중심부에 위치시키면서 강조했던 '절대'의 직접성에 대한 시각적, 영상적 또는 상상적 양상은 한쪽으로 밀어두기로 하자. 우선 거울의 마력은 자아의 기원에서 상당히 뒤늦은 현상이라는 것을 강조해 보자. 그리고 '일차 동일화'의 중심부에 '직접적인 것'이라는 용어의 출현이 분석가에게 상기시켜 줄 수 있는 것의 배경에 대한 철학적인 질문에 대해 생각해 보자.

프로이트에게는 그러한 아버지의 출현이 지니는 난폭성은 부인할 수 없는 것 같고, 여하튼 해석적인 정신분석 구축에 절대적으로 필요한 듯해 보인다. 그러나 임상 경험이 우리에게 확인시켜 주는 것은 원초적 아버지의 출현은 전 오이디푸스적인 어머니의 교대 덕분에 이루어지는데, 그것은 어머니가 자기 아이에게 그의 요구에 응하는 (또는 단지 거절하는) 욕망 이외의 욕망을 지니고 있는 것처럼 알려질 수 있는 한에서 그러하다. 그 교대는 다름 아닌 아버지의 남근에 대한 어머니의 욕망인 것이다.

누구 말인가? 아이의 아버지인가 아니면 어머니 자신의 아버지인가? '일차 동일화'에게는 그런 질문이 적절하지 않다. 그런 욕망(아버지의 남근)과 아이의 동일화의 직접성이 존재한다면, 그것은 물론 그 아이에게는 그런 욕망을 형성할 필요가 없지만, 그 욕망을 받아들이고, 흉내 내며, 마치 하나의 선물처럼 그런 욕망을 그에게 제공하는 (또는 거절하는) 어머니를 매개로 하여 감내한다는 사실에서 비롯된다. 어찌되었든 프로이트에 의한 아버지 / 어머니라는 쌍과 우리가 방금 남근에 대한 어머니의 욕망이라고 불렀던 것과의 동일화는 뜻하지 않게 나타나는 것이다. 그 이유는 그러한 정신 현상의 형태에서 아이와 어머니는 아직 '둘'이 아니기 때문이다.

그러한 '상상계'를 형성하는 영상에 대해 말하자면, 그것은 단순히 시각적인 것이라고 생각되기보다는 일련의 지각들과, 특히 음성적인 것들을 참조하게 하는 다양한 소통을 동원하는 하나의 표상처럼 생각되어야 할 것이다. 이것은 그러한 것들이 신경학적·심리학적 성숙의 범주에서 조숙하게 나타나기 때문이고, 또한 언어에서 그것들이 가진 지배적인 기능 때문이기도 하다.

그렇지만 그러한 직접성의 편의에 대해 오해해서는 안 된다. 그것은 중요한 결과를 끌어들인다. 그러한 논리에서는 '대상'이라는 용어가 '동일화'라는 용어와 마찬가지로 부적절한 것이 되기 때문이다. (어린이의) 아직 구성되지 못한 정체성은 리비도적으로는 대상처럼 투입되지 않았지만 자아의 '이상'으로 남아 있는 대타자의 장소로 전이되거나 아니면 오히려 전위되기도 한다.

나는 아니야

이제 우리가 이처럼 검색하고 있는 가장 원초적인 단일성(전위들을 이끌어낼 정도로 자율적인 정체성)은 어머니가 욕망하는 남근의 단일성이라는 것을 지적해 두자. 그것은 상상적 아버지의 단일성이고, 어머니와 그의 욕망의 응고이다. 상상적 아버지는 이처럼 어머니가 완전하지 않지만 원하고 있다는 것을 표시하는지도 모른다. 누구를? 무엇을? 그 질문에는 나르시스적 공허를 발견하는 답변, 즉 "어쨌든 나는 아니야."밖에 없다. 프로이트의 그 유명한 구절 "여자는 무엇을 원하는가?"는 아마도 보다 근본적인 질문 "어머니는 무엇을 원하는가?"의 메아리에 지나지 않을 것이다. 그 질문은 한편으로는 상상적 아버지가, 다른 한편으로는 "나는 아니야."가 가장자리를 두르는 동일한 불가능함과 충돌한다. 그리고 이 "나는 아니야."(같은 제목을 가진 베케트의 희곡 작품을 참조하자.)가 되고자 자아는 힘들게 시도한다.

그 장소에서 자신을 지탱하기 위해, 상상적 아버지와 언어 속뿐만 아니라 예술 속에 자기를 결정적으로 뿌리내리게 하는 도약을 떠맡기 위해, 화자 존재는 결국 그가 자아로부터 분리된 대상을 구성하게 될 상상적 어머니와 투쟁을 벌여야 한다. 그러나 우리는 아직 그 단계에 와 있지 않다. 상상적 아버지가 당신 속으로 전이된다는 느낌을 가질 정도로 뜻하지 않은 상상적 아버지를 향한 직접적 전이는 혼돈이 될 수 있고…… 비열한 것이 되기 시작하는 것과 마주한 거부의 과정을 지원하기도 한다. 모성적 장소는 그런 식으로, 자아의 욕망과 상관적인 대상이 되기 전에, 오직 비열한 것처럼 모습을 드러낸다.

요약하면, 일차 동일화는 "버려진-것(ab-jet)"처럼 어머니의 구성과 상관관계에 있는 상상적 아버지로의(부터의) 전이인 듯하다. 나르시시즘은 (상상적 아버지와 '버려-진' 어머니와의) 상관관계이고, 그것은 앞에서 언급한 전이의 중심적 공허 주변에서 행사한다. 상징적 기능의 실마리처럼 나타나는 이 공허는 정확히 말해서 언어학에서는 기표／기의 사이의 빗금으로, 기호의 '자의성'으로 그려지거나, 아니면 정신분석에서는 거울의 '벌어진 틈'으로 파악된다.

나르시시즘이 분리의 공허에 대한 방어일 경우, 자아와 주체를 강화시켜 주는 길에서 공허를 동반하는 영상, 표상, 동일화들 그리고 투영의 모든 기구는 그 공허의 음모이다. 분리는 나르시스적인 인물 또는 자기도취자, 여하간 표상의 주체가 되는 우리의 행운이다. 그러나 분리가 열어 주는 공허는 우리의 정체성, 우리의 영상, 우리의 언어가 삼켜져 버릴 위험에 있는 거의 덮이지 않은 심연이다.

신화적 나르시스는 결국 영웅적으로 그 공허에 몸을 굽혀, 모성적인 물의 성분 속에서 자기 또는 다른 사람, 즉 사랑할 그 누구의 표상 가능성을 찾는다. 적어도 플로티노스 이후로[30] 이론적 성찰은, 그것이 그 공허에 뿌리를 두고 있다는 사실을 망각하고 우리로 하여금 볼 수 있게 하고, 우리를 동일화에서 동일화로, 완성에서 완성으로 동등해지기 바라는 빛인 표상의 태양 원천을 향해 사랑스러운 모습으로 돌진하게 한다. 그것은 우리가 빛을 바라보며 숙고한다는 말이다. 그렇지만 정신자들은, 우리가 그러한 사실을 잊고 있어도, 우리로 하여금 말하게 하고, 건설하거

---

30) 이 책의 5부, 프랑스어 원본 191쪽 이하를 참조할 것.

나 믿게 하는 표상의 기구들이 공허 위에 세워져 있음을 상기시켜 준다. 표상 능력이 제삼자에 의한 것임을 알지 못하고 계속 시원적 어머니에게 사로잡혀 공허의 고통을 통해 그 어머니의 초상을 치르는 자들은 가장 급진적인 무신론자들일까?

나로 하여금 그 공허를 벽으로 쌓아 막고 평정시키며, 그 공허로써 기호, 표상, 의미 들의 생산자로 만들게 하는 나르시스적 과시를 나는 제삼자의 견지에서 축조한다. 내가 '개인적 선사 시대의 아버지'를 유혹하는 것은 그가 단순한 잠재성, 잠재적 현존, 투입해야 할 형태로 나를 사로잡았기 때문이다. 언제나 이미 거기에 있으면서 나의 자기성애적인 어떤 욕구도 만족시켜 주지 못하는 형성 중인 그 현존은 나를 상상적 교류 속으로, 거울의 유혹 속으로 유인한다. '그' 혹은 '나' 중에서 누가 주동자인가? 그 남자인가 아니면 그 여자인가? 그가 지닌 초월성의 내재성과 나의 영상을 '특성으로' 고정시키기 이전에 우리가 지닌 한계의 불안정성은 나르시시즘을 생겨나게 하는 그 혼미한 원천(eine neue psychische Aktion)으로 혼란과 환희의 역학을 만든다. 우리가 지닌 사랑의 비밀들 말이다.

자아의 '이상'으로 꽉 찬 '이상적 자아'는 그러한 연금술을 이어받아 나르시스적 자아의 방어를 공고히 하게 된다. 의식, 그리고 의식과 함께 하는 도덕적 의식(아주 엄하면서도 값진 부모의 유산)은 초자아의 가혹한 보호 아래, 우리를 나르시스적 공허와 상상적인 감사와 투입으로 이루어진 그 외면을 진정으로 잊어버리도록 이끌고 가지는 않는다. 의식과 도덕적 의식은 적어도 그 공허와 외면, 즉 성공이든 실패든 간에 우리가 지닌 기능들의 깊은 곳에, 다소 고통스럽지만 항상 거기에 있는 상처들을 격리할 수 있도록 도와준다. 우리의 사회적 목표가 포착하여 볼모로 삼고 있는 동성애의 리비도 아래에서 펼쳐지는 것은 나르시스적 공허의 심연들이다. 나르시스적 공허는 이상적, 초자아적 투여의 강력한 동기가 될 수 있는 경우, 억제의 1차 근원이 되기도 한다.

자기도취자가 됨으로써 우리는 이미 공허의 아픔을 억누를 수 있었다. 그러나 자아의 영상과 이상적인 투여를 뒷받침해 주는 나르시스적 축조물의 너무나 허약해서, 그 균열들이 다른 사람들이 '자기도취자'라고 간주하는 사람들에게 우리의 영상이 담긴 필름의 음화들을 즉시 노출시킬 정도이다. 엉뚱한 것 이상으로 공허한, 우리의 투영과 재현의 기구들의 그 이면은 그래도 역시 살아 있는 존재의 방어이다. 그 존재가 공허를 성적으로 자극하고, 비열한 것을 향한 욕동의 전 나르시스적, 비대상적 난폭성이 자기 속에서 폭발하게 내버려둔다면, 죽음은 그 이상야릇한 길에서 승리할 수 있게 된다. 죽음의 욕동, 그리고 그 심리적 등가물인 증오는 프로이트가 나르시스에게 머물고 난 다음에 발견한 것이다. 나르시시즘과 그 분신인 공허는 결국 죽음의 욕동에 대한 우리의 가장 은밀하고 가장 허약하며 가장 오래된 정신적 구상물이다. 그것은 가장 앞선, 가장 용감하고 가장 위협 받는 원초적 억압의 파수꾼이다.

멜라니 클라인의 '투영적 동일화'와의 관계에서 가장 앞선 제안은 오이디푸스의 삼각관계 구조 이전부터 그리고 특이한 방식으로 제삼자의 위치를 가리켜 준다는 이점을 가지고 있다. 제삼자의 위치가 없다면 멜라니 클라인이 '편집병적 분열증'이라고 말한 증세가 '우울증적' 증세가 될 수 없고, 따라서 '상징적 등가성'을 언어학적 '기호들'의 수준으로 넘어가게 할 수도 없다. 아버지에 대한 이러한 원초적 기재 사항은 나에게는 마치 홀로 그리고 완벽하게, 클라인 주의와 후기 클라인 주의의 가게 뒷방에서 혼자 남근 놀이를 하는 남근적 어머니의 환몽을 변질시키는 한 가지 방법인 것처럼 보인다.

언어에 대해 말하자면, 여기서 개괄적으로 묘사된 개념은 언어 능력(촘스키)에 관계되는 본유론자들의 이론과 무의식의 주체 속에서 그대로 드러나는 언어의 항상 - 이미 - 거기 있기라는 라캉의 주장들과는 다르다. 우리는 물론 어린이(*infans*)와 마주하고 있는 상징 기능의 전 실존을 가정한다. 그러나 그 밖에도 우리는 그 기능에의 접근에 다양한 방식들을 구상해 낼 수 있게 하는 것으로 이끌고 가는 하나의 진화 가설을 지지하는데, 그것은 다양한 정신 구조들에도 부합한다.

앞에서 언급한 것에 비추어 볼 때, 우리가 '나르시스적 구조화'라고 불렀던 것은 (시간적으로 그리고 논리적으로) 가장 오래된 지점인 듯한데, 그 흔적을 우리는 무의식 속에서 찾아볼 수 있다고 생각한다. 그 반대로, 나르시시즘을 기원으로 또는 해체할 수 없고 분석 불가능한 화면으로 이해한다는 것은 분석가로 하여금, 이론적 주의 사항이 무엇이든 간에, 그의 해석적 담론이 그처럼 인정받고 연장받은 그 나르시시즘에 대한 보상적 또는 정면 공격적 접대처럼 나타내도록 이끌고 간다. 보상적이든 인증적이든 간에,(예를 들면 합리적 비판에 의한 '정신적 기능 작용' 유형의 해석들을 참조할 것.) 그러한 접대는 나르시시즘의 함정에 빠지고, 오이디푸스적 행렬을 통하여 나르시시즘을 복잡한 주체의 위상학에까지 인도하는 데 성공하기도 어렵다.

결국 위니코트 같은 임상의들은 그런 암초를 조심한다. 정신병이라는 상태에서 '나르시스적' 해석과 '오이디푸스적' 해석의 혼합을 암시하는 수준에 여전히 머물러 있다. 그러나 방금 지적한 곤경이 다른 사람들에 의해 생길 경우에는 기본의 누락 속에서, 즉 일차 동일화부터 상상적 아버지의 심급의 누락, '투영적 동일화'가 보다 뒤늦은(논리적으로나 시간적으로) 결과가 되는 하나의 심급 속에서 그 이유를 찾아야 한다. 동일한 이유로 그 곤경은, '나르시시즘'이라는 용어가 어머니의 남근에 지나지 않는 것의 유혹으로 한정될 위험이 있는 그 기본 방식 속에서 정신 현상이 필요로 하는 매우 구체적이고 특이한 구조화를 소홀히 함에서 비롯된다.

페르시아인 혹은 기독교인

'나르시스적 화면'처럼 나타날 수 있었던 것을 공허와 대상으로 구조화하는 일차 동일화의 역학은 우리에게 프로이트적인 행적에 또 하나의 수수께끼 같은 문제를 제기하게 한다.

기독교 문제에서 프로이트를 사로잡았고, 페르시아 종교와 마주하며 경탄을 금치 못하고 신중을 기했다고 그가 말한 계시 종교에 대해 그의 합리성이 무어라 설명할 수 없었던 불안을 우리는 알고 있다. "빛이 넘쳐흐르는 페르시아 젊은 신의 얼굴은 이해할 수 없는 것으로 우리에게 남아 있다."[31] 사실 우리는 그 빛나는 환희를 어머니가 욕망하던 남근과의 '즉각적이고 직접적인' 일차 동일화처럼 해석할 수 있다. 그 남근은 어머니의 남근도 아니고 오이디푸스적 드라마 속에 들어가지도 않는다. 어떤 환각적인 근친상간의 잠재성이 그렇게 유지되어 있는데 그 잠재성은 상상적 아버지의 장소에서부터 작용하며, 그 자체가 상상계의 바탕을 구성한다. 다른 관점에서는 그 관계에 대한 추후의 명명이 아마도 승화의 조건들을 표시할 수 있을 것이다.

프로이트의 텍스트에서 오이디푸스적 과오와 죄의식의 감정을 지니고 있지 않은 "빛나고 이해할 수 없는" 그 얼굴은 아버지를 살해하고 자기 업적을 자랑하는 (E. 존스가 암시했듯이) 형제들 무리의 우두머리일 것이다.[32] 그 반대로 우리는 그 향락의 전 또는 비오이디푸스적 방식을 생각할 수도 있다. 그것은 일차 동일화에 관계되는 상징성의 위치로서, 그 동일화가 성적 미분화(non-différenciation, 아버지 / 어머니, 남자 / 여자)와

---

31) 프로이트, 『토템과 터부(*Totem et tabou*)』, Payot, 176쪽 ; 『전집』, IX, 184쪽.
32) 프로이트, 『모세와 일신교(*Moïse et le monothéisme*)』, Gallimard, coll. "Idées", 118쪽 그리고 주석 1 ; 『전집』, XVI, 217~218쪽.

모성적 욕망의 장소로의 직접적인 전이에 대해 추론하는 것과 쌍을 이룬다. 이는 주체성에 대한 허약한 기록일 것이고, 그 주체성은 오이디푸스 콤플렉스 이후의 지배 아래서 오직 환몽적 지위만을 갖게 된다. 게다가 따뜻하지만 현혹적인 그 길들여진 부성은 상상적인 기쁨뿐만 아니라, 이상적인 가정 아래서 오직 프로이트적 오이디푸스 콤플렉스만이 공고히 할 수 있는 정체성의 해체라는 위험도 물론 지니고 있다.

현대 문명의 우여곡절에도 불구하고, 그 '이름'으로 우리에게 분리, 판단, 정체성을 만드는 엄격한 아버지의 강한 요구를 유지하는 것은 하나의 필요성이자 다소 경건한 소망이다. 그러나 그 엄격성의 동요가 우리를 고아나 정신병자로 가차 없이 남겨두기는커녕, 부성의, 다시 말해서 원초적인 상상적 부성의 다양하고 다채로운 운명들을 우리에게 밝혀 준다는 사실도 반드시 인정해야 한다. 그 운명들은 씨족 전체에 의해서, 성직자 혹은 치료사에 의해서 표출될 수 있었고 또 표출될 수 있다. 그러나 이 모든 경우에 문제가 되는 것은 주체에게 차후의 그리고 피할 수 없는 오이디푸스적 운명의 허약한 방식이지만, 그러나 유희적이고 승화적인 방식도 될 수 있는 한 방식에의 진입을 보장해 주는 기능이다.

유혹적인 또는 이상적인 아버지

프로이트는 아버지의 이상화에 대해 『모세와 일신교』가 하느님에 의한 유대 민족의 선택이라는 주제를 통해 그리고 모세의 이야기 속에서 그 비극적인 역학을 다시 조명한다. 이 선택을 프로이트가 그 사이 포기했던 아버지를 히스테리 환자의 첫 유혹자라고 보는 낡은 사상의 재탕이라고 상상할 필요는 없다. 한 민족을 사랑으로 구성하는 이 아버지는 사실상 '개인적 선사 시대의 아버지'에, 그리고 여하간 대상으로서가 아니라 '단일적 특성'으로서의 일차 동일화들을 흡수하는 이상화의 그 심급에 더 가까울 수 있을 것이다. 그러나 사랑하는 아버지에 대한 프로이트의 사상을 다음과 같이 해석할 수도 있다. 형제들 무리의 히스테리 구조는 아버지에게서 유혹자, 리비도와 에로스의 주동자를 보게 된다. 그리고 그 구조는 아버지를 사형에 처한다. 즉 모세의 살해당한 육신이다. 그러나 거기에는 상징적 선택으로서 유일한 사랑의 구조적 필연성도 들어 있다. 그 필연성이 나중에는 부족에게 도덕적 규율 또는 법률을 부여해야 할 절박함으로 나타나기 때문이다. 그때 아버지는 유혹자로서가 아니라 하나의 율법처럼, 우리의 동일화와 이상화의 힘을 선택하는 일자(Un)의 추상적 심급처럼 인정 받는다. 기독교의 삼위일체는 또 다른 형태의 사랑, 즉 아가페를 창안하면서 유혹자와 입법자를 화해시킨다. 단번에 상징적인(명목적이고 정신적인) 그리고 육체적인 아가페는 각자(형제 또는 이방인, 신자 또는 죄인 등)의 상징적 판별의 보편주의적 범람 속에 성욕적인 육체라고 공개적으로 밝혀진 살해자를 흡수한다.[33]

무엇이 상상적 아버지를 인정하는 데 반대하는가? 무엇이 아버지의 억압과 그의 폐기를 산출하는가? 프로이트는 '특징'이라는 낱말을 자기도 모르게 누설하는데 우리는 그 말의 항문적 내용을 알고 있다. "그 특징이 후일 버려진 성적 대상들의 영향력에 대항하는 저항이 아무리 완강해도, 생애의 가장 조숙한 시기에 이루어진 일차 동일화의 효력은 일반적이고 지속적인 특징을 항상 지니게 된다."[34]

그 특징이 분석 가능한 것의 한계 중 하나라는 것, 바로 그것이 우리

---

33) 이 책 4부의 「하느님은 아가페이다」를 참조할 것.
34) 프로이트, 「자아와 이드(Le moi et le ça)」, 앞의 책, 199~200쪽 ; 『전집』, XIII, 259쪽.

가 지금 점검하고 있는 영역의 어려움을 우리에게 확증한다. 그보다도, 일차 동일화와 마주하는 항문적 특징의 그 반항적 역할에서, 치료 중에 비열함의 출현은 저항 속에서의 첫 돌파구처럼 밝혀진다. 그러나 무엇보다도 일차 동일화의 찬란함을 비극적으로 어둡게 하는 것은 중재를 창안하는 오이디푸스적 경쟁이다. 오이디푸스 콤플렉스 안에서의 질문은 "누가 그인가?"가 아니라 "누가 그를 가졌는가?"이다. 나르시스적인 질문 "나는 있는가?"는 소유적인 아니면 귀속적인 질문 "나는 가졌는가?"가 된다. 그렇기는 해도 오이디푸스적인 비극들, 그 실패작들에서부터, 따라서 역으로, 우리는 일차 동일화의 특성들을 밝혀낼 수가 있다. 그러나 우리는 '경계 상태들'이 오이디푸스적 갈등을 차후 혹은 이차적으로 설정하면서 그곳으로 우리를 곧장 이끌고 간다는 것을 확인할 수 있다.

사내아이는 어머니의 남근이 된 화석화 상황에서 벗어나는 데 어려움을 갖는다. 만약 외할아버지(다른 사람들 중에서도)의 중재로 거기서 벗어나는 데 성공한다면 그는 접근할 수 없는 아버지의 비호 아래 형제들과 계속 싸워야 할 것이다. 오직 시적인 언술 작용 속에서만 그가 일차 동일화의 직접적이고 즉각적인 방식으로, 그리고 음유시인들과 조이스가 증언하는 성적 차이를 줄이면서 아들 그리고 아버지가 되는 것이 가능할 것이다. 딸은 어머니의 특징을 지닌 아버지의 도움을 받을 때에만 일차 전이의 흔적을 간직한다. 그러나 아버지는 딸이 어머니와의 거리를 유지하기 위한 투쟁과 이성의 성적 대상을 찾기 위한 투쟁에서는 미미한 도움이 될 뿐이다. 따라서 그녀는 일차 동일화를 동성애에 실망한 발열 상태에 묻어 버리려는 경향을 가질 것이다. 그렇지 않으면 육체에서 날아가 버리듯이, 한 가지 '사상', '사랑', '헌신'과 융합하거나 아니면 전적으로 '한마음'이 되는 추상 개념 속에 그것을 묻어 버리게 될 것이다. 향락이 조금이라도 남아 있다면, 그것은 적어도 프로이트가 '일차 동일화'라는 표제로 그처럼 세련되고 간략하게 다루었던 원초적 성 분화를 닮은 성질을 띠게 되는 것과 같다.

따라서 '나르시스적 구조'는 우리를 부르는 사랑의 탄식 속에 지속적인 정착물을 남긴다.

경계선을 넘는 인간 장과 공허

장(Jean)은 위니코트, 페어베언, 로젠펠트가 충분히 열거한 '경계례 환자들'의 탄식, 즉 위장된 자기, 성적 불능, 직업적인 불만을 가지고 분석 치료를 받으러 온다. 그의 담론은 유행을 따르는 것 같다. 그러나 그가 기표 놀이에 몰두하고 언어를 사물처럼 취급하거나 그렇게 생활하고 말한 다음, 공허하다는 인상을 주면서 문장을 단편적이고 비논리적이며 혼돈스러운 연쇄를 통해 진행할 때 그는 유행에 대해 크게 아는 바가 없다. 그 남자의 치료에서 명백한 공허의 주제는, 다양한 윤곽과 은유를 생성하고, 그 윤곽과 은유는 모두 어머니에게로 집중되어 있지만 어머니에게 그는 절대로 소유형용사를 사용하지 않는다. 마치 억압이 문젯거리가 되듯이, 그의 담론 속에는 근친상간적이고 살인적인 모든 내용들이 드러나 있다. 그러나 그 내용이 어떤 의미를 갖는지 몰라도 그 환자를 위한 '의미 작용'은 없다. 그의 나르시시즘의 텅 빈 울타리 속에서 그 내용들 (욕동과 표상)은 유일하게 육중하지만 사랑의 결핍으로 텅 빈 것처럼 느껴지는 내용들의 의미에게 의미 작용을 부여할 수 있을 타자(수신자)를 찾아낼 수가 없었다. 전이는 그 공허로부터 두 가지 요소를 부각시켰고, 그 요소들은 오이디푸스적 문제 제기를 둘러싼 대장정을 허용했다.

그것은 우선 비열함의 폭발이었다.[35] 욕망된 혹은 죽여야 할 어머니는 오직 비열하고 혐오감을 주며 이전에는 냉담했던 항문성의 모든 세부 사항으로 장식되어서만 구현되었다. 그와 같은 방식으로, 그리고 언제나 명시적으로 이상화하는 전이에 의해 보호를 받는 환자는 아직도 '자아'가 아닌 것과 아직도 대타자가 아닌 것 사이의 불확실한 경계를 변형시키면서, 그 아직도 '자아'가 아닌 것(non-encore-Moi)을 '비열한 것'으로 가득 채우고 그것을 공허에서 빠져나오게 하며, 오로지 그때에 나르시스적인 일관성을 그것에게 부여한다. "나는 비열하다. 그러므로 나는 존재할 수 있다." 주체도 아니고 대상도 아닌, 차례로 두 가지 비열한 역할을 겸한 어머니와 아들은 치료의 초기 단계 내내 힘들게 서로 떨어져 나가면서 필연적으로 육체의 경계선(피부나 괄약근), 유체들 그리고 배설물을 동원하는데 그것은 일시적 증상들이 그곳에 자리 잡기 위해서이다. 나르시시즘의 그러한 기본적 구조화는 '투영적 동일화'의 온갖 가능성 이전에 나에게 나타났다. 그 투영적 동일화는, 분석 초기에는 산만하지만 본질적인 것처럼 보이지 않았고(의미는 가지고 있었으나 의미 작용은 없었다.) 단지 그 후에야 생성되고 해석될 수 있었다.

그 사이, 그리고 비열한 것의 출현과 나란히 하는 두 번째 요소가 지적될 만해지자, 그 환자는 어떤 꿈을 꾸었다. 그의 오이디푸스적 동일화를 유인하는 자기 어머니의 애인과의 대립에서 자신을 보호하기 위해 장은 광적인 질주로 달아나지만, 패배하려는 순간 기적적으로 "성인을 닮은 한 노인, 내 생각에는 아기 예수를 안고 있는 크리스토프가 다가와 내 두 어깨를 잡고 다리를 건너간다. 그가 나를 붙잡고 있지만 내 다리는 걷고 있다……." 다음번 진료에서 장은 아주 어렸을 때 돌아가신 그

35) 크리스테바, 『공포의 권력(Pouvoirs de L'horreur)』, essai sur l'abjecton, Éd. du Seuil(1980)을 참조할 것.

의 아버지뿐만 아니라 어린 시절을 함께 보냈던 외삼촌과 외할아버지를 상기했다. 지금까지 비방을 듣고, 부재중이거나 무가치한 존재라고 공언되었던 그 아버지가 환자의 언사에서 수줍어하며 '겸손한 인텔리', '영화 애호가', '헨리 제임스 애독자'("이상하다, 보잘것없는 사무원이 그런 작품을 읽다니.")처럼 모습을 드러냈다. 그것은 비열한 것과의 투쟁에서 그를 옹호하고, 그리하여 그에게 보다 안정적인 경계선을 제공하며, 허위인 것처럼 나타나기 전에 좀 더 오래 지속되는 '자아들'과 처음에는 공허를 한탄하던 그 나르시시즘의 흰빛을 점철하는 충돌적인 지표들을 부여하기 위해서이다.

프로이트의 환자들과는 달리, 이 경계례 환자는 에로스에 대해 말하지만 아가페를 갈망하고 있다. 그런 환자들에게는 '불확실한 억압'이라고 해석될 수 있고 게다가 '억압의 결여'처럼 해석될 수 있는 것이 오히려 억압의 또 다른 위치인 것 같다. 경계례 환자에게는 부인(否認)이 특히 그리고 대거 일차 동일화에 가해진다. 거기에 '아버지의 이름의 배제'가 있다고 말하는 것은, 치료에 뒤이은 어느 정도 분석될 수 있는 오이디푸스의 출현과 전이의 존재 때문이 아니라면, 너무나 일반적이고 부정확하다. 그렇지만 아가페의 부인을 생각하게 하는 억압(여기서 나는 이 용어를 일차 동일화와 동의어로 사용하고자 한다.)과 함께, 남자의 경우 그것이 가정하는 남성 동성애 억압의 모든 것은 억압된 성적 욕동과 연결되고, 특히 쌍방 관계의 성적인 관계('투영적 동일화'를 포함한)와 연결된 표상들의 지위를 변경시킨다. 그 결과 정동을 대표하는 것들은 억압의 검열을 뛰어넘고, 담론 속에 텅 비고, 의미 작용 없는 것들로 나타난다. 담론 자체도 비슷한 효과를 감수한다. 욕동들로 채워져 있으나 그 담론은 장의 말로는 '거세'되고 일관성이 없고, 그것 역시 텅 비어 있다고 느껴진다. 왜냐하면 그의 수신자이자 그를 받아들이면서 그의 정당성을 입증해 줄 원초적이고 기본적인 제삼자가 없기 때문이다. 만약 '오이디푸스적 아버지', '상징적 아버지'만이 남아 있다면, '비열한 것'에 대한 어떤 투쟁도, 남근적 어머니와 마주하는 어떤 자동화도 언어 조직체 속에 기재될 수 없을 것이다.

이러한 여정에서 정신분석가는 상상적 아버지의 자리에 호출되는데, 그것은 특히 (또한 이것은 경계례 환자가 갈망하는 것이기도 하다.) 망설이면서, 전이 도중에, 그(남자 분석가) / 그녀(여자 분석가)가 비열함의 버팀목으로 쓰이기 위해서이다.

마리와 어머니의 부재

마리(Marie)는 히스테리의 모든 달콤한 고민을 진술한다. 요구에서 요구로, 주장에서 주장을 거듭하며 심각하게 동요되어, 불안해하고 괴로워하면서 그녀를 '냉정하게' 내버려두는 '완전 실패'에 이를 때까지……. "놀라운 일이에요, 나는 끊임없이 그 모든 자만심에 충격 받았어요." 그런데 그것이 증상을 약화시키지 않았고 그래서 그녀는 분석 치료를 요청했다. 그녀에게는 자동차 운전대만 잡으면 질식해 버릴 것 같은 증상이 있었다. 마리의 이야기는 평범하지 않다. 전쟁 중 사라져 버린 어머니로부터 버림받은 그녀는 처음에는 아버지 집안에 맡겨졌다가 그다음에는 유모에게 맡겨졌다. 아버지는 재혼했는데, 마리의 말로는 "아내에게 완전히 공포에 떨었던" 아버지는 딸을 거의 돌보지 않았고, 젊어서 겪은 실패의 짐이라 딸을 양육할 의사는 있어도 사랑할 마음은 없었다. 어머니의 실제적 부재는 어머니에 대한 이상화와 증오를 절정에 달하게 했고, 그녀가 스물다섯 살이 되던 때에 그녀를 위해 방 한 칸조차 마련해 주지 않았던 가족과 만나게 되고 실망 상태에 빠지게 된다. 마리와 여자들과의 성적 관계는 잦았고, 갈등적이며 '무의미한' 것이었다. 그녀는 그 부인들의 집에 가면서, 말한 것처럼 자신의 '증상'을 100여 차례나 반복하고 난 후, "이건 나에게 흥미없는 것이에요."라고 말했다. 그러나 그녀는 억제하고, 아무런 표현도 하지 않으며, 전혀 반박하지도 않는다. "완전한 피학대 음란증이라고 말씀하실테죠." 본질적인 나르시스적 보호에 대한 배려가 그녀를 '봉사적이고, 상냥하고 착한' 사람으로 만든다. 한편 그녀는 두 명의("한 번도 두 명 이하였던 적은 없어요."라고 마리가 명시한다.) 성적 파트너들과 한 사람씩 따로 그리고 번갈아 갈등적으로 관계를 유지했는데, 그것이 그녀의 어린 시절의 구조도 욕구 충족도 전혀 상실시키지 못한다. 그리고 특히 셋이서 말다툼이라도 할 때는 그 파트너들이 '숨 막힐 듯'하지만 대단히 만족스러운 완결성을 그녀에게 안겨 준다.

마리의 이야기가 어쩌면 지나치게 직접적으로 묘사하는 나르시시즘의 핵심적 공허로부터(그런데 사랑받거나 증오받는 얼마나 많은 히스테리 환자의 어머니들이 히스테리의 무한한 거울 속에서 숨 가쁜 나르시스적 탐색의 화면 뒤로 동일한 소멸을 감수하고 있을까?) 마리는 어떤 대상을 끌어내어 자기와 힘겨루기를 하거나, 대결 또는 투영을 하지 않는다. 장에게는 비열함이었던 것이 마리에게는 순수하고 단순하며, 불안하고, 열에 들뜨고 헛된 부질없음이다. 즉 마리는 "아무도 나를 사랑하지 않아."에 종지부를 찍을 '진정한 업무', '참사랑'에 대해 불가능한 탐색을 하고 있는 것이다. 그러한 논리가 그녀를 희생자로 만든다는 사실을 깨닫게 된 것은 오직 어느 여자 친구가 그녀 자신도 그녀의 증상들('숨 막힘' — 한계선, 울타리, 지주?)과 분노의 환희만이 점철하는 경계선 없는 공간 속에서 길을 잃고 마리에게 그런 말을 해 주었을 때이다.

병환이 위중한 아버지를 잃을지도 모른다는 생각을 하고 있을 때 마리는 꿈을 꾸었다. 한 남자가 죽었다는 부고장이 왔는데 기입된 이름이 여자 이름이었다. 아버지가 가장 사랑하던 딸인 마리의 이복 여동생의 이름이라는 것을 금방 알 수 있었다. 그다음에 마리가 발견한 것은…… 그녀 생애의 두 남자에게도 역시 다른 여자들이 있었고 그녀가 유일한 여자가 아니었다는 사실이었다. 그녀는 질투심에 불타, 그 다른 여자들에 대해, 분석가에 대해서도 격분했다.

히스테리 환자는 아가페에 대해 말하고 에로스와 타나토스를 꿈꾼다. 그러나 그녀가 하는 사랑의 방식이 전자이든 후자이든 간에 그녀는 어머니와의 경계선을 혼동하는 나르시스적 무한을 옹호한다. 어머니와의 경계선에서 두 여자는 모두 부재의 희열에 몰입한다. 무엇과 관련된 부재인가? 그것은 잠재적으로 상징적 대타자의 존재를 허용하는 일차 동일화에 의해 만들어진 간격과 관계된다. 왜냐하면 그녀가 상상적 아버지의 자리로 전이할 경우, 아버지가 언어로의 진입을 보장하고, 융합적인 히스테리의 공포증적·정신병적 잠재성을 가로막아 주는 한, 그녀는 표상의 무기들을 가지고 욕동의 짐 꾸러미들 없이 아버지의 장소로 전이하게 된다.

그녀의 짐 꾸러미들은 모성적 융합과 그리고/아니면 모성적 부재의 공허 속에 남아 있다. 나는 정확히 그리고/아니면이라고 말한다. 왜냐하면 이 시점에서 어머니가 있고 없고는, 그리고 욕구들이 (유모, 간호사 또는 다른 욕망 없는 간병인에 지나지 않는 어머니에 의해서) 충족된다는 조건에서는, 그것이 마찬가지가 되기 때문이다. 그 여자들은 동일한 여자이고, 그 여자가 그 여자이다. 욕구들을 충족시키는 존재(말하자면 대타자에 대한 욕망이 없는 어머니)는 존재하지 않는다고 하는 비존재의 흔적이외에는 아무것도 남기지 않는다. 어머니에게 존재를 부여하는 것은 일차 동일화이고, 그것에서부터 히스테리 환자의 어머니는 '비열한 것'의 윤곽들을 얻어내지 못하지만, 오이디푸스 콤플렉스의 미끼 덕분에, 투영적 동일화의 갈등적 대상이 되기 이전에 낯선 여자, 부재의 여인, 무심한 여자의 윤곽들을 획득하는 것이다.

그러한 히스테리는 자신의 심적 구조에 절대로 부응하지 못할 남자 쪽을 이상화하는 상징적 아가페를 기다리면서 여자들과 함께 자신의 에로스를 경험한다. 바로 그것이 히스테리의 오이디푸스 콤플렉스를 저당 잡히고, 아버지 유형의 사랑의 대상을 선택하는 데 그녀가 가장 어려워하게 된다는 사실을 밝혀 준다. 왜냐하면 그 구조에는 상상적 아버지가 존재하지 않기 때문이다. 그는 모성적 공허로부터 사랑할 수도 있고 증오할 수도 있는 대상, 필연적으로 어머니를 닮은 (남자를 위한 그리고 여자를 위한) 성적 대상을 출현시킬 수 있게 되기 이전에 소진되어 버렸기 때문이다.

경계선 없는 나르시시즘이 호의적으로 전개되는 현실감의 상실(경계선 소멸, 신체 증상들)과 여자들과의 한판 승부(필연코 억압된 항문기와의 한판 승부와 그런 의미에서 전혀 비열한 것이 아닌) 사이에 사로잡힌 히스테리는 인정사정없는 아버지, 상징적 아버지의 엄한 시선이 지켜보는 앞에서 자신의 정체성을 탐색한다. 아버지와의 오이디푸스적 동일화를 향한 길은 여기 있거나 아니면 차단되었고, 또는 어머니의 책임 쪽으로 완전히 선회한 상상적 아버지의 억압에 의해서 막혀 버렸다. 남자이건 여자이건 히스테리 환자는 어머니의 남근이 아니고, 또 그 남근에 대해 알려고 하지도 않는다. 일차 동일화의 부인은 그 환자에게 성도착적 불안정성, 교태 부리기, 쉽게 영향 받는 척하기를 부여하는데, 그런 가운데 그녀 / 그는 어머니가, 다시 말하면 아무것도 아니거나…… 아니면 접근할 수 없는 하나의 총체이기 때문에 존재하지 않는다고 믿게 한다.

이러한 나르시스적인 어머니 도려내기에서, 그리고 어머니에 대한 비열함의 항문적 체제(절약의 의미로)에서 (히스테리 환자는 자신에게 모성적 비열함을 면제해 주고, 그 최초의 대상에게 오직 공허 혹은 '애증'만을 남긴다.) 우리는 그 구조 속의 투영적 동일화에 고유한 난폭성의 조건들 중 하나를 식별해 낼 수 있다. 여성들에게서 더 눈에 띄는 이러한 특징들은 수많은 히스테리 속에 잠재해 있는 여성 편집증을 밝혀 주는 것 같다.

마티외 혹은 농경의 신 사투르누스에 대항하는 워크맨

마티외(Mathieu)는 최근 파리 거리에 밀어닥친 워크맨을 끼고 다니는 젊은이들 중 하나인데, 내 짐작으로는 그런 젊은이들을 분석 진료 의자에서 만나 보게 되는 것은 드문 일인 듯하다. 그는 헤드폰을 끼고 음악에 흠뻑 젖어 도착했다. 그는 "물론 고전 음악이지요."라고 분명하게 말했다. 나를 보자 그는 헤드폰을 벗었고, 내 진료실에서 나가며 그것을 다시 끼는 것이었다. 어느 그랑제콜[36] 출신의 수학자로, 그가 말했듯이 "박식하고 권태에 빠진" 사람이다. 그는 노래에 몰두해 보지만 더 이상 노래할 수가 없었고, 그래서 정신분석 치료를 받고자 했다. 인공언어에 능통한 그는 주변 사람들과 더 이상 말할 수 없게 되었는데, 석 달 동안 계속된 첫 번째 분석 시도 중에는 단 한마디도 하지 못했다. 얼굴을 마주하는 몇 달 간의 치료 동안 마티외는 분석을 받았다기보다는 다른 사람을 위한 담론을 구성하는 법을 배웠다. 그 이후 진료 의자에 길게 드러누워 그는 가족 이야기를 더듬어 갔는데, 거리에서, 지하철에서, 버스에서 공격을 받았다고 하면서 잠깐씩 말을 끊었다. 그는 음악이 자신을 그러한 난폭성에서 떼어 놓지만 그러나 음악도 이제는 그런 난폭성을 조

---

36) (옮긴이) 대학 수준의 전문가 양성 특수 학교.

76

장한다고 생각했다. 언어는 추상성에 고정된 듯 생략적이고 암시적이어서 그에게 무엇인가를 의미하기보다는 어떤 공간 표시를 제거하는 데 쓰였다. 그에게는 말을 한다는 것이 괴롭고 힘들며, 어떤 때는 너무 일반적이고, 또 어떤 때는 지나치게 난입적이다. 음악만이 그 양극성(추상화-난입)을 조화시킨다. 그러한 양극성은 헤드폰 없이는 화석화되어, 마티외를 전화도 없이, 다른 사람들로부터 단절된 채 마치 "보이지 않고 넘어설 수 없는, 분필로 그린 둥근 원으로 둘러쳐진" 것처럼 침대 깊숙이 못질해 놓는다.

이러한 공포·강박증적 장치는 치료가 탐욕스러운 아버지(만족할 줄 모르는 게걸스러운 폭식가)의 모습을 나타나게 했을 때 풀어지기 시작했다. 이 사투르누스·아버지가 그 '가련한 녀석'의 자리를 차지했고, 그리하여 일련의 교육자·박해자·유혹자의 남성과 여성의 형상들을 이끌어 냈는데, 마티외는 그들로부터 시작하여 워크맨의 역할과 음악 속에 감금되기에 대해 스스로 의문을 갖기 시작했다.

헤드폰을 낀 마티외의 도착이 점철하는 그의 분석 단계에 대해 내가 가진 인상은 부성적 유혹에 대한 공포였다.(환상적인 유혹일까 아니면 실제적인 유혹일까?) 그 가정의 핵심 인물로 묘사된 어머니에게 매달린 마티외는 항상 어머니의 남근이었다. 그녀가 자기 아들 이외의 다른 욕망을 가질 수 있다는 것은 아버지가 영향력을 행사하지 않던 그들의 양자 구도에서 분명히 제외된 듯 보였다. 상상적 아버지의 부인(déni)과 그리고 결국 억제된 구순기 사디즘의 폭발과 함께, 그러한 양자 공생의 탐욕은 하나의 대상인 선호하는 남성(왜냐하면 어머니와 그 환자는 혼합되어 있기 때문에)이 나타나자마자 투영되어, 외부로부터 마티외에게로 되돌아오는 것이었다.

음악은 돌아온 아버지[37]였고, 한편으로는 혼동, 다른 한편으로는 공격으로 둘러싸인 보이지 않는 분필로 그린 둥근 원 사이의 중재자이다. 음악은 마티외에게 유동적인 정체성을 구성하게 해 주고, 거기에 들어가지 않는 모든 것(말하자면 보다 원초적인 혐오와 구순기 사디즘이 와서 만나는 오이디푸스적인 세트)을 비열한 것으로서 그 정체성 밖으로 던져 버릴 수 있도록 해 주었다. 환호하고 황홀하며 사랑스러운 마티외는 오직 워크맨 속에서만 존재하고 있었다. 헤드폰, 그것은 모든 점들을 포괄하는 하나의 점이고 조직 분화된 무한이며, 그 무한은 그를 일관성으로 채워 주고 그로 하여금 사투르누스의 폭식과 대결하게 하고 아울러 사투르누스에게는 그 자신의 파괴성을 인정할 수 있게 해 준다. 마티외의 외삼촌은 유명한 피아니스트였다. 정신분석은 워크맨을 이용했다. 즉 헤드폰이 본래 의도했던 대로 껍질임을 인정하면서 분석은 그것으로 자율성과 경계선 확정의 전제로 삼았다.

강박신경증은 그 의식의 저장고 속에 일차 동일화의 실패나 허약성을 드러내는 방황과 불안정성을 은폐하고 있었고, 마티외의 워크맨은 그 방황과 불안정성을 내가 들을 수 있게 해 주었다.

"오 하느님, 나는 호두 껍데기 속에 갇혀 있으면서 무한한 공간의 왕이라고 느낄 수 있습니다. 단지 내가 이렇게 허망한 꿈을 가진 것이지요."라는 햄릿의 말(2막 2장)을, 보르헤스는 그의 작품 『알레프(*Aleph*)』의 명구에서 인용한다. "우주의 모든 공간이 뒤섞이지 않고 모여 있는 장소", 알레프는 아이에게 "인간이 어느 날 한 편의 시를 새겨 놓도록" 허용해 준 하나의 "특권"이다.

이렇게 계획된 것은 조건이고, 또한 어떤 사람들에게는 상상적 아버지

---

37) (옮긴이) re-pêre : 크리스테바가 만든 조어. 띄어쓰지 않으면 지표, 기준, 좌표의 의미이다.

를 다시 만들고, 그의 자리를 차지하고, 언어 속에 그의 자리를 창조하는 데 있는 승화의 가능성일까? 그러한 체제는 명명하기를 대상 없는 이 공간, 점과 무한, 정지된 정체성과 직접적인 동일화의 가장 가까이로 인도한다. 그것은 나르시시즘이 오직 비열한 것, 공허, 유령, 부성애의 탐색으로 둘러싸인 햄릿의 비통한 방식으로만 지배한다고 말해진 공간이다. 왜냐하면 오이디푸스처럼 아버지를 살해하기 전에, 말하는 존재는 말을 하기 위해 '개인적 선사 시대의 아버지'를 사랑한다. 괴로워하며 팽팽한 밧줄 위에서 줄타기하는 곡예사인 그는 자기가 지닌 십자가의 소리로 자신을 달랜다. 죽은/살아 있는 자신을 그 속에 매몰하는 것일까, 아니면 자신으로 한 편의 시를 짓는 것일까?

2부

남성 성욕의 편집광적 에로스, 숭고한 에로스

사랑의 한 역사

사랑의 태도와 담론에 대한 한 역사가 있다. 그것은 아마 서양 영혼의 가장 훌륭한 유산일 것이다.

실제로, 그 역사가 존재하면서부터 프시케가 말을 하고 오직 사랑 속에서만 그 모습을 드러낸다. 다시 한번 플라톤의 『향연(*Le Banquet*)』(기원전 385년)과 『파이드로스(*Phèdre*)』(기원전 366년)를 읽어 보아야 할 것 같다. 우리는 신화적 담론이 철학적 담론으로 바뀌면서 서양의 에로스가 동성애의 모습을 띤다는 것을 확인하는 첫 번째 뒷받침을 포착하게 된다. 정신착란, 편집광, 갈등 관계, 사도마조히즘적 폭력. 그런데 이런 종류의 에로티시즘이 플라톤의 텍스트 속에서는 거꾸로 되어 절대미의 용해되고, 비등하며, 열정적인 비전을 통과해 절대선을 향한 상승의 날개를 달고 있다. 에로스(파멸로 이끄는 마귀 들림)는 기원전 4세기에 프테로스, 즉 실추한 영혼이지만 보다 높은 곳에 있었음을 확실히 기억하는 영혼의 상승 운동에 사로잡힌 이상화의 새가 된다.

차후에 우리는, 신플라톤학파의 성찰을 통해, 그리고 새로운 신화인 나르시스 신화의 뒷받침을 받아, 그 상승하는 에로티시즘이 어떻게 내면화되고 어떻게 편집광적 폭력을 수용하여 그 분신으로서, 이상화된 자아의 성찰로써 내면적 공간을 창조하는지 보게 될 것이다. 그리하여 사랑 덕분에 구원이 확보될 것이다. 플라톤의 깃털 달린 영혼에 뒤이어 나르시스의 거울을 지닌 플로티노스의 영혼이 나온다. 그리고 이러한 소혁명은 우리에게 사랑(이상적 대타자를 향해 갈망하지만 자신에게로 집중된 사랑)에 대한 새로운 개념을 남긴다. 그것은 내가 사랑하고, 나를 존재하게 하는 접근 불가능한 대타자의 반영으로서의 개인을 찬양하는 사랑일 것이다.

다른 한편, 보다 강력한 성서적인 흐름이 그런 요소들과 합류해 서구적인 사랑의 소재가 된다. 유대교는 하느님의 말씀을 듣는 가족과 번식 그리고 선택된 숫자에 그 윤리적 기반을 두면서 이성 간의 사랑을 강요한다. 아무리 동양의 에로티시즘이 힌두의 시 또는 벵골의 가장 선정적인 시에서 찬양되었다 해도, 구약 성서의 「아가」의 기쁨에 넘치고 전율적인 열정에 필적할 수는 없을 것이다. 왜냐하면 동양에서는 육체가 즐기고, 그 기관들의 쾌감을 과시하며, 소리 없이 젖엄마에게 의존한 자신의 쾌감이 흘러넘치도록 무한히 부풀려졌기 때문이다. 그러나 그것들은 모두 내부에서 차별화된 공간의 쾌락들이고, 그 요소들 속에서 서로 포옹하는 말씀의 우주 공간에 귀속된 기쁨들이다. 그런데 타인에 대한 사랑, 특히 이성에 대한 사랑이 처음으로 우리에게 소개된 것은 솔로몬 왕과 술라미를 통해서이다. 그것은 조숙하고, 허약하며, 불가능함으로 채색된 이성애의 승리이다.

기독교는, 복음서 이래로 그리고 그 신학 속에서, 에로스의 짝들이 아니라 우리가 그분을 사랑하기 이전에 우리를 사랑하신 하느님 아버지에 의해 항상 이미 보장받은 아가페의 짝들을 개발하게 된다. 기독교는 육신에 고유한 열정의 드라마 속에 위장된 그리스적인 성애를 수용하게 된다. 그렇지만 기독교는 거기에 가족적인 열정의 신중성을 첨가하고, 재현할 수 없는 것에서 나온 「아가」에서처럼 열렬하면서도 거리감이 있는, 성서적인 불가능한 사랑에서 나온 긴장을 가미한다. 자기도취증, 즉 나르시시즘을 강력히 복권시키면서 신학, 특히 토마스학파들은 자기애를 구원과 사랑의 중심축으로 만들고, 그리하여 2000년 동안 서양 영혼의 자신과의 조화를 굳건히 한다.

보다 더 '성도착적인' 프란체스코 수도사들과 예수회 수도사들은 성 베르나르 이후 하느님 아버지의 사랑에 맞서 어머니의 사랑을 강요하고, 어린 예수를 안고 있는 성모의 모습은 서양 전역에서 사랑이 지닌 가장 고귀한 것(죽음의 심연을 눈앞에 둔 우리를 더 안심시켜 주고, 보다 충족시켜 주며, 보다 더 감싸주는 것)의 주춧돌이 된다. 부성적이고, 자기도취적이며, 모성적인 기독교의 사랑은 개체가 지닌 취약성의 모든 근원에서 성장하고 있고, 인간 존재라는 일찍이 마귀 들린 자, 이 사랑에 빠진 자가 듣고 싶어 하는 가장 고귀한 말씀들의 모자이크를 제안한다.

그러한 자료 속에서 다듬어진 사랑의 신화들은 그 뿌리가 매우 깊다. 트리스탄과 이졸데. 그들은 금지된 커플, 사랑과 죽음, 율법에 대항하는 육체의 상징이다. 돈 후안. 그는 이상화된 만큼이나 공포의 대상인 아버지의 치명적인 포옹 속에서만 즐거움을 찾아내는 영원한 아들이고, 소유하지 않으면서 굴복시킬 수 있는 열정에 사로잡힌 믿을 수 없는 색마이다. 로미오와 줄리엣. 베로나의 이 저주받은 아이들은 증오가 그들을 열정의 가장 순수한 순간에 소진시킬 때 증오로부터 승리한다고 믿는다. 파괴적인 소유와 이상화의 미묘한 혼합물이자, 밀물 같은 욕망과 경계선을 확정하는 금지 사이에 들어 있는 능선인 사랑은 오로지 문학에서만 근대의 문턱을 넘는다. 애정보다 인식 위에 존재를 정립시키는 철학 앞에서 신학이 후퇴할 때, 수사학이 사랑이 꽃피는 시기를 맞은 듯이 연인들의 열정과 열광을 수확한다. 그러나 외설물에서 어느 정도 영향을 받은 변태성욕 이후처럼 사드적인 욕동의 폭발 이후로 현대적인 사랑은 공격성, 고결함, 섬광 그리고 평화의 감미로운 배합을 찾아내어 유지되는 것일까? 그렇다면 이 새로운 배합이란 무엇인가? 양차 세계대전 사이에 중부 유럽에 살던, 환멸에 찬 어느 괴테적인 유대인의 귀가 새로운 사랑의 공간을 (수많은 위험성과 불확실성과 함께) 정비하겠다고 계속 자청하는 유일한 귀가 된다.

그런데도 오래된 신화들은 계속 우리 속에 살아 있고, 사랑의 고고학자들은 그리스와 우리의 꿈속에서 아리스토파네스와 디오티메, 파이드로스와 알키비아데스의 말들을 찾아낸다. 동성애적 에로스일까?

물론 사포와 플라톤의 『향연』(191 e)에서 아리스토파네스가 환기시킨 이상하게 반항하는 여인들(heraistrai)은 '여성으로부터의 단절'이고, 남성들에게는 '최소한의 관심'도 없다. 현대 여성 운동의 연약하면서도 끈질긴 주장은 자기에 대한 사랑을 스스로 만들어 낸다. 그러나 그 여자들이 말하는 것이 똑같은 남근적인 흥분, 젖과 애무의 달콤함이 우리의 피부를 연통관(連通管, vases communicants)으로 변형시키는 어린 시절의 모성적 사랑에로의 회귀가 아니라면 무엇인가? 또한 그러한 관점에서 생각나는 것이 아리스토파네스가 언급한 양성 겸유자들, 아니면 조금 더 성적으로 뚜렷한 음유시인들의 한숨이다.

따라서 에로스는 동성애자이다. 그리고 동성애란, 소년들에 대한 사랑을 떠나서, 드높은 이상의 보호를 받고, 양성의 공인이나 동일화를 위한 욕망이라고 이해해야 한다. 그것은 남근에 대한 것이다. 여성 동성애는 상대방과의 상응이라는 그 뜨거운 도가니에 불을 붙이기에는 보다 복잡하고, 보다 불가식적이고, 보다 함입되어, 덜 반사적인 우회로를 택한다.

따라서 여성 동성애는 남근적인 지배 혹은 남성적인 힘에 대한 복종을 향한 남성적 돌진과 대칭적인 것이 전혀 아니다. 그러나 그러한 사실은 상대방을 향한 모든 성적인 (남성적인 혹은 여성적인) 욕망이 한 상급자에 대한 환상 아래서 그 비슷한 사람과 즐기는 편집증이라는 것을 보여줄 수밖에 없다.

남색적 에로스, 철학자적 에로스

『향연』과『파이드로스』는 에로스에 관한 플라톤의 위대한 대화록이다. 이 두 책에서 철학자의 언어는 달라지지만, 변하지 않는 요소들이 있다. 아리스토파네스나 디오티메가『향연』에서 들려주는 신화에 뿌리를 둔 에로스는 즉시 신화에서 해방되어 플라톤의 논리 자체 속에서 그리고 문답형 교육의 실천 속에서 '선'과 '미'에 대한 입문처럼 표명된다.[1] 사랑은 언제나 그리고 분명히 젊은이들에 대한 사랑, '선'에 대한 사랑, 진실한 담론에 대한 사랑을 의미한다. 전적으로 남색가이며 철학자인 에로스는 따

1) 레옹 로뱅의 『플라톤의 사랑 이론(*La Théorie platonicienne de l'amour*)』, Félix Alcan, 1933(PUF, 1964)은 플라톤의 사랑에 대해 고전적 해석을 한 것이다. 플라톤을 읽는 기쁨과 그의 대화의 논리를 명백히 하기 위해서는 알렉상드르 코이레의 *Introduction à la lecture de Platon*(Gallimard, 1962)에서 많은 참고 문헌을 찾아볼수 있다.
   우리가 관심 있는 것은 성적 욕망이 복합적인 사랑으로 변환되는 것이다. 그리스어 에로스(*éros*)는 육체적이고 정신적인 체험의 모든 영역을 포괄하고, 나아가 필리아(*philia*), 즉 따뜻함과 온정의 뜻까지 내포하는 애매한 용어이다. 플라톤은 그리스의 동성애의 역사에서 매우 특이한 위치를 차지하고 있으므로 다시 말할 필요도 없겠지만, 그리스의 동성애에 대한 전반적 비전을 그가 제시하고 있지는 못하다. 처세술로서의 이러한 문제와 그 역사적인 변형에 대해서는 K.-J. Dover의『그리스적인 동성애(*Homosexualité grecque*)』, La pensée sauvage(Grenoble, 1962)를 참조할 것.

라서 다른 육체들을 건드릴 수 있다.(에로스가 여성들과도 관계 있다는 가설은 예를 들면 포자니아스 또는 아리스토파네스에 의해 제기되었다.) 그러나 자신의 존재를 추구하는 철학자에 의해 그렇게 형성 중인 철학적 담론 한가운데에 진술된 에로스는 본질적으로 인간에게 결여된 욕망이다.(『향연』 199 d) 사랑은 그 무엇에 대한 사랑이라는 것을 이해시킨 다음 소크라테스가 밝힌 것은, 사랑에서는 욕망에서와 마찬가지로 대상이란, 그것을 느끼는 사람에게는 "자기가 재량권을 가지고 있지 않고, 현존하지 않는 그 무엇, 한마디로 자신이 소유하고 있지 않는 그 무엇, 그 자신이 아닌 그 무엇, 자기에게 결여된 그 무엇"(200 e)이라는 것이다. 마찬가지로 『파이드로스』(237 d)에서도 "사랑이 욕망이라는 것은 모든 사람들에게 분명한 사실이다."라고 밝히고 있다.

지고한 '선'과의 결합에 대한 갈망, 그와 동시에 불멸성에 대한 갈망, 결핍되고, 젊은이의 육체를 이용해 그 속에 자신의 발산을 통과시키는 것에 대한 이러한 욕망은 하나의 중재자로 간주되었다. 플라톤은 '다이몬(daemōn)'이라고 말했는데 그것은 전달자, 중간자, 두 영역 사이에서 종합하는 중개인의 뜻으로 이해되었다. 해석하고 종합하는 이 다이몬은 따라서 완전한 통합, 에로스와 신성의 보다 가까운 결합에 의한 영혼의 최고조를 형성해 공백을 메우게 하는 임무를 부여받았다. 다이몬이 시작하는 이 입문 여행은 『파이드로스』에서 프시케가 사실상 다이몬적(중간적이면서, 해석하고 종합하는) 공간을 형성하게 된다.

『파이드로스』에 의하면, 철학을 통해서와 마찬가지로 에로스를 통하여 실추되어 깃털을 잃어버린 영혼이 다시 깃털을 찾게 되고, 그의 기동성, 그의 행동, 따라서 보다 구체적으로는 그의 사랑을 부추겨 주는 보다 높은 하늘, 나아가서는 천상을 향해 상승하게 된다. 『파이드로스』는 프시케와 에로스가 얼마나 상호 의존적이고, 영혼이 필요한 공간, 사랑의 열정을 집적하는 용기가 되는지를 증명한다. 하나의 대화록 속에 사랑에 대한 성찰과 영혼에 대한 성찰을 섞어 놓을 필요성이 있는지에 대해 가끔 우리는 의문을 갖게 된다. 그러나 신화뿐만 아니라 철학적인 담론의 원리 그 자체에서 사랑과 영혼이 분리될 수 없음을 이해하기 위해서는 에로스와 프시케라는 두 실체를 구성하는 역학 사이에 공모 관계가 있음을 부각시키면 그 문제는 해소된다. 그런데 영혼과 사랑에 공통적인 이 역학은 남근의 본능적인 욕망에 기반을 두고 있다. 우리가 단번에 마주하게 되는 것은 '능력'에 의해 항상 이미 유혹되어, 사로잡혀, 흥분해 있는 육체의 발기라고 불러야 하는 그 무엇이다. 소크라테스가 이번에는 아름다운 언어에 이끌려 사랑하는 영혼의 상승을 새의 비상과 비교할 때 그것을 거의 명시적으로 말하고 있다. 그것은 프시케·에로스·프테로스이다. 이제 사랑하는 영혼, 사랑하는 자로서의 영혼, 또는 한 현상으로서의 사랑이 철학자에게는 어떻게 행사하는가를 알아보자. "……일단 눈길을 통해 미의 유출을 받으면 사랑은 뜨거워지고, 유출은 깃털에 활력을 준다. 뜨거움은 생명이 싹트지 못하게 방해하는 경화 작용에 의해 오랫동안 폐쇄되어 있던 생명력의 팽창과 관계된 것을 용해시켜 준다. 그러나 어떤 자양분의 집중 이동은 그 뿌리에서부터 깃털의 줄기 속에, 영혼의 형식 그 모든 내부에 팽창과 성장에 대한 비약을 불러일으킨다. 사실 과거에는 영혼에 온통 깃털이 달려 있었다. 따라서 옛날에 영혼은 전반적인 흥분과 몹시 가슴 두근거리는 열광 속에 들어 있었다. 그 인상은, 이가 나오기 시작할 때, 자기 이를 만들어 내는 자들의 인상 바로 그런 것이었다. 말하자면 가려움과 짜증스러움인데, 그것은 깃털이 나기 시작하는 사람의 영혼이 실제로 느끼는 것과 같은 것이다. 영혼이 자기 날개를 만드는 그때에 영혼은 동시에 끓어오르고, 성가심을 받고, 간지럼을 탄다."[2]

이와 깃털의 솟아나기, 뜨거워짐, 팽창하기, 흥분하기의 생생한 묘사는 말 한마디 한마디가 신에 대한 추억의 은유인 이상화의 교육적인 움직임 속에서 포착된 것이기는 하지만, 음경의 성적 노출로 인해 강한 인상을 준다. 성적인 묘사가 뚜렷한 함축 의미로 그것을 읽으면서 우리는 단지 교회의 교부들이 여성에게 영혼을 허용하기를 주저했음에 공감할 뿐이다.

남근의 그늘에서 ── 사도마조히스트적인 심리극

그런데 플라톤은 매우 심각하게 자기 적수들에게 부여한 것 같은 천박한 광란의 사랑과 아카데미와 철학을 통해 그가 주장하려고(자신에게 강요하려고) 시도했던 고결한 광란의 사랑 사이에서 고민했다. 빌라모비츠 등과 같은 사람들의 가정에 의하면 플라톤은 『파이드로스』에서 자기 담론에 대해 계속 수정하면서 그 이후로 비난을 받았던 최근의 육체적 사랑으로부터 벗어났다고 한다. 이제는 진위를 가릴 수 없지만 그의 전기적인 진실이 무엇이든 간에, 파이드로스에 의해 제시되었고 플라톤에 의해 거부된 웅변가 리시아스의 개념은 플라톤의 첫 번째 담론에서 오직 변증법론자인 자기가 보기에는 그 형식에 일관성이 없다는 점에서만 공격을 받았다. 그러나 그 개념은 결과적으로 편집증인 사랑, 그리고 특히 굴복의 편집증에 대한 옹호를 내부적으로 떠맡고 있다. 그것은 주인과 노예의 변증법으로서, 우리가 연대를 잊어버리고 리시아스를 해석한다면 그 변증법은 사랑하는 자·사랑받는 자(erastes-eromenos) 관계의 기반을 이룰 것이다. 지배와 예속, 소유와 상실, 착취와 기만이 남근 선호의 그늘에서 몸을 흔든다. 그래서 플라톤은 자기가 보기에 일관성이 없는

---

2) 251 b, c, 레옹 로뱅의 프랑스어 역, Éd. des Belles Letres.

리시아스의 말들을 수정하면서 다음과 같은 결론을 내린다. "선의는 사랑하는 사람의 우정의 발생에서 아무런 자리도 차지하지 않는다. 그러나 먹히는 것의 경우와 마찬가지로 거기서는 포식이 그 목적이다. 즉 어린 양에 대한 늑대의 온정, 바로 이것이 젊은 남자를 사랑하는 사람들이 가지고 있는 우정의 모습이다."(241 d)

그러한 개념은 물론 수정될 것이고, 또 다른 광란, 올바른 광란의 개입으로 과격하게까지 변형될 것이다. 왜냐하면 이 광란은 지혜의 도움을 받기 때문이다. 그 개념은 출발점에 있으며, 엄청난 이상화의 노력을 돋보이게 하는 것이다. 그리고 우리는 그 개념에 활기를 불어넣어 주는(이렇게 말할 수 있다면) 사도마조히즘의 흔적을 이번에는 두 마리의 말(착한 말, 나쁜 말)과 마부로 이루어진 날개 달린 수레처럼 묘사된 사랑하는 영혼이 실감하는 격정적인 욕망과 회환 속에서 찾아보게 될 것이다. "욕망의 물결(himéros)"은 앞으로 미는 압력(hienaï)과 흐름(rhéo)(251 c)의 미립자들의 분출을 내포하는데, 그 욕망의 물결은 몇 페이지 뒤에서는 진짜 사도마조히즘 장면인 주인과 노예 사이의 투쟁의 연극이 된다. "그것이 계속되는 가운데, 사랑의 출현을 보고 마부는 감각으로 그의 영혼 전체에 열기를 내뿜고 회한에 찔린 자국과 간지럼을 겪는다. 그러는 동안 말들 중 한 마리는 마부에게 온순하게 복종하고, 언제나 마찬가지로 현재에도, 신중함의 제약을 강요받아, 사랑하는 사람에게 덮쳐 들지 않고 참는다. 그러나 또 한 마리는 마부의 뾰족한 송곳, 채찍 혹은 난폭한 돌진을 두려워하지 않고 달려들고 옆의 말과 마부에게 많은 고초를 주면서 그들을 강제로 그 귀여운 말 쪽으로 향하게 하고, 그놈에게 사랑의 즐거움이 얼마나 달콤한지를 알게 해 준다! 처음에 그 둘은 그들이 가증스럽고 법에 위배된다고 판단하는 것을 겨냥한 속박 앞에서 분노로 경직된다. 그러나 그들의 고통에 끝이 없자 그들은 끝내 저항하지 않고 앞으로 끌려 나갔다가, 하라는 대로 따라하기에 동의한다.”(253 e∼254 b) 지고의 미를 보게 된 마부는 욕망의 고삐를 잡아당겨 영혼의 말들을 길들인다. 한 마리는 “수치와 공포”에 사로잡혀 하라는 대로 따른다. 그러나 다른 한 마리는 “분해서 욕설을 퍼붓는다.” “마침내, 그들이 (사랑하는 자의) 가까이에 있게 되자, 한 마리는 자기 앞으로 몸을 숙이고, 자기 꼬리를 펼치고, 재갈을 씹으며 뻔뻔스럽게 잡아끈다. 그러나 마부는 더욱 강렬하게 똑같은 느낌을 느낀다. 그는 마치 자기 앞에 장애물이 놓인 것처럼 뒤로 넘어진다. 그는 재갈을 뒤로 젖히고 반항하는 말의 이빨을 뽑아 그놈의 무례한 입과 턱을 피투성이로 만든다. 그 말의 발과 엉덩이를 땅에 닿게 해서 말에게 고통을 준다.”(254 d∼e) 이상과 같이 플라톤은 이면을 폭로하기 위해 또는 영적이고 입문적인 의미에서 지나칠 정도로 안일하게 ‘플라톤적’이라고 부르는 사랑, 고통, 그리고 난폭성으로 짜인 정신적인 내면의 공간을 드러내기 위해 이해할 수 없는 말을 중얼거리지는 않는다.

이번에는, 연인의 격렬한 영혼에 그와 같이 굴복한 사랑받는 자는 사랑의 신(antéros)으로부터 조용한 동의가 몹시 다정한 부자간의 우정으로 귀착되는 역사랑(contre-amour)을 품게 된다. “욕망으로 부풀고, 무엇을 알려고 애쓰는 그는 팔을 내밀어 사랑하는 자를 끌어안고, 자신에게 호의를 표시하는 사람에게 하듯이 애정을 증명한다는 생각에서 그에게 키스한다.”(256 a) 여기에서부터 우리는 애정 관계의 조용한 결론을 향해 나아간다. 그 관계에서는 현명한 철학자의 지도 덕분에 절제와 선(善)이 우세해 완전한 사랑의 커플이 누리는 밝은 삶을 행복의 종점으로 인도한다. 그러나 두 마리의 날개 달린 말의 심리극이 그것을 영상화하는 것처럼, 격정적인 욕망(pathos, 즉 열정적인 욕망 그리고 회한)은 그러한 완전함을 지탱시켜 준다.

광란도 온전함일 수 있다

이전의 진리와 미에 대한 회상의 안내를 받은 지혜의 엄격성은 사랑의 광란에 그 신성한 성격을 보장해 주고, 그 광란을 수치스러운 단순한 편집증과 구별한다. 예언자들의 숭고한 광란 또는 시의 여신들에게서 영감을 받은 시인의 광란, 아니면 일상사에서 벗어나 오로지 본질만을 명상하고자 하는 철학자의 광란과도 같은 사랑은 오직 신성한 것, 즉 온전함을 기억한다는 조건에서만 고귀하다. 편집광적인 에로티시즘을 성도착에서 끌어내어 이상화의 정상에 올려놓는 힘의 행사는 명시적이다. 그것은 교육과 철학이라고 불린다. 그것이 단순히 날개 달린 말들에게 고유한 강렬한 격정과 유대 관계를 맺고 있는 그 이면일 뿐이라는 것은 명백한 듯하다. 그리고 그 사랑의 대화에서 영혼의 야성적인 영상은 상대방을 권력으로 정복하기 위해 맹위를 떨치는 힘의 실험에 대해 이상이 진 빚을 확인해 준다.

평화와 고통, 지혜와 굴종 속에서, 영혼과 사랑의 공범 관계에 연결된 철학적 담론 그 자체는 동일한 역학의 세 번째 얼굴이다. 그 역학에서는 남근의 지배가 고상하게 취급되었고, 절대 선과 절대 진리를 연마하기로 변모되었다. 철학이 모르고 있는 것은 아니지만, 성도착으로부터 떨어져 나오면서 철학은 동시에 하나의 심령인도학(psychagogie, 영혼들의 사랑의 방향과 하나의 담론 이론)이 된다. 리시아스가 주장한 지배·사랑, 예속·사랑, 기만·사랑에 관해서는 플라톤이 본질적인 탐색 없이 안이한 효과, 유혹 그리고 매혹에 사로잡힌 수사학을 사용하게 된다. 그 반대로 변증법적 담론의 산파법[3]에서 그는 에로스의 선상에서 중용과 완전함을

---

3) (옮긴이) 질문을 계속해 무지를 깨닫게 한 다음에 진리를 체득하게 하는 방법.

향한 성향과 대등한 것을 보게 된다. 사랑과 언어의 덕목이 금지의 대가를 치러야 얻어질 수 있다면, 플라톤의 담론은 애정 관계 특유의 지배자와 피지배자의 투쟁을 억압하지 않는다는 것을 확인할 수밖에 없다. 플라톤은 상대방에 대한 진실의 실험으로써, 달리 말하자면 담론의 투쟁으로써 그가 담론에게 부여하는 일종의 특권을 통하여 자신의 담론을 구상한다고 말해 두자. 토트(Toth) 문자를 주관하는 이집트의 신은 기만 쪽에 속한다. 유일한 진실로 남아 있는 대화적 언사의 비본질적 모사인 글쓰기와 공허한 수사학은 똑같이 플라톤적 위계질서에서는 성도착 쪽에 위치하기 때문이다.

최근 들어 사람들은 원형 문자의 몸짓을 통해, 수사학이 이상화의 진정된 언어를 변모시키는 난폭성을 복원시키고자 했다. 그러한 몸짓은 유대 문자의 위엄을 되살려 낼 뿐만 아니라 현자의 입장에서는 사랑의 형이상학적 지혜가, 방금 우리가 보았듯이, 그 앞에서 다시 밀려나는 사도마조히즘을 힘주어 누르는 억압을 제거하는 데도 유리하다.

그러나 이러한 재평가는 유대 문자를 뒷받침하는 그 무엇을 잊고 있다. 그것은 쓰였을 뿐 아니라 청취된 말씀에 의해 발화된 율법이라는 것이다. 그 율법은 쾌락을 주는 부분 대상들의 잔돈을 처치하여 자기 백성들을 향락의 절정으로 이끌고 가는데, 그곳에서는 선택받은 사람들의 편집중인 또 하나의 도취적인 위험이 사실상 그 백성들을 노리고 있다. 그러한 위험을 조심하라고 주장하고, 유대교에서 율법을 제외시킨 문자만을 수용하자면, 우리는 그리스적 에로스의 성도착과 단편적인 궤변술로 되돌아가도록 유도되는 셈이다. 그러나 이번에는 남성의 동성애에 대한 노골적인 옹호론으로서가 아니라 존재와 로고스에 깊숙이 자리 잡은 형언하기 힘든 여성성에 대한 예찬을 '해체주의적' 모습으로 그리게 된다. 감각은 언제나 대화의 감각으로서 그처럼 억압되지만 철학자가 보상할 셈으로 참여하는 정치의 초보 단계로 되돌아온다.

전혀 은폐하지 않고 플라톤은 주석자들 너머로 현대 도시들을 가득 채우는 여러 가지 불안들과 공모하여 우리에게 말을 하고 있다. 플라톤은 기원전 4세기에 마치 두 경사가 시작되는 지붕 위에서처럼 자리 잡고 있었다. 두 가지 경사 중 하나는 고통스럽고 엄청난 편집광적 소유의 경사인데, 그것은 우롱당하는 것에서 쾌락을 맛보는 수치스러운 밤과 육체의 검은 미사이다. 그리고 또 한 가지는 그가 말하는 영혼의 '높은 천상계'인, 초인적인 노력의 경사인데, 그 영혼은 동일한 남근적인 역학 속에서 소유의 유혹에서 벗어나 지식과 존재의 위엄에 접근한다. 플라톤은 크리스토퍼 가에서 MIT로 가는 모든 길을 정렬하고 있는 우리 시대의 인물인가? 오늘날 사랑의 역사는 단순한 박물관이 아니라, 우리 눈앞에 펼쳐지고 동시화된 모자이크이다. 골라잡으세요! 당신 마음대로! ≪리베라시옹≫지를 읽어 보세요. 그러면 파이드로스와 소크라테스가 우리 가운데 있다는 것을 알게 될 테니……. 그들처럼 편집광에 사로잡히고, 그들처럼 정치적·종교적 이상에 열성적이며, 그들만큼 철저하게 깃털로 장식한, 광란의 물결을 들이마셨기에 반드시 존재해야 하는 '남근'의 신기루와 동등하고자 팽팽해진 페니스들을…….

그런데 그 모든 것 속에서 여자들은 어떠한가?

『향연』에는 두 가지 신화가 나온다. 하나는 아리스토파네스가 이야기하는 양성 겸유자에 대한 것이고, 또 하나는 여사제 디오티메가 주석을 달고 전개하는 페니아(Pénia)와 포로스(Poros)의 ('가난'과 '미봉책'의) 아들인 에로스의 탄생에 관한 신화이다. 그 두 가지 신화는 그리스의 민주주의가 처해 있던 우상들의 황혼기에 어떤 지위를 그들에게 부여하고 있다.

양성 겸유자들

『향연』[4]에서 편집광은 (『파이드로스』의 리시아스와 소크라테스 그 자신처럼) 감정을 억제하기보다는 결합하는 편이다. 융합적이고 중재적인 이 사랑의 개념은 보다 여성적인 것 같다. 그리고 그 개념은 신들이 질투할 정도로 그들 자신으로 완전히 충족되어, 공 모양의 두 존재가 진화하던 고대적 영상에서부터 출발한다. 양성 겸유자들은 그러한 사람들이다. 남성과 여성 다음의 제삼의 성인 양성 겸유자는 "결합된 남녀 양성을 구비하고 있고, 그와 같은 성이 사라졌다 해도 그 명칭은 오늘날까지 남아 있다. 그 시대에 양성 겸유자들은 별개의 성이었고, 그 형태로나 그 이름으로나 남성과 여성 그 두 가지를 동시에 구비하고 있었다. 오늘날에는 그와 달리 치욕을 담고 있는 이름에 지나지 않는다."(189 e) 남성과 여성 그 어느 것도 결핍되지 않았고, "단 하나의 골격으로 이루어진" 그 사람들의 형태는 원형이었다. "그들의 등은 아주 둥글고, 옆구리도 원형이었다. 그들은 손이 네 개였고, 다리도 손의 숫자와 같았다. 완전히 둥근 목 위에는 두 개의 얼굴이 달려 있었고, 얼굴은 서로 꼭 닮았다. 그에 비해 머리통은, 서로 반대편에 붙어 있는 두 얼굴에 접해 있고, 단 한 개였다. 그들의 귀는 네 개였고, 성기는 두 개였다. 결과적으로 그 나머지 부분은 각자 상상할 수 있는 그대로였다."(190 a) 천상으로 올라가서 신들을 공격하겠다는 포부를 가졌던 그러한 총체적인 존재들은 처벌을 받게 되었다. 신들이 그들을 둘로 잘랐고, 그 절단은 성 분화였다. 그 후 각자는 자기가 잃어버린 부분을 찾고자 했고, 그 탐색은 사랑과 마찬가지로 행동의 진정한 동기가 되었다. 아리스토파네스는 양성 겸유자들의 야심을

---

4) 레옹 로벵의 프랑스어 역, Éd. des Belles Lettres(1929)~1976.

우롱하는 듯하지만 거기에서 성 분화의 귀결에 대한 진지한 결론을 내린다. "그 결과 각자는 항상 보완적인 부분, 조각(tessère)을 수색하고 있는 것이다."(191 d) 이 경우 *tessère*라는 단어는 그리스어 *symbolon*을 옮긴 것이다. 물론 이 단어는 절단된 대상을 가리키는데, 그 대상의 두 부분은, 그것들을 소유하고 있는 사람들에게는, 그들 자신이나 그들 가족들 사이의 옛 인연을 증명하는 데 쓰인다. 그러나 이 단어는 징표, 계약, 다른 한쪽이 없으면 알아볼 수 없는 의미 작용을 뜻하기도 한다. 각각의 성은 상대방을 위한 '상징'이고, 그 보완자이자 받침대, 의미 부여자이다. 통합을 향한 성향으로서의 사랑은 바로 그 징표들의 식별, 의미 작용의 해독을 창조하는 그 무엇이고, 그래서 양성 겸유자들의 폐쇄적인 달걀 모양의 세계와는 반대된다.

그러나 계약을 유지하고 상징들을 확증하고 해독하는 것이 얼마나 어려운가를 상기한다면, 우리가 다른 남자(여자)를 사랑하기보다는 우리 자신이 양성 겸유자들이라고 꿈꾸는 것이 얼마나 쉬운가를 이해하게 된다. 양성 겸유자는 양성(bi-sexuel)이 아니다. 양성은 각각의 성이 상대방의 성격 일부분을 가지고 있다는 것을 함의하고, 성 분화의 양쪽의 비대칭적인 둘로 갈라지기에 이른다. (남자는 여자의 여성성이 아닌 여성 부분을 갖게 되고, 여자는 남자의 남성성이 아닌 남성 부분을 갖게 된다는 것이다.) 양성 소질에 대한 가정에서 우리는 네 가지 구성 요소를 셀 수 있는데, 그것들은 처음에 남근의 권능을 가진 두 가지 다른 관계, 즉 남성적인 것과 여성적인 것을 전제로 한다. 양성 겸유자는 단성(unisexe)이다. 그 자신 속에서 그는 둘이고, 자위에 능란하고, 폐쇄적인 총체이자 융합된 땅과 하늘이며, 재앙에 가까운 행복한 융합이다. 양성 겸유자는 사랑하지 않는다. 그는 다른 양성 겸유자에게 자신을 비추어 보지만 거기에서 그는 오직 다른 사람이 아닌, 둥글고 결함 없는 자신만을 볼 뿐이다. 자기 자신의 내부에서 융합되었기 때문에 다른 사람과 융합할 수 없다. 즉 그는 그 자신의 영상에 매혹되어 있다. 여기서 문제는 양성 겸유자의 동성애적 환몽이지 생물학적인 체질은 물론 아니다. 그 환몽은 두 가지 성 ('andro(남자)'와 'gyne(여자)')의 이름으로 오직 그들의 차이를 더 좋게 부인하기 위해 사용될 뿐이다. 이러한 천국에 대한 비전은 사랑스러운 유년기의 가장자리에서 실종되는데, 그때 남자 아이와 여자 아이는 그들 어머니의 페니스에 불과하며, 성인의 행위에의 이행 속에서 히스테리적인 생모의 양성적 환몽을 실현한다. 양성 겸유자는 어머니가 상상 속에서 체험하는 것을 현실 속에서 이룬다. 환몽이 실현되면 양성 겸유자는 정신병에 가까운 성도착자들에 속하게 된다. 사랑이 없는데 어떤 사랑이 그들을 구원해 줄 수 있을까? 아마도 그를 이해하는 어머니의 사랑이 그를 분리시키고, 성 분화할 수 있으리라. 정신분석 치료가 아무리 끝이 없다 해도 반드시 끝나기 마련이다. 피분석자가 어떤 성을 선택할 때 분석을 끝낼 수 있으니까. 고착된 히스테리성 편집증 환자인 양성 겸유자는 그것을 예측하고 그에 대해 경계한다. 융 계통의 정신분석가를 만나 원형들에 관한 이야기를 나눈다면 모르지만, 양성 겸유자는 자기를 분화하고 절단하며 동일화하는 말을 두려워한다. 사랑의 수다스러움은 성 분화된 사랑의 비참함과 기쁨 앞에서 낭패당해 도피하는 것이다. 비극적이지도 않고 희극적이지도 않은 양성 겸유자는 시간 바깥에 있다. 그렇기 때문에 그는 모든 시간을 살고 있고, 미칠 지경의 우리의 번민, 우리의 결핍감, 요구, 타인에 대한 욕망의 소실점이다. 남자에게는 여성적인 것의 흡수이고, 여자에게는 여성적인 것의 은폐인 양성 겸유는 여성성에 대한 결판내기이다. 양성 겸유자는 여자로 변장한 남근이다. 차이를 무시하는 그는 여성성을 제거해 버리는 가장 음흉한 가면극이다.

그렇다면 침묵 밖에서, 모성의 외부에서, 그리고 남근적이고 양성적인 시늉 없이, 여성적인 것에 대한 사랑은 어떻게 되어 있을까? 어떤 영감일까? 신비일까?

첫 번째 플라톤적인 여인 ── 여사제

『향연』에서 디오티메는 만티네이아의 대여사제로, 희생으로 아테네를 흑사병에서 구한 이방의 현자로, 플라톤에게 이상적이고, 이상화된, 그런 의미에서 '플라톤적인' 사랑의 개념을 구술하고 있다. 주목해야 할 것은 『향연』의 대화 끝에서 알키비아데스가 본 소크라테스는 그의 교육적인 노력에도 불구하고 수상쩍은 현자의 모호하고도 괴상한 인상을 남긴다는 사실이다. 그는 매혹적이고 음탕한 외모 뒤로 훌륭한 정신적인 풍요로움을 감추고 있지만, 양면적이고 열정의 동요에 민감한 인물이다. 진정한 이상, 이상적인 소크라테스, 그것은 디오티메이다. 마치 사랑에서 성적 특성을 없애 버리기 위해서는, 그래서 우리가 앞서 지적한 『파이드로스』의 전개에서와 마찬가지로 알키비아데스적인 도취 속에서 찬양된 남근의 지배·유혹·굴종의 경주에서 이상화의 논리만을 간직하기 위해서는 한 여신, 한 여자가 필요했던 것처럼.

플라톤이 『파이드로스』에서 전개하는 사랑·소유와는 대조적으로 『향연』에서는 사랑·결합을 제시하고, 대립시키기까지 한다. 그 두 경우 모두에서 사랑의 대상은 결핍의 대상이다. 그러나 보다 여성적인 또는 보다 모성적인 디오티메는 그 대상과 결합함으로써 그것에 도달한다. 그에 비해 리시아스와 소크라테스는 영혼의 무언극 속에서 주인과 노예의 놀이를 통해 그 대상에 도달한다. 디오티메의 사랑은 다이몬이지만, 기독교의 악마와는 다르다. 그리고 『파이드로스』에서 다이몬은 보다 더 온화하게 무엇보다 결합의 중재자요, 통합의 중개인이 된다. 이러한 사랑은 그 기반을 쾌락보다 영원성을 겨냥한 육체나 작품들의 산출 혹은 창조, 생성에 둔다는 점에서 더 여성적이다. 그 주제들은 『파이드로스』에서도 물론 그 기반이 되고 있다. 『파이드로스』의 특이성은 깃털 달린 것들의 사도마조히즘적인 역학에 의해 지배된 것으로 입증되는 듯하다. 마치 『파이드로스』가 에로스를 그의 리비도 체제 속에서 보았던 것처럼, 『향연』에서 디오티메는 무엇보다도 에로스가 상정하는 이상화된 대상 관계에 따라서 그를 묘사하고 있다.

궁핍과 궁여지책 사이에서 ── 숭고한 에로스

에로스의 탄생 신화는 그러한 관점에서 교훈적이다. 페니아(궁핍, 결핍)는 신들의 잔치에 초대받지 못해 정원 문턱에서 먹다 남은 찌꺼기를 기다리고 있다. 페니아는 꾀를 써서, 술에 취해 몸을 가누지 못하고 잠들어 있는 포로스(궁여지책)를 유혹한다. 페니아는 무엇보다도 형상의 상실, 원자재이고, 모든 결정의 부재를 가리킨다는 것을 상기하자.(플루타르크에게 페니아는 눈멀고 형체가 없는 상처(hulé)에 해당한다.) 그녀는 신들에게서 빛을 받지 못하고, 버림받았으며, 그들과의 교제를 갈망하면서도 이루지 못하는 가공되지 않은 덩어리이다. 그래서 빈곤한 존재, 결핍의 여자이다. 궁여지책 포로스는 그녀와는 아주 다른 혈통이다. 빈곤한 페니아와는 달리 계략(Ruse)과 혼혈모(Métis)의 아들이다. 페니아는 기준이 없는 데 비해 포로스, 프로이(Proi)는 도로, 하늘 또는 바다 공간의 한계선, 태초의 어두운 바다를 밝혀 주고 태양으로 가는 길을 터 주는 그 무엇과 연관되어 있다고 한다. 술책과 계략의 화신인 포로스는 아이스킬로스의 『프로메테우스 신화』에서는 어린아이(techné)와 연계되어 있다. 혼혈모 메티스의 자식인 포로스는 필연적으로 여우와 낙지를 닮은 성격을 지닌다.[5] 남편 제우스가 관념 세계를 통치하는 반면, 계획적이고 기만적이며 감각 세계를 지배하는 혼혈모 메티스는 모성적 대륙(지혜의 번뜩임, 여성 세계 속에 동튼 영혼의 시작) 안에 있는 '상징계'의 교활한 대리인 같다고나 할까?

그리하여 포로스와 페니아는 에로스를 낳는다. 대조적이면서 보완적인 부모에서 나온 에로스는 디오티메가 불안을 제외하고 그 특성만을 노래하는 다이몬의 성격을 갖게 된다. '결여'와 함께 '길'은 『향연』에서 에로스의 체질적 특성들 가운데 기록되어 있다는 사실을 강조해 보자. 길은, 프로메테우스의 딸이나 철학적인 분만보다도 그들의 포로스에 내재하기 때문에 더 일반적이고 더 심도 있다. 왜냐하면 그들의 포로스에 내재하는 사랑은 가장 대표적인 길, 즉 "과정도 중재도 알지 못하는"(하이데거) 길이 될 수 있기 때문이다. 그것은 결여의 길이고, 도정의 결핍이자 길을 여는 결핍이다. 뿐만 아니라 과정이 결여된 길이고 본질도 없는 길이다. 결여와 길의 결합에 의해 에로스는 논리가 형성되면서 논리를 압도하는 다이몬을 향해 열리는 장소가 되는 것일까? 흩어진 총체인 즉각적인 비전 쪽이 아니라면…… 사랑은 아무 곳과도 연결되지 않은 길과도 같다.

그러므로 우리는 우리가 가지고 있지 않은 것을 사랑한다. (사랑의) 대상은 결여의 대상이니까. 그런데 그 대상은 어떤 것일까? 그것은 아름다움이다. 아니 그보다도 아름다움에 의해서 생겨나는 힘이다. 사랑은 창

---

5) M. Détienne와 J. -P. Vernant, 『지성의 계략. 그리스인들에게 있어서 혼혈모(*Les Ruses de l'intelligence. La Métis chez les Grecs*)』(Flammarion, 1974). Sarah Kofman은 우리와는 다른 훌륭한 해석으로 문제를 다루고 있다.(*Comment s'en sortir?*(Galilée, 1983))

조자 다이몬이다. 그렇기 때문에 아름다움과 예술 작품을 필요로 하고 탐색하는 철학자는 창조자이면서 그만큼 사랑에 빠진 연인이다. "……선한 것을 제외하면 인간에게 사랑의 대상이 될 수 있는 것은 아무것도 남아 있지 않다."(206 a) "따라서 요약하여 말하면, 사랑이 결부되는 것은 선한 것에 대한 영원한 소유라고 그녀는 결론을 내린다."(206 a) 그렇다면 어떤 활동이 사랑의 이름에 어울릴까? "그런 행동 방식은 육체와 영혼에 따라서, 아름다움 속에서 분만하기로 이루어진다."(206 b) 그렇다면 왜 출산을 해야 하는가? "존재와 불멸성 속에서 영속하기 위해 인간이 가질 수 있는 것이 출산이기 때문이다. 그런데 선한 것이 불멸에 대한 욕망과 맺고 있는 필연적인 관계는, 만일 사랑의 대상이 선한 것을 영원히 소유한다는 것이 사실이라면, 우리가 이미 거기에 대해 합의를 본 것의 결과이다."(207 a)

이러한 정신적인 출산은 사랑에 빠진 현인, 현자 그리고 / 아니면 연인을 숭고한 비전을 향한 신들린 상승으로 인도하게 된다. 숭고한 비전이란 이미 논리적인 인식이 아니라, 결여된 것을 향한 도정의 신비인 것이다. 디오티메가 암시하는 즉각적인 비전은 아마도 이교도적 향락이 주는, 모성적 수태 능력이 주는 놀라움의 지적 전환이리라. 우리가 그 용어에 상징적인 부가의미를 부여한다면, 그것은 힘의, 남근의 원형이 아닐까? 디오티메가 남근을 갖고 있지 않더라도, 그녀가 바로 그 '남근'이다. 디오티메는 마음을 사로잡고 단련하기 위해 남근을 소유해야 하고, 그것을 정복해서 사용해야 하는 철학자에게 남근을 위임한다. 플라톤은 『파이드로스』에서 사랑하는 영혼의 극적인 행동을 상상할 적에, 그러한 가로채기를 대화 형식의 이야기로서 우리에게 들려주게 된다. 그러나 『향연』에서는, 그보다 몇 년 전인 387년에 아카데미를 창설하는 것에 도취해 있던 그는 교육의 이름으로 자신의 덕목을 차지하기 위해, 어머니 여신으로부터 남근적 향락의 불길을 되찾게 된 것을 몹시 기뻐했다. 디오티메는 자기가 사회의 조화와 존속, 즉 영속성을 보장해 준다는 사실을 통해서 잠재적 분만의 향락을 극적인 만족감 없이 제시하고 있다. 소크라테스는 『테에테트(*Théétète*)』에서 자기 소유로 삼은 산파의 속성 이외에도 사회 안정의 최후의 기둥인 여성이 최종적으로 보장하게 되는 그 숭고함을 스스로 책임지게 된다. 그러나 그는 거기에 성도착적이고 낭비적이며, 지배적이고 제물을 희생시키는 성직자적인, 생식력 없이 욕망하는 또 하나의 논리를 첨가하게 된다. 그것은 남성의 다형적 쾌락이다. 편집광적인 에로스와 숭고한 에로스, 한쪽으로는 알키비아데스·파이드로스이고, 또 다른 쪽으로는 디오티메, 즉 깃털 달린 미숙아와 대타자와의 환상 속에서 쾌락을 즐기는 초연한 산파······. 소크라테스와 플라톤은 그러한 것으로 서양에서 사랑의 바탕을 이루는 종합을 실현하게 된다. 다만 유의할 것은 숭고한 아름다움에서, 훌륭한 번식의 힘으로 부재하지만 접근 가능한, 강력한 이상화에서 영감을 받은 향락적인 비전이 여자로부터 나온다는 사실이다. 사랑에 빠진 철학자는 예견력 있는 소녀의 제자인가? 이상주의자인 그는 눈에 보이지 않는, 눈부신 아버지의 딸이다. 모든 다른 사람들은, 그녀를 따르지 않는 한, 성도착자들이다. 우리들의 사랑은 교차로에 와 있다.

유일한 리비도 ─ 남성

에로스는 남자의, 남성의 특성일까? 이것은 적어도 프로이트가 "유일한 리비도, 남성"밖에 없다고 명확하게 밝혔을 때 그가 생각한 것이다.[6]

거부와 가로채기, 지배와 예속으로 이루어졌고, 싸우기 좋아하고 흡수력이 강한 리비도는 그것이 지닌 이상화의 효력을 달성하면서 그러한 욕동적 역학을 다른 대상에게로 옮긴다. 이 다른 대상은 환영이 남자를 위해 형성되어, 여성 정복을 위한 경쟁이 어떠하든 간에, 부풀거나 가라앉은 페니스의 매력을 통해 남아 있는 생식 기관을 가진 육체와는 다르다. 그 다른 대상은 어린 소년에게서는 완력이나 모성적 지혜가 후광으로 둘러싸는 지배의 하늘에서 떨어진 지식의 대상이다. 음경 수행의 함정들을 피하는 상징적 능력이라는 의미에서 남근의 힘은 결국 모성의 원초적인 힘을 가로채는 것에서 시작된다. 자신의 욕망들을 지식의 영역 속에 이동시키는 남자는 최종적으로 그의 성적 열정의 치명적인 분출로부터 그를 진정시키고, 그에게 불멸하고 확고한 대상에 대한 열렬한 비전을 제의하는 디오티메의 처방들을 완수하게 된다. 이상적인 어머니와 닮은꼴인 이상적인 지식의 대상은 남자에게 이상적인 자아 구축을 허용해 준

---

6) "리비도는 변함없이 규칙적으로 남자에게 일어나든 여자에게 일어나든, 그 대상이 남자든 여자든 간에 본질적으로 남성적인 것이다."라고 프로이트는 1905년부터 『정신분석학의 세 가지 시론(*Trois Essais de psychanalyse*)』(Paris, Gallimard, 1949), 148쪽에 썼다. 그리고 1915년에 주석으로 이렇게 덧붙였다. "'능동적인 요소'와 그 부차적인 표시들은, 두드러진 근육의 발달, 공격적 태도, 보다 강력한 '리비도'와 마찬가지로, 보통 '남성적' 요소와 연결되어 있고, 생물학적인 의미로 쓰인다. 그러나 반드시 그런 것만은 아니다."(앞의 책, 218쪽; 『전집』, V, 219쪽) 같은 주장이 1932년의 강연 '여성성(La féminité)'에서 반복된다. "오로지 한 가지 리비도뿐인데, 그것이 여성보다는 남성의 성기능을 위해 존재한다. 남자다움과 활동성 사이에 이루어진 의례적인 접근을 근거로 하면서 우리가 리비도를 남성적인 것으로 규정할 경우, 리비도가 소극적인 목적을 지향하는 성격도 동시에 나타냄을 잊지 말아야 한다. 그렇지만 '여성적 리비도'라는 말을 붙이는 것은 정당화될 수가 없다. 뿐만 아니라 그러한 표현이 여성적인 기능을 위해 억지로 사용될 경우 리비도는 더 거센 억압을 받게 되며, 그리고 목적론적인 표현으로 사용될 경우에는 그 본성이 남성다움의 경우에서보다 그 요구들을 덜 고려하는 것 같다. 그 원인은 생물학적인 목적의 실현이라는 사실에서만 탐색될 수 있을 듯하다. 왜냐하면 공격성은 남자에게만 의뢰되었고, 또 어느 정도까지는 여성의 동의와는 무관하기 때문이다."(*Nouvelles Conférence sur la psychanalyse*(Gallimard, 1936), 180쪽; 『전집』, XV, 131쪽)

다. 권위주의적인 만큼 든든한 디오티메들에게 의존하는 남자의 이상적 자아는 성적·동성애적 열정이 그 반대되는 것들에게로 유인하는 파괴적인 충격들에 대해 강력히 저항한다. 그것은 일반적으로 이성 파트너의 개입을 통하여 동성애적 에로스에게서 빠져나오는 것인데, 그 이성 파트너는 남자에게는 자기의 이상적 자아와 간략하게 이상이라고 하는 것과의 화해가 성취되는 남성적 리비도의 성적 특성 상실(désexualisation)에 길을 열어 준다. 그러나 그 경우에도 '영혼'(그룹과 집단의 영혼, '집단의 효과')이 된 성욕을 자극하는 역학은 그대로 남아 있다.[7] 이러한 동성애의 성적 자극은 죽음의 욕동을 억제하고 죽음에 대한 견제 역할을 한다. 남자는 자기 목을 조르는 죽음, 에로티시즘에서의 쾌감과 파멸, 발기와 실패를 피하기 위해 이상을 쌓아 올려 불멸성의 숭고한 탐색을 성취하는 것이 아닐까? 분명히 『향연』의 애독자였던 프로이트(그의 저서에서 플라톤을 열세 번 참조한 것이 이를 증명한다.)는 플라톤의 에로스를 그 자신의 리비도 개념과 동일시한다.[8] 그리고 프로이트는 아리스토파네스가 양성 겸유자에 대해 이야기한 신화를 자세히 상기시키면서[9] 죽음의 욕동에 관련된 자신의 가설을 뒷받침하고 있다. 프로이트는 플라톤주의를 생물학적으로 전환하려고 시도하면서, 삶의 욕동이라는 의미로, 성적 충동을 비교적 최근의 시기로 잡고 있고, 그 이전은 죽음의 욕동이 지배하던 시

---

7) Michèle Montrelay, 「부속 설비(L'appareillage)」, *Controntation*(automne 1981), 33~44쪽.

8) "……사랑의 개념을 '확대하면서' 정신분석이 새롭게 창조한 것은 아무것도 없다. 플라톤의 에로스는 그 원천, 그 드러남과 성적인 사랑의 관계에서, 사랑의 에너지, 정신분석의 리비도와 완전히 일치한다……"(「집단 심리학과 자아의 분석(Psychologie collective et analyse du Moi)」, 『정신분석 시론(*Essais de Psychanalyse*)』(Payot, 110쪽) ; 『전집』, XIII, 99쪽)

9) 「쾌락 원칙을 넘어서(Au-delà du principe du plaisir)」, 같은 책, 73쪽 ; 『전집』, XIII, 62쪽.

기로 남겨놓는다.[10] 프로이트 개인의 고유한 사변을 넘어서 이러한 추론은 남성 리비도에서 유래하는 모호성의 검색에 의해서 인정된다. 남성 리비도는 치명적이고 번식하며, 파괴적이고 이상화되며, 한쪽은 '파이드로스' 또 한쪽은 '디오티메'이고, 편집광적인 에로스이자 숭고한 에로스이다. 소크라테스는 극도의 방법으로 그 두 가지를 보여 줌으로써 남성 성욕의 두 가지 양상을 통합하는 이점을 가지고 있다. 그가 자신이 지지하던 동성애적 성욕의 이면과 죽음에 맞선 처절한 투쟁을 드러내지 않는 것은, 우리가 알고 있는 바와 같은 힘과 함께 그의 형이상학적인 지식이 그렇게 하도록 강요한 것이 아닐까? 욕망하는 대상을 향한 공격적인 밀어내기 속에서 죽음에 배꼽을 묶어 놓은 남자는, 지혜의 대상들을 창조하는 상징계의 풍요로움을 통해 죽음을 회피하면서 자신의 심연이자 밤인 여성성을 우회한다. 이상화된 (모성적) 대상을 존중하고 존경스러워하는 사랑은 사도마조히즘의 감미로움과 고통을 면하게 해 준다. 신은 결국 원초적인 권력을 지닌 여사제이자 여신이고, 이 여신은 도시 국가를 위해 편집광적인 욕망을 억압하기보다는 그것을 다듬기와 논리적이고 아카데미적인 교육으로부터 분리하게 해 준다.[11]

10) "그러니 '섹스'란 아주 오래된 현상이 아닌 듯하다. 그리고 성적인 결합으로 밀고 가는 굉장히 강한 본능들은 한 번 우연히 일어나는데, 그다음에는 고정되어, 그와 관련되어 있던 이점 때문에 영속된 것 같은 어떤 일을 반복하고, 재생하는 것에 불과하다."(「쾌락 원칙……」, 같은 책, 71~72쪽 ; 『전집』, XIII, 61쪽.)

11) 우리는 그리스 세계에 적용된 '동성애'라는 용어의 시대착오성에 대해 지적한 바 있다. 이 개념은 19세기 정신의학에서 유래된 것으로서 최근에 속한다. 거기에 비해 고대의 에로티즘은 '성적 정체성'이 여성이냐 남성이냐 하는 문제보다도 자세가 수동적이냐 능동적이냐를 차별화했다. 그러나 번식의 우위성은 고대에서, 그리고 특히 기독교에서 수동성과 함께 남색을 규탄하는 핵심적인 도덕의 기준이었다. 사실상 여기서 프로이트 이후 플라톤적인 에로티시즘을 다시 읽으면서 우리가 이해시키고자 하는 것은 성행위의 지정을 어떤 특정 기관이나 자세에 두는 것이 아니다.(그러한 관점은 여하간 프로이트 같은 사람에게 남아 있어서, 그는 주체의 역사에서 어

포복절도

웃음이란 확실히 남성적 성 체험의 두 가장자리에 대한 종합(분쇄되고 파멸된, 부조리한 종합)이다. 소크라테스의 반어법과 무엇보다도 향연 내내 스스로 자가당착에 빠지고, 스스로를 무효화하는 담론들의 회전, 그리고 조소적이고 분노에 찬, 그러면서도 고상한 주장들이 펼쳐지는 무대를 일단의 흥청거리기 좋아하는 사람들이 들이닥치는 순간에 알키비아데스가 스승에게 바치는 완전히 희극적인 묘사는 우리가 남근에 대해서만 웃고 있다는 그 불가피한 사실을 잘 나타내고 있다. 남근을 가지고 있는 것을 확신한다면 잠시 남근으로부터 벗어나는 것을 받아들일 수 있다. 다소 쓰라린 것일 수 있는 그러한 힘의 충격 이면은 시인들에게는 매우 소중한 멜랑콜리이다.

삶을 죽음 속에 밀어넣고, 삶과 죽음 사이에 어떤 공간도 남겨 놓지 않는 멜랑콜리는 도덕적인 면에서 항구적인 근심(*souci*)이고, 성적인 면에서는 고통스러운 무능(*impuissance*)이다. 열광의 붕괴, 숨 막히게 하는 어머니의 막대한 영향력을 우리가 읽을 수 있는 심연의 세계인 멜랑콜리는 지식을 약화시키고 발기를 파괴한다. 성도착의 가역성(몰래 엿보는 자/노출증 환자, 학대음란증/피학대음란증)은 활동 정지와 절망의 슬픔 속에서 두 가지 태도(능동성과 수동성)를 무효화시키는 하나의 종합 속에서 끝난다. 아마도 강박적인 초자아의 요구를 강요받아, 빗장을 너무 높이 세웠

떤 기관을 어떻게 고정시킴으로써 어떤 쾌락을 얻느냐 하는 것을 열거하는 데 관심이 있었다.) 어쩔 수 없이 사도마조히즘적인 애증 행위를 '동성애적'이라고 부르자. 이 경우 사랑의 주역들의 정체성은 이상적 남근의 영상의 비호를 받고 연출된다. 프시케, 즉 영혼은 그 성욕을 자극하는 것의 영역으로서 그것을 '영혼 성욕적'이라고 불러야 한다.(뒤의 글을 참조할 것.) 라캉은 사랑이 영혼에 의한 것이라는 뜻에서 `âmour라고 썼다.

기 때문에 우울증적 인격은 나타나기도 전에 붕괴되고 만다. 극단적인 긴장의 이면처럼, 남근적 향락으로 팽팽해진 활시위를 사로잡고 있는 이 멜랑콜리라는 유령은 네르발에서 토마스 만까지의 문학적 체험 속에서 피난처를 찾게 되어 거기에서 만족감을 채우거나 아니면 치유받을 수 있었다. 재기 발랄한 사람의 실망에 찬 태도는 물론 지혜, 아름다움, 문체 그리고 에로스까지 탈신비화시키는 아픔이 가벼워진 형태이다. 욕망의 어떤 형태나 대상을 오랫동안 유지할 수 없는 멜랑콜리 환자는 그것들이 제기되면 곧장 망가뜨리고, 스스로 그 볼품없는 도취 속에 용해되어 버린다. 『베니스에서의 죽음』에서 토마스 만은, 곰팡내 나는 풍요로움의 어두운 불빛 아래에서 다시 해석한 『파이드로스』에 대해 언급하며, 실망과 수치에 찬 동성애적 열정의 중심에서 그 미학적인 멜랑콜리를 격찬했다. "이러한 연유에서 우리는 용해시키는 인식을 간청합니다. 왜냐하면 파이드로스라는 인식은 위엄도 없고 엄격하지도 않기 때문입니다. 인식은 알고 있고, 이해하며, 용서하지요. 인식에는 준엄함도 없고 형태도 없습니다. 인식은 심연에 대해 연민의 정을 지니고 있으며, 인식은 곧 심연입니다." 결국 문체에만 전념하기로 작정한 구스타프 아켄바흐 같은 예술가는 또다시 위협을 받게 된다. "그러나 파이드로스라는 문체와 자발성은 도취와 욕망을 끌어들이고, 고상하게 느끼는 사람을 심정의 끔찍스러운 신성 모독으로 이끌고 갈 위험이 있어요. 비록 그자의 엄격한 미에 대한 취향이 그런 것을 치사한 짓이라고 선언하겠지만…… 형태와 문체가 인도하는 곳은 심연입니다. 그것들 역시 심연에 빠져 있으니까요."[12]

---

12) 『베니스에서의 죽음(*La mort à Venise*)』(Fayard, 1971), 127쪽.

동성애적 영혼

부러움을 사는 만큼 규탄을 받는 타락의 도덕적 고통 속에서, 혹은 자신의 육체를 괴롭히는 신체적 고통 속에서 그러한 심연의 불안을 즐기는 것은 플라톤의 '날개 달린 한 쌍의 말'의 예상 가능한 방종 중 하나가 될 수 있다. 기독교적인 고통은 대부분 동성애적 영혼(âmosexuel)[13]의 성향 속에 뿌리를 내리면서 어떤 힘이 존속한다는 환몽과 그 완전한 수동화의, '여성화'의 마조히스트적인 이면을 동시에 유지하기 위해 박해를 참아낸다. 사람들은 마조히즘이 본질적 근본적으로 여성적이라고 하는데, 그것은 동성애적 영혼이 잘 알고 있고, 자기 어머니가 아니었던 '진짜' 여성(수동적이고 거세당한, 비남근적인)이 되기 위해 죽음까지도 감수할 수 있는 남근에 대한 복종이다. 미시마[14]는 자신이 성 세바스찬이라고 믿으면서, 그리고 파솔리니는 스스로 이탈리아 어느 해변에서 불량배에게 죽임을 당하게 하면서, 그들은 남근에 대한 치명적인 숭배에 매달리는 남성적 에로티시즘의 노예적인 순간을 극단에까지 이끌고 갔다. 그리고 영혼을 가진 모든 것(남자들 혹은 여자들)은 남근을 마치 자기 자신이기나 한 듯 거기에 자신을 비추어본다. 예술적 승화(이상의 참을 수 없는 무게에 맞선 구원자적인 배출구)가 괴롭힘을 당한 페니스로 변한 몸 전체의 병적인 환희 앞에서 소득이 미미하다는 것을 알게 될 때, 결국 고행이 자리 잡는다. 사회 조건들(박해, 여러 가지 이념적·재정적 제약들 등)과 불가사의한 재능의 다소 큰 힘들이 이 경우 욕동의 병적인 확산을 막거나 아니면 오히려 촉진시키는 본질적인 요인이라 해도, 그러한 사실이

---

13) (옮긴이) 크리스테바는 영혼(âme)과 동성애(homosexuel)를 혼합해 âmosexuel이라는 조어를 만들었다.

14) (옮긴이) Mishima(1925~1970): 일본 전통에 충실했던 자살한 일본 작가.

근본적인 여건을 감추지는 말아야 한다. 그 이유는 에로스가 편집광적인 본질을 지니고 있기 때문이다. 또한 힘에 대한 에로스의 심취가 이상화되었다면 남근에 대한 그의 향락은 따라서 하나의 이면을 지니게 된다. 그것은 우울증이고, 자아와 생체까지도 용해시키는 것에서 쾌락을 느끼는 파괴적 희열이다. 아마도 성적 희열보다 더 오래되었을 이 쾌락은 강력한 병적 구성 요소로 되어 있고, 프로이트의 생물학적 신화에 따르면 그것은 번식을 위한 성기능이 기관을 갖추기 이전부터 분열에 의해 영속되는 질료의 선사 시대에 그 뿌리를 두고 있다. 생물학적 진실이 무엇이든 간에, 환몽은 그처럼 사랑받고 미움 받는 어머니의 성(性)인 구멍(구스타프 아켄바흐가 '심연'이라고 했던) 주변에, 병적인 것(온갖 우울증까지도)을 지닌 영혼의 성향을 뿌리내리게 한다.

이처럼 성(性)에서 하늘까지, 말에서 새까지 이르는 넓은 영역에 펼쳐진 에로스는 인간과 사회를 위한 수련과 안정의 또 하나의 기본 수단(또 다른 방식)이다. 그것은 신비로운 정화에 대비되는 또 다른 것이다. 이 신비로운 정화는 인간을 모성적 비열함과 대립시켰다. 말하자면 미래 화자의 구심적이고 자율적인 성향의 첫 번째 유혹인 지배적이라기보다는 욕망을 불러일으키고 또 그만큼 위협적인 어머니와 대립시켜 왔다.[15] 카타르시스의 남자인 혐오의 남자는 공포와 수치심 속에서 매혹적이면서도 불쾌한 하나의 전 대상(pré-objet)[16]과 대립되어 있었다. 그는 그것에서 떨어져 나오기 위해 자신의 몸에서 그리고 자기가 살고 있는 진정한 영역인 언어 속에서 경계선, 금지 사항들, 금기들을 오려 내었다. 그와는 반대로, 성적이고 편집광적이거나 이상주의자인 남자는 자기 어머니를

---

15) 크리스테바, 「비열함에 대한 시론」, 『공포의 권력(Pouvoirs de l'horreur)』, Éd. du Seuil(1980)을 참조할 것.
16) 주체가 생각하거나 지각하기 이전부터 존재하던 대상을 가리킨다.

건드리지 않는다. 그에게 단호하게 금지 사항이 강요된 것이다. 언어와 율법이 이미 거기에 존재하기 때문이다. 지배적이고 건드릴 수 없는 어머니에 대한 욕망을 완료하면서 이제 그에게 남은 일은 그 언어와 율법을 유지하는 일이다. 그것이 아니면 어머니의 영향력에 계속 충실하면서, 동성애적인 성적 소유의 아토피성(atopie) 속에서 언어와 율법을 위반하는 것이다. 동성애적인 성적 소유는, 비록 형이상학적인 교육의 이상에 의해 소외화되기는 했어도, 그것은 수치스럽고 즐거운 밤의 이면으로서, 육체뿐만 아니라 철학적인 교육자의 언어에 영향을 끼치게 될 것이다. 그것은 쾌락의 원천이고 수사학의 원천이다. 우리가 결코 충분히 음미할 수 없는 것은, 수사학자가 전대미문의 파렴치하고, 야비한 문체를 (마치 자기 어머니를 감히 건드리는 문체론자 시인이나 산문가라면 그렇게 했을 것처럼) 강요하기 위해서라기보다는 매우 공손하게 순응적이고, 현명한, 그리고 조화로운 의사소통 속에 교묘한 혼선을 포함시키기 위해 언어를 은밀하게 위반하는 그 특출한 움직임일 것이다. 언어를 사랑하는 수사학자는 세부적인 것에 대한 편집광이고, 이미 이루어진 아름다운 형식들에 대한 물신주의자이다. 또한 수사학자는 그러한 형식들을 이미 노출된 그의 동성애적 영혼의 원천에서 끌어올려, 실제 속의 혹은 상상 속의 디오티메에게 그 왕관을 짜 주려 한다. 음유시인들의 '귀부인'의 원형인 호교론적인 언어 창조로 변신한 에로스의 이 숭고한 여성 수신자는 한 여자로서 오직 남근적 어머니의 억압적인 힘만 가지고 있다. 그녀는 오로지 그녀 자신의 아버지, 즉 신성으로 채워진 것만을 향유한다.

리비도, 즉 에로스가 남성적이라 해도 여성이 자신의 사랑을 에로스에 자리 잡게 하는 것을 절대로 막지 못한다. 다소 고통스러운 남성과의 동일화를 통해서일 경우 말이다. 사도마조히스트적인 편집광적 측면에서 더 큰 좌절을 겪을 것이고, 이상화된 어머니의 눈에서 떨어진 최상의 지혜의 전망 속에 믿음을 유지하기에도 더 큰 어려움을 겪을 것이다. 그런 여성은 이상적 어머니를 초자아를 환기시키는 아버지로 대체하는 경향을 갖게 될 것이고, 이러한 변경은 그녀에게 환희의 전망보다는 지식 (sa-voir)에의 접근을 통한 더 과중하고 더 훈련된 노력을 필요로 할 것이다.

그리고 본질적으로 다른 성

만일, 그 대신, 여성적 리비도가 있다면, 순수한 여성성의 성애를 상상할 수 있을까?

사랑하는 영혼을 가질 수 있는 한, 여성은 남근이 상정하는 지배·예속의 이상적 영상들과 시련들의 행렬과 함께, 남근에 저항하는 대결과 동일한 논리에 끌려간다. 그러한 대결에서 벗어나고 싶으면 여성은 양성 겸유자의 신기루를 통해 혹은 다른 여자에 대한 사랑 속에서 『파이드로스』의 역학을 찾아 본다. 신체 기관은 별로 문제 되지 않고, 힘에 대한 대결이 남게 된다. 그런데 양성 겸유자들의 천국과, 다른 방식인 여성 동성애자들의 사랑은 중화되고 여과되어, 남성 성욕의 에로틱한 단호함이 결여된 리비도의 달콤한 해변을 내포한다. 가벼운 스침, 애무, 둘이 서로에게 빠져 있고, 감미로운 분해, 용해, 융합 속에서 눈에 드러나지 않거나 아니면 서로 가려져서 거의 분간할 수 없는 모습들…… 그것은 임신한 어머니가 자신과 거의 분리되지 않은 채 자기 뱃속에 보호하고 있는 태아와의 사랑의 대화를 상기시킨다. 그것이 아니라면 욕망으로 빛을 발하는 것이 아니라 아기와 그의 젖엄마와의 포옹 속에서 잠이 들거나 잠을 깨는, 똑같은 열기 속에 별안간 무너져 내리면서 겨우 형성될 둘 사이, 그 열림·닫힘, 개화·쇠퇴에 의해 무지갯빛을 발하는 부드러운 살갗들의 접촉 소리를 상기시킨다. 살갗, 입, 자극된 혹은 가득 채워진 입술들의 빈틈. 이것들은 발산물들을 감싸고 그 긴장을 여과시키며, 모든 공격적인 관통로 밖에서 떠돌고, 달래어 잠재우고, 환각에 젖는다. 그것들은 의식의 긴장 완화, 백일몽, 논리적이지도 수사학적이지도 않은 언어이지만 평화 또는 소멸, 즉 열반, 도취 그리고 침묵이다.

그런 천국이 남근적 성욕의 부수적인 것, 그 삽화와 그 휴식이 아닐 때, 그리고 그것이 두 사람 간의 관계가 절대적인 것으로 정립되기를 갈망할 때, 현재의 무관계(non-rapport)가 두드러지게 나타난다. 그다음에는 두 가지 길이 열린다. 한편으로 그 길들은 더 사나운 '주인/노예' 놀이의 피해와 함께 성욕을 자극하는 편집증을 되찾는다. 그게 아니면 결과적으로 종종 소진시켜 버렸다고 믿었던 평온 속에서 죽음이 폭발한다. 전에는 그처럼 보호해 주고 귀여워해 주고 중화시켜 주던 그 뱃 속에서 분쇄로 인한 죽음. 단지 우리(on)에 불과하기 때문에 오는 죽음──그것은 정체성의 실종, 정신병의 치명적인 분해, 상실된 경계선의 불안, 깊숙한 곳에서 자살이 부르는 소리이다.

연극의 조명이 꺼지는 순간까지 극적이고, 해결할 수 없는 우리의 사랑이 우리에게 남겨주는 것은 오직 성도착이라고 불리는 해결책뿐이다. 그것은 비열한 것에서 숭고한 것으로 옮겨가기이고, 권태를 이겨 내는 최고의 보장인 가지각색의 고통과 환희를 맛보는 것이다.

신성한 광기—그녀와 그 남자

사람은 사랑도 모르고 증오도 모른다. 모든 것이 그 앞에 있으니까.
—「전도서」9장 1절

표상 불가능한 율법

성서적 사랑이 남녀의 관계처럼 열정적이거나 추하기까지 하고, 아니면 인간과 신의 관계처럼 그리고 그 반대의 경우처럼 성스럽다고 해도, 그것은 대부분의 경우 어간 *ahav*, '받아들이다', '채택하다', '인정하다'를 통해 의미를 갖게 된다. (그리고 그것은 '거부하다', '부인하다', 증오 때문에 '내쫓다'와 치환될 수 있다.) 흡수와 거부의 축 위에서 사랑은 이처럼 모성적이고 심지어는 자궁적인 의미를 내포하면서 동화하고, 순화하고, 보호한다. 뿐만 아니라 사랑은 부성적 부가 의미와도 조화를 이루고, 인정하며, 증명한다. 그리하여 자궁 *rehem*에서 온 *riham*은 가족적인 느낌을 가리킨다. *hafez*는 무엇에 대한 즐거움, 무엇을 위한 즐거움을 의미하고, *razah*는 무엇과 더불어 기분이 좋다, 받아들인다를 뜻한다. *hashak*는 보다 지적인 용어로서 개인적인 애착을 표현한다. *hanan*은 애정보다도 구체적인 은혜를 암시한다. 마지막으로 *hased*는 충성심뿐만 아니라 참사랑, 결합을 의미한다.(「창세기」 20장 13절, 47장 39절)

성경의 첫 텍스트들은 인간에 대한 하느님의 사랑에 관해 매우 간략하게 두 가지를 언급하고 있을 뿐이다.

"그러고 나서 다윗은 그의 처 밧세바를 위로했다. 그리고 그가 그녀에게로 다가가 동침했더니, 아들을 낳으매, 그 이름을 솔로몬이라 하니라. 여호와께서 그를 사랑하사 선지자 나단을 보내사 그 이름을 여디디아라 하시니 이는 여호와께서 사랑하셨기 때문이더라."(「사무엘 하」 12장 24절) 그러므로 여호와께서 그 아이를 사랑한다는 사실을 다윗에게 알게 한 것은 나단을 통해서이다. 말하자면 하느님 자신은 사랑에 대해 말하지 않았고, 여기서는 중재자를 통해 자신을 표현하고 있다. 그래서 두 번째 이름이 비합법적인 사랑으로 그 아이에게 주어졌는데, 그것은 하느님이 그를 인정했음을 의미한다. 그러나 여디디아라는 이름은 더 이상 성경에 나오지 않는다.

시바의 여왕은 "당신의 하느님, 당신을 매우 좋아하신 그분, 여호와를 송축할지로다……."라고 여호와가 이스라엘을 사랑하고 있음을 단언했다.(「열왕기 상」 10장 9절) 우리가 유의해야 할 것은 자신의 생각을 표현한 사람이 한 이국 여인이고, 그녀는 수수께끼를 통해 간접적으로 말하고 있다는 사실이다.

자기 백성들에 대한 하느님의 직접적인 사랑, 그 사랑은 공덕이나 증거를 요구하지 않는다. 그 사랑은 편애와 택함에 속한 것으로서, 단번에 사랑받는 자(그는 또한 사랑하는 자이기도 하다.)를 그 용어의 강한 의미로 주체처럼 구성한다. 그 사랑의 상관적 요소는 표상 불가능함이다. 나단을 통해서, 그러나 아무 말 없이, 다윗의 아들 솔로몬이 사랑받고 있음이 표명된다. 여디디아라는 그 아이의 이름은 다시 나타나지 않지만 솔로몬의 속생각에 바탕을 이루는 욕망과 살인을 진정시키고 부각하기 위한 것처럼 거기에 그 이름이 기재되는 듯하다. 시바의 여왕은 수수께끼를 통해 말을 한다. 표상 불가능한 그 사랑은, 통치자 하느님에 의한 것일지라도, 다윗처럼 오직 몸짓과 목소리(원초적 억압, 일차 나르시시즘의 주술 위를 떠도는 소리, 외침, 음악)에 불과한 사랑의 담론을 말하는 그 누구에게도 접근할 수 있다. 플라톤의 『티마이오스(Timaios)』에 나오는 '코라(chora)'가 기호 이전의 그러한 의미 생성을 상기시키는 데 더 적합한 듯하다.

하느님의 사랑에 대한 이 테마는 「신명기」(4장 37절, 7장 8절과 13절, 10장 15절과 18절, 23장 6절)에서 더 상세히 전개된다. 추방당하는 시점에서 에스겔은 자기 백성들에 대한 하느님의 사랑의 말씀을 반복한다. "나 주 여호와가 말하노라! 내가 내 양을 보살피고 지켜 주리라……." (「에스겔」 34장 11~16절) 「예레미야」(2장 2~3절)에서도 같은 말이 반복된다. "네 소년 때의 우의와 네 결혼 때의 사랑…… 너를 위해 내가 기억하노라…… 이스라엘은 나 여호와의 성물, 곧 나의 소산 중 처음 열매가 되었나니……."

그러나 성서적 사랑에서 가장 주목을 끄는 표현은 사랑의 율법이고, 하느님과 자기 형제에 대해 신자로서 지켜야 할 의무다. "너는 마음을 다하고, 성품과 힘을 다해 네 하느님 여호와를 사랑하여라."(「신명기」 6장 5절) 그리고 "이웃 사랑하기를 네 몸과 같이 하라."(「레위기」 19장 18절) 그러나 이러한 사랑·율법은 종종 「아가」가 반복하고 부각시키며 확대하는 성서적 사랑의 복잡한 역학을 잊게 한다.

역사, 회고록, 남근

「아가」의 집필 시기에 대한 의견은 서로 다르다. 어떤 사람들은 그 텍스트가 솔로몬에 대해 많은 언급을 하고 있기 때문에(3장 7절, 9절, 11절, 8장 11~12절) 다윗의 아들 솔로몬 자신이 지었을 것이라고 한다. 가장 늦게 쓰였을 것이라는 견해는 기원전 915~913년경이라고 한다. 이러한 의견이 19세기의 유대인 및 기독교인 비평가들 사이에서 지배적이었다.[1] 또 다른 사람들은 그 텍스트가 보다 최근이지만 고풍스러운 시대에 대한 암시들을 포함하고 있다고 생각한다.[2] 언어학적 분석을 바탕으로 하는 제자들은 대체로[3] 이 텍스트가 기원전 약 3세기로 거슬러 올라간다고 추정한다. 현대 학자들 중 차임 라빈은 기원전 2000년까지의 유대 문명에 미친 인도 종교의 영향(몇몇 사람이 고고학적으로 증명한)을 상기시키면서 그 텍스트가 솔로몬에 기원을 두고 있다는 가설로 되돌아온다. 그 저자에 의하면, 인도의 영향이 「아가」 텍스트에 나타나는 것은 언술 작용의 주체가 여자이고, 자연의 부활이 그 텍스트 속에 빈번히 찬양되었으며, 결국 남성의 그 어떤 공격성을 넘어서 사랑하는 감정의 지배적인 어투가 타밀어 시 특유의 친밀한 색채인 사랑하는 여인의 번민이라는 것이다.[4] 저자는 그 텍스트가 솔로몬 시대와 타밀어 시의 시대에 똑같이 해

---

1) 다른 자료들을 토대로 그 의견에 동의하는 비평가로는 M. H. Segal, "The Song of Songs", *Vetus Testamentum*, 12, 470~490쪽.(그는 「아가」에서 솔로몬 시대의 특성을, 성스러움과 사치스러움을 찾아보았다.) G. Gerleman, "Die Bildsprache des Hohenliedes und die altägyptische Kunst", *Annual of the Swedish Theological Institute*, I, 24~30쪽, 여기서 그는 이집트 도표 예술과의 관계를 확인하고 있다.
2) H. Graetz, *Schir Ha-Schirim oder das Salonische Hohelied*(1871)을 참조할 것.
3) Comme H. L. Ginsberg, "Introduction to the Song of Songs", *Jewish Publication Society Version*(1969), 3~4쪽. 그리고 "Northwest Semitic Langages", *The World History of the Jewish People*, Ⅱ, éd. H. Mazar(1970), 102~124쪽.

당되는 유대와 동방 교역 황금 시대에, 당시 아라비아 남쪽에서 인도까지 여행을 했던 어떤 사람에 의해 쓰였을 수도 있다는 것이다. 이미 아담 클라크[5]가 「아가」와 『기타 고빈다(Gītā-Govinda)』의 평행 관계를 정립한 바 있음을 지적해 두자. 그러한 해석들은 육감적인 동시에 신비한 인도의 여신(예를 들면 크리슈나)과 「아가」의 여자 애인 사이에 유사성이 있음을 확인한다. 그러나 그들은 「아가」의 언술 작용이 세계의 애정 문학에서 처음으로 그런 식으로 나타난 자율적이고 자유로운 주체들에 의해 수용되었고, 대단히 개성화되었음을 지적하는 것을 잊고 있다.

초기의 유대적 해석들은, 그 후의 기독교적 해석들처럼 매우 우의적이다. 랍비들은 「아가」의 사랑에서 여호와와 선택받은 민족 간의 관계를 본다. 이것은 미드라시의 해석이자 중세의 연구가들 사디아, 라시, 이븐 에즈라의 해석이다. 언어학적 자료를 바탕으로 사람들은 「아가」의 갈라디아 성서(Targum)가 5세기경부터, 늦게는 9세기경으로 거슬러 올라간다고 추정한다.[6] 갈라디아 성서에서는 위대한 학자 사디아(892~942)의 그 유명한 확증을 찾아볼 수 있는데, 그에 의하면 「아가」는 열쇠를 잃어버린 보물 상자라는 것이다. 그 후 기독교적 해석은 그 속에서 그리스도와 교회와의 상호적인 사랑 또는 성모에 대한 사랑의 전조가 아니라면, 하느님에 대한 교회의 갈망을 보게 된다. 일부 윤리학자들은 여자, 특히 양치기 소녀가 군주에게 은근한 접촉을 시도한 것을 불쾌하게 생각했을

---

4) 「아가와 타밀 시(The Song of Songs and Tamil Poetry)」, *Studies in Religion / Sciences religieuses*, 3, 1973, 205~219쪽.

5) *The Holy Bible, Containing the Old and New Testament, with Commentary and Critical notes*, Ⅲ, Job to Solomon's Song, 1855.

6) R. Loewe, "Apologetic Motivs in the Targum to the Song of Songs", *Biblical Motifs : Origins and Transformations*, éd. by A. Altmann(Brandeis Univ., Ⅲ, 1966), 159~196쪽.

것이고, 또 그러한 심리를 있을 수 없는 일 아니면 서양적이 아닌 것이라고 생각할 것이다. 1693년 보쉬에[7]는 유대의 신혼 주간과 「아가」의 분류 순서가 일치함을 지적했다. 「아가」가 혼례의 노래들을 옮겨놓은 것이라는 이론이 그 뒤를 잇게 되고, 그것은 르낭의 연구뿐만 아니라 「아가」를 시리아의 결혼 풍습과 비교한 보다 민속학적인 연구들을 포함하게 된다. 「아가」와 메소포타미아에서 거행된 풍요제와의 관계들도 정립되었다. 우리가 거기에서 볼 수 있었던 것은 이스라엘의 하느님보다는 타무즈·아도니스 신에 대한 숭배였다.[8]

스콜렘의 연구[9] 덕분에 잘 알려진 유대의 신비주의는 파타이가 히브리 여신들이라고 부를 수 있었던 것에 비추어 「아가」를 해석한다. 그와 유사한 해석들은 본래 여호와가 한 여성 동반자와 함께 표상되었다는 증명에서부터 출발한다. 그 후 하느님을 표상하는 것이 금지되자 그 여인은 두 명의 여성 천사에 의해 표상된 수호천사의 지위로 축소되었다. 제일 성전이 파괴된 후 오직 하느님만이 남성과 여성의 두 가지 면을 지니고 있다는 사상이 강하게 자리 잡는다. 그러자 그 천사들은 신성한 속성들만을 의미하게 되었다. 유대교의 율법 탈무드에서 남성 천사는 하느님을 표상하고, 여성 천사는 이스라엘 백성을 가리킨다. 유대의 신비 철학 카발은 세피로트의 신비주의 이론을 발전시키게 되며, 왕과 여성 마론교도를 두 개의 신의 실체라고 간주한다.[10]

---

7) (옮긴이) Bossuet(1627~1704): 프랑스의 주교이자 작가 겸 연설가로 루이 14세의 가톨릭 위주 종교 정책을 지지했다.

8) T. D. Meek, "The Song of Songs : Introduction and Exegesis", *Interpreter's Bible*, éd. G. A. Buttriek et al., 12 volumes, 1952~1957, vol. V, 48~148쪽.

9) 『유대적 신비주의의 큰 흐름(*Les Grands Courants du mysticisme juif*)』(Paris, Payot, 1960) 그리고 *Jewish Gnosticism, Merkabah, and Tamuldic Tradition*(New York, 1960)을 참조할 것.

결국 우리는 「아가」에 대한 연구에서 '페미니즘'이 그 어떤 힌두교 전통과 맥락을 같이하면서 유대교의 '탈아버지화'의 자기 해석을 뒷받침해 주는 하나의 예를 읽어낸다는 것에 주목한다.[11]

「아가」에서 사랑이 죽음의 강력한 치유책으로 표상되었다는 사실은 몇몇 연구자로 하여금 그 텍스트와 특히 우가리트어 텍스트들이 증명하는 것과 같은 바빌로니아와 그리스 장례 의식의 바쿠스 축제와의 관계를 찾아보는 방향으로 이끌어갔다. 몇 가지 언어학적인 자료들과 함께, 몰약과 향신료들이 장례와 바쿠스 만찬에서 흔히 사용되었다고 하는 강박적인 현존이 그 증거로 원용되었다. 그리스어 *herma*, 우가리트어와 히브리어 *yād*, '손'은 남근과 묘비를 지시하는 데 사용되었음을 상기하자. 히브리어에서도 '회고록'과 '남근'이 동일한 어근 *dkr, **zkr*로 연결되어 있는 듯하다.[12] 「아가」에서 "사랑은 죽음만큼 강하다."라는 구절을 읽을 때 어찌 그러한 해석에 무심할 수 있겠는가?

은유들의 은유

Shir ha-Shririm, 즉 「아가」라는 용어는 사랑의 주술을 모든 다른 담론,

---

10) R. Patai, *Man and Temple in Talmudic Tradition*(New York, 1960).

11) Phyllis Trible, "Departriarchalizing in Biblical Interpretation", *Journal of the American Academy of Religion*, n°. 41, 1973, 30~48쪽.

12) Marvin H. Pope, "Song of Songs", *A New Translation with Introduction and Commentary*, Doubleday, Garden City(New York, 1977), 226쪽 이하를 참조할 것. 「아가」에 대한 확충된 참고 문헌 목록을 위해서도 이 저서를 참조할 것. 「아가」의 프랑스어 역 텍스트로는 슈라키(A. Chouraqui) 역이 「아가」와 그 후속 시편을 담고 있다. PUF, 1970. 그리고 필자가 참고하는 플레이아드 판도 참조할 것.

노래, 성스러운 것에서 단번에 제외하는 최상급이다. 그러나 이 제목은 그것이 내포하고 있는 극적인 주술의 우의적 동기를 노출시키지는 않는다. 그것은 히브리어 텍스트의 첫 단어의 이름('같이'(êykâh))을 지니고 있는 '예레미야의 애가'에 의해 이루어졌다.("인구가 밀집한 그 도시가 멀리 떨어져 있는 것처럼, 그 도시는 마치 과부와도 같다네…….") 그러나 우의, 상징, 비유적 의미의 주축인 그 비교의 부사는 애가라기보다는 사랑의 노래에 더 적합하다. 「모세5경」 속에 합쳐졌고, 행복한 지속을 보장하는 모압 여인 룻의 이야기에 의해 약간 분리된 사랑과 비탄이 불완전함, 쇠퇴, 감각에의 호소와 동일한 바탕에서 터져 나온 기도에 지나지 않지만. 사랑은 자신을 고백하지 못하는 탄식 같은 것일까? 탄식은 자신을 의식하지 못하는 사랑 같은 것일까?

한편으로는 희곡론과 그리스 서정시가, 다른 한편으로는 메소포타미아 풍요제가 성경 속에서 그 자연스러운 지위를 차지하고 대체로 이교도적인 억양을 지닌 이 노래를 관류하고 있음은 틀림없다. 랍비들은 약 100년경에 야브네에서, 신중론은 있었지만 결국 사랑의 대화를 성경 속에 받아들이겠다고 했을 때 그러한 사실을 깨달았던 것이다. "처음에는 「잠언」, 「아가」, 「전도서」가 삭제되었다. 왜냐하면 그것들은 성서 부분에 속하지 않는 단순 우화들이라고 간주되었기 때문에 (종교 당국자들은) 그것들을 삭제해야 한다고 들고 일어났다. 히즈키야인들이 와서 그것들을 해석할 때까지는 (그랬다)."[13] 랍비 아키바는 나름대로 열렬히 그리고 물론 냉소적으로 문제의 그 텍스트가 포함될 수 있는 권리를 옹호했다. "하느님 우리를 보호해 주소서! 이스라엘에서는 그 누구도 「아가」의 신성한 성격에 대해 왈가왈부하지 않았습니다. 왜냐하면 온 세상이 「아가」가 이스라

---

13) *The Fathers according to Rabbi Nathan*, chap. I (Newhaven, 1955), 5쪽.

엘에 주어진 그날을 받을 자격이 없기 때문입니다. 모든 성서들이 거룩하다면, 「아가」는 다른 것들보다 더 거룩하지요."[14]

성경 속에 「아가」의 삽입을 정당화한 랍비들의 우의적 해석에 들어가기 전에, 그 텍스트 자체의 몇 가지 수사학적 측면을 강조해 보기로 하자.

그는 존재한다 ── 그는 도주한다

그 사랑의 찬가는 그 원천, 대상, 수신자를 단번에 털어놓는다. 또한 저자인 동시에 사랑받는 사람인 솔로몬 왕은 그 텍스트가 직접 호소하는 자이기도 하다. "솔로몬 왕의 것인 「아가」/그분의 입으로 내게 입 맞춰 주옵소서! / ……그대의 애무는 포도주보다 더 달콤하고 / 그대의 향기는 들이마시기에 유쾌하며 / 그대 이름은 흘러 퍼지는 방향유로다 / 그렇기 때문에 아가씨들이 그대를 사랑하지요!"

군주, 시인, 연인이라는 삼중으로 왕실의 권위를 갖춘 열애의 수신자는 처음부터 주저함 없이 자리를 잡고 거기에 있다. 그는 존재한다. 그리고 사랑한다. 바로 그에게서 사랑의 말들(그의 말들)이 나오기 때문이다. 사랑받는 자도 개인적 언사의 발언을 통해 자신의 현존을 표출한다. 그리고 사랑하는 술라미 여인의 언사와 비슷한 그의 언사는 그 여인에게 되돌려주기 위해 같은 용어, 같은 표현 방식을 반복 사용한다. 실제로 사랑받는 자의 이 현존은 도피적이고, 결과적으로 그것은 하나의 기다림에 지나지 않는다. 그래서 그 노래의(위치가 변경되었다고 사람들이 말하는)

---

14) G. Sholem, *Jewish Gnosticism, Merkabah and Talmudic Tradition*(New York, 1960), 118쪽 이하를 참조할 것.

마지막에서 사랑하는 여인은 사랑받는 자의 방황, 그 영원한 실종을, 마치 텍스트의 시작에서부터 이미 그가 끊임없는 경주를 하고 있지 않은 것처럼 그 방황을 연인에게 암시하면서("빨리 도망가거라, 내 사랑 / 영양과도 같아라…….") 받아들이기까지 한다. 그러나 두 주인공들(융합적이지 못한 연인들이 아니라 상대방의 부재를 사랑하는 사람들)이 받아들인 그 실종을 통해 그 어떤 불확실성도 사랑받고, 사랑하는 자의 존재에 작용하지 않는다. "그분의 입으로 내게 입 맞춰 주옵소서!"

포착할 수 없는 연인은 드디어 목동의 현존을 통해 모습을 드러낸다. 어떤 구절들은 몇 가지 모호성을 보여 준다. 즉 누가 사랑하는 사람(왕 혹은 목동)인가? 르낭은 소녀의 사랑을 받는 목동의 존재를 알아볼 수 있다고 믿는다. 그는 1장 7절에서 그 목동을 엿볼 수 있게 하고 "그리고 이제 (5장에서) 그는 의심할 여지가 없게 된다."라고 분명히 말한다. 그렇다고 증거가 명시적으로 나타나는 것은 아니다. 그리고 텍스트의 일반화된 우의적 표현이 모든 추측들을 가능하게 하지만, 정확히 말해서 제5장과 관계되는 목동의 추측만은 제외되었다. 르낭은 계속 추구한다. "바로 이것이 그 시의 중요한 포인트이자 열쇠이다. 사람들이 작품의 전체 구도에 대해 길을 잃었던 것은 이 지점에서 이루어진 가장 핵심적인 구분에 주목하지 못했기 때문이다. 그 부분에서부터 솔로몬은 더 이상 사랑받는 자가 아니고, 더 나아가서는 그의 부재가 사랑받는 대상을 가지고 향유하는 필연적인 조건이다."[15] 그러한 독해 방법은 목동인 현존하는(구체화된) 사랑받는 자와 표상할 수 없는 또 다른 사람 사이의 성서적 긴장을 부각시킨다는 유리한 점을 가질 것이다. 이 표상할 수 없는 또 다른 사람은, 여자 연인의 존재에 영향을 미치지만 절대로 잡아 볼 수 없

---

15) 르낭, 『아가(Le Cantique des Cantiques)』(Paris, Calmann-Lévy, 1860).

는 권위와 금지 사항의 보유자인 하느님(여기서는 솔로몬 왕)이다. 그러나 신성의 두 양상을 그런 식으로 합리화하고, 르낭이 원하는 것처럼 그 두 가지를 단호하게 분리하는 것에는 문제가 있다. 사실 그러한 재단하기는 잠재 의미적인 독해, 개인적이고 집단적인 해석 등에 유리하게 작용하면서 연구의 실마리를 어렵게 하도록 축조된 「아가」 텍스트를(성서 정신 자체를) 이상하게 나타낼 수 있다. 성서 정신은 보이지 않는 하느님을 유지하면서, 그분의 권위와 욕망하는 어떤 육체적 실재(남자 목동이 여자 목동에게 그러하듯이)를 평행선에 올려놓거나 경쟁시키지 않으면서, 일상적인 삶의 모든 의식적 양상 속에서 계속 하느님을 강조하게 한다. 르낭의 독해는 비종교적이고, 지나치게 비종교적일 수 있다. 왜냐하면 그의 독해는 결국 인간주의적이고, 너무도 인간주의적이어서 대타자에 대한 사랑의 절대적 지향에는 무감각하기 때문이다. 왕권이든 신권이든 최고의 권위는 본질적으로 접근 불가능한 것으로 남아 있으면서 육체로서 사랑받을 수 있다는 것과 사랑의 강렬함이 받아들인 향락과 금지 사항의 조합 속에, 결국은 결합하는 기본적인 분리의 조합 속에 있다는 것, 바로 이것이 성경에서 유래한 사랑과 아주 독특하게 「아가」가 노래하는 후시대적 양상을 우리에게 알려 주는 사실이다.

실제로, 사랑의 체험에 대한 회생이 시작되면서부터 우리는 우의(allé-gories)의 세계이기도 한 결정할 수 없는 의미의 세계 속에 들어 있게 된다. "그대의 애무는 포도주보다 더 달콤하고 / 그대의 향기는 들이마시기에 유쾌하며 / 그대의 이름은 흘러 퍼지는 방향유로다 / 그렇기 때문에 아가씨들이 그대를 사랑하지요!" 거의 시작부터 환기된 그 '이름'은 도취를 자아낸다. 그 이름의 정확성과 유일성은 의미를 들끓게 하고, 애무, 향기 그리고 방향유 등이 만들어 내는 것에 비교할 만한 여러 가지 의미 작용과 감각들의 방출을 촉발하는 듯하다. 감각적인 것과 의미적인 것, 육체와 이름은 이처럼 동일 선상에 위치될 뿐만 아니라 결정 불가능한 무한화, 애정 상태(상상계의 온실이자 우의의 원천)가 뒤섞어 내는 의미론적 다가성의 동일한 논리 속에 용해되어 있다.

문채가 사랑에 빠졌다

그리스 시에서처럼, 테오크리토스나 베르길리우스의 작품에서처럼, 「아가」의 성서적 사랑은 비유적 담론으로 발화된다. 문채가 사랑에 빠져 있다. 즉 의소들의 압축과 전위를 통해 문채는 사랑의 대상의 불확실성이 아니라(비록 도주하지만 솔로몬은 절대적이고 확실한 존재이다. 그가 목동인 것처럼 그가 저자이다.) 상대방과의 인연과 사랑하는 주체의 위치의 불확실성을 가리킨다. 사랑의 특수성 속에서 두 언술 주체, 두 연인 측에서 확보하는 정동의 강렬함을 통해 정상적이고 일관성 있는 정보 교환을 혼란시키는 것은 언술적 규약 그 자체이다. 저자 솔로몬이 서명했으나 그의 애인, 술라미 여인이 동등한 힘 혹은 지배적인 힘을 가지고 진술한 그 규약은 두 연인 각자에 의해서 그리고 그들의 말 한마디 한마디에 의해서 계속 내면화된 그 규약이 지닌 극적인 이원성을 노출시킨다. 사랑의 주체에게 고유한 체험을 상대방에게 보다 더 잘 회상시키기 위해(바로 그것이 사랑의 대화의 목표이기 때문에)각각의 정보는 다가적 의소를 짊어지고 있고, 그리하여 진위를 가려내기가 불가능한 잠재의미가 된다. 우리는 보들레르에게서 그 은유적 담론의 운명을, 그리고 말라르메에게서 다가적인 생략체를 따라가 볼 수 있다. 그러나 서정시의 초기부터(「아가」는 그리스의 전통을 상기시키면서 그 수사학을 훌륭하게 압축하고 있다.) 의미의 운반(*métaphérein*=옮기다)이 상대방의 장소로의 주체의 전이를 요약하고 있다는 것을 지적해 두자.

무한과 반복

우리는 또한 성경 구절들의 불확실한 순서를 지적한 바 있다. 즉 마지막 절이 그 텍스트의 몸통에 위치될 수 있다. 더구나 순서를 바꾼다 해도 그것이 전체의 가치를 혼란에 빠트리지는 않는다. 역사상의 혹은 텍스트상의 그 이유가 무엇이든 간에, 그러한 구성적 무질서가 실제로, 그리고 특히 사랑의 전언에 대한 이해를 변질시키지 않는 한에서 강조하는 것은, 서정적 의미가 전언 전체를 축소형으로 압축하는 텍스트의 개별적 축소 성분 속에 내포되었다는 사실이다. 하나의 은유, 그리고 아마도 단순한 간청, 목소리의 음조까지도 전체의 의미론적 힘을 지니고 있다.[16] 한 가지 요소(어휘, 멜로디 또는 춤의 연쇄)의 강렬함은 단번에 부과되고 예측되어 현존한다. 마치 단순한 사랑의 언술 행위로부터 의미 작용의 총체(그것 자체의 진위가 불분명하고 암시적이며 모호하고, 대화자들 서로 간의 상호적 열망의 원리밖에는 정확히 담고 있지 않은)가 기호들과 하위 기호들 속에 스며든 것처럼. 서정적인 것은 모두 하나의 순서, 반복 법칙들의 어떤 변이 요소를 토대로 하는 구조나 논리적 단계가 아니다. 그것은 강렬한 사랑의 협약의 의미론적이고 정서적인 난폭성의 반복으로서 (축포로서, 돌풍으로서) 그것 자체가 열려 있는, 무한하고 규명 불가능한 반복이다. 구조에 대한 그러한 소홀함은 담론의 가장 큰 단위들(예를 들

---

16) 크리스테바, 「철자 오류에 대한 기호론(Pour une sémiologie des paragrammes)」, *Semiotikè, Essais pour une sémanalyse*, Éd. du Seuil(1968). 이 저서는 시적 텍스트 속에서 의미의 무한성을 다루고 있다.

면 구절의 연결)만을 다룬다. 음절, 리듬, 두운법 등은 각 절의 내부에 엄격하게 정돈되어 있고, 그 밖에도 반복 어법은 엄격하게 이루어지고 있다. 그리하여 4장, 솔로몬의 사랑을 받는 여인에 대한 묘사("내 사랑 그대는 정말 아름답고, 아름답도다! / 그대의 두 눈은 베일에 가린 비둘기 같다오.")에서 술라미 여인이 사랑하는 연인의 묘사(5장 10절)가 화답한다. "나의 사랑하는 이는 안색이 좋아 홍조를 띠고 / 수천 명 중에서, 뛰어난 사람 / …… / 그분의 두 눈은 비둘기 같다네.") 또한 7장 4절에서는 4장 5절의 반복("그대의 젖가슴은 두 마리의 새끼 사슴 / 쌍둥이 영양 같군요.")을 볼 수 있고, 그 밖에도 목을 탑으로, 이빨을 정렬된 암양들로 묘사한 수많은 동일한 비교들과 레바논, 카르멜 등을 환기시키는 표현들을 찾아볼 수 있다.

담론의 작은 단위 수준에서 반복과 약화된 직유들 또는 은유들의 이러한 지속성, 그리고 전체적인 논리적 구성의 상위 수준에서의 느슨함(정돈된 구성을 만들지 않고 불확실한 반복들을 만들면서 은근히 그러한 지속이 지배하게 되는)은 사랑의 간청 속에 들어 있는 죽음의 욕동의 충격을 암시한다. 사랑받는 여인은 그것을 직접적으로 말한다. "사랑은 죽음처럼 강하고, 열정은 지옥같이 잔혹하다 / 그 광채는 불꽃이고 / 성스러운 불길이로다!"(8장 6절)

대화

이제 두 독주자와 둘로 갈라져 이중주를 노래하는 합창단에 의해 발화된 텍스트의 극적인 성격을 주시해 보자. "돌아와요, 돌아와, 오 술라미 여인이여 / 돌아와요, 돌아와 우리도 당신을 보게 하라! / 어찌하여 너희는 두 줄의 춤꾼들 사이에서처럼 춤을 추는 / 술라미 여인을 쳐다보느냐?"(7장) 그리스의 극작법과 메소포타미아의 의식에서 빌려 온 이러한 특징들은 사랑의 담론을 장면 공연의 역학 속에 기재한다. 성서의 다른 장면에 나오는 인물들(다윗, 이삭, 아브라함, 「아가」를 포함하고 있는 「모세5경」에 나오는 룻까지)은 이야기의 행위자이자 그 기능들이다. 현대의 독자가 그들에게 부여하는 심리적인 두께가 어떠하든 간에, 그들은 결국 선택받은 백성에게 내리는 하느님 말씀의 전개 내에 있는 논리적 표지들이다. 그 대신 우리는 술라미 여인과 솔로몬 왕 간의 대화와 함께, 한 가지 변증법의 연출에 참석하게 된다. 주역은 상대방에게 말을 하거나 상대방을 위해 자신을 묘사함에 따라서 현실 그대로, 말하자면 사랑하는 사람으로서 구성되기 때문이다. 그리스 극작법의 기법인 동시에 의사소통 행위의 심오한 논리인 이와 같은 언사와 그 주체들의 연극화는 사랑의 상황과 관련된 극도의 강렬함과 사실임직함과 함께 이루어진다. 그렇지만 「아가」의 대화는 비극적이지도 철학적이지도 않다. 두 성을 완전히 대립시키면서 그 대화는 실제적이고 상징적인 그들의 일치감을 이어 주기 때문이다. 사랑의 대화는 긴장이자 향락이고, 반복이자 무한이다. 그것은 의사소통이 아니라 주술이다. 노래하는 대화, 기도이다.

사랑의 주체로서의 화자가 수신자와의 관계에서 계속 실종된다는 사실, 화자는 수신자를 부르고(그를 앞지르고, 그에게 대답하고) 오직 이중주의 두 부분으로 나뉜 합창단의 통합 속에서밖에는 결합될 수 없으면서 계속 그를 따른다는 사실, 이러한 역학은 일신교 내의 두 가지 움직임을 가리킨다. 첫 번째 움직임은 사랑을 통해 나를 사로잡는 사람('주인')의 언사에 대해 내가 주체로서 자처하는 것으로 구성된다. 추종하기는 사랑하는 것이며, 그것은 상호성, 한 걸음 더 나아가서는 군주의 사랑의 우선권을 전제로 한다.(우리가 앞에서 말했듯이, 솔로몬 왕이 그 노래의 추정된 저자이고, 그분 없이는 노래가 존재하지 않을 것이다.) 그와 동시에 두 번째 움직임은, 사랑의 대화 속에서 내가 상대방에게 나를 개방하고, 내 사랑의 결여 속에 그를 맞아들이거나, 아니면 나의 열광 속에 그를 흡수하여 그와 일심동체가 된다는 것이다. 이 두 움직임을 통해, 이상의 육신 되기로서의 황홀(자기 밖으로의 이탈)과 강생의 전제가 「아가」의 사랑의 주술 속에 정립된다. 그러나 보다 직접적으로는 정신 내면의 공간이 여기서 그 모습을 드러내는데, 그것은 사랑의 공간과 분리될 수 없는 공간이다. 그 내면성은 물론 연극 무대적인 것으로 남는다. 그것은 언어적 일관성만큼의 음성적, 몸짓의, 시각적 일관성을 통해서만 다가적인 연극성을 갖출 수 있다. 그러나 도주의 주제가 강조하는 돌이킬 수 없는 이별 저편에서 결합하고 통합하는 사랑의 갈망을 통하여, 이미 사랑은 내면적인 삶의 집적소가 되어 있다. "나는 사랑 병이 들었소."라고 술라미 여인이 노래하는데, 이것은 장차 신비주의자들에서 낭만주의자들에게까지 나타나게 될 심리적 우여곡절을 예고하고 있다.(5장 8절)

하나의 노래 ── 하나의 육체

연인들의 부재, 융합적 갈망, 이상화를 지배하는 테마와 밀접하게 얽혀 있는 육체적이고 성적인 주제("나의 사랑하는 사람은 구멍에서 손을 꺼냈고 / 나의 가장 깊은 속까지 그로 인해 흥분되었다.", 5장 4절) 때문에 「아가」의 관능적 쾌락은 곧장 강생의 문제로 이끌고 간다. 사랑하는 자는 이곳에 없지만 나는 그의 몸을 느낀다. 사랑의 강생 상태에서 나는 육감적으로 그리고 이상적으로 그와 결합한다. 사랑하는 자 속에서 하느님 자신을 본다는 랍비들의 우의적 해석은 사실상 「아가」의 이러한 '강생주의적' 잠재성을 유리하게 한다. 사실 내가 하느님을 사랑하고, 사랑받는 자가 솔로몬의 육체를 초월해 하느님 그 자신이라면, 어떻게 거기에서 빠져나올 수 있겠는가? 육체적 열정과 이상화의 교차로인 사랑은 의심의 여지없이 은유(구체적인 것을 추상적인 것으로, 추상적인 것을 구체적인 것으로)뿐만 아니라 강생(정신이 육신이 되고, 육신이 말씀이 되는)의 탄생을 위한 혜택 받은 체험인 것이다. 강생이 실재 속으로 미끄러져 들어갔고, 그리고 현실로서 포착된 은유라면 모르겠지만. 환각은 열정적인 사랑의 난폭성 속에서 실재계의 중량을 취했으니, 그 난폭성은 사실상 표상계(실재계·상상계·상징계)를 융합시키는 정신이상의 일반적인 표현이 아닐까?

성(性)과 하느님

그러나 어떤 명확한 근거로, 그리고 어떤 무의식적인 논리에 의해 「아가」가 성경 속에 자기 자리를 차지할 수 있었는지를 알아보는 문제가 남아 있다. 문자 그대로 성욕적인 것이 어떻게 성스러운 것이 되었을까? 우선 우리가 상상할 수 있는 것은, 매우 논리적이고 사랑의 은유성에 몰두해 있는 듯한 랍비들은 사랑의 텍스트의 분명한 비유적 의미를 중시했고, 그것을 추가적인 단계로 비중의 정도를 높여서 이상화했는데, 그 이유는 물론 왕실의 숭고한 연인이 그가 사랑하는 이스라엘 백성들과의 사랑의 대화에서 하느님이 되기 때문이다. 그러나 그 텍스트의 에로틱한 의미는 그 누구도 부정할 수 없었다.[17] 혹시 성서의 배열에서 한 공백을

---

17) 코헨, 「「아가」와 유대교의 정신 구조(Le Cantique des Cantiques et la mentalité

채워 주기 때문에 그 작품을 성경 속에 삽입했을까? 주변 민족들(셈족들과 마찬가지로 히타이트족들)은 작은 숲 속에서 혹은 성스러운 신전에서 성 의식을 거행하였지만 자신들을 신들의 연인이라고 비유하지는 않았다. 그런데 오로지 유대인들만은 그 어떤 성적 의식을 실행하지는 않았다. 어머니·여신의 풍요로움에 대한 최고의 경배였던 그 의식들이 하느님 아버지의 종교에서는 당연히 배제되어 있었다. 감각적인 사랑의 주제를 도입하고 있는 「아가」는 그렇다고 풍요로운 여성성에 대한 양도는 아니다. 「아가」가 욕망을 인정하면서, 수다스럽고 관능적인 욕망의 호사스러운 과시와 방황을 묘사하고는 있지만, 그것은 그러한 것들을 연인의 왕권적 권위에 복종시키기 위한 것이다. 술라미 여인으로 말하자면, 그녀는 자기 애인을 "내 어머니의 집으로" (7장 4절, 8장 2절) 인도하고 싶어한다. 그녀는 오히려 그가 형제로서 가족적이고 아무런 거리낌 없이 사랑을 받았으면 하고 바란다. 그렇지만 그는 어머니 여신 또는 아내의 힘이 도사리고 있는 어머니의 집을 경계할 뿐 아니라 성적 융합까지도 경계한다. "내 침상에서, 밤 동안에 / 나는 내 영혼의 연인을 찾았노라 / 나는 그를 찾고 있었지만 전혀 그를 찾아내지 못했구나!"(3장 1절, 6장 6절에서 반복됨.) 바로 이러한 도전, 정확하게는 이러한 긴장이 고대 혹은 현대의 모든 독자들이 필연적으로 민감하게 느끼고, 또한 선택받은 민족의 가족적인 성적 모험이 계속되는 동안 강력한 원동력으로 행사하는 욕망의 힘을 음성으로, 몸짓으로, 시로써 분명하게 드러내는 것이 아니겠는가?

성서 텍스트 전체에 분산된 성적인 구성 요소를 고려하면서, 그가 사랑하는 것처럼 사랑하도록 강요하는 그 하느님의 절대적 현존과의 관계

religieuse juive)」, *Les Nouveaux Cahiers*(1974), n°. 35, 55~66쪽 ; "conférence à The Samuel Triedland Lecture"(1966).

에 비추어볼 때, 「아가」는 성경에서 이방적인 요소가 아니다. 그 의도를 상세하고 명확히 밝히고 있을 뿐이다. '욕망'과 하느님은 항상 거기에 있었다. 이제는 개인의 정신적인 체험 깊숙한 곳에서 그 두 가지를 있는 그대로 바라보아야 한다. 사랑이라는 용어는 그 두 가지(관능적이고 지연된 사랑, 육신과 힘, 열정과 이상)의 결합을 축성한다.

합법적인 부부

인근 민족들의 종교적 혹은 성적 심성(mentalité)의 가능한 영향들이 성서 속에 통합되기 위해서는 물론 정상적인 부부간의 사랑이 중요하게 다루어질 것이다. 코헨이 다음과 같이 주장하는 데는 일리가 있다.[18) 그는 율법에 의해 축성된 부부의 사랑은 유대사회의 기둥이고, 또한 남편의 질투심으로 유지되지만 아내의 안전을 보장해 주는 헌신적인 한 쌍의 부부의 모습으로 연인들을 묘사한다는 것은 확실히 사랑을 정당화하고 따라서 사랑을 오직 성스럽게 만드는 대중적인 풍습의 한 특징이라는 것이다. "나의 누이, 나의 약혼녀"는 문자 그대로 근친상간적 관계라기보다는 사랑하는 여인의 처녀성을 가리키는 듯하다. 그리고 이 처녀성에 관해서, 우리는 육체적 결합이 어느 순간에도 완수되지 않는다는 사실을 지적해 두어야 한다. 그렇다. 부부간의 사랑, 독점적인 사랑, 관능적이고 시샘하는 사랑인 「아가」의 사랑은 동시에 이 모든 것이고, 거기에 형언할 수 없는 육체적 융합이 추가되어 있다. 「아가」의 그러한 특성은 플라톤적 사랑의 사이코드라마도 이데아적 추상성도 갖추고 있지 않기 때문

---

18) 앞의 책.

에 플라톤적 사랑과는 근본적으로 구분될 뿐만 아니라 「아가」가 공유하지 않는 이교도 의식에 고유한 바쿠스 축제적인 사랑의 비장하고도 열광적인 신비주의와도 구분이 된다. 그 두 가지와는 동일한 거리를 두면서, 거리감, 도주, 한 걸음 더 나아가 불가능한 것 위에 세워졌으며 율법에 의해 봉인된 「아가」의 사랑은 서양적 주체성의 체험 속에 아주 새로운 장을 열어 준다. 그것이 지닌 불가사의한 매력, 서정적인 마력은 아마도 대부분 사회심리적 특성이 포함하고 있는 감탄에서부터 나올 것이다. 그것은 불가능한 것의 정당화이고, 불가능한 것을 사랑의 법칙으로 승격시키는 것이다. 사회학과 유대 민족의 역사 속에서 부부 생활의 그러한 체험의 원인들을 찾아보아야 할 것이다. 적어도 우리가 또한 역으로, 그러한 부부의 체험을 궁극적으로 형성하는 것이 유일하고 준엄하며 사랑하는 부성적 신성의 전제 조건임을 받아들이는 한. 그러한 종류들 중에서 유일한 것이 욕망 속에 쓰인 율법의 말씀이고, 그 욕망은 이방의 영향들을 초월해 새로운 사랑으로 이루어진 「아가」 속에 훌륭하게 집약되어 있다. 철학적 탐색도 아니고 신비적 열광도 아닌 성서적 사랑은, 사실상 그리고 바로 그런 이유로 미학과 도덕 속에서 종교(이것은 결국 번식 비밀, 쾌락, 삶 그리고 죽음의 비밀을 예찬한다.)의 흔들 굴대(bascule)를 찬양하고 있다.

　「아가」가 어떤 유형의 사랑을 어떤 일반적인 수사학적 방식으로 상기시키는지를 살펴본 다음에 우리는 성경에 삽입된 그 의미를 잘 이해하게 된다. 어떤 다른 민족도, 설사 바쿠스 제를 드리는 민족이라고 해도, 하느님과의 관계를 남편과 사랑하는 아내와의 관계로 상상한 적이 없다. 「아가」의 사랑은 부부 관계의 테두리 안에, 그리고 장차 이루어질 소망의 달성(결국 아주 여성적이고 매우 인간적인, 지나치게 히스테리적인 "그것은 절대로 그게 아니야."로 강조된) 속에서 동시에 기록되어 나타나고,

그렇지 않으면 불가능하다.(정신병적 환각의 가장자리에서처럼 스치고 나서 즉시 잃어버린 상대방에 대한 필연적인 실패로서의 사랑의 변질을 인정하기일까?) 그리하여 우리는 한편으로는 사랑의 체험이 지닌, 보편적으로 마음을 흔들고 비장하며 열광적이거나 아니면 우울한 그 무엇과 함께, 다른 한편으로는 '일자(一者)'를 향한 타는 듯한 감수성을 법칙화하고 통일시키며 포섭하는 유난히 유대적인 그 무엇과 함께, 사랑의 진정한 체험의 변증법적 통합과 마주하게 된다. '일자'는 우선 청취된다. 말하자면 우리는 사랑받는 자가 눈에 보이기도 전에 텍스트가 귀에 대해 강조하는 것을 주목하게 된다. "내 사랑하는 이의 목소리! / 그분이 다가오고 있어요…… / 이제 그분이 우리 집 담 앞에서 발걸음을 멈추고……."(2장 4절) 뿐만 아니라 매우 광범위하게, 그 '유일한 사람'은 하느님의 표상 불가능성이라는 전제와는 달리, 연인들의 육체적 자질에 관한 시각적·촉각적·청각적 묘사들이 증명하는 것처럼 상상되고 보여지고 느껴진다. 선택받은 자들이, 사랑하는 남자들이, 누구보다도 사랑하는 여자들이 하느님을 보고 들었다. 그분은 단 한 번도 완결된 강생을 위해 융합하고, 결정적으로 봉헌된 적이 없다.

따라서 「아가」는 교차로 같은 텍스트이고, 우리는 그 속에서 유대인의 종교적 심성의 특성과 함께 이교도들의 미학적 영향과 강생된 종교의 전조들을 찾아볼 수 있다. 우리는 옛날의 전통과 랍비들이 「아가」 지지하기를 망설였던 것을 이해하게 된다. 그러나 우리는, 그들의 편견이라고 믿고 있는 것을 초월해, 우리를 끊임없이 경탄케 하는 고대 세계의 훌륭한 집대성 중 하나를 이루면서 그것을 성서 속에 수용한 그 사람들에게 무한한 경의를 표할 수밖에 없다. 여하간 「아가」는 훗날 기독교가 그렇게 한 것처럼 일신교의 새로운 분파의 가능한 분열을 사랑의 종교로서 지연시켰던 것은 확실하다.

왜냐하면 「아가」의 직접적인 성적 내용 덕분에, 그리고 거기에 그 성적 의미 작용을 하느님 탓으로 돌리는 랍비들의 우의적 해석들이 첨가되면서, 성경은 유대의 하느님에게 인간의 온갖 성적 특징을 부인하지 않기 때문이다. 그러나 사랑을 남편의 지배권 밑에 둠으로써, 그리고 애정의 갈망 한복판에 도주를 설정해 신비적 표현으로 사랑을 보호함으로써, 「아가」는 유대주의에게 추상화 중에서도 가장 성적이고, 관능성 중에서도 가장 이상적인 것이 되는 독특한 성격을 부여했다.

우리는 「아가」에 대한 우의적 해석이 '제2 성전'의 파괴 이전에는 찾아볼 수 없었음을 증명한 바 있다.[19] 그러나 사해학파의 도서관에 그 책이 비치되어 있다는 사실은 그 이전에 이 책이 종교적으로 연구되었음을 증명하는 것이 아닐까?

우의적인 독해를 한다는 조건 아래, 우리는 랍비 아키바와 성스러운 텍스트의 자격으로 「아가」의 허용을 지지한 모든 사람들의 행동에서 애정적이거나 서정적인 성의 가치에 대한 검열이 아니라 그 반대되는 것을 볼 수가 있다. 그러한 논리적 귀결들에 대한 인정은 그것들에게 정신성을 부여하는 데 토대가 되는 상징적 해석에 필요 불가결하다. 그런 사실을 고려할 때 상징적 해석은 사랑의 담론을 이루는 토대에 대한 수사학적인 무한(은유적인 확산)의 단순한 고백이 아닐까?

---

19) E. E. Urbach, "Rabbinic Exegesis and Origenes", *Commentaries on the Song of Songs and Jewish-christian Polemics*, en hébreu, Tabriz, XXX, 1980~1981, 148쪽 이하.

한 아내가 말한다

결국 「아가」는 여성, 즉 사랑하는 아내의 주장을 통해 성욕과 그리스 또는 메소포타미아의 입문적 철학주의를 교묘하게 초월하고 있다. 아내인 그녀는 이 세상에서 처음으로 자신의 왕이자 남편 혹은 하느님 앞에서 말한다. 물론 그에게 복종하기 위해서이다. 그러나 사랑받는 아내로서이다. 합법적이고 명명된 죄 없는 사랑 속에서 상대방의 절대적인 힘에게 말하며 그에 필적하는 자가 바로 그녀이다. 사랑에 빠진 술라미 여인은 자기가 사랑하는 사람 앞에서 절대적인 힘을 가진 최초의 여성이다. 부부의 사랑을 예찬하는 유대교는 이처럼 최초로 여성을 해방시켰다고 자처하고 있다. 사랑하고 말하는 주체라는 자격으로서. 술라미 여인은, 서정적이고 춤을 추는 연극적인 언어를 통하여, 합법성에 대한 복종과 열정, 난폭성을 결합하는 자신의 모험을 통하여, 현대적 개인의 전형이 된다. 여왕이 되지는 않아도 그녀는 사랑과 사랑을 존재하게 하는 담론에 의해 지배자가 된다. 비장하지도 비극적이지도 않으면서 투명하고 강렬하며, 분할되고 신속하고 공정하며, 괴로워하지만 희망을 가진 아내(여인)는 자신의 사랑으로 현대적 의미에서의 최초의 '주체'가 되는 첫 번째 보통 개인이다. 분할된 여인이다. 사랑 병을 앓고 있지만 그래도 지배자이다. "예루살렘의 딸 / 나는 비록 검지만 아름다워 / 마치 게달의 천막 같고 / 솔로몬 왕의 휘장 같아라(……) / 그분이 나를 잔칫집에 인도했고 / 내 위로 쳐진 그의 깃발은 '사랑'이었네! / 너희는 떡으로 내 힘을 키우고 / 사과로 내 원기를 되찾게 하라 / 내가 사랑 병을 앓고 있음이니라 / 그의 왼손이 내 머리를 고이고 / 그의 오른팔이 나를 껴안고 있네……."(1장 5절과 2장 4절)

그리하여 모든 백성들이 자신을 술라미 여인, 하느님이 선택한 여인이라고 생각했다. 이러한 종교적 감정의 절정은 또한 유래를 찾아볼 수 없는 관능적 열정과 수사학적 창작력으로 조정된 자유를 향한 직접적인 통로이다.

3부

나르시스—새로운 정신착란

> ⋯⋯ 그 유혹의 야릇함 ⋯⋯.
> — 오비디우스, 『변신』, III, 350.

나르시스의 전설이 문학에 나타난 것은 서력 기원 초기에 지나지 않는다. 그것에 대한 완전한 첫 이본은 오비디우스의 것으로, 그는 그 이야기를 작품 『변신』의 3장에 삽입했고, 그 작품은 기원후 2년에 시작되어 흑해의 근엄한 강가로 유배를 떠나기 전날인 기원후 8년에 완성되었다. 코논, 필로스트라트, 포자니아스도 역시 자기들 방식으로 자신의 영상을 사랑한 그 젊은이의 비극적인 이야기에 접근했다. 그러나 뒤늦은 그들의 증언이 그 신화의 최초의 형태를 재구성할 수 있게 하지는 못했다.[1] 그러니 오비디우스로 한정해 두자.

---

1) Louise Vinge, *The Narcissus Theme in Western European Literature up to the Early 19th Century*(Gleerups, 1967)를 참조할 것. 그리고 Pierre Hadot, "Le mythe de Narcisse et son interprétation par Plotin" *Narcisses*, NRP sy., n° 13 (1976), 81~108쪽도 참조할 것. 앞으로 생각하게 될 그 신화의 원천과 전개는 두 번째 저서를 참고할 것이다.

우선 신화의 개요를 살펴보자. 베오티아(Béotie)의 테스피아(Thespies)에서, 세피즈(Céphise) 강(나중에 우리는 그의 영상을 간직하고 있는 물을 다시 만나게 될 것이다.)과 물의 요정 레리오페(Leiriope)(백합(leirion)은 신화의 전개 속에서는 습지대의 다른 꽃인 장례용 수선화로 변신하지 않는가?)에게서 태어난 나르시스는 거만한 만큼 놀라운 미소년이었다. 소녀들뿐만 아니라 소년들도 뿌리치던 나르시스는 요정 에코(Echo)[2]의 모습에서 물에 비친 자기 분신의 전조를 만난다. 나르시스를 사랑하지만 거절당한 에코는 다른 사람들의 말을 반복할 줄밖에 모르다가(빛의 여신 주농이 불륜을 저지른 자기 아버지 사투르누스를 지나치게 옹호한 것을 벌주기 위해 그렇게 남의 말을 반복할 줄밖에 모르게 만들었다.) 결국 그녀는 자신의 육신을 잃어버리고 만다. "그녀 육신의 모든 본질이 공중에 흩어졌고" 뼈는 석회로 변했으며, 오직 그녀의 목소리만 변하지 않았다. 나르시스에게서 낙담한 연인들은 '여신 람농트(Rhamnonte)', 네메시스(Némésis)에게 "그도 똑같이 사랑에 빠지고, 그리고 똑같이 사랑의 대상을 소유하지 못하게" 해달라고 요청하게 되었다. 나르시스가 사냥 중에 목이 말라 우물가에 몸을 굽히고 물을 마시려고 할 때 그 벌이 이루어졌다. "물을 마시는 동안, 그의 눈에 비친 그의 아름다운 영상에 매혹되어, 그는 일관성 없이 반영된 모습에 반하게 되고, 그림자에 지나지 않는 것을 육체라고 착각한다."

이 장면에서 우리는 신기루에 지나지 않는 대상 없는 사랑의 현기증이라고 불러야 하는 것과 마주하게 된다. 오비디우스는 수 세기 동안 서양의 심리적·지적 삶에 계속 자양분을 줄 미끼의 두 가지 양상 앞에서 매료되고 불안해하며 감탄한다. 그 양상들 중 하나는 눈의 실수로 생긴 단순한 산물인 비대상 앞에서 느끼는 흥분이고, 다른 한 가지는 영상의 힘이다. "네 사랑의 대상은 존재하지 않아! (……) 네가 보고 있는 그림자는 네 영상의 반영이야." "그 그림자는 그 자체로는 아무것도 아니고, 너와 함께 그것이 나타나고 지속한다. 그러다가 만일 너에게 떠날 용기가 생기면, 너의 출발과 함께 그림자도 사라지고 말 것이다."

그다음 우리는 나르시스와 그의 분신 사이의 에로틱한 장면을 목격하는데, 그 장면은 불가능한 포옹들, 빗나간 키스들, 지나친 애무들로 짜여 있다. 눈과 함께 입은 사랑을 흡입하는 중심 기관이고 그것들과 함께 "우리의 결합을 방해하는 얕은 수면……" 때문에 욕구불만에 빠진 피부도 마찬가지이다.

드디어 이해의 순간이 온다. 욕구불만에 빠지다 보니 나르시스는 그가 사실상 '기호들'의 세계 속에 있다는 것을 알아차린다. "너는 또한 나의 신호에 머리 신호로 화답한다. 그리고 매혹적인 네 입의 움직임을 보고 내가 그것을 알아차리는 만큼 너는 내 귀에 도달하지 않는 말들을 내게 보낸다!" 이러한 판독의 노력은 그를 인식과 자동 인식으로 인도한다. "너는 다른 사람이 아닌 나 자신이야, 나는 깨달았어. 나는 더 이상 나 자신의 영상에 속지 않아."

여기서 우리는 그 드라마의 극치에 와 있다. "어떻게 한담? (……) 내가 욕망하는 것이 나 자신 속에 있으니. 나의 결핍은 나의 소유욕에서 왔어. 오! 내가 내 육신과 분리될 수만 있다면!"

그의 눈물이 샘물을 흐리게 하는 순간, 나르시스가 그 사랑하는 영상이 자기의 것일 뿐 아니라 더구나 그 영상이 사라져 버릴 수도 있다는 것을 깨닫게 되었을 때 그 비극은 보다 높은 단계에 다다른다. 그는 만져 볼 수 없어서 오직 관조하는 것("내 눈을 즐길 수 있게 해 주옵소서.")만으로 만족할 수밖에 없었는데, 이제는 그것마저도 불가능하게 되었다고 생각한 듯하다. 절망한 그는 "대리석처럼 차가운 손바닥으로 자신의 맨가슴을 친다." 나르시스는 이처럼 자기 영상의 가장자리에서 죽는다. 그리고 오비디우스는 이렇게 덧붙인다. "지옥에서도, 그는 여전히 삼도천의 물속에서 자신을 응시하고 있었다." 곡녀들이 장작불을 준비하고, 에코가 그녀들의 통곡을 반복하고 있을 때, 사람들은 '그의 육신이 사라졌음'을 알게 된다. 이상야릇한 부활을 통해 나르시스라는 수선화가 그 자리에 피어난다.

사람들은 나르시스라는 이름을 달고 있는 그 꽃에 대해서와 마찬가지로 그 전설의 병적이고, 지루하고, 지옥 같은 의미 작용을 강조할 수 있었다. 나르시스적 공간의 축축하고 감추어진 마비 상태가 그 전설을 디오니소스의 식물적 도취와 연결시킨다. 마치 그것을 환시(vision)의 주제가 증언하고(나르시스는 그 자신을 보고 난 후에 죽고, 팡테[3]는 디오니소스의 신비를 목격했기 때문에 죽는다.) 한층 더 명시적으로는 오비디우스가 디오니소스에 관한 연작 속에 포함시킨 그 인물의 계보가 증언한 것처럼. (화가 푸생이 그 두 가지 신화와 두 영웅을 결합시킨 「바쿠스의 탄생」에서 그런 사실을 기억하게 된다.)

그러나 오늘날 보다 더 흥미로운 것은 나르시스의 모습의 참신함과 그것이 차지하고 있는 매우 기이한 위치를 한편으로는 서양 주체성의 역사 속에서 살펴보고, 다른 한편으로는 그것이 지닌 병적인 성질을 감안하여 그러한 주체성의 중요한 증상에 대해 검토하는 것이리라.

---

3) (옮긴이) Penthée : 그리스 테베 출신으로 디오니소스의 어머니 쪽 친척이다. 에우리피데스를 비롯한 극작가들이 그의 생애를 주제로 극작품을 만들었다.

플로티노스, 혹은 반영과 그림자의 이론 ── 내재성

나르시스를 사랑에 빠뜨리고, 그를 죽음으로 인도한 그 반영은 고대 철학에서 분리되는 사상의 중요한 논점(topos)이 되어 기독교 초기의 교부신학에서까지 그 사변을 살찌운다. 연금술의 자료집과 그노시스 신봉자들은 원형 인간이 실추의 결과에 지나지 않는 그 자신의 반영에 몰두한다는 점에서 감각 세계란 일종의 나르시스적 과오의 결과라고 간주했다.[4] 플로티노스에게 있어서는 그 반대로 우주의 창조자인 태초의 반영은 필요한 과정이다. 그리고 오직 일시적인 실질 속에 담긴 그 반영의 반영만이 우리를 이상으로부터 멀어지게 하고, 결과적으로 그것은 비난받아 마땅한 것이 된다.

플로티노스의 이러한 이중적 움직임은 우리가 음미해 볼 가치가 있는 것이다.

한편으로는, 그 시대의 우주 생성 이론에서와 마찬가지로, 플로티노스에게 감각 세계는 거울 속에 비친 반사의 결과이다. 마치 오늘날 경멸적으로 '나르시스적'이라고 부르는 유해한 반영이 논리적으로 그리고 아주 정상적으로 세계의 불가피한 창조자인 것처럼. 결국 영혼은, 물체가 번득이는 표면에 비쳐지듯이, 생기 없는 물질을 만나면 반영을 만들어 낸다.[5]

---

4) H. -Ch. Puech, Le Néoplatonisme, C. N. R. S., 1971, 99쪽 참조.
5) "우리가 그것(물질) 속에서 본다고 믿는 것은 모두 우리를 농락하고, 거울 속에서처럼 하나의 환영에 지나지 않는다. 거울 속에서 대상은 그것이 자리 잡고 있는 장소와는 다른 곳에서 나타난다. 겉으로는 거울이 물체들로 가득하다. 거울은 아무것도 담고 있지 않지만, 모든 것을 가진 듯 보이는 것이다." 그리고 플로티노스는 『티마이오스』의 생각을 채택한다. "물질 속에 들어가고 나오는 것은 존재들의 영상들과 환영들이다."(Ennéades, Ⅲ, 6, 7~25, Éd. Belles Lettres, trad. E. Bréhier) 또 이렇게 말한다. "뭐라고! 물질이 없다면 아무것도 존속하지 않는다고? 거울이나 그 유사한 표면이 없다면 마찬가지로 반영도 있을 수 없다. 어떤 사물의 성질이 다른 사물 속

다른 한편으로는 그러나, 나르시스가 한 것처럼, 하나의 반영에 지나지 않는 것을 단단한 현실로 간주하는 것은 중대한 잘못이다. 그래서 나르시시즘이 규탄을 받는다. 그러나 그러한 규탄은 반영들이 겪는 과정의 기원에 대한 것은 아니다. 플로티노스를 읽어 보면, 잘못은 개인이 자신의 내면성 위로 몸을 굽히는 것 대신에 단순히 그 영상들에게 현실성을 부여하는 순간에 시작된다.

"그것을 할 수 있는 자는 자기 내면으로까지 들어가 그것(은신처에 숨은 내면적 아름다움)을 따라가기를. 눈에 비치는 허깨비를 포기하고 그 이전에 예찬하던 육체의 광채를 향해 되돌아가지 말기를. 왜냐하면 육체적 아름다움을 볼 경우, 그것을 향해 달려가서도 안 되지만, 그 아름다움이 영상들이고 흔적들이며 그림자들임을 반드시 알아야 하기 때문이다. 그리고 그런 아름다움들로부터 멀리 떨어져서, 그것들이 영상들로 존재하는 그 아름다움에 접근해야 한다. 만일 우리가 그런 아름다움들을 실제라고 착각하고 그것들을 포착하기 위해 달려간다면, 우리는 물 위에 떠 있는 자신의 아름다운 영상을 포착하고 싶어 하던 그 사람처럼 될 것이다.(또한 전설이 그렇게 이해하게 한다고 생각된다.) 그는 깊은 물속에 빠졌기 때문에 사라져 버렸다. 육체의 아름다움에 집착하고 그것을 포기하지 않는 사람도 역시 그와 같다. 그의 육체가 아니라 그의 영혼과 지성이 보기에 어둡고 불길한 깊은 곳에 빠져들어, 그곳에서 망령들과 함께 살게 되고, 눈먼 채, 저승 왕 하데스의 나라에서 머물게 되리라."[6]

에서 존재하는 것이라면, 그 다른 사물이 더 이상 존재하지 않을 때, 그 사물도 더 이상 산출되지 않는다."(*Ennéades*, Ⅲ, 6, 14, 1~5) 더구나 이 반사 운동은 무시할 만한 것이 아무것도 없다. "몸을 숙이는 것, 그것은 낮은 지역을 비추는 것이고, 그리고 그림자를 지닌다는 것보다 더한 과오는 아니다."(같은 책. Ⅰ, 1, 12, 24)

6) 같은 책, Ⅰ, 6, 8, 8.

이런 나르시스에 대한 암시는 일반적으로 모든 논평자들에게 받아들여진 것이다. 나르시스의 잘못을 환기하는 것은 플로티노스의 성찰에 정통적인 플라톤주의의 의미를 넘어서는 의미를 부여한다.(『향연』은 플로티노스의 논문 「미(美)에 대하여」에서 다루어졌다.) 그것은 영혼의 움직임에 대한 보다 사변적이고, 따라서 보다 심리학적인 전개로 나아가기 위한 것이다.

플로티노스에게는 거울에 대한 또 한 가지 신화적 언급이 영상의 분산을 규탄하는 것과 똑같은 방향으로 진행되는 듯하다. 한편으로 천거된 것은 영혼이 지성의 항상 현존하는 일체성 안에서 재결합한다는 것이다. "그러면 인간의 영혼들은 어떠한가? 그 영혼들은 디오니소스의 거울 속에서처럼 그들의 영상을 본다. 그리고 저 높은 곳에서부터 그 영혼들은 영상들을 향해 돌진한다. 그렇지만 그 영혼들은 관념적인 것들인 그 원칙들과의 연관들을 끊지는 않는다."[7] 신화의 어느 판본에 따르면 어린 디오니소스는 거울을 이용해서 헤라[8]의 유혹을 받게 되고, 그 후 거인 타이탄들의 시련을 받고 여러 조각으로 토막 나지만, 여신 아테나와 제우스 신, 또는 땅의 여신 데메테르, 또는 아폴론에 의해 재봉합되었음[9]을 상기하자…… . 그 신화의 귀중한 세부 사항들은 플로티노스의 성찰 속에서 다시 취합되었고, 그것들은 우리가 보기에 비본질적인 다양한 반영들을 통해 통합의 주제로 집중되는 것 같다. 우리는 그러한 사실을 플로티노스가 행한 나르시스 신화의 처리 속에서 보다 즉각적으로 다시 만나게 된다.

그러니까 여기서의 과오는 반영이 오직 자기만을 비춘다는 것을 알지

---

7) 같은 책, Ⅳ, 3, 12, 1∼4
8) (옮긴이) 그리스 올림피아의 키가 매우 큰 여신으로 제우스 신의 누나이다.
9) J. Pépin, 「플로티노스와 디오니소스의 거울(Plotin et le miroir de Dyonisos)」, *Revue international de philosophie*(1970), n° 92, 304∼320쪽을 참조할 것.

못하는 데 있다. 결국 나르시스는 자신이 반영의 원인임을 몰랐다는 것이 유죄가 된다.[10] 나르시스가 자신에 대한 무지 때문에 유죄하다는 이 규탄을 기억해 두자. 자신의 반영인지도 모르고 그 반영을 사랑하는 사람은 자기가 누구인지를 모르는 사람이기 때문이다. 그러나 그런 과오를 넘어서, 반영(나르시스의)은 플로티노스로 하여금 자기에 대한 의식을 완전히 구성할 때까지 사색의 움직임을 실체화할 수 있게 하고, 그 사색과 마주한 그림자(나르시스적이고, 그 원천이 자기 자신임을 알지 못하는 그림자)는 최고의 과오라는 사실도 지적해 두기로 하자. 나르시스의 반영에 의아심을 품게 된 플로티노스의 반영에는 따라서 나르시스적인 것이 전혀 없다. 나르시스 애호가일지는 모르지만, 강력하게 반나르시스적인 플로티노스는 그 자신의 영상에서부터 시작하여 영상들에 대한 숭배를 비난한다. 그는 초상화를 그릴 수 있게 해 달라고 요청하는 제자에게 이렇게 반박한다. "자연이 우리에게 입혀 준 그림자를 지고 다니는 것이 지겹지도 않느냐? 마치 볼 만한 가치가 있는 그 무엇인 것처럼, 우리 뒤에다가 그림자보다 더 오래가는 그 그림자의 반영을 남겨두어야만 하겠느냐?"[11]

그러나 그림자와 영상들·물신들이 유죄 선고를 받으면, 시선과 반영 (물론 플라톤적인 수단들이지만, 나르시스에 의해 그처럼 연극화되고 인간화되고 성욕화된)은 플로티노스와 함께 나르시스적 정신착란을 넘어서, 서양의 자기의식을 구성하는 논리적 요소들이 된다. 그러한 자기의식은 어쩌면 사랑하는 '자아'와는 아무런 관계가 없을 수 있지만, 자아의 자기 성애적 향락이 덜 현저한 것도 아니다. 플로티노스의 말을 들어 보자.

이제부터 '내면적'이 된 눈은 '번득이는 대상들'을 더 이상 보지 않고,

10) P. Hadot, 앞의 책을 참조할 것.
11) Porphyre, 「플로티노스의 인생(Vie de Plotin)」, *Ennéades*, I, 1쪽.

다음과 같은 가르침을 따른다는 조건 아래 '착한 영혼의 아름다움'을 보게 된다. "네 안으로 돌아와서 바라보아라. 네가 아직 네 속의 아름다움을 보지 못한다면 아름답게 될 조각상을 빚는 조각가처럼 행하여라. 조각가는 한 부분을 떼어 내고, 긁어 내고, 닦아서 윤을 낸다. 너도 그처럼 군더더기를 들어 내고, 비스듬한 것은 똑바로 세우고, 어두운 것은 빤짝거릴 때까지 닦고, 미덕의 신성한 광채가 나타날 때까지 너 자신의 상을 끊임없이 조각하여라. 네가 그런 것이 되었느냐? 그것이 보이느냐? 너는 너 자신과 너의 통합에 아무런 지장도 없고, 아무것도 내면적으로 너 자신과 뒤섞이지 않는 순수한 교류를 하고 있는가? 그렇다면 너는 통찰력을 갖추었다. 너의 시선을 고정시키고 쳐다보아라. 위대한 아름다움을 보는 것은 오로지 눈뿐이니…… 왜냐하면 대상을 관조하는 데 열중하기 위해서는 눈이 대상과 비슷해지고 같아져야 하기 때문이다. 눈이 태양과 같아지지 않고는 절대로 태양을 볼 수 없을 것이다."[12]

여기서 우리는 이상적 아름다움에 대한 플라톤의 탐색과 나르시스를 필연적으로 상기시키는 그 영상 자체의 자기 성애 사이의 훌륭한 통합을 보게 된다. 그것은 마치 플로티노스적 구도 내부에서, 나르시스적 자기 성애가 우선 나르시스적인 작용의 활동을(그것의 제동 장치, 즉 본질적 현실로 간주된 그림자·영상과 구별하기 위해) 회복시켜 주는 것과도 같다. 그 활동을 통해서 플라톤적 대화 주의는 플로티노스의 독백으로 전환되는데, 그 독백은 사변적이라고 말해야 할 것이다. 왜냐하면 그 독백은 이상을 자아의 내면으로 이끌어가고, 그 자아는, 그렇게 함으로써만, 일련의 반영을 통해 내면성으로서의 자아로 구성되기 때문이다. 환상과 추락인 나르시스적 그림자와 대체되는 것은 이상적인 '통일성'을 그것으로 조

---

12) *Ennéades* I, 6, 9, 7 이하.

명된 '자기'의 내면으로 이끌고 가는 자기 성애적 성찰이다. 나르시스는 초월되고, 그리하여 아름다움은 내적 공간 속에서 구체화된다. 나르시스는 결국 유명한 동시대인 그리스도처럼(차후, 다른 사람들에게) 사상이 자아의식 속에서 구체화되고 주관화되도록 인도하는 고통 받는 육신일까? 그러나 나르시스의 고통은 의식의 내면성이 된 그 지성적 '총체'의 정점 속에 흔적을 남긴다. 말하자면 마치 도저히 접근할 수 없는 자신의 반영 앞에서 그 젊은이의 불안을 되찾는 것처럼, 통합되고 서로 밀어내는 개체성과 총체성인 플로티노스적 '자기'는, 자신이 변질되었음을 알게 되는 것이다. "그는 다른 사람이 되었고, 더 이상 그 자신이 아니다."[13]

아버지를 향한 율리시스

나르시스가 사변적 내면성으로 변하는 과정에서 나르시스의 반대 명제, 차라리 그의 교체는 또 하나의 신화적 인물, 즉 율리시스의 중재로 완성된다는 것을 확인하기는 놀라운 일이 아니다. 율리시스, 그 역시 탐색 중이지만 자기 자신의 영상이나 열등한 육체를 탐색하지는 않는다. 물의 요소와 세이렌 요정들을 용감하게 또는 재치 있게 빠져나가는 율리시스는 자기 영혼의 반영에 지나지 않는 그의 육체에 굴복하지 않는다. 이처럼 반나르시스적인 율리시스의 영혼은 '조국'을 찾아서, '아버지를 향해'[14] 출발하여, 육체 너머에서 자신이 그 반영에 지나지 않는 빛을 발견하고, 그래서 드디어 지고의 빛을 반사하는 지성에 도달하게 된다. 우리는 사도 바울(「히브리서」, 11장 13절)도 같은 말을 하고 있음을 확인한 바

---

13) 같은 책, VI, 10, 15.
14) 같은 책, I, 6, 8, 21.

있다. 이와 같이 플로티노스에게는 빛나는 '통일성'을 반사하는 거울들의 진정한 '달빛 공원'이 완성되는 것 같고, 그곳에는 수많은 반영들이 전개되고 그 반영들은 관념에서 육체로 또 그 반대로 향해 있다. 이러한 번쩍거림은 사실상 시선에서 형체로, 나르시스에서 사변으로, 자기성애에서 아름다운 영혼으로의 완전한 이행을 실현한다. "보는 방식을 다른 방식으로 맞바꾸기…… . 그러니 내면에서 보는 이러한 기능을 누가 볼 것인가?"[15] 아니면 "아름다움은 눈을 통과하면서 우리에게 내면적인 것이 되었을 때만 우리를 감동시킨다. 그런데 눈을 통해 지나가는 것은 오직 형체뿐이다."[16]

사랑 ── 보이지 않는 것의 환영

내면적 환영으로 구성되었고, 우리가 방금 나르시스에서 율리시스에 이르는 신화 과정을 살펴본 그러한 내적 통일성은 사랑과 부도덕한 것의 배제를 통해 진전된다. 결과적으로 사랑이란 보이지 않는 것을 향한 영혼의 시선이다.[17] 관조는 감동을 불러일으킨다. "그러나 눈에 보이지 않는 것에 대해서 감동을 (그리고 영혼은 그런 감동들을 실제로 느낀다.) 느낀다는 것은 불가능하다. 말하자면 모든 영혼은 감동들을 느끼지만 그런 감동들을 사랑하는 영혼은 특히 그러하다.[18] 궁극적으로, 영혼의 내적 통일성을 형성하는 것은 사랑이다. 말하자면 『향연』에서처럼, 그러나 분명

---

15) 같은 책, I, 6, 8, 26.
16) 같은 책, V, 8, 2, 25~26.
17) 같은 책, I, 6, 4, 5 이하.
18) 같은 책, I, 6, 4, 15 이하.

한 자기 성애적인 방식으로 영혼은 이상 속에서 자신을 사랑하면서 형성된다. "이러한 도취, 이 감동, 당신 자신 속에 그리고 육체 밖에 정신을 집중하면서 당신과 함께 있고 싶은 이 욕망은 무엇일까요? 왜냐하면 바로 그것이 진정한 연인들이 느끼는 것이니까요. 당신은 당신 속을 보면서 혹은 다른 사람 속에서 영혼의 위대함, 정의로운 성격, 품행의 순수성 등을 관조하면서 그런 것을 느끼게 되지요."[19] 병행해서 그리고 그 반대로 추한 영혼은 내면성이 아니다. 그런 영혼은 고유한 공간을 지니지 못하고, 통합을 이루는 원형 속을 보지 못한다. 그 원형성은 아름다움을 향해 상승하기 때문이다. "추한 영혼은 영혼이 보아야 할 것을 더 이상 보지 못한다. 추한 영혼은 있는 그 상태로 더 이상 남아 있을 수가 없다. 왜냐하면 그 영혼은 낮고 어두운 외적 지역으로 끌리기 때문이다. 추함은 생소한 요소의 첨가로 인해, 불시에 나타난다."[20]

사랑이라고 정의되는 것,[21] 그것은 영혼이 바라보고 사랑하는 '일자'의 빛나는 확산이자, 반짝이는 성찰이다. 그러나 '일자'는 사랑하거나 사랑받기 위해 어떤 노력도 하지 않는다. 그는 항구적인 휴식을 취하고 있으며, 오직 인간들만이 가치 있는 삶을 통해 '일자'에게로 상승하여 그와 합류할 수 있다. 그러므로 플로티노스적 '일자'의 그러한 사랑의 반사 속에는 기독교적 아가페의 너그러움을 생각하게 하는 것은 아무것도 없다. 그러나 "하느님은 사랑이시다."라는 문구는, 자기 속에서 그리고 자기를 위해 발사하는 자급자족적 사랑이라는 의미로(적절하고 찬란하게 나르시스를 반복하기로) 플로티노스에게도 확실히 존재한다. '일자'는 동시에 "사랑하는 대상, 사랑 그리고 자기애이다. 왜냐하면 '일자'는 아름답고, 그의 아름

19) 같은 책, I, 6, 5, 5 이하.
20) 같은 책, I, 6, 5, 35~50.
21) 같은 책, VI, 8, 15.

다움을 오직 자신으로부터 끌어내며, 자기 속에 그 아름다움을 지니고 있기 때문이다."[22] 나르시스적 사랑의 고결한 실체처럼 보이는 자기 성애(auto eros)는 서양 정신 구조의 자동 반성적 공간인 내면 공간의 설정에 결정적인 계기를 마련한 것이 틀림없다. 하느님은 나르시스이다. 그래서 나르시스적 환상이 '나'에게 죄악이라면, 나의 이상 또한 덜 나르시스적인 것은 아니다.

눈 — 영상 — 여자

"각각의 부분들이 전혀 혼돈 없는 것으로 남아 있고, 그러면서도 모든 것들 전체가 실제로 모두를 볼 수 있게 하는 하나의 투명한 지구의처럼…… 하나의 통일성을 이루고 있는 감각 세계를 상상해 보라. 지구의의 번쩍이는 영상, 속에 모든 것을 내포하고 있는 영상을 머릿속에 그려보라. (……) 당신 속에 그 영상을 잘 간직하고, 그것의 대다수는 지워버려라. (……) 그러나 그 영상을 가지고 있는 지구의를 만든 신에게 간청해서, 그분이 당신에게까지 올 수 있도록 기도하라. 저기 그분이 자기 안에 있는 모든 신들을 데려오고 있다. 그는 유일하고, 그는 모든 존재이다. 각 존재는 모두이고, 모든 존재는 한 존재 안에 있다……"[23] 사실상 빛 자체에게 자신을 위임하는 시선의 역학을 통해 '하나'이면서 통합적인 그 신성은 그렇게 진술된다. 그것은 눈도 영상도 아니고, 주체도 대상도 아니며, 지성도 사유된 대상도 아니다. 그보다는 스스로를 관조하는 광채, 빛의 자동 영상이다.[24] 지성 그 자체와 그 광채로 빛을 받아 구성되

---

22) 같은 책, VI, 8, 15.
23) 같은 책, V, 8, 9, 1~15.

는 영혼은 관조적인 지구의의 둥글고 안정된 감미로움을 나눈다. "만약 우리가 그 광채를 생동감 있는 여러 색깔의 구형에 비교한다면, 또는 우리가 그것을 생동하는 얼굴들의 강렬한 빛을 확연히 드러내는 어떤 존재처럼 상상하거나, 아니면 그들의 정상에 보편적인 지성을 가졌고, 그 지적 광채가 그 지역 전체를 비추는 순수하고 결함 없는 모든 영혼들의 통합처럼 표상한다면, 우리는 바로 그때 그 광채를, 그것도 외부에서, 마치 한 존재가 다른 존재를 보는 것처럼 잘 볼 수 있을 것이다. 하지만 그것으로 충분하지가 않다. 그 자신이 지성이 되고, 스스로를 관조의 대상으로 간주해야 하니까."[25]

선에 대한 사랑에 의해 추진된 지성의 내면적 변신은 플라톤의 에로스 프테로스에 비교하면 분명히 더 여성적으로 보인다.[26] 플로티노스에게 여성적인 것과 나르시스적인 것은 포르피리오스가 상기시키는 그의 어린 시절의 전기 속 이미지와는 일치되지 않는다. 그 전기가 보여 주는 아이는 이미 여덟 살인데도 계속 유모의 젖을 빨고 있지 않는가?[27] 거기서 비롯된 '하나의' 선에 의해 빛이 나는 내면성은 선 자체가 그러하듯이 시선이자 눈이고, 여하간 나르시스적인 이분법을 가라앉게 하는 항구이며, 안/밖, 같은 것/다른 것의 대립에 대한 황홀한 흡수이다. "게다가, 어떻게 그가 존재하는가? 그는 마치 그 자신에게 의지하고, 그 자신에게 시선을 던지는 것 같다. 그 속에 있는 존재와 대등한 것은, 바로 그 시선이다."[28]

---

24) Pierre Hadot, 「플로티노스 또는 시선의 솔직성(Plotin au la simplicité du regard)」, *Études augustiniennes* 2ᵉ éd., 1973, 82쪽 이하를 참조할 것.

25) *Ennéades*, VI, 7, 15, 25 이하.

26) P. Hadot, 앞의 책, 73쪽을 참조할 것.

27) *Ennéades*, I, p, 3, 2.

28) 같은 책, VI, 8, 16, 18~19. 이집트에서의 눈의 창조적인 힘에 관해서는 Moret, 『나일 강과 이집트 문명(Le Nil et civilisation égyptienne)』(Bréhier, trad. des *Ennéades*,

프로이트가 주장한 것처럼 여성이 남성보다 더 자기도취적이라고 하는 것은 전혀 확실하지 않다. 그러나 여성은 마음속 깊은 곳에서, 혹은 보다 심리학적으로, 자신의 내면적 고독 속에서, 관조, 몽상의 달콤한 고통 속에서, 그리고 환각에 이르기까지, 특유의 아름다운 영상에 대한 가실 줄 모르는 갈증을 되돌아볼 수 있다. 바로 그것이 (그리스적 의미에서) 성애적인 것과는 전혀 관계가 없지만 감미롭게 또는 광적으로 완전히 사랑에 빠진 나르시시즘의 참다운 해법이다. 그것은 자신 속으로의 시선의 소멸이고, 서로의 융합과 치환이며, 보는 자도 아니고 보여지는 자도 아니고, 주체도 대상도 아니다. 신비로운 체험들이 직면하는 여성성에 대한 사랑은 '거울 단계' 이전의 영상들의 흐릿함 속에, 어머니와 아이가 부둥켜안고 있는 육체 속에 똬리를 틀고 있다. 실재계에 의한 상상계의 소진, 상징계의 보호 아래 상상계의 출현, 이상의 미끼와 절대성. 이러한 사랑의 여성성은 어쩌면 히스테리의 비밀스러운 정신병적 지대에 대한 가장 치밀한 승화일 것이다.

나르시스의 세계에는 타자가 없다는 것이 사실인지 모르겠지만, 우리는 그 샘물이 그의 동반자라고 생각할 수 있다. 모성적 육체의 상징인 그 샘물은 어떻게 보면 그 속에 자신의 영상을 잠기게 하는 젊은이에 의해 침투되지 않았는가? 그렇다 해도 완전히 상상적이라 할 수밖에 없는 이 소유는 상대방에게 그리고 특히 이성에게 오직 허무의 자리만을 남겨준다는 점에는 변함이 없다. 단순한 매체인 샘물은 위험을 무릅쓰는 사람을 집어삼키고 생명을 잃게 한다. 그 자체가 자급자족적인 신성과의 결합으로 인도하는 자급자족적인 사랑 속에는, 허무 아닌 다른 존재는 없다. 플루티노스의 나르시스적 신성은 사랑이다. 그러나 그것은 자기에

VI, 154쪽) 참조.

대한 그리고 자기 안에서의 사랑이다. 거기서 형성되는 자는 자기 안에 그리고 자기를 위해 자신을 창조한다. 다른 사람을 위해서가 아니다. 존재하느냐 아니면 눈부심 속에 그 타자를 흡수하느냐가 문제이다. 성 아우구스티누스는 고향인 타가스테로 가는 길에서 혹은 그의 정원에서 계시의 빛을 받고, 플로티노스의 애독자가 되었다.

혼자 대 혼자

'일자'를 향하고 지성을 향한, 그리고 선을 향한 일종의 순수 시선이 된 영혼은 따라서 육체에서 벗어난다. 그리고 그러한 상승을 향한 역학 속에서 영혼은 서양적 내면성의 공간을 창안한다. 번역이 불가능한 플로티노스의 표현 MONOS PROS MONON은 흔히 '혼자 대 혼자'라고 번역되는데, 이미 약간 다른 의미 작용과 함께 이집트 기원의 의식에서와 마찬가지로 신피타고라스 학파에 존재했던 것이지만 그것은 플로티노스에게 '일자'를 향해 상승하는 방향을 취했기 때문에 펼쳐진 고독을 집약한다.[29] 플로티노스는 같은 것(MONOS)을 가지고 또 다른 같은 것(MONON, 중립 형태)을 만든다. 그는 기도할 때 모은 손들이 상징하는, 분열되었으나 조화를 이룬 통합을 창조한다. 하나의 기원, 요청 혹은 간청이기 이전에 이러한 새로운 주관적인 마음 자세는 플로티노스에 의하면 오로지 그 전개 속에서, '일자'의 중재에 의해 단순히 자기 대 자기(soi à soi)의 관계를 가리키는 독특한 지형학 속에서 효과적이다. 이와 같이

---

29) Erik Peterson, "Herkunft und Bedeutung des Monos pros Monon-Formel, bei Plotin", *Philologus*, LXXXVIII, I, 30~41쪽, 1933(H. -Ch. Puech, *En quête de la gnose*, 1(Gallimard, 1978)에서 인용.)

주체는 선을 향한 상승의 중재로 추월당한 사랑의 양분 속에서 자신을 대상으로 간주한다. "선을 향해 아직 더 상승해야 한다. 모든 영혼은 그 선을 지향한다. (……) 그 상승 속에서 신에게 낯선 것을 모두 포기했기 때문에 우리는 홀로 대 홀로(mono auto monon) 고립과 소박함과 순수함 속에서 모든 것이 달려 있는 존재를 만나게 되고, 모든 것은 그를 갈망하고, 그를 통해서 실존, 삶 그리고 사유가 존재하기까지 된다."[30] 결국 『에네아데스(Ennéades)』는, 나르시시즘의 승천으로 끝나듯이, '일자'를 향한 고독의 옹호로 끝난다는 점에 유의하자. "(영혼은) 자신과 상이한 존재를 동경하지 않지만, 그것 자체 속으로 파고든다. 그러나 영혼이 그 존재 속이 아니라 자기 속에 홀로 있게 되면서부터는, 그때에도 그 존재 속에 있으면서(……) 이 세상의 일들로부터 벗어나고, 그 속에서 자신이 싫어지고, 오로지 그 존재를 향해 홀로 도주한다."[31] 관조적 고독의 이러한 피날레의 최고조에서 나르시스의 비극적인 모험을 염두에 두면서 『에네아데스』의 결론 조금 전에 나오는 대목을 읽어 보자. 그 지옥의 슬픈 꽃은 망각된 것이 아니다. 그 꽃은 이제 나르시스적이 아니라 내면적이 된 체험 속에 수용되어, 이동되고 포섭된듯 하다. "우리는 우리 스스로를 뒤돌아본다. 하느님과 접하고 있지 않은 우리 자신은 한 부분도 없다. 그러한 통찰력을 갖는 것이 허용될 수 있는 한, 바로 이곳에서도 우리는 하느님을 볼 수 있고 우리 자신을 볼 수 있다. 우리는 빛으로 환해지고, 이해 가능한 빛으로 채워진 우리 자신을 보거나, 아니면 오히려 우리 스스로가 순수한 빛, 가볍고 무게 없는 존재가 된다. 우리가 무게에 짓눌려 다시 쓰러질 때까지, 그리고 그 꽃이 시들어 버릴 때까지…… 우리는 사랑으로 타오르는 신이 되거나 아니면 오히려 그런 신으로 존재한다."[32]

---

30) *Ennéades*, I, 6, 7, 1~10.
31) 같은 책, VI, 9, 11, 40~50.

대상 없이 ── 멜랑콜리 환자

반영의 기능을 실체화하기와 그 나르시스적 실패에서 시작하여 플라톤적 이상성을 사변적 내면성으로 전환하기 위한 반영의 내면화를 추진하는 것으로 이루어진 서양 주체성의 역사에서는 나르시스에게 그 중대한 역할을 부여한다는 것이 부당하게 보일 수 있다. 사실 플로티노스를 읽으면 그런 생각을 하게 되고, 다른 신화적·철학적 또는 역사적 움직임도 역시 강력하게 그런 길로 인도한다. 그러나 나르시스는 서양 주체성의 동력으로서 우리를 유혹하고, 우리에게 강한 인상을 준다. 그리고 그것은 『에네아데스』에서의 명시적인 또는 암시적인 그의 현존 때문만은 아니다. 그 인물의 평범성(테스피아의 그 젊은이에게는 영웅적인 그 무엇이 없다.)과 그의 모험의 정신착란증(오비디우스는 새로운 정신착란증에 대해 말한다.)은 나르시스를 물론 경계 케이스이지만 한 일반적인 케이스로 만들어 놓는다. 디오니소스도 아니고 그리스도도 아니지만, 꽃으로 변신하여 비극적으로 영원불멸하게 된, 그 자신을 사랑한 이 연인은 일상적인 경박함으로 이상야릇하게 우리에게 친근감을 준다. 그러나 그는 묘한 불안감, 축축하고 차가운 불쾌감을 드러내면서 우리를 거북하게 만든다. 마치 새로운 세기, 기독교의 세기가 그리스도의 장엄한 고통을 통해 우리의 인간성을 받아들이도록 인도하게 되고, 그와 동시에 골고다의 높은 희생 위에서가 아니라 인간적인 체험의 막연하고 습기 차고 질퍽한 땅에서 내면성, 즉 정신 현상이 된 이 프시케가 새로운 정신착란증의 대가를 치르게 된다는 것을 암시하는 것처럼. 그 정신착란증은 인간적이고, 너무도 인간적이다.

---

32) 같은 책, VI, 9, 9, 55~60.

결국 우리는 서양의 내면성 주변에서 유아적 증상과 성도착증을 발견한다. 이 용어들의 경멸적인 의미 작용은 (이데아적 '통일성'의 견지에서) 정신 현상의 기저에서 그것이 지닌 구성적이고, 전위되었음에도 재건된, '승화된' 현존을 조금도 훼손하지 않는다. 우리가 잊지 말아야 할 것은, 나르시스적 모험의 우여곡절들이 시야에서 벗어나게 하지만 그래도 나르시스적 모험의 틀, 그 원인과 목표, 즉 사랑을 구성하고 있는 바로 그것이다. 에로스, 사랑은 육체 자체의 반영, 전체를 위해 작용하는 이상화된 한 부분인 영상 그 자체 이외의 다른 대상이 없음을 시인한다. 성욕이 시원적인 숲의 물 성분 속에서 자기 성애가 될 수 있다는 것은 애정 상태의 특징적 숭고함의 탈신비화, 격하이다. 다른 한편 나르시스적 체험이 오비디우스에 의해 정신착란으로 지각되었을 경우에도, 그것이 디오니소스나 음탕한 바쿠스 신의 여제관들이 잘 알고 있는 것과 같은 성적 열광의 의미에서 그런 것은 아니다. 여기서의 정신착란은 대상의 부재 속에 존재하고 있는데, 결정적으로 그 대상은 성적인 대상이다. 대상은 무엇에 쓰이는가? 불안에게 성적인 존재를 부여하는 데 쓰인다. 나르시스는 거기에 도달하지 못했다. 그는 다른 차원에 속한다. 한 대상에 고정되어 매달리지 않는 그의 불안은 그에게로 되돌아온다. 그리하여 물수제비 놀이에서 그가 물속의 다른 사람이 바로 자기 자신에 지나지 않는다는 것을 인정하게 되었을 때, 그는 하나의 심적 공간을 구축했다. 말하자면 그는 주체가 된 것이다. 무엇의 주체인가? 반영의 주체인 동시에 죽음의 주체이다. 나르시스는 대상적 차원이나 성적인 차원에 있지 않다. 그는 젊은이들, 아가씨들, 남자들, 여자들을 사랑하지 않는다. 그는 사랑을 하되, 그 자신을 사랑한다. 말하자면 그는 능동적이고 수동적이며, 주체이자 대상이다. 실제로 나르시스는 대상에서 완전히 벗어나 있지 않다. 나르시스의 대상은 심적 공간이다. 그것은 표상 그 자체이고, 환몽이다. 그러나 나르시스는 그것을 알지 못하고, 그래서 죽는다. 만약 그가 그러한 사실을 알았다면 그는 지식인, 사변적 픽션의 창작가, 예술가, 작가, 심리학자, 정신분석학자가 되었을 것이다. 플로티노스 아니면 프로이트가 되었을 것이다.

19세기 독일의 정신의학은 나르시스 신화에서 성도착적인 양상, 즉 자기 자신의 육체에 대한 주체의 사랑을 포착했다. 실제로 1899년에 나케는 그 주체의 사랑을 그런 식으로 사용했다. 그러나 성도착증이란 여러 가지 그 역설들이 윤곽 포착을 불가능하게 하는 개념일 뿐만은 아니다. 또한 그것은 극도의 경우에 유형의(néotène) 성적 성숙의 필연적이고 보편적인 성욕의 특성처럼 보일 뿐만도 아니다. 그러나 그것은 오비디우스가 들려준 전설이 명확히 드러내는 장점을 가진 그 무엇이고, 이 나르시스적 '성도착증'이 성적 욕망에 의해 담지된다는 것은 전혀 확실하지가 않다. 여기서 파이드로스나 알키비아데스의 성욕 강박관념을 상기시키는 것은 아무것도 없다.

그렇다면 정신적·이상적·관조적 내면의 사변적 공간을 이끌어내는 나르시스적 '사랑'은 다른 힘에 의해 지탱되는 것일까? 어떤 힘? 우울증? 죽음의 욕동? '부정성' 혹은 '죽음의 욕동'이라는 용어가 사실상 그 힘든 분열, 그 변화무쌍하고 결국에는 불분명한 정체성, 자기 영상에 사로잡힌 젊은이의 죽음을 묘사하는 데 어쩌면 더 적합할지 모른다. 아무것도 정당화할 수 없는 죽음, 죽음이 항상 이미 거기에 있었으면 모를까. 성도착자 나르시스일까 아니면 정신병자 나르시스일까? 오비디우스는 새로운 정신착란(novitaque furoris)이라고 썼다. 그리고 우리는 그를 믿고 싶다. 그 신화의 후기 사상은 그때부터 기독교화된 서양에 강한 인상을 준 통일성의 이상을 바탕으로 철저하게 검토되고 진정된 새로운 정신착란이다.

플로티노스 자신의 역사에 상당한 신세를 지고 있으나, 그것이 지닌 증상의 가치를 조금도 훼손하지 않는 대가, '일자'가 잠시도 눈을 떼지 않는 정신적·자기 성애적 공간의 선명하고 반성적인 은거 생활이 치르는 그 대가를 강조해야 할까? 포르피리우스는 『플로티노스의 생애』의 모두에서 "그는 종종 만성 소화불량으로 고생을 했지만, 관장은 절대 하려 들지 않았다…… 그는 목욕도 안 했고…… 점차…… 그는 매우 심각한 인후염에 걸렸다……."라고 밝혔다. 그리고 숨을 거두는 순간에 자기 몸을 등한시하고 고통 속에서, 오늘날 우리가 그 공간에서 나왔는지는 확실하지가 않은 정신 공간을 구축하기 위해 살았던 그 철학자는 이렇게 선언했다. "나는 내 속에 있는 신적인 것을 우주 속의 신적인 것으로 끌어올리려고 노력한다."[33] 우울하고 비장한 인물인 플로티노스는 어떤 대상을 찾아내 그 속에서 자신의 불안을 끝내려고 하지 않았다. 그는 원형(archétype)에, 오히려 대상성의 원천(영상, 반영, 표상, 사색)에 집착했다. 자기 내부의 공간 속에서 '혼자 대 혼자' 그것들을 종합하고 통합하면서 그는 플라톤주의를 주체성으로 전환시켰다. 강생을 지연시키면서 또는 기다리면서. 그 강생은 필연적으로 고통 받고 있는 육체들과 저급의 영상들을 단순히 재활시켜 주기만 하면 된다. 그리스도의 수난과 모든 교회 예술들은 피조물들의, 아들들의 역사 속으로 들어와 사실상 나르시스의 신화와 신플라톤주의자들의 로고스가 완성시켜 놓은 사랑의 심적 공간에 뿌리 내린다.

이 새로운 나르시스적 광란과 마주하고 있는 매우 상이하지만 유사하기도 한 사고 체계들이 고대 세계의 이념적 지배(기독교, 이단적 기독교, 신플라톤주의)를 놓고 서로 다투고 있다. 제시된 해결 방법들은 다르지만 그 사상가들이 답변해야 할 문제는 동일하다. 그것은 사회의 정서적 불

---

33) *Ennéades*, I, 2, 25~30.

안이다. 도시가 그 사회의 중심이 아니고, 도시는 문명화된 세계가 되어, 인간을 푸에쉬가 말하는 그 "말로 표현할 수 없는 고독" 속에 넘겨주는 범국제적인 세계가 된다는 불안이다.[34] 이단적 기독교[35]와 투쟁하던 플라톤주의는 따라서 기독교를 모르지는 않았다. 그러나 플라톤주의는 신화를 로고스로, 픽션을 철학으로 변신시키면서 자율적인 방식으로 헬레니즘적 사고의 완성을 이룩했다. 인식론적 내면화 움직임을 통해 표상된 것(신화적 영상들)은 표상하는 '현자'의 담론 속에서 균형을 잃게 된다. 어떤 '구세주', '전언자' 혹은 '중재자'도 필요 없고, 참다운 구원에 대한 필요성도 가정하지 않는 플로티노스적 세계는 위계질서를 유지하면서 낮은 것 속에 높은 것을, 또 그 역으로 항구적인 함축과 현존을 작동한다. 우리가 지적했듯이, 초월성[36]의 형이상학 내부의 이러한 내면성의 신비는 본질적으로 그 용어의 추상적이고도 구체적인 의미에서 반영의, 성찰의 역학에 의존하고 있다. 새로운 인간의 내면성을 만들어 낸 관념의 변증법 그 자체 속에, 다음과 같은 플로티노스적 성찰 속에 새겨진 나르시스적 움직임을 어떻게 읽지 않을 수 있겠는가. 즉 '일자'는 "완전히 자기 자신을 향해 있고 자신의 내부 속에 있다."[37] "자기 밖에서 존재하는 것은 그 자신이다. 왜냐하면 그가 모든 것을 포용하고 헤아리기 때문이다. 아니면 오히려 그는 사물들 안에 그리고 그 깊은 곳에 들어가 있다."[38] 결국 "이미 이성으로 가득 찬 현자는 그가 다른 사람들에게서 발견하는 것을 그 자신에서 끌어낸다. 그는 자기 쪽을 쳐다본다. 그는 자신과 통합

---

34) 푸에쉬, 「플로티노스의 영적 자세와 의미 작용(Position spirituelle et signification de Plotin)」(1983), *En quête de la gnose*, I (Gallimard, 1978), 63쪽.
35) le traité de Plotin, "Contre les Gnostiques", *Ennéades*, II, 9, 11 참조.
36) 푸에쉬, 앞의 책, 69쪽.
37) *Ennéades*, VI, 8, 17.
38) 같은 책, VI, 8, 18.

하고, 외부 사물들로부터 분리되기를 지향할 뿐만 아니라, 그 자신을 향해 있으며, 자신 속에서 모든 것을 발견한다."[39] 나르시스의 비극적이고 치명적인 고독은 그 후 과감한 분리와 상호적 반사의 관념적 변증법 속에서 '혼자 대 혼자'의 옹호가 된다. 그 토대 위에서 고대의 정치적이고 성욕적인 동물과는 판이하게 다른 인간이 근거를 잡게 된다. 정치를 그 법에 맡겨두면서, 현자가 된 나르시스는 사변에게 도시를 열어 준다. 영혼은 정신 현상 속에, 각자의 개인적 고독에 고유한 내면성 속에 자신을 비추어 보기 위해 여신 노릇을 그만둔다.

나르시스 신화가 이러한 반영 이론의 가장 괄목할 만한 요소들 중 하나를 제공한다고 생각된다면, 그 이론이 다른 곳에서도 찾아볼 수 있고, 또 다른 신화적 배역들을 떠받쳐 주는 보편적인 골조를 구성할 수 있다는 점도 지적해 두자. 무한과 한계를 화해시키기 위해 그 당시의 사상은 빈번히 몸을 숙인(*parekupsen*) 남자(Poimandres) 또는 여자(Sophia)의 주제를 환기시킨다. '창가의 여인' 혹은 '창가의 여신' 같은 신화적 존재는 물의 표면에서처럼 아래로 자신을 비춰 보고, 그 영상과 합쳐지기를 갈망한다. 창조인 동시에 실총(déchéance)인 이 비종교적 영상은 반영의 주제를 다르게 이용한 것이다. 끝으로, 진위를 알 수 없는 사도행전(요한 행전 26~29, 안드레아 행전 5~6)은 거울을 통한 인식을 환기시켜서 그와 맞대면한 인식에 대립시키고, 자아의 자아에 대한 직접적 통찰력이 단순한 환상적 반영의 인식보다 우위에 있는 것으로 간주됨을 상기시킨다.[40]

---

39) 같은 책, III, 8, 6.

40) 푸에쉬, *Annuaire du Collège de France*(1963), 201~210쪽. 그리고 *Le Néoplatonisme*, C. N. R. S.(1972), 99쪽을 참조할 것.

타자의 / 타자 속의 상실 ── 황홀

결국 그 시대의 사변적 이론들(이단적 기독교, 신플라톤주의, 기독교)에서와 마찬가지로 나르시스의 신화에서 고대가 해결하지 못한 문제, 즉 이타성에 대하여, 접근하기에 고통스럽고 비극적이고 불가능한 시도를 어떻게 생각하지 않을 수 있겠는가? 플로티노스에게는 강생의 과정에서 벗어난 인간의 영혼과 신의 영혼 사이에 어떤 차이가 있는가? 여기서의 문제는 질의 차이가 아니라 힘과 기능의 차이인가?[41] 그 질문은 제기되지 않았고, 어쨌든 그런 용어들로 문제가 제기되지 않았다. 그러나 이단적 기독교들에게는 '창조주'의 타자가 오직 악의 부류에 속할 수 있다면, 플로티노스의 타자는 그렇지가 않고, 그 타자가 수적인 혹은 질적인 상이함은 더더욱 아니다. 말하자면 플로티노스의 타자는 비존재를 향한 미분화된 움직임이다. 이타성은 결국 무를 위한 욕망에 지나지 않는다. 그러나 '일자'가 아닌 모든 것이 그러한 이타성을, 따라서 무에 대한 갈망을 소유하고 있지 않을 경우, 이타성은 우리가 '일자'와 용해되어 버릴 때 사라진다. '일자'와의 사랑인 융합은 이타성의 제거이다. 플로티노스는 '일자'와 영혼의 이러한 혼동을 통찰력이라는 용어로 묘사했다. 그것은 '전체를 보다'가 아니라 '자기 자신 전부를 보다'(*blepe olon*, 『*Ennéades*』, V, 5, 10, 10)라는 뜻이다. 이 경우 영혼은 자기의 특성을 잃는다. 영혼은 더 이상 그 자체가 아니고, 그 자신을 벗어나 황홀 속에 들어 있다. 영혼은 이타성을 멀리하고, 무의 포착을 넘어, 휴식의 안정성에 도달한다. 그러한 움직임이 불러일으키는 공포를 넘어서, 영혼은 거기에 전력을 다한

---

41) J. M. Rist, "The Problem of 'Otherness' in the Enneads", *Néopltonisme*에서 암시하는 바와 같다.

다. 영혼은 그러한 결합이 운명이기 때문이다. 마치 눈이 해가 뜨기를 기다리듯이. 그런데 이타성의 상실인 그러한 융합을 수행하는 것이 바로 사랑하는 영혼(생각하는 영혼과 대립되는[42])의 특성이다. 우리는 플로티노스의 이타성 이론에 내재하는 모순들에 대해 놀라지 않을 수 없다. 결국 '일자'는 초월적이라는 사실과, 이타성은 자신과의 분리의 움직임으로 '일자'가 만든 첫 산물이고, 영혼은 결국 신비주의 속에서 '일자'와 결합한다는 사실을 어떻게 일치시킬 것인가? 혼란은 태양이 비물질적 우주의 모형이라고 간주되는 것에서 비롯되지 않았는가? 그렇지 않다면 무를 향한 경향으로서의 타자의 개념을 포기해야 할 것이고, 그 속에서 하나의 유한적인 단순한 존재만 보아야 할 것인데, 바로 그것이 플로티노스가 뛰어넘지 못한 그 한 발짝이다.

사실 우리가 태양이 물리적인 물체들을 움직이는 법칙을 나타내기 위해서가 아니라 반영의 이론을 정당화하기 위해 거기에 있다는 것을 상기하면, 모든 것이 논리적 일관성을 회복할 수 있다. 타자, 즉 눈은 단지 유일한 원천의 빛을 반사하기 때문에 보는 것이다. 사랑하는 영혼은 따라서 그 영혼이 타자로서, 다시 말해서 플로티노스에게는 비존재로서 자신을 잃게 되는 유일한 빛의 동일성에 빠져들기 위해 자신의 이타성을 포기해야 한다. 나르시스의 과오는 전망을 뒤집어 놓은 데 있다. 즉 자기 눈을 태양의 원천으로, '일자'로 간주했고, 그 타자의 타자가 있을 수 있다고 믿은 것이 잘못이다. 플로티노스가 알고 있는 것은 영혼은 항상 이미 타자이지만, '하나의 원천'으로서 사랑의 회귀를 함으로써, 자신의 고독, 무, 가능한 은총의 상실에서 빠져나올 수 있다는 것이다. 영혼의 이타성은 윤곽이 드러나자마자 비이원적 신플라톤주의의 신비적이고 입문

---

42) *Ennéades*, VI, 7, 35를 참조할 것.

적인 여정 속에 이처럼 재편입된다.

신화적 나르시스, 그는 우리에게 더 가까운 현대인이다. 그가 고대 세계와 절연하는 것은 그 자신을 시각의 근원으로 삼고, 자기와 마주한 타자를 자기 시각의 생산물로 찾고 있기 때문이다. 그때 그가 발견하는 것은 그 반영이 타자가 아니라 그 자신을 재현하며, 타자란 자기의 재현이라는 사실이다. 그러니까 자기 방식으로, 그리고 신비적인 것과는 반대되는 길을 통해, 나르시스는 고통과 죽음 속에서 그 자신의 영상을 구성하는 자기 상실을 발견한다. '일자'를 상실한 나르시스에게는 구원이 없다. 이타성은 그 자신 속에 열려 있으니까. 그는 타자를 복수성처럼, 다수의 대상 혹은 부분들처럼 접근하기 위해 더 이상 고대의 생각하는 '영혼'을 지니지 않는다. 그는 '일자'와의 융합을 통해 그의 이타성에서 빠져나갈 수 있게 하는 플로티노스적 사랑하는 영혼을 더 이상 가지고 있지 않다. 만일 그가 혼자 대 혼자로 있다면, 그의 이타성은 총체 속에서 완결되지 않으며, 내면성이 되지 않는다. 이타성은 '일자'를 상실했기 때문에 계속 열려 있고, 크게 입을 벌린 채 치명적인 상태로 있다.

그런데 심리학적 또는 심미적 나르시스의 얼굴들이 구원의 종교들이 처한 위기를 동반한다면, 그리고 그 얼굴들이 '일자 신(Dieu Un)'의 죽음으로 인해 흔들린 우리의 현대 세계에 절실히 필요하게 된다면, 그것이 하나의 우연이겠는가?

우리의 종교―위장

나르시스의 영역에 들어간 프로이트

나르시스가 우리와 함께 한 2000년 동안에 무슨 일이 있었는가?

서력 기원 초기, 나르시스가 쾌락과 보존 본능인 에로스에 대한 치유책으로 나타났을 때, 그는 고대 신화 세계와 그리스도 강림의 새로운 세계 사이를 이어 주는 은밀하면서도 잘 알려지지 않은 연결점이기도 했다. 실제로 나르시스는 그 힘이 다른 사람들에게 미치는 영향에서 측정되는 사랑의 신이 아니었다. 왜냐하면 그는 그 자신이 사랑에 빠진 자였고, 즉각적으로 환상을 사랑했던 사람이기 때문이다. 나르시스, 혹은 불가능한 사랑으로서의 인간의 사랑. 나르시스는 열정적 사랑의 표본이다. 신플라톤주의의 강한 충격과 그리고 나중에 알게 될 특히 성 토마스와 함께 한 기독교의 강한 충격은 나르시스의 사건(그의 사랑)을 관점에 대한 오류라고 간주하면서 반성적·반사적·사변적·내면주의적·나르시스적 역학을 계승하게 된다. 나르시스가 자신이 환상의 근원이 아니었지만 만일 그 자신이 이미 본질적 합일체의 반영이었음을 알았다면, 그는 본질적이고 성스러운 합일을 넘어설 수 없는 궤도, 즉 사랑의 사변과 반사의 적합한 공간 속에서 아무 탈 없이 자신을 사랑하고, 자신의 영상을 사랑할 수 있었을 것이다. 단지 부분적으로 플로티노스에 의해 비난을 받았고, 결국에는 반성적 구조 속에서 복권된 나르시시즘은 솔직히 강생의 종교를 통해 복원된 것이다.

성경은 "네 자신을 사랑하듯이 네 이웃을 사랑하라."라고 이미 말한 바 있다. "스스로를 영광되게 하는 자는 주 안에서 영광되리라."(「고린도전서」 1장 31절) 이때부터 자기애는 그것이 대타자의(구세주의) 반영임을 잊고 있는 한에서만 과오가 된다. 그것을 아는 것이 환상을 제거하는 것은 아니다. 그것은 대타자를 향한 상승의 변증법 속에 자기애를 삽입함으로써 그 사랑을 복권시키는 것이다. 그런 점에서 구원의 종교란, 그것이 지고한 현실의 중심에('사랑받는 자'와의 관계 중심에, 그리고 오로지 '일자'에 소속하기로서만 정의되는 단순한 현실의 중심에) 자리 잡고 있는 환상, 위장, 불가능을 염두에 둔 사랑의 공간을 만들어 내는 한에서 정확히 구원자라고 말할 수 있지 않을까?

죽음의 행로에서

정신의학에서 프로이트가 나르시시즘이라는 용어를 다시 사용하자, 나르시스는 또다시 그 어느 때보다 더한 불안을 야기시켰다. 나르시스는 성도착자가 되어 버렸기 때문이다. 플로티노스나 성 토마스가 그 탁월한 정상을 나타내는 거대한 반성적 구조물은 허물어지고, 주관적 내면성을 창조하기 위한 사변적 경주에서 다만 대타자를 상실한 '자아'의 병적이고 환상적인 갈망만을 실추하게 했다. 융과의 토론을 통해 프로이트는 이번에도 은밀히 나르시시즘을 복권시켰다. 요컨대 태초에 자기애가 있었을 뿐만 아니라, 모든 사랑의 관계에서 모습을 드러내는 '자아의 이상'은 부모와 사회의 요청들과 단지 그렇게 화해를 이룬 일차 나르시시즘을 이어받는다고 그는 말했다. 한 걸음 더 나아가, 프로이트는 플로티노스적인 혹은 토마스적인 방식에 대한 충직성(무의식적인 충직성일까?) 때문인지, 그에게는 근본적으로 그리고 절대적으로 리비도적인 그 나르시시즘을 '새로운 정신적 행동'에 종속된 것으로 기록했다. 이 새로운 정신적 행동은 일차 동일화의 중심이자 '자아의 이상'의 조건으로서 상징적 부성의 출현임이 밝혀졌다. 나르시스적 위장의 최초의 리비도적인 바탕을 그런 식으로 인정하고 난 다음, 프로이트는 같은 식으로 리비도와 자아를 자기 성애 너머로, 라캉이 대타자라고 부르게 될 것에 종속되어 있는 것들이라고 정의함으로써 리비도와 '자아'에 대한 그의 개념을 공고히 했다. 그러한 사실에서, 애정 관계 또는 전이 관계의 역동적 가치를 힘주어 강조하면서 그는 나르시스의 힘에 이미 한계를 설정했다. 나르시스는 사랑의 원동력이자 그리고 장애물이라는 것이다.

『쾌락의 원칙을 넘어서』(1920)와 함께 나르시스적 리비도는 더욱더 분명히 그리고 극적으로 밝혀졌다. '자아'의 욕동들은 죽음의 욕동들도 포함하기 때문이다. 사랑에 빠진 나르시스는 자살하는 나르시스를 숨기고 있다. 모든 욕동 중에서 가장 충동적인 것이 죽음의 욕동이다. 타자에 대한 투영의 도움 없이, 그 자신에게 내맡겨진 '자아'는 자기 자신을 공격과 살인의 특권적 표적으로 삼게 된다.

따라서 프로이트에게 나르시시즘의 복권은 구원의 약속에 도달하는 것이 아니라 죽음의 과업에 대한 발견으로 귀결된다. 개인적 환몽일까? 비극적인 한 시대의 메아리일까? 어쨌든 프로이트 업적의 완성과 2차 세계대전과 함께 시작되는 20세기 종말이 우리에게 견딜 수 없는 사랑의 공간을 물려주었음은 사실이다. 기독교적 정신성과 상징 체계의 인문주의적 교양을 이어받은 프로이트는 그의 '담화 치료'에까지 그것을 차용하면서 '구원의 종교'를 계승하고자 시도했다. 자기 시대의 정신의학과 유심론의 유산(나케에서 융까지)과의 타협과 거리 두기의 궁극적인 요동을 통해 프로이트는 나르시스에 의거하는데, 그것은 무엇보다도 나르시스를 자신의 리비도 관련 작업(에로스는 무엇보다도 나르시스적이다.) 속에 포함시키면서 나르시스를 복원하기 위해서이다. 그것은 매우 성서적으로, 그리고 '나르시시즘에 입문하기'에 이미 현존하는 그 불안을 가중시키면서, 사랑이란 증오의 위험한 정지일 뿐이라는 사실을 강조하기 이전이었다. 그리하여 '욕동과 욕동의 운명'이 명시하게 된 것은 "자아가 신체 기관 쾌락의 획득을 통해, 자기 성애적 방식으로 욕동 발현의 일부를 만족시켜 주는 능력에서 사랑이 나온다"는 것이다. 원래 사랑은 나르시스적이다. 그러다가 사랑은 확대된 나에게 통합된 대상들에까지 확장되고, 쾌락의 원천으로서의 그 대상들을 향해 나를 움직이게 하는 경향을 표현한다."[1] 그러나 "대상 관계로서의 증오는 사랑보다 더 오래되었다. 증오는 나르시스적 자아가 많은 자극을 유감없이 쏟아놓는 외부 세계와 대립시키는 원초적 거부에서 나온다. (……) 증오는 나를 보존하고자 하는 욕동들과 항상 은밀한 관계에 있다. 그렇기 때문에 자아의 욕동들과 성적 욕동들이 증오와 사랑의 대립을 반복하는 대립에 쉽사리 이를 수 있다."[2]

---

1) 프로이트, 『메타심리학(Métapsychologie)』, coll. "Idées", 1968, 42쪽 ; 『전집』, X, 231쪽.
2) 같은 책, 43쪽. 죽음의 욕동은 프로이트가 '전이'라고 말하는 주체 / 대상 변증법 속에 사랑과 같은 자격으로 백치와 정신착란, 파괴와 죽음을 정착시킨다. 연극적이지도 외설적이지도 않은 이러한 청취는 표상 불가능을 향해 문을 연다. 정신적인 공간으로 파고들고자 하는 청년 프로이트의 남근적 욕망을 넘어서, 그리고 그것이 가정하는 전지전능한 히스테리적 여성성을 마주하는 부담을 넘어서, 프로이트의 마지막 저서들에는, 모세가 짐작하게 한다는 의미에서의 부성적 위치가 이어지고 있다. 죽음을 넘어서, 비가시적인 것의 현존 속에서, 그 위치는 명명할 수 없는 것의 저장물

'자아'의 모든 자율성이 그의 타자, 그의 대상과의 대립에 의해 정의된다는 것과 대립을 말하는 것이 바로 증오를 말하는 것임이 사실이라면, 그 경우 자아는 철저하게 증오의 자아이다. 이 점을 명확히 밝혀 보자. 사랑이 차후의 성적 충동 속에서 나르시시즘과 연관되어 있을 경우, 그 사랑은 증오에 의해 강조되고 유지되며 결정된다. 프로이트는 사드 후작의 주변에서 멈춘다. 그러나 그런 소심함은 외관적인 것에 불과하다. 왜냐하면 사드적인 사랑이 프랑스대혁명 또는 교황과 함께 혹은 그들에 반대하며 승리를 외치던 그곳에서, 프로이트적인 사랑(전이)은 증오와 죽음 너머로 명석한 의식을 가지고 던진 승부수를 유지하기 때문이다. 말하자면 사랑의 전이는 치료의 역동적인 효과를 만들어 낸다. 프로이트적 이원성은 사랑 공간의 그 불가능한 조화 속에서, 애증 공간의 그 단층 속에서 자신의 가장 강력한 표현을 찾아낸다. 사랑이란 회복하고 선동하고 끊임없이 촉진하기에 필요한 위장이다. 사랑을 분석한다는 것은 증오라고 하는 그것의 골조까지, 그것을 운반하는 파도까지 해체한다는 것과도 같다. 새로운 세계는 애증의 혼합이다. 그 세계를 정면으로 쳐다보는 사람들은 신자도, 우상 숭배자도, 학설 신봉자도, 지지자도, 실망한 자도 아니다. 혼자 대 혼자인 나르시스는 자신을 초월할 수 없다는 것을 알고 있다. 그러나 애태우지 않고 그는 일시적이고 거미줄 같은 투명한 사랑을 쌓는다. 열정이나 쇠퇴기를 통과할 경우에도, 그는 극적이지도 낭만적이지도 않고, 열에 들떠서 외설적이지도 않으며, 불행에 실망하지도 않는

인 주체성의 여성적인 부분을 분해하면서 그것에게 '법'의 원동력의 자격으로 격상된 증오와 죽음을 조정하는 자리를 남겨둔다. 파렴치한 행위일까? 여성 혐오? 멜라니 클라인부터 시작해서 많은 여성 정신분석가들은 거기에서 무의식적인 진실을 인정하게 된다. 여성 분석가들의 진실일까? 어쨌든 그 경우 유혹의 장면은 정신분석으로 변하고, 그리고 재현과 회피는 불가능한 것의 폭발로 바뀐다.

다. 환멸을 느끼지만 우울증 환자는 아닌 나르시스는, 프로이트 이후부터는 자신을 과오나 숭고한 가치라고 생각하지 않는다. 그러나 자신이 무한에 대한 표지이고, 그 표지로부터 직접적으로 상징적 관능성이 모습을 드러내고자 시도한다고 생각한다. 비디오 테이프에서 동시에 구성되고 해체되는 영상처럼, 사랑은 단지 일시적으로 그리고 영원히 존재하는 것이다. 종교로서의 사랑의 종말일까? 심미적 사랑의 복귀일까, 보편화일까?

위조는 필요하다

나르시스는 허위를 사랑한다는 것을 의식하기 때문에 자살한다. 오비디우스의 신화를 결론짓는 도덕적 비난은 이처럼 나르시시즘과 위조의 공존을 드러낸다. 중세 기독교 세계가 유일하게 명시적으로 계승하면서도 비난한 그 양상에는 뿌리 깊은 근원들이 있고, 그 문제를 프로이트가 재포착함으로써 분명히 밝힐 수 있게 된다. 앞서 우리가 살펴본 바와 마찬가지로, 만일 우리가 나르시스로 태어나지 않는다면, 그래서 우리가 차후에 오직 '자아의 이상'을 창조하게 될 부성적 동일화의 충격을 받고서야 나르시스가 된다면 그 위조는 어디에서 오는 것일까? 위조는 특별한 경우를 제외하고는 그 이상과 완전히 일체가 되지 못한다는 사실에서 기인한다. 그것은 이상이 유지되지 못하거나, 붕괴되었거나, 아니면 나르시스가 어머니의 도움으로 이미 자기가 이상(어머니를 위한 이상)이기 때문에 이상을 필요로 하지 않는다고 믿기 때문일 수도 있다. 그래서 나르시스는, 그에게 이상과 대등하게 해 주는 것(작품이나, 사랑하도록 이상화된 대상)을 창조하는 대신, 하나의 대용물을 만들어 내게 된다.(fabriquera)[3] 그것을 이루기 위해 그는 부성적 남근 대신에, 전 오이디푸스적 전 대상

(시선, 구순성, 항문성 등등)을 투여하게 된다. 나르시스적 위조성의 항문 성욕은 영상 자체의 물신화(그것이 가짜 이상인 한에서)와 병행하게 되고, 나르시스가 고정되어 있는 '아버지'와 마주한 성애적 수동화의 계기를 드러낸다. 모든 이상화에 확실히 필요한 그 계기는, 통합체들의 전위를 통해 오이디푸스 구조 속에 내투사된다는 조건 아래, 나르시스에게는 하나의 고정 장치로 남게 된다. 그 고정장치가 나르시스에게 동성애적 잠재성을 암시한다는 사실이 나르시스가 갖게 될 언어 용법에 대한 구순적·항문적 고착성의 영향을 우리에게 감출 수 없다. 즉 그는 언어를 구어화할 것이다. 그러나 그는 언어에게 항문적인 제작 모형의 비밀스럽고 강력한 무게를 부과하여, 그 언어가 추상적 이상성에서 벗어날 수 있게 하고, 또한 언어를 원초적이고 모성적인 언어의 환희의 잠재기로 충전시킬 것이다. 그의 언어는 반향적이고, 모음적이고, 몸짓적이고, 근육적이며, 운율적이다. 따라서 나르시스적 위장은 필연적으로 언어의 변모를 지닌다. 그것으로 모든 예술을 위한 전제들을 만들 만하다.

'진본'이든 '위조'이든, 여하튼 예술은 나르시스적 계기를, 필연적인 위장 부분을, 원한다면 위조 부분을 지니고 있다. 그런 부분을 가지고 예술은 숙성된 가치 세계에 도전하고 그것을 비웃으며, 용이함과 쾌락이라는 보너스로 우리를 유혹한다. 예술은 자기를 사랑하게 만든다……

---

3) J. Chassegust-Sirgel, 『자아의 이상(*L'Idéal du Moi*)』, essai psychanalytique sur la *maladie d'Idéalité*(Tchou, 1975). 116쪽 이하의 정확한 용어에 의하면.

위조자 나르시스 ― 남자와 여자

　중세는 나르시스의 주제를 다시 채택해, 그 속에서 본질적으로 신성하고 진실한 가치들에 대한 사랑을 희생시키면서 자기애와 평행을 이룬 유사함, 위조성, 특히 기만을 향한 불길한 인간 성향을 규탄한다.[4] 그리하여 음유시인들에게는 "나르시스라는 예가 교만과 사랑의 광기를 동시에 경계하게 하고,"[5] 그런가 하면 『도덕적인 오비디우스』(1316)에게는 나르시스가 세속적인 허영심, 유사성 그리고 교만의 상징처럼 강한 인상을 심게 된다. 장 드 묑(Jean de Meung)이 쓴 『장미 이야기』에서 나르시스의 샘물은 죽음, 허상 그리고 가짜 지식의 장소이고, 진실의 생명수가 그 샘물과 대립된다.

　단테에게는 나르시스에 대한 중세적 해석이 생략적이면서도 위엄 있는 대우임을 강조해 두자. '나르시스의 거울'에 대한 직접적인 논의는 「지옥편」의 노래 XXX, 128행에 나타난다. 우리는 이 노래의 문맥이 위조자, 화폐 위조자 그리고 위조 서류 제조자의 노래임을 정확히 지적한 바 있다.[6] 사실상 여기서 문제가 되는 것은 가짜 플로린 화폐를 주조하고 '트로이의 그리스인, 가짜 시농'을 위장한 명인 아담인데, 그는 트로이인들이 율리시스가 고안한 목마를 그들의 도시 안에 들여놓게 했다. 화폐에

---

4) J. Frappier, 「베르나르 드 방타도른에서 모리스 세브까지 거울 주제에 대한 변형들 (variations sur le thème du miroir de Bernard de Ventadorn à Maurice Scève)」, *Cahier de l'Association internationale des études françaises*(Paris, 1939), Éd. Les Belles Lettres, 144쪽 이하를 참조할 것.

5) 같은 책, 141쪽.

6) Roger Dragonetti의 논문 "Dante et Narcisse ou les faux-monnayeurs de l'image", *Revue des Etudes italiennes, Dante et les Mythes*, Éd. M. Didier, 1965, 85~146쪽을 참조할 것. 단테의 텍스트는 플레이아드(1965) 판에 실린 A. Pézard의 번역에 따라서 인용했다.

대한 피해(정치적 가치뿐만 아니라 도덕적 가치의 상징)는 그에 종사하는 사람을 비열한 존재로 만든다. 그의 신체적 기형이 그에 대한 형벌인 것처럼 그것을 증명한다. 그 위폐 제조자는 수종으로 고생하는데, 이것은 신체의 특정 부위에 물이 고이고, 그 부분이 쇠약해진 다른 부위와 불균형을 이루면서 부풀어 오르는 병이다.("수종은, 체액이 잘 소화되지 않아 / 사지에 부담을 주고 균형을 잃게 하며 / 책임자는 복부 진단 후에 선고를 내린다 / 환자들은 입술을 벌린 채 헐떡이고 / 나쁜 갈증이 만든 소모성 열처럼 / 한쪽 입술을 턱 쪽으로 늘어뜨리고, 다른 쪽 입술은 말아올린다.", 52~55행) 그런데 자신 속에 괴어 썩고 있는 샘물을 품고 있는 그 아담이 유일하게 딱 한 번 『신곡』에서 나르시스의 이름을 발설한다. 여기서는 암시가 분명한 듯하다. 화폐 사기는 단지 아담의 원죄를 폭로하는 것 중의 하나일 뿐 아니라(위폐장이와 첫 번째 남자의 이름이 동명이인임을 주목하자.) 또한, 동시에 (아담의) 원죄가 나르시스의 과오와 유사하다는 사실이기도 하다. 실제로, 자신의 가짜에 반해 버린 나르시스처럼, 명인 아담도 그를 초월하는 법률과 윤리의 상징인 진짜 화폐를 위조한다. 그리고 군주뿐만 아니라 신의 지위까지도 찬탈하고자 함으로써 그 자신의 육체 속에서와 마찬가지로 도시 안에서의 교통의 흐름을 해친다. 윤리를 저버린(단테는 심술궂게도 소모열(étique), 즉 '머리에 피가 마르다'와 윤리(éthique)를 가지고 말놀이를 하고 있다.) 그는 더 이상 목을 축일 샘물을 가지고 있지 않다. 목은 마른데, 물은 그의 뱃 속에 고여 썩고 있다. 동시에 그에게는 더 이상 지표가 없다. 그의 눈은 벽으로 둘러싸여 보지 못한다.("그리고 물은 눈에 이르게까지 고여 썩어서 / 너의 창자를 막고 있다."(122~123행))

시농, 베르길리우스가 창안한, 트로이 사람들을 속이기 위해 그리스 병영에서 탈주한 병사처럼 소개된 그 인물도 그보다 나은 것이 없다. 그는 불같은 신열로 몸을 불사르고, 냄새 고약한 김을 발산한다. 역시 목말라하는(진리에? 진정한 생명수가 없어서?) 명인 아담에 의하면 그는 "나르시스의 거울을 핥으라."(128행)고 선고받은 사람으로 묘사되었다. 그 두 위조자는 이처럼 갈증과 실명의 영상들을 서로 주고받는데, 그 영상들은 나르시스 신화의 변신들 같기도 하고, 아니면 원죄를 나르시스의 죄와 함께 압축하는 변이형들로서 그 두 사람에 대한 규탄을 강화시켜 준다. "그러나 사기 행위는 인간에게 적합하지 않으며, 하느님을 화나게 한다."(「지옥편」, 노래 XI, 25행)

그러나 우리가 알기로는, 주석자들이 제삼의 위조자(사실상 노래 XXX에 출현하는 순서로는 첫 번째)의 존재를 주목하지 못한 것 같다. 문제의 주인공은 '파렴치한 미'라는 여자인데, 그녀는 "아버지에 대한 / 직접적인 사랑을 갈구해 아버지의 연인이 된다. / 아버지와 죄를 짓기 위해 그 용감한 암늑대는 / 다른 여자 모습으로 위장한다."(38~41행) 나르시스적 잘못에 대한 노래의 시작에서 아버지와 딸 간의 근친상간이 출현하는 것은 아마도 가짜 가치들의 제조자들 혹은 간교한 배신 행위들이 설명하지 못하는 성적 의미를 드러내는 것이다. 결국 가짜 형태를 빌리는 깃은 무엇보다 금지된 아버지의 법이기도 한 그 법을 피하는 특전을 가져다준다. 나르시스의 과오와 마찬가지로 부녀의 근친상간은 올바른 사랑에 대한 위반이다. 피조물인 딸이 그의 창조주와 죄악을 저지름으로써 창조의 위계질서를 깨트린다. 나르시스는 거짓 창조물, 즉 하느님이 창조한 영혼이 아닌 자신의 영상을 사랑함으로써 그 위계질서를 알아보지 못한다. 파렴치한 미라는 '무한자 아버지'를 인지하고 그와 일치하기를 바라는 이단 신봉자 소피아를 생각나게 할 수 있다. 하느님이 '한계'의 사자 호로스(Horos)를 보내어 그녀를 중지시키지 않았다면 그러한 불가능을 시도하다가 그녀는 목숨을 잃었을 것이다. 우리는 미라가, 시농과 명인 아담이 그랬듯이, 하느님을 "무절제, 악의 그리고 광적인 동물성"(노래 XI, 82행)

이라는 세 가지 죄악으로 모독할 경우, 지옥 같은 죄악인 왕래, 교환, 성찰의 그 파국적인 성적 양상을 표상할 책임을 지는 것이 부녀간의 근친상간이라는 점을 유의해야 한다. 사유의("언제나 양심을 괴롭히는 사기 행위", 노래 XI, 52행), 영상 자체의, 신체와 그 부분들의 동일성의 죄악인 이 원초적 기만은 무엇보다도 근친상간의 금기를 문란하게 할 것이다. 더구나 우리는 단테가 베아트리체에게 정신적인 모성성의 속성들을 부여하면서, 그리고 다른 관점에서 성모 마리아를 '자기 아들의 딸'이라고 선언하면서 강하게 어머니와 아들 간의 근친상간을 승화시키고 있다는 것을 알고 있다. 외형적으로 아버지와 딸의 관계에는 그런 것이 없다. 왜냐하면 우리는 아버지와 함께 반사적이고 사변적인 축조물의 최종 지점을 분명히 건드리고 있고, 그 축조물의 안정성과 단일성(플로티노스와 성 토마스에게서 볼 수 있는 것들과 같은)은 필수적으로 사변적이고 정신적인 내면성의 존재까지 보장해야 하기 때문이다.

다른 관점에서 볼 때, 간악한 미라의 위조성은 아마도 오비디우스가 그녀에게 할애한 이야기에서 읽게 되는 사실에서 오는 듯하다. 오비디우스에 의하면 미라의 증오와 사랑의 열정적인 진짜 대상은 그녀 자신의 어머니이다. "오, 내 어머니는 그런 남편을 가졌으니 얼마나 행복한가."라고 미라는 자기 유모에게 고백했고, 그리고 어머니가 농업의 신 케레스의 연례 축제에 참석하러 나가 있는 바로 그 순간에 다른 여자로 가장해 아버지 앞에 나타나 아버지와 간음한다. 아버지에 대한 딸의 근친상간적 사랑은 더구나 어머니에게 더 강렬하고 고백할 수 없는 열정을 숨기는 '허위'가 아닐까? "그 눈물이 커다란 가치를 지닌" 나무 미르라로 변신한 미라는 분만의 황홀한 영상(비너스를 유혹하는 아도니스를 분만하는 나무)과 함께 우리 곁을 떠난다. 그리하여 아들 아도니스는 어머니에게 불어넣어 준 열정에 대해 복수를 한다. 그러나 사실상 그는 어머니 여신에 대한 미

라의 진정한 사랑을 자기 어머니를 대신해 실현한다.[7]

태양의 반(反)나르시스

그런데 실수(시인의 실수)는 있을 수 있고, 그것은 "샘물에게 사랑을 느낀 아이의 / 실수와는 반대된다."(「천국편」, 노래 Ⅲ, 17~18행) 실수와 '반대된다'는 그 말은 '실수'가 아니라는 의미를 조금도 내포하고 있지 않다.[8] 실수는 시력을 갖는 데 있다. 즉 형태들을, 실질들을, 태양의 투명성 밖에 없는 곳에서 어떤 광경을 보는 데 있다. "내가 본 많은 얼굴들은 말할 채비가 되어 있어요."(16행) 반영들을 본질적 현실로 간주하는 나르시스적 실수로 경고를 받은 듯이, 시인은 즉시 '자신을 비판하고' 그리고 '눈을 돌린다.' 그런데 그 눈 돌리기, 영상들에 대한 부인, 빛나는 찬란함을 향한 재촉은 베아트리체에 의해 규탄을 받는다. 그녀는 그것을 '유치한 허영심'처럼 간주하고, 시인이 속임수라고 믿었던 것이 하느님이 교도하기 위해 '진정한 빛'으로 채워 주는 '실제적 본질'임을 분명히 밝힌다. 시인이 거짓이라고 생각했던 그 환영들, 따라서 그 그림자들은 현실이었다. 우리가 알고 있듯이, 시적 실수는 그림자를 현실이라고 생각한 나르시스의 실수와는 정반대이다. 그러나 전자는 후자와 대칭적이다. 왜냐하면 이 두 경우 문제는 타자를 있는 그대로 보는 것이 아니라 정신을 자

---

7) 미라에 대한 오비디우스와 단테의 어휘가 상응하고 있음을 지적할 수 있다. 오비디우스는 사랑을 죄(scelus)라고 하고,(Met. X, 314) 단테도 간악한 미라(Mirra scellerata,(Divine Comédie, XXX, 38)) 그리고 불경한 미라(Myrrha scelestis)라고 한다.(Ep., Ⅶ, 24)

8) Dragonetti, 앞의 책 140쪽에서 그 두 가지 실수, 즉 나르시스의 실수와 단테의 실수는 사실상 같은 본질의 성격을 띠고 있다고 한 것은 옳게 본 것이다.

기 자신에게로 역류시키게 만드는데, 그것은 동시에 영상의 독특한 현실을 사라지도록 이끌어간다. 그러므로 저항하는 대상 없이 시적 정신의 기교는 대상들로 주체의 창조물을 만들기에 이른다. 즉 현실을 저자가 창조한 허구로 생각하게 한다. 「천국편」에서 단테가 추구하는 것은 참다운 빛의 통찰력에 이르도록 자신을 상승시키는 데 있다. 그러나 그 곧바른 상승의 내부에서 시인 단테는 빛의 실질·생성, 투명성의 조밀화, 진주보다 덜 가시적인 그의 위장들에 의해 덥석 물리게 된다.(13~14행) 판단하는 정신인 그 시인은 그런 것들을 '나르시스적인 것들'이라고 내버린다. 그렇지만 베아트리체에 반해 버린 시인은 그것들을 다시 복권하기에 이른다. 이 경우 우리는 시적 조건, 즉 한편으로는 영상들에 매혹되고, 다른 한편으로는 진실을 탐구하는 것에 대한 섬세한 분석을 목격한다. 아니면 그 두 가지를 동시에 목격할까? 사실 바로 그 두 가지 활동의 동시성이 나르시스적 실수에서의 진정한 탈출을 보장한다. 여기서 문제는 진실의 즉각적인 통찰력의 이름으로 영상들 앞에서 판단력을 잃는 것이 아니라, 그 영상들을 있는 그대로, 상승적인 성찰들로 이루어지고 그것들을 초월하는 정신적 모험의 반영들로서 인정하는 것이다.

반나르시스는 결국 나르시스를 넘어서는 인물이지 나르시스 가까운 쪽에 있는 인물이 아니다. 플로티노스와 성 토마스의 전통에 충실한 단테는 '위장들'을 천국행 여정의 내부에 필요한 표지들로서 포섭한다. 빛나는 찬란함은 최고의 통찰력을,("불이 너무 많아서 저절로 희미해지는 태양 그 자체처럼……", 「천국편」, 노래 VI, 133행) "태양과 별들을 인도하는" 궁극적인 "사랑"이어서(「천국편」, 노래 XXXIII, 145행) 이성과 시력을 약화시키는 벼락을 남긴다. 그러나 그 도정에서 "죽음을 면할 수 없는 나는 한쪽으로 기울어진다고(발을 절름거린다고) 느낀다.(mi sento in questa disagguaglianza.)"(「천국편」, 노래 XV, 83행) 또한 우리가 주목하

게 되는 것은 오직 베아트리체의 여성적인(모성적인) 현존만이 노래 Ⅲ
에서 나르시스적 실수에 역행하는 실수를 극복할 수 있게 하고, 그리고
육체의 위장들, 그 겉치레 육체들을 진리 탐구에 투입하고 있다는 사실
이다. "발을 절면서."

시인은 나르시스의 패배일까? 아니면 그와의 교체일까? 말하자면 시
인과 그를 대타자에게로 인도하는 정신적 어머니인 그의 애인 사이의 사
랑 깊숙이 전위되어, 자리 잡도록 마련된 위장의 복권일까?

자기도 모르게 자신에게 반해 버렸고, 그에게는 세계를 창조하는 것처
럼 보이는 자기 시선의 희생자인 그 시인에게는 세계를 하나의 구경거리
(자기가 마음대로 조작할 수 있는 자의적이고, 위조된 구경거리)라고 생각
하는 경향이 있다. 그러나 정직성에 의해 그는 거기에서 눈을 돌리고, 자
신을 벌주기 위해 두 눈을 감는다. 오로지 베아트리체만이 시인에게 대
타자가 결과적으로 대타자의 현실이지, '시적' 또는 '유치한' 속임수가 아
닌 그의 심상의 원천이라는 것을 받아들이게 한다.

어린이 나르시스

"내 마음은 한숨짓노라 / 밤낮은 / 내게 말하려 하네 / 이것이 사랑인지
를."[9]이라고 모차르트의 「피가로의 결혼」에서 어린 몸종 세뤼뱅(Chérubin)
은 절망적으로, 서글프게, 어찌할 수 없는 감정으로 노래한다. 그리고 마

---

9) "Voi che sapete / Che cosa è amor / Donne vedete / S'lo l'ho nel cor. / Quello
ch'io provo / viridiro ; / E par me movo, / Capir nol so. / Sento un affetto /
Pien di désir, Ch'ora è diletto, Ch'ora è martir (……) Non trovo pace / Notte
nè di, / Ma pur mi piace / Languir cosi……."

음속 깊이 채워진 동시에 결코 위로받을 수 없는 그의 향수는, 나르시스가 노래를 부를 수 있었다면 아마도 그가 말했을 가장 적합한 표현이었을 것이다. 만약 그가 훌륭한 기독교인으로서 음악 속에 에로티시즘을 구현하는 방법을 자신에게 부여할 줄 알았더라면 말이다.[10] 세련되고 불타오르며 열정으로 긴장된 그의 노래는 다른 사람을 위한 기원이 아니다. 그는 자신의 승화, 자신의 '부상(lévitation)'에서 양분을 취한다. 한숨에 잠긴 그의 마음은 다른 사람을 원하는지 아닌지를 알지 못한다. 그래서 그는 자신을 노래하고 또 노래로 부른다. 그것이 사랑이었다면, 거기에는 대상이 있어야 했으리라. 그러나 착한(또는 나쁜?) 어머니의 도식적인 형상인 백작 부인은 차이(어린이 / 어머니, 낮 / 밤, 남자 / 여자)를 모르는 젊은이의 나르시스적 열정에서 실제로 분리된 실체가 아니다. 그렇지만 그 모든 것이 모차르트에게는 별로 중요하지가 않다. 그는 나르시스적 광기로부터 부드러운 자신의 분신에 반한 열정의 승화를 솟아오르게 하는 목소리를 찾아낼 줄 알았던 것이다. 신화로서의 나르시스는 비극적이다. 노래로서의 나르시스는 셰뤼뱅이다. 계시 종교와 나중에 우리가 몇 가지 양상을 살펴보게 될 중세 사회는[11] 그를 매혹적인 인물로 아니면 적어도 사랑스럽고 천사 같은 인물로 만들어 놓았다. 그렇게 해서 쾌락의 원칙이 구원의 종교 속에 자리 잡게 되었다.

---

10) 이 문제는 S. Kierkegaard, 「본능적 성욕의 단계 또는 음악적 에로티시즘(Les étapes érotiques spontanées ou l'érotisme musical)」, *Ou bien ou bien*(Gallimard, 1943), 41쪽 이하를 참조할 것.
11) 이 책의 4부, 6부의 「사랑의 아픔 ── 은유의 영역」을 참조할 것.

더없이 즐거운 나르시스, 상징주의자 혹은 '물 약탈자'

나르시스적 체험은 예술에 필요한 토대이고, 유사성의 창조이자 쾌락과 죽음으로 갈라진 진실에 이르는 유일한 접근 통로라고 하는 다소 은밀한 주장이 수 세기에 걸쳐 지속되어 왔다. 그러나 '무궁무진한 자아'의 '희열'을 아무 거리낌 없이 주장한 공로는 폴 발레리에게로 돌아간다.(「나르시스는 말한다」, 「나르시스 단상」, 「나르시스 칸타타」) 그에게는 더 이상 최소한의 수치심이나 규탄의 흔적도 없다. 말하자면 자신을 알고, 스스로 기호와 상징이 되고자 하는 글쓰기는 나르시스의 분할된 형상을 요구하고, 말하는 존재에 내재하는 그 감미로운 분리에서 영감을 얻는데, 그 말하는 존재가 "우리 둘 사이에 과일을 자르는 칼을 슬쩍 밀어넣는다." (「나르시스 단상」) 따라서 나르시스는 그 후로 현대인에게는 "그윽한 마음의 부드러운 향기"가 된다.(「나르시스는 말한다」) 자기 영상을 사랑하는 그 젊은이의 비극은 자기 인식의 원천 그 자체처럼 나타난다. "그 매혹적인 시간에 이르기까지 나는 나를 몰랐다 / 그리고 나는 나를 사랑할 줄도, 나와 결합할 줄도 알지 못했으니!" 그리하여 시인은, 자신을 '불후의 덧없음'보다도 덜 완벽하다고 고백하면서, 그 매혹적인 순간에서 무궁무진한 '무능함과 오만이라는 보물'을 찾아내게 되며, 그 보물은 '자아'의 본질 이외의 다른 본질을 인정하지 않는 그 자신의 입장에서 그것을 입증한다. "……나는 오직 나의 본질에 대해서만 관심이 있어요. (……) 다른 모든 것은 부재일 뿐이지요." 신의 죽음에 대한 찬가인 나르시스의 이러한 변명은 사변적 입장의 심리적 귀결이 된다. "나는 혼자다. 나는 나이다. 나는 진실이고…… 나는 당신을 증오해."(「나르시스 칸타타」) 또는 "신들에 대한 나의 경멸에 무엇이 변경될 수 있겠는가? 나는 있는 그대로의 나를 사랑한다. 나는 사랑하는 그 사람이다."(같은 책) 데카르트의 코기토("나는 생각한다 고로 나는 존재한다.")와의 암묵적인 논쟁은 사실상 그리고 결과적으로 진실을 통한 향락의 본질이고, 지식 너머의 주술에 대한 예찬이다. 불안정한 물 위에 자리 잡은 기호들의 번쩍임에 대한 옹호인 글쓰기는 '일자'와 닫힌 공간에 도전한다. 글쓰기는 필연적으로 덧없고, 그러면서도 갈구된 자유에 대한 외침이다. '말', '단상', '칸타타' 등 발레리의 저술을 통해, 나르시스는 시인으로 복권되어 살아남아 있다.

더 음흉하고, 더 생략적인, 더 냉소적이고, 또한 여인의 유혹을 받은 말라르메는 아마도 자신의 공간인 "순결하고, 생기 있고 아름다운 오늘"에서 나르시스를 변신시킨 첫 번째 현대인일 것이다. 그가 "깊은 수면 상태의 침묵증 또는 귀먹음"을 해독하기 위해서 오직 「고대의 신들」에서만 명시적으로 나르시스를 상기시키는 것은 「하얀 수련」이 나르시스에 대한 판본이거나 아니면 나르시스의 이성애적 도치라고 생각할 수 있게 한다. 이 경우 우리는 단번에 "가는 것을 완전히 망각하고 눈을 고정시킨" 시인을 만나게 된다. 그러나 그는 "무성한 갈대", "습기가 차 있어 침투하기 어려운 은신처", "(그의) 행로의 신비스러운 종료" 속에 좌초하고 만다. 말라르메적인 미소, 세기말의 그 교사의 냉소와 상징들의 공허함에 대한 형이상학적 환멸을 결합시키는 이 수수께끼는 물론 지옥에 핀 나르시스의 서글픈 꽃을 「하얀 수련」으로, 백색 등대로, 타자에게 이를 수 없는 무색의 빛으로 변형시키는 그 무엇이다. 미소란 겨우 극복한 두려움의 고백이다. "나는 여성의 가능성에 의해 드러난 노예 제도 초기에 미소 짓는다." '물 약탈자'는 고독의 희열을 함께 맛본다. "떨어져 있는 것이 함께 있는 것이다. 나의 몽상이 미묘함을 늦추는 물 위에 매달림에서, 나는 그 물의 혼란스러운 은밀함 속에 끼어든다……." "한 번의 시선으로 그 고독 속에 산재된 순결한 부재를 집약하기……." 그들은 둘일까? 누가 그것을 말할 수 있을까? "속 빈 하얀색으로 무(無)를 감싸는" 수련들과 함께 "이루어지지 못할 행복"에 대한 확신은 남아 있다. 그 "이상적인 꽃의 유괴"가 이루어지기를 —— 사실상 이루어졌다. 그러나 그 것은 위에서 언급한 유일한 본질인 육체에 대한 발레리의 옹호와는 아무런 관계가 없다. 몸, 성, 이 "상상적 전리품"은 "자기의 미묘한 공허에 의해서만 부풀어진다."라고 말라르메는 암시한다. 이것은 그가 건너야 할 우물이나 연못의 가장자리에 잠시 또는 오랫동안 머물러 있는 여인을 '사랑하고', '뒤쫓아 다니는 것'을 전혀 방해하지 않으며, 오히려 그를 자극한다. 나르시스가 사랑을 한다 해도 아무런 소용이 없다. 그를 위장한 하얀 수련이 그 공간이 비어 있음을 드러내 보인다. 저쪽에서는 치명적이고, 이쪽에서는 냉소적인 불가능한 결합에 죽음이 합당한 것은 아니다. "의기양양하게 달아난 아름다운 자살……." 모든 현대성이 그러하듯이 말라르메는 나르시스의 정신적 공간을 물려받았다. 그러나 이제 그 공간은 비어 있다. "장소 이외에는 아무것도 일어나지 않을 것이니……."

발레리와 더 가깝고, 그에게 「나르시스론」을 헌정한 앙드레 지드는 그 신화를 포착해 거기에서 상징주의적 불가사의론을 추출한다. 그의 나르시스는 "천국을 꿈꾸기"라는 동일한 전통에 대한 언급 이외에는 단테에게 빚진 것이 아무것도 없다. 성 분화 이전의 한 남녀 양성 인간의 환상인 나르시스는 이제 "완벽한 공간들의 아담'"이다. 그는 "근엄하고 종교적"이다. 발현의 불가피를 드러내기 때문에 필요한 그 아담은 그가 드러내는 이념보다도 드러난 것, 형식, 상징을 선호한다는 점에서 오류를 범한다. 시인은 나르시스적 외형을 통해, 본질적이고 안정적인, 조화로우며 참된 형태를 보는 능력을 갖게 된다. 그렇기 때문에 그는 천국을 손에 쥔 사람이 된다. 그는 부정적이지만 절대적이다. 그는 시각의 표면에 바쳐졌지만 진실에게도 바쳐졌다. "시인은 꿰뚫어 보는 사람이다. 그렇다면 그는 무엇을 보는가? 천국이다." 따라서 운명적인, 숫자로 표시된, "천국 같고 투명한" 형식인 '작품'은 단순히 외형만은 아니다. 작품은 상징이기 때문이다. 사람들은 "내가 상징(나타내 보이는 모든 것)이라고 부르는 것을 이해했을까?"

우리는 지드가 전형적인 반(反)말라르메임을 확실히 이해하게 된다. 지드의 경우 나르시스적 공백은, 이미 언급된 말라르메의 "텅 빈 창공" 너머로, 상징적 의미의 완결에 의해 대체된다. 말라르메의 도려내기가 지드의 관조로 대체된다. 전자, 즉 말라르메의 자기 확산, 육체의 확산과 웃음이 후자, 즉 지드의 자기 성애와 대체된 것이다.

현대적 나르시스의 정신 공간에는 두 가지 길이 있다. 그것은 예술가 나르시스, 즉 '물 약탈자', 아니면 '자아'의 종교이다. 첫 번째 길은 신화적으로 나르시스적이라기보다는 더 냉소적으로 나르시스적이다. 중심을 잃은 이 길은 결정할 수 없는 항해로, 의미와 덧없는 외형과 함께, '겉모습'과 함께 하는 놀이로, 어려운 상황에 빠진 미로 같은 운하들에 성찰의 공간을 열어 준다. 또 다른 길은 심리적으로 혹은 사변적으로 나르시스적인 것이다. 세속적인 종교성에 의지하고 있는 이 길은 신을 나르시스 속으로 내려오게 하여, '자아'를 일반화된 상징 체계인 새로운 종교의 초석으로 부과한다. 모든 외형은 '의미하고', 따라서 '자아'는 신성하다. 비교적인 예술은 나르시스의 죄를 씻어 준 기독교의 완성이다. 오늘날 우리에게 종교가 남아 있다면, 그것은 미학적인 종교이다. 왜냐하면 나르시시즘은 허구적 의미의 덧없는 전개 속에서 가장 강렬하게 자신을 보호하기 때문이다.

4부

하느님은 아가페이다

성경에서 유래된 사랑의 율법은 기독교인들에게 다음과 같이 제안한다. "너는 너의 구세주 하느님을, 너의 온 마음으로, 너의 온 영혼의 힘을 다해 사랑할지어다."(「신명기」 6장 5절) 그리고 "네 이웃 사랑하기를 네 몸과 같이 하라."(「레위기」 19장 18절) 이러한 토대 위에서 진정한 혁명이 이루어졌고, 그것은 물론 헬레니즘 말기 사회에 의존적이지만, 특히 그리스의 에로스와 성서의 여호와를 아가페로 전환시키는 전대미문의, 터무니없고 광기를 띤 새로운 태도를 보여 준 혁명이었다.[1]

무상의 선물

물론 공관 복음서들이 내포하고 있으나 명시화되지는 않은 이 새로운 태도를 가장 정확하고, 가장 전형적으로 새롭게 표현한 사람이 사도 바

---

1) 니그렌, 『에로스와 아가페, 사랑에 대한 기독교적 개념과 그 변화(*Éros et Agapè, La Notion chrétienne de l'amour et ses transformations*)』(1930)(Aubier, 1962)를 참조할 것.

울이다. 사실 아가페라는 용어(라틴어로는 자애(*caritas*)라고 번역되는데, 그것은 기독교적, 신학적, 대중화 차원의 전통 속에서 지나치게 완화된 표현이어서 오늘날 그것이 지닌 새로움을 추출하기 위해서는 그리스어에 의존할 필요를 느끼게 한다.)는 복음서에 두 번밖에 나타나지 않는다.(「마태복음」 24장 12절과 「누가복음」 11장 42절) 그리고 성서에 가까운 의미로는 사랑·계명, 사랑·공적에 해당된다. 그런데 그와 동시에, 복음서 이후로 기독교적 사랑은 무상의 선물이다. 말하자면 그 선물을 받을 만한 자격의 유무를 떠나서, 하느님 쪽에서의 철회를 두려워할 필요 없이, 기독교인은 사랑받는다는 것이 그 자격과 무관하게 보장되어 있기 때문이다.[2] 그 사랑은 또한 (특히) 자격이 없는 사람들을 위한 사랑일까?[3] 사실상 인간의 사랑·공적뿐만 아니라 행복을 겨냥하는 에로스에 반대하는 하느님 중심의 사랑인 그러한 개념은 구약 성서에 준비되어 있었다.[4] 그

---

2) 그리스적 에로티시즘이 아가페라는 용어를 몰랐던 것은 아니다. 그것은 사랑하는 자(*erastes*)와 요구하는 자(*eromenos*) 사이의 관계를 가리킨다. 그리고 데모스테네스는 *agpan*이라고 씀으로써 그 용법을 미소년 가니메드와 미모의 아도니스에 대한 신들의 태도를 가리킨다.(Dover, 앞의 책, 169쪽을 참조할 것) 아가페라는 용어는 헬레니즘적인 유대교에서 필롱 달렉상드리(Dessmann, *Neue Bibelstudien*, 27쪽 ; 니그렌, 앞의 책, 119쪽을 참조할 것)에 의해 사용되었다. 그러나 그 용어에 처음으로 기독교적 의미와 유일한 종교적 의미를 부여한 것은 사도 바울이다.

3) "나는 의인이 아니라 죄인들을 부르러 왔노라."(「마가복음」 1장 17절) "이와 같이 내가 너희에게 이르노니, 회개하는 죄인 하나가 하늘나라에서는 회개할 것 없는 의인 아흔아홉으로 인해 기뻐하는 것보다 더하리라."(「누가복음」 15장 7절) "내가 네게 말하노니, 그 덕분에 많은 죄가 그에게 사해질 것이다. 이는 저의 사랑함이 많음이라. 적게 사랑하는 자는 받는 사랑도 적으니라."(「누가복음」 7장 47절)

4) "왜냐하면 너는 여호와, 네 하느님의 성스러운 백성이기 때문이다. 내 하느님 여호와께서 지상의 만민 중에 너를 자기 기업의 백성으로 택하셨나니, 여호와께서 너를 기뻐하시고, 너희를 택하심은 다른 민족보다 수효가 많은 연고가 아니라, 너희는 모든 민족 중에 그 수가 가장 적으니라! 그것은 여호와께서 다만 너희를 사랑하기 때문이고, 또한 너희 열조에게 하신 맹세를 지키려 하셨기 때문이니라. 그래서 여호와가 권능의 손으로 너희를 끌어내어 노예들의 집에서 해방시켜 주었도다……"(「신명

러나 성서에서도 "죄인들의 길은 파멸로 이어지고"(「시편」, 1), '영원한 자'의 율법에서 아무런 자리도 얻지 못한다고 되어 있다.

하느님을 사랑의 하느님[5]으로 새롭게 정의하는 공을 세운 바울은 니그렌[6]이 분명히 밝힌 세 가지 움직임 속에 그 개념을 축조했다. 우선 바울은 하느님에 대한 인간의 사랑을 약화시키고, 복음서의 하느님 중심주의를 강조한다. 따라서 그는 하느님에 대한 인간의 사랑을 호소하는 대신에 사랑하는 것은 하느님이고, 그것도 아무런 대가 없이 사랑한다는 것을 전제로 한다. 그런 다음 바울은(이것은 아마도 사랑의 사상 중에서 가장 강력한 요점인데) 하느님의 사랑인 무상의 선물이 결국 '아들'의 희생임을 드러낸다. 말하자면 아가페, 그것은 십자가의 아가페이다.(「로마서」 5장 6절~10절) 그러니까 가까운 사람들과 의인들뿐만 아니라 원수들과 죄인들까지 포함하는 이웃 사랑은 행복에 대한 엄청난 포기에 왕관을 씌우고, 그것이 하느님 아버지('율법'으로서가 아니라 '이름', '말씀' 그리고 '사랑'으로서의 아버지)에게로 다가서는 가장 직접적인 길임을 증명한다. 명목적인 침례. 기독교의 세례 의식.

바울의 사상이 지닌 그러한 원동력을 좀 더 자세히 살펴보자. 바울에 의하면 그리스도의 수난이 유대인들과 그리스인들에게 그러했던 것처럼,

---

기」 7장 6절) "사랑을 기뻐하시고 제사를 원치 않으신다."(「호세아」 6장 6절) "나는 나를 찾지 아니하던 자들에게 발견되었고, 나를 구하지 아니하던 자들에게 물음을 받았노라."(「이사야서」 65장 1절) 끝으로 「아가」의 사랑은 그중 한 가지 의미로는 항구적인 희망 속에서의 보장된 증여이다. 니체가 『도덕의 계보』에서 짓궂게 지적한 바와 같이, 만약에 기독교적 사랑이 이스라엘에 대한 '숭고한 원한'의 전복이 거짓이 아니라면, 기본적이고 파괴할 수 없는 기독교적 아가페의 진정한 초석인 성서적 사랑이 있다는 것을 지적해야 한다. 니체는 단순한 사랑에 신경질을 낸 것처럼 기독교적 사랑에 증후를 드러내듯이 귀를 막는다.

5) "사랑과 평강의 하느님이 너와 함께 하시니."(「고린도 후서」 13장 11절)

6) 니그렌, 앞의 책.

바울의 사상은 항상 우리에게 하나의 소동 아니면 광란일까?[7] 우리는 언제나 유대인이고 항상 그리스인인가? 어떤 후기 기독교적 현실성이 존재하는가? 사랑과 그 불가시적 현존(우리를 엄습하고, 그 쇠퇴로 인해 표현할 수 없고 끈질기게 괴롭히는 그 현존)의 딜레마는 최종적으로 그러한 물음에 귀착하게 된다.

따라서 문제가 된 사랑의 관계에서는 그 원천인 하느님이 강조되지, 자기 창조주를 사랑하는 인간이 강조되지는 않는다. 이러한 전위는 용어의 변화에까지 이른다. 바울에게는 결국 아가페(인간의 측면에서)가 아니라 피스티스(pistis), 즉 신앙이 문제가 된다. 하느님은 먼저 사랑한다. 중심, 원천, 선물인 그의 사랑은 우리가 그에 합당하지 않아도 우리에게 다가온다. 정확하게 말하자면 그분의 사랑은 하늘에서 우리에게로 내려오고, 신앙의 절대 필요성과 함께 인정을 받는다.[8] 사랑의 하느님에 대한 정의는 처음에는 율법의 지위를 변경하는 쪽으로 이끌어 갔고, 그다음 그 지위를 포기하지 않으면서 사랑이 될 그 '성취' 또는 그 '충만감'을 생각하도록 인도한다. "자애(charité)는 율법의 완성이다."(「로마서」 13장 10절) 논리적으로 자애는 하느님을 사랑과 동일시하는 것으로 귀결된다.[9] "하느님은 사랑이시다."라는 표현이 요한에게서 수사학적인 발전을 이루기는

---

7) 「바울 1서」, 「고린도 전서」 1장 22절~25절을 참조할 것. "유대인들은 표적을 구하고, 헬라인들은 지혜를 찾으나 우리는 십자가에 못 박힌 그리스도를 전하니 유대인에게는 거리끼는 것이요 이방인에게는 미련한 것이로되 오직 부름을 받은 자들에게는 유대인이나 헬라인이나 그리스도는 하느님의 능력이요, 하느님의 지혜니라. 하느님의 미련함이 사람보다 지혜 있고 하느님의 약한 것이 사람보다 강하니라."
8) "모든 것이 하느님으로부터 왔나니 저가 그리스도로 말미암아 우리를 자기와 화목하게 하시고."(「고린도 후서」 5장 18절)
9) "마지막으로 말하노니, 형제들아 기뻐하라, 온전케 되며, 위로를 받으며, 마음을 같이하며, 평안할지어다. 또 사랑과 평강의 하느님이 너희와 함께 계시리라.(「고린도 후서」 13장 11절)

했지만[10] 그러한 하느님 중심의 본질적 계기는 욕망된 대상을 향해 또는 최상의 '지혜'를 향해 올라가는 에로스의 역학의 반전이다. 그 반대로 아가페는, 하느님과 동일화되어 있는 한, 내려온다. 아가페는 증여, 환대 그리고 은총이다. 이 아가페가 더욱더 생각하게 하는 것은 유대적 사랑이다. 그만큼 실제로 성서적이고 부성적인 하느님이 자기 신도들을 선택한 자라는 것이다.[11] 그러한 사랑·선물의 지위가 화자 주체를 위해 가질

---

10) "하느님은 사랑이시다. 사랑 안에 거하는 자는 하느님 안에 거하고 하느님도 그 안에 거하느니라."(『요한복음』 6장 16절)

11) 위에서부터 퍼지는 이 사랑은, 기독교와는 반대로, 플로티노스에 의해 표현된 것이다. 우리는 (프랑스어본 108쪽에서) 빛의 확산과 이 지상 피조물들의 세계 속에서 일자의 거울 같은 반사 성찰에 대해 강조해 왔고, 또 그러한 반사력의 나르시스적 체제에 대해서도 강조했다. 그러나 우리가 주시해야 할 것은 플로티노스에게 있어서 일자 자체가 그러한 반사 운동을 따른다면, 그 일자는 자기 자신 안에 나타나지 않고, 자신을 낮추지도 않는다. "자신을 분할하지 않고, 계속 온전한 하나이고 동일한 존재가 있다. 그는 그 어떤 것에서 떨어져 있지 않다. 그러나 그는 그것들 속에 전파될 필요가 없다."(*Ennéades*, VI, 5, 3) "그(일자)에게는 노력이라는 것이 전혀 없고, 그것이 그로 하여금 불완전한 존재로 만든다. 게다가 그의 노력은 지향할 대상이 없다. (……) 그 이후에 어떤 사물이 존재하기 위해서는, 그가 자기 자신 속에, 절대적인 휴식 속에 남아 있어야 한다."(*Ennéades*, V, 3, 12.) 그와는 반대로 삶에서 지혜의 노력에 의해 인간이 일자와 합류하기 위해서는 '나르시시즘'의 초인적 승화가 이루어질 수 있다. 그러나 사랑·하느님이라는 표현은 플로티노스에게 분명히 있지만 그것은 신적인 것과 인간적인 것의 침잠의 뜻이 아니라 그 반대로 하느님의 자급자족의 의미에서이다. "그는 동시에 사랑받는 대상, 사랑, 자기애이다. 왜냐하면 그는 아름답고, 그 아름다움을 자신에게서 이끌어내며, 그것을 자신 안에 가지고 있기 때문이다."(*Ennéades*, VI, 8, 15) 이 자족적인 하느님은 사랑이지만 그것은 자기에 대한 사랑이다. 그리고 오로지 그 하향적인, 빛나고 반사적인 확산에 의해 그것이 기독교의 아가페의 움직임과 가까워지는 것이다. 더욱이 중세의 유추적인 사상이 침식되자 '자기 원인적인' 하느님은 플로티노스의 자급자족에서 일부 요소를 이어받는다. 자기의 자아를 초월적인 원인에 대한 의존으로부터 해방시키면서 무한(사랑)과 유한(피조물)의 관계에 대해 생각하는 것이 얼마나 불가능한 것인지를 가르쳐준다. 양자의 관계는 불가능한 차원이다. 신적인 것, 즉 사랑과 사랑이 내포하는 동질성, 표상, 동일화뿐만 아니라 한계와 의미의 삭제까지도 거기에 포함된다.

수 있는 깊은 의미 작용에 대해서는 다시 거론할 것이다. 그러한 사랑·선물은 본래 대타자에 의해 작용되는 것이고 대타자는 그의 수난으로 제의와 환대를 생각해 낸다. 여기서 우리는 사랑·선물이 성서적 사랑에 진 빚과 또 그 두 가지를 갈라놓는 차이에 대해 강조해 보자. 아가페는 무상이고, 선택이라기보다는 호의적인 너그러움이며, 엄하지 않으면서도 길들여지고 밝혀 주는 부성애이다. 신앙 없는 사람들에 대한 사랑은 하느님의 사랑에는 애초부터 상호성이 없다는 그 우월함을 가장 잘 증명해 준다. "주께서 그 죄를 인정하지 않으시는 사람은 복이 있도다!"(「로마서」 4장 8절)

그러나 그것은 기독교 사랑의 또 다른 특징적 성격이다. 엄밀히 말하자면 고대 종교적 맥락에서 볼 때 그것은 이해 불가능한 것이다. 처음 시작되는 증여는 정해진 대가를 치르지 않는 것으로서 그 위에는 육신의 희생이 있다. 아들의, 그리스도의 육신이다. 사랑은 물론 일시적인 죽음에 의해 성취되지만, 그것은 너무나 수치스럽고 광적이며 용납할 수 없는 죽음이다. 그 사랑은 영원을 겨냥하는 것이 아니라, 사랑의 고리 속에서 가장 사랑하는 사람의 무화(anéantissement)의 침울한 순간을 받아들이면서 부활을 겨냥한다. 건드릴 수 없다는 의미에서 그것은 신성의 종말인 마조히스트적 광기, 신성모독일까? 엄격하게 금지된 것의 종말이고, 또 그런 이유에서 전지전능함의 종말일까?[12]

---

12) "의인을 위해 죽는 것은 쉽지 않다. 아마도 선인을 위해 용감히 죽는 것을 받아들일 수는 있을 것이다. 그런데 우리를 위한 하느님의 사랑, 그것은 우리가 아직 죄인이었을 때 그리스도가 우리를 위해 죽으심으로써 하느님은 우리에 대한 사랑을 확증하셨느니라."(「로마서」 5장 7~8절)

죽음은 침잠이다

　희생을 통한 이 사랑의 선물은 죄악의 반전이다. "그러나 이 선물은
그 범죄와 같지 아니하니 곧 사람의 범죄로 인해 많은 사람이 죽었고,
바로 그런 이유에서 하느님의 은총과 선물이, 오로지 인간 예수 그리스
도의 은혜로 말미암아 많은 사람들에게 넘치게 했느니라."(「로마서」 5장
15절) 과오를 넘치게 하는 율법에("율법이 없는 곳에는 범법도 없느니라."
(「로마서」 4장 15절)) 이와 같이 사랑·선물을 통한 은혜의 흘러넘침이 교체
된다.[13] 율법과 죄악으로 짜인 권위를 은총의 풍요, 풍성, 아량이 이어받는
다. "죄가 너희를 주관치 못하리니 이는 너희가 법 아래 있지 아니하고 은
혜 아래에 있음이니라."(「로마서」 6장 14절) 가득함, 침잠(baptisis, baptisma
(「로마서」 6장 3절)), 풍요, 즉 사랑은 맨 먼저 죄악 및 율법과의 논쟁에
서 교환, 규율, 융합, '화해'처럼 요청된다.[14] 지고한 이상과의 그러한 동
일화·화해는 신자를 숭고한 본질로 인도하며, 동시에 그의 탐욕스러운
육체인 그 '낡은 껍질'을 제거한다.[15] 이러한 증가와 박탈의 움직임은 사
실상 고대의 희생 관념과는 거리가 멀다.[16] 희생된 것은 일시적일 뿐만

---

13) *Pléonasmos*(과다, 과잉), *pléonaxe*(과잉 생산되다) : "Nomos de pareiselthen, ina
　pleonase to paraptoma, ou de epleonasen e amartia, upereperisseusen e charis."
　(그런데 율법이 개입한 것은 범죄를 더하게 하려 하심이다. 그러나 죄가 더한 곳에
　은혜가 더욱 넘쳤나니.)(「로마서」 5장 20절)
14) *Catallage, es* ── 화폐 교환, 규율, 화해 그리고 연장에 의한 사면. "원수였던 우리가
　그 아들의 죽으심으로 말미암아 하느님으로 더불어 화해되었다면(catallagemen), 화
　해된 자들(catallagentes)로서는 더욱더 그 살아계심으로 인해 구원을 얻을 것이기 때
　문이다. 그뿐 아니라, 이제 우리로 하여금 화해(catallagen)를 얻게 하신 우리 주 예수
　그리스도로 말미암아 하느님 안에서 또한 즐거워하느니라."(「로마서」 5장 10~11절)
15) "우리가 알거니와 우리 옛 사람이 예수와 함께 십자가에 못 박힌 것은 죄의 몸이 멸
　해 다시는 우리가 죄에게 종노릇하지 아니하려 함이니."(「로마서」 6장 6절)
16) 지라르가 『세상의 시작부터 감추어진 것들(*Des choses cachées depuis le commencement*

아니라(그리스도의 육신은 완전한 상태로 부활한 것이다.) 그 밖에도, 그리스도 안으로의 신자의 침잠에서부터 시작해 그 신자는 오로지 탐욕스러운 육체, 성적인 육체만을 죽게 해 부활 속에서 완전한 상태로 이상 속에 완전히 투입된 육체를 되찾게 된다. 거기에 상실이 있다면 그것은 총체적인 것(파괴되는 것은 육체의 일부도 아니고, 그 육체에 유익한 대상들도 아닌 육체 전체이다.)인 동시에 아무것도 아닌 것이다. 그것은 하느님·아버지와의 화합('화해') 속으로의 단순한 진행이다. 그것은 세 가지 운동의 내면에 있는 반명제로서, 언제나 확고한 사랑에서부터 출발해 부정을 수용하고, 부활의 종합으로 그 절정을 이루는 운동이다.

상동 관계 / 유추

그리스도의 수난과 상동 관계에 의해 죽음에 이르는 모든 수난은 따라서 사랑의 증거이지, 사회계약 법에서 비롯된 희생은 아니다. 희생이란 하나의 실질로부터 대타자를 위한, 그리고 결국에는 그에 좌우되는 사회 전체를 위해 '의미'를 만들어 내는 증여물이다. 그 반대로 열정으로서의 사랑은 고통과 총체적인 상실을 수용하는데, 그것은 대타자를 향한 은유적 가정을 그것으로 만들어 내기 위한 것이 아니라, 항상 이미 거기에 있고, 그 이전 상태의 너그러운 '의미'로 하여금 그것을 함께 나누는 공동체 구성원들에게 나타낼 수 있도록 하기 위해서이다. 희생이 하나의 은유(추상적인 의미가 생겨나도록 하기 위한 구체적인 실질의 폐색)일 경우, 열정·사랑은 상동 관계의 세례의 체험이다. 바울은 그리스도 안에,

---

_(Grasset, 1978)에서 주장한 것처럼.

삶 속에서와 마찬가지로 죽음 속으로 신자의 침잠을 말할 때 그 말을 흘린다. "만일 우리가 그의 죽음을 본받아(omoiomati) 그의 특성과 연합한 자가 되었다면, 우리는 또한 그의 부활을 본받아 연합한 자가 되리라." (「로마서」 6장 5절)[17] 인간과 유사한(더 정확히 말해서 상동적인) 하느님

---

17) Omoioma, atos, 흡사한 대상, 영상. 플라톤은 사랑을 논하면서 이 용어를 사용했고, 그러면서 만약 사랑하는 영혼이 하나의 모방(omoioma)을, 지상의 것과 닮은 천상 세계의 사물들을 본다면, 영혼은 혼절 상태(Phaedrus, 250a)라고 주장했음을 주목하자. 동화, 변형(omoiosis), 특히 표상하는 것도 태초부터 그리고 기독교 안에서 아주 눈에 띄게 사랑과 연결되어 있다. 동일한 변형 관계가 신들의 이름들 사이의 관계도 지배한다. 우리가 「로마서」 6장 5절에서 볼 수 있듯이, 하느님과 피조물들의 관계들도 그러하다. 모든 중세 사상은 전환(omoiosis)의 수수께끼와 어려움의 지배를 받는다. 그것은 아리스토텔레스적인 유추(analogia)의 이름으로 신학을 사로잡는다.(둔스 스콧과 성 토마스(4부 "Ratio Diligendi"를 참조할 것.), 또한 유스타슈 드 생 폴, 슈아레스 등을 상기하자.) 유추가 유한/무한의 관계에 대한 특권적 성찰로 나타났다면, 그 기반과 이유를 설정하는 것을 목표로 하는 유추는 논리적이고 합리적인 관계와는 정확히 반대된다. 더 나아가 유추의 신학 이론은 원인성에 대한 연구를 제거했는데, 그 이유는 원인성이 신학 이론을 대신했기 때문이다. 그렇지만 우리는 현대 합리주의의 출현으로 귀결되는 그 개념이 서서히 침식되고 있음을 추적할 수 있다. 현대적 합리주의는 마리옹이 '백색 신학'이라고 부를 수 있을 때까지 신학 내부의 진화를 겪는다.(마리옹, 『데카르트의 백색 신학(Sur la théologie blanche de Descartes)』 (PUF, 1981)을 참조할 것.) 사랑(이성이 아닌) 속에서 피조물들을 구성하고, 필연적으로 측량할 수 없으며(왜냐하면 말씀이 하느님의 무한을 피조물의 유한과 상동화하기 때문에), 따라서 사고할 수 없는 것으로 귀결되는 전환의 관계와 점차적으로 대체되는 것이 비례에 대한 연구이다. 은유의 특수한 경우인 아리스토텔레스의 유추는 수학에서 특권적인 응용을 찾아낸다.(『시론』, 21, 1457 b, 6~9) 유추의 중심은 여러 가지 경향들을 단일화시키는 공통적인 관점인 그 어떤 가정된 단일성이다.(이 책 6부 「사랑의 아픔」을 참조할 것.) 우리는 현존재 속의 유추(analogia entis)와 예수에 의해 계시된 하느님에 대한 믿음 속의 유추(analogia fidei)를 통과하게 될 것이다. 둔스 스콧과 그를 참조하는 슈아레스는 유추의 근거로서 현존재의 원칙을 하느님과 피조물들에게 즉각적으로 지각할 수 있고 공통적인 것으로서 상정한다. 그러나 그는 단일성과 불분명함을 데카르트에게로 인도하게 될 길인 현존재의 개념(conceptus entis)으로 바꾼다. 성 토마스 쪽에서는 원인으로서의 하느님에 대항해 유사성 (similitude)을 옹호한다. "하느님은 그의 힘에 따라서 일의적으로가 아니라 유추적으

은 죽음을 면할 수 없는 인간이 하느님과 유사하게 될 수 있도록 한동안 죽어 있어야 한다. 모든 종교가 신과 그 신도들 사이에 설정하는 관계는 이 경우 하나의 동일화(프로이트의 *Einfühlung*, 이 책 1부의 「프로이트와 사랑 — 치료 중의 불안」을 참조할 것.)가 되고, 또한 바로 그러한 의미에서 그의 이름이 사랑이다. 그런데 희생은 아니다.

사랑하는 대상에 대한 살인 없이는 이상화적 동일화가 있을 수 없고, 사랑하는 대상의 살인은 그러한 상동 관계에서는 자기 자신에 대한 사형 집행이다. 바로 그것을 십자가의 아가페가 강요하는 것이다. 이러한 살인의 내면화는 그것의 소비이고, 소진이기도 하다.

마조히즘과의 차이는? 지고의 그리고 친애하는 권위에 의해서 몸 자체에 가해진 기쁨 넘치는 고통은 물론 그것들이 지닌 공통된 특징이다. 남은 것은 아가페·열정이 극복할 수 있다는 확신을 가지고 그 체제를 통과하는 것이다. 그것은 파괴적인 쾌락의 강박적인 회귀를 육체 그 자

로 _L에게 유사한 것들로 남아 있는 결과들을 생산한다."(I Sententiarum, d.2, q.2, solutio) 이 경우 유사물들은 (하느님 안에서 그리고 피조물 안에서) 불균등하게 소유된 공동의 완성과 관계되는 것으로 생각된다. 결국 데카르트에게 있어서 자신을 원인으로 하는, 이성으로서의 하느님은 상동적 사랑의 신학과 사유에 근거를 제공하기 위한 유추에서 태어나는 초기의 합리성 사이의 마지막 타협이다. 그런데 그 사유의 근거는 아직도 열린 상태이고, 무한하며, 사유 불가능한 것이다. 그 이론의 진화와 함정에 대해서는 마리옹의 훌륭한 저서를 참고해야 할 것이다. 우리의 설명을 위해서는 유추에서 모방의 정확성이 그러한 움직임에서 맡고 있던 결정적인 역할을 기억해 두자. 그 점에 있어서 플라톤의 메아리를 담고 있는 바울의 사상은, 신 중심적이면서도 닮음·유사성·영상·표상의 개념을 통해 성삼위일체 속에서 그리고 피조물과 창조자 사이에서 정체성의 차이와 단일성의 관계를 동시에 가정한다. 유사성(상동 관계)의 개념은 그 조건이 되는 아가페의 밖에서는 이해할 수 없고, 논리적이며, 생각할 수 없는 것이다. 그 개념은 애정 관계에서 언술 작용의 주체들과 관련이 있지 형식적으로 유사하거나 은유적인 기의나 기표와는 관련이 없다는 것을 말해 둔다. 기의와 기표의 유추적 또는 은유적 관계는 생각하는 주체가 결정적으로 중심이 되는 원인과 결과의 관계에서부터 생각할 수 있다.

체의 현실 속에서 반드시 완수해야 할 필요 없이, 유추 속에, 다시 말하면 대타자와의 논리적·명목적인 동일화 속에 머무는 것이다.

이야기 대 환몽 ── 결정 작용

대문자로 쓰인 아들의 유일한 체험 속에 한정되어 있는 '내'가 '아버지'와 대등하기 위해 육체 자체를 살해하기는 나에게 속해 있으면서 헤아릴 수 없는 쾌락과 상실 속에 나를 붙잡아 두는 환몽에서 단번에 벗어나 있다. 그 반대로, 보편적인 이야기 수준으로 상승한 십자가의 수난은 환몽의 도피점, 즉 보편성으로의 그 방출이 된다. 그 방출은 한편으로는 나를 그리스도로 간주하는 것을 금지시키고(환몽을 단락시키고), 다른 한편으로는 죽음 자체를 이상화시킬 필요성을 전의식 쪽으로 이끌어가면서 단번에 아버지의 이름 속으로의 나의 도약을 도와준다. 엄격한 의미에서 억압보다는 이상화의 미묘한 장치인 아가페·열정은 진술자('자아')가 '우주적 주체의 저서'를 고쳐 쓰고, 아버지의 이름에 자신의 이름을 병치하고자 할 때에만 죽음의 욕동의 에로틱한 폭발로 선회하게 된다. 신비주의자들처럼, 사랑하고 파괴하는 분노 속에서 자신을 예수 그리스도로 지칭하는 사드나 아르토처럼.

신자에게는 그 반대로, 이상적 동일화의 조건으로서의 육체 자체의 살해는 성서적 이야기에 의해 유보되었다고 할 수 있다. 그것은 예수의, 오직 그분만의 체험 속에 결정화되고, 증명되는 동시에 즉각 중단되었기 때문이다. 그런 그리스도가 기거하고, 하느님 아버지에 의해 '입양된' 신자는 그를 아가페에 이르게 하는 길에서 오로지 죄악의 육신만을 죽게 한다.[18] 그러므로 살해는 아가페를 이해하고자 할 경우 본질적 주제인 입양의 계기이다. 왜냐하면 그 주제는 육신으로 이루어지는 부성이 아니라 이름으로 이루어지는 부성을 가치 있게 부각시키기 때문이다. "너희는 입양의 성령(*pneuma uiothesias*)을 받았고, 그 성령에 의해서 우리는 아바, 즉 아버지라고 외치는 것이다!"[19] 아들, 그리고 동일화를 통한 신자는 아버지에 의해 환대를 받을 것이고, 육신의 희생을 넘어서, 그리고 그 희생의 조건 자체로서 아버지와 상동적이 될 것이다.(이 동일화는 이등급 동일화임을 유의하자.) 나를 사랑하는 아버지는 육신으로서가 아니라 순수한 성령으로, '이름'으로 나를 환대하신다. "아바, 아버지!"는 말은, 체포되기 전 감람나무 동산에서, 그리고 십자가 위에서의 마지막 순간에 한 예수가 한 말씀을 떠오르게 한다.[20] 아들에게는 괴로운 이러한 입양, 그 인간적인 흔들림은 한순간에 지나지 않지만 그것은 그가 수난을 피할 수 있기를 선호했음을 암시하고, 그 수난이 아버지와 아들 사이에서 불러일으키는 공인에 의한 하나의 선택임을 사실로 드러낸다. 결과적으로 입양은 죽음 이전의 혹은 죽음보다 못한 온갖 고통에 대항하는 강력한 대응책이다. "그런즉 이 일에 대해 우리가 무슨 말을 하리오? 자기 아들을 아끼지 않으시고 우리 모든 사람을 위해 내어주신 이가 어찌 그 아들과 함께 모든 것을 우리에게 은사로 주지 아니하시겠느뇨? 누가 능히 하

---

18) "또 그리스도께서 너희 안에 계시면 몸은 죄로 인해 죽은 것이나 영은 의로 인해 산 것이니라. 예수를 죽은 자 가운데서 살리신 이의 영이 너희 안에 거하시는 그의 영으로 말미암아 너희 죽을 몸도 살리시리라."(「로마서」 8장 10~11절)

19) 「로마서」 8장 15절. 또한 "우리는 양자 되기를 기다리며, 우리 자신 속으로 신음하느니라."(「로마서」, 8장 23절)를 참조할 것.

20) 무엇보다도 「마가복음」 14장 34~36절을 참조할 것. "말씀하시되 내 마음이 심히 고민해 죽게 되었으니 너희는 여기 머물러 깨어 있으라 하시고 조금 나아가서 땅에 엎드리어 될 수 있는 한 이때가 자기에게서 지나가기를 구해 가라사대 아바, 아버지여, 아버지께는 모든 것이 가능하오니 이 잔을 내게서 옮기시옵소서. 그러나 나의 원대로 마옵시고 아버지의 원대로 하옵소서."

느님의 택하신 자들을 송사하리오? 의롭다 하신 이는 하느님이시니 누가 정죄하리오? 죽으실 뿐 아니라 다시 살아나신 이는 그리스도 예수이니 하느님 우편에 계신 자요 우리를 위해 간구하시는 자이시니라. 누가 우리를 그리스도의 사랑에서 끊으리오? 환난이나 곤고나 핍박이나 기근이나 적신이나 위험이나 칼이랴? 기록된바 우리가 종일 주를 위해 죽음을 당하게 되며, 도살할 양같이 여김을 받았나이다 함과 같으니라. 그러나 이 모든 일에 우리를 사랑하시는 이로 말미암아 우리가 넉넉히 이기느니라." (「로마서」 8장 31~37절)

나의 육신과 그의 '이름'

고통에서 벗어나고, 죽음을 무릅쓴 승리에 찬 '우리'는 그러한 입양·사랑에서 일어나, 신자를 대타자의(수난에 의해 정화된 '한' 기표의) 주체로 자리 잡게 한다. 그 주체는 수난 없이는 결코 있을 수 없지만, 그러나 수난을 넘어선다. 사실, 그 양아버지의 이름은 아들의 육신의 수난으로 부양되고, 순수한 사랑은 모든 육신의 파기를 넘어서고 그 파기를 통해 부활할 것이라는 약속을 받았지만, 그럼에도 임시적으로는 죽을 수밖에 없다는 사실을 그 누가 잊을 수 있겠는가? 기독교는 떠맡은 살해를 통해 생명을 불어넣는 사랑을 주장한다는 조건에서만 하나의 유명론(nominalisme)이 된다. 그 떠맡은 살해의 이행이 그 극한(받아들여진 죽음)까지 밀고 나간 부정적 나르시시즘의 절정이라는 것은 물론 나르시스적 만족(비록 부정적일지라도)의 그러한 움직임이 상상적 구원으로 인도할 수 있었음을 설명한다. 육신의 소멸과 육신 영상의 소멸은 그리스도 안에 실체화되어 있다. 그리고 그 움직임은 '자아'의(육체·자아의) 파기로 인도하면서 아울러 아버지의 이름에 의해 '입양된 아들'인 주체 안에서의 그 계승으로 이끌고 간다. "이제는 내가 산 것이 아니요, 오직 내 안에 그리스도께서 사신 것이라. 이제 내가 육체 가운데 사는 것은 나를 사랑하사 나를 위해 몸을 버리신 하느님의 아들을 믿는 믿음 안에서 사는 것이라."(「갈라디아서」 2장 20절)

기독교의 사랑은 나의 육신을 지극히 사랑받는 '이름'으로 변환시키는 하나의 이념이다. 육신의 죽임은 육체·자아가 나를 사랑하고, 나를 대타자의 이름 속에 잠긴(세례 받은) 주체로 만드는 대타자의 이름에 이르는 접근 통로가 될 것이다. 육체 자체의 고통과 파괴를 승화시키는 작업을 통한 이상화의 승리인 아가페는 바로 그러한 이유에서 희생의 종말이다. 아니면 오히려, 아가페는 주관적 내면화를 통해, 즉 성서적 이야기 속에서 완벽한 가공을 통해 그 희생을 중화시킨다.

바로 이것이 결국 니체가 "십자가에 못 박힌 하느님의 끔찍한 역설"[21]이라고 불렀던 것이 어떻게 이상화를 조건 짓는 한에서 마조히즘적 입장의 승화적 초월이 되는지를 보다 심층적으로 보여 준다.

이웃을 자기 자신처럼

이상적으로 보다 좋게 조정되기 위해 침잠된 그 자아의 자리를 차지하는 '우리', 기독교도인 이 우리는 결국 아가페의 제삼의 움직임, 즉 이웃에 대한 사랑으로 자신을 구축한다. 우리가 방금 살펴본 논리에 종속되어 있는 이웃 사랑은 나르시시즘의 이상적인 계승을 완수하는 보충적

---

21) 니체, 『윤리의 계보(Généalogie de la morale)』(갈리마르 판), coll. "Idées", 43쪽.

요소를 내포하고 있다. "왜냐하면 모든 율법이 네 이웃 사랑하기를 네 몸같이 하라신 말씀으로 이루었나니."(「갈라디아서」 5장 14절)[22]

이웃을 자기 자신같이 사랑하라는 교훈은 특별히 바울의 것은 아니다. 우리는 그 교훈을 「마태복음」 5장 43절과 「누가복음」 10장 27절에서도 찾아볼 수 있고, 또한 우리가 이미 언급한 것처럼 그것의 첫 번째 표현은 「레위기」 19장 18절로 거슬러 올라간다. 다른 관점에서 볼 때 그러한 충고는 그 용어의 평범한 의미로는 전혀 이기주의를 담고 있지 않다. 그리고 바울은 이해관계를 떠난 아가페를 강조하고 있다.("사랑은 자기의 이익을 구하지 않는다.", 「고린도 전서」 13장 5절) 그러나 유대교의 메시지는 이미 수정이 가해졌다. 이웃은 죄인들과 마찬가지로 이방인들에게도 확대 적용되었을 뿐 아니라, '자기 자신'은 비교될 수 없고, 그러면서도 모범적인 끌어당기는 힘, 동일화, 영광화의 중심인 '자기'의 그리스도적 체험의 맥락 속에서, 보다 개인적이고 개별적이라고 할 수 있는 반향을 얻게 된다. 신학자들이 발전시키게 되는 것은 바로 이 인격적인 면모이다. 그리고 특히 방법은 다르지만 성 아우구스티누스, 성 베르나르, 그리고 훌륭하게 '특성'을 옹호한 성 토마스 등도 이 문제를 발전시켰다. '자기'는 참조(신자가 자신을 사랑하듯이 다른 사람들도 사랑을 받는다.)의 중심축이다. 그렇기 때문에 자기애의 죄의식에서 벗어나기는 나르시시즘도 아니고, 죄 있는 이기주의도 아니지만, 적어도 그것은 어떤 형태로든 하느님의 사랑을 받을 만한 자신의 존재를 뚜렷이 드러낼 수는 있다. 더

---

22) "피차 사랑의 빚 외에는 누구에게든지 어떤 빚도 지지 마라. 남을 사랑하는 자는 율법을 이루었느니라. 간음하지 마라. 살인하지 마라. 도적질하지 마라. 탐내지 마라 한 것과 그 외에 다른 계명이 있을지라도 네 이웃을 네 자신과 같이 사랑하라 하신 그 말씀 가운데 다 들었느니라. 사랑은 이웃에 악을 행치 아니하나니, 그러므로 사랑은 율법의 완성이니라."(「로마서」 13장 8~10절)

나아가 자기애는 모든 사랑의 전형이며, 그래서 신학자들은 그 두 가지 중 어느 것이 으뜸인지를 자문자답하게 될 것이다.

이상의 것들이 기독교적 아가페의 초상화를 완성한다. 아가페는, 육신('자아'의 껍질)이 벗겨진 후에 양자로 삼아 준 아버지의 품 속에 자리 잡게 된 자아를 예찬하면서, 한 '주체'의 복합 공간으로서의 심적 공간을 구축한다. 모든 이웃, 이방인, 죄인들로 확대된 '자기 자신'의 형상 속에 나르시시즘을 흡수하는 것은 그 구조물에 대한 마지막 손질이 될 것이고, 그 구조물 속에서는 그 후로 내면 생활의 역학, 즉 구축 / 파괴, 삶 / 죽음이 공연될 것이다.

바울과 요한

요한의 편지 속에서 바울의 혁명은 가장 충격적인 교리문답형 표현과 그 취약성 그리고 다른 개념들에 의한 오염을 증명하는 모호성을 동시에 발견하게 된다. 실제로 충격적인 문구들은 바울에게는 하느님과 사랑 사이의 이미 함축적인 동일화를 한 발짝 더 멀리 밀고 가면서 명시화한다. "사랑하는 자들아, 우리가 서로 사랑하자! 사랑은 하느님께 속한 것이니. 사랑하는 자는 누구나 하느님에게서 태어났고, 하느님을 잘 알도다."(「요한 1서」 4장 7절) "사랑은 여기 있으니 우리가 하느님을 사랑한 것이 아니요, 오직 하느님이 우리를 사랑하사 우리 죄를 위해 화목제로 그 아들을 보내셨음이라."(「요한 1서」 3장 10절) "우리가 사랑함은 그가 먼저 우리를 사랑하셨음이라."(「요한 1서」 4장 19절) 아가페의 하느님 중심주의 개념과 인간에 대한 하느님 사랑의 우위는 여기서 최고로 강조되었다. 이 하느님 중심주의는 니그렌이 강조하듯이 우주적 차원을 지닌다. 왜냐하면 사랑은 세상 창조 이전에 있었다고 요한이 우리에게 전하기 때문이다. "……창세기 전부터 나를 사랑하신 아버지."(「요한복음」 17장 24절)이고, 따라서 그 대상이 무엇이든 (어떤 '세상'이든) 간에 그 존재에 선행하고, 아들에 대한 아버지의 사랑으로서의, 아가페는 대상에 대한 사랑과는 다른 것이다. 그것은 주체에 내재하는 얽음이요, 그 얽음의 역학이자 손실이고, 그것이 지닌 잠재성 자체이기도 하다. 그러나 거의 신비적인 그 사랑에는 선행-사랑과 형제를 위해 비롯된 사랑에 더 가까운 요한의 사랑이 첨가된다. "이는 너희가 나를 사랑하고 또 나를 하느님에게서 온 줄 믿는 고로 아버지께서 친히 너희를 사랑하심이니라."(「요한복음」 16장 27절) 그런데 이러한 점진적인 변화는 형제들에 대한 사랑이 이 세상에서 실추된 이방인들에 대한 사랑이 아니라 항상 이미 아버지의 이름에 속해 있는 존재들을 위한 것이라는 생각에 의해 지배를 받는 듯하다. "내가 너희를 위해 비옵나니, 내가 비옵는 것은 세상을 위함이 아니요, 내게 주신 자들을 위함이니라. 너희는 아버지의 것이로소이다. 내 것은 다 아버지의 것이요 아버지의 것은 내 것이온데, 내가 저희로 말미암아 영광을 받았나이다."(「요한복음」 17장 9~10절) 요한의 사랑은 나와 너, 아들과 아버지, 독점적 그리고 절대적 관계의 공간을 그린다. 그 공간에서 그들(제삼자)은 중재자에 불과하다. 아마도 이제까지 아들의 이상화와 이상적 생성을 밝혀 주는 아버지의 증여자적 사랑이 이보다 더 분명하게 주장된 적은 없을 것이다. 요한의 『서한집』이 표현하고 있는 바와 같이 세상에 대한 거부는 이상성의 극치를 확인한다. "세상도, 세상에 있는 것도 사랑하지 말라. 누구든지 세상을 사랑하면 아버지의 사랑이 그 속에 있지 아니하다. 세상에 있는 모든 것은 육신의 정욕, 안목의 탐욕, 제물의 자랑이니라. 그것은 아버지로부터 나온 것이 아니요, 세상으로부터 나온 것이라."(「요한 1서」 2장 15~16절) 여기서 플라톤의 숭고한 에로스,

즉 육체적 탐욕의 무게를 벗어난 천상의 에로스가 기독교 세계의 중요한 흐름에게 독점적 이상화의 전망을 열어 주면서 제 모습을 드러낼 수 있는 것이다. 요한에게는 예수의 수난이 부재할 수는 없다. 그러나 본래 신앙심이 없었던 바울과는 달리, 세상에서의 이탈을 강조하는 요한은 바울이 십자가의 수난처럼 우선적으로 품고 있던 아가페의 고통스럽고 육신에 얽힌 엄청난 폭력성을 면제받는 듯하다.

아버지에게 바친 구순성

아가페는, 성찬식과 동일화되든 아니든 간에, 그러나 항상 음식 섭취를 통한 영성체를 이루면서, 후기 기독교에서는 기독교도들의 공동체 식사와 동의어가 된다. 이는 욕망으로서 충족되지 않았지만 상징적으로 진정된 구순성이다. 충만함으로, 지나친 화해로 탈바꿈된 타자를 탐욕스럽게 먹어치우기와 동화하기. 바로 이것이 향연(예를 들면 플라톤의 향연)의 사랑의 의미를 드러내는 것이다. 사랑이 이상적 아버지와의 동일화이고, 또 그 동일화가 자기 육체의 흡수와 구순적 동화에 의존한다는 것은 원초적 어머니의 육체를 향한 구순적 사디즘의 계승을 기독교 안에 도입한다. 어머니가 당신을 먹지 않을 테니, 어머니를 먹지 마세요. 어머니안에서 아버지의 지표를 찾으세요. 그리고 그것을 두려워하지 말고, 육체와 이름인 동시에 욕망과 의미인 그 교차로를 당신 것으로 만드세요. 당신에게는 분별력이 더 생길 것입니다. 말하자면 당신 자신을, '그분'을, 다른 사람들을 사랑할 것입니다. 그리하여 '자아'와 그 자아의 파괴적 굶주림 사이에 제삼자를 도입하면서, 바로 그 '자아'와 그 유모 사이에 거리를 두면서, 기독교는 파괴적 탐욕에게 '말씀'을 제공한다. 언어. 개인적 언사는 이러한 조건에서만 생겨난다. 그리고 말을 하기 때문에 탐욕은 죽임을 당했지만 사랑의 관계에서 제삼자와 동등한 것으로 찬양받는 같은 것과 다른 것의 만족스러운 동일화로 진정되고 전환된다. 그때부터 사랑은 치명적인 굶주림을 고려하는 담론이 될 것이고, 그 굶주림 위에 집을 짓고, 그 배고픔을 배가시키고, 그것을 상징 속으로 이동시킴으로써 굶주림을 초월할 것이다. 기독교적 사랑, 그것은 아버지의 품 속에서 배고픔보다 더한 것이고 …… 동성애의 승화, 모성으로 먹여 길러 주는 권한의 유괴, 그리고 상상계를 일자의 사디즘적인 보호에 종속시키기이다. 너는 그가 죽도록 내버려두어도 돼. 내가 그를 먹으면 우리는 서로 화해하게 되는 거야. 사랑의 이상화는 사도마조히즘을 넘어서는 상징적 구강 작용이다.

사랑하는 자아는 존재한다
―― 성 베르나르: 정동, 욕망, 사랑

나는 내 말이 너희들의 마음에 들었음을 느낀다.
―― 성 베르나르, 『아가 강론집』 2장 4절

얼마나 난폭하고, 탐욕스럽고, 격렬한 사랑인가!
사랑은 사랑만을 생각하고 나머지 모든 것에는 관심이 없으며
그 자체에 만족하면서 모든 것을 경멸하도다!
사랑은 서열들을 뒤섞고 관습에 도전하며 절도를 모른다.
예법, 이성, 수치심, 신중함, 분별력은
항복하여 포로 상태로 환원되었다.
―― 성 베르나르, 『아가 강론집』 79장 1절

조숙한 르네상스 ―― 사랑의 12세기

12세기는 궁정 연애와 함께 적어도 사랑에 대한 세 가지 중요한 이론을 꽃피운 흥미로운 시대이다. 아벨라르의 이론(『신학 입문(*Introductio ad theologiam*)』(1121), 『로마서에 대한 주해(*Commentaire sur l'Épître aux Romains*)』(1136~1140))은 사랑하는 사람에게 기쁨이 되고 영광이 된다

면 굴욕과 자기 경멸에까지 이르는 희생적 사랑을 권장한다. 기욤 드 생 티에리의 이론(『하느님을 향한 명상(De Contemplando Deo)』와 『자연스럽 고 위대한 사랑(De natura et dignitate amoris』(1118~1135))은 성 베르나 르에 충실하면서도 자연스러운 사랑에 대한 자신의 개념을 선포한다. 즉 자연스러운 사랑은 우리를 하느님과 동등하게 만들고 우리의 위대성에 대한 인식 속에서 우리 자신을 더 잘 알도록 인도한다. 특히 성 베르나 르의 이론은, 그 하느님의 병정(성 베르나르)이 자기 시대에 차지하고 있 던 중심적인 위치를 통하여 그리고 혁신적인 신앙의 오솔길에서와 마찬 가지로 예루살렘으로 가는 길 위에서(『비천한 신분에 대하여(De gradibus humilitatis)』(1125), 『하느님의 사랑에 대하여(De Diligendo Deo)』(1127), 『성가론(Cant. Canticorum sermones)』(1135~1153)) 자기 시대를 비추었 고, 또한 일차 십자군의 완강함과 병행해 사랑하는 주체로서의 인간에 대한 관념을 유럽에 부과하였다.

성 베르나르의 사상에 대해 자세히 고찰하기 전에 정신분석가는 궁정 문학과 그 신비주의적 사화집의 기묘한 동시대성에 대해 자문해 보지 않 을 수 없다. 그것들은 서로 관련된 것일까, 광대한 기독교 문화의 틀 속 에서의 단순한 일치일까, 일시적인 영향일까, 아니면 엄격한 반전일까? 질송은 일부에서 말하던 접근을 확립하거나, 12세기 사랑의 종교적 성향 과 세속적 성향의 유추를 설정하려던 시도에 부정적으로 답했다.[1] 질송 의 중요 논지는 도식적으로 종교적, 특히 기독교적 신비주의의 테두리 내에서 사랑이란, 그 순수성 자체 속에서 그리고 무엇보다도 포기이자 죄악인 궁정의 순수한 사랑과는 반대로, 천복에 지나지 않는다는 사실을

---

1) 질송, 『성 베르나르의 신비주의적 신학(La Théologie mystique de saint Bernard)』, 1933, 제4판 éd., Vrin, 1980.

반박하는 데 있다. 신비주의자에게는 하느님이 우리를 먼저 사랑하셨고, 우리의 사랑은 바로 하느님 자신인 지고의 대상을 소유할 수밖에 없으며, 그리고 물론 사랑이 당위적으로 사랑이어야 한다는 조건 아래서, 천복에 도달할 수밖에 없다. 행복하고 충만한 소유가 그 순수성을 구성하기 때문이다. 그와는 반대로 궁정 연애는, 그것이 대가를 바라지 않고 순수하다 해도, 금욕에 의존한다. 즉 사랑받는 귀부인은 반드시 그녀의 예찬자를 사랑하는 것이 아니고, 그리고 음유시인 쪽에서도 그 귀부인을 소유하고자 갈망하지 않는다. 그러나 그는 좌절의 정도에 따라서 자기 사랑의 가치를 측정한다. 그러한 측정의 차이에 우리가 첨가할 것은, 그 귀부인이 시간과 함께 점점 성모 마리아의 면모를 갖추게 된다 해도 궁정의 서정시는 피조물들 간의 사랑, 인간적인 사랑을 찬양한다는 사실이다. 그런데 신비주의적 사랑은 놀랍고 이상적이며 측정 불가능한 대상을 목표로 삼고 있으면서, 오로지 연역에 의해서만 자기 자신 또는 이웃과 관계될 수 있다.

이러한 합리적인 반박은 그러나 궁정시(100여 년에 걸쳐 프랑스 남부와 서남부에서 수수께끼처럼 피었다가 시든 꽃)의 독자를 불안 속에 남겨둔다. 특히 독자는 언술이 아니라 궁정적 언술 작용에 호감을 가졌기 때문에 더욱더 그러하다. 마르카브뢩에서 조프레 뤼델 그리고 기로 드 보르뇌유에 이르기까지 우리는 그 주술의 강렬함에 눈이 부실 뿐이다. 궁정 문학은 위엄 있고 어느 정도 접근이 가능한 귀부인에 대한 메시지이기 이전에 기쁨의, 환희의 노래이기 때문이다. 한편으로는 환희의 주제와 다른 한편으로는 사랑의 체험과 함께, 주술 그 자체에 내재하는 서정적 향락의 그러한 병행은 폴 줌토르[2]에 의해 부각되었다. 더구나 그 합일은,

---

2) 폴 줌토르, 『중세 시학론(*Essai de poétique médieval*)』, Éd. du Seuil(1972). 이 책

우리가 12세기 사랑의 신비주의적 맥락으로 되돌아갈 경우, 모든 대상이 음유시인에게는 불가능한 것이 아니라는 것과 온갖 천복이 그에게 금지되지 않았다는 것을 지적하게 한다. 음유시인은 적어도 '말씀'을 소유한다고 확신하고 있으며, 그 말씀 속에서 정확히 그는 자기가 사랑하는 존재를 재단한다. 말씀·노래와 '창조자'의 이러한 동일화, 이 창조·주술의 기쁨은 일반적으로는 천복에 대한, 특별하게는 궁정적 향락에 대한 유일한 감각적 증거이다. 그런데 객관적으로 또 다른 증거가 존재할 수 있을까? 사랑하는 사르트르회 수도사들의 사랑의 목적성과 음유시인들의 목적성 사이의 접촉을 회복시키고자 할 경우, 그것은 어찌되었든 충만함의 감정에 대한 증거일 뿐이다.

다른 한편, 우리가 종교적 이론 그 자체를 고찰할 경우, 천복과 대상을 확보한 소유에 대한 느낌은 사랑의 정도(degrés)가 그려지는 것을 막을 수 없다. 그러한 사랑의 정도는 감정의 완결성 속에 변이형들을, 나아가서는 여러 가지 불완전함을 암시한다. 질송은 그러한 사실을 확인했다. 그러나 그는 신비주의자들과 음유시인들의 사랑의 진행 속에서 동일한 정도를 찾아내지 못했기 때문에, 유추는 본질적인 것이 아니라고 결론내렸다. 그러나 형식적인 차이들 너머로 사랑의 점진적 정도에 대한 공통적인 개념은 속인에게나 신비주의자에게나 마찬가지로 사랑이란 서로 사랑하는 사람들로부터의 격렬한 떼어놓기이고, 즐거움과 같은 정도의 극적인 이성 상실이라고 생각하기 쪽으로 이끌어간다. 예컨대 성 베르나르와 음유시인의 경우와 마찬가지로 사랑이 하나의 죄악은 아닐지라도, 정동과 욕망 속에 닻을 내린 사랑은 순수한 궁정 연애를 결정짓게 될 결여를 지워 버리기는커녕, 그것을 사랑의 격렬함 중심부에서 극복하기 위

6부를 참조할 것.

해 끌어들인다. 「아가」를 주석하는 데 18년의 세월을 보낸 성 베르나르에게는, 육체적 속성과 인간의 실추와 연결된 이유들인 갈등들을 만들어 내는 그 이분법의 충분하고도 정상적인 신학적 이유가 무엇이든 간에, 사랑은 역시 죄악이다.

12세기의 사랑에 대한 종교적인 이론과 세속적인 이론의 차이는, 한편으로는 신비주의적 작가들의 신학적 정통성을, 다른 한편으로는 궁정 문화의 엄격한 비종교성을 조심스럽게 보존하고자 하는 해석이 믿었던 것처럼 그렇게 심각한 것은 아니었던 듯하다. 영향력의 문제를 떠나서 더흥미로운 것은, 그 두 가지 담론의 상호적 감염은 아니더라도 그와 병행하는 발생을 가능하게 했을 그 시대의 사회적 그리고 이념적 풍토이다. 그 풍토는, 성 토마스를 직접 계승한 데카르트가 우리에게 물려주었고, 우리 시대가 그 결실과 재난을 거두게 된 생각하는 자아 너머로, 서양에게는 십자군이었던 르네상스 시대의 또는 전 식민지 시대의 일차 팽창 바로 그 중심에서 인간의 또 다른 실천을 우리에게 드러내 보여 준다. 사랑하는 자아는 존재한다.(*Ego affectus est.*) 이처럼 성인들과 음유시인들은 이성의 빛에 비추어볼 때 타락한 비이성적 존재가 될 인간을 찬양하며 선포하는 듯하다. 그들은 의지의 사랑을 알려주고, 그 사랑을 이성으로 조명하며, 지혜로 채색해서 신성한 본질의 품위에까지 끌어올린다. 그리하여 불확실하고, 열정에 불타고, 병들거나 행복한 인간은 그러한 정동과 동일화를 이룬다. 왜냐하면 하느님은 사랑이니까⋯⋯.

정동(情動)이란 무엇인가?

성 베르나르의 언어는 성 토마스가 우리에게 물려준 언어의 엄격성을 지니지 못했다. 그에게는 동일한 용어가 이따금 중요한 다른 의미들을 내포하기 때문이다. 덧붙여 말하면, 그의 사상은 물론 기독교적이고, 따라서 '사랑'을 통해 하느님을 포함하고 있지만,(역으로 하느님은 사랑이니까) 그렇다고 그의 사상이 고대의 수사학자들과 도덕가들의 빚을 덜 지고 있는 것은 아니다. 12세기의 교양인들은 키케로와 그의 『우정론(De amicitia)』에서 우정이란 모든 유용성에 대한 고찰을 벗어나 대상의 선을 원하는 호의라는 글을 읽게 된다. 즉 우정은 하나의 미덕이고, 유사성에 근거하고 있으며, 상호성 없이는 이루어질 수 없다는 것이다. 그 교양인들은 오비디우스에게서 사랑의 약호를 배웠다. 12세기는 너무나 당연하게 오비디우스의 시대(aetas Ovidiana)라고 불렸다.[3] 오비디우스가 그들을 설득한 것은 사랑이란 선천적 의미에서 자연스러우며, 그것에 대해 배워야 할 유일한 것은 사랑이 태어나게 하는 것이 아니라 그 사랑을 정화하고 공고히 하는 것이라는 사실이다. 또한 그들은 동시에 그리고 특히 스콜라학파 저자들의 글도 읽었는데, 그 저자들은 사랑을 마음에서 우러나오는 감정(affetus cordis)처럼 간주하면서도 '정동'이라는 단어의 현대적 의미 작용이 암시하는 것같이, 그리고 12세기의 신학과는 달리, 감정과 감수성의 독점적인 절대 영향력이라고 보고 있었다.

성 베르나르에게 사랑이 네 가지 정동(공포, 슬픔 그리고 기쁨과 함께) 중 하나라면, 그에게 정동의 개념은 때때로 모호한 복잡성을 띤다. 그 복잡성은 우리에게 그 비중을 이해할 수 있게 해 주고, 또한 이따금 사랑에 대한 그의 체험과 사상이 그를 인도하는 갈등들에 접근할 수 있도록 해 준다. 무엇보다도 우선 우리가 유의해야 할 것은 정동(affectus)이 영

---

3) Ch. H. Haskins, 『12세기의 르네상스(*The Renaissance of the 12th Century*)』 (Harvard Univ. Press, 1927), 107~110쪽을 참조할 것.

혼 속에 위치되어 있으면서 그 영혼의 자질들을 헤아리고 있다는 사실이다. 다른 관점에서 우리는 영혼이 움직이는 상태(*affectus animae*), 지능이 동요하는 상태(*affectus mentis*), 가슴이 동요되는 상태(*affectus cordis*)를 구분할 수 있다. 그 시대의 다른 저자들과 마찬가지로, 성 베르나르에 따르면 정동은 의지만큼 감각에 종속되어 있다. 왜냐하면 말하는 존재는 정신적인 존재로서 유일하고 동일한 논리에 좌우되기 때문이다.

인간과 외부, 하느님 그리고 사물들 사이의 관계로서의 정동은 욕망의 개념과 밀접하게 관련된다. 양자의 차이는 아마도 다음과 같이 성립될 것이다. 욕망은 앞으로 우리가 보게 되는 것처럼 결여를 강조하고, 정동은 결여를 인정하면서도 상대방을 향한 움직임과 상호적 견인 작용을 중시한다는 것이다. 성 베르나르의 제자인 아엘레드 드 리보는 다음과 같은 정의를 내린다. "정동이란 어떤 사람에 대한 무의식적인 끌림이며, 따라서 그것은 마음 그 자체의 끌림이다."[4]

또 한편, 성 베르나르는 *affectiones*라는 용어에 특별한 의미 작용을 마련하면서 그것을 *affect*의 의미로 자주 사용한다. 그것은 영혼이 하느님에 대해 느끼는 정동으로 이루어진 다양한 감정들(즉 공포, 희망, 복종, 명예, 사랑)을 지칭한다. 성 베르나르는 "인간들이 빠지게 되는 가장 나쁜 죄악 중에서 사도가 꼽는 것은 사랑의 부재임을 유의하시오."(「로마서」 1장 31절)라고 『아가 강론집』 50장에서 쓰고 있다. 그는 거기에서 세 가지 유형의 사랑을 구분한다. 첫째는 육신에서 오는 사랑이고, 둘째는 이성을 지배하는 사랑이며, 셋째는 지혜를 확립하는 사랑이다. "첫번째 사랑은 하느님의 계율에 따르지 않고 또한 따를 수 없다고 사도가 말하는 사랑

---

4) J. Blanpain이 인용한 *Speculum caritatis*, 「신비한 언어, 욕망의 표현(Langage mystique, expression du désir)」, *Collectanea cisterciensia*(1974), vol. 36, nº 1, 45~68쪽. 우리는 이 훌륭한 연구서를 자주 참조하게 될 것이다.

이다."라고 성 베르나르는 『아가 강론집』 50장 4절에 썼다. 그리고 우리는 종종 그에게서 성스러운 계율에 어쩔 수 없이 어긋나는 정동 혹은 사랑의 첫 단계에 대한 확인을 되찾게 될 것이다.

수동적 요소 ── 열정

정동에 대한 이론 가운데 가장 흥미롭고, 가장 많이 논의된 요소들 중 하나를 표상하는 그 면모를 재론하기에 앞서, *affectus*는 그 이름이 가리키는 바와 같이 12세기 사상가에게는 근본적으로 수동적이라는 것을 지적해 두자. 그렇게 작동하는 영혼이 정동을 응답으로 드러내기 위해서는 외부적 요인이 필요하다. 정동의 근원은 인간의 외부에 있다. 즉 *Ipse dat occasionem, Ipse creat affectionem.*[5]

요컨대 *affect*에 대한 성 베르나르의 개념에 적절한 현대적인 동일 용어를 찾는다는 것은 어려운 일이다. 왜냐하면 한편으로 그 개념은 주체와 대타자의 관계에 대한 매우 원초적인, 매우 초보적이고 본질적인 성분을 가리키는 것 같기 때문이고, 또 한편으로는 그 개념이 단번에 외적 행동의 결과로서 후천적인 것으로 주어졌을 뿐만 아니라 내재적으로는 정신적인 것으로 주어졌기 때문이다. 우리가 그 수동적인 국면을 고려한

---

5) "바로 그것이 그런 계기를 제공하고, 사랑의 움직임을 야기한다." 『성 베르나르, 신비주의적 작품집』, Albert Béguin 프랑스어 역, Éd. du Seuil, 1953. 별도의 언급이 없는 한 우리의 인용은 이 작품집에서 따온 것이다. *affectus*(affectionem은 '움직임'이다.)를 프랑스어로 옮기기 어렵다는 사실을 확인하게 된다. 성 베르나르는 능동형을 써서 하느님의 사랑의 움직임을 나타내는 쪽으로 가게 된다. "Deus non est *affectus*, affectio est."(하느님은 사랑받지 아니하고, 사랑을 베푸느니라.)(*De la considération*, V, 17)

다면 그것은 비애(*pathos*)가 되고, 욕망으로 된 성분으로서 그것이 지닌 원초적이고 계율에 어긋난 성격을 생각한다면 욕동(*pulsion*)이 되며, 정화된 정동의 최종 단계를 고려한다면 사랑이 된다. 일부 사람들이 모순이라고 부르는 이러한 복잡성을 우리는 여러 가지 중에서 특히 다음과 같은 정의로 평가할 수 있을 것이다. "단순히 말해진 사랑의 감정들은 본성이라는 사실에 의해 우리 안에 들어 있다. 그러한 사랑의 감정들은 우리 자신의 깊은 곳에서 유출되는 것 같고, 그런 감정들을 완성시켜 주는 것은 은총에서 나온다. 실제로 은총은 창조가 우리에게 부여한 것만을 처리한다는 것이 확실하다. 결과적으로 미덕이란 조절된 사랑의 감정에 지나지 않는다."[6] 적어도, 추론의 일부 순간에 성 베르나르는 네 가지 정동이 정돈되지 않은, 혼란스럽고 추한(비장하고, 욕동적인?) 결과를 만들어 낼 수 있다고 생각했다. "그 네 가지 정동(사랑, 기쁨, 공포, 슬픔) 없이는 인간의 영혼이 존재하지 않는다. 그러나 어떤 사람들에게는 그 정동이 수치심을 위한 것이고, 또 다른 사람들에게는 영광을 위한 것이다. 실제로 그 정동들이 정화되고 잘 정돈되면 미덕의 왕관을 쓴 영혼의 영광이다. 그 정동들이 무절제해지면, 그 영광의 혼란이자, 타락이고 치욕이다."[7]

그러나 조정 의지에서 벗어나게 된 정동의 가능성은 정신성 속에서 정동의 내재성을 상정하는 다른 정의들로부터 멀리 떨어져 있다. "나는 부드럽고, 마음이 겸허하다는 것을 알아 주시오."라고 그는 말했다. 이처

---

6) 「은총과 자유 의지(De gratia et libero arbitrio)」, *Œuvres complètes*, trad. M. l'abbé Charpentier 프랑스어 역, Éd. Louis Vivès, Paris, 1865, II, 410쪽.

7) 『다양한 강론집(*Sermons divers*)』, *O. C.*, 50, 2. 또는 "세속적인 정동으로 뒤덮이고 칠해진 것 같은 영혼은 자신의 모습을 관조할 수 없다. 그 영혼은 수렁에 빠졌고, 있는 그대로의 자기 모습을 더 이상 볼 수 없다."(『다양한 강론집』, 86, *O. C.*, IV, 42쪽)

럼 성 베르나르는 「마태복음」 11장 29절을 다시 채택해 주석을 붙인다. 그는 "마음은 사랑의 감정으로, 이것은 의지를 의미한다.(Cordis affectu, id est voluntate.)"[8]라고 말했다. 강생의 사실에 의해, 그리고 그의 육신으로 우리에 대한 그의 사랑을 증명하면서 그리스도는 우리로 하여금 육욕과 우리를 엄습하는 본성과 타락으로 인해 의지가 없어진 추악한 정동을 거부하게 하고, '자신의' 수난에 대한 관조를 선택하게 하는 첫 번째 동기가 된다. "……사실상 인간이 예수 그리스도의 수난에서 많은 부드러움을 찾아보게 될 때 인간의 육체 속에 어떤 부드러움이 생길 수 있을까?" 그러나 논지가 아무리 절대적이라 해도 그러한 논지는 육욕의 힘을 잘 알고 있는 성 베르나르가 보기에는 충분히 확실한 것 같지는 않다. 그는 말을 잇는다. "그러나 이 부드러움은 신중함이 뒷받침되지 않는다면 잘못될 수도 있다. 그리고 꿀에 섞여 있는 독약을 조심하기란 쉽지 않다."[9] 이성은, 순수한 사랑으로 향한 길에서 신자를 신중함으로 무장시키기 위해, 그리스도의 육신에 대한 애정을 돕게 된다.

상이함의 영역, 고약한 육체(corps-vache)

그러므로 자신의 육신 속에 갇혀 있는 인간인 기독교도에게 육신의 정동은 이미 유의미한 것(signifiant)이다. 대타자를 위한 우리의 사랑이

---

8) 『아가 강론집』, 42장 7절. J. Blanpain(앞의 책)이 「아가」에 대한 「강론 20」에서부터 시작해 매우 적절하게 지적한 것처럼 육신에 대한 사랑(affectis carnalis)까지도 "마음의 사랑이고" 그것은 "특히 예수 그리스도의 육체와 그가 자신의 육신 속에 만들었거나 다스리는 것들에 애착을 느낀다."(「강론 20」, 6)
9) 『다양한 강론집』, 29, O. C., III, 607쪽.

영도(零度)라고 해도 정동에는 그리스도가 살고 있기 때문이다. 성 베르나르에게서 우리는 정동의 개념을 구성하고 그 개념 속에서 삼위일체의 귀중한 변증법을 해석하는 육신과 정신 사이의 꽉 묶인 매듭을 확인하게 되지만, 그 점을 우리가 이 책에서 다룰 수는 없다. 육신을 지나치게 영기로 차 있게 할 정신성으로부터 떼어놓지 않는 한, 그리고 인간과 하느님 사이의 근본적으로 상이한 영역을 구성하는 육신 속에 정신이 현존하고 있다는 것을 잊지 않는 한.

질송이 증명한 바와 같이,[10] 성 아우구스티누스에게서 차용한 '상이함의 영역'이라는 개념은 성 베르나르의 경우 "잃어버린 상이함의 죄악과 불구의 영역"을 가리키고, 그것은 보다 심층적인 그리고 존재론적인 국면에서는 존재하기의 진정한 상실을 함의한다. "상이함의 영역에서 만들어졌고, 하느님의 형상에 따라 빚어진 고귀한 창조물은 자신이 높이 평가받고 있음을 전혀 이해하지 못하고, 스스로를 유사함에서 상이함으로 떨어지게 했다."[11] 그렇지만 성 베르나르가 감각적이고 동물적인 창조물 속으로의 인간 유배로 자주 되돌아가는 것이 은총에 반항하는 인간의 어쩔 수 없는 죄악적인 본성의 문제에 대한 그의 사상의 어떤 이원성을, 아니면 바이우스 또는 루터[12]와의 의심쩍은 혈통성을 암시하는 것은 전혀 아니다. 성 베르나르의 인간 유배에 대한 잦은 언급은 사실상, 정신적인 만큼 육체적인 열정으로서의 사랑에 빠진 열정의 역학에 대한 단순한 인류학적인 (단순히 신학적이 아닌) 그의 관심을 증명한다. 그러나 정돈

---

10) 앞의 책, 63쪽.

11) 『다양한 강론집』, 42, O. C., III, 653쪽.

12) 루터의 가설("Deligere Deum super omnia naturaliter est terminus fictus, sicut chimaera", *Disputatio contra scholasticam theologiam*, thèse 18, 1517)은 성 베르나르의 천복을 주는 사랑에 대한 확신과는 근본적으로 양립할 수 없다.

되지 않았을 경우 치욕적인 것이 될 수 있고, 그 속에 내포된 기표의 내재성에 의해 놀라울 만큼 현대적으로 보이는 이러한 관능적인 정동은 사실상 기독교를 플라톤적인 혹은 신플라톤적인 세계와 분리시키는 심오한 거리감을 지적하는데, 그 두 가지 세계는 모두 육체에서 분리되어 있다. "내 생각에는 바로 그것이, 보이지 않는 하느님이 육신 속에서 보이고자 하셨고, 인간에게 말하기 위해 인간의 얼굴을 택하신 가장 중요한 이유인 듯하다. 하느님은 관능적 사랑만이 가능한 육신의 인간이 그 자신의 육신을 구원하는 사랑에 온 힘을 쏟기를 기대하셨다."[13]

성 베르나르가 말하는 육체는 오비디우스와 키케로의 영향을 드러내고, 더 멀리, 우정과 사랑을 지배하는 욕망들(épithumia)의 자연스러운 위엄을 선포한 아리스토텔레스의 『니코마코스의 윤리(*Éthique à Nicomaque*)』의 영향을 나타내는 것일까? 그것이 아니라면 중증 환자였던 성 베르나르 자신의 체험이 위장병과 잦은 구토증으로 그에게 육체란 죽음의 나머지 부분을 초월할 수 없는 현존임을 상기시켰는가? 아니면 더 단순하고 용감하게 강생주의적 기독교의 복합적이고 이질적인, 은밀히 갈등적인 성격이 성 베르나르로 하여금 인간적 체험을 특징짓고, 그 사랑이 극적인 표현인 상이함 아니면 이원성에 주의를 기울이도록 밀고 간 것일까? 어쨌든 성 베르나르라는 이 투사의 사랑에 대한 사상은 그가 서슴치 않고 '고약한 것'이라고 부르는 육체를 포섭하기 마련이다. "이성적 영혼에는 자리가 두 개 있다. 영혼이 지배하는 하부와 영혼이 휴식하는 상부이다. 영혼이 지배하는 하부는 육체이고, 영혼이 휴식하는 상부는 하느님이다. 우리의 육체는 그것이 봉사해야 하는 정신과, 암소가 농부와 도둑 사이에서 투쟁하듯이 영혼에 대항해 투쟁하는 육신의 욕망 또는 암흑의 힘

---

13) *Sermons sur le Cantique*, 20, 6 ; J. Blanpain의 앞의 책 63쪽을 참조할 것.

사이에 위치한다."[14]

신비주의자가 이 고약한 육체를 초월하면 할수록, 그는 그 고약한 육체에게 동물적인 찌꺼기 자리를 갖게 하고, 그 '고약한 것'은 정동 속에 그리고 사랑 속에 확고한 위치를 갖게 된다. 그 정동과 사랑은 대타자의 은총에 의해 관리되고 암시되어, 우리 속에 뿌리를 내린 것들이다. "고귀하게 길러지기 위해 태어난 영혼은 퇴비를 끌어안고, 암돼지처럼 진흙탕 속에서 뒹군다."[15] "내 영혼이여, 하느님과의 유사함을 짐승과의 유사함과 바꾸고, 진흙 속에 뒹구는 것을 부끄러워하여라. 너는 하늘에서 왔노라. 육체는 말한다. 나를 쳐다보라, 그러면 너는 창피해질 것이다."[16] 잘못이 있을 경우, 내 영혼은 가장 자연스러울지라도 육감적인 정동에게 돌아가지 않고, 자기 존재의 시초에서부터 그 정동을 사로잡았던 사나운 영혼[17]에게 되돌아간다.

난폭하고 순수한 욕망

그런데 정동의 개념에 보충적인 또 하나의 개념이 성 베르나르가 말하는 사랑의 극적인 개념과 이어진다. 그것은 욕망의 개념이다. 『아가 강론집』에서 다양하게 개진되었지만 이미 『하느님의 사랑에 대한 논고』에 충분히 담겨 있는 그 개념은 성 아우구스티누스가 이미 동일한 어휘, 즉 "rerum absentium concupiscentia.(욕망은 부재하는 것에 대한 탐욕이

---

14) 『다양한 강론집』, 84, O. C., IV, 40쪽.
15) 『통곡(Lamentations)』, IV, 5.
16) Sermons sur le Cantique, 24, 6.
17) 같은 책, 같은 곳.

다.)"로 이해했던 것을 요약하고 있다.[18] 우선 성 베르나르는 심리적 욕망이란 자기가 갖지 못한 것을 갈망하는 모든 인간에게 특유한 것이라고 생각한다. 그리하여 하느님의 욕망을 다른 차원에 위치시키면서 그는 그 신비한 욕망이 인간의 첫 번째 욕망, 요컨대 '탐욕' 속에 뿌리내린다고 본다.[19]

그러나 만족할 줄 모르는 관능적 감각들의 욕망은 그 감각들을 예고하는 이성에 의해 정돈되어, 그것들에게 또 다른 길을 정해 준다. "그러나 육체적인 것들은 정신을 부풀릴 뿐인데, 그것들이 이성을 지닌 정신을 양육할 수 있다고 믿는 것은 작은 어리석음이 아니다."[20] 그리하여 하느님의 욕망이 탐욕적인 욕망 속에 뿌리를 내린다면, 욕망 또한 하느님으로부터 영감을 받게 된다. 말하자면 본성과 타락에도 불구하고, 그 너머에서 하느님은 욕망에게 통보하며, 욕망을 통제하고 정리 정돈한다. "너의 욕망에게 영감을 주는 이는 하느님이다. 네가 욕망하는 이 역시 그분이다."[21] "욕망을 채워 주는 분도 하느님이다."[22]

욕망 또는 결여의 대상으로서의 하느님에 대한 탐색, 하느님으로부터 영감을 받은 그 탐색은 「아가」의 모든 주석에 기초가 된다. 결여되었지만 가득 채워 주고, 부재하지만 만족을 안겨 주는 것, 바로 이것이 성 베르나르가 반종교적 인사들과 함께 이해하기 시작한 심리학적인 인간 체험의 오솔길을 벗어나는 특별한 욕망의 대상이다. 하느님의 욕망은, 결국 연인(신자)이 하느님께서 그의 형상을 따라 우리를 창조하실 만큼 우리를 제일 먼저 욕망하셨다는 것을 받아들이는 경우, 오직 그 경우에만 충

---

18) *Enarratio in Psalmis 118*, Ⅶ, 4 등을 참조할 것.
19) 『하느님의 사랑에 대한 논고(*Traité de l'amour de Dieu*)』, 7, 19.
20) 같은 책, 7, 22.
21) 같은 책, 7, 21.
22) 같은 책, 7, 22.

족적인 것으로 드러난다. 그렇기 때문에 하느님도 역시 욕망하는 자로, 제일 먼저 욕망하는 자로 정의된다. "혼인 잔치가 준비되었다. 하느님 아버지께서 우리를 기다린다. 그분이 우리를 욕망하는 것은 그의 무한한 사랑(아버지의 품에 안겨서, 내 아버지께서 너희를 사랑하신다라고 말하는 독생자처럼) 때문이 아니라, 선지자가 말한 것처럼 하느님 자신을 위해서이다. 내가 그렇게 하는 것은 너희를 위해서가 아니라 나를 위해서니라."[23]

이 거울 같은 반사의 움직임을 주의해 보자. 나의 욕망은 하느님을 통해서 만족에 도달한다. 왜냐하면 하느님이 나를 자신의 형상을 따라 창조하심으로써 자기 욕망을 충족하셨기 때문이다. 기독교적 사랑의 반사성과 그 사랑이 만들어 내는 나르시시즘의 승화적 계승은 자주 나타난다. 우리는 그 두 가지를 성 토마스 아퀴나스에게서 다시 되찾게 된다. 사랑을 받는 사랑하는 이상성은 개인의 욕망을 충족시키는 직접적인 대상들에 대한 참조를 통해 인간적 체험의 범위 안으로 되돌려진다. 우리는 일종의 '일차 나르시시즘'으로 되돌아오게 되는데, '일차 나르시시즘'이란 우리 앞에 상정된 타자, 그 역시 자기만족과 총체적 만족에 대한 갈망을 모르지 않는 그 대타자의 위치를 통과하지 않고서는 달리 초월할 수 없는 것이다. 그와 관련해, 어떤 모르는 사람이 성 아우구스티누스에게 바친 기도문에서 하느님과 연인의 환희에 찬 동일화에 대한 별로 정통적이지는 않지만 매우 수준 높은 의미를 지닌 표현 하나를 여기서 상기해 보기로 하자. "나의 하느님, 만일 내가 하느님이고 당신이 성 아우구스티누스라면, 나는 당신이 하느님이고 내가 성 아우구스티누스이기를 더 좋아했을 것입니다."[24]

---

23) *V. Nat.*, 2, 7, Blanpain, 앞의 책 53쪽에서 인용됨.
24) 마슐리에가 전하는 표현이다. *Traité de l'amour de Dieu*, 1701(1866), 237쪽.

완결성과 박탈

이와 같이 오로지, 그 대타자에서 유래한 반사적 애착 덕분에 부재자에 대한 욕망(탐욕적이고 총체적이며 불가능한 욕망)은 의지와 지혜의 인도를 받을 수 있고, 순수한 욕망이 될 수 있다. 성 베르나르에게 순수는 '사랑받는 자', 하느님과의 융합으로 충만해짐을 의미한다. "당신의 행동, 당신의 열성, 당신의 욕망은 그 순진함과 그 향기로 인해 백합과 같도다."[25]

그러나 전제되고, 최종 단계에서 도달한 이 천복 속의 완결성은 이상적 '대상'과의 동일화 이전의 박탈에 대한 인간적 체험도 내포하고 있음을 잊지 말자. "그녀에게 일어나라고 할 뿐만 아니라 빨리 하라고 재촉하는 이 욕망은 난폭하다. (······) 그러므로 신랑은, 억지로 그녀를 깨우지 않는데 그것은 그녀에게 성스럽게 행동하고자 하는 초조함을 불어넣으면서, 그렇게 하고 싶은 욕망을 주기 시작하기 때문이다."[26] 우리는 연인과 친구, 아내와 남편, 인간과 그의 하느님의 상이함, 이질성을 상대방에게 자신의 체면을 잃게 하고, 상대방과 합류할 수 있도록 그를 쇠약하게 만들고, 울고 신음하며 괴롭게 하는 그 욕망을 강조하는 것보다 더 잘 강조할 수는 없을 것이다. "이런 종류의 영혼이 가끔 한숨짓거나, 아니면 차라리 하느님의 현존을 욕망하기 위해 끊임없이 기도하며, 고통

---

25) *Sermons sur le Cantique*, 71, I.
26) 같은 책, 58, 2. "왜냐하면 그가 들어가야 하는 모든 영혼은 욕망의 열정 속에서 그의 강림을 예고해야 하고, 그러한 욕망은 모든 악의 오염을 소진시키고 주님을 위한 깨끗한 자리를 마련해야 하기 때문이다."(같은 책 31, 4) "그가 물러나는 것은 정확히 말해서 자기를 더욱더 욕망하도록 하기 위해서이다. 우리가 그의 부재를 감지하지 않는다면 어떻게 그의 현존을 요청할 수 있겠는가."(같은 책, 17, I) "그래서 나에게서 빠져나갈 때마다 나는 그런 호소를 할 것이다. 되돌아오라고 간청하면서 나는 끊임없이 어떤 의미로 그를 비난할 것이고, 내 마음이 그에 대해 가진 욕망을 요청할 것이다."(같은 책, 74, 7)

받았을 때⋯⋯."[27] 상대방의 결여로 초래된 그러한 고통은 예상되고 확보된 커다란 만족감의 필요 불가결한 뒷면이다. 이처럼 고통이 즐거움을 조건 짓는다면, 즐거움은 새로운 고통의 탐색을 위한 촉진제일 것이다.[28]

이것은 사랑하면서도 그에 못지않게 기본적으로 엄격한 이상의 명령 아래 처해 있는 즐거움의 마조히스트적 변증법일까? 그것은 자기 차례로 천복(이상과 융합하는 동일화, *ad unum*)에 의해 추월당했지만 그래도 욕망의 균형과 제한의 예외적인 움직임의 성격을 띠고 있다. 억압은 없으나 열정의 절정 상태들을 표현하기 위해 그런 상태들까지 수용하고 있는 것이다. 예외적인 이 조화는, 기독교 사랑의 후기 대중화와 보다 때늦은 무미건조한 통속화에도 불구하고, 12세기에, 그리고 일부 선택된 고행자들에게 제한되어 남아 있었다. 그러나 멋진 성공이 있었고, 그 성공은 욕망의 사슬을 풀어놓는 동시에 욕망을 가로막고, 엄청난 규모에 걸맞은 대상, 즉 무한한 '대상'을 제공하면서 욕망을 진정시켰다. 나는 그 '무한' 처럼 존재한다. 이 경우 사랑하다는 존재하다의 자리와 계사와 비교, 실존과 영상, 진실과 속임수인 처럼의 자리를 차지한다. 그것은 상징계, 실재계 그리고 상상계의 융합이다.

사랑의 단계 —— 관능적 사랑의 선행성

성 베르나르는 연인의 인간적 조건에 의해 결정된 본능적 사랑과 하느

---

27) 같은 책, 74, 7.
28) "기쁨의 충만성은 욕망을 소진시키지 않는다. 그 충만함은 오히려 불꽃에 붓는 기름이라고 성 베르나르는 아주 공개적으로 고백한다. 기쁨은 완전하지만 욕망은 끝없고 따라서 연구 역시 끝없다."(같은 책, 84, I)

님에 의한 승화된 사랑을 구분하는 듯하다. 후자의 이상적 우월성은 창조자의 선행성과 그의 인간에 대한 사랑의 선행성에 의존한다. 그 우월성은 기독교인에게는 확증적이고 논의 불가능한 것이다. 그러나 인간적 체험에 의지하고, 그 안에서 조숙하게 다시 태어난 성 베르나르는, 종교적 체험을 뿌리내리고자 하면서, 관능적 사랑을 당연한 아니면 사실상의 원초적인 것이라고 정의한다. "바로 그것이 관능적 사랑이다. 인간은 독특한 자기애로 자기 자신을 사랑하기 시작한다." 성 바울도 이렇게 말했다. "동물적인 부분이 먼저이고, 성령은 그다음이로다.(「고린도 전서」 6장 19절) 그것은 계명이 아니라 본성에 속하는 사실이다. 자기 자신의 육신을 미워하는 자 누구인가."(「에베소서」 6장 29절)[29]

관능적 사랑의 당연한 아니면 사실상의 이 선행성은 우리가 짐작하듯이 여러 가지 해석과 논란을 불러일으켰다. 질송 같은 사람들은 그 주장을 표현의 실수로 돌리면서 그 중요성을 최소화하려 했고, 도처에 실재로 현존하는 (하느님의 그리고 하느님에 대한) 성스러운 사랑의 논리적 선행성의 암시를 중시하려 했다. 루슬로(P. Rousselot)[30] 같은 사람들은 그러한 관능적 사랑이 전제로 하는 인간과 하느님 사이의 필연적 이원성을 강조한다. 상이함의 영역(regio dissimilitudinis)의 절정에 달한 표현이라고 말할 수 있을 것이다. 그러한 이원성은 애정 상태 속에서 관찰 가능한 또 하나의 정신적 특성을 조건 짓는데, 말하자면 인간이 상대방에 대한 사랑 속에서 자기로부터 빠져나오고, 자기로부터 자신을 비우기 위해 스스로 만들어야 하는 난폭성이 바로 그것이다.

---

29) *Traité de l'amour de Dieu*, 8, 23.

30) 그의 저서는 정확성과 간결성으로 감탄할 만하다. 『중세의 사랑에 대한 문제의 역사(*Pour l'histoire du problème de l'amour au Moyen Age*)』, 1933(1981), Vrin을 참조할 것.

성 베르나르의 독창성에 민감한 독해는 그에게서 기독교 교리와의 일치뿐만 아니라 그보다도 고전 이론에 대한 그의 사상의 특별한 공헌을 지적하지 않을 수 없다. 숭고한 사랑에의 접근이 이전의 관능적 사랑에서 벗어나는 과정이라는 단순한 사실에 의해, 성 베르나르의 어휘가 지니는 애매성 너머로 그러한 해석이 인정되는 듯하다. 사랑의 관능적 상태에 뒤따르는 것은 우리가 필요에 의한 사랑이라고 부를 수 있는 것이다. 우리는 사랑하지만 "그것이 자기 사랑을 위한 것이지 하느님 자신을 위한 것은 아니다."[31] 삶의 시련들은 우리가 대타자의 다정함을 즐기는 세 번째 단계로 안내한다. 말하자면 인간은 "그리하여 하느님을 사랑하게 되는데 자신의 이익을 위해서뿐만 아니라 하느님을 위해서 사랑하기에 이른다."[32] 마지막으로 네 번째 단계는 "인간이 더 이상 자신이 아니라 하느님만을 위해 사랑하는" 단계이다. 이것은 「시편」 73장 26절 "내 육체와 마음은 쇠잔하나 하느님은 내 마음의 반석이요 영원한 분이시라."가 선언하는 바와 같이 뚜렷한 금욕을 통해 자기 사랑을 하느님의 차원으로 끌어올리는 엄청난 확대를 완수하는 단계이다.

조화와 신격화의 상태,(『하느님의 사랑에 대한 논고』10, 28을 참조할 것.) 육체를 영적이고 영원불멸한, 온전한, 평화로운, 행복한, 총체적으로 정신에 종속된 육체로 전환하는 상태, 이러한 사랑의 극치는 결국 관능적 사랑을 대타자와의 성공적인 동일화를 통하여한 자기 이상화의 환희 상태로 바꾸는 난폭한 전환이다.

---

31) *Traité de l'amour de Dieu*, 8, 23.
32) "그를 괴롭히는 수많은 불행의 각각을 통해 (……) 인간은 그때부터 순수하게 하느님을 그의 도움에 대한 욕구보다는 가슴에 와 닿는 정다움 때문에 사랑하기에 이른다." "그 욕구란 자기 행동을 통해서 육체가 체험한 은혜를 선언하는 육체의 언어이다."라고 성 베르나르는 지적했다.

수많은 텍스트가 대타자 속에서의 향락으로 인도하는 이 떼어놓기의 괴로운 성격을 강조하고 있다. "······그들 영혼의 시궁창을 정화한 사람들은 그렇다고 해서 자신이 완전히 정화되었다고 믿어서는 안 된다. 그와는 반대로, 바로 그때, 그들에게는 종종 물로써뿐만 아니라 불로써 자신을 정화할 필요를 스스로 느끼게 된다."[33]

그 밖에도 사랑하는 것이 문제가 아니라 자신을 사랑하는 것과 그보다도 하느님 안에서 자신을 사랑하는 것이 문제가 된다는 것을 주목해야 한다.[34] 육체에서 벗어난 영혼들의 즐거운 상태인[35] 이 네 번째 단계의 사랑은 사실상 육체를 포기하는 것이 아니라 다른 곳에서 그 육체를 되찾기 위해 육체를 변화시키고 이동시킨다. 이것은 "자기 육체이지만 영광스러운 자기 육체를 되찾고자 욕망하기"[36]이다.

법열 ── 이원론의 지표

법열(ravissement)이라는 용어는 육체 밖으로의 영혼들의 이동을, 난폭하고 모순된 자극에 의한 항구적인 힘처럼 작용하는 육체의 부담을 가리킨다. "그들의 영혼은 내면적으로 강력한 사랑의 힘에 매료되어 있었고, 그 힘은 그들로 하여금 육체를 고통에 노출시키고 가혹한 형벌을 무시할 수 있게 하였다. 그러나 확실한 것은, 신체적 고통의 잔혹성이 그들 영혼의 평온함을 파괴하기에 이르지는 못했어도 그 평온함을 변질시킬 수는

---

33) *De conversione*, chap. 17, O. C., II, 236~237쪽.
34) "자신을 자랑하는 자는 주 안에서 자랑하라."(「고린도 전서」 1장 31절)
35) *Traité de l'amour de Dieu*, II, 30.
36) 같은 책, 32.

있었다."[37] 사랑의 황홀이 하나의 위험스러운 실현이라는 이 이중성에 대한 미묘한 설명은 천복의 묘사에까지 지속된다. 천복 속에서는 욕망의 영구성이, 제어할 수 없지만 승화된 정동인 육체의 집요함을 알려준다. "거기에는 싫증 없는 포만, 언제나 깨어 있으면서 불안감이 없는 호기심, 설명할 수 없는 영원한 욕망이 있고, 아무것도 부족한 것이 없다."[38]

관능적 사랑이 황홀한 4단계까지 오를 수 있도록 가해진 난폭성은 우리가 벗어나는 관능적 사랑이란 근본적으로 나쁘다는 것을 함의한다는 말인가? 우선적으로 성 베르나르의 이원론을 과소평가하고자 했던 사람들은 사실이 그렇지 않다는 것을 증명한다. 실제로 성 베르나르는 필요(necessitas)에 의해 작용하는(urget) 사랑과 마음을 부추기는(trahit) 부정적 함축 의미를 지닌 탐욕을 구별한다.[39] 그러나 성 베르나르는 자주 사랑에 탐욕과 육욕의 성질들을 적용한다. "그렇지만 우리는 육체로 이루어졌고 관능적 욕망에서 태어났기 때문에, 우리의 육욕(concupiscentia) 또는 우리의 사랑이 육체에서부터 시작하는 것은 불가피한 일이다."[40] "하느님에 의해 창조되었기 때문에 원칙적으로 고상할 수밖에 없는 사랑의 왜곡은 타락에서 오는 것이고, 따라서 그 왜곡은 이차적인 것이지 성 베르나르가 원하는 것처럼 필연적이고 선행적인 것이 아니다."[41]

---

37) 같은 책, 29.
38) 같은 책, II, 33.
39) 질송, 앞의 책, 56쪽을 참조할 것.
40) *Traité de l'amour de Dieu*, 39. 그와 마찬가지로 "그렇지만 우리는 육적이고 또한 육욕에서 태어났으므로, 탐욕, 말하자면 사랑은 우리에게 있어서는 육체에서부터 시작해야 한다.(necesse est cupiditas vel amor noster a carne incipiat.) (······) 왜냐하면 정신적인 것은 동물적인 것을 앞지르지 못하기 때문이다. 그 반대로 정신적인 것은 오직 두 번째로만 다가온다. 그러므로 천상의 인간의 모습을 지니기에 앞서 지상의 인간의 모습을 지니기 시작해야 한다.(*Lettre* XI, O. C., I, 47쪽)
41) 더구나 그 자신은 다음과 같은 의미에서 글을 썼다. "······죄악만이 우리 영혼의 눈

이 모든 논지는 물론 가톨릭 신학의 테두리 안에서 그리고 성 베르나르의 텍스트 전반에서는 가치가 있겠지만 그것들이 그의 사상의 애매성을 지워 주지는 못한다. 그 애매성은 표현의 실수에서 비롯되었고, 성 베르나르가 상정한 이전의 관능적 사랑의 필연성이 (죄악에서 기인한) 도덕적인 것에 불과하고, 본질적인 것이 아니라고 주장할 수 있을 것이다. 성 베르나르의 텍스트를 성 토마스 식으로 독해한다면 아마도 지극히 타당할 것이다. 성 베르나르는 '자기'와 대타자, 육체와 정신, 탐욕과 조화 사이에서 이러지도 저러지도 못해, 애매함 속에 남아 있다. 떼어놓기, 단계화, 통과로서의 그의 사랑의 모든 영역은 사실상 기독교적 '일자'의 우선권을 모르는 이원론보다도 오히려 변증법적 논리 속에 기록되어 있다. 그러나 관능적 이질성의 현존은 성 베르나르가 모든 사랑(부모, 친구, 원수 또는 하느님의 사랑)을 "우리의 감각 중에서 하느님의 사랑과 가장 유사한 것"[42]으로 보는 시각을 가장 높이 위치시키면서 인간의 다섯 감각 중 하나와 일치시키는 데까지 가게 만든다. 사랑의 관능적 뿌리내리기는 이처럼 최고의 순진성과 웅변술로 설정되었다.

이 뿌리내리기와 마주한 사랑의 자유는 사실상, 성 베르나르에 의하면 무엇보다도 그리고 특히 사랑을 관능적 사랑에서 분리하고, 은총과 감각을 조정하는 이성을 따라 정리 정돈하는 의지의 자유 속에 들어 있다.[43] 자유의지와 은총은 우리를 초월할 수 있게 해 준다. "왜냐하면 우리에게는 항상 우리에게 속해 있는 것보다는 속해 있지 않는 것이 더 나을 테니까."[44]

을 흐리게 하고 어둡게 한다. 왜냐하면 우리의 눈과 빛 사이, 하느님과 인간 사이에 다른 장애물이 존재할 수 없기 때문이다."(*De conversione*, chap. 17, O. C., Ⅱ, 236쪽) 이것은 앞의 각주에서 그가 주장한 것과는 모순된다.

42) 『다양한 강론집』, 10, O. C., Ⅲ, 545~547쪽.

43) "우리는 자유의지에 따라 원하고, 은총에 의해 선을 원한다. 전자는 우리에게 의욕을 주고, 후자는 선의를 준다."(*De gratia et libero arbitrio*, chap. Ⅵ, O. C., Ⅱ, 410쪽)

성스러운 난폭성 ─ 이단 또는 자유

그런데 사랑의 자유는 이성이 아닌 사랑으로서, 육체, 정동 그리고 욕망의 상대적 독립에도 들어 있다. 이질적이지만 하느님을 의미하는 그것들은 의지와 이성에 저항하고, 그러한 저항은 사랑뿐만 아니라 자유의지에도 원동력이 된다. 사랑하는 자유, 동의하지 않는 자유. 성 베르나르는, 일반적으로 종교적 체험에서와 마찬가지로 사랑에서도 하강뿐만 아니라 상승의 필요성이 있다고 강조한다. "하늘에서 내려온 자 이외에는 그 누구도 하늘에 오르지 못했다."[45] 그리하여 사랑은 우리에게 자유의 영역처럼 나타난다. 왜냐하면 사랑은 주역들의 상이성과 그들의 갈등까지도, 그것이 한 사람과 대타자의 영상과의 동일화, 즉 자기 욕구의 선행성에 집중된 동물적 인간과 접근 가능하다고 상정되었기 때문에 매우 숭고한 '이상성'과의 동일화를 목표로 하는 것과 같은 자격으로 수용하기 때문이다.

성 베르나르는 사랑하는 자와 사랑받는 자의 이원성을 본질로 생각하였고, 결과적으로 하느님의 영광스러운 완전함에 인간의 치욕석인 굴복을 요구하던 아벨라르와 투쟁했다. 성 베르나르에게 신격화는 그와 반대로 난폭성 너머로 접근 가능한 '사랑받는 자'와의 조화로운 동일화를 통해 가능하다. 이처럼 그는 성 토마스 아퀴나스의 출현을 예고한 것이다. 그러나 성 토마스의 엄격한 사변적 추상화와는 반대로 성 베르나르는 죄악이 구성하는 대로의 현실을 인간 조건의 현실이라고 생각한다. 철학자라기보다는 섬세한 심리학자인 성 베르나르는 이기주의와 나르시시즘으로 향한 깊은 경향을 피하지는 않지만, 신학적인 어려움을 향해 곧장 달려간다. 그 어려움은 다음과 같이 도식화될 수 있을 것이다. 즉 우리의

---

44) *De la grâce*……, chap. VI, *O. C.*, II, 411쪽.
45) *Sermons divers*, 42, 86 등 앞의 책을 참조할 것.

변태성을 고려하면서 우리는 하느님의 나라에 도달해야 한다. 사실 선과 하느님을 향한 상향적 성향의 지배를 받는 인간의 본성은 타락하여 반항적으로 남아 있다. 그러한 저항성이 없었다면 우리는 이상에 도달하기 위한 사랑인 성스러운 난폭성을 필요로 하지 않았을 것이다. 그러한 저항성이 없다면, 기독교는 선의 철학, 극한에 이른 합리주의가 되었을 것이고, 우리가 사랑이라고 부르는 자기 자신으로부터 떼어내는 육체의 열정은 아닐 것이다. 성 바울의 말은 12세기의 신학자들이었던 합리적이기보다는 열정적인 연인들을 무감각하게 내버려둘 수는 없었다. "내가 지혜 있는 자들의 지혜를 멸하고 총명한 자들의 총명을 폐하리라……. 하느님이 마련한 것이 사람의 지혜보다 더 현명하므로."[46] 그러자 성 베르나르는 한술 더 뜬다. "얼마나 난폭하고 탐욕스럽고 격렬한 사랑인가! 사랑은 자기만 생각하고 그 이외에 어떤 것에도 관심이 없으며, 자기에 만족하면서 모든 것을 경멸하도다! 사랑은 서열들을 뒤섞고 관습에 도전하며 절도를 모른다. 예법, 이성, 수치심, 신중함, 분별력은 패하여 포로 상태에 있다."[47]

이와 같이 성 베르나르의 이론은 페늘롱·바이우스에 고유한 이단과 펠라기우스파들의 이단과 등거리 관계에 위치한다고 볼 수 있다. 전자는 '나쁜 본성'을 강조해 사랑이 그 본성을 파괴하게 하고 '순수한 사랑'이 욕망과 개인적인 행복을 희생시켜서만 이룰 수 있다고 했고, 후자는 인간의 본성적 경향이 이미 하느님을 사랑하는 것이고 그것이 은총을 행복한 본성의 보충물로 축소시킨다고 생각했다.[48] 성 베르나르 식의 사랑은

---

46) 「고린도 전서」 1장 18~25절, 3장 18절.
47) *Sermons sur le Cantique*, 79, Ⅰ.
48) R. P. Garrigou-Lagrange, O. P., 「순수한 사랑의 문제와 성 토마스의 해법(Le probleme de l'amour pur et la solution de saint Thomas)」, *Angelicum*, 6(1929),

요컨대 본성과 감각, 육체와 이상성, 죄악과 성스러운 은총으로서의 인간의 특성을 구성하는 연결 부호처럼 나타난다. 이러한 양면성들에 대한 수많은 표현들 가운데 한 가지를 상기해 보자. "우리가 기도 속에서 눈물, 한숨, 신음으로 정신을 파괴할 때, 우리는 역시 정신을 관능적으로 사랑한다. 우리가 육체를 정신에게 예속시킨 다음, 선행 속에서 육체를 정신적으로 단련시키고, 분별력을 가지고 그 보호에 유의할 때, 우리는 육체를 정신적인 사랑으로 사랑하고 있는 것이다."[49]

그러한 입장들이 지닌 이질성과 성스러운 '이상성'의 본질적 우월성에 그 입장들이 명백히 종속되어 있음은, 모든 다른 이론보다도 시토 수도회의 신비주의 신학을 사랑에 빠진 자로서의 인간의 존재를 정의하기에 적합하고도 강력한 수단으로 만든다. 그것은 죄악도 지혜도 아니고, 본성도 인식도 아니다. 사랑이다. 그 어떤 철학도 이러한 심리학적인 성공과 비교할 수 없다. 그 성공이란 욕동적 나르시시즘을 만족시키는 동시에 그 나르시시즘에게 타자를, 타자들을 겨냥하는 광휘(물론 성스럽고, 참고로 말하자면 사회적인 광휘)를 부여하기 위해 나르시시즘의 고유한 영역 너머로 그것을 끌어올릴 줄 알았다는 사실이다.

도덕과 지복

칸트에게는 행복의 욕망이 루소적인 감수성과 연관되어 있다. 그래서 우리 자신과 우리 동료들에 대한 의무를 위해 미래의 삶에 대한 행복을 얻어야 한다면, 우리는 마치 하느님의 명인 것처럼 따를 수밖에 없다. 왜

85~124쪽.
49) 『다양한 강론집』, 101, O. C., Ⅳ, 69쪽.

냐하면 결국 인간은 자기 의지의 자율성으로 자기 의무를 해결하기 때문이다. 성 베르나르가 상정한 관능적이고 탐욕스러운 우리의 본성 속에 하느님의 사랑이 내재함을 칸트에게서는 찾아볼 수 없다. 그것은 우리가 기꺼이 부르게 될 사랑의 '무의식적인' 부분의 상실과 인간적인 사실의 가장 본질적인 정의로서의 사랑하는 행복의 상실을 동시에 끌어들인다. 그 밖에도 철학자 칸트는 하느님이 우리를 창조하셨다는 우리의 천복과, 그런 작업을 행하면서 하느님이 자신에게 부여하신 영광을 분리한다. 그 반대는 하느님의 지나친 이기심을 전제로 한다고 칸트는 생각한다. 그런데 정확히 말해 이상적으로 이기주의자가 되는 이 허가, 즉 그 자신도 사랑하고 즐기는 하느님 안에서 자신을 비춰보는 그 허가를 받는 것은 신비주의자들에게 사랑하는 행복이라는 욕망과 소유의 조화를 보장해 준다.

이지적인 자기 사랑과 하느님의 사랑 사이의 동일화를 설정한 지복에 대한 위대한 사상가[50] 스피노자도 성 베르나르가 제시한 것과 같은 사랑의 갈등적이고 환희적인 풍요를 감소시킨다. 왜냐하면 자기 사랑과 하느님의 사랑, 특히 하느님의 자기 사랑 사이의 스피노자 식 동일화는 직접적이고, 우리가 다양한 기록을 통해 검토해 본 환희적 모순의 두 가지 극단을 삭제시키는 경향이 있다. 따라서 한편으로는 자유의지와 그 공적이, 다른 한편으로는 죄악이 거기에서 제외된다…….[51] 오성 위에 굳게 세워진 윤리학은 성 베르나르에게서 포효하는 사랑의 지옥을 중화시킨다.

그런데 성 베르나르의 저서들이 담을 수 있었고 또 담을 수 있는 신학적이고 철학적인 함의들 너머로, 사랑에 대한 세속적 체험, 인간적이고 일상적인, 진부하고도 특이한 체험이 밝혀졌는가? 사랑의 기쁨과 아픔이 우리를 지배할 적에 사랑의 완성 단계에 대한 그런 여담들이 우리와 무

---

50) 이 책 261쪽 '스피노자의 기쁨 — 지적인 사랑'을 참조할 것.
51) Garrigou-Lagrange, 앞의 책을 참조할 것.

슨 상관이 있으며, 또 그 시대의 소박한 사람들에게 무슨 중요성이 있었을까?

물론 어떤 사람들에게는 사랑의 체험에서의 관능적 정동의 선행성과 특히 저항에 대한 서투르고 흔히 애매모호한 강조는 무엇보다도 본질적으로 이상화하는 사랑의 온갖 흥분이 지닌 기쁨과 욕망의 부분을 가리킨다. 사랑, 기쁨, 욕망을 혼동하지 말라고 성 베르나르는 말하는 듯하다. 당신이 욕망한다고 반드시 사랑하는 것은 아니다. 사랑한다는 것은 사랑받는 자와의 이상적 동일화를 위해 자기로부터의 그 어떤 떼어내기를 전제로 하기 때문이다. 그러나 더 음흉하고 음침한 방법으로 사랑의 이상화와 사랑의 무욕에 저항하는 육체에 대한 강조는 사랑을 의식, 인식 그리고 의지에서 벗어나는 것을 향해 열어 준다. 다시 말하면 오늘날 우리가 쉽사리 무의식이라고 부르는 영역을 향해 열어 준다. 따라서 사랑이란 선(le bien) 속에 들어 있기 때문에 무의식의 통제할 수 없는 힘에서 허용되고 인정된 발현이다. 인간 존재를 그렇게 정의하는 것은, 주체성을 목표로 하는 이론적이고 철학적인 영역을 넘어서, 허용된 광기의 영역으로서의 언어, 수사학, 문학과 똑같은 자격으로 체험된 사랑의 경험을 풍요롭게 해 주는 행위이다.

다른 한편, 하느님의 순수한 사랑으로 인도하는 계단에 대한 성 베르나르 식 상승 앞에서 싫증이 나기 시작할 적에, 우리는 우리 자신의 사랑 내부에서, 욕망과 기쁨 이상으로 또 그것들을 넘어서, 이상화의 연금술 속에 들어 있으면서 우리가 그 우여곡절을 세속적으로 무시하고 있다는 사실을 잊지 말자. 사랑하기가 우리에게 어려운 것은 이상화하는 것이 어렵기 때문이다. 말하자면 엄청난 가치를 지닌 것으로 간주된 타자 속에 우리의 나르시시즘을 투입해서 우리 자신의 무한한 잠재력을 보장하기가 어려운 것이다. 그와는 반대로, 우리가 사랑을 하게 되었을 때는,

234

그 누군가가, 남자나 여자나 어린이가, 또는 낱말, 꽃 한 송이가 이상적인 이타성 속에 우리를 위임할 수 있는 불신, 증오 그리고 공포의 강인한 힘에 저항할 수 있었기 때문이 아닐까? 결국 사랑하는 사람들에 대해 우리가 갖는 애착의 정도가 12세기 성 베르나르가 자신의 이상적 대상, 그의 하느님에게 바쳤던 순수 사랑으로의 상승과 많이 다른가?

시간을 초월해 살기로 선택한 사람들은 제외하고, 박물관에 저장된 지면에 지나지 않는 성 베르나르에 대한 이 지면을 마감하기 전에 우리 다시 한번 탐욕스러운 나와 압제적인 이상, 채워지지 않는 욕망과 그래도 확보된 소유 사이의 예외적인 균형에 감탄해 보자. 이 긴장된 평화, 고통스러운 조화, 숭고한 분신과의 난폭한 동일화를 위해 무한히 부풀었다가 비워지는 자아·육체의 나르시시즘, 바로 그것이 사랑이다. 인간의 마음 속에 사랑병을 자리 잡게 하면서, 증상으로서의 또는 광기로서의 아픔을 치료하는 근본적인 수단 말인가? 자아(Ego)는 생각하기 때문에 아직도 자기가 존재하는 것을 알지 못한다. 내가 사랑하기 때문에 '나'는 존재한다. 이 경우 '나'는 정의될 수 없고, 품위를 갖추어 유혹하지만 내가 대타자와 정동 사이에 있기 때문에 분리되어, 기본적인 정체성으로 지칭되지는 않는다. 열정으로서의 나. 사랑하는 자아는 존재한다.(Ego affectus est.) "나는 내 말이 너희들의 마음에 들었음을 느낀다."(성 베르나르)

사랑하는 이성 또는 고유한 특성의 승리
—— 성 토마스: 본성적 사랑과 자기애

> 모든 사람은 선이 자기에게 고유한 특성이기 때문에 선을 사랑한다.
> ——『자애론』 2권 2부 문제 26

> 이미 존재를 가진 모든 사람은 자기에게 고유한 특성으로서
> 그 존재를 사랑하고, 온 힘을 다해 그것을 보존한다.
> ——『진리론』, 21. 2＋3G 19

"나는 존재하기 위해 사랑한다"

신학이 하느님의 사랑에 대해 의문을 제기하면서 가담할 수 있었던 갖가지 그럴싸한 논의들 너머로, 적어도 그러한 성찰의 두 가지 양상이 현대 독자와 관계된다. 거기에서 현대 독자는 한편으로 모든 사랑에 필요한 동시에 제한적인 기반으로서의 자기애와 맞서고자 하는 강력한 시도를 읽을 수 있을 것이다.[1] 다른 한편으로 그는 모든 사랑에 대한 탐색이 불가

---

1) 자기애는 '이차 나르시시즘'에 가까울 수 있다. 프로이트에게 '이차 나르시시즘'은

피하게 불러일으키는 실망의 자리에, 그 너머에, 욕망과 함께 천복을 보장하는 절대적 이상의 '대상'을 세울 수 있다는 믿음을 찾게 될 것이다.

그러한 사랑의 존재론은 말하는 주체는 사랑하는 주체라는 것을 전제로 하는 듯하다. 중세의 인간은 사랑하지 않고는 글을 쓸 수 없었고, 그의 사랑은 사랑의 텍스트인 기호들의 끓어오름 속에서(문학사가 음유시인들의 유산을 점검하면서 그러한 사실을 증명하듯이) 가장 훌륭하게 실현되었다는 것을 우리가 알고 있어도 아무런 소용이 없다. 그러나 우리가 나는 생각한다(*Ego cogito*)의 장벽을 뛰어넘어, 그 밝은 명증성 너머에서 자기 존재를 바로 사랑이라는 정동, 욕망, 의미의 혼합물의 등가물로 정의하는 또 하나의 주체를 그려 보기는 힘들다. 나는 사랑하는 자로서 존재한다, 그러므로 나는 존재하기 위해 사랑한다. 중세의 사상가에게는 이것이, 그가 주체에 대한 생각을 표현할 수 있을 경우, 주체의 존재를 함축하고 있는 정의일 것이다. 사실상 데카르트 이전의 그러한 사랑의 주체를 우리에게 꿈꾸게 한 것은 물론 데카르트적인 왜곡이다. 그런데 그러한 이론적 유령 너머로, 우리는 실제로 성 토마스 아퀴나스의 작품 속에서 오직 사랑하는 사람으로서만 인식하는 하나의 주체가 떠오르는 것을 보지 않는가? 그것은 수동성과 능동성, 결과와 원인, 예속과 자유, 타락과 은총의 복합적 변증법이다. 또한 그것은 정동, 욕망 그리고 의미를 연결시키면서 재단하는 방식으로 묶어 놓은 세련된 혼합물이고, 안과 밖, 육체와 정신, '고유한 것'과 '선한 존재' 등이다. 이러한 정신적 작업들이

퇴행 상태만을 지칭하지 않고 라플랑슈와 퐁탈리스가 정의하는 다음과 같은 정신 현상의 항구적인 구조도 가리킨다. "a) 경제적 측면에서 대상의 투입은 자아의 투입을 삭제하지 않지만 그러나 그 두 가지 종류의 투입 사이에는 불가피한 에너지의 균형이 존재한다. b) 국소론적 측면에서 자아의 이상은 한 번도 포기된 적이 없는 나르시스적 형성을 나타낸다."(『정신분석 어휘 사전(*Vocabulaire de la psychanalyse*)』(PUF, 1967), 264쪽)

이차 나르시시즘을 위로하고 다시 일으켜 세운다는 사실(그래서 그 효과를 일차 나르시시즘에 이르기까지 잠기게 한다는 사실)을 말하는 것은 신자에게는 충격을 주고, 정신분석가에게는 그가 반대하는 담론과 비교됨으로써 곤란하게 만들 돌발적인 위치이다. 우리가 그 사랑의 비인류학적인, 비심리학적인 양상처럼 정의할 수 있었던 것이 정신병적 체험을 병합하고, 그것을 정신 현상의 기반에 삽입하는 정신분석의 최근의 발전을 기다려야 했다는 것 또한 사실이다. 이것은 사랑의 체험이 지닌 비인간적이지만 너무나도 인간적인 명료함을 획득하기 위해서일 뿐만 아니라, 역으로 세속적으로, 후기 신학적으로, 사랑병으로서의 우리 존재의 아픔을 승화시키는 방법들을 고찰할 수 있게 해 주기 위해서이다.

이미 성 아우구스티누스가 말했듯이 죄악이 자기 사랑에서 오는 것이 사실이라면, 사랑하기 좋은 방법은 역시 "하느님을 위하여 그리고 그분 때문에" 혹은 "하느님 안에서" "자기 자신을 사랑하는 것"[2]이다.

자신을 사랑하기 또는 타인을 사랑하기
자기에게 고유한 특성에 대한 옹호

철학에서 자기애에 부여된 특권은 아리스토텔레스까지 거슬러 올라간다.[3] 자기애에 대한 이런 우월성은 많은 신학적 논란을 거쳐, 성 토마스에 이르러 변증법적 해결을 찾고, 우리는 여기서 그가 찾아낸 기묘한 타협을 감상하게 된다.

---

2) 『하느님의 나라(La Cité de Dieu)』, I, 14, 28을 참조할 것.
3) "인간이 자기 친구에게 갖는 우정은 자기에게게처럼 자기 친구에게 결정을 맡기면서 자신이 갖는 감정에서 나온다."(Éthique à Nicomaque, 1166 a I)

성 토마스는 초기 저서 『명제에 대한 주해서(*Commentaire des sentences*)』에서 성 아우구스티누스를 상기시키며, 사실상 존재론적 선행에 접근하는 개인적 체험을 위한 본성적 길이라는 자기애의 선행성에 대한 가설에 동의하고 있다.

물론 성 베르나르의 입장을 잘 알고 있던 토마스 아퀴나스는, 아우구스티누스와 아리스토텔레스에 의존하면서 『격언서(*Livre des sentences*)』 3권 판별 27, 28, 29를 자기애의 우월성에 대해 할애했다. 성 토마스는 탐욕의 하느님을 사랑할 가능성을 반박했고("하느님은 인간의 선함이다."라는 말은 마치 유용한 선이 문제인 것처럼 통용되어서는 안 되고, 여기서 '~의(de)'는 객관적 속격을 가리키므로, 인간이 공유하고 있는 전체처럼 이해되어야 한다고 성 토마스는 경고한다.) 보상(*merces*)을 목적으로 친구를 사랑하고자 하는 시도(그것은 탐욕이지 우정이 아니기 때문에)를 물리쳤다. 그런 다음 성 토마스는 판별 29의 5항에서 세 가지 사랑의 위계질서를 명시했다. 성 토마스에 의하면 우리에게 고유한 선은 하느님 안에는 그 원인으로, 우리 자신 속에는 그의 효과로, 이웃에게는 유사성으로 들어 있다. 그러므로 가장 큰 선은 하느님이지만, 그에게로 가는 첫 접근은 우리 자신과의 직접적인 관계에서 일어난다. 그 밖에도 우리와 타인들과의 유사성은 우리로 하여금 그들에게 접근할 수 있도록 해 준다. 자기애는 성 토마스가 그것을 종속시키고 있는 이러한 논리적 연속 속에서 역사적인 혹은 발생론적인 우월성을 지닌다. 그러나 하느님은 고유한 절대선, 가장 좋은 나 자신, 나보다 더한 나 자신, 절대적인 '자기'로 남아 있다. 이 경우 황홀은 정확한 방식으로 정의될 것이다. 즉 '자기'는 그 출발점이지만 '자기'를 떠나는 것은 그 조건이다. 어떤 반대론자는 "사랑은 인간을 자기 밖으로 내밀어, 그를 사랑하는 사람 속에 자리 잡게 한다. 사랑 속에서 사랑하는 자는 항상 어떤 방식으로든 그 자신을 돌보지 않는다."라고 디오니시우스(『성스러운 이름(*Div. Nom*)』, 4, 13)를 인용하면서 제안한다. 성 토마스는 최종적인 사랑을 존재론적인 선과 자아의 발생론적 우월성의 타협으로 정의하면서 그 반대임(sed contra)을 증명한다. 계속 그는 전개한다. 사랑에서 그처럼 사랑받는 자가 사랑하는 자보다 더 중요한 것(*potius est*)이 사실이라 해도, 각자는 자기애를 통해 자신을 어느 누구보다 더 사랑한다는 조건에서 어떤 다른 사랑받는 사람보다 중요할 수 있다. 그리고 이러한 일은 그 누군가가 자기 자신에게 가장 사랑받는 사람인 경우에 일어난다. 이런 점에서는 성 토마스에게 이기주의적인 것이 전혀 없다. 왜냐하면 그러한 순간은 '자기를 즉자(*en soi*)로 자리 잡게' 해 주기 때문이다. 다시 말하면 고유한 특성으로서 일차적으로 접근할 수 있는 존재론적인 선 안에 들어가 있게, 즉 선하게 되도록 해 주기 때문이다. 사실 선을 자기 속에 자리 잡게 하지 않고 어떻게 다른 사람들에게 그 선행을 전해 줄 수 있겠는가? 고유한 선에 대한 옹호, 더 나아가서는 '선'으로서의 '자기에게 고유한 특성'에 대한 옹호는 다음과 같이 진술된다. "내가 가진 선은 내 자신 속에서보다 다른 사람 속에서 더 완벽하게 인정받을 수 있다. 그렇지만 내 안에서는 나에게 고유한 특성으로 더 완벽하게 자리 잡는다. 다른 사람의 선은 유사하다 해도 절대로 내 것이 아니지만, 하느님 안에 있는 선은 원인에 따라서 내 것이기도 하다."[4]

즉자(卽自)로 자리 잡기

우리가 자기애에 대해서 더 주의 깊게 읽게 되는 것은 성 토마스가

---

4) *Livre des Sentences* 3, 29, 5, 2m.

천사들의 사랑에게 바친 전개에서 그 유명한 이웃 사랑("너는 네 이웃을 네 자신처럼 사랑하라.")에 대해 내린 아주 특이한 해석이다. 우선 성 토마스는 비록 사랑이 통합적이고, 따라서 디오니시우스가 정확히 밝힌 것처럼 오로지 자기에게만 향할 수는 없다 해도, '하나'가 되는 것은 '통합'된 것 이상이라고 가정한다. 말하자면 다른 사람들에 대한 사랑은 자기 사랑에서 나오고, 그것은 자기애의 모형이기 때문일 뿐만 아니라, 주체가 자신의 존재론적 실체(선해지는 것)를 확인하면서 자신을 사랑하기 때문이다.[5] 결과적으로 자기처럼 사랑하기는 근접성(같이 있다, 함께 모이다, 다시 만나다)과 유사성(특히 종(espèce)에 대한 사랑)의 개념들에서부터 분석될 것이다. 무엇보다도 성 토마스에게는 'Sicut te ipsum'이 '네 자신만큼'이 아니라 '네 자신과 흡사하게'를 의미한다. 우리는 다른 사람들에게 투영된 중심으로서의 '자기'의 자리를 명확히 하는 그 정확성의 동일화적 의미를 높이 평가해야 할 것이다.

따라서 고유한 선으로서의 자기에게 고유한 특성에 대한 사랑은 후속적인 다른 사랑들을 결정하고 유도한다. 그러나 '고유한 자기'에 대한 그러한 사랑은 물론 하느님을 가리키지만, 또한 종의 보존처럼 해석하게 되는 존재론적인 선의 공유로서만 이해될 수도 있다. 피조물은 종을 공유하면서 사랑을 한다. 종은 사랑을 통해 자신을 보존하는데, 그것이 '하느님에게 속하기' 때문이다.

따라서 자기애의 개념은 성 토마스적인 존재론에서 전환점의 위치를 차지한다. 즉 그 개념은 나는 존재한다(esse suum)와 고유한 선(bonum proprium)을 각각 서로 유통되게 한다.[6] 내가 존재한다면, 내가 존재에

---

5) 『신학 대전(Somme théologique)』, Prime pars, question 60, art. 3을 참조할 것.
   이 책 252쪽 '동일화 또는 유일성'을 참조할 것.
6) 이 주제와 관련해서는 로제 드 바이스의 논문 「토마스 아퀴나스의 존재론에서 자

관여한다면, 내가 존재를 갖는다면, 나는 내 자신처럼 그를 사랑할 수밖에 없고 또한 그를 보존하면서 나 자신을 보존한다. 현재 모든 사람이 존재에 집착하는 것은 그것이 선하기 때문이다.[7] 자기애는 존재와 선 속에 보존하고자 하는 욕망을 표출한다. 따라서 그것은 존재와 선의 전환을 위한 동인이 된다. 그 사랑 속에서, 그리고 '자기에게 고유한 특성'의 여가 작용(valorisation)을 통하여 선으로서의 존재의 지각이 이루어진다. 자기애는 고유한 선이 사랑할 수 있는 단위인 것처럼, 단위라는 의미에서 자기에게 고유한 특성을 구성하는 그 무엇이다. 일반적인 그러한 존재와 자기의 (선한) 존재는 결국 본질적으로 욕망을 자극하는 것들이다.

욕망을 자극하는 존재

모든 존재는 인지 가능하기 이전에 또는 인지 가능하면서 욕망을 자극한다. 더 나아가서는 욕망을 자극하는 것(appetabilis)의 성격은 무엇보다도 그 존재 자체에 해당된다. 결국 각자는 본성적으로 자기 존재를 보존하고 싶어 하고, 자기 존재를 파괴하고자 하는 것을 피하면서 할 수 있는 한 거기에 저항한다. 따라서 욕망을 자극하는 존재 그 자체는 선이다.[8] 나라는 존재도 덜한 것은 아니다. 나도 나를 이해하고 고유한 완성

기애의 의미와 그 기능(Amor sui, Sens et fonction de l'amour de soi dans l'ontologie de Thomas d'Aquin)」, Genève, Imprimerie du Belvédère(1977년 Fribourg 문과대학에 제출된 논문)을 참조할 것.

7) "(……) 아름다운 것과 선한 것은 모든 존재들의 사랑을 받을 만하다. 왜냐하면 각각의 존재는 자기 본성에 부합하는 것을 향해 가고자 하는 본성적 성향을 가졌기 때문이다."(Somme théologique, II, 11, quest. 26, art. I)

8) De malo, 1. 1. / 1. G. 37, Weiss가 앞의 책에 인용했다.

처럼 나를 욕망하기 때문이다. 나는 존재한다. 말하자면 나는 선하고, 따라서 나는 나 자신을 사랑한다. 바로 이 말이 현대인이 사랑의 존재론에서 나르시시즘이라고 부르게 될 것을 포섭하는 자기에게 고유한 특성에 대한 그 옹호를 우리가 어떻게 집약할 수 있는지를 보여 준다.

자기 안에 들어 있는 선의 현존으로서의 자기에게 고유한 특성에 대한 즉각적인 체험은 따라서 자기 안에 상호성, 우정, 나아가서는 사랑으로서 교환을 허용하는 유일한 것이다. 존재한다(*Esse*)는 선으로(*bonum*), 따라서 욕망을 자극하는 것으로 존재하고 있다. '자아'도 존재론적 내재성 속에서 그러하다. 즉 선하고 욕망을 자극한다. 선으로서의 존재(이것은 어떤 면에서도 진실한 존재를 추정하지 않는다.)는 선한 것을 본성적으로 '자기 것으로 만드는' 욕망이라는 간접 수단을 통해 즉시 고유한 존재에게로 인도한다. (어떤) 선이 있다면, 나는 오직 자기 선으로서만 그것에 대한 지각과 인지를 가질 수 있다. 따라서 나는 그 선의 부분이다. 그리고 이 명제는 선을 위한 나의 본성적 욕구와 동의어이다. 그러한 나는 나를 사랑한다. 통제된 나르시시즘의 명분과 죄의식에서 벗어나기의 심리학적 가치를 넘어서, 성 토마스에게 자기애는, 이처럼 '자아'를 언제나 선의 성질을 띠고 있는 자기에게 고유한 특성으로 본체화시키는 동시에 선을 내면화하는 논리적 중재자처럼 나타난다. 욕망하는 주체성은 구성 중에 있지만, 역으로 자기 자신에 대한 각자의 존재론적 내재성은 그러한 신학의 중심에 있다.

자애와 고유한 특성

하느님에 대한 사랑 다음으로 두 번째이지만, 선에 접근하는 인간적 체험에서는 첫 번째인 이 자기애가 우정과 초자연적인 것의 기이한 혼합물인 자애(charité) 속에서는 시대에 뒤진 것이 아닌가 하는 의문을 제기하게 되는 것은 당연한 일이다. 「자애론」(『신학 대전』, 2권 2부)은 자애 속에서도 자기애의 본성적이기 때문에 초월할 수 없는 그 현존을 확언한다. 문제 25의 4항("인간은 자애 속에서 자신을 사랑해야 하는가?")은 자기애가 모든 사랑의 '형식'이고 '뿌리'이며, 절대적 원인임을 상기시킨다. 성 토마스에게 이러한 자기애의 우월성을 조건 짓는 것은 우리가 위에서 살펴본 '자기'에 대한 선행뿐만 아니라, 공간적인 용어로 그가 언급하고 있는 것, 즉 자기에서 자기에게 이르는 근접성이다. 우리가 우리 자신을 사랑하는 것은 더 선량하기(선에 대한 참여의 고유한 체험을 통해) 때문이고, 그리고 자기가 누구보다도 자기에게 더 가깝기 때문이다. 그러나 자기애의 공간적 정의에서도 반론이 제기된다. 우리가 누구보다도 하느님과 더 가까이 있을 테니까, 자기가 자기를 더 사랑하기는 영광스러운 삶 속에서는 사라져야 하지 않는가? 성 토마스는 다음과 같이 대답한다. "영광스러운 삶은 본성적인 삶을 박탈하지 않고, 오히려 완성시킨다. 그러나 자애의 질서는 (……) 본성에서 오는 것이다. 그러므로 본성에 의해서 모든 인간은 다른 사람들보다도 자기 자신을 더 사랑한다. 따라서 이러한 자애의 질서는 '본향(patrie)'에서도 존속할 것이다.[9] 그러므로 자기애의 우위는, 우리보다 더 선량한 사람들을 마주하는 것까지 포함하여, 자애 속에서 오래 지속된다."[10]

---

9) Art. 13, quest. 26, *Traité de la charité*.

10) "자애의 선물은 하느님에 의해 각자에게 주어졌다. 첫 번째로는 각자가 자기 정신을 하느님께 바치는 것인데, 그것은 자기 자신에 대해 지니고 있는 사랑과 관계가 있다. 두 번째로는 그가 하느님에 대한 다른 사람들의 서품을 원하기 위해서이다." (같은 책) 아울러 다음과 같은 상세한 설명도 있다. "지적인 욕구 속에 들어 있는 것과 같은 사랑과 애호가 동일한 것을 의미할지라도, 애호가 탐욕스러운 것 속에 있

따라서 고유한 선에 대한 접근 없이는 하느님에 대한 접근도 없다. 자기애 없이는 지각되거나 생각된 하느님에 대한 사랑이 없으니, 결과적으로 다른 사람들에 대한 사랑의 증여도 없다.

우리는 심리학적으로 이러한 추론들을 이해하고 싶어진다. 그리고 전의식 또는 무의식에 의존한 자세한 독해를 해 보는 것도 당연해 보인다. 그러나 또한 성 토마스의 관점에 충실하려고 노력하면서, 우리는 존재의 차원에까지 정당화된 자기를 사랑하는 '자아'의 팽창에 대해 지나친 강조는 할 수 없을 것이다. 왜냐하면 자기애는 성 토마스에게 존재를 자아의 중심에 자리 잡을 수 있게 해 주기 때문이다. 정신분석가는 역으로, 자기 습관대로 메달의 뒷면을 해독할 것이다. 즉 내가 나를 사랑한다면, 그것은 물론 '총체'의 일부분으로서이고, 특히 모든 선만큼 가치 있는 선이라고 내가 나 자신을 간주하는 입장에서이다. 선을 바탕으로 부분과 총체, 개인과 우주의 유사성을 거론하는 것은 성 토마스에게는 특이한 개성에 대한 절대 가치를 확립하는 것이다. 유일한 것에 대한 그의 거대한 존경심은 '총체'(의 부분)이고자 하는 거대한 갈망을 인정하는 것에 그 근거를 두고 있다. 엄청난 욕구에 의한 우리의 보존을 인정하기인가? 우리의 과대망상증의 보존을 인정하기인가?

지 않고, 오직 의지 속에서 그리고 이성적인 사람들 속에서만 존재한다는 점에서 그 두 가지는 다르다. 자애는, 그 단어가 가리키듯이(*carus, caritas*) 사랑받는 대상이 커다란 가치가 있다고 평가된다는 의미에서, 사랑에 완벽함의 개념을 첨가한다. (……) 사랑과 애호는 지적인 부분에서 혼용된다. (……) 우리가 말했듯이 애호에 대해서 일어나는 것처럼, 인간이 하느님을 사랑하기에는 그 자신의 이성 이외의 다른 수단이 없을 때보다는 하느님이 그를 자기 쪽으로 끌어들일 때 수동적으로 그가 품는 사랑에 의해 인간은 하느님을 향해 더 힘차게 나아갈 수 있다. 바로 이러한 점이 애호보다 사랑이 더 신성한 그 무엇을 지니도록 만든다.(*Somme théologique*, II, II, quest. XXVI, art. III)

본성적 사랑은 판단력이다

성 토마스가 '본성적 사랑'에 부여하는 의미는 무엇인가?『신학 대전』(1부 문제 60)은 천사들의 사랑을 언급하면서 그것이 본성적 애호라는 이름으로 인간에게도 확대될 수 있는 것임을 명시하고 있다. 우리가 이미 살펴본 바와 같이, 성 베르나르에게 본성적 사랑이 몇 가지 모호성(탐욕과 죄악 그리고 하느님의 현존을 통해 이미 알려진 야비한 본성의 육체에 대한 인식)을 띠고 있다면, 성 토마스에게도 애매성은 계속되지만, 그러나 명확해지려는 노력은 비교가 되지 않는다. 무엇보다 '본성적'은 그에게는 의지 이전의 원초적 정동과 관계되는 그 무엇을 의미한다. '본성적'은 자애인 신학적 사랑과는 반대이다. 그러나 바이스가 상기시키는 것처럼, '본성적'은 또한 짐승 같은 성격과도 반대되는 것을 지칭한다. '본성적'은 자신을 영원히 보존하고 싶은 욕망을 말한다. 궁극적으로 '본성적'이란 의지 그 자체, 본성적이라고 간주된 의지일 것이다. "모든 사람이 본성적으로 천복을 원한다." 인간 존재들은 지적이긴 하지만 본성적 '성향'에서 벗어나지 못한다. 따라서 그들은 본성적 사랑을 지니고 있다.

결국 본성적 사랑은 그 대상인 선과 그 목적인 천복에 의해서 정의된다고 말할 수 있다. 그 사랑은 그것들의 원칙과 원인으로서 의지의 행위들 속에 포함된다.[11]

그러한 사랑의 본성은, 우리가 성 토마스 이론의 다른 면모들과 연관시킬 수 있듯이, 그에게는 어느 정도로 사랑과 인지가 뒤섞여 있는지를 확인할 수 있게 한다. '감각적 욕구'와 '지적 욕구'가 다양한 힘들로 유지되기는 하지만.[12] 성 토마스는 아리스토텔레스, 키케로, 그리고 보다 명

---

11) *Somme théologique*, I, quest. C III, art. 1, 2, 3.
12) 같은 책, II, 1re section, question 60, art. 2.

증적으로 기욤 드 생티에리가 이미 이루어 놓은 사랑과 인지의 동일화를 그 절정으로 이끌어간다.[13] 사랑과 인지를 비교 대조하는 추론의 논리는 전자를 흡수하고 포섭하는 후자를 갖기에 충분하다. 그래서 성 토마스는 지적인 존재가 인지 속에서 성찰될 수 있다면, 그 존재는 자기애 속에서 성찰적 지향성이 될 수 있다는 의견을 제시한다.[14]

자기애가 본성적이라고 말하는 것은 결국 그 사랑이 이성과 지혜의 지배를 받는 의지 그 자체를 구성한다는 것을 뜻한다.[15] '의미'의 의지와

13) "인지와 욕구의 대상은 주관적으로는 같은 것이다. 그러나 (……) 합리적으로는 다르다. 왜냐하면 대상은 감각적이고 지적인 것으로 간주되었기 때문이고, 다른 한편으로는 대상이 선하고 적합한 것처럼 추구되거나 본능적으로 탐내게 된 것이기 때문이다. (……) 각각의 힘은 자기에게 합당한 대상을 본성적으로 탐낸다. 그러나 이 본성적 욕구 위에는 그것의 인식 기능의 결과인 동물적 욕구가 있다. 이 욕구에 의해서 동물은 어떤 물건이 마치 눈이 보고 싶어 하고 귀가 듣고 싶어 하는 것처럼, 어떠어떠한 행위, 어떠어떠한 힘에 적합하기 때문에서가 아니라, 그 물건이 자기 존재의 면적에 비추어 적합하기 때문에 그것을 추구한다."(*Somme théologique*, I, quest. 80, art. 2)
14) R. de Weiss, 앞의 책을 참조할 것. 또한 성 토마스는 "선은 지각되는 것으로서만 욕구적 움직임의 대상이자 원인이기 때문에, 지각과 인지가 각 존재에게 사랑의 원인이 되어야 할 필요가 있다."라고 하면서 다음과 같이 명시한다. "따라서 인지는 우리가 선을 알고 있는 한 선을 사랑할 수밖에 없는 이유에 대한 사랑의 원인이다." (*Somme théologique*, II, V. quest. 27, art. 1)
15) 그로부터 자유의지에 의한 욕구 자체의 그러한 침투와 그 반대 현상이 일어난다. "자유의지의 고유한 행위는 선택이고, 선택은 원칙적으로 욕구를 불러일으키는 미덕의 행위이기 때문에, 자유의지는 욕구를 불러일으키는 힘이어야 한다. (……) 왜냐하면 욕구는, 비교를 하지는 않지만, 비교 기능에 속해 있는 인지 기능에 의해서 움직이기 때문이고, 또한 그러한 이유에서 욕구가 대상들 중에서 어떤 것을 다른 것보다 더 좋아하는 비교를 설정하는 것 같다."(*Somme théologique*, I, quest. 83, art. 3) 성 토마스적인 사랑·욕망과 지성의 뒤섞임은 여러 번 확인할 수 있다. 이와 같이 "인간은 본성적으로 그 상태를 영원히 유지하고자 욕망한다. 그것은 확실하다. 존재란 모든 사람이 욕망하는 것이고, 인간은 지성을 통해 존재를 오로지 '지금'처럼, 동물처럼 이해하는 것이 아니라, 존재로서 이해하기 때문이다. 따라서 인간이 영원한 것은 그의 영혼에 의해서이고, 영혼을 통해서 인간은 특별한 시간성에 의해 제한받

맞서고, 물론 인지(성 베르나르의 작품에서 분명히 드러난 이질성)와 맞선 육체적 욕망의 이질성은 여기서 사라진다. 성 토마스에게 사랑의 욕망은 하느님이 그 절대적 현존을 구성하고 있는 자기에게 고유한 특성에 사로잡혀 있기 때문에, 항상 이미 자의적이다. 하느님이 역사하는 범주들 가운데 탐욕이 남아 있다면, 그것은 사랑이라는 실체의 우연에 지나지 않는다. 탐욕 자체에는 더 이상 감각적인 것이 없다. 그것은 단지 사랑하는 대상의 변화이거나, 더 정확하게는 편중화이다.(우리가 우정의 대상을 그 자체로서 사랑할 때는 사랑으로서 사랑을 하고, 우리가 우정으로 사랑하는 사람에게 고유한 선 때문에 그를 사랑한다면 탐욕으로서 사랑을 하는 것이다.)[16]

사랑을 하는 이성

욕망과 사랑이 이처럼 항상 지성을 통해서 (틀림없이 현존하는 의지를 통해서라도) 정보를 받는다면, 이번에는 이성이 사랑의 기반이 된다. 그것은 사랑을 하는 이성(ratio diligendi)이다. 그러한 이성은 하느님을 단지 그분이 나의 고유한 선일 경우에만 대상으로 갖는다. 그러나 하느님이

지 않고 존재를 존재로서 이해한다."(Contra Gentiles, 2. 79, 82, 바이스의 앞의 책, 33쪽에서 인용.)

16) "탐욕의 사랑은 우정의 사랑과 다르다. 첫 번째의 경우는 우리가 원하는 사람에 대해서보다도 그 누구에게 바라는 선을 향해 갖게 되는 사랑이고, 두 번째 경우는 우리가 매력을 느끼며 선을 바라는 그 사람 자체에 대한 사랑이다."라고 성 토마스는 가정한다. 그리고 그는 덧붙인다. "우리가 다른 사람을 위해 바라는 선과 관계가 있는 사랑은 탐욕의 사랑이다. 우리가 그러한 선을 바라는 주체와 관계가 있는 사랑은 우정의 사랑이다. (……) 우정으로 사랑하는 경우에는 우리가 그를 절대적으로 사랑하는 것이고, 탐욕으로 사랑하는 경우는 그렇게 사랑하지 않고, 오직 또 하나의 대상과 관련시켜 그를 사랑한다."(Somme théologique, Ⅱ, Ⅰ, quest. 26, art. 4)

나의 고유한 선이기 위해서, 또는 나의 고유한 선이 나에게 사랑을 하는 이성이기 위해서 나는 나 자신을 사랑하지 않으면 안 된다. 그렇지 않고 내가 나를 사랑하지 않을 경우, 나는 하느님을 사랑하지 않는다. 이것은 사랑을 하는 이성이 얼마나 본성적인가를 보여 준다. 사랑을 하는 이성은 이미 존재하던 지고의 선에 필수적인 접근으로서 자기애의 (본성적) 보편성에서 나온다. 자기애의 자연성에 대한 주장이 창조 신학이 추론한 선으로서의 존재에 대한 주장의 결론임을 우리는 알고 있다.

창조주의적 자연성은 그러한 본성 속에 정신의 내재성을 함축하고, 모든 논리적 선행성(예를 들면 정서적인 선행성)을 의지와 인지에 종속시킨다. 자기애는 자연스럽게 선을 향해 있다. 자기애는 선의 한 부분이기 때문이다. 자기애는 필연적으로 자연스럽고 덕성스럽다. 그와는 반대로 죄악과 죄인들의 그들 자신에 대한 사랑은 사랑이 아니고, '본성적인 것'도 아니다. 왜냐하면 본성적 사랑은 덕성스러운 사랑과 동의어로 정의되기 때문이다.[17]

고유한 선을 통한 자기애의 상정은 이처럼 미덕을 위해 이루어진다. 따라서 선을 목적으로 하지 않는 모든 정서적 활동은 사랑의 영역에서 삭제될 것이고, 본성적이 아니며 죄에 물들었다고 선고받게 될 것이다.

---

17) 거기에서 유래하는 것은 무엇보다도 증오에 대한 강렬한 부정이다. "증오는 사랑의 결과이기 때문에, 비록 우리가 이따금 사랑보다 증오를 더 강렬하게 느낀다 해도, 사랑이 증오보다 절대적으로 더 강하고 더 힘이 있다."(Somme théologique, II, I, quest. 29, art. 3) 맨 먼저 그리고 무엇보다도 장기간 자신을 사랑하면서 자아는 자신을 증오할 수 없다. "모든 사람들이 사랑을 통해 그들에게 고유한 선 쪽으로 기울어지고 나아가기 때문에, 한 개인이 자신을 절대적으로 미워하는 것은 불가능한 일이다."(같은 책, art. 4)

사랑의 관심 — 일치

자기애는 인간을 자기 자신과 묶는다. 그 밖에도 자기애는 인간에게 "그보다 더한 그 무엇"(디오니시우스)을 가져다주는데, 그것은 하나의 실체, 즉 하나의 합일체가 되는 것이다. 그리고 오직 이러한 합일체가 완성된 후라야만 우정이나 사랑 속에서 타인과의 결합이 이루어진다.[18] 그 사랑의 결합을 좀 더 자세히 검토해 보자.

바이스와 함께 우리가 사랑의 '기계론적' 이론이라고 부를 수 있는 것 속에서, 성 토마스는 우정 또는 사랑의 견인력을 어떤 모터가 자기 행동을 받는 대상을 자기 쪽으로 끌어당길 때 일어나는 것에 비유한다. 그때 그 대상은 모터를 향한 성향을 얻게 되고, 그러고 나서 움직이다가, 드디어 휴식을 취한다. 이처럼 "욕구의 움직임 속에서 선은 끌어당기는 힘을 소유하고, 악은 밀어내는 힘을 가진다. 그러므로 제일 먼저 선이 욕구에 대한 성향을, 선의 공동 본성에 대한 적성을 야기시킨다. 바로 그것이 열정으로서의 사랑과 관계되는 것이며, 그에 대응하는 증오는 그것의 반대이다."[19]

---

18) *Traité de la charité*, art. 4, quest. 25.

19) *Somme théologique*, I, II, 23, 4. 또한 열정에 대한 '물리학적' 전개도 있다. "탐욕스러운 욕구 속에 있으면서 욕망된 대상에 의한 욕구 변화일 경우 사랑은 정확히 열정이라는 이름을 받는다. 그리고 우리가 사랑이 의지 속에 있다고 간주할 경우에는 보다 넓은 의미로 이름을 부여한다."라고 성 토마스는 열정 속에서 대상의 역할에 대해 명시하기 앞서 이렇게 결론부터 내렸다. "대상이 자연적으로 끌린 장소를 향한 움직임의 원칙인 중력은, 그러한 공동 본성을 바탕으로, 어떤 의미에서 **본성적 사랑**이라는 이름을 받을 수 있다. 우리가 본능적으로 원하는 대상은 이처럼 욕구에서 일정한 비율을 주는데, 그 비율은 대상을 자신과 통합 가능하게 한다. 이러한 성향은 다른 것이 아니라 바로 사랑받는 그 사물 속에서 사랑이 발견하는 호의이다. 그것은 사랑을 욕망하는 대상 쪽으로 끌고 가는 움직임을 산출한다. 아리스토텔레스 (*De anima*, lib. III, text. 55)에 의하면, 욕구의 움직임은 순환적이기 때문이다.

그러나 이 분명한 기계론은 일치(*convenientia*, 발동기와 움직여지는 것, 사랑하는 자와 사랑받는 자 사이의 공범 관계)의 개념에 의해 즉각적으로 수정된다. 이지적 존재인 인간은 대상에 의해 움직여지지만은 않고, 그 신기한 대상이 선의 보편적 개념과 일치하는가를 판단한다. 일치는 결국 일치에 대한 판단이자, 자기만이 아니라 사랑받는 자에 대한 사랑의 인지이다. 사랑은 그렇게 정의되고, 우리는 그 정의를 다시 한번 주관적으로가 아니라,(엄격히 말해 이 존재론에는 주관주의가 없다.) 적어도 모든 정동에 선행하는 관계처럼 확인하게 된다. 그리고 그 관계는 사전의 인지, 판단력, 의도를 함의한다.[20]

바이스가 이미 분석한 일치의 이론이 함의하고 있는 이 관련성은 그 주장에서 선험적인 것들의 두 가지 유형으로 설명된다. 그것은 자기 내부 존재의 종속물들과 타인을 위한 존재의 종속물이다. 존재하는 자, 선 그리고 진실은 우리가 알고 있듯이 두 번째 등급에 속한다. 영혼이란 다른 사

(……) 욕망의 대상에 의한 욕구의 첫 번째 변화는 사랑이라는 이름을 받는데, 그것은 다름 아닌 사랑받는 자 속에 사랑하는 사람이 쏟는 호의이다. 바로 이 호의에서부터 욕망된 대상을 향한 움직임이 태어난다. 이것은 처음에는 욕구에 지나지 않다가, 기쁨과 쾌락에 불과한 휴식으로 끝나는 움직임이다. 따라서 사랑은 욕망된 대상에 의한 욕구의 변화로 구성되기 때문에, 그것이 열정임은 분명하다."(*Somme théologique*, II, I, quest. 26, 『영혼의 그리고 무엇보다도 사랑의 열정』, art. 2)

20) "그러나 자연적 성향은 자연적 존재가 그 성향이 지향하는 것과 함께 유사성과 일치(자기 자신의 형태에 따라서 — 형태는 그런 의미에서 성향의 원칙이다.)를 타고났다는 사실에서 비롯된다. (……) 같은 이유에서 의지의 모든 성향은 대상이 이해 가능한 형태에 의해 일치하는 것으로 또는 관심을 끄는 것(*afficiens*)으로 이해된다는 사실에서 나온다. 그러나 어떤 대상에 관심을 갖는다는 사실(*affici*)은, 정확히 말하자면 사랑한다는 것이다. 따라서 그것은 모든 의지의 성향은, 감각적인 욕구와 마찬가지로, 사랑 속에 근원을 두고 있다는 말이다."(4 *Summa contra Gentiles*, 19) 마찬가지로 "그러나 모든 것은 유사하거나 일치하는 대상 쪽만을 지향한다. 그리고 존재하는 것으로서의, 실체로서의 모든 존재 그 자체가 선이라면, 그때는 필연적으로 모든 성향이 선을 지향한다."(같은 책)

람들과는 다른 어떤 존재하는 자를 전제로 하는 그러한 예외적 존재로서, "그에게는 다른 존재를 만나는 일(convenire cum)이 생길 것이다." 따라서 영혼은 타인과 일치하는 사랑의 기능인 그 특별한 관계성을 완료한다. 그 존재가 바로 어떤 의미에서는 아리스토텔레스가 『영혼론』 3권에서 말한 것처럼, 모든 것이 되는 영혼이다. 영혼은 인지하는 힘과 욕망하는 힘을 가지고 있다. 존재와 욕구의 일치는 선이라는 용어로 표명된다. (……) 그리고 존재와 지성의 일치는 진실이라는 용어로 표명된다."[21]

동일화 또는 유일성

성 토마스의 "네 이웃을 너 자신처럼 사랑하라."에 대한 주석은 이러한 테두리 속에 자리 잡는다. 『격언집』(3권 29, 2. 1)에는 이렇게 쓰여 있다. "사랑이란 어떻게 보면 사랑하는 자와 사랑받는 자를 결합시키기 때문에, 사랑하는 자는 사랑받는 자에 대해서 마치 자기 자신에 대해서처럼, 또는 자기 완성에 관련된 것에 대해서처럼 처신한다." 따라서 타자에 대한 사랑의 동기는 내가 나를 위해 존재하는 그 선이어야 한다. 바로 이것이 다른 사람들과 나를 갈라놓는 존재론적 차이를 더 이상 강조하지 않고, 동일화와 유사성을 위해 일치까지도 초월할 수 있도록 나를 인도한다.[22]

---

21) *De veritate*, I, I.

22) "친구의 것이 자기 자신의 것으로 간주되고, 사랑하는 자는 자기가 그 친구와 동일화되듯이 친구 속에 들어 있다고 생각한다. 그 대가로, 사랑하는 자가 자신을 위해서처럼 그 친구를 위해 원하고 행동해 그와 동일화를 이루게 되면, (이번에는) 사랑받는 자가 사랑하는 자 속에 존재하게 된다."(*Somme théologique*, I, Ⅱ, 28, 2) 또한 사랑의 원인으로서의 유사성에 대한 옹호도 읽을 수 있다. "동일한 형태를 갖고, 오직 그 형태와 똑같은 유일한 것만을 만들어 내는 대상들 사이에 존재하는 유사성

이러한 타인과의 총체적 동일화에서 '자기'의 승리는 이상화되어 도처에 현존하는 나르시시즘의 군림을 각인한다. 판단력과 결합의 사랑 행위를 넘어서, 사랑 속에 지고의 목적성으로서 요구되는 것은 타인과의 합일이다. 그러한 의미에서 '마치 ○○처럼', '○○ 같은(sicut)'이라는 용어는 동등성을 가리키는 것이 아니라, 이미 우리가 거론한 바와 같이, 유사성을 가리킨다. 또한 그 용어는 타인을 또 하나의 개체, 특이한 숫자, 또 다른 자기 자신처럼 사랑하도록 부추긴다.[23]

그러나 예컨대 디오니시우스의 신비적 전통과 성 토마스의 고유 사상의 흐름 중 하나는 물론 성 토마스에게 이웃 사랑을 합일(unité)로서뿐만 아니라 결합(union)으로서 고찰하도록 강요한다. 이 결합이라는 용어는 어떤 난폭성이 동일자에게 가해지자 그는, 자신을 보호하면서, 상대방 속으로 사라져 버린다는 것을 함축하고 있다. 상처로서의 사랑은 성 토마스에게 부재하는 주제와는 거리가 멀다.[24] 그것은 자기에게 고유한 특성의 상실, 황홀, 법열, 격동이다. 신학자 성 토마스의 은유들[25]은 그의 이

은 하나를 다른 하나에 열중케 하여 오직 하나가 되게 하고, 그 하나가 자신에게 원하는 만큼의 선을 다른 하나에게도 바라게 만든다. 그렇기 때문에 유사성은 결과적으로 사랑의 원인이다."(Somme théologique, Ⅱ, Ⅰ, quest. 27, art. 3)

23) "sicut(○○와 같은, 처럼)은 동등성이 아니라 유사성을 가리킨다. 사실 자연스러운 애정은 자연스러운 합일에 바탕을 두고 있으므로, 사랑하는 자와 덜 결합된 것은 자연적으로 사랑을 덜 받는다. 그렇기 때문에 우리는 즉각적으로 우리와 합일된 것을 단지 특수하게 혹은 일반적으로만 합일된 것보다 자연히 더 사랑하게 된다. 그러나 우리가 우리 자신에게 좋은 일이 있기를 바라면서 우리 자신을 사랑하는 것처럼, 다른 사람을 사랑하고, 그에게 좋은 일이 있기를 바라면서, 자기를 위해 가지는 애정과 유사한 애정을 다른 사람에게 갖는 것도 자연스러운 일이다."(Somme théologique, Ⅰ, 60, 4, 2m)

24) "합당한 사랑은 하느님처럼, 사랑하는 자를 더 완전하게 하지만, 합당하지 않은 사랑은 죄악과 마찬가지로 그에게 상처를 준다. 그렇지만 일반적으로 모든 사랑은 상처를 주는데, 그것은 사랑이 육체에 가하는 여러 가지 과도한 변화 때문이라고 말할 수 있다."(Somme théologique, Ⅱ, Ⅰ, quest. 28, art. 5)

론의 어려움을 집약하고자 한다. 전체적으로 보아 그의 이론은 동일자와 타자가 선 안에서 존재론적으로 유사하다고 추정되기 때문에 필연적으로 그 둘의 갈등성을 생각할 준비를 하지 않는다.

바이스가 훌륭하게 밝혀 놓은 성 토마스 특유의 접근 방법 중 하나는 인식 주체의 욕구들에서 출발하여 사랑의 결합을 설명한다는 것이다. 유사성과 하느님 안에서 연인들의 근접성을 중시하는 사랑의 결합은 실체들의 극적인 합일이 아니라 이미 하느님의 것이었던 생명의 융합이다. "그러나 사랑은 가능한 한 사물들의 결합을 부추긴다. 그러한 이유에서 성스러운 사랑은 인간이 가능한 한 더 이상 자신의 삶을 살지 않고 하느님의 삶을 살게 한다."[26]

요컨대, 성 토마스의 사랑의 논리는 '합일체'와 그 '합일체'의 (자기의) 사랑이 있기 때문에, 두 사람(사랑받는 자가 자기와 동일화되었으므로)의 '결합'도 있다는 것을 상정하는 데 있다.[27]

---

25) 『격언집』 3권 25, 1, 1, 4m에서는 이러하다. "그런데 자기 자신 속에 자신이 내포하고 있는 그 무엇인가가 사라지지 않고서는 아무도 자기 자신으로부터 분리되지 않는다. 그래서 자연적인 존재다. 그는 자신의 형태가 질료 속에 갇히도록 짜 놓은 배열들에 의해서 사라지지 않는 한 절대로 그 형태를 잃지 않는다. 따라서 사랑하는 사람은 자신의 고유한 한계만으로 억제되어 있던 경계선을 잃어버리지 않으면 안 된다. 바로 그러한 이유에서 우리는 사랑에 대해 그것이 마음을 용해시킨다고 말한다. 용해된 것은 그 자체의 한계 속에 억제되지 않고, 마음의 '경직성'에 해당하는 상태의 정반대가 되는 것이다."

26) 3ᵉ Livre des Sentences, 29, 3, 1m.

27) "첫 번째 종류의 결합.(탐욕의 사랑 — 자신의 고유한 선을 위해 이해관계에 의해 대상을 포착함) 사랑은 그런 결합을 하나의 결과로서(effective) 실현한다. 왜냐하면 사랑이 마치 자기에게 적합하고, 중요한 것처럼 사랑받는 자의 현존을 욕망하고, 찾도록 부추기기 때문이다. 두 번째 종류의 결합.(이것은 상대방을 또 하나의 자기처럼 생각하고, 마치 자기에게 하듯이 상대방의 선을 원한다.) 사랑은 그 결합을 형식적으로 실현한다. 사랑 자체가 그러한 결합, 애착이기 때문이다. 바로 그러한 사실이 성 아우구스티누스로 하여금 『삼위일체론』 8권에서 다음과 같은 말을 하게 했다. "사랑

합일체 위에 세워진 성 토마스의 이러한 논지는 플라톤의 방식처럼 해석될 수도 있다. 플라톤의 방식은 지나칠 정도로 디오니시우스를 참조하면서 형식적인 위계질서에 속한 것을[28] 인과성의 관계 속에 집어넣고 있다. 여기서 우리가 고찰하게 되는 심리학적인 면모에 관해 말하자면, 성 토마스적인 사상의 역학은 선의 존재론 안에서 나르시시즘의 승화[29]를 완료한다고 말할 수 있을 것이다.

타자의 진정된 사랑, 그것은 타자의 사유를 준비한다

존재론이 선의 존재론이기를 끝내고 유일한 도덕 속에 선을 집어넣게 될 때부터 나르시시즘은 고통 속에 남게 된다. 이처럼 날개가 꺾여, 더 이상 사랑(amoris)이 아니라 사고(cogitans)가 될 이성(ratio)은 기본적인 자기애(amor sui)를 규탄하거나 아니면 잊어버릴 수밖에 없다. 사랑하는 주체로서의 자신의 출현을 억압한 인식 주체의 비참함과 위대함이 병행한다. 성 토마스에게 자신을 사랑하는 자기에 대한 인식은 아직 억압이 아니라 이상화이고, 아마도 일부 그의 제자들에게는 훌륭한 승화일 것이다. 타자뿐만 아니라 동일자도 그들의 결합에 비추어 변질시키면서 성 토마스는 각자의 단일성을 상대화하고, 최초에 그리고 샘내어 설정하게

이란 두 항을 묶거나 아니면 그것 둘을 묶고 싶어 하는 삶과도 같다." '묶는다'는 정서적인 결합을 가리키는데, 그런 결합 없이는 사랑도 없을 것이다. '묶고 싶어 하는'은 사랑이 실제적 결합을 생각한다는 것을 보여 준다."(*Somme théologique*, I, II, 28, 1) 보다 간략하게는 이런 구절이 있다. "결합시키는 것은 하나가 된 것과 유사하게 처신한다."(3ᵉ *Livre des Sentences*, 28, 6)

28) 바이스의 앞의 책 86쪽을 참조할 것.

29) 바이스는 '탈실체화'라고 말한다.

된 모든 정체성 자체를 전복시킨다. 사랑의 결합에서 타자 안에 용해된 '자기에게 고유한 특성'의 이러한 변질은 사랑하는 존재에게 진행 중인 분열의 해소처럼 작용한다. 그 밖에도 그 변질은 대단히 승화적인 '확산', '확산성'이라는 용어를 받게 된다. 형식적인 단위들의 차이성을 지우지 않으면서 실체들의 경계선을 혼합시키는 그 변질은 관대하고도 추이적이다. 다시 한번 '욕망을 자극하는' 선의 현존이 연인들 사이의 차이들을 완화시키면서 그 기적적인 작용을 성공시킨다. 한계에 다다르면, 타자는 내 안에 대타자 선을 확산하기, 선으로서의 대타자 안에 나를 확산하기의 중재자에 불과하다. 타자를 선의 판단 속에 흡수하기인 이 사랑의 철학은 신비적 이원성의 난폭성을 해소시킨다. 그 철학이 지닌 통합적인 선의는 더 이상 정동적이 아니며, 인식적인 자신의 판단력에 의해 통합된 주체의 군림을 준비한다. 그 통합된 주체는 선의 존재(*esse bonum*) 속에서 작업하게 하는 욕구를 멀리하는 경향을 갖게 되고, 오직 진실의 존재(*esse verum*)에 대한 자신의 지성만을 보존하게 된다.

나르시시즘의 상정은 그러한 혁명의 동인이다. 선의 신학에서는 승화의 동인인 그 혁명은 진실의 철학에서는 억압적이라고 스스로 시인하게 된다. 성 토마스의 '자기에게 고유한 특성'에서 남게 되는 것은 오직 선의 욕구를 잊어버린 인식하는 주체가 가진 '단일성'의 의미뿐이다.

성 토마스를 다시 읽어 보면 생각하는 주체는 타자를 생각하는 주체이고, 그와 마찬가지로 타자를 사랑하는 주체와 유사하다는 것을 재발견하게 된다. 사랑하는 이성과 생각하는 자아, 이 둘은 고유한 선으로부터 벗어나거나 합일되기를 갈망하듯이 타자로부터 벗어나거나(아니면 합일되기를) 갈망하는 나르시시즘의 상처를 지니고 있다. 그런데 성 토마스는, 자기에게 고유한 특성, 즉 선의 성채 속에 자기 상실의 불가능성을 상정하는 바로 순간에, 자기 상실의 환희를 밝혀 낸다. 사랑하는 연인들 사이의 분열은, 연인 각자에 내재하는 분열과 마찬가지로, 감각과 고유한 선에 귀속되는 판단력이라는 기계에 의해 즉각적으로 지워져 버린다. "왜냐하면 그 결과에 대한 (선의의) 관계는 타자 안에 구성된 선이기 때문이다. 그러한 관점으로 볼 때, 그리고 사랑의 결합 때문에, 타자의 선을 우리 자신의 선처럼 간주하는 한에서, 우리는 우리를 위해 다른 사람들, 특히 친구들에게 일어나는 선에서 마치 우리 자신에게 일어난 선에서처럼 기쁨을 느낀다."[30] 성 토마스적 사랑의 핵심인 자기애는 자기 상실(추천되고, 필요하다고 판단되며, 따라서 필연적으로 성공한 편집증)에 대한 천사의 치료일까?

욕동 자체가 이미 의미를 지닌다고 한 라캉은 이 문제에 대해 무엇인가 알고 있음이 틀림없다. 라캉은 성 토마스주의자인가? 마르크스가 헤겔주의자였던 것처럼? 하느님 없는 라캉, 절대 정신이 없는 마르크스? 불가능함 속에서, 실패의 모든 위험 부담을 지니고, 무엇이든 이용하기이다. 왜냐하면 창조자가 없다면, 우리로 하여금 사랑하게 만드는 이 욕구를 불러일으키는 선은 어디에서 올까? 욕망과 사랑의 욕동을 의미하는 '자연성'은 어디에서 올까? 창조자를 멀리한다면, 우리는 선의 근본을 멀리한다. 그렇다면 '고유한 선'을 어떻게 목표로 삼을 수 있을까? 그러므로 치료에는 매 순간 부조리한 의미만 있거나 아니면 개인적인 선택만이 있다. 명석한 사랑 속에서처럼. 사랑하는 이성, 나는 그대가 이해하게 해주는 것과 같은 나의 진실을 사랑한다.

---

30) *Somme théologique*, I, II, 32. 6.

구원 —— '자기에게 고유한 특성'의 실체

여기서는 성 토마스에게 자기애의 가치화가 지니는 인식론적·심리학적 중요성을 살펴보고자 한다. 오늘날 일부 사람들은 자연이 '창조되었음'을 보다 겸손하게 자연이 '유의미하다'라고 말하겠지만, 어떻게 말하든 간에 그것이 선이나 진실 같은 긍정적인 가치 위에 세워진 존재론을 제시하기에는 충분하지가 않다. 반드시 주관성을 축조해야 하지도 않고, 아직 축조하지도 않았지만, 그러한 존재론에는 인간적 체험의 접근을 마련해야 했다. '자기에게 고유한 특성'의 실체, 즉 이지적 존재가 잘 알고 있는 것 같은 보편적인 선을 사랑의 욕구 속에서, 진실을 판단력 속에서 명상하기는 신학적 축조의 핵심 포인트가 되었다. 심리학적으로 말해서, 사랑을 통해 자기에게 고유한 특성이 보편적인 선에 참여하기라는 그러한 바탕은 나르시시즘의 정상화를 통과하게 되었다. 즉 이상화하는 수정 덕분에, 나르시시즘의 죄의식에서 벗어난 것이다. 자신을 지고의 선에 통합하거나 적합한 참여자로 인정한다는 조건에서, 자기애라는 이 절대적 제삼자(Tiers absolu)가, 우리에게 치명적인 종말이나 불길한 속임수와는 거리가 먼 구원으로 가는 길이라고 밝혀질 수도 있다. 환희로 가는 길 말이다.

외형적으로 궁정 문학은 그러한 영감을 공유하지 않았다. 음유시인들의 불길한 열정(그리고 절대로 그들에게 고유한 특성이 되지 않을 불가능한 선을 소유하려는 열정 이외에 그들이 무엇을 찾아냈는가?)은 성 베르나르의 황홀한 예찬이나 성 토마스의 자기와 선의 논리적 통일보다도 아벨라르의 굴욕에 더 가깝다고 생각된다. 그러나 우리가 상기시킨 바와 같이, 시적 주술은 그 자체로 향수에 젖은 서사시인들이 찬양하는 기쁨의 등가물이고, 바로 그것을 통해서 자신의 이상과의 사랑의 분담을 기리는 자의 향락을 알린다. 음유시인의 천복은 '언어 수행적'이다. 그 천복은 텍스트와 음악이 뒤섞인 그의 노래의 화음과 마찬가지로, '연인들의 선(lor benananssa)' (Marcabru)에 주의 깊은 박자 위에 세워진 기표 속에 존재하기 때문이다. 그것은 비의적인 도취를(랭보 도랑주, 아르노 다니엘 드 리베락의 작품처럼) 아니면 더 직접적으로 성욕 자극적인, 더 나아가서는 외설적인 행위에 의해 포착된 도취를(기욤 9세, 베르트랑 드 보른처럼) 들려주는 기표이다.[31] 경건하거나 향수에 젖은 노래이지만, 그것은 본질적으로 자신과 대타자와의 관계(합일·결합)에 대한 관조를 향해 방향이 정해져 있다. 이상화된 귀부인은 나를 이상화하는 그 대타자이기 때문이다. 이러한 상정 관계에 대한 언술 작용은 있는 그대로의(사랑하는 연인으로 그리고 / 아니면 시인으로) 음유시인을 구성한다. 그의 실존은 자기가 즐기고 있는 언술 작용의 현실성 이외의 다른 현실성을 지니지 않는다. 그 귀부인이 실제로 존재하느냐 아니냐, 그녀를 소유했느냐 아니면 단지 쓸쓸하게 바라보기만 했느냐 하는 것은 별로 중요하지 않다. 그는 꿈꾸어 온, 실제의, 불가능한(상상적인) 합일·결합을 말하는 것을 즐기기 때문이다. 주술은 그의 존재의 유일한 보증인인 동시에 유일한 영광의 호칭이다.

후기 작품이면서 성 토마스의 작품과 같은 시대에 쓰인 한 텍스트가 순진하면서도 영상을 곁들인 방식으로 신학뿐만 아니라 궁정 서정시에서도 시도되었던 그러한 나르시시즘의 계승을 명시하고 있다.

기욤 드 로리스(Guillaume de Lorris, 1240~1280)가 쓴 『장미 이야기』는 사랑을 탐색하는 서정적인 청년 주인공(13세기 중엽의 때늦은 음유시인)이 자기 모험의 가장 중요한 순간에 나르시스의 샘에 자신을 비추

---

31) R. Nelli, 『음유시인들의 성애관(L'Érotique des troubadours)』, 1964, éd. Privat와 『중세의 에로티시즘(L'Éroticisme au Moyen Age)』, études présentées au IIIe Colloque de l'Institut d'Études médiévales, sous la direction de Bruno Roy, éd. de l'Aurore, Montréal, 1977을 참조할 것.

어 본다는 이야기를 들려준다. 오비디우스의 주인공에게 나르시스의 샘은 죽음의 장소인데, 그 샘이 내포하고 있는 쌍둥이 크리스털의 확대하는 힘뿐만 아니라 축소하는 힘 덕분에 그 죽음의 장소가 사랑의 샘(변형과 재생의 장소)이 된다. 그 서정적인 주인공은 결국 그가 자기 자신의 영상과 함께 그리고 그것 너머로 보는 것에서부터 출발해, 뒤에 나오게 될 이야기의 점점 더 추론적인 인물로 변신한다. 즉 그는 공상적인 주인공, 모험적이면서 철학적인 연인이 된다. 왜냐하면 오비디우스의 죽음의 물은 기독교 국가의 국민인 그에게 죽음 너머에 한 송이 '장미', 즉 하나의 '대상'이자, 자기 자신에 외재하지만, 그러나 그 자신의 영상의 굴절에서 솟아 나온 사랑의 탐색에 대한 '표적'이 존재한다는 것을 밝힌다. 사랑이란 자신의 영상을 택해 감안하고, 축소 또는 확대를 통해 그것을 변형시키는 그 영상 너머에 있는 그 무엇일까? 자기에게 고유한 특성의 루나 파크(Luna-Park)일까? 나르시시즘 너머에 있지만, 나르시시즘을 고려에 넣고 있는 그 무엇일까? 더구나 자기에게 고유한 것인 줄을 알지 못하는 고유한 자기 이외의 다른 대상이 없는 서정적 욕망에서 태어나는 나르시시즘은 '장미'를 봄으로써 그리고 사랑의 신의 화살에 부상을 당한 순간부터 타인에게 접근할 수 있다. 연인은 그때부터 더 이상 서정적인 (자기) 예찬이 아니라 자기가 사랑하는 정원에 대한 공상적인 정복에 돌입한다. 그것은 주관적인 내부의 평원이라기보다는 복합적이고 사회적이며 관여적인 지리학이라고 할 수 있는 영역에 대한 서술적이고 논리적인 정복이다.[32] 시는 나르시스에 속하고, 귀부인과 이야기는 대상의 사랑에

---

32) Michelle A. Freeman, "Problem in Romance Composition : Ovid, Chr. de Troyes and *The Romance of the Rose*", *Romance Philology*, XXX. nº I, aug. 1976 ; Joan Kessler, "La quête amoureuse et poétique : la Fontaine de Narcisse dans le *Roman de la Rose*", *Romantic Review*, vol. LXXII, nº 2, march

속한다. 그리고 전자 없이 절대로 후자가 있을 수 없다. 궁정시와 그것이 후에 영향을 미친 낭만주의 문학 속에서 자기애가 계승된 것은 그 두 가지를 영감과 목적성이 아니라면, 적어도 중세가 성공한 은총의 순간에 가졌던 것 같은 동일한 강박관념과 그것들을 연결시키는 점선을 표시하고 있다. 그것은 사랑과 선, 선에 대한 사랑을 구함으로써 나르시시즘을 구하는 것이다. 오늘날에도 그런 것이 가능할까? 어떤 선에 대한 사랑을 위해서일까? 오직 나르시시즘만이 고통 속에 살아남아 있다.

스피노자의 기쁨 ─ 지적인 사랑

이러한 검토가 현대 철학의 문턱에서, 성 토마스와 함께 여기서 갑자기 중단되는 것은, 데카르트의 거창한 계획 가까이에서, 일신교에 가려진 철학적이고 신학적인 담론의 몇 가지 흔들림을 강조해 보겠다는 것 이외에 다른 야심을 가지고 있지 않다. 그 흔들림은 인식의 계통학 이전에 (혹은 그만큼) 본능적 욕구의 역학을 설정하고 있다. 데카르트, 스피노자, 칸트, 헤겔과 함께 그러한 사랑의 욕구의 잔존물들을 추적했어야 했고, 그 욕구는 일자를 향한 현기증과 선을 소유하기로서, 미학 혹은 도덕에서, 승화 혹은 향락에서 그 모습을 드러내고 있다. 그 문제들을 마치 부분적으로만 채워지고 말해지는 사랑의 열정 속에서처럼 임의적으로, 임시적으로 잠시 중단시켜 놓자.

그렇지만 사랑의 상상계를 지배하는 몇 가지 신화에 접근하기 전에, 하느님을 참다운 존재라고 설정하면서도 진실을 오성 그 자체로 정의한

1982, 134~146쪽. 이 책 395쪽 '사랑에 빠진…… 나르시스의 소설' 이하를 참조할 것.

무신론자, 스피노자의 글을 펼쳐 보자. 그의 하느님 또는 자연(*Deus sive natura*)의 무한성의 일부분처럼 참여하는 인간의 오성은 성스러운 '무한'을 사랑한다는 것을 잘 의식하고 있다. 스피노자의 인간 정신, 즉 행위로서 존재하는 육체에 대한 사상은, 인식의 세 번째 종류에 의해서 "천복은 하느님을 향한 사랑 속에 있다."[33]라는 것을 깨닫지 않는가. "하느님을 향한 정신의 지적인 사랑은 하느님의 사랑 그 자체이다."(Mentis amor intellectuales erga Deum est ipse Dei amor.) 그 하느님은 자기가 무한하기 때문이 아니라 영원성의 종류라고 간주된 인간 정신의 본질에 의해 설명될 수 있기 때문에 그 자신을 사랑한다. 다시 말하면 하느님을 향한 정신의 지적인 사랑은 하느님이 그 자신을 사랑하게 되는 무한한 사랑의 일부분이다."[34] 스피노자에게 하느님은 엄격히 말해서 사랑을 하지 않는 것이 분명하다. 왜냐하면 그 분에게는 외적인 대상이 없고, 그 자신을 사랑하기 때문이다. 그리고 오성이 그의 목표인 구원에 도달하는 것은 그런 진리에 참여하는 것이다. 또한 스피노자 식의 사랑은, 데카르트가 정의했던 것과 마찬가지로, '사랑하는 것과 결합하고자 하는 자의 의지'라고 정의되지 않겠는가. 그러나 그는 계속 이렇게 말한다. "사랑은 외적 원인의 관념을 동반하는 기쁨이다."(Amor est laetitia concomitante idea causae externae.)[35] 의지가 있다면, 여기서는 그것이 묵종(acquiesscentia)으로서, 기쁨과 천복을 향한 행진으로서 이해되지, 자유로운 법령이나 욕망으로 이해되지는 않는다. 그러나 여기서 강조되어야 할 것은 스피노자적인 사랑의 대상인 동시에 동력인, 그것 자체를 사랑하는 '외부 원인'의 자리

---

33) 이것은 스피노자의 『윤리학(*Éthique*)』의 마지막 논제의 보기이다. 스피노자, *Œuvres* (플레이아드 판), 595쪽.

34) 스피노자, 같은 책, 논제 XXXVI, 589쪽.

35) 같은 책, 3장, "Origine et nature des sentiments, définition VI", 앞의 책, 472쪽.

잡기이다. 그것은 기쁨이라는 사랑의 충동이 어찌하여 자기 자신과 하느님 또는 자연(sive Natura)과의 동일화인지를 드러내기 위한 것이다. 그것도 억제의 주체성을 향한 데카르트적 후퇴가 아니라 어떤 대상 또는 즐겁게 자기를 사랑하는 무한한 원인 그 자체 속으로 오성의 환희에 찬 침잠을 통해서 말이다. "……우리의 구원, 달리 말하자면 '천복'과 '자유'는 하느님을 향한 꾸준하고 영원한 사랑으로, 달리 말해서 인간을 향한 하느님의 사랑으로 이루어진다는 것은 분명하다. (……) 결과적으로 그것은 하느님과 관련되기 때문에, 자기 자신의 관념을 동반하는 (……) 기쁨이다."(laetitia concomitante idea sui.)[36]

오직 인식밖에 없다면, 그것은 자기를 (그의 육체도 잊지 않고) 하느님에게로 가져가는 지적인 사랑(amor intellectualis)이다. 이처럼 오로지 인식만이 논리학적 지평선으로, 즉 구원(salus)의 기쁨으로 안내할 수 있다. 성 토마스의 사랑하는 이성과 스피노자의 지적인 사랑 사이에 어떤 진정한 전복, 말하자면 신학에서 윤리학으로의 전복이 일어난 듯하다. 그렇다고 해서 논리학이 천복을, 말하자면 향락을 포기하지 않을 때 사랑이 논리학에서 삭제된다는 말은 아니다. 성 토마스의 향락은 은근하고, 스피노자의 향락은 폭발적이고 혁신적이다.

나머지는 사랑의 막다른 골목인 희열을 펼치는 상상력, 유령, 우화일 뿐이다.

---

36) 같은 책, 589~590쪽.

5부

돈 후안 혹은 정복하는 힘을 사랑하기

남성적 유혹

어둡고 격정적인 스페인 땅(티르소 데 몰리나의 『세비야의 농락자(*El Burlador de Sevilla*)』는 1630년에 쓰였다.)에서 태어난 그는 가곡의 경쾌함과 이탈리아적인 음성(치코니니의 『묘석에 초대된 자(*Convtato di pietra*)』(1650년))을 뛰어넘어, 여인들과 하늘을 향해(마치 그가 달콤한 프랑스(몰리에르의 『돈 후안』(1665년))에서 하듯이) 냉소적이고도 매혹적인 눈짓을 보낸다. 호색가, 악당, 우스꽝스럽고 못 말리는 돈 후안은 남성의 성욕에 대해 서양의 전설이 남긴 가장 완전하게 애매모호한(가장 완벽한) 인물임이 틀림없다. 우리는 모차르트를 기다려야 했고, 드디어 그는 1787년 프라하에서 「코믹 오페라 돈 후안(Opera buffa Don Juan)」을 작곡했는데, 그것은 그 스페인 귀족의 끔찍한 유혹이 티르소 데 몰리나의 이름 없는 선배들의 흥분된 상상력 속에서 아마도 태어날 때부터 그를 뒤따랐던 도덕적 규탄에서 해방되어, 음악 속에서 비도덕적인 에로티시즘의 직접적인 언어를 찾아내기 위해서였다. 그리하여 그 작품은 자유에 대한 찬가로서 전 세계에 울려 퍼질 수 있게 된다. "죄를 회개하라, 악당아!

아니, 난 회개할 수 없소! 회개 해! 못 해! 해야 해! 못 해!"

그러나 여기서 우리의 관심을 끄는 것은 프랑스 대혁명을 예고하는 돈 후안의 사회적이고 정치적인 중요성이 아니다. 그의 무신론은 에로티시즘의 한 가지 가능한 결과가 아닐까? 그러한 에로티시즘의 본질적인 음악성을 밝히는 키에르케고르[1]의 입장은 보다 내면적으로 우리의 귀 기울임과 연결되어 있다. 기독교에서 나온 (덴마크 출신인 그 철학자에 의하면) '관능적·감각적 천재성'은 음악을 통해서만 표현될 수 있는 최고의 '추상성'이기 때문이다.

그런데 무엇이 돈 후안을 바쁘게 뛰어다니도록 할까? 그가 찾고 있는 것은 무엇일까? 역으로, 불행해지고 버림받게 되는 그 여자들을 그에게 끌리도록 한 것은 무엇일까? 마지막으로, 마치 자기들이 돈 후안인 것처럼 상상하고, 욕망하고, 행동하는 남자들을 돈 후안 주변으로 모이게 한 것은 무엇일까? 위의 세 가지 질문이 다양한 사랑의 대상을 상정하고, 남성적 유혹의 세 가지 면모를 밝혀 줄 수 있을 것이다.

서술과 음악 ── 도덕과 무한

돈 후안의 모험을 이해하는 데에는 적어도 두 가지 방식이 있다. 첫 번째 방식은 서술자, 예를 들면 몰리에르나 로렌초 다 폰테(모차르트의 가극 각본을 쓴)가 이야기해 주는 그대로의 의미를 포착하고자 시도하는 것이다. 두 번째 방식은 오히려 몰리에르 산문의 뛰어난 기교에 귀를 기

---

1) 「자연스러운 성욕 단계 또는 음악적인 에로티시즘(Les étapes érotiques spontanées ou l'érotisme musical)」, *Ou bien…… ou bien*(Gallimard, 1943).

울이고,(『돈 후안』은 산문으로 쓴 그의 첫 작품이다.) 모차르트 음악 특유의 불멸의 진정성을 담은 가볍고 투명한 환희에, 그리고 유혹자의 염복에 수반하는 공모적이고 자유로운 웃음과 그 음조에 귀를 기울이는 것이다. 정신분석가는 어떤 위치에 자리 잡을까? 프로이트와 라캉이 음악을 좋아하지 않았다는 사실은 현대인에게는 오히려 돈 후안 신화를 구성하는 두 가지 방향(의미와 유혹, '전언'과 뛰어난 기교)에 귀를 여는 것이 필요함을 암시해 준다.

만일 우리가 이 이야기에서 문체적 효과를 벗겨내 그에 대한 전체적인 의미의 표현만을 남긴다면 서술자의 관점은 도덕가의 관점이 된다. 말하자면 희생자의, 이 경우에는 유혹당한 여자의 관점이 된다. 이것이 명백해지는 것은 우리가 사악하고 현실적으로 엄격하게 유지하기 어려운(왜냐하면 20세기 사람들에게는 돈 후안이 모차르트의 음악에 의해서 너무도 내재적으로 구성되었기 때문에) 선택을 통해, 모차르트의 음악을 잊어버리고 다 폰테의 가극 각본을 읽겠다고 생각하는 경우이다. 이 경우 그 유혹자의 거드름은 의심의 여지없이 드러난다. 즉 돈 후안은 단지 음탕하고, 건방진 색광에 지나지 않는다. 그는 여자들과 서민들의 약점을 악용하고, 다른 남자가 탐내는 정부를 끼고 있는 것보다 더 흥분되어 있고,(마제토가 제를리나를, 또는 레포렐로가 그 유명한 변장 장면에서 도나엘비레 주변을 맴돈다.) 붙잡아 둘 수가 없기 때문에 정복하기를 갈망하는 색골이다. 그러나 해체 중인 중세의 도덕성에서 태어난 교훈적인 그 이야기 너머로 모차르트의 즐겁고 장엄한 음악을 울려 퍼지게 함으로써, 관점이 달라지게 만드는 것이 필요하다. 그리고 피해자의 암울한 요구 사항 대신에 정복자의 향락을, 물론 자신에게는 대상이 없음을 알고 있고, 그것을 원하지도 않으며, 승리도 영광도 사랑하지 않고 단지 그 두 가지를 잇는 통로, 즉 무한에의 영원한 회귀를 사랑하는 한 정복자의 순수한 향락을 울려 퍼지게 하는 것으로 족하다.

그의 회계 담당 하인 레포렐로가 즐기는 숫자적 무한만이 아니다.("이탈리아에서 640명, / 독일에서 230명, / 프랑스에서 100명, 터키에서 91명 / 스페인에서는 이미 1,003명에 도달하였지.") 차감 공제의 즐거움이 심술궂기는 해도, 주인에게 그것은 계산이 아니라 놀이인 열정에 사로잡힌 여자들을 숫자로 환원시키는 사디즘을 자본화하는 데 그친다. 모차르트의 음악이 드러내는 무한은 정확히 말해서 열정이 진정된 놀이의, 예술의 무한이다. 낭만주의의 정반대 쪽에서 모차르트의 돈 후안은 결합관계를 형성하는 것을 즐긴다. 그 부인네들은 그의 구조물의 지표들(이 용어를 기억해 두자.)이다. 그가 그 부인들을 욕망한다 해도 그 여자들을 자율적인 대상들로서가 아니라, 그 자신의 구조물의 푯말들로서 투여하기 때문이다. 이 말은 그가, 나르시스처럼, 그 속에서 여자들을 본다고 생각하는 욕망하는 유령들을 통해 오직 자기만을 무한히 사랑한다는 것을 의미하는가? 반드시 그렇지는 않다. 음악적인 돈 후안은 대상을 투여하지 않고 병적인 나르시스의 지하 세계에서 벗어났다. 일련의 정부들과 부인들을 통해서 그는 그의 세계를 증대시키고, 그것으로 많은 공간을 만든다. 돈 후안이 음악적인 것은 정확히 말해서 그에게는 '자아'가 없기 때문이다. 돈 후안에게는 내면성이 없다. 그러나 그의 방황, 도주, 많은 만큼 지키지 못하는 그의 거주지가 보여 주듯이, 그는 다양성이고 다음성이다. 돈 후안, 그는 다수의 조화이다. 여기서 단순히 편집광이 된 나르시스가 문제라고 서둘러 말해서는 안 될 것이다. 그 명제는 그것을 뒤집어 놓는다는 조건에서만 받아들여질 수 있다. 돈 후안은 편집광이 실패하는 곳에서 성공하기 때문이다. 그는 여자들을 정복하고, 하느님에게 도전하며, 예를 들면 우리가 희가극을 구성하듯이 자신의 삶을 구축하는 데 성공하고 있다. 돈 후안은 할 수 있다. 돈 후안이즘은, 귀족의 시대 혹은 댄디즘

시대에 그러했듯이, 하나의 예술이다.[2]

몰리에르 — '이상'은 진정으로 코믹한가?

우리가 모차르트의 오페라 텍스트와 음악에서 관찰할 수 있는, 희생자가 본 돈 후안과 기쁨으로 희색이 만면한 돈 후안 사이의 대립은 몰리에르의 『돈 후안』 텍스트에서는 덜 뚜렷하다. 이 경우 예술의 매체는 언어이고, 언어가 홀로 유혹의 표현, 의미 그리고 성과를 감당한다. 몰리에르가 산문으로 쓴 이 첫 번째 희곡에서, 우리는 운율이 있고, 무운 시절로 된 매우 시적이고 12음절로 짜인 문장을 볼 수 있다. 언술 작용의 풍부함도 상기할 수 있을 것이다. 냉소적이고 귀족적이며, 서민적이고 비극적인 언술 작용은 저자의 재능뿐만 아니라, 다양한 언어 구사와 복합적인 효과로 이루어진, 예술가이자 보기에 따라서는 코미디언, 설익은 '1인 오케스트라'인 그 주인공의 조형성을 예고한다. 몰리에르 역시 '그 고약한 인간 나리'에게 유혹당한 듯한데, 그가 돈 후안을 규탄하고 있는가, 아니면 사면해 주는가? 어째서 『돈 후안』은 몰리에르가 살아생전에 출판하지 않은 유일한 작품일까? 독신자들이 두려워서? 아니면 그들과 타협하기 위해서? 사실상 기의의 차원에서도(기표에 대해서는 말할 것도 없고) 우리는 샤를로트의 검은 손에 입을 맞추고, 고상하게 엘비르의 두 오빠 동 카를로스와 동 알론스 앞에서 자신의 입장을 밝히거나 솔직하게 다음과 같이 선언하는 그 돈 후안에게 어떻게 공감하지 않을 수 있겠는가.

2) Donna C. Stanton, *The Aristocrat as art*(Columbia Univ. Press, 1980)을 참조할 것. 저자는 17세기의 교양인(honnête homme)과 댄디들에까지 이르는 그들 특유의 내면적 체험의 어떤 개념은 사실상 예술의 등가물이라고 주장하고 있다.

"당신이 알고 있듯이 나는 사랑에서 자유를 좋아하오. 나는 내 마음을 사면의 벽 속에 가두어 두겠다는 결심을 할 수 없다오. 당신에게 스무 번도 더 말했듯이, 나는 내 마음을 끄는 모든 것에 끌려가도록 내버려두는 본성적인 성향을 지녔소. 내 마음은 모든 아름다운 여인들의 것이고, 그녀들이 번갈아 가며 내 마음을 갖게 되고, 원하는 만큼 간직하지요."(3막 5장) 우리가 지나친 불의를 저지르지 않고 가정할 수 있는 것은, 그 엉뚱한 몰리에르가 "둘 보태기 둘은 넷"(3막 1장)만을 믿는다고 선언하는 그자에게 무관심하지 않았다는 사실이다. 그와 같은 실증주의는, 인간의 차원에서와 마찬가지로 관념의 차원에서도, 그 어떤 우상 숭배도 돈 후안의 세계에서는 불가능하다는 것을 드러내 보여 준다. 그러나 몰리에르 자신은 바로 그러한 상대주의에서 자기 희극의 힘을 끌어낸다. 돈 후안 자신은 그 힘으로 추상적인 탐색, 표상 불가능한 이상, 미학 또는 성욕의 원칙을 만들고, 그 성욕에게 가시적인 대상들은, 평가절하되지 않은 상태에서 불가능한 절대를 향해 나아가는 임시 정거장일 뿐이다. 실제로 『돈 후안』 1막 2장에 나오는 그 유명한 대목에는 독신자들의 적수를 욕망의 독신자로 만드는 절대적 열정에 대한 예찬이 들어 있다.

나에게 아름다움(원문 그대로 하면 아름다운 여인이 아니라 아름다움의 원칙 자체)은 내가 그것을 발견하는 곳이면 어디에서든 나를 매료시킨다오. 그리고 나는 아름다움이 우리를 이끄는 그 달콤한 난폭성에 쉽사리 빠져들어 버리지요. 내가 약속을 했어도, 어떤 미녀에 대해 내가 가진 사랑이 내 영혼으로 하여금 다른 여자들에게 불의를 행하도록 강요하지는 못해요. (……) 어찌되었든 나는 내가 사랑하고 싶다고 생각하는 모든 것에게 내 마음을 거절할 수는 없소. 그래서 한 아름다운 얼굴이 내 마음을 요구하자마자, 나에게 일만 개의 마음이 있다면, 그것들을 모두 주어 버릴 것이오. 결국 생겨나는 끌림에는 설명할 수 없는 매력이 있지요. 그리고 모든 사랑의 즐거움은 변화에 있어요. 수백 가지 찬사를 통해 젊은 미녀의 마음을 정복하고, 매일매일 우리가 만든 조그마한 진전을 확인하고 (……) 그녀의 하찮은 저항들을 조금씩 격파하고, 그녀의 자존심이 걸려 있는 조심성은 물리치고 그녀가 왔으면 하고 바라는 장소로 부드럽게 이끌어가기 등에서 우리는 극도의 달콤함을 맛보게 된다오. 그러나 일단 우리가 정복자가 되면, 더 이상 아무런 말할 것도 바랄 것도 없어지지요. 모든 열정의 아름다움은 끝났으니까요. 그렇게 되면 우리는 그런 사랑의 평온 속에서 잠들어 버리지요. 어떤 새로운 대상이 찾아와 우리의 욕망을 다시 깨우고, 새로이 정복해야 할 매혹적인 유혹을 우리 마음에 제시하지 않는다면…….

사실상 욕망이 대상을 바꿈으로써 힘을 얻는다는 진부한 고백[3]은 이 경우 돈 후안 특유의 특징인 소유 없이 정복을 추구하기와 유사하다. 기사도적이고 반부르주아적이기 위한 것이기는 하지만, 그러한 변심이 주관적인 면에서 이중적인 역학을 드러내지 않는 것은 아니다. 한편으로 어떤 사랑의 대상도 마음을 사로잡지 못한다. 말하자면 그 어떤 미인도 유혹자의 행보를 멈추게 할 수 있는 '유일한 아름다움'이 될 수는 없다. 유혹당한 여자들에게는 폭군적인 것만큼 유혹자에게는 구원적인 절대 이상과 대등한 것은 아무것도 없기 때문이다.

다른 한편 소유하기를 포기한다는 것은 축재하고자 하는 욕구인 항문적 고착을 초월한다는 것이다. 그와는 반대로, 돈 후안과 그의 채권자 무

---

3) 이러한 관점에서 파스칼이 『팡세』에서 제시한 자유분방함에 대한 유명한 분석을 참조할 수 있을 것이다.

슈 디망슈 사이에 일어나는 장면(4막 3장)과, 그리고 돈 후안과 신성모독을 거부해도 그 유혹자가 약속한 금화를 받는 그 가련한 인간 사이에 일어나는 장면(3막 2장)이 보여 주듯이, 돈 후안은 계산하지 않고 돈을 쓴다. 그리고 빚을 갚지 않더라도 그는 구두쇠가 아니다. 그의 너그러움은 그를 물질적인 혹은 결혼상의 소유로부터 떼어놓는다. 그에게 중요한 것은 오직 여성 정복이다.

유혹자는 남근 그 자체일까? 일시적 억제일까? 주기적으로 생기는 남성적인 힘일까? 아무 데도 쓸데없는 탕진일까? 발기와 수축 운동이 환상적으로 무한히 계속되는 것일까?

어쨌든 '신중한 정신'은 어떤 대상, 즉 그러한 탐색을 추진시키고 뒷받침하며 보장하는, 불가능하지만 존재하는 어떤 대상이 있을지 알고 싶다는 질문을 자신에게 던지게 된다. 욕망의 광신자인 돈 후안도 역시 최종 분석에서는 누구에 의해서 소유되지 않았던가?

하느님 아버지에 의해서? 사실 유혹자의 전략술들은 '기사장(Com-mandeur)'이 고정관념(어원적으로는 돌에 새긴 글씨)으로서 구현하고, 돈 후안의 실제 아버지(몰리에르의 작품에 나오는 돈 루이)가 친근하게 표상하는 '율법'에 끊임없이 도전하는 것 같다. 돈 루이의 확인을 주목해 보자. "사실 우리는 서로 이상하게 불편한 관계거든." 그리고 너무 성급한 그의 고백은 자기도 모르게 자기 아들에 대한 사랑을 드러낸다.(이것은 돈 후안이즘의 이면일까, 아니면 그것의 원동력일까?) "나는 보기 드문 열정으로 아들 하나를 원했다네."(4막 4장) 다른 때는 그처럼 상냥하던 돈 후안은, 스가나렐에게 던진 말에서처럼, 그 아버지에게는 무례하고 난폭한 모습을 보인다. "그 얼간이 지긋지긋해."(5막 2장) 방금 돈 후안이 던진 대꾸는, 비록 아버지 앞에서는 예의를 갖춘다 해도, 아버지와 관련된 항변과 마찬가지의 위선적인 전환과도 관계가 된다. 그런데 더욱 애매한

274

것은 '기사장'에 대한 그의 태도이다. 돈 후안은 스가나렐[4]의 신앙을 믿지 않는데도, 저승에서 온 유령이자 '도덕'과 하느님의 전령사인 레포렐로에게는 서둘러 답하고 그를 저녁 식사에 초대까지 하니 말이다. 구두화해의, 원한다면 내투사의 시도이자 실패한 교류인 그 장면은 유혹적인 열정의 최종 대상으로서의 부성적 징벌을 드러내는 것이라고 이해될 수 있다. 그 유혹자는 무엇을 원하는가? 아버지의 처벌이다. 그런 의미에서 돈 후안을 비도덕적인 인간이고 무신론자라고 보는 것은 옳지 않다. 더 정확하게는, 아버지에 대한 그의 성도착은 사회학적인 측면에서는 부정적인 역학을 간직하고 있는 일신교가 와해하는 정확한 계기를 가리킨다. 실제로 부정적인 신학이 문제되지 않는다 해도, 우리는 유지된 만큼 우롱당한 금기와 항구적으로 연관되었음을 자인하는 위반의 옹호를 목격하게 된다.

반(反)인간주의자

돈 후안이 우울하면서도 환한 모습으로 스페인의 어느 수도원 감방에서 생애를 마쳤다고 하는 전설을 믿는 알베르 카뮈의 해석을 따르기는 어려운 듯하다. 그것은 죽음을 무릅쓰는 스페인 귀족의 무례한 기쁨보다는 알제리 사막에 더 가까운 인간주의자적이고 도덕주의자적인 해석이 아닐까?

중세 말기에, 돈 후안의 역설은 그가 인간주의자가 아니라는 것이다. 그가 누빈 다양한 공간, 결합 관계의 즐거움, 애착의 결여, 금기를 가지

---

4) (옮긴이) 몰리에르의 작품 『돈 후안』에 나오는 인물.

고 놀기와 금기에 대해 비웃기 등은 그를 내면성이 없는 존재로 만들고, 그의 인간주의적인 도덕관은 (비록 그가 폭넓게 무신론의 증거들을 제시한다 해도) 동일시될 수 없는 것이다. 자유분방함은 오히려 존재를 하나의 형태, 놀이, 즐거움으로 만들고자 하는 갈망이 아닐까? 자유분방함이란 삶을 하나의 예술로 만들겠다는 기이한 주장이 아닐까? 달리 말하자면, 돈 후안 식의 유혹, 일시적으로 그리고 영원히, 대상 없이 그리고 '나중에 아니면 절대로' 이룰 수 없는 실현들의 무한 속에서 무조건 정복하겠다는 자의 남근적인 그 힘은 단순히 그리고 오로지 예술의 역학 속에 자리 잡고 있지 않을까?

바로크적인 남자 — 이름 없는 남자

티르소 데 몰리나에게서는 그의 가면을, 모차르트에게서는 비밀과 변장에 대한 취향만 보아도 돈 후안은 변덕과 위장 그리고 마력의 놀이를 통해서 완전히 자신을 확인한다.[5] "이 남자는 누구인가?"라고 이자벨은 다짜고짜 묻는다. 그러자 티르소의 작품에서 돈 후안은 그의 첫 발언에서부터 자신을 다음과 같이 정의한다. "내가 누구냐고? 이름 없는 남자지요."[6]

---

5) 장 루세는 모범적인 섬세함과 적절성으로 바람둥이 돈 후안과 그 자체가 변화무쌍하고 유동적이며, 속임수, 외관 그리고 매혹으로 유혹받고 유혹하는 바로크 예술 정신 사이의 연관 관계를 보여 주었다.(Jean Rousset, 『안과 밖(L'Intérieur et l'Extérieur)』 essai sur la poésie et sur le théâtre au XVIIᵉ siècle, José, corti, 1968를 참조할 것. 또한 같은 저자의 『프랑스 바로크 시선집(Anthologie de la poésie baroque française)』(Paris, A. Colin, 1961)도 참조할 것.)
6) J. Rousset, 앞의 책, 137쪽에서 다음과 같이 정의한다. "왜냐하면 그에게는 고유한 자

돈 후안이즘은 바로크적인 변심의 축제로서 있는 그대로 수용되었고, 스퐁드, 도비녜 그리고 파스칼에 이르기까지 변심에 대한 기독교의 비난과 대립되었다. 더욱이 17세기의 흥행물과 '이탈리아 식 연극'에 자주 등장하던 '마법의 섬'이 보여 준 무대적 환상 쪽으로 완전히 기울어진 바로크 미학은 관중을 꿈과 환상으로 초대했고, 그러나 그것은 현실과는 절대로 혼동해서는 안 되는 놀이라고 가르쳐 주었다. 위장에 의한 그러한 도취는 돈 후안에게도 마찬가지지만 바로크적인 인간에게 '제2의 천성'(19세기 '사실주의자들'이 배우들에게 요구한 것 같은)이 되지는 않는다. 그 반대로, 그러한 도취는 환상적이지만 형이상학적인 '자유'의 지표처럼 전개된다. 사실상 그 세계에서 자유는 가치가 아니다. 자유란 요청이라기보다는 하나의 놀이요, 여유이다. 바로크적 축제가 요컨대 『마법의 섬의 즐거움』이나 오페라 「아르미드(Armide)」의 호화로운 무대 장치를 불태우며 스스로 소진될 때, 그것은 사악한 환상을 비난하기 위해서라기보다는 일시적으로 도전받지만 유지되어 온 초월성과 정지된 현실의 지상 명령 위로 바로크적 인간의 엄청난 우월성을 명증적으로 나타내기 위한 것이었다. 돈 후안을 집어삼키는 불은 바로크식 무대 장치를 앗아가는 불과 같은 것이다. 사랑에 빠진 그 희생자들을 매료시키고 난 다음, 그리고 환각에 빠진 관객인 우리들을 정복하고 난 후, 자신을 소비해 버리는 사치를 자신에게 제공하는 것은 바로 위장의 승리이다. 아무런 대가도 없이? 아니면 교활하게 그리고 '일자'의 면전에서, 본질적인 인간, '코미디언' 인간의 능력을 과시하기 위해서이다. 변신하고, 내면성 없이 살아가고, 오로지 연기를 위해서 가면을 쓰는 재주 이외에는 아무런 진실성이 없는 예술가이다. 자유주의자 돈 후안은 바로크 시인의 '방랑하는 변심'

아는 없지만 무한한 자아 교체를 가졌으니까."

을 공유한다. 돈 후안은 행동하는 조각가 베르니니이다. 덧없고 유동적이며 쾌활한……. "이 세상만사가 변하기 쉬우니…… 망설이지 말고 사랑해야 한다."(로르티그) 바로크 예술을 넘어서, 모든 예술이 본질적으로 바로크적, 말하자면 돈 후안적이 아닌가?

유혹 · 승화

그리하여 기사장의 돌덩이 같은 팔에 매달려, 불길과 죽음에 바쳐진 돈 후안의 최후는 오로지 독실한 신자들과 수구주의자들을 만족시키기 위한 관례적인 도덕적 규탄만은 아닐 것이다. 사실상 황홀한 그 종말 속에서 우리가 볼 수 있는 것은 인간 돈 후안의 종말이라기보다는 그 유혹자로부터 음악이 지속되도록 하는 것이다. 그렇게 함으로써 그 신화의 심오한 의미 작용, 즉 유혹이 곧 승화라고 하는 것이 드러난다. 따라서 돈 후안은 연극 수사학의 거장 몰리에르 자신이다. 더 나아가서 돈 후안 그는 그 전설의 법률적 의미를 초월해 거기에서 일련의 구축 행위, 혁신, 해방으로써 살아온 삶의 승화된 기쁨을 끌어내는 모차르트이다. 도취 속에 사랑이 있다면, 그것은 열린 작품을 만들 수 있게 하는 사랑이다. 상투적인 도덕관으로 화석화된 힘을 통합하고, 그것에서 양분을 섭취하고 그것을 초월하는 불가피한 남근적 힘이다. 돈 후안은 불신의 유혹자로서 자기가 부정하는 힘에 굴복할 수밖에 없다는 것을 두려움 없이 확인한다. 예술가인 그는 그리스도가 그의 하느님 아버지로부터 버림받았다는 것을 보고 느낀 그런 고독 상태에 빠지지도 않았다. 유혹자 · 승화자인 돈 후안은 무한한 · 제한 없는 작품의 임시 주인이다. 그는 아마도 그의 예술, 그의 관능성, 그의 음악이 얼마나 기이하고 공감하기 어려우며 광대한가를 확인하면서 단순히 가볍게 실망했을 수 있다. 죽음의 힘, 죽은 자의 힘으로서의 율법은, 공동체의 최후의 보장책이자 그 농도와 중량으로서, 절대적이고 초월 불가능하다. 그리고 내가 (당신을) 이 지옥에서 벗어나게 해 주고 싶었다는 말…… 그것은 아마도 아름다움에 대한 그의 탐색을 무슨 일이 있어도 포기하지 않겠다는 벌 받은 유혹자의 유일한 쓰라린 감정일 것이다.

기사장과 그 패거리의 삶, 스가나렐과 레포렐로에서 돈나 안나와 돈나 엘비르까지 바보스럽다고 할 정도로 편협한 그들의 삶은 유혹자의 공격성을 드러낸다. 희생자들은 돈 후안의 '냉혹함'에 대해 불평을 한다. 돈 후안 식의 관능성에는 승화에서와 마찬가지로 쾌락 원칙의 지배력이 다른 사람들의 요구와 욕망을 도중에 쓸어 버린다. 그 지배력은 다른 사람들의 내면성을 무시하고, 전위와 결합 관계로 이루어진 그것 자체의 향락에 그들이 참여하기만을 요구한다. 그러나 그 향락은 주체들의 향락이 아니라 '유일한' 주인의 향락이다.

노예들과 여자들은 다르게 만들어졌다. 그들이 어떤 힘(유혹자나 예술가의 힘과 비슷한)을 죽음의 욕동의 본질 속에 드러난 성적 욕동과 대결시킬 수 있겠는가? 하인들로 말하면, 그들에게는 주인 살해, 즉 현재로서는 불가능하고, 여하간 (미래가 보여 줄) 불충분한 대혁명 이외에는 아무런 힘이 없다. 그만큼 피로 물들이는 것은 도덕적으로 지지를 받을 수 없고, 리비도적으로도 기표를 씻어 내는 것보다 못하다는 것을 나타낸다. 여자들로 말할 것 같으면, 분만과 자식들을 맡는 것이 본업이다. 그러나 돈 후안은 아버지도 아니고 생식자도 아니고, 그런 것 되기를 통과해 버리는 데 만족한다. 돈 후안에게 아들이 있다고 상상한 것은 보들레르뿐인 듯하다. 그 아들은 '방탕과 자상한 배려로 썩어 버렸고', 그의 역할은 한 여자가 맡아 연기했으면 좋았을 것이다.

돈 후안의 향락은 그의 쾌락보다 우위에 있다. 텍스트들은 그의 관능성에 대해 길게 늘어놓지 않는다. 우리가 중세의 우화들이나 사드 후작 또는 레스티프(Restif de la Bretonne, 1734~1806) 등을 생각해 보면 그것이 단순히 시대의 정숙성 때문만은 아닐 것이다. 우리는 이 여성 편력의 호색가가 불감증 어린이 또는 성불능자가 아닌가 하고 자문해 볼 수도 있다. 어쨌든 그가 자기성애자였다 해도 그를 흥분시키는 것은 성욕이 아니라, 그가 만나는 모든 여자들을 그들의 고유한 길에서 빼돌려(se-ducere) 자기의 힘 아래 둘 수 있다는 것을 증명해 보이는 것이다.

짓궂은 사람들은 이 사건에는 한 여자가 부재해 있고, 그녀가 아마도 정복자의 자신감에 중요한 역할을 했으리라고 지적했다. 사실 우리는 한 번도 돈 후안의 어머니에 대해서 들어 본 적이 없다. 그리고 우리는 끊임없이 그를 자극하는 그 아름다움의 절대, 그것이 결론적으로 그녀(원초적인, 접근 불가능한, 금지된 어머니)라고 가정할 수도 있다. 순전한 가정이라고 하겠지만, 그러나 매일처럼 '돈 후안들'이 실제로 어머니의 영상에 밀착하는 것이 그러한 가정을 확인시켜 준다. 따라서 유혹자의 남근적이고 결합적인 힘은 언어, 수사학 그리고 음악이 뒤섞인 승화적 능욕 속에서 폭발할 수밖에 없는(그런데 어떤 기적으로?) 명명할 수 없는 어머니의 힘과 평형을 이루게 하는 데 쓰이는 것일까?

남게 되는 것은 물론 그 유혹자와 다른 남자들(그 여자들의 남자들)과의 경쟁심과 결국에는 그의 형제들과의 경쟁심이다. 돈 후안이라는 인물은 자기 동생들을 질투하고, 그들을 선호하는 듯한 어머니 앞에서 그들을 대신하기에는 무능력하며, 히스테리적으로 다른 형제들과 혼동하는 무심한 아버지의 지지도 받지 못하고, 그러면서도 모든 사람들에게 자기가 모든 여자들을 소유할 수 있다는 것을 보여 주겠다고 작정한 맏형의 환몽일까? 돈 후안의 맞수는 자기 후손에게 모든 여자들을 거느리는 우두머리의 역할을 물려주는 그런 맏형의 아들일까? 아니면 남편이 몽상적인 여자로 놓아두었고, 마치 아무도 자기를 정복한 적이 없는 것처럼 모든 여자들을 정복할 것을 자기 아들에게 전수하는 어떤 어머니의 아들일까?[7] 그러한 가설들은 그 전설 속에서 형식적인 성과가 아니라 유일한 메시지를 읽는 조건이라면 설득력이 있다. 오직 남근의 상징적 힘만이 야기시킬 수 있는 웃음과 뒤섞인 매혹까지는 아니다. 페니스의 위업은 극적이고 비극적이며 특히 희극적이다. 상징적 힘인 남근은 진정한 유혹자이다. 충족시키지도 않고 실망시키지도 않으면서 남근은 단지 자기 성애적 능력(상상적이고 상징적인 능력)보다도 당신의 고유한 능력에 당신을 맡기라고 호소할 뿐이다. 당신에게 그런 능력이 없다면, 남자든 여자든 관계없이 당신은 유혹당한 희생자가 될 것이다. 만일 당신에게 그런 능력이 있다면, 당신은 웃으면서, 말하자면 아연실색게 한 동일화를 통해 돈 후안의 승리를 당신 것으로 만들면서 정복될 것이다. 이처럼 자유란 의미의 획득이 아니라 억압과 유감의 제거라고 말할 수 있다. 페니스들의 힘은 그것을 뒤따르는 우울증(쾌락의 대가)과 함께 작용한다. 작동된 남근적 힘은 내면성의 종말이고, '자아'의 죽음이다. 그것은 자기 안에 사랑을 실현하기이고, 행위로서의 즐거움이다. 그렇기 때문에 미학적인 매혹과 그 절정, 음악적인 매혹이 아닌 다른 곳에서는…… 존재하지 않는다. 나머지 모든 것은 주인과 노예들 사이에 일어난 환몽이고, 17세기 말부터 유럽 무대에 등장한 그런 역사의 종말에 대한 영원한 반복이다.

---

7) '장남'으로서의 돈 후안의 '오이디푸스적 실패(échec oedipien)'를 참조할 것. D. Braunschweig et M. Fain, 『에로스와 안테로스(*Éros et Antéros*)』(Payot, 1971), 33쪽 이하에서 M. Neyraut가 본문에 대한 영감을 받았다.

난봉 부리게 만드는 여성성

　메마를 줄 모르는 흥분의 원천인 동시에 불가능한 대상이고, 명명할 수 없는 비밀이자 절대적 금기인 이 원초적 어머니란 도대체 무엇인가? 우리는 다시 한번 동일성과 이상화의 경계인 일차 동일화를 생각해 보게 된다. 일차 동일화에서 미래의 화자가 자기 영상을 포착하게 되는 것은 오직 자신의 요구와 욕망에 외재적이고, 성적으로 투입되지 않았으나 양친의 특질을 소유하고 있는 한 형태의 이상적 지각 행위에서부터 시작된다. 프로이트가 그러한 일차적 이상성을 '개인적 선사 시대의 아버지'라고 불렀다는 사실이 양친의 특성들을 그 이상성이 소유하고 있다는 것을 잊게 해서는 안 될 것이다. 후에 가서 부성적 이상이 오이디푸스화 되면, 남자 아이의 경쟁심은 '선사 시대의' 그 첫 이상화에서 오직 여성적인 부분, 즉 욕망과 사랑의 그 어떤 특수한 대상도 포섭할 수 없는 부분만을 간직하게 된다. 일차 동일화에 의존하고 있는 이 '여성적인 부분'은, 어떤 각도에서 보면, 주체 그 자신의 이상적 여성성이다. 여기서 '이상적'은 성적 투입을 통해서는 불가능한 것, 다른 것, 접근할 수 없는 것의 뜻으로 이해되어야 한다. 우리는 그러한 '이상성'이 긍정적일 수도 부정적일 수도 있고, 아니면 차라리 본질적으로 양면적이고, 일의적 동일성을 유도하는 비판적 판단 이전의 것이라고 쉽게 이해하고 있다. 플로베르가 말한 "마담 보바리는 나다."라는 그러한 여성성이 소설가나 예술가에게는 유혹자로 나타나는 신기루와 무관하지 않다. 히스테리 환자의 조형성, 편집증 환자의 정복에 대한 갈망, 영원히 환멸에 빠진 우울증 환자의 슬픔에 젖은 불만 등은 물론 '여성적 특성'의 유혹을 구성하는 특징들에 속하고, 그것들은 돈 후안으로 하여금 그 유혹을 억제하거나 제거하도록 부추기지 못하고, 그 반대로 그것을 가지고 놀게 하고, 그것을 존속시키게끔 부추긴다. 제를린, 돈나 안나, 돈나 엘비라……. 말라르메는 "이 요정들, 나는 그녀들을 영속시키고 싶어요."라고 쓰면서, 물론 무미건조하고, 상징주의적 언어의 주름 속에, 여성적 특성과 동일화하기에 불가능한 대상에 대한 언제나 변함없고 지칠 줄 모르는 탐색에 몸을 도사린 메아리를 날려 보낸다. 모차르트의 돈 후안은 보다 긍정적이고, 보다 경쾌하고, 솔직하게 여성들에게 집착해서(상대방에 대한 힘의 경주에서 누가 누구를 유혹하는가?) 의기양양하게 노래 부른다. "여자를 멀리하라니! 미친놈! 내게는 빵보다 공기보다 더 필요한 것이 여자라는 것을 모르다니!"(2막 1장) 후기 기독교적인 이 디오니소스에게는 여자들이 본질적인 자양분이자 매일매일의 빵이지만 대상들은 아니다. 전 대상인 그 여자들은, 우리가 그렇게 말할 수 있었듯이, 즉각적으로 신격화로 선회하는 것이 아니라 유혹자 자신의 영광 쪽으로 방향을 택한다. 여자들은 그의 향락의 구실들이다. "저 여인을 위하여! 축배를 들자! 인류의 명예와 영광을 위하여!"(2막 17장) 인류의 명예와 영광을 위해, 좋다! 그 인류를 인도주의적 공동체와는 다르게 이해한다는 조건이라면. 돈 후안의 공동체는 사람들(여자들까지도 포함해)의 전체가 아니고, 또한 몰리에르의 돈 후안을 유혹하는 미녀가 아름다운 여자들의 전체가 아닌 것이다. 이상적인, 영광의 원천인 여자들('인류', '아름다움')은 열정의 불가능이고, 그 열정을 위해 우리가 십자가에 매달려 괴로워할 것이 아니라, 그 두 가지 사이에서 무한히 즐겨야 한다는 것이다. 그것은 소비와 낭비의 영광, 상실의 저주받은 부분, 기독교의 즐거운 이면이다. 돈 후안이 '인류를 위한 사랑으로' 무익하게 신성모독을 거부한 가난뱅이에게 금화 한 닢을 줄 때, 그는 그러한 사실을 암시한다. 실제로 지상의 향락자의 힘은 신앙심에 대한 신성모독적 파괴 속에 자리 잡기보다는 소비의, 즉 무한히, 무상으로, 따라서 인류를 위한, 영광스러운 상실의 가능성에 대한 확언 속에 자리 잡고 있다. 그것은 놀이를 하면서 승리하는 힘이다.

우리는 기쁨에 대한 그러한 승리적 단언을 공포, 질병 그리고 죽음의 이면, 혹은 저승처럼 상상할 수 있다. 실제로 돈 후안은 그런 사실들을 알고 있었고(기사장의 손으로 지옥에 끌려간 그의 육체를 소멸시키는 불길이 그것을 증명한다.) 그는 조르주 바타유가 말하는 익살스러운 그러한 지상권의 후광으로 둘러싸여 있다. 그러나 그리스도의 수난을 돈 후안 식으로 뒤집어 놓기에서 지배하는 것은 오로지 영광뿐이다. 그것은 기쁨에 넘치는 에로스이고, 또한 자신을 자식으로 멸시받고, 환대받지 못하고, 빵과 포도주에 영원히 굶주려 약간 병이 든 미성년자로 알고 있는 만큼 더 도발적으로 승리를 구가할지도 모르는 에로스이다. 자신의 놀이 능력 이외에는 항구적인 다른 정복이 없는 지배자, 바쿠스 여제관들을 사랑한 정복자, 정신을 잃지 않은 채 기쁨에 도취한 그 반(反)디오니소스의 천국 같은 구순적 쾌감은 결국 모든 승화가 취하는 은하수, 모성의 길을 가리킨다. 도교의 현자는 "나만이 어머니에게서 자양분을 받는다."라고 『도덕경』에서 당당하게 고백한다. 그러나 그런 사실을 알고 있기 때문에 그 중국 현자는 덜 즐거운 사람이다. 그와는 반대로, 알지 못하기 때문에 자유로운 돈 후안은 니체가 태고의 어두운 밤 속에서 찾고자 했던 그 "즐거운 지혜"를 예시하고 있다.

에밀 ─ 돈 후안의 추종자들과 그 여인들

이제는 유혹자 돈 후안을 우리가 "돈 후안의 아류들"[8]이라고 부를 수

---

8) D. Braunschweig와 M. Fain의 앞의 책을 참조할 것.

있었던 것과 구분할 때가 되었다. 돈 후안은 본질적으로 예술가이고, 구축되어 포기된, 일시적 정복의 탕진자·소비자이며, 그 정복은 매료되어 마음이 사로잡혔을 때는 흥미를 잃은 거짓 위장이 되어야 하는 것만큼 저항할 때는 진실한 것이 된다. 그러므로 돈 후안을, 남근적 전능함의 환각을 남성 성기의 운동 경기 성과라고 생각하고, 여성 정복의 실제 편력을 통해 상상적이고 상징적인 성적 무능을 만족시키고 싶어 하는 사람들과는 구분해야 한다는 말이다.

그런 인물들의 방약무인하고, 엉뚱하고, 매혹적인 또는 다소 우스꽝스러운 기교는 그들을 정복자의 능란함에서 오는 마력과 포기할 줄 모르는 자의 유치한 연약성 앞에서 느끼는 약간의 감동이 뒤섞인 신비의 후광을 쓰게 해 준다. '모든 여성들'의 극적인 공동체는, 한 남자가 그녀 모두를 정복했다는 사실로 (딱 한 번?) 구성되어, 버림받은 자만심의 쓰라림 속에서, 우리가 여성 동성애라고 부르는 버림받은 여자들의 그 환멸에 찬 고독을 음미한다. 돈나 엘비라의 비탄에 빠지고 비통한 충실성과 돈나 안나의 도착적 원한으로 물든 음란한 회상은, 오늘날, 돈 후안의 추종자가 나타나게 되면, 그 유혹자의 모든 여자들의 공모적인 윙크 앞에서 무너지고 만다. 그 여자들은 일시적인 그 정복자의 임시적인 기술 앞에서 비밀스러운 감탄을 간직하며 더 이상 그런 이야기를 들으려 하지 않는다. 현대의 사랑하는 여자들은 옛날보다 유혹당한 여자의 조건에서 자주적인 어머니들의 조건으로 더 쉽사리 이동하기 때문일까?

그러나 여유로움이 그의 황금빛 갑옷처럼 보이게 하는 무서운 고민을 통하여 정신분석가를 놀라게 하는 것은 돈 후안을 추종하는 유혹자의 감추어진 삶, 어두운 부분이다. '난봉꾼'으로서의 죄책감만큼이나 부부간의 성적인 어려움을 치료하고자 분석을 받으러 온 에밀은 즉시 나에게 고백하기를, 가정 밖에서 자신의 문제는 사라져 버리고, '섹스 파티'에서는 진실로 수퍼맨이 되기까지 한다는 것이었다. "내 아내와는 다르답니다……. 내가 아내에게 존경심을 가지고 있어서인가요?" 정신분석적인 상황의 "너무나 정신적이고, 지나치게 정태적인 면"이 유감스럽다고 말한 다음 잠시 후 그는 나에게 한 가지 꿈에 대해 말해 주었다. 그가 대여섯 살 때 화장실에서 일을 보고 있는데 용같이 큰 뱀 한 마리가 변기에서 나왔다. 그는 그 뱀이 앞에서 나왔는지 뒤에서 나왔는지는 잘 모르나, 그 짐승의 눈을 기억한다. 마치 장님들의 두 눈처럼 커다란 청록색 눈들이었다. 어쨌든 에밀은 그 '물건'이 그를 보지 못한다고 확신하고 있었다. 매혹과 함께 공포에 사로잡힌 에밀은 오히려 감탄하며 그 괴물이 끊임없이 커지는 것을 물끄러미 쳐다볼 수밖에 없었다. 별안간 아버지의 목소리가 그를 꿈에서 깨어나게 했고, "항상 나를 얼어붙게 했던" 영원한 금테 안경으로 장식된 아버지의 머리가 반쯤 열린 문틈 사이로 지나가는 것을 아이가 보기 전에, 아버지는 화장실에서 너무 지체한다고 꾸중을 하는 것이었다. 이 밤중의 악몽은 그날 이후 오랫동안 "영상도 없이, 말도 없이" 그를 깨우고, 거의 매일 밤을 가득 채우는 식은땀을 에밀에게 가져다주었던 첫 번째 이야기인 동시에 첫 시각화였다. 아버지의 목소리, 그 다음에는 시선에 의해 중단된 남근·항문 자위 행위의 쾌락은 눈이 멀게 된다는 위협으로 체험되었다. 즉 내가 너무 즐기면, 장님들의 청록색 눈을 갖게 될 거야. 에밀은 (꿈속에서) 성적 대상을 가지고 있지 않았고, 그는 성적 대상을 오직 자신의 페니스와 고환의 기형적인 돌출이라고밖에는 생각하지 않았다. 자신의 육체와는 다른 우발적 대상인 타자는 오직 다른 사람들과 같이 식사하러 오라고 하는 아버지의 목소리와 그의 안경과 함께 나타났다. 성적 대상의 그러한 출현은 고민과 즐거움을 참을 수 없게 만들었고, 그리고 잠을 중단시켜, 꿈속의 공연을 정지시켰다. 에밀이 어린 시절에 가졌던 시력장애는 물론 거세 현상이 눈(눈먼 뱀)으로 눈에 띄게 옮겨 가기를 조장했다. 그러나 고환(꿈속에서는 발기의 진정한 근원)에 의존한 거세에 대한 부인의 엄청난 힘은 아버지로부터 오는 금지와 흥분에 맞서 용감히 싸우게 했다. "네가 안경 쓴 뱀처럼 위협적이라면, 나는 용이다."라고 에밀의 꿈이 아버지에 대한 도전처럼 말하는 것 같았다. 그러한 대면에서, 섹스 대 섹스에서, 아버지와 아들은 각기 거세의 흔적(아버지의 병든 눈, 화장실에서 아들의 부동성과 열등감)과 동시에 그의 능력 부족을 보충하려는 과잉 보상 작용(아버지의 강력한 목소리, 아들의 '물건'이 믿기 어려울 정도로 커지기)을 지니고 있다. 그러한 힘의 대결, 거의 신비스러운 신체 측정은 그 그림자 속에 아주 다른 요소, 즉 다른 성, 어머니, 여자들을 억압한다. 정확히 말해서 눈에 보이지 않는 그 존재들은 눈의 청록색 속에, '그 물건'의 안쪽 혹은 그 너머에 떨어지는 듯하고, 그 여자들은 '구순기 상태로' 홀로 식탁에 남아 있다……. 그와 같은 도피 반응을 시작으로 에밀은 페니스를 가진 자기와 유사한 자들 사이에서 그의 성적 대상들을 찾아낼 수 있었을 것이다. 어째서 그는 동성애자가 아닌가? 왜냐하면 그는 자기에게 고유한 것에 반해 있기 때문이고, 또한 그에게는 끊임없이 듣고 보는 아버지가 있기 때문이다. 용감히 맞서기도 하고. 그의 아버지는 다른 사람들과 같이, 여자들과도 함께 식사를 하라고 그를 부른다. 자유로움은 끝난다. 아빠에게 복종하면서 에밀은 이제 겉치레들을 관찰하게 될 테니까. 몇 명이나? '천세 명?' 그건 별로 중요하지 않다. 그는 그 여자들을 보지 않으며, 단지 그가 알고 있는 것은 그 여자들이, 그가 은밀히 음미한다는 조건으로, 그의 '물건'이 지닌 힘을 시험해 볼 기회를 줄 것이라는 사실뿐이다. 화장실과 마찬가지로 비밀은 그 돈 후안 추종자의 제한되고 특권적이며 필요 불가결한 영역이다. 비밀스럽기 때문에 '눈에 보이지 않고', 그러나 소문이 어떤 삶을 증명해 줄 파트너들과 그가 즐길 수 있다는 것을 납득하기 위해서는 그에게 자기 영역의 희미한 불빛과 피난처가 필요한 것이다. 사실상 그것은 아버지로부터 자신을 보호할 수 있게 해 주는 그 여자들의 도움을 받으면서 혼자 즐기는 것이다. 자신을 위해 잠시, 언제나 일시적으로, 있기에 편한 어떤 장소, 그만의 장소를 만드는 것이다. 일련의 일시적인 정부들이 없다면, 아마도 그는 아버지와 함께 용해되어, 고통과 열정, 쾌락과 근심인 아버지 속에 짓눌리고, 그 '물건'의 무한한 즐거움과 함께 권위의 목소리와 시선도 잃을 위험을 무릅쓰게 될 것이다. 에밀의 돈 후안이즘이 성도착증이라면, 그것은 한쪽으로는 항문의 가학적 욕동에 인접해 있고, 다른 한쪽으로는 성적 무능을 명하는 즉각적으로 초자아적인 이상적 자아와의 미화하고 끔찍한 동일화와 접해 있다. 그의 돈 후안이즘은 두 가지 성의 타협에 의한 형성물이다. "그런데 어째서 내 아내와는 안 될까요? 나는 아내가 마치 나의 어머니인 것처럼 대해요." 그 꿈 이후 에밀의 담론에서 '어머니'라는 단어가 처음으로 개입했는데, 그것은 에밀의 어린 남동생과 여동생들에게 빼앗긴 어머니와의 존경스럽고 평화로운 관계를 환기시키기 위한 것이었다. 장남이었던 에밀은 너무 빨리, 너무 일찍 어머니로부터 떨어져 나와야 했다. 나는 "어머니가 당신의 아버지를 떠오르게 하겠지요."라고 일부러 또는 무의식적으로 말하면서 그 '여자'(어머니? 아내?)의 정체성을 애매한 상태로 놓아두었다. 에밀이 계속 말했다. "그것 참 이상하지요. 내 아내가 아버지와 똑같은 금테 안경을 쓰고 있거든요. 만일 사랑에 어떤 의미가 있다면, 나는 그녀만을 사랑해요. 다른 여자들, 그 비밀의 여인들은 내 눈을 가리지요……."

"안대 효과"[9]는 남근·항문의 발기 중에 갖는다고 상정되는 형제들과의 동일화에 의존적이기는 하나, 그것은 물론 항구적인 아버지의 위협적

---

9) M. Montrelay, *L'Appareillage* 참조.

이고도 부지런히 감시하는 눈초리를 받으면서, 멀리서 들려오는 강력한 아버지의 목소리를 들으면서 일어난다. 그것은 권위적인 어머니가 흥분의 최후의 의미이자 절묘한 그릇인 어둠 속에 웅크리고 있다는 조건 아래서이다. 어머니는 건드릴 수 없는 아름다움이다.

돈 후안이즘은 그러한 '안대 효과'의 고독하고, 영광스럽고, 역설적으로 보호된 변이형일 수 있다. 안대 효과는 형제들 간의 몸싸움(그 사이에 끼어 있는 그들의 아내들을 통한)도, 두려워할 만큼 경애하는 아버지에 대한 은근한 불복종이 주는 감미로운 전율도 면해 주지 않는다. 실제로 그것은 보호된 변이형이다. 왜냐하면 버림받고 공범적인 그 희생자들과 함께 돈 후안의 추종자는 어떤 위험부담도 갖지 않기 때문이다. 그 희생자 여성들은 오로지 그의 '물건'을 영광스럽게 만드는 그의 여성적 분신들이고, 대상 없는 그의 향락에 내재하는 유령들이다.

이 모든 것 속에 소비된 여인들이 단지 신기루나 유사체들에 지나지 않는다 해도, 그들의 존재와 그들의 기능이 실제적인(있을 수 없지만 진실한) 사실이라는 문제가 남는다. 오로지 그 유사체 속에서만 돈 후안식의 욕망이 허용되고, 어쩌면 그런 방식으로, 유혹자의 숨바꼭질을 통해, 애정 관계에 내재하는 나르시스적 속임수를 드러내는지도 모른다.

돈 후안, 미학으로 변신한 신화인 그는 이러한 신기루에서 그 원천으로, 말하자면 기호들의 바로크적인 도취로, 기호들의 원초적이고 음악적인 변심으로 거슬러 올라간다……

로미오와 줄리엣—애·증의 한 쌍

탈법

위반적 사랑, 탈법적 사랑, 이것은 문학 텍스트에서와 마찬가지로 현재의 의식에서 우세한 일반적인 통념이다. 드니 드 루주몽은 그의 『사랑과 서양』에서 그 개념을 최대의 형식으로 제시하는 데 크게 기여했다. 말하자면 사랑은 간통이다.(『트리스탄과 이졸데』를 참조할 것.)

이러한 분명한 사실에 대한 확인은 이상화의 유지가 초자아적인 면이 있다는 점에서 이상화와 법률이 양립 불가능하다는 것에 근거를 둔다. 사랑하는 사람(또는 특히 사랑하는 여자)이 자기 열정을 합법화하고자 갈망하는 것은 하나의 사실이다. 그 이유는 아마도 주체 밖에 있는 법률이 자아의 '이상'과 혼동될 수 있는 권한과 견인력의 결정 기관이기 때문일 것이다. 그러나 일단 주체를 위해 창설되면, 법률은 일상적인 제약들과 타당하기 때문에 억압적이고 상투적인 표현들로 짜이고, 이상적이 아니라 폭군적인 면모를 드러낸다. 감미로운 불안정 상태에 있는 사랑에 빠진 '우리'를 가지고 법률은 일관성 있는 전체를 만들고, 재생, 생산, 또는 단순히 사회계약의 기둥을 만든다. 역사적 사회적으로 확정된 제도인 결혼이 사랑과 이율배반적인 것은 법률의 초자아적 행사와 혼합되기 때문이다. 그렇다고 결혼 관계에서 합법성의 다른 조정 장치들에 대해 생각하는 것을 막을 수는 없다. 결혼 관계에서 법률은 그것이 지닌 이상적인 측면을 유지시켜 주고, 초자아적 면모들을 경감시켜 주면서 우리의 사랑에 그처럼 적절한 이상화를 보호해 준다. 우리의 사랑을 인정하는 사회적 거울이 된 결혼은 그처럼 우리의 욕망을 억제하는 기관이라 자처하는 것이 아닌가? 우리가 그럴 수 있다고 상상하는 것이 결혼에서의 성도착인가? 그리고 문학이 피분석자들의 담론이 증언하는 것보다 더 공개적으로 그것을 증언하는 것처럼, 만약 애정 관계의 본질이 '이상'과 '초자아'로부터 떼어놓기의 필요성을 유지하는 데 있다면 어떻게 될까? 그리고 기술 사회의 경제적 진화가 인간의 삶이 달려 있는 그 제약들을 점점더 가족 밖으로 추방해 버릴 수 있게 한다면? 이것은 가족이 권위가 비어 있는 장소가 되어야 한다는 것은 아니다. 그러나 내가 두려워하기보다는 이상화할 수 있는 권위여야 한다. 왜냐하면 권위는 첫째로는 이상이고, 둘째로는 구속이기 때문에, 사랑해야 할 권위가 아니겠는가? 변태적으로? 공상적으로?

비밀과 숫자 3에 대해

사랑에 빠진 남녀 한 쌍은 법 밖에 있고, 법은 그들에게 치명적이다. 바로 이것이 셰익스피어의 그 유명한 작품에 의해서 영원히 남은 로미오와 줄리엣 이야기가 주장하는 것이기도 하다. 그리고 전 세계의 젊은이들은 그들의 인종, 종교, 사회적 조건이 어떠하든 간에 죽음을 걸고 사랑을 한 베로나의 그 젊은이들과 자신을 동일시한다. 그 어떤 텍스트도 성적 결합과 열정의 합법화를 동시에 갈구하는 그 연인들이 가진 것이라고 오직 일시적인 행복뿐이라는 것을 그처럼 정열적으로 주장한 적은 없다. 그 유명한 한 쌍의 이야기는 사실상 불가능한 한 쌍의 이야기이다. 그들은 죽기 위해 자신을 준비하는 시간보다도 서로 사랑하는 데에 시간을 덜 투입한다. 그렇지만 이 저주받은 사랑은 「아가」에 나오는 연인들의 이룰 수 없는 만남과는 아무런 관계가 없다. 「아가」에는 성서가 사실상 유대인 두 사람의 영속성을 보증하는 성적인 그리고 형이상학적인 거리를 상정하고 있다. 로미오와 줄리엣의 경우에는 되살아나는, 인간주의적이고 총체적인 융합이 노화된 부족의 법 조항을 통해 곧바로 죽음으로 인도하고, 그 법률은 처음부터 육체의 향락을 거부하고, 사회적 불화를 선언한다. 그러나 그 젊은 연인들의 모험을 접해 보면 겉으로 보기에 보다 색다른 면이 있다. 그런 병적인 증상을 다루기 전에 우선 그 두 사람의 행복에 대해 강조해 보자. 그 쌍에게 죽음이 예정되어 있어도, 불법적인 두 연인은 사랑하는 열정의 천국을 이룬다고 셰익스피어가 말하는 듯하니까.

법에 저촉됨은 열광적인 사랑의 첫 조건이다. 즉 캐풀렛 가와 몬터규가가 서로 증오해도 아무 소용이 없다. 우리는 서로 사랑할 테니까. 이러한 도전(왜냐하면 로미오는 로잘린과 줄리엣이 원수 집안에 속한다는 것을 알고 있기 때문에)은 비밀로서 보호된다.

베로나에서 있었던 일은 일반적인 것이다. 숨어서 주고받는 불타는 눈빛, 붙잡히지 않기를 바라는 두 사람 사이의 메신저. 다른 사람들에게는 투명하고 대수롭지 않은 대화의 진부함 속에 소곤대거나 은폐된 말들. 아무것도 의심하지 않는 사람들의 감시 아래서, 가장 음란한 포옹보다도 더 강하게 감각 기관에 불을 붙이는 스침들. 비밀스러운 연인들의 행복 속에는(캐풀렛 가의 정원에서 줄리엣이 달빛과 별빛 사이의 발코니 위에서 있는 『로미오와 줄리엣』의 그 덧없고 독특한 장면에서처럼) 처벌이 코앞에 와 있다는 강렬한 느낌이 있다. 그 연인들은 함께 있다는 충만감을 즐기고 있을까 아니면 규탄받는 두려움을 즐기고 있을까? 제삼자, 즉 부모, 아버지, 간통인 경우 남편 또는 아내의 그림자는 물론 두 사람의 행복을 탐색하는 순진한 사람들이 시인하고자 하는 것보다 관능적인 흥분 속에서 더 현존적이다. 제삼자를 치워 보라. 그러면 열정의 색채를 잃어버린 후, 그 건물은 흔히 욕망의 원인이 없어졌기 때문에 와르르 무너진다. 사실 비밀을 지휘하는 제삼자가 없으면, 남자는 위협적인 아버지에 대한 사랑의 순종심을 잃게 된다. 그런데 여성은 자기 아버지나 남편에 대한 복수의 격정 속에서 숨겨놓은 자기 정부에게서 모성적 융합이 주는 예상 밖의 즐거움을 되찾게 된다. 자기 아내에게서 독점욕이 강한 어머니를 본다고 상상하고 피해 달아났다가 일련의 여인 정복에서 불굴의 자기 성애에 대한 자신감을 찾게 되었다는 그 불성실한 남편의 경우를 잊지 말자……. 그러한 법에 대한 도전으로, 비밀스러운 연인들은 광기에 접근하게 되고, 범죄를 저지를 준비가 되어 있는 것이다.

그들의 불길을 성도착이라고 말하는 것은 정확하지 않다. 그 단어를 아주 넓은 의미로 사용하면서, 우리는 오로지 상징적 차원에서만 살아갈 수가 없고, 쾌락의 격류 속에서 자기 상실을 위해 아버지의 이름에 도전하는 열정의 동물적 원천에서 목을 축이도록 끊임없이 충동을 받는 유형 성숙자들(néotènes)이기 때문에 우리 모두를 성도착자들이라고 지적한다면 또 모르겠지만. "당신의 이름만이 나의 원수예요. 당신은 몬터규 집안 사람이 아니라, 당신 자신이에요. 몬터규가 무엇인데요? 그것은 손도 아니고 발도 아니고, 팔도, 얼굴도 아니고, 인간에 속하는 그 어떤 것도 아니에요……."라고 줄리엣은 '인간에 속하는 것'을 소유하고자 하는 욕망을 불태우며 한탄한다. "제발! 어떤 다른 이름이 되어 주세요! (……) 로미오, 당신의 이름을 포기하세요. 그래서 당신에게 속하지 않는 그 이름 대신에 내 전부를 가져가세요."[1] 당신의 상징적 본질을 잃어버려라. 당신의 분할된 사랑받는 몸을 바탕으로 내가 온전히 하나가 되고, 나 자신을 벗어나 그리고 오직 나에 의해 한 쌍이 되도록! 다른 관점에서 보면, 줄리엣이 잘못 생각하고 있다. 애인의 이름은 그들의 열정의 시작과는 무관하며, 그와는 반대로 그 이름이 그 시작을 확정한다. 이것은 나중에 증오의 측면으로 그 쌍에 접근하면서 보게 될 문제이다.[2] 아직은 순정적인 사랑 속에 남아 있기로 하자.

사랑을 하는 죽음

『가장 뛰어나고 가장 비통한 로미오와 줄리엣의 비극』은 그 제목이 알려주듯이, 깊숙이 양면성을 지닌 '훌륭하고도 애통한' 텍스트이다. 그 텍스트가 노래하는 사랑의 상황이 훌륭하면서도 애통하기 때문이다. 문제가 되는 것은 노래(*chant*)인데, 우리는 그 희곡 작품의 서정적인 성질

---

1) "This but thy name that is my enemy / Thou art thyself, though are not Montague. / What's Montague? It is nor hand nor foot / Nor arm nor face nor any other part/Belonging to man. O be some other name (……) Romeo, doff thy name, / And for thy name, which is not part of thee, / Take all myself."(Ⅲ, 11, 38~49) 『로미오와 줄리엣』의 프랑스어 역으로는 Pierre Jean-Jouve의 텍스트인 l'Édition intégrale de Shakespeare au Club français du Livre를 참조할 것.

2) 로미오, 그는 "이름이란 육체의 음란한 곳처럼 음란하며, 그러므로 그 이름은 욕망의 근원"이라고 생각한다. "In what vile part of this anatomy / doth my name lodge? Tell me that I may sack / The hateful mansion."(Ⅲ, Ⅲ, 105~107, "몸의 어느 망측한 곳에/내 이름이 들어 있는 거요? / 어서 말해 주시오. 이 밉살스런 집을 부숴 버릴테니.")

을 여러 번 주시한 바 있다.(도입문은 무운시와 각운의 연결 부분으로 이루어지고, 벤볼리오와 로미오의 사랑의 대사들은 운을 맞춘 소절들로 구성되었고, 줄리엣의 아버지가 자기 어린 시절에 대해 이야기할 때 그 운이 되살아나고, 벤볼리오가 소네트 형식으로 로미오에게 로잘린 대신에 새로운 애인을 찾으라고 제안하는 등등.) 소네트 형식은 두 연인이 만나는 황홀한 순간에 분명하게 나타난다. 그래서 우리는 그 예술에 매혹된 관객을 위해 그 작품의 동작 속에 소네트가 진정으로 흡수됨을 표상하는 혁신을 상상할 수 있다.[3] 이 작품은 물론 시드니(Sidney)의 『아스포딜과 스텔라(*Asphodil and Stella*)』의 영향을 받았고, 약간 문학적인 감수성을 지닌 연인의 그 어떤 우울증적인 코드에 의존적이다.(셰익스피어가 작품과 전개들을 메시지 전달과 그릇된 해석에 의존하게 함으로써 앞에서 지적한 경향을 강조하고 있음에 유의해야 할 것이다.[4]) 그러나 그 작품은 죽음이 사랑 속에 항구적으로 존재함으로써 절대적으로 셰익스피어적인 것으로 남아 있다. 그러한 논리는 순간을 부각시키도록 이끌어가고, 그리고 언술 작용 면에서는 로미오가 줄리엣에 반하면서부터, 그 이전의 그의 말과는 대조를 이루며 나타나는 거칠고 단호하고 명령조의 담론을 부각시키게 만든다. 그것은 사랑의 시간이 '야성적'이기 때문이다. "내 마음의 시간은 야성적이고 잔인하나, / 굶주린 호랑이나 포효하는 바다보다도 / 더 포악하고 더 냉혹하다."[5] 이상화하는 사랑의 열정을 통해 여과된 그 죽음의 현존은 완전히 중세 고딕풍의 성격을 죽음의 상징성에 부여한다. "저 실

---

3) The Arden Edition of the Works of W. Shakespeare, 『로미오와 줄리엣』, ed. by Brian Gibbons, Methuen(London and New York, 1979)을 참조할 것.
4) 같은 책, 41쪽.
5) V, Ⅲ, 37~39 : "Le temps et mes intentions sont sauvages, cruels, / Plus furieux et inexorables beaucoup plus / Que le tigre à jeun ou la mer rugissante."

체 없는 죽음이 사랑을 하고, / 저주받은 말라깽이 괴물이 당신을 암흑 속에 / 가두어 놓고 당신의 애인이 되고자 한다는 것을 / 내가 믿어야 할 까요?"[6]

태양적인 혹은 맹목적인 사랑

오직 그 연인들의 첫 만남만이 죽음의 내재성이 야기한 시간의 애매 모호한 억압에서 벗어나는 듯하다.[7] 그들의 첫 시선은 서로에게 현기증을 자아내고, 사랑의 담론 속에 '태양'이라고 하는 은유들 중의 은유를 나타나게 한다. 즉 태양은 사랑의 담론과 그 비표상성을 은유화하는 지표이다. "이것은 동녘이고 줄리엣은 태양이다! / 아름다운 태양이여, 떠올라서 시기심 많은 달님을 죽여 버려라."

기번스가 알려주듯이 시간을 벗어난, 공간을 벗어난, 사랑으로 눈부신 이러한 태양적 양태는 고유명사와 동일화 자체까지도 거부한다.(로미오는 그가 "절대로 로미오가 되지 않을 것이다."라고 암시한다.) 사랑의 시간은 순간의 시간이고,(어떤 슬픔도 "그녀를 잠시 보는 것이 나에게 주는 / 이 기쁨의 교환을 당하지 못하리라."[8]) 계속성으로서의 결혼은 그런 시간의 반대이다. 만남의 새로운 전개와 돌발 사건들의 리듬은 사랑의 순간과 시

---

6) V, Ⅲ, 102~105 : "Dois-je penser/Que l'insubstantielle Mort est amoureuse/ Et que le monstre maigre abhorré te conserve/Ici pour être ton amant dans la ténèbre?"

7) 선한 어머니 같은 유모의 담론도 지적해야 할 듯하다. 유모는 당시에 속내를 털어 놓을 수 있는 사람이었고, 줄리엣의 탄생, 어린 시절, 운명을 기꺼이 환기시키고, 더구나 지진 같은 것도 건성으로, 아무 생각 없이 앞서서 환기시킨다.

8) Ⅱ,Ⅵ, 3, 5 : "그녀를 바라보는 순간 일어나는 서로의 기쁨에 당하진 못하리라."

간적 연속 사이의 양립 불가능성의 결과일 뿐만은 아니다. 그것은 아울러 우주 창조적 열정이 어떻게 주체들을 위해 시간적인 연속을 실제로 변모시켜서, 결국 신기하게 만드느냐 하는 것을 표현한다. 사랑이 조준점으로 태양적 은유(밤의 은유)의 이면을 스스로 선택하는 것은 바로 그것이 지닌 태양적인 힘이 보장하는 그 여정의 순간이다. 이상화하는 사랑은 태양적이다. 시간 속에 밀폐되고 순간 속에 압축된, 그래도 아주 당당하게 자신의 힘을 신뢰하는 사랑은 장님 상태로 어둠 속에 피신한다. "아니면, 사랑이 눈이 멀었다면 / 사랑은 밤과 더 사이가 좋지요. 신중한 밤이여, 어서 오라, / 검은 옷으로 소박하게 차려입은 마님 그대여, / (……) 정다운 밤이여, 어서 오라, 어두운 이마를 한 사랑스러운 밤이여, 어서 오라, / 나에게 로미오를 돌려다오. 그리고 그가 죽게 되면 / 그를 가져가 작은 별 조각으로 잘라다오. / 그러면 그가 너무도 아름다운 하늘의 얼굴이 되어 / 온 세상이 밤을 사랑하리라. / 그리고 저 밝은 태양을 더 이상 숭상하지 않으리라."[9]

좀 더 자세히 살펴보자. 부서지고 살해된 태양적 은유는 로미오의 몸을 조각내고자 하는 줄리엣의 무의식적 욕망을 노출한다. 그러한 열정의 어둠 속에서 또 하나의 은유, 즉 밤의 은유적 의미가 일어난다. 마치 사랑이 두 가지 샘(빛의 샘과 어둠의 샘)에서 물을 퍼 올리고, 또한 그 오만한 확신을 오직 그것들의 교대(낮과 밤)에 의해서만 지탱시킬 수 있는 것처럼. 밤은 무엇인가? 밤은 여인이다. 그리고 실제로 밤을 말하는 것

---

9) Ⅲ, Ⅱ, 9~25 : "Ou bien, s'il est aveugle / L'amour s'accorde mieux avec la nuit. Viens, sérieuse nuit, / Toi matrone simplement toute vêtue de noir, / (……) Viens, gentille Nuit ; viens, Nuit aimante, au front sombre, / Donne-moi mon Roméo ; et quand il devra mourir / Prends-le et coupe-le en petites étoiles / Et il fera la face du ciel si belle / Que le monde entier sera amoureux de la nuit / Et ne rendra plus de culte à l'éclatant soleil."

은 줄리엣이다. 아니면 밤은 죽음이다. 그러나 밤은, 그 정반대인 태양과 마찬가지로, 실제적인 공간·시간의 절반일 뿐만 아니라 사랑에 고유한 은유적 의미의 본질적인 부분이다. 밤은 허무, 무의미, 부조리가 아니다. 그 검은 다정함의 정중한 전개에는 의미에 대한 강렬하고 긍정적인 갈망이 있다. 은유와 사랑을 하는 죽음(amor mortis)의 그러한 야간 활동에 대해 강조해 보자. 야간 활동은 기호들과 사랑하는 주체들의 비합리, 표상의 부흥을 조건 짓는 표상 불가능한 것에 주의를 기울인다. 사랑의 감정에 고유한 가속력, 밤으로 이끄는 죽음의 사악한 가속력을 드러내는 것이 줄리엣이라는 사실은 여성이 본성적으로 흔히 말하듯이 리듬과 직접적인 관련을 맺고 있다는 것만을 의미하지 않는다. 보다 상상적인 면에서 여성의 욕망은 죽음에 더 가까이 탯줄로 연결되어 있을 수도 있다. 그것은 생명의 모태적 원천이 생명을 파괴할 수 있는 힘을 얼마나 지니고 있는지를 알고 있기 때문일까?(맥베스 부인을 참조하자.) 다른 한편으로는 자기 친어머니를 상징적으로 죽임으로써 한 여자가 어머니가 되는 것일까? 그러한 무의식적 흐름의 물결에 현혹된 주체·여성은 그 물결을 제압하지 못한다. 또 어느 누가 그것을 제압할 수 있겠는가? 그 시인의 극적인 확인은 우리 모두와 관계된다. "우리에게는 자유롭게 사랑하거나 증오할 힘이 없도다, / 의지는 우리 속에 있지만 운명에 의해 지배를 받으니까."[10] 그리고 줄리엣이 자신의 광채를 태양이 아니라 별(Ⅲ, Ⅱ, 1~25)과 유성을 통해 표현할 적에, 그녀에게는 내재적인 어떤 우울증이 로미오의 태양적인 열의와 대조를 이루고 있다. "이 밝은 빛이 대낮의 햇빛이 아니라는 것을 나는 알고 있어요, 나는 / 태양이 발산하는

---

10) "It lies not in our power to love, or hate / For will in us is over-rul'd by fate." Marlowe, *Hero and Leander*, Ⅰ, 167~168 ; 기번스, 12~15쪽을 참조할 것.

어떤 유성이지요 / 오늘 밤 당신의 횃불지기가 되어 / 만투아로 가는 당신의 길을 비추어 드렸으면."[11]

그런데 이 비극에는, 마치 셰익스피어가 불길한 열정 너머로 생명력에 대한 믿음을 유지하고자 했던 것처럼, 희극적인 말투도 들어 있다. 그러나 희극적인 요소가 있다 해도 그것은 예를 들면 유모와 머큐시오(Mercutio)에 의해서(Ⅰ, Ⅱ, 12~57 그리고 Ⅰ, Ⅳ, 53~103) 전개되고, 정확히 말하자면 그 두 연인의 열정 바깥에서 이루어진다. 그래서 작품의 1부에서 유모라는 이 믿음직스럽고 다정한 얼굴은 로미오의 유배 이후로 줄리엣의 감정에 둔감해지고, 그녀에게 백작과의 결혼을 권유하는 기회주의자 보모처럼 행동함으로써 그 작품의 중요한 흐름을 벗어나는 듯하다. 게다가 모든 코믹한 장면이 즐거운 웃음에 의해서라기보다 격분에 의해 지배되지 않았는가?(마브 여왕에 대해 이야기하는 머큐시오도 마찬가지다. Ⅰ, Ⅳ, 53~93 그리고 Ⅱ, Ⅳ, 13~17과 28~36)

죽음은 마치 마지막 오르가즘처럼, 한밤중처럼, 작품의 종말을 기다린다. 죽음이 그런 식으로, 단지 암시나 예감이 아닌 것으로 텍스트 속에 나타날 때 문제가 되는 것은 대상을 혼동한 죽음이다. 그것은 그렇게 죽을 가치가 없는 경쟁자의 냉소적인 거짓 죽음이다. 로미오가 죽인 티벌트나 패리스는 사랑의 감정을 불어넣는 격렬함이 뒤섞인 열정을 해소하지 못한다. 그들은 우리를 불만스러운 상태로 남겨두는데, 그것은 마치 로미오 그 자신을 그들이 불만스럽고 혼란스러운(죄를 지어서가 아니라 정확한 대상을 치지 못했기 때문에 당황한) 상태로 남겨둔 것과도 같다. 왜냐하면 로미오가 자기 칼로 두 경쟁자를 찌른 후 그는 자기 사랑에 잠

---

11) Ⅲ, Ⅴ : "Yond light is not daylight, I Know it, I. / It is some meteor that the sun exhales / To be thee this night a torchbearer / And light thee on thy way to Mantua."

재된 격정을 자유롭게 풀어놓았고, 그 격정은 더 이상 그를 떠나지 않을 것이기 때문이다. "너의 하늘로 돌아가라, 세심한 따뜻함이여 / 그리고 불의 눈을 가진 격정이 이제부터 나의 안내자가 되기를!" (……) "오, 나는 운명의 미치광이로구나!"[12] 줄리엣 역시 죽음에서 해방되어 얼이 빠진 자신을 느낀다.(우리는 그녀의 담론에서 짤막한 언어적 망상(I(나)-Ai[13])을 주목하게 된다.) "만일 그런 '내'가 있다면 그건 내가 아니지요 / 그런데 그대에게 '아이(Ai)'라고 대답하는 눈들은 감겨 있어요."[14]라고 그녀는 로미오가 저지른 티벌트와 패리스 살해 이야기를 하면서 당황해하는 유모에게 말한다. 그러나 그때부터 연인들의 세계를 위협하는 죽음의 물결 아래에서 자신의 정체성의 상실에 대해 말하는 자는 사실상 베로나의 젊은 연인 줄리엣이다.

그 이면이 맡고 있는 그러한 열정의 마지막 지표는 물론 주인공들의 죽음의 역설적인 혼돈 속에 들어 있다. 죽은 것이 아니라 뻣뻣하게 굳고, 물약을 마셔 잠이 들었고, 그 굳은 상태에서 어느 때보다도 아름다운 줄리엣을 암시하기 위해 실제로 얼마나 많은 기교와 오해가 필요했던가. 거짓으로 죽은 아름다운 이 육체는 난폭성을 자유롭게 풀어놓을 수 없었기 때문에 불감증이라고 말해야 할 억제되고 감금된 열정의 이미지가 아니고 무엇이겠는가? 그녀는 작품의 끝에 가서는 밤과 합류하고, 로미오의 단검으로 자신을 파고들면서 즐기게 될 것이다. 그녀 혼자서. 로미오는 그의 경쟁자 티벌트와 패리스를 죽음으로 소유한 다음, 줄리엣을 포

---

12) Ⅲ, Ⅰ, 118~131: "Away to heaven respective lenity / And fire-eye'd fury be my conduct now" (……) "O, I am fortune's fool."

13) (옮긴이) 아플 때 내는 소리-eyes(눈)는 모두 같은 '아이' 소리를 낸다.

14) Ⅲ, Ⅱ, 48~49 : "I am not if there be such un 'I' / Or those eyes shut makes thee answer 'AI'."

옹하지도 못하고 자살하게 된다.

한 쌍의 연인을 이루는 두 파트너의 각자에게 밤·향락은 자급자족적인 그 무엇을 가진다. 어두운 동굴이 그들의 유일한 공동 공간이고, 그들의 유일한 실제적 공동체이다. 이 밤의 연인들은 고독한 자들로 남아 있다. 바로 그것이 서양에서는 가장 아름다운 사랑의 꿈이다. 사랑이란 태양적인 꿈이고, 헛갈린 이념인가? 그리고 그것은 고독한 밤의 현실이고, 두 사람의 싸늘한 죽음이다. 누구의 잘못인가? 부모 탓? 봉건적 사회의 탓? 사실 수도사 로렌스가 창피하다고 가 버렸으니, 교회의 탓일까? 아니면 두 얼굴을 가진, 태양과 밤이며, 두 성 간의 달콤하고도 비극적 긴장인 사랑 그 자체의 탓일까?

한 쌍을 통한 구원 ── 셰익스피어와 햄넷

순정적인 사랑이 있고, 또한 그것이 실제로 존재한다면, 그 사랑을 보장해 주는 것은 비밀이고, 그것을 허용하는 것은 짧은 시간이다. 자유분방한 로미오와 줄리엣이 다른 관습을 살고, 그들 부모 간의 원한에 개의치 않으면서 살아간다고 상상해 보자. 아니면 셰익스피어적인 틀 속에서, 어떤 시원치 않은 극작가가 그 두 사람을 살아남게 했다고 상상해 보자. 예를 들어, 로렌스 수사가 줄리엣을 아주 이상야릇한 잠에 빠뜨렸음을 존 수사가 로미오에게 제때에 알려줄 수 있었고, 그래서 그 아름다운 아내가 남편의 품 안에서 깨어났다고 생각해 보자. 그들을 박해하던 사람들에게서 벗어나고, 집안 간의 증오가 가라앉은 후에 그들이 결혼한 부부의 정상적인 생활을 되찾는다고 상상해 보자. 그럴 경우 두 가지 극단적인 해결책이 있을 수 있고, 그 해결 방식에는 물론 몇 가지 다른 결합

방식과 변이 형태가 있을 수 있다. 아니면 시간의 연금술이 치외법권적인 연인들의 범죄적이고 비밀스러운 열정을 피곤하고 파렴치한 공범 관계의 진부한, 일상적인, 무미건조한 권태로 변모시킬 수도 있다. 바로 그런 것이 정상적인 결혼이다. 또한 결혼한 부부가 계속 열정적인 부부일 수 있지만, 그러나 이것은 셰익스피어 텍스트의 상대적으로 평온한 판본 속에서 두 파트너가 예고한 바 있는 사도마조히즘의 모든 단계를 통해 지속된다. 각자 두 가지 성을 번갈아 유희하면서, 그들은 공격과 융합, 거세와 욕구 충족, 재생과 죽음을 통해 자급자족하는 네 가지 기능을 가진 기구를 창조한다. 그리고 그 기구는 열정의 순간에 보조자들에게 도움을 청한다. 그 보조자들은 성실히 사랑을 받지만 희생자들이고, 그 괴물 같은 부부가, 다른 사람들에 대한 불성실로서 자신을 지탱하며, 자기 자신에 충실하기의 열정 속에서 여지없이 분쇄해 버리는 일시적인 파트너들이다.

베로나의 그 고약한 연인이, 극적인 그들의 이야기에서 우연히 살아남아, 제2의 인생행로를 살아간다고 상상해 보자. 우리는 그들이 주고받는 대화 속에서도 그러한 각본을 위한 논거들을 찾아볼 수 있다. 그러나 셰익스피어는 이번만큼은 관례를 따르고자 했던 것 같다. 그들을 죽게 함으로써 그는 순수한 한 쌍을 구했다. 그는 죽음의 수의를 입혀 결혼의 순수함을 보호했고, 텍스트 속에서 지속적인 부부의 열정적인 밤을 끝까지 쫓아가고 싶어 하지 않았다. 왜 그랬을까? 셰익스피어가 오직 다른 사람들의 잘못으로만 멸망하는 결혼관을 구하려고 했을까? 결혼이 열정과의 결혼이라면, 성도착이 회복되지 않고 어떻게 결혼이 지속될 수 있겠는가? 아, 맥베스 부인, 아, 햄릿을 둘러싼 추잡한 부부들……. 그런 경우는 모든 어린이들의 '오이디푸스적'이라고 부르는 아름다운 꿈의 종말이 아니겠는가. "너의 부모는 그럴지 모르지만 우리 부모는 그렇지 않아⋯⋯." 모두가 그와 같이 증오에 차 있고 타락하고 파렴치하다면, 그것이 순결한 가정, 무미건조한 결혼(국가의 기둥)의 종말 아니겠는가? 수치스러운 일이 아닌가?

1596년에 셰익스피어는 그와 같은 전복을 필요로 하지 않았다. 1597년 셰익스피어가 약 서른 살이 되었을 때, 어쩌면 1595년 또는 1596년에 집필되어 1597년에 출판된 『로미오와 줄리엣』은 그의 아홉 번째 작품으로서, 우리가 제2기라고 부르는 서정적인 희곡들과 걸작품(예를 들면 『한여름 밤의 꿈』과 함께)의 시기에 속하고, 저자에게는 첫 번째 대성공을 안겨준 작품이다. 일부 비평가들은 그 작품이 상기시키는 지진을 근거로 해 1591년으로까지 거슬러 올라가는데, 그럴 경우 그 작품은 저자의 첫 작품이 될 것이다. 공식적으로 1595~1596년의 작품이라고 인정된 첫 번째 가설을 받아들인다면, 셰익스피어는 애·증에 관한 그 극작품을 정확히 31~32세에 구성했다고 볼 수 있다. 물론 젊은 나이이다. 그러나 그의 전기에서 보다 중요한 사건이 있었던 듯하다. 1596년에 그의 아들 햄넷(1585년에 태어난)이 열한 살의 나이로 죽었다. 이미 11년 전, 쌍둥이 아들 햄넷과 주디스가 태어나면서부터 그는 아내 앤 해서웨이를 떠나 스트랫퍼드에 정착했다. 『로미오와 줄리엣』은 그런 내용을 바탕으로 하면서, 마치 이제는 불가능하게 보이지만 그래도 아들을 잃은 것에 대한 고통스러운 죄책감을 마주하며 관념적으로 지속된 결혼에 대한 어떤 향수처럼 우리에게 전해진다. 삶이 갈라놓은 두 연인의 영상을 구하고자 하는 젊은 열기처럼. 작품의 그러한 순정적인 채색은 물론 저자의 청춘을 드러낸다. 또한 우리는, 독자의 무의식적인 오솔길과 저자의 그것(텍스트와 전기) 사이에 가능한 공통점들 이외의 다른 확신은 없지만, 햄넷의 죽음이 셰익스피어에게 사랑하는 한 쌍의 부부에 대한 향수를 불러일으켰다고 가정할 수 있을 것이다. 정확히 말해서 셰익스피어와 앤 해서웨이는 사랑하는 연인이 될 수 없었다. 그의 아내는 연상이었고, 1582년 결혼 6개월 후에 딸을 낳았으며, 그런 다음 3년 후에 쌍둥이 아들을 낳았다.

출산으로 평범해지고, 죽음으로 상처 받은 자신의 결혼에 항거하며, 몽상가이자 이미 모권제·결혼의 힘에 대한 끈질긴 신성모독자가 된 셰익스피어는, 증오의 법칙에 의해 불타 버렸지만 내면에서는 영원히 숭고한 연인들의 꿈을 내세운다. 이상적인 연인들, 그러나 불가능한 커플들, 즉 희망적인 에로스와 실제적인 증오가 현실을 짜깁기한다. 셰익스피어는 증오가 다른 사람들로부터 왔다고 자신을 변명하는 듯하다. 따라서 우리는 순정적인 음색을 지닌 『로미오와 줄리엣』을 아들의 죽음에 대한 애도의 노래로 생각할 수 있을 것이다. 이 작품 속에서 아버지의 죄의식은, 결혼에 대한 증오와 함께, 사랑에 빠진 연인들의 신화를 유지하고자 하는 욕망을 고백하고 있다. 그것은 비록 일시적이라 해도, 부부에 대한 이상화를 보존하여 결혼 속에 기거해 죽음(아이들 — 로미오, 줄리엣…… 햄닛의 죽음?)을 만들어 내는 증오 속으로 들어가지 않기 위해서이다. 이것이 아마도 아들의 무덤에 아버지가 바치는 선물일 것이다. 윌리엄 셰익스피어가 햄닛 셰익스피어에게 준 증여품이다. 증오로 가득 찬 법이 살아났다. 아들을 조용히 잠들게 하고 아버지의 죄를 씻어 주기 위해 그 증오의 법은 이제 반짝이는 이면을 지닌다. 그것은 법을 벗어난 젊은이들의 고결한 사랑이다.

그 후 셰익스피어의 아버지가 1601년에 세상을 떠나자, 그 법은 와해된다. 그리하여 『로미오와 줄리엣』을 햄닛의 죽음과 연결시키는 것과 유사한 방법으로, 이번에는 작품 『햄릿』이 아버지의 죽음과 평행선을 이루며 등장한다. 『햄릿』에서는 아들과 아버지의 죽음에 대한 메아리로서, 그러나 『로미오와 줄리엣』에 대한 반명제로서, 그 어느 부부도 죄 많은 아내였던 어머니에 대한 아버지 혼백의 복수를 모든 부부를 추하게 만들면서까지 이끌고 가는 셰익스피어의 신랄한 언어의 영향력 아래서 견뎌내지를 못한다.[15] 그다음 1609년에는 셰익스피어의 어머니가 사망한다. 그러자 그는 윌리엄 H.를 기려 동성애적 사랑을 찬양하는 『소네트(Sonnets)』를 출간했는데, 윌리엄 H.는 블랙 레이디로 나오는 윌리엄 햄넷, 즉 아들이거나, 아니면 자기 자신을 아들로, 인간·육신으로, 남자·여자로, 오히려 육체로 겪는 그리스도의 수난으로 발견하게 된 아버지이다.[16]

그러나 1596년에는 그 지점에까지 와 있지 않았다. 작품 『로미오와 줄리엣』은 햄넷의 죽음에 대한 액막이로서, 실패한 결혼에 대한 치유책으로 존재했다. 햄넷은 죽었지만 그래도 고결하고 접근할 수 없는 연인들은 있어야 했다. 사랑하는 행복에 대한 향수일까? 향수란 nostro(회귀)이고 algos(고통)이다. 죽어 버린 그리고 죽은 자에게로 인도하는 과거에 대한 고통스러운 회귀? 사랑하는 햄넷, 너의 부모가 열정적으로 사랑하는 사이였다면 너를 죽음에서 구해 주었을 것이고, 그게 아니라 로미오와 줄리엣처럼 저주받은 연인들이었다면 너를 존재하지도 않게 해 주었을 그분들의 열정적 사랑의 영원불멸한 영상을 죽음의 왕관으로서 받아다오. 너를 위해 셰익스피어가 사랑을 불멸의 것으로 만들었지만, 그러나 너의 죽음은 증오가 승리한다는 징조이자 증거이다.

---

15) A. 그린, 『햄릿과 햄릿(Hamlet et Hamlet)』, Éd. Balland(1982), 그리고 특히 그의 논문을 참조할 것. 그 논문에 의하면 폴로니우스의 아들들이 왕의 사생아들이라고 한다. 그리고 여왕은 그러한 불륜을 보복하기 위해 부왕을 살해하고 그의 동생과 결혼한다는 것이다. 그것은 배반과 증오의 결혼이고, 일반화된 오이디푸스적인 비전으로서 햄릿은 운명에 의해 그러한 비전을 갖게 되었고, 정신적 체험의 복판에 원초적 장면 자체를 제시하고 있다. 월등하게 재현 가능한 것으로서의 원초적 광경은 재현의 재현을 찬양하는 이 작품의 동력이 된다.

16) Ph. Sollers, 『여자들(Femmes)』, éd. Gallimard(1983), 467~469쪽에서 저자는 셰익스피어의 이러한 동성애에 대한 해석을 제시하고 있다.

'나의 유일한 사랑, 나의 유일한 증오'

우리는 종종 로미오와 줄리엣을 트리스탄과 이졸데와 비슷하다고 생각하는데, 그것은 사회적 규약에 의해 박해받는 사랑의 증거를 그 속에서 찾아내기 위해서다. 말하자면 부부가 결혼 중에 열정을 목 조르는 기독교에 의해 어떻게 저주받고 파괴되는가를 강조하기 위해서이기도 하고, 또한 그 속에서 사랑의 향락 한복판을 지배하는 죽음의 계시를 찾기 위해서이기도 하다. 이 모든 것과 함께 셰익스피어의 텍스트는 더욱 신랄한 요소를 지니고 있는데, 그것을 애매모호와 가치의 전복을 꾀하는 그의 예술이 가장 강렬한 사랑의 예찬 바로 그 한가운데에서 교묘한 마술로써 조작하고 있다는 것이다. 성을 통해 증오가 승리한다는 것, 바로 그것이 텍스트의 첫 페이지에서부터 눈에 부각되고 귀에 울린다. 첫 장면에서부터 두 하인의 말장난과 외설로 감싸인 대사들은 순수하다고 추정되는 순정적 사랑에 성의 그림자와 온갖 종류의 가치 전복의 그림자를 드리운다. 이미 우리는 사랑을 "가장 이성적인 광기",(1막 1장 184절) 심지어는 "난폭하고, 거칠고, 격렬한 사랑! 그것이 가시처럼 가죽을 벗긴다."(1막 4장, 25~26절)라고 특징짓는 로미오의 대사를 예고받았다. 그다음 머큐시오(벤볼리오와 함께 폭력의 악순환으로 이끌어가고, 3장에서는 그의 죽음이 로미오로 하여금 티벌트를 죽게 함으로써 복수하는 불길한 인물)는 사랑을 요정의 산파, 마브 여왕으로 묘사한다. 격언적이고 매혹적인, 연인들의 육체를 장악하는 유령, 사랑의 불빛에 도취된, 살인적인 밤의 이면인 마브가 놀이를 이끌고 가지 않는가. "귀뚜라미 뼈로 만든 그녀의 채찍은 성모의 실을 밧줄로 삼았다."(1막 4장 65절)

그러나 사랑이 증오에 의존한다는 것을 지적하기 위한 가장 강력한 표현들을 찾아낸 것은 줄리엣이다. 우리는 그 고상한 아가씨의 말 속에서 단번에 최후의 죽음을 예고하는 수사학적인 간단한 수법 또는 대조적인 것을 결합시키는 모호한 언어 조항을 볼 수 있는데, 그러한 요소는 그 작품의 다른 곳에서뿐만 아니라 전반적인 셰익스피어 미학 속에서도 찾아볼 수 있다. 그러나 보다 심층적으로 문제가 되는 것은 사랑하는 충동의 근원 자체에 증오가 내재한다는 사실이다. 사랑하는 이상화의 장막에 선재하는 증오 말이다. 증오에 대한 가장 직접적인 의식, 가장 몽유병자 같은 투철함을 지니고 있는 여인이 바로 줄리엣이다. 그들의 첫 만남에서부터, 그리고 로미오가, 조금 전만 해도 그를 몹시 괴롭혔던 로잘린에 대한 사랑을 갑자기 잊어버리면서, 원수 가문 출신인 줄리엣 앞에서 단지 '극도의 혼란'에 싸였음을 자인했을 때, 줄리엣 자신이 솔직하게 표현한다. "나의 유일한 사랑은 나의 유일한 증오에서 분출하도다."(1막 5장 136절)

그렇지만 로미오 자신도 자기가 증오의 잔치에 간다는 것을 알면서 캐풀렛 가의 축제에 가지 않았던가? 여전히 줄리엣이 말한다. "그대의 이름만이 나의 원수예요."(2막 2장 38절) 또한 기다림의 열정을 자리 잡게 하고, 연인들의 특성을 극찬하는 사랑의 독백 절정에서("나에게로 오라, 밤이여! 로미오여 오라. 그대가 밤을 낮으로 만들 것이니……!") 줄리엣은 천진난만하게 말을 잇는다. "다정한 밤이여 오라. (……) / 그리고 그가 죽게 되거든, / 그를 데려다가 작은 별들로 잘라다오 / 그러면 그가 밤의 얼굴을 너무도 아름답게 만들 것이고 / 밤과 함께 세상 전체가 사랑에 빠질 테니……."(3막 2장 20~23절) "그가 죽거든 그를 데려다가 베어라." 여기서 우리는 『감각의 제국』의 조심스러운 일본어 판을 듣는 것 같다. 그러한 시련은 우리가 정면으로 쳐다볼 수 있는 증오에 실려 갔기 때문에 눈에 띄지 않고 지나가며, 가족 간의, 사회적인 저주는 두 연인 간의 무의식적인 증오보다 더 쉽사리 고백할 수 있고 견딜 수 있다. 그런데도 줄리엣의 향락은, 묘약에 의한 그의 잠이 로미오가 착각하게 만들어 그를 자살까지 몰고 가기 훨씬 전에, 그리고 죽음의 욕망이 로미오의 시체를 보면서 그녀 자신에게로 되돌아와 그녀 역시 자살로 몰고 가기 훨씬 전에, 로미오의 죽음을 예견하면서(갈망하면서?) 빈번히 말로써 표현된다. "이제 그대는 저 밑에 있고, 마치 무덤 속에 든 죽은 사람처럼 보여요."라고 그녀는 3막에서부터 죽음을 언급한다.(3막 5장 55~56절)

이처럼 죽음에 대한 잦은 환기는 단순히 노인들의 세계에는, 더 넓은 의미로 결혼에는 열정을 위한 자리가 없다는 것을, 말하자면 사랑은 합법화의 문턱에서 죽어야 하고, 에로스와 법률은 양립할 수 없다는 것을 확인하기 위한 것만은 아니다. 로렌스 수사가 그것을 잘 말해 주는데, 그것은 통속화된 기독교의 금욕주의의 후유증이다. "결혼하여 오래 산다는 것, 그것은 결혼을 잘한 것이 아니라오. 그녀가 가장 좋게 결혼한 것은 젊어서 죽는 것이지요."(4막 5장 76~77절)

보다 심층적으로, 보다 열정적으로 문제가 되는 것은 사랑의 감정 그 자체 속에 증오가 내재한다는 사실인 듯하다. 프로이트는 대상과 타자와의 관계에서는 증오가 사랑보다 더 오래되었다고 말한다.[17] 나와는 다른 어떤 타자가 나타날 때부터, 그는 나에게 이방인, 거부된 인물, 혐오적인 인물, 비열한 인물, 즉 증오의 대상이다.[18] 그것은 자기 성애적 만족과는 다르고, 타자가 분명히 나와 분리되지 않은 나르시스적 완결성의 조숙한 감정으로서의 환각적 사랑조차도, 보다 뒤늦게, 일차 동일화의 능력을 통해서만 그 타자와의 관계에서 생긴다. 그러나 사랑과 연결되는 욕망의 힘이 자아의 온전함을 불태울 때부터, 말하자면 열정의 욕동적 격류를 통해 사랑이 그 견고성을 변질시킬 때부터 증오(객관적 관계의 일차적 지

---

17) 「욕동과 욕동의 운명」, 1915, 앞의 책을 참조할 것.
18) 이 문제에 대해서는 크리스테바, 『공포의 권력(Pouvoirs de l'horreur, essai sur l'abjection)』, Éd. du Seuil(1980)을 참조할 것.

표)가 억압에서 떠오른다. 사도마조히즘의 다양한 변이형에 따라 성적 요소를 담게 되었거나, 아니면 보다 오래되어, 이미 유혹적인 만큼 착각적인 불충실성의 감미로움을 소진해 버린 관계를 냉혹하게 지배하는 증오는 한 쌍의 열정적 멜로디 속에서 기본 음조가 된다. 이성 혹은 동성 커플은 아이와 부모 간의 사랑의 합의라는 잃어버린 천국(그러나 단지 욕망된 것이지 한 번도 경험해 보지 못한 천국이 아닐까?)을 지속시키고자 하는 공상적인 도박 같은 것이다. 여성이든 남성이든, 어린이는 유모이자 이상적인 아버지(nourricière-et-un-père-idéal)인 어머니와의 융합, 결국 두 성을 이미 하나로 압축하는 이질적인 것의 결합에 대한 환각에 사로잡혀 있다. 그런 어린이, 즉 사랑에 빠진 어린이는 쌍을 이루고 싶을 때 셋을 둘로 만들려고 시도한다. 남자나 여자나 쌍을 이루고 싶은 순간에는, 사랑하는 남자(사랑하는 여자)는 이상적 아버지의 '남편' 또는 '아내'가 되는 신기루를 통과한다. 이처럼 이상화된 사랑의 대상은 프로이트[19]가 말한, 감미로운 일차 동일화들을 흡수하는 그 '개인적 선사 시대의 아버지'의 화려한 의상들을 걸치게 된다. 행복하고 순화된 부성이 뒷받침하는 이상과의 그러한 짝짓기 속에서 남자는 여성화된다. 자신의 여성스러운 청소년기를 광적으로 사랑하는 청소년보다 더 양성겸유적이고, 여성적이기까지 한 것이 또 어디에 있겠는가? 그러나 우리는 최종적으로 (말하자면 부부가 진정으로 하나가 되는 경우, 부부가 지속되는 경우) 그 주인공들 각자는, 즉 그 남자와 그 여자는 타자 속에서 자기 어머니와 결혼했다는 사실을 재빨리 깨닫게 된다.

---

19) 앞에서 언급한 『세 가지 시론(Trois Essais)』과 이 책의 1부 '프로이트와 사랑'도 참조할 것.

어머니 —— 부부의 초석

그리하여 남자는 영원한 어린이로 남아 있기 위해 나르시스적인 만족감의 항구를 찾아낸다. 그것은 퇴행 현상의 감미로운 정상화이다. 여자는 남편·어머니가 제공하는 보상적 지원 속에서 일시적으로 마음의 안정을 얻는다. 그것은 2단계에서는 그와 같이 전의식화되어, 그런 식으로 만족을 얻고자 하는 여성 동성애를 부추긴다. 그러지 않을 경우 이것은 자신이 남근이 있는 존재에 의해 접근 불가능한 어머니에게 환상적으로 할당된 양육의 가치를 박탈당했다고 생각하는 데서 오는 우울증을 야기한다. 이 경우 남편을 어머니로 봄으로써 행복한 아내에게는, 아이들의 중재나 반복적인 사회적 만족을 통해 그 이중주의 균형이 계속 군림할 수 있도록 든든한 남근적인 만족이 필요하다.

여자와 마찬가지로 남자도, 상대방에게서 어머니를 본다는 것은 부부의 초석을 찾아냈다는 것이고, 그럼으로써 그 초석을 영속화하는 것이다. 그러나 생명을 선물하는 그 현상이 역설적으로 죽음(남근의 지원을 받아 저항해도 소용이 없는)을 유발한다. 어머니, 죽음…… 왜 그럴까?

"피조물들의 어머니인 대지는 피조물들의 무덤이기도 하다. / 그들의 무덤이 바로 그들의 모태이다."라고 로렌스 수사가 격언조로 말한다.[20] 모성적 포옹에 대한 향수 어린 사랑 속에서 정체성의 즐거운 소실은 성인에게는 하나의 상실처럼, 더 나아가서는 치명적인 위험처럼 느껴진다. 그때 욕동들과 자아적이고 초자아적인 증오로 빚어진 방어 장치는 타자 속에 삼켜진 동일한 것에게 윤곽, 정체성 그리고 실존을 되돌려주기 위해

---

20) 2막 3장 9~10절. "The earth that's nature mother is her tomb. / What is her burying grave, that is her womb."

반작용을 해 보인다. 사랑/증오의 교체 현상은 열정의 실타래를 짜고, 영원한 회귀는 사도마조히즘적인 부부보다 '더 좋은' 부부를 결코 만들지 못한다. 더 좋다고 하는 것은 그 부부가 성욕의 충전과 배출력의 내재적 가능성을 스스로 북돋우기 때문인데, 그것은 상대방 각각이 성적 양면성을 감당하고 있다는 것을 추정한다. 그렇다면 양성겸유자라는 말인가? 반드시 그렇지는 않다. 왜냐하면 남자의 '여성스러움'이 여자의 '여성다움'이 아니고, 또한 여자의 남성스러움이 남자의 '남성다움'이 아니기 때문이다. 남근을 가진 두 가지 성의 비대칭적 관계는 그들의 성적 특성을 결정하는 것으로서, 부부 속에서 둘이 되게 하고, 그리하여 홀수의 해결할 수 없는 조화를 조정하고 싶어 하는 넷을 만든다. 아이·아버지·어머니의 삼각관계를 한 쌍으로 만들기는 제삼자가 오직 제외되기 때문에 주체가 되는 것이다. 애·증은 만일 내가 '전체' 속에 결합된 아빠·엄마(그리고) 나일 수 있다면 이상적인 사랑이 될 수 있을 것이라는 상상으로도 해결할 수 없는 문제이다.

어머니에게 너무도 냉정한 줄리엣은 캐풀렛 부인이 자기 딸과 유지하는 냉담한 거리를 자기 생모에게 거울로 되비쳐 보인다. 자기 애인이 죽었다고 상상하는 줄리엣, 겉으로는 착한 유모가 태도를 돌변해 그녀에게 로미오를 잊어버리라고 부추길 때 유모에게 반항하는 줄리엣, 로미오의 단검으로 자신을 찌르는 줄리엣. 자기 아버지의 (캐풀렛의 말로는, 1막 2장 15절) "지상에서의 희망인 귀한 여인", 아버지가 선택한 신랑을 거절했을 때(3막 5장), 그녀가 무죄하다고 보기에는 너무도 격정적인 분노로 아버지를 몰고 간 줄리엣은 거부와 어떤 난폭성, 가능한 혐오감을 각인하고 있는, 남근적이라고 불러야 할 임기응변적 재치에 사로잡혀 있다. "나의 유일한 사랑은 나의 유일한 증오에서 분출하도다."

로미오의 여성성을 지적한 것은 로렌스 수사이다. 로미오의 남성적인 뜨거운 우정은 물론 그 당시에는 일반적이었지만, 그렇다고 남성적 우정의 기반을 이루는 것이 다른 사람들의 (성적) 능력, 특히 원수들(열정의 특권적 대상들)의 능력과의 비교 및 통분이라는 사실을 밝히지 않는 것은 아니다. 그런 사실로 보아, 원수 집안에 속하는 남자들의 격정적인 열기가 로미오를 그의 첫 번째 연인 로잘린 곁으로 이끌었고, 티벌트와 패리스를 치명적으로 파고들기 전에 두 번째 연인 줄리엣을 발견하게 만들었다. 우리가 유념해야 될 것은 사촌 티벌트는 아버지 캐풀렛의 대용물이고, 바로 그 아버지가 선택한 신랑인 패리스 역시 그의 대용물이라는 사실이다. 마찬가지로 로미오가 로잘린에서 줄리엣에게로 쉽사리 넘어간 것은 그 두 여자가 모두 증오의 동일한 원천, 즉 캐풀렛 가 출신이라는 사실로 설명이 된다. 그러나 그 박식한 신부는 사랑의 격정 속에서 공격적이고 복수적인 메달의 이면(로미오의 그 어떤 '여성성')을 폭로한다. "자네가 남자야? 자네의 몸은 남자라고 선포하지만, 자네가 흘리는 눈물은 여자들의 것이지. 그리고 자네의 야성적인 행동(티벌트의 살해)은 사나운 짐승의 반이성적인 격분을 고발한다네. (……) 한데 버릇없는 계집애처럼 침통한 자네, 조심하게."(3막 3장 109~111, 143절)

부부의 당면 문제

욕망이 변덕스럽고, 새로운 것에 도취되어 있으며, 정의하기에 불안정하다면, 무엇이 사랑으로 하여금 영원한 부부를 꿈꾸도록 부추기는가? 무엇 때문에 충실성이나 지속적인 화합에 대한 맹세를 하며, 또 무엇 때문에 결과적으로 연애 결혼(몇몇 사회의 필요로서가 아니라, 욕망으로서, 성적인 필요로서)을 하는가?

선남선녀가 충실성과 안정된 결합을 꿈꾸는 것은 대개 청소년기에 이루어진다. 그 반대로 성적 쾌락의 발견은 불안정한 상태에 빠트리지만, 그러나 그 발견은 또 한편 (모성적?) 안정성의 요구로 그리고 원초적 양자(dyade)의 잃어버린 낙원을 재창조하고자 하는 향수로 이끌어간다. 그 후에는 향락의 체험인 거세와 함께 놀이를 더 잘 조정하면서 남자는 결혼한 부부 속에 침몰하기를 피해, 일시적이고 다수이기 때문에 안심이 되는 다소 수많은 위반적인 정복들을 비춰 주는 지속적인 거울들 속에서 남근의 힘을 확인하려고 노력한다. 그러나 여성은 돈 후안이 되는 때가 드물다. 아니면 여성이 그런 놀이를 하게 될 때는, 남성적인 동일화를 통해 그녀는 남성 동료보다 더 파렴치한 용맹성과 신체적 붕괴의 더 많은 위험의 대가를 치르면서 그렇게 하기에 이를 수 있다. 그것은 흔히 있는 일이다. 그리고 페미니즘의 영향으로 인한 우리의 관습들의 급격한 변화도 성생활의 그러한 모습을 전복하지는 못했다. 여성들이 결혼을 원하기 때문이다. 동물행동학 추종자들에 의하면 그것은 자녀들의 착상(nidation)을 위한 안정성의 원형적 본능이라고 한다. 보다 정신적인 관점에서 문제가 되는 것은 남편을 통해 젖어머니(한 여성이 이성 간의 자기 욕망의 정상적인 대상으로서 아버지에게 접근함으로 인해 어쩔 수 없이 잃게 되는 어머니)의 소유를 한 번에 확보하고자 하는 한결같은 욕구일 것이다. 따라서 가정의 따뜻하고 보호적인 안정 속에서 아버지의 딸이 자기도 어머니가 될 수 있을 뿐만 아니라…… 어머니를 갖게 되고, 그녀에게서 양분을 취하고 향유할 수 있기 위해 결혼하겠다는 생각을 한다는 것이다. 그러나 사실상 바로 그 아내가 남자, 즉 안정적이고 양육하는 남편인 그 환상적 어머니의 남편이 되는 것이다. 아내는 원한다면 순화된 남성성의 마스크를 씀으로써 남근, 즉 모성적인 남편의 비밀스럽고 산만하며 너그럽지만 확실한 지배자가 되는 것이다. 여자에게 성공한 부부의 환몽은 아내가 그녀의 남근이 되는 어머니와 결혼하는 것이 아닌가? 그녀가 상대방의 환희의 열쇠가 되고, 뿐만 아니라 은밀히 그리고 확실하게 지배적인 그녀의 사회적 위임이 될 수 있을까? 좋은 결혼에 대한 환몽 속에서 우리는 여성이 좋은 아버지와 결혼한다고 믿는다. 그러나 선에 대한 환몽이 지속되면 좋은 어머니가 부성적 권위 속에 스며 들어가 (나르시시즘을 보장하기 위한 일차 동일화와 함께) 보다 시원적인 몇 가지 퇴행 가능성을 확보한다하는 것이다. 그런 가능성이 없다면 '결혼의 환희'가 어디에서 생길 수 있겠는가? 그 환희는 가정부의 너무나도 매력적인 마조히스트적 복종으로 축소될 위험이 매우 높다. 부부생활의 온갖 문제가 거기, 즉 주부의 여러 가지 곤경 속에 흡수되어 버린 리비도 속에 담겨 있다.

피임약과 인공수정에 의해 자극을 받은 현대의 풍습은 점점 성생활을 생식과 분리시키고 있다. 이 풍습은 사회적·과학적으로 영원한 부부와 그리고 종의 생식을 위한 최상의 조건을 보장해 주는 필요성으로서의 결혼 제도를 불필요한 것으로 만들어 가고 있다. 그렇다고 항구적인 결합의 정신적 욕구들이 사라지는 것은 아니지만 분명히 희미해지고 있다.

왜냐하면 한편으로 예전에 법률이 원하던 충실한 부부는 보다 개방적인 다양한 쾌락과 향락이 야기하는 정체성의 상실 앞에서 많은 사람들에게 성 본능의 임상학적 필요성으로 남아 있기 때문이다. 정체성의 지표 ("당신이 나를 사랑한다. 고로 나는 존재한다. 열정 속에서, 몸이 아파도…….")가 마련해 주는 것을 통해 안정성을 확보하는 부부는 지속적인 거울이요, 반복되는 감사이다. 어머니가 자기 아이를 위해 하듯이 부부는 떠받쳐 준다. 그러나 이러한 복원적 기능 너머로, 부부가 욕망의 영원한 불길이 타오르는 신전이라는 사명도 가로챌 수 있을까? 그 문제에서는 성도착증만이 지배자이다. 그것은 타자가 제공하는 그러한 부분 대상에 연루되었거나 아니면 성적 혹은 존재론적 극작법이 마련해 주는 능동적·수동적, 남성적·여성적 교체 현상에 연루된 파트너들을 애·증과 결부시킨다……. 여성 해방의 위대한 비약도 무의식적이기 때문에 분명히 반동적인 그 법률을 깨트리지 못했다. 그 법률은 원초적인 모성적 대상의 품 속에서 욕망에게 원기를 주기도 하고 동시에 상처를 입히기도 한다. 페미니즘 투쟁은, 이성과의 동일화에 잠재되어 있는 사랑의 전쟁을 통해서, 남근적 경쟁에 의한 리비도의 활력을 다시 가동시켰다. 그러나 치욕을 당한 부부들은 저절로 동성애자 혹은 이성애자로, 모성애자 혹은 사도마조히스트들로 개조되었다.

우리가 상정할 수 있는 것은, 신체와 풍습을 앞서거나 뒤따르는 신체 관련 학문과 풍습 관련 학문의 진화와는 상관없이 여성들은, 특히 그들의 삶에서 임신 가능한 시기에는, 부부의 그 어떤 신뢰성을 필요로 한다는 것이다. 부부생활에서 그들의 성생활의 한 부분을 분리시킨다는 것은 있을 수 없다. 모성(용해적이고 치명적인, 황홀하고 명료한, 감미롭고 괴로운 또 하나의 사랑)은 어떤 뒷받침을 필요로 한다. 어머니의 어머니가 거기 있어야 한다. 현대 생활에서는 대가족 또는 부족이 붕괴된 이후부터 남편에게 그 역할이 부과되었다.

무엇 때문에 남자가 그런 기능에 동의하겠는가? 집단의 흥분에 떠밀린 돈 후안이 거기에서 무엇을 찾아내야 할까? 다소 구제 불능의 청소년 돈 후안은 어머니를 몹시 좋아하는 한, 시인처럼 자유롭기를 꿈꾼다. 말하자면 그는 아버지 대신에 어머니를 임신시키면서 어머니를 다시 만든다. 아니면 모친 살해범인 그는 어머니보다 어머니의 경쟁자를 더 좋아하면서 어머니를 물리친다. 그렇다고 해결되는 것은 아니다. 그것은 욕망하는 거세 주체이자, 삶의 불건전한 샘, 어머니 대지, 죽은 자들의 영지인 어머니에 대한 자기 나름대로의 결판이다. 그 결판은 그가 아내처럼 어머니를 포기할 때를 포함하여, 자기 자존심에 대한 배려에서 여자들을 따라 혹은 명예의 징조들을 따라 자기 집단에 헌신하기 위해 영원히 미결 상태로 남아 있을 수 있다. 부부의 피안(au-delà)은 어머니의 피안이다. 그곳에 도달할 수 있다고 믿는 사람들은 언어로써 어머니를 능욕하기를 그치지 않는다. 그 사람들은 문체와 음악의 창조자들이다. 여성은 부부의 잉태를 중화시키는 아이들의 공동체를 통해, 어머니·여자로서 그 피안에 접근한다. 대부분의 경우 자손들을 통해 수를 증식시키는 은밀한 영광을 잘 알고 있는 어머니를 아이들이 억압한다는 것은 사실이다.

그리고 여러분은 노부부들이 더 감격적이고, 더 끈질기다고 말하겠지요? 그것은 또다른 이야기가 아닌가요. 말하자면 시들어 버린 사랑, 항상 심술궂을 수 있지만, 그러나 우정의 황금빛 가을에 철이 든 그런 사랑의 이야기지요.

지네트는 살육만을 꿈꾼다

지네트보다 더 유사한 경우는 없을 것이다. 그녀는 금발에 체력이 강한 랑드 지방 출신이고, 셰익스피어가 줄리엣이라는 이름으로 영원불멸하게 만든 그런 아름다운 이탈리아 여인이다. 그런데 그녀의 영원한 어린 시절, 짓궂은 소녀임을 은폐하는 영리한 순진함과 때로는 무서운 공격성이 나로 하여금 즉시 베로나 출신의 여주인공 줄리엣을 생각나게 했다. 이러한 접근은, 지네트의 순정적이지 못한 운명에도 불구하고 계속 나에게 강한 인상을 주었고, 나중에 이해하게 되겠지만 쉽사리 유추하는 나의 성향에 대해 나 스스로 미소 짓게 만들었다. 정신분석 초기에 지네트는 자신과 자기 주변의 여자들 간에 일어나기 마련인 격정적인 관계에 대해 불평을 털어놓았다. 우리 두 사람만의 습관으로 (그리고 피분석자와 정신분석가라고 하는 새롭고도 미묘한 이 '쌍'에 대해서는 다시 거론하겠지만) 우리는 어머니를 잠수된 어머니라고 불렀다. 그만큼 어머니의 현존은 지네트의 삶에서 심오하고 보이지 않았으나, 그녀의 이야기 속에서는 금세 나타났기 때문이다. 서민층 이하의 그 가정에서 떳떳하게 밝힐 수 있는 유일한 권력, 음식에 대한 권력을 소유하고 있는 어머니는 지네트에겐 완전무결하지만 구역질 나는 조리사로서 호리호리한 아버지를 지배하는 뚱뚱하고 더러운 여자였고, 아버지는 그의 유일한 기쁨이었던 해외의 실향민 장터 축제에서 뿌리 뽑힌 음악 애호가였다. 분석치료를 받던 처음 몇 년 동안 지네트는 어머니를 상징적으로 체념했고, 딸 하나와 아들 하나를 가져다준 임신을 통해 어머니의 영향력에서 벗어났다. 그녀는 자기도 어머니이고, 다른 사람보다 더 좋은 어머니라는 확신을 가지고 있었다.

바로 그 무렵 우리의 첫 면담 때부터 많은 신비와 이상화적 존경심과 함께 예고되었던 또 하나의 인물, 본질적이면서도 역시 잠수함처럼 바다에 잠긴 그 인물이 무대에 등장했다. 그녀의 남편이었다. 우연처럼 장은 나와 같은 직업을 가지고 있었다. 그래서 지네트는 자기 남편의 직업에 대해 생각하는 모든 나쁜 점을 나에게 말할 수 있었다. 이미 나는 그녀가 자기 가족으로부터 벗어나기 위해 그와 결혼했다는 사실을 알고 있었다. "내가 남편에게 섹스를 가르쳐 주었어요. 그때 내 나이 열일곱 살이었으니, 난 아무것도 몰랐다고 할 수 있죠."라고 그녀는 말했다. 남편·아이, 미성년 구원자인 장은, 부유함으로 지네트를 유혹하는 동시에 신경을 건드리던 집안 출신으로, 하나의 가정이자 견실함이요 그리고 집이었다. 처음에는 지네트가 이끌고 가야 했던 그 남편은 그녀에게는 일종의 좋은 어머니였다. 아니면 남편은 자기 쪽 집안사람들을 통해 적어도 어릴 적부터 지네트가 가졌던 수치심의 원천인 어머니의 무능한 영상을 보충해 주었다. 장 쪽의 사람들은 여유 있고, 다른 여자들에게 강요할 수 있는 우아한 시어머니의 영상을 안겨주었다. 이상적인 어머니였다. 그러나 이제 지네트 자신이 어머니가 되었고, 그녀 역시 남편쪽에서 찾아볼 수 있었던 인정받고 존중받는 여자가 되어 가고 있는 이때에 그런 남편을 어떻게 해야 할까? 게다가 남편은 더 이상 자신이 미성년자 자리에 있는 것을 만족하지 않고, 그 자신의 진화 과정을 따르면서 지배자의 모습을 취해 가고 있지 않은가? 보완적인 부부는 더 이상 존재 이유를 가질 수 없게 되었다.

'죽이자.' 이런 생각이 지네트에게는 점차 강박적이 되었다. 누구를 죽이지? 그 사람, 아니면 나? 왜냐하면 미움 받고, 욕망되고, 임시변통에 짐짝 같은 부부, 안정감을 주면서도 원칙을 깨뜨리는 그런 부부는 또한 피분석자가 정신분석가와 함께 상상적으로 형성하는 부부이기도 하다. 최선의 경우나 최악의 경우에도 그것이 지속한다는 욕망과 함께 그리고 절대로 그치지 않는다는 미칠 지경의 강박관념과 함께……. 그리고 사람들이 말하듯이, 놀이판을 벌여서 결혼시키고 이혼시키는 정신분석가들에 대해서는 어떻게 생각해야 할까? 그들이 부부 속에 자리를 차지하고 싶은 것인가?

지네트, 그녀는 자신이 장을 죽이고 싶어 한다는 것을 알고 있다. 때로는 그것이 어떤 영화나 추리소설에서 튀어나온 거짓 욕망처럼 보인다. 그리고 그녀는 그런 욕망에 공감하지 않는다. 때로는 그 반대로, 그를 죽이는 것만이 합리적인 유일한 해결책이라는 생각도 든다. 그러지 않으면 어떻게 무거운 짐이 된 남편과 헤어질 수 있을까 하는 생각이 들기 때문이다. 이혼은 지네트에게 불가능해 보였다. "아이들도 있고, 또 부모님들(친정 부모와 시부모)은 이혼을 감당하지 못하실 거야!" 그래서 그녀는 사고(사고로 위장한 살인)를 생각해 본다. 지네트는 오직 살육만을 꿈꾼다. 말하자면 그녀가 장을 어느 골짜기에 밀어 넣으면, 기차가 그의 목 위로(바로, 그렇게 믿기 어려울 정도로 정확하게) 지나간다. 그러면 그의 자동차에 폭약 장치를 해서 그의 몸이 산산조각 나도록 폭발시킨다. "알아볼 수 없는 시체 조각들만이 남게 될 테고……." "당신은 그게 장이 아니라 다른 사람이라고 하시겠지요." "오, 장이 맞아요." 언제나 나의 암시를 거부할 준비가 되어 있는 지네트가 확언한다. 그녀가 계속 말한다. "더구나 그 사고 지점 아주 가까이에는 당신의 집처럼 정원으로 둘러싸인 집이 한 채 있고 호수도 있어요. 폭발음이 사람들을 호수로 달려오게 했을 때 당신은 익사 직전이었고, 사람들이 당신을 구해 주었지요……. 그래서 당신이 보다시피……."라고 안심한 지네트가 결론을 내린다. "장의 살해는 잠수된 어머니를 구할 수 있게 해 주지요." 나는 계속 고집을 부린다. 지네트는 다시 한번 그것과는 관련이 없다고 말한다. 다만 갑자기, 아마도 내가 물에 빠졌다고 한 것과 관계가 있는 듯이, 그녀는 거의 두 달 동안 분석치료에 오지 않았다. 그녀는 죽은 척했다. 물이 집어삼키는 그 부부를 죽이고 싶은 그녀의 욕망 속에서 내가 장과 그녀 어머니의 자리를 차지했기 때문이었다. 따라서 그녀는 먼 바다로 나가고 싶었고(내가 그녀를 익사시켰던가?) 동시에 수치스러운 도피로 살해의 욕망을 속죄하고 싶었다.

그녀가 분석치료에 다시 왔을 때는 사실상 모든 일이 잘 되어 가고 있다는 것을 내게 말하기 위해서였다. 그리고 이런 경우에는 그녀가 나를 필요로 하지 않는다는 것을 내가 확실히 알고 있다고 그녀는 짐작했다. 장과는 즐거운 휴가를 보냈는데 "언제나처럼 견디기 힘들었지만 다른 방법이 없으니까요." 그래서 우리는, 나를 통해서, 그녀가 증오해서는 안 되는 어머니에 대한 그녀의 증오를 파내는 데 많은 시간을 보냈다.

그것은 지네트가 '그녀의' 부부 속에 감추고 있던 것과 동일한 증오였다. 그것은 그녀 다음에 태어난 어린 여동생 때문에, 아버지가 총애했고, 그래서 지네트에게서 일찍 젖을 떼어 버린 어머니가 양육한 그 여동생 때문에 거부당한 언니의 열정인 사랑·증오였다. 지네트에게는 자기 차례로 모든 가족과 경멸스러운 그 씨족들을 거부하면서, 책 속에서 그것을 극복하는 길밖에 남아 있지 않았다. 그러나 뿌리가 잘린 그 지적인 여인은 탐욕스러운 어머니, 삼켜 버리고 싶은 그 뚱뚱한 어머니에 대한 향수에 젖어 있었다. 결국 향락적인 주부였던 그 어머니는 지네트의 아버지와 성교를 할 때 느꼈던 쾌감을 자기 딸에게 고백했고("하지만 내가 꾸며 낸 것일 수도 있어요."라고 지네트가 의심해 본다.) 또한 그러한 오르가슴이 그렇고 그런 아이를 낳은 것이라고 그녀는 확신하고 있었다……. 지네트가 장에 대해 자기를 키워 준 어머니처럼 처신할 수 있다고 상상하게 된 이후로 그녀는 불감증이 되어 버렸다.

지네트 부부는 정신분석이 부분적으로 모성적 형상들 쪽으로 선회시켰던 증오의 돌풍 속에, 맨 먼저 분석가에 대해 증오의 돌풍 속에 한동안 잠겨 있었다. 지네트는 장을 떠나 자기 남자 친구들 중 하나인 젊은 동성애자를 '진정한 사랑으로, 미친 듯이 사랑하게' 되었다. 그는 '강렬한' 성적 탈진 상태의 공허 속에서 우정에 대한 병을 앓고 있던 앙리였다. 두 사람은 얼마 동안 로미오와 줄리엣처럼 감상적이고 순수한 사랑을 나누었다. 말하자면 다정다감하고 예의를 갖춘 음유시인 스타일에, 남녀 양성적 동일화를 이루면서. 그리고 남근을 지닌 여자와 동일시 된 지네트는 음핵·항문의 여러 가지 성적 쾌감의 절정을 맛보았고, 그것은 추잡한 여자나 할 수 있는 것이었지만 총체적인 쾌락이었다. 지네트가 자기는 남근을 가졌고 남근이 될 수 있다는("앙리처럼, 우리는 똑같아.") 확신을 갖게 되자 그녀는 사회적인 공포에서 벗어났고, 직장에서도 진정한 인정을 정복하기 위해 돌진했다. 지네트는 자기 과의 부장이 되었고, 그 날부터 앙리를 떠난 것은 아니지만 그에 대한 열정이 식었다. 어머니의 죽음은 그녀를 가정으로 돌아오게 했다. 장의 집으로 돌아왔다기보다는 아이들 곁으로 돌아왔다. "두 커플을 가진 여자들, 내가 바로 그래요. 난 중혼자예요. 사실 가장 이상적인 것이 되려면 장이 보다 더 성도착적이고, 앙리가 더 모성적인 모습을 보였어야 했어요."

남편이 제공하는 이름과 사회적 뿌리내림은 "더 계속해." 그리고 "그게 아니야."라고 외쳐대는 히스테리 환자의 흥분 상태의 열병을 막기에는 너무 허약한 댐이다. 그것들을 넘어서(또한 문제는 그것들을 넘어서는 것이다.) 욕망의 요체인 육체는 '완전한 부부'라는 신기루가 떠 있는 순수한 이상화를 갈망한다. 히스테리 환자의 이상은 남근을 소유한 모성적 항구, 즉 성도착적인 어머니이다. 그렇기 때문에, 자기도 그렇다고 상상하는 그녀는 통음 난무에서 고통으로, 노예에서 죽음으로, 모든 것에 이를 준비가 되어 있다.

성도착적 어머니, 그녀는 괴상하면서도 지극히 사랑스럽고, 욕구 충족적인 한 존재 속에 융합된 좋은 어머니와 전지전능한 아버지의 종합체이다. 성적으로 자극된 종합체? 반드시 그렇지는 않다. 앙리와 지네트의 성생활은 사실적이라기보다는 오히려 환몽적인 것이었다.(왜냐하면 앙리는 계속 남성들과 더 큰 쾌감을 즐겼기 때문이다.) 그러나 지네트가 앙리에게 집착하는 것은 '남자와 동등한 여자', '남근을 가진 어머니'라는 환몽을 마음대로 펼치기 위한 것이었다. 앙리와의 동성애적 체험은 아무런 핸디캡 없이, 과감하게 외설적인 담론을 허용해 주었다. 그 체험은 마치 우리가 분석가 앞에서 말을 한다고 여겨지는 것처럼, 그리고 분석가가 침묵하고 있는데도 말을 하고 있다고 여겨지는 것처럼, 결국 말을 하게 해 주었다. 앙리와 지네트. 그들은 분석가·피분석자라는 한 쌍의 또 다른 변형체인가? 분석치료에 실망한 성적 환몽의 행위로의 이행인가?

그와는 반대로, 모성적이고 공포·강박관념적이고 안정적이며 법 그 자체인 장에게는 상상력이 없다. 상상력 없는 법은 부부의 적이다. 그것은 자기들의 의무만을 수행하는 남편들에게 의존하고 있지 그 이상은 아니다. 그들 자신의 불감증 어머니, 아내 그리고 완벽한 가정주부와 얽혀 있는 그런 남편들은 주택은 마련하지만 부부생활은 하지 못한다. 그들의 성적 수행은, 때로는 성실하지만, 아내들이 우울해지거나 색광증이 되거나 자살하고 싶어지는 것을 막지 못한다. 그리고 히스테리적인 아내들은 속지 않는다. 그리하여 갑자기 증오로 빚어진 현대의 음탕한 여자들은 남근의 인정을 요구하는 여러 가지 모습으로, 분리할 수 없게 뒤얽힌 그녀들의 쾌락과 사랑의 공격에 몸을 던진다. 오늘날 페미니스트들의 수많은 요구는 이러한 틀 속에서 주조된 것이다.

지네트를 매혹시킨 앙리와의 동일화인 양성적 애증은 장과의 경우보다도 더 난폭하게 증오로 물들었다. 차이가 있다면, 증오는 일단 명명되어, 제시되고 고백할 수 있게 되면, 결국에는 마치 지네트가 즐기는 향락의 깊은 활력소처럼 나타난다는 것이다. 거기에는 나의 향락과 힘에 대한 편집증적 갈망이 대등해지고자 하는, 잠수되어 파고드는 어머니가 잠들어 있다. 바로 이것이 그러한 열정적인 살림살이가 알려주는 것이다. 육체와 언어로 그것을 끝까지 몸소 살아 본 지네트는 여자가 되기를 선택하면서 그녀의 분석치료를 끝냈다. 그녀는 내게 말했다. "색다른 그 누구와 일체감을 이루는 진정한 커플, 그것이 결과적으로 당신과 함께 이루어졌어요. 그러나 현실에서는 장이 나에게 더 잘 어울리지요. 반드시 누군가와 함께 살아야 한다면 말이에요. 우리는 서로가 불완전하기 때문이지요. 그리고 부부란 서로 보충하는 것이지요. 그렇지 않다면 아무런 의미가 없어요. 그런데 앙리와는 한 번도 둘이 된 적이 없어요. 동일한 것의 두 가지 복사, 사진과 그 음화인 셈이지요. 물론 그것이 나를 즐겁게는 하지만, 또한 나는 그 속에서 정신을 잃어버리기도 해요. 솔직하게 모두 털어놓자면 나는 정신이 돌아 버려요. 말하자면 때로는 나의 성(性)이 무엇인지, 그의 성이 무엇인지도 더 이상 알지 못하게 돼요. 그럴 때 난 사라져 죽고 싶어요. 그는 그렇지 않아요, 한데 나에게는…… 다행히 장이 있어서 내가 이 사람에서 저 사람에게로 항해하는 것을 견뎌 주지요……."

연인들의 잠

베로나 연인들의 죽음이 돌이킬 수 없는 것이라 해도, 관객은 오직 잠이 문제라는 느낌을 갖는다. 두 시체를 단순히 잠자는 사람들이라고 몽상하게 하는 데에는 우리의 사랑에 대한 갈망(죽음에 대한 마술적인 도전)이 말을 하고 있기 때문인지도 모른다.

텍스트의 우여곡절 속에서 수면제를 가지고 위험한 놀이를 한다는 것은 미리 그러한 혼란을 암시하고 있다. 그러나 미동도 없는 그 커플의 마지막 영상은 아마도 연인들의 잠이라는 그 약속의 땅으로 우리를 인도한다. 사실 욕망의 성적 만족은 진정시키는 일차 동일화가 아니다. 또한 그러한 의미에서 "사랑은 나르시시즘을 탈취한다."[21] 이 경우 잠은 욕망 속에서 탕진된 나르시시즘의 재생인 동시에, 사랑의 재현에게 형태를 취할 수 있게 해 주는 흥분막이(pare-excitation)이다. 서로의 품에 안겨 잠자는 연인들의 결합에 대한 재현이 없다면, 성적 소진은 죽음으로의 돌진

---

21) D. Braunschweig와 M. Fain, 『에로스와 안테로스』(Payot, 1971), 195쪽 이하를 참조할 것.

이다. 더구나 연인들의 잠은[22] 잠에서 깨면서, 감각의 영향을 받아 새로운 소진, 새로운 애무를 할 준비가 되어 있는 상상계의 에너지를 재충전시켜 주는 것에 불과하다. 죽은·잠이 든 로미오와 줄리엣은, 우리가 사랑을 할 때 둘이서 잠들었던 것처럼, 에로틱한 광란에 다시 활력을 불어넣기 이전에 잠시 진정시키는 융합적 영상들의 저장고이다.

전이적 상황과 정신분석적 담론은 성적인, 사회적인 우리의 비극들을 위해 그 어떤 사랑의 상상적 저장고를 우리에게 제공해 준다. 그러나 정신분석은, 우리를 졸게 내버려두지 않고, 연인들의 투철한 깨어 있음이 되어 주겠다고 자청한다……

---

22) 같은 책, 197쪽.

눈물 흘리는 성모

역설 ─ 어머니인가 아니면 일차 나르시시즘인가?

한 여인에 관해 그녀가 어떤 여자인지 (그녀가 지닌 차이를 없애 버리는 위험을 무릅쓰고) 말할 수 없다 해도 어머니에 관해서는 달리 말할 수 있을까? 왜냐하면 어머니는 우리가 확실하게 그 존재를 부여할 수 있는 '다른 성'의 유일한 기능이니까. 그러나 그 경우에도 우리는 모순에 빠진다. 무엇보다 우선 우리는 여성성의 인정된 (종교적 또는 세속적) 표상이 모성 안에 흡수되어 버린 문명 속에 살고 있다. 그렇지만 가까이에서 살펴보면 그 모성은 남자이건 여자이건 간에 성인이 키우고 있는 잃어버린 대륙에 대한 환몽이다. 게다가 여기서 문제가 되는 것은 이상화된 원초적 어머니라기보다는 우리를 그녀와 이어 주는 측정할 수 없는 관계의 이상화(일차 나르시시즘의 이상화)이다. 그렇기에 페미니즘은 여성성에 대한 새로운 표상을 요구할 적에 모성성을 그러한 이상화된 착각과 동일시하는 것처럼 보인다. 그리고 페미니즘은 영상과 그에 대한 남용을 거부하기 때문에 그 환몽이 은폐하고 있는 실제 체험을 우회한다. 그 결과는? 페미니즘의 일부 전위적인 분야에서 모성성에 대한 부인 또는 거부가 이루어졌다. 아니면 '대다수의' 여성과 남성은 모성성에 대한 전통적 표상들을(의식적이든 아니든) 받아들이고 있다.

플래시. 잠깐의 시간 또는 시간을 모르는 몽상, 하나의 끈, 하나의 통찰력, 하나의 떨림, 아직은 형체도 없고 명명할 수도 없는 맹아로 한없이 부푼 원자들. 공현절. 아직 볼 수 없고, 언어만이 어쩔 수 없이 아주 높은 곳에서 암시적으로 검토하는 것의 사진들. 상상할 수 없는 공간 속에서 순응하는 순간들이 지하에서 우글거리는 광경을 포착하기에는 항상 너무 멀리 떨어져 있고 너무 추상적인 어휘들, 그것들을 글로 쓴다는 것은, 사랑을 글로 쓰는 것과 마찬가지로, 담론의 한 시련이다. 한 여성에게 사랑한다는 것은 무엇인가. 글쓰기와 같은 것이다. 웃기. 불가능하다. 명명할 수 없는 것에 대

기독교는 가장 정교한 구축물로서 그 속에 여성성이 나타나는 한(여성성은 그 구축물 속에서 끊임없이 나타난다.) 그 여성성은 모성성(Maternel) 속에 간직되어 있다.[1] 한편으로는 종족으로부터 물려받았고, 다른 한편으로는 우리가 여성성이라고 상상하는 비언어와 육체의 그 명명 불가능한 것 속에 고유한 '이름'을 동요시키는 정체성의 파국에서 물려받은 양면적인 원칙을 '모성성'이라고 부르자. 그러므로 인간의 아들 그리스도는 한마디로 오직 어머니를 통해서만 '이기적'이다. 마치 그리스도적 또는 기독교적 휴머니즘이 모성주의일 수밖에 없는 것처럼. (실제로 일부 세속주의적 흐름이 그

---

1) 본 항목에 결여된 부분에 대해서는 나의 생각을 뒷받침해 주는 Mariane Warner, *Alon of all her sexe. The Myth and Cult of the Virgin Mary* Weidenfeld and Nicolson(London, 1976) ; Ilse Barande, *Le Maternel singulier*(Aubier-Montaigne, 1977)을 참조할 것.

한 플래시, 해체해야 할 추상적인 것들의 직조. 하나의 육체가 드디어 제 보금자리 밖에서 모험을 경험하고, 단어들의 베일을 쓰고 의미의 위험을 무릅쓰도록 하자. 말씀이 된 육체. 영원히 하나에서 또 하나로 가는 조각난 통찰력, 비가시적인 것의 은유들.

들의 궤도에서 비의주의를 통하여 계속 주장하고 있는 것이 바로 그것이다.) 그렇지만 성모의 인간성이 언제나 명확한 것은 아니다. 그리고 우리는 예를 들면 성모 마리아가 어떻게 죄에서 벗어나 인간과 구분되는지를 알아보게 될 것이다. 그러나 동시에 신비주의 신학인 하느님의 가장 강력한 계시는 '모성성'을 스스로 책임지는 자에게만 주어진다는 사실도 알게 될 것이다. 성 아우구스티누스, 성 베르나르, 에크하르트 등 일부만을 예로 든다면, 그들은 성 베르나르처럼 성모의 젖방울을 직접 받아 보지 못한 경우에 하느님 아버지의 동정녀 부인들의 역할에 자신을 비추어 보았다. 그리하여 모성의 대륙에 관련된 안락은 하느님의 사랑이 세워지는 초석이 된다. 그럼으로써 신비주의자들, 이 "행복한 슈레베르 위장들(Schrebers heureux)"(솔레르스)은 현대성의 정신병적 상처를 기묘한 빛으로 조명한다. 그 상처는 현대적 약호들이 모성성을, 말하자면 일차 나르시시즘을 순응시킬 수 없기 때문에 나타나는 것이다. 오늘날의 그 모사품들은 희귀하고 '문학적'이며, 항상 비극적이거나 약간 동양적이다. 헨리 밀러는 자기가 임신하였다고 말했고, 아르토는 자신을 '자기의 딸들' 또는 '자기 어머니'라고 상상하였다. 기독교의 정통파들은, 여러 사람이 있지만 그중에서도 황금의 입 장 크리소스톰(Jean Chrysostome)을 통하여 성모를 '인연', '환경' 혹은 '간격'이라고 말했고, 성령과의 다소 이단적인 동일화에 문호를 개방하면서 '모성성'의 과도기적 기능을 신성화하였다.

여성성을 '모성성' 속에 흡수하기, 수많은 문명에 고유한 것이지만 기독교가 자기 나름대로 정상으로 이끌고 간 그러한 흡수하기는, 우리가 채택한 가설에 의하면, 단순히 일차 나르시시즘을 뒤덮고 있는 환몽에 불과한 '모성성'에 대한 남성적 사취일까? 그것이 아니라면, 그 밖에도 우리가 그 속에서 수수께끼 같은 승화의 메커니즘을 볼 수 있을까? 어쩌면 그것이 남성적 승화의 메커니즘일 수 있지만 어쨌든 승화임에는 틀림이 없고, 레오나르도 다빈치를 상상하는 프로이트와 레오나르도 다빈치 그 자신에게도 그러한 (모성성의 혹은 일차 나르시시즘의) 체제에 대한 적응이 예술적, 문학적 또는 회화적 실현의 조건이라는 것이 사실 아닐까?

그런데 이러한 견해에는 여러 가지 중에서도 두 가지 문제가 여전히 대답 없이 남는다. 무엇이 일반적인 '모성성'의 표상에서, 그리고 특별히 동정녀를 기리는 기독교적 표상에서, 그 표상이 사회적 고뇌를 진정시키고 남성 존재를 충족시키는 것처럼 여성까지도 만족시킴으로써 양성의 뚜렷한 양립 불가능성과 끊임없는 투쟁에도 불구하고 그것을 극복하여 자리 잡게 하는가? 게다가 무엇이 그러한 '모성성'에서 여성이 말하는 것과 원하는 것을 고려하지 않음으로써, 결과적으로 오늘날 여성이 발언할 때 자신들의 불만이 근본적으로 임신과 모성에 대해서라고 말하게 하는가? 사회·정치적 요구 사항들을 넘어서, 이 문제는 그 유명한 "문명 속의 불안"을 프로이트도 그 앞에서 뒷걸음쳤던 그 지점, 즉 종의 불안으로까지 몰아가고 있다.

일신교에서 무의식의 승리

성모 마리아의 속성을 '동정녀'라고 한 것은 번역의 오류인 듯하다. 번역자는 결혼하지 않은 소녀의 사회적·법적 지위를 가리키는 셈족의 용어를 생리적이고 심리적인 상황, 즉 처녀성을 규정하는 그리스어 용어 (parthenos)로 대체한 것이다. 거기에서 우리는 뒤메질이 분석한 것처럼 처녀가 부성적인 권한을 위탁받는다고 보는 인도·유럽 문명의 처녀에 대한 유혹을 해독할 수 있다. 또한 우리는 그 해석에서 지나친 정신화에 의해 어머니 여신과 그리스 문화 및 유대의 일신교가 논란을 벌였던 잠재적 모권제의 양면적 결탁도 읽을 수 있다. 어찌되었든 서양의 기독교는 그러한 '번역의 오류'를 조직화하고, 거기에 자기 특유의 환몽을 투영하면서 문명들의 역사가 경험한 가장 강력한 상상적 구조물 중 하나를 만들어 냈다.

기독교에서 처녀에 대한 숭배는 사실상 공식 기독교의 교리에 대한, 그리고 때로는 그에 반대하는 이교도적 뿌리를 바탕으로 하는 믿음에 대한 강요이다. 복음서들이 성모의 존재에 대해 이미 상정한 것은 사실이다. 그러나 그 복음서들은 그리스도의 어머니의 무염 시태를 매우 조심스레 암시할 뿐이고, 마리아 자신의 역사에 대해서는 아무런 말이 없으며, 오직 그녀를 그 아들의 주변이나 그의 십자가에 못 박힘을 둘러싸고 아주 드물게 언급하고 있을 뿐이다. 그리하여 「마태복음」 1장 20절("……주의 사자가 현몽하여 가로되, 다윗의 자손 요셉아, 네 아내 마리아 데려오기를 두려워 마라, 저에게 잉태된 자는 성령으로 된 것이니라.")과 「누가복음」 1장 34절("마리아가 천사에게 말하되, 나는 사내를 알지 못하니 어찌 이런 일이 있으리까?")은 좁지만 외경의 개입으로 확대되어 성관계 없는 수태가 이루어진다는 문을 열어 준다. 그러한 수태에 의하면 남성의 개입 없이 여자 혼자서 '제삼자와 함께', 비인간, 성령으로 임신한다는 것이다. 복음서에 예수의 어머니는 드물게 나타난다. 그것은 아들 관계란 육체에 속하지 아니하고 이름에 속한다는 것을 의미하기 위한 것이고, 아니면 달리 말해서 모든 잠재적 모계성이 부인되고 오로지 상징적 관계만이 남는다는 것을 뜻하기 위해서이다. 이와 같이 「누가복음」 2장 48~49절("……모친이 가로되, 아이야 어찌하여 우리에게 이렇게 하였느냐? 보라, 네 아버지와 내가 근심하여 너를 찾았노라. 예수께서 가라사대, 어찌하여 나를 찾으셨나이까? 내가 내 아버지 집에 있어야 될 줄을 알지 못하셨나이까?"), 또한 「요한복음」 2장 35절("……예수의 어머니가 예수에게 이르되 저희에게 포도주가 없다 하니 예수께서 가라사대 여자여, 너와 내가 무슨 상관이 있나이까? 내 때가 아직 이르지 못하였나이다.") 그리고 19장 26~27절("예수께서 그 모친과 사랑하시는 제자가 곁에 선 것을 보시고 그 모친에게 말씀하시되 여자여, 보소서, 아들이니이다 하시고 그 제자에게 이르시되 보라, 네 어머니라 하시니 그때부터 그 제자가 자기 집에 모시니라.")이 그러하다.

여전히 미약하기는 하지만 이처럼 프로그램화된 자료에서부터 출발하여 저항할 수 없는 상상계가 특히 세 가지 방향으로 확산하게 된다. 한편으로 문제는 무염 시태의 주제를 발전시키고, 마리아의 전기를 예수의 전기와 비슷하게 꾸미고, 그리하여 마리아를 원죄로부터 빠져나오게 하여 죽음을 면하게 함으로써(마리아는 성모 사망일(Dormition) 또는 8월 15일 성모 승천일에 운명한다.) '어머니'와 '아들'이 동등함을 공인하는 것이다. 그다음 문제는 마리아에게 품격과, 비록 저세상에서 행사되었지만 다분히 정치적인 권한을 부여하는 것이다. 마리아는 여왕으로 선포되고, 왕국의 표징들과 용품 일체를 구비하였고, 동시에 교회라는 지상의 성스러운 제도의 어머니로 선포되었다. 결국 성모 마리아에게 속하고 성모 마리아가 원인이 되는 관계는 사랑의 관계의 전형으로 드러났고, 그러한 목표에서 서구적 사랑의 근본적인 두 가지 양상, 즉 궁정적 사랑과 어린이의 사랑을 따르게 되었으며, 그럼으로써 승화에서 고행과 마조히즘에 이르는 모든 단계를 포함하게 된다.

성(性)도 없고 죽음도 없다

예수의 생애를 본떠서 상상하게 된 성모 마리아의 생애는 외경 문학의 성과인 듯하다. 오랫동안 불임의 결혼생활 끝에 안나와 요야힘에 의한 '무염 시태'라고 불리게 된 그녀 자신의 기적적인 임신 이야기와 그리고 경건한 소녀였다는 그녀의 전기는 1세기 말부터 외경적인 원천들에서 나타난다.

우리는 그에 대한 전모를 『자크의 서(Livre de Jacques)』에서뿐만 아니라 『가짜 마태복음(Evangile selon Pseudo Matthieu)』(예컨대 이것은 조토 디본도네의 벽화에 영감을 불어넣었다.)에서 찾아볼 수 있다. 이러한 '자료들'은 클레망 달렉상드리와 오리게네스에 의해 인용되었지만 공식적으로 인정받지는 못하였다. 동방교회가 쉽사리 허용했다 해도 그것들은 16세기에 가서야 라틴어로 번역되었다. 그러나 서양도, 언제나 동방정교회의 영향을 받았지만 그 자신의 수단을 통하여, 오래 가지 않아 마리아의 생애를 찬양하게 되었다. 마리아의 탄생에 대한 첫 라틴어 시 「마리아」는 극작가이자 시인인 호르쉬타 드 간더셰임(Horswitha de Gandersheim, 1002년경 사망) 수녀에 의해 쓰였다.

교회의 신부들에 의해 발전된 4세기의 고행은 외경의 영감과 접목되어 무염 시태의 가정을 발전시키고 합리화한다. 그에 대한 논증은 단순한 논리적 관계 위에 세워진다. 그것은 성 본능과 죽음의 연관성이다. 그 두 가지는 서로 연류되어 있기 때문에 어느 한쪽을 탈피하지 않고는 다른 한쪽을 피할 수 없다. 남녀 두 성에 적용할 수 있는 고행은 성인 장 크리소스톰에 의해 강력히 표명되었다.(「동정(Virginité)에 대하여」: "왜냐하면 죽음이 있는 곳에 성교가 있고, 죽음이 없는 곳에는 성교도 없기 때문이다.") 비록 아우구스티누스와 성 토마스 아퀴나스에 의해 논박되었지만 그 이론은 기독교 교리에 혈액을 공급하였다.

그리하여 성 아우구스티누스는 색욕(epithumia)을 규탄하였고, 마리아의 동정은 결국 그리스도의 순결함의 논리적 전제가 된다고 상정하였다. 동유럽 사회에서 보다 난폭한 모권계의 확실한 유산 상속인인 정교회는 마리아의 동정을 보다 솔직하게 강조하였다. 그들은 마리아와 이브를, 생명과 죽음을 대립시켰다.(성 제롬, 「서신 22」 : "죽음은 이브에서 왔고, 생명은 마리아에서 왔도다." ; 이레네우스 : "마리아를 통해서 뱀은 비둘기가 되고, 우리는 죽음의 사슬에서 해방된다.") 그들은 마리아가 분만 후에도 여전히 동정녀라는 것을 증명하기 위하여 위선적인 논쟁을 벌이기도 한다. 381년의 2차 콘스탄티노플 공의회는 아리우스 파의 영향을 받고 공인된 교리와의 관계에서 성모 마리아의 역할을 강조하였으며 마리아의 동정을 영구적이라고 공포하였다. 그리고 451년의 종교회의는 마리아를 영원한 처녀(Aeiparthenos)로 규정하였다. 그렇게 결정된 마리아는 더 이상 인간의 어머니 또는 예수의 어머니가 아니라 하느님의 어머니(Theotokos)로 선포되었는데, 바로 이것이 총교주 네스토르가 마리아를 결정적으로 신격화하기 위해 취한 방법인 것이다.

머리가 눕혀지자, 목의 피로가 풀리고, 살·피·신경이 따뜻해지고, 빛을 발하며 흘러내린다. 흑단처럼 감로주처럼 흘러내리는 머리카락, 그녀의 손가락들 사이로 감도는 부드러운 검은색, 벌들의 날개 밑에서 반짝이는 꿀, 붉게 타오르며 튀는 끈…… 명주, 수

그리스도와 그의 어머니의 복잡한 관계 속에서 하느님과 인간, 남자와 여자, 어머니와 아들 등의 관계가 이루어지고, 그것은 원인의 문제와 병행하여 시간의 문제로 나타난다. 만일 마리아가 그리스도보다 먼저이고, 비록 그의 인간성의 관점이긴 하지만 그리스도

은, 연성의 구리 그것은 손가락 밑으로 농축된 따뜻한 빛. 짐승(다람쥐, 말)의 털과 얼굴 없는 머리의 행복, 눈 없는 촉각의 나르시스, 근육, 몸털, 무겁고 윤기 나고 평화로운 색깔들 속에 녹아내린 시선. 엄마 그것은 병력 상기(anamèse).

*

둔탁한 침묵에서 소리를 뽑아내는 긴장된 고막. 풀밭에 부는 바람, 멀리서 들려오는 갈매기의 울음소리, 파도 소리, 클랙슨 소리, 사람들의 목소리의 메아리, 아니면 아무것도 아닐까? 어쩌면 내 갓난아이의 울음소리, 절분된 공백의 졸림. 나는 더 이상 아무것도 듣지 못하지만 고막은 쉬지 않고 나의 두개골과 머리카락에 낭랑한 현기증을 전달한다. 내 몸은 더 이상 나의 것이 아니다. 몸은 비틀리고, 괴로워하고, 피를 흘리고, 감기 걸려, 이를 깨물고, 침을 흘리고, 기침을 하며, 부스럼으로

가 마리아에게서 기인한다면, 마리아의 임신 역시 무염이어야 하지 않을까. 왜냐하면 그 반대의 경우라면 어떻게 죄악 속에서 수태되고, 그 죄를 자신 안에 짊어지고 있는 존재가 신을 탄생시킬 수 있겠는가? 외경들은 경솔히 마리아의 임신에 죄가 없다는 것을 서슴지 않고 암시하였다. 그러나 교회의 교부들은 보다 신중하였다. 성 베르나르는 성녀 안나가 마리아의 임신을 찬양하는 것을 싫어하였고, 마리아를 그리스도와 대등화시키는 것에 제동을 걸려고 노력하였다. 그러나 기독교의 어머니 여신의 격상을 둘러싼 이러한 주저를 논리적인 문제로 변환시킨 것은 둔스 스코투스였고, 그는 '위대한 어머니'와 논리, 그 두 가지 모두를 구하고자 노력하였다. 그는 합치라는 논거로 마리아의 탄생을 속죄(praeredemptio)라고 간주하였다. 즉 오직 그리스도만이 십자가에 매달려 속죄로써 우리를 구한 것이 사실이라면,

뒤덮인 채 웃고 있다. 그러나 내 아이에게 기쁨이 다시 찾아오면, 그의 미소가 오직 내 눈을 씻어 준다. 그러나 고통, 그의 고통은 내부에서 오고, 절대로 나와 떨어지지 않으며, 타자로서, 1초도 쉬지 않고 나를 불태운다. 마치 내가 이 세상에 탄생시킨 것이 고통인 것처럼, 고통은 나에게서 떨어져 나가려 하지 않고 끈질기게 나에게로 되돌아오며, 영원히 나에게 머문다. 나는 고통 속에서 분만하는 것이 아니라 고통을 분만한다. 아이가 그 고통을 표상한다. 그리고 고통은 그때부터 영구히 제자리를 잡는다. 물론 당신은 두 눈을 감을 수 있고, 귀를 막을 수 있고, 강의를 하고, 볼일을 보고, 집 안을 정리하고, 물건들에 대해서, 주제들에 대해서 생각할 수도 있다. 그러나 어머니는 언제나 고통의 자국을 지니고 있고, 고통 속에 쓰러진다. "그리고 너, 칼날이 너의 영혼을 가로지를 것이다……."

그를 잉태한 동정녀는 그녀 자신의 임신에서부터 그녀의 속죄에 이르기까지 '귀납적으로' 면죄될 수밖에 없다는 것이다.

교리나 논리적 계략에 찬성하거나 반대하는 동정녀를 둘러싼 투쟁은 예수회파와 도미니크파 사이에서 격화되었다. 그러나 우리가 알고 있듯이 반종교개혁은 반대론자들을 이기고 만다. 그 후로 가톨릭교도들은 마리아를 그녀 자체로서 숭배하게 되었다. 예수회는 교부신학의 고행에 의해 집약된 대중적 압력의 한 과정을 완수하게 되고, 명백한 적대감이나 난폭한 거부 없이 남녀양성 간의 균형에 유익한 '모성성'이 부분(앞에서 말한 의미에서)을 흡수하는 데 성공한다. 기이하게도 그리고 필연적으로 그 균형이 19세기에 와서 심각하게 위협받기 시작하자, 가톨릭교회는(그 점에 있어서는 첫 여성 참정권자들을 이미 탄생시킨 신교도들보다 더 변증법적이고 더 치밀한) 1854년에 무염 시태에 교빛도 없고 소리도 없는 꿈, 근육들의 꿈. 검은 뒤틀림, 등, 팔, 넓적다리의 고통. 집게가 인체의 섬유가 되고, 잎맥들을 터져 나오게 하는 화염덩이들, 뼈를 분쇄하는 돌덩이들. 그것들은 용적, 연장, 공간, 선, 점들의 분쇄기이다. 이제, 언제나 여기저기를 아프게 하는 침묵을 깨는 굉음을 표시하기 위하여 가시적인 것에 대한 수많은 말들 마치 기하학의 유령이 소리 없이 혼란 속에 무너지면서 괴로워할 수 있듯이…… 그런데도 눈은 아무것도 포착하지 못하고, 귀는 계속 귀머거리였다. 그러나 그것은 들끓고, 무너져 내리고, 몸이 비틀리고, 깨지고 있었다. 부서지기가 계속되고 있었다. 그때 서서히 하나의 그림자가 쌓여 부각되더니, 갈색으로 변색하여 모습을 드러냈다. 내 머리의 위치가 틀림없이 올바른 것을 보면 그것은 내 골반의 왼쪽 옆구리였다.

리의 지위를 부여하였다. 신교 국가들에서 페미니즘이 더 번창하는 것은 여러 가지 이유가 있겠지만 사회적이고 의식적인 면에서 여성들에게 주어진 보다 강력한 주도권에서 비롯된다는 암시를 종종 받게 된다. 그 밖에도 신교의 교리에는 '모성성'에 대한 자리가 결여되었기 때문이 아닐까 하는 의문도 제기해 볼 수 있다. 모성성은 신교와는 반대로 가톨릭 쪽에서 섬세하게 공들여 가공되었고, 예수회는 거기에 마지막 손질을 가했으며, 결국 그것은 가톨릭교를 매우 분석하기 어렵게 만들었다.

성모 마리아라는 이름 아래 여성과 하느님으로 이루어진 총체의 완성은 결국 죽음의 회피로 나타난다. 성모 마리아는 그 아들보다 더 찬란한 삶을 누린다. 십자가의 고난을 받지 않았기 때문에 무덤도 없고, 죽지도 않으며 따라서 부활할 필요도 없다. 마리아는 죽지 않는다. 그러나 동방 신앙의 메아리에서처럼, 그리고 특히 인간의 단지 뼈에 지나지 않는, 반들반들 하고 노랗고 흉측스러운 내 몸의 한 부분이 자연스럽지 못하고 균형을 잃은 채, 잘려진 채로 앞으로 내미는 것이었다. 절단된 비늘 모양의 표면은 엄청나게 크고 뾰족한 사지 아래로 골수의 섬유질을 드러낸다. 응고된 태반, 해골의 살아 있는 부분, 나처럼 살아 있으면서도 죽은 목숨 안에 들어 있는 생명의 괴상망측한 이식. 산 것인지…… 죽은 것인지…… 결정할 수가 없다. 해산하는 동안에 내 골수는 태반과 함께 왼쪽으로 튀어나가고…… 드러난 나의 골수는 이식을 하지만 나에게 상처를 주고, 그러면서도 나를 한층 높여 준다. 역설, 그것은 분만의 상실과 획득을 동시에 준다는 사실이다. 그러나 결국 잘리고, 상처 받고, 번쩍거리는 껍질을 상실하고도 되살아나는 그 메마른 사지의 고통

육체가 모성적 집적소(réceptacle)를 모사한 영원한 흐름 속에서 한 장소에서 다른 장소로 넘어간다고 하는 도교적인 신앙의 메아리에서처럼, 마리아는 이 세상을 통과한 것이다.

동방 교회에서 그녀의 통과는 보다 수동적이다. 그것은 '성모의 죽음(Koimesis)'으로서, 일부 성상학적 표상에 의하면, 그 통과에 의해 마리아가 이제는 그녀의 아버지가 된 아들의 팔에 안긴 소녀로 변신하게 된다. 이와 같이 마리아가 어머니의 역할에서 딸의 역할로 뒤바꿈으로써, 프로이트가 밀하는 "세 가지 상자"[2]의 애호가들에게 가장 큰 기쁨을 안겨 준다.

사실상 자기 아들의 어머니요 아들의 딸인 마리아는 더구나 아들의 부인이기도 하다. 그럼으로써 마리아는 혈연의 가장 가까운

---

2) (옮긴이) 프로이트는 1913년에 금, 은, 납이 든 세 상자 중 납을 선택함으로써 행운을 얻게 되는 이야기를 한 바 있다.

과 공포 위를 고요가 선회한다. 또 다른 삶의 고요, 내가 계속 뼈처럼 남아 있는 동안에도 그 타자의 삶은 계속 길을 간다. 정물. 그러나 어제는 나의 육신이었던 그의 육신이 거기에 있다. 그런데 내가 어떻게 죽음에 굴복할 수 있겠는가?

체계 속에서 한 여인의 3중 변신을 실현한다. 1135년 이후로 「아가」를 다시 쓰면서 성 베르나르는 사랑하는 여인이면서 아내로서의 역할을 하는 마리아를 찬양하였다. 그러나 (307년에 순교한) 카트린 달렉상드리는 성모의 도움을 받은 그리스도로부터 결혼반지를 받는 자신을 보았고, 또 한편 (1380년에 사망한) 시에나 출신의 성녀 카트린은 그리스도와 비의적 결혼을 한다. 이것은 성 베르나르 이후, 시토회 수도사들 덕분에 서양에서 마리아에 대한 숭배의 기초가 된 그리스도의 연인이자 아내로서의 마리아의 그러한 기능의 효과일까? "성모, 그대는 아들의 딸이어라."라고 부르짖으면서 단테는 그 세 가지 여성적 기능(딸·아내·어머니)을 하나의 총체 속에 결합한 것을 가장 잘 응축하였다고 하겠는데, 그 총체 속에서 그 세 가지 기능은 심리적 기능을 보존하면서도 특이한 육체성의 자격으로는 지워져 버린다. 그 세 가지 기능의 고리는 움직일 수 없고 영원한 정신성의 기반을 구축하고 있다. 『신곡』은 그것이 "영원한 구상을 고착하는 용어"라고 당당하게 명시하고 있다.

그 변천은 서양에서 보다 능동적이다. 마리아는 몸과 영혼이 저세상으로 '승천(Assomption)'하게 된다. 비잔틴에서 4세기경부터 거행된 이 축제는 동방 교회의 영향으로 7세기경에 갈리아 지방에 도착하지만, 서양에서 성모 승천의 최초의 환시들(visions), 여성의 환시들(특히 1164년에 서거한 엘리자베스 드 쇼낭)은 단지 12세기까지만 거슬러 올라간다. 8월 15일의 성모 승천일은 1950년에야 바티칸의 교리가 된다. 그것은 가장 살육적인 전쟁을 치르고 난 다음 죽음에 대한 불안을 진정시키기 위한 것이 아닐까?

권력의 형상

'권력' 쪽을 보면, 마리아 레지나(*Maria Regina*), 즉 여왕 마리아는 6세기부터 로마의 산타 마리아 안티카 교회에 영상으로 등장한다. 지상 최고의 권력을 표상하는 책임을 맡은 자가 아내이자 어머니인 마리아라는 사실을 지적하는 것은 흥미로운 일이다. 그리스도는 왕이지만 왕관, 호화로운 머리띠, 풍요로운 장신구, 그리고 물질적으로 풍부한 재화의 외적인 다른 징표들을 지니고 있다고 상상된 것은 그리스도도 아니고 그의 하느님 아버지도 아니다. 기독교적 이상화의 이러한 사치스러운 왜곡은 '성모'에게로 집중된다. 그 후 마리아가 '우리의 귀부인(*Notre Dame*)'이라는 칭호를 갖게 될 때도 역시 중세 왕궁에서의 봉건적 귀부인이 지녔던 지상의 권력과 유사한 것이었다. 권력의 위임자인 마리아의 이러한 기능은 그 후 마리아를 회의적으로 보기 시작한 교회에 의해 제동이 걸리기도 했지만, 여전히 대중적이고 회화적인 표상 속에서 지속되었다. 피에로 델라 프란체스카의 인상적인 그림 「자비의 성모 마리아」는 당대의 가톨릭 당국자들에 의해 거부당하기는 했지만 그러한 경향을 증명해 준다. 그러나 도시와 공동체에 대한 바티칸의 권력이 강화됨에 따라 교황청은 그리스도의 어머니를 점점 더 숭상할 뿐만 아니라, 솔직하게 교황청 체제를 성모와 동일시한다. 말하자면 1954년에 교황 비오 12세는 마리아를 여왕으로, 그리고 1974년에는 '교회의 어머니(*Mater Ecclesiae*)'로 공식 선포하게 된다.

성모, 사랑의 원천이여!

서구적 사랑의 기본적인 면모들은 드디어 마리아에게 집중된다. 제1기의 마리아에 대한 숭배 의식은 마리아와 예수를 상동적으로 보고, 극단적인 금욕주의로 몰고 가면서 중세 궁정 사랑의 귀부인과는 반대되었다. 중세의 귀부인은 사회적 위반을 표상하면서도 육체적 혹은 도덕적 죄악과는 관계가 없었다. 그러나 역시 매우 관능적인 '궁정풍'의 여명기에서부터 마리아와 귀부인은 남성의 욕망과 갈망의 조준점이라는 공통적인 특징을 공유하고 있었다. 그 밖에도 유일하고, 모든 다른 여자를 배제한다는 점에서 귀부인과 성모는 절대 권위를 구현하였고 그 권위는 부성적인 엄격성에서 벗어난다는 점에서 한층 더 매력적으로 보였다. 그러한 여성적 권력은 부인된 것이지만 기분 좋은 권력처럼 체험되었음에 틀림없었다. 왜냐하면 시원적인 동시에 부수적인 그 권위는 가정과 국가에서 실제 권력의 대용물이면서, 권위주의적이고 명백한 남근적 권력의 은밀한 복제물이었기 때문이다. 13세기 이후 고행적 기독교의 정착에서 도움을 받아, 특히 1328년 상속에서 여자를 배제하여 사랑받는 여인을 매우 취약하게 만든 살리카 법의 시행으로 연인에 대한 사랑을 온갖 불가능의 색조로 채색함으로써 마리아 숭배의 흐름과 궁정의 흐름이 서로 합류하게 된다. 블랑슈 드 카스티유(1252년 사망)의 시대 무렵에는 완성된 만큼 도달할 수 없는 총체 속에 욕망된 여인의 특성과 성모의 특성을 응결시키면서, 성모는 명시적으로 궁정풍 사랑의 중심이 된다. 그것은 모든 여성들을 괴롭히고, 모든 남성들을 몽상하게 만들기에 충분했다. 우리는 실제로 「노트르담의 기적」에서 성모 때문에 자기 약혼녀를 버리는 한 남자의 이야기를 읽게 된다. 성모가 그의 꿈에 나타나 '세속적인 여자' 때문에 자기를 떠난 그 남자를 꾸짖었기 때문이다.

그렇지만 개별적인 여인이 구현할 수 없는 그러한 이상적 총체성 이외에도, 성모는 또한 서양의 인간화와 특히 사랑의 인간화의 정착점이 되었다.

젖 냄새, 톡 쏘고 맑은 이슬 맺힌 초목, 바람, 공기, 해초들에 대한 회상.(마치 육체가 아무런 찌꺼기 없이 살고 있는 듯.) 그 냄새는 내 살 속으로 스며들어, 입에도 남아 있지 않고 코에도 남아 있지 않지만 나의 혈관들을 쓰다듬고, 뼈의 표피를 뜯어내며, 마치 산소 풍선처럼 나를 부풀게 한다. 그리고 나는 그 풍선이 내 목 안에서 춤을 추고, 내 머리카락과 함께 떠다니며, 오른쪽과 왼쪽에서 부드러운 어깨를 찾고, 내 가슴 위로 미끄러지며, 내 복부에 생생한 은빛 꽃송이들을 올려놓는다. 그리고 드디어 내 두 손이 옮긴 그 풍선이 그의 꿈속에서 내 배꼽 위를 나는 동안에, 나는 확고하고, 안정적이고 뿌리 뽑히지 않은 그를 간직하기 위해 내 두 발을 땅 위에 고정시킨 채 난다. 내 아들.

여전히 13세기에 성 프랑수아와 함께 그러한 경향은 가난하고 겸손하며 비천한 마리아(겸허함의 마돈나인 동시에 헌신적이고 다정한 어머니)의 표상에 의해 구체화된다. 런던에 있는 피에로 델라 프란체스카의 그 유명한 작품 「예수의 탄생」, 갓 태어난 아들 앞에서 어머니가 무릎을 꿇고 있기 때문에 시몬 드 보부아르가 지나치게 서둘러 여성의 패배를 보았던 그 작품은 사실상 인간주의적 감수성에 대한 새로운 숭배를 집약한다. 그것은 성모를 그리스도와 동일시하던 높은 정신성을 보다 인간적인 어머니에 대한 관능적 지각으로 대체한다. 가장 대중화된 성화들의 원천인 그러한 모성적 겸허는 그 이전의 표상들보다 여성적인 '산 체험'에 더 가깝다. 더구나 그러한 겸허가 어느 정도

뜬눈으로 보내는 밤, 자주 깨는
선잠, 어린아이의 부드러움, 내 품
에 안긴 따뜻한 사자, 어루만짐,
다정함, 저항 없는 육체, 보호받고
보살핌 받는 그의 몸 또는 나의
몸. 그가 나의 몸(배, 허벅지, 다리)
속에서 잠이 들면, 새로운 파도가
인다. 그것은 뇌가 아니라 근육들
의 수면, 육신의 잠이다. 밤을 지
새우는 언어는 조용히 또 하나의
단념을 회상한다. 그것은 침대, 움
푹 팬 곳, 바다 깊숙이에서 피어
난 납덩이…… 되찾은 어린 시절,
섬광으로 공상되어 소생한 평화,
세포들의 불빛, 웃음의 순간들, 밤
의 어둠 속에서의 꿈의 미소, 밤
마다 어머니의 침대로 나를 끌어
들이고, 그녀의 손에서 이슬을 떠
마시는 나비 같은 아들을, 거기,
그 곁에, 밤 속으로 투영하는 알
수 없는 기쁨. 우리뿐이다. 그녀,
나 그리고 그.

그는 콧속, 목구멍, 허파, 귓속

여성적 마조히즘을 흡수하고 있는
것이 사실이라면, 또한 그 이면을
욕구 충족과 향락으로 과시하는
면도 있다. 자기 아들 앞에서 어
머니가 고개를 숙이는 것은 자신
이 그의 아내이자 딸임을 알고 있
는 어머니의 헤아릴 수 없는 자부
심이 없다면 하지 않을 행동이라
는 것 또한 사실이다. 성모는 그
어떤 어머니도 무의식적으로 모른
다고 할 수 없는 영원성(영적인
혹은 인류의)을 언약받았음을 알
고 있다. 그리고 영원성에 비하면
모성적 헌신이나 희생까지도 가소
로운 대가에 지나지 않는다. 어머
니와 아들을 잇는 사랑 앞에서만
그처럼 쉽사리 감내할 수 있는 대
가인 그 나머지 '인간관계들'은 명
백한 흉내 내기처럼 폭발하고 만
다. 프란체스카가 그린 성모의 모
습은 모성적 심리의 본질적 양상
들을 잘 드러내고 있다. 그러한
양상들은 백성을 대대적으로 교회
로 유입시킬 뿐만 아니라 마리아
('노트르담')에 헌정된 수많은 교회

에서 되돌아와, 아픔이 숨 막히게 막고 있는 솜을 뚫고, 그리하여 그의 눈 속에서 깨어난다. 잠든 얼굴의 부드러움, 분홍색 비취의 입체감. 이마, 눈썹, 콧구멍, 빰, 약간 벌린 입의 특징, 연약하고 단단한, 뾰족한 턱. 주름도 없고 그림자도 없는, 현존재도 아니고 허무도 아니며, 현존도 아니고 부재도 아니지만 그것은 현실이며, 실제적이고 가까이 접근할 수 없는 순진함, 애착이 가는 무게, 천사 같은 가벼움이다. 어린아이? 천사, 이탈리아 그림 속에 드리운 광선, 냉정하고 평화로운 꿈. 지중해 어부들의 마약. 그러고 나서 진주 방울이 깨어난다. 그것은 민첩한 사자다. 속눈썹의 떨림, 눈썹의 미세한 꼬임, 떨고 있는 피부, 나의 무지에 대해 알고 있고 탐색하는, 그들의 지식에서 되돌아오는 걱정스러운 모습. 즉 감각에 눈을 뜨고, 감각을 넘어서고, 그것을 극복하며, 나를 음악과 춤으로 날 수 있게 하는 어린아이 같은

의 건축이 그것을 증거하듯이 성모 숭배를 놀라울 정도로 증가시켰다. 또한 성모 숭배에 의한 기독교의 인간화는 아버지·남자의 인간성에 관심을 갖도록 이끌어갔다. 말하자면 '가정생활'에 대한 예찬이 15세기 이후로 요셉을 부각시키게 되었다.

어떤 육체인가?

동정녀의 육체에서 우리는 오직 귀, 눈물 그리고 가슴에 대한 권리만을 갖게 된다. 여성의 성적 기관이 소리를 수신하는 조개껍데기로 탈바꿈하여, 경우에 따라서는 청각, 음성, 심지어는 오성까지도 성욕화하는 경향이 있다. 그러나 동일한 움직임에 의해서 성욕은 암시된 것의 수준으로 약화된다. 그리하여 여성의 성적 체험은 소리의 보편성 속에 뿌리를 내린다. 왜냐하면 정신은 모든 남성, 모든 여성에게 동등하게 주어졌기

다정함의 덧없는 아이러니. 불가능한 정교함. 물려받은 유전자들의 미묘한 불법 침입. 그것은 배운 것이 그를 폭격하고 굳게 하고 성숙하게 만들기 이전이다. 첫 번째 병마를 이겨 낸 강인하고 장난기 어린 부드러움, 처음 통과한 시련의 순진한 지혜, 내가 너를 부르고 욕망하고 창조하면서 너를 처넣었던 고통 때문에 아직도 희망에 넘치는 비난…… 다정함, 지혜, 비난. 너의 얼굴에는 벌써 인간미가 흐르고, 병마는 너로 하여금 인류와 합류하게 했고, 너는 말없이 말을 하지만 너의 목덜미는 더 이상 종알거리지도 않는다. 그것은 나와 함께 나의 눈물을 미소 쪽으로 이끄는 너의 태어남의 의미에 대한 침묵에 귀를 기울인다.

*

연인이 떠나자 망각이 찾아온다. 그러나 성적 쾌락은 남아 있고, 부족한 것은 아무것도 없다.

때문이다. 여성은 오직 극도로 추상적인(헤겔이 말하는 "직접적으로 보편적인") 인생을 삶으로써 신의 은총과 상징적 질서와의 상동에 합당하게 되든가 아니면 실추하여(헤겔에 의하면 "직접적으로 개별적인") 색다른 삶을 살 것인가를 선택할 수 있다. 그러나 여성은 분할됨, 이질성, (헤겔이 말하는 "결코 특이하지 않은") '존재'의 파국인 주름(pli-catastrophe-de-l'être)으로 자신의 복합성에 접근할 수는 없다.

널찍한 푸른색 의상을 걸친 동정녀의 모성적 육체는 젖가슴만 드러낸다. 반면에 얼굴은 비잔틴 성모상들의 경직성을 점차 부드럽게 하면서 눈물로 뒤덮이게 된다. 젖과 눈물은 11세기부터 그 절정에 달한 14세기에 이르기까지 서양을 엄습한 「눈물 흘리는 성모(Mater dolorosa)」의 전형적인 기호들이다. 그리하여 성모는 모성적 욕구불만의 고통에 시달리는 남성 혹은 여성(대개 남자 아이,

어떤 재현, 감각, 회상도 없다. 악덕의 불더미. 나중에는 망각이 다시 찾아오지만, 이번에는 회색, 무미건조하고 불투명한 전락(납덩이)으로 되찾아 온다. 망각, 그것은 눈이 부시고 숨이 막히나 부드러운 거품이다. 공원을 뒤덮고, 나뭇가지들을 삼키고, 적갈색 푸른 땅을 지우며, 내 눈을 흐리게 하는 안개처럼.

부재, 격정, 망각. 우리 사랑의 발음 장애.

마음속에 배고픔이 자리 잡는다. 경련이 퍼져 맥관들을 지나 가슴 끝까지, 손톱 끝까지 지나간다. 경련은 요동치고, 공백을 뚫고, 지워 버리며 점차 자리 잡는다. 내 가슴은 두근거리는 광대한 상처이다. 목마름.

번민에 차 있고, 죄를 지었다. 아크로폴리스에 대한 프로이트의 아버지 콤플렉스(Vaterkomplex)일까? 반복된 공적 없이(책, 인간, 가족 없이) 존재하기의 불가능성. '위반'의 불가능성 — 침울한 가능성.

여자 아이)의 마리아에 대한 환시를 계속 사로잡게 된다 구순성(어린이로의 퇴행의 시점). 이 가슴 쪽에서 나타나는 데 비하여, 성 본능의 소멸적인 경련은 눈물을 쏟아 내게 하고, 젖과 눈물이 공통적인 것임을 감출 수 없게 된다. 말하자면 그것은 언어적 소통이 대신해 줄 수 없는 비언어, '본능적 언어(sémiotique)'의 은유들이다.

괴로워하는 인류를 상기시키는 '어머니'와 그 속성들은 일신교에서 '억압된 것의 회귀'의 표상들이 된다. 그 표상물들은 비언어적인 것을 회복시키고 원초적이라고 부르는 과정들에 보다 더 가까운 의미를 지닌 양상의 집적소처럼 제시된다. 그것들 없이는 성령의 복합성이 손상되었을 것이다. 반면, 성모 마리아에 의해 되돌아온 그 표상물들은 예술(미술과 음악) 속에서 개화를 찾게 되고, 그 속에서 성모는 필연적으로 수호 성녀인 동시에 특혜 받은 대상이 된다.

그리하여 우리는 그러한 '모성

'내'가 타인들에게서 욕망하는 것을 대타자에게 옮기는 억압이라고 치자.

아니면 오직 나를 연옥 속에서만 있게 하는 내 마음속에 열린 상처인 공허의 그 숨소리라고 치자.

나는 '법'을 욕망한다. 그리고 법이 나 혼자만을 위하여 만들어지지 않았기 때문에, 나는 위험을 무릅쓰고 법 바깥을 욕망한다. 그리하여 이처럼 눈뜨게 된 나르시시즘은 성욕이 되고자 하면서 헐떡거리며 방황한다. 감각의 환희 속에서 나는 어찌할 바를 모른다. 아무것도 안심시켜 주지 않는다. 왜냐하면 법만이 결정하기 때문이다. 누가 이 고통을 향락이라고 하는가? 그것은 저주받은 자들의 쾌락인 것을.

적 동정녀'의 기능이 서양의 상징 체제 속에서 윤곽이 잡히는 것을 본다. 즉 그 체제가 갈구하고 가끔은 능가하는 그리스도의 드높은 승화에서부터 말로 표현할 수 없는 것의 언어외적 지대에 이르기까지, 성 모는 언어 괄호의 이쪽 저쪽으로 확대되는 광활한 영역을 차지한다. 성모는 기독교의 삼위일체와 그 일관성을 보여 주는 '말씀'에 '삼위일체'와 '말씀'이 회복하는 그러한 이질성을 첨가한다.

모성적 성 본능 리비도(libido)의 정돈은 죽음의 주제를 둘러싸고 최고조에 달한다. 「눈물 흘리는 성모」는 남성의 육체라고는 오직 죽은 아들의 것밖에 모른다. 그리고 그녀의 유일한 감동적 표현(젖을 빨게 하는 마리아들의 약간 정신을 놓은 듯한 부드러운 평온과는 대조를 이루는)은 시체 위로 눈물을 떨어트리는 모습이다. 부활이 있기 때문에, 그리고 하느님의 어머니인 그녀가 그것을 틀림없이 알고 있기 때문에, 십자가 밑에서 마리아의 고통의 폭발을 정당화하는 것은 아무것도 없다. 생명의 원천으로서의 여성의 운명이 그녀에게 면제해 주는 남자의 죽음을 자기 자신의 몸속에서 체험하고 싶은 욕망이 아니라면 말이다. 아주 오래되었지만 여전히 분명하지 않은 시체를 위해 우는 여자들의 사랑은 아무것도 채워 주지 않는 여성의 동일한 갈망(향락의 매 순간에 죽음에 대한 강박관념 때문에 숨을 거두는 남자의 전적으로 남성적인 고통을 체험하고자 하는 갈망)에서 길어내는 것일까? 그러나 마리아의 고통에는 비극적인 폭발이 전혀 없다. 마치 죽음이란 존재하지 않는다는 신념이 비이성적이지만 흔들어 볼 수 없는 모성적인 확신이고, 그러한 확신에 부활의 원칙이 의지하고 있는 것처럼, 기쁨과 일종의 승리가 눈물의 뒤를 잇는다. 남자 시체에 대한 욕망과 죽음의 부인 사이를 잇는 이러한 엮음술, 그 편집증적인 논리를 말없이

어머니에 대한 믿음은 빈곤, 즉 언어의 빈곤에 매료된 공포 속에 뿌리를 내린다. 언어가 나를 위치시킬 수 없고, 타자에게 나의 말을 하지 못한다면, 누군가가 그 빈곤을 보충해 준다고 나는 추정한다. 믿고 싶어진다. 그것이 말하기 전에, 언어가 여러 가지 경계선, 분리, 현기증을 사용하여 나를 존재하게 하기 이전에 어떤 남자, 어떤 여자가 있었다. "태초에 말씀이 있었다."라고 주장하면서 기독교도들은 그러한 전제가 믿기에는 상당히 힘들다고 생각하여, 모든 유익한 목표에 그 반대편의 의견, 그 영구적 이면을 첨가하였다. 그것은 처녀성의 환몽에 의해 정

지나갈 수 없는 그 엮음술의, 훌륭한 형상은 그 유명한 「눈물 흘리는 성모」에 의해 훌륭하게 제기되었다. 부활에 대한 모든 믿음은 어머니 여신이 상당히 우세한 신화들 속에 뿌리를 내리고 있다는 사실이 가능한 것이다. 사실 기독교는 그 사명을 이러한 생명·모성적 결정론의 이동 속에서 영원성이란 원칙적으로 '아버지의 이름'의 영원성이라는 전제를 통해 찾아낸다. 기독교는 영원불멸한 생물학의 여성적 표상에 의존하지 않고는 종교가 지닌 상징적 혁명을 강요할 수 없다. 자코포네 다 토디의 텍스트라고 알려져, 오늘날 팔레스트리나에서 페르골레시,

화되었던 것처럼, 모성적 집적소를 통해서였다. 원초적 모성애는, 기호들을 건지는 데 결함이 있는 망에서 흔히 생기는 일처럼, 없어지지 않는 나의 고통의 종합이다. 그러한 의미에서 모든 믿음은 정의하기 괴로운 것으로서, 언어의 무능에 매료된 그러한 공포로 지탱이 된다. 모든 신은, '말씀'의 하느님까지 포함하여, 어머니·여신 위에 기반을 두고 있다. 기독교는 아마도 믿음의 이분화된 구조를 환히 드러낸 종교들 중에서 마지막 종교일 것이다. 한쪽으로는 '말씀'의 어려운 모험, 즉 수난이 있고, 다른 한쪽으로는 어머니의 전언어적 신기루 속에 안심하며 감싸이기, 즉 사랑이 있다. 따라서 '말씀'의 종교와 그 짝을 이루는 '어머니'에 대한 어느 정도 신중한 숭배를 통과하는 데는 오직 한 가지 방법밖에 없는 듯하다. 그것은 '예술가들'의 방법인데, 예술가들은 기호 체계의 포화 상태에 의한 언언의 빈곤이 주는 현기증을 보

하이든 그리고 로시니의 음악으로 우리를 도취시키는 「눈물 흘리는 성모」의 여러 가지 변주곡들이 우리에게 전하는 것이 바로 죽음에 도전하는 성모 마리아가 아닌가?

불멸의 「눈물 흘리는 성모」를 쓰면서 결핵으로 죽어 가던 젊은 페르골레시(1710~1736)의 바로크적 특징을 귀 기울여 들어보자. 그의 음악적 창의력은 하이든을 통하여 모차르트에게서 울려 퍼지는데, 그것은 아마도 그의 단 하나뿐인 불후의 명작일 것이다. 그러나 자기 아들의 죽음 앞에 선 마리아가 문제가 되면서 외침이 터져 나올 때 "어머니 안녕, 사랑의 원천!" 이것은 단지 한 시대적 폐물인가? 인간은 자기 자리에(죽음과 생각 대신에) 모성적 사랑을 상정하면서 죽음에 대한 생각할 수 없는 것을 극복한다. 하느님의 사랑이 여전히 설득력 없는 하나의 파생물에 지나지 않는 그 사랑은 아마도 심리학적으로 일차 동일화 내에서 신생아의 생존을 보

상해 준다. 그 방법에서는 모든 예술이 일종의 반종교개혁이고, 받아들여진 바로크주의이다. 왜냐하면 예수회가 종교개혁가들의 청교도적 이행 이후로 동정녀에 대한 숭배를 결국 공식 교회에게 인정하도록 함으로써, 그 교리는 사실상 하나의 구실에 지나지 않고, 그 효력은 다른 데 있었다는 것이 사실 아닌가. 기독교는 성모 숭배의 반대가 된 것이 아니라, 그것의 소진을 통하여 바로크라고 하는 기호들의 풍요로움 속으로 그 숭배를 전복시켰다. 그러한 전복은 '어머니'에 대한 믿음을 불필요한 것으로 만든다. 왜냐하면 그것은 담론의 과잉으로 역사에서 은거한 그녀가 도피해 있는 상징적 빈곤의 한계를 넘어서기 때문이다.

*

헤아릴 수 없고, 한정할 수 없는 어머니의 육체.

우선 거기에서는 임신에 앞서 장하는 원초적 보금자리의 회상일 것이다. 그 사랑은 사실상 논리적으로 생각과 살아 있는 육체의 정체가 무너지는 바로 그 순간에 폭발하는 불안이다. 의사소통의 가능성이 쓸려 나가면, 우리는 죽음에 대한 최후의 방패로서 오직 언어보다 더 오래되고 새로 만들어진 음성적·촉각적·시각적 흔적의 미묘한 단계만을 보존한다. 사랑이라고 말해진 이 여과된 불안의 장소에 모성적 표상이 건립되는 것은 지극히 '정상적'인 일이다. 누구도 거기에서 벗어나지 못한다. 어쩌면 성인, 신비주의자 또는 작가를 제외하고는. 작가는 언어의 힘을 통하여 더 좋은 것에 도달한다기보다는 오직 사랑의 지주인 어머니의 허구성을 증명하고, 자신을 사랑 그 자체와 실제로 그 자신인 그 무엇, 즉 표상의 출구인 혀의 불과 동일시하는 데 도달한다. 그렇다면 현대 예술은, 거기에 애착을 가진 보기 드문 사람들에게는 그러한 모성적 사랑지만 임신이 나타내고, 탈출구 없이 강요하는 분할이 있다.

한쪽에는 골반이 있다. 그것은 중심, 움직일 수 없는 지대, 단단한 초석, 둔중함 그리고 중량이고 거기에 엉덩이가 가세하고, 그때부터는 아무것도 민첩성을 예정하지 못한다. 다른 한쪽에는 상반신, 팔, 목, 머리, 얼굴, 장딴지, 발이 있다. 흘러넘치는 생기, 리듬과 가면인 이것들은 중심축의 부동성을 상쇄하기에 열중한다. 십자로의 인생, 십자가에 못 박힌 인간인 우리는 그 경계선에 살고 있다. 여자는 유목민도 아니고, 성적인 열정 속에서만 관능적이 되는 남성의 육체도 아니다. 한 어머니는 항구적 분할이고, 육체 자체의 구분이다. 따라서 언어의 분할이다. 항상 그랬듯이.

그다음에는 그 육체와 그 내부였던 것 사이에서 열리는 또 하나의 심연이 있다. 말하자면 어머니와 아이 사이에는 심연이 있다. 나 또는 보다 소박하게 말해서 나

(바로 죽음의 자리에서 그리고 사정을 훤히 알고 있는 죽음에 대한 베일)의 실행이 아닐까? 근친상간의 승화된 찬양 말이다…….

여성 중에서 유일한

프로이트는 수많은 예술품과 고고학적 유물 중에서 어머니 여신을 표상하는 작은 조각상들을 헤아릴 수 없이 많이 수집하였다. 이러한 관심은 정신분석 창시자의 작품 속에 조심스럽게 나타날 뿐이다. 그 관심은 그가 다빈치의 예술 창작과 동성애에 대해 검토할 적에 나타나고, 또한 그러한 검토에서 그가 결국 원초적 어머니의 영향력을 인간에 대한, 그리고 특히 인간이 이따금 언어를 바꾸는 이상한 기능에 대한 효과들 쪽에서 보인 것으로 해독할 때도 나타난다. 그 밖에도 프로이트가 일신교의 출현과 그 변동을 분석할 때 그는 기독교가 유대교가 엄

의 몸과 그리고 탯줄이 끊어지면 접근할 수 없는 타자가 되는 이 내적 접목·주름사이에는 무슨 관계가 있을까? 나의 몸과…… 그. 아무런 관계가 없다. 아무 볼 일도 없다. 그런데 이것은, 그 인격이 나와 대립되는 것이 되기 훨씬 이전에, 첫 번째 몸짓, 첫 울음, 첫 발짝때부터다. 왜냐하면 남자든 여자든, 아이는 어쩔 수 없이 타자이니까. 성적인 관계가 없다는 것은 내 것이었던 그 무엇과 이제부터는 어쩔 수 없이 이방인에 불과한 것 사이의 심연을 마주한 나를 눈부시게 만드는 그 번갯불 앞에서의 얄팍한 확인이다. 그 심연, 즉 환각을 일으키는 현기증을 생각해 보려고 노력하자. 거기에서는 그 어떤 정체성도 지탱하지 못한다. 어머니의 정체성은 오직 관습의 반수면 상태에서 의식의 잘 알려진 폐쇄에 의해서만 지탱되는데, 이 경우 여성은 자신의 육체를 절단하고, 그것을 자기 아이로부터 추방하는 경계선에서 자

격성을 통하여 그리고 그에 반대하여 모성적 여성성에 대한 전의식적 인정을 통합하면서 이교도적 신화들에 접근하였음을 강조하였다. 그러나 프로이트의 분석치료를 받은 여성 환자들 중에서 문제를 가진 어머니를 찾아본다는 것은 허사이다. 모성이 신경증에 대한 해결책이고, 그리고 모성이 사실상 정신분석일 수 있었던 또 하나의 해결책에서 여성을 떼어놓는다고 믿었던 것 같다. 그게 아니면 이 지점에서 정신분석이 종교에게 책임을 떠넘기는 것일까? 도식적으로 프로이트가 우리에게 모성에 대해 말한 것은 단 한 가지밖에 없다. 말하자면 어린이의 욕망은 페니스 또는 항문 욕동의 변형이고, 이것은 그에게 어린이·페니스·대변이라는 신경증적 방정식을 발견하게 한다는 것이다. 바로 그것이 우리에게 출산에 대한 남성적 환몽의 본질적 성향뿐만 아니라 대부분의 경우, 히스테리의 미로에서 남성적 환상과 결

신을 보호한다. 그 반대로 명료성은 그녀를 둘로 나누어, 자신의 타자에게는 이방인이고, 정신착란에게는 적합한 지역으로 재생시킨다. 그러나 또한, 바로 그렇기 때문에, 그 가장자리에서 모성이 우리에게 어처구니없는 향락을 예정하고, 그 향락에 갓난아이의 웃음소리가 대양의 햇살을 받은 물속에서 우연히 웃음으로 화답한다. 그와 나 사이에는 무슨 관계가 있을까? 파도에 의해 부드럽게 지탱된 미묘하고도 유동적인 어떤 청각적 정체성이 무너지는 그 넘칠 듯한 웃음소리 말고는 아무런 관계가 없다.

*

향기롭고 따뜻하며 촉감이 부드러운 나의 유년기 시절에서 내가 지금도 간직하고 있는 것은 오직 공간적 추억이다. 어떤 시간도 존재하지 않는다. 꿀 냄새, 둥근 형상들, 내 손가락으로 만져 보고,

혼하는 여성의 환상에 대해서도 해명해 준다. 남아 있는 것은 프로이트가 모성적 체험의 복잡성과 함정에 대하여 오히려 육중한 무(無)를 제안한 것인데, 그 말을 분석하고자 하는 사람들에게 그것은 프로이트 자신의 육체에서 영원한 것이라고는 아무것도 없고, 마치 밀가루 반죽처럼 그 자신도 부스러질 것이라고 부엌에서 증명하는 프로이트의 어머니의 이런저런 말들로 구두점을 찍게 한다. 그러지 않을 경우는 온갖 이야기를 함구하고 있는 그의 아내 마르트 프로이트의 그런 비통한 사진으로써…… 그리하여 그의 후계자들에게는 사실상 탐험해야 할 검은 대륙이 남았고, 융이 맨 처음으로 거기에 빠져들어 불가사의한 글들을 남기면서 모성에 관계된 상상계의 뜨거운 문제들에 대해 관심을 끌었다. 그리고 그 문제들은 아직도 정신분석적 합리주의에 저항하고 있다.[3]

우리는 오늘날의 어머니들이

빰에 대어 보는 실크와 벨벳. 엄마. 눈에 비치는 것은 거의 없고 검어지는 한 그림자가 나를 흡수하거나 아니면 섬광처럼 사라진다. 평온한 그녀의 현존에서는 목소리가 거의 없다. 어쩌면 한참 후의 말싸움들의 메아리를 제외하고는. 말하자면 어머니의 격분, 싫증, 증오. 그 모성적 증오는 절대로 직접적이지 않았고 언제나 억제되었으며, 마치 고집스러운 아이임으로 당연한 것인데도 딸이 그 증오를 받아서는 안 되는 것인 양 딸을 향한 적이 없었다. 수신자가 없는 증오, 차라리 그것을 받을 사람이 그 어떤 '나'가 아니고, 받을 사람이 없기 때문에 당혹스러워져, 냉소 속으로 완화되거나 아니면 누구에게 도달하기

그들의 경제적 어려움을 통하여, 그리고 지나치게 실존주의적인 페미니즘이 그들에게 남겨준 죄의식을 넘어서, 불안, 불면증, 기쁨, 욕망, 고통 그리고 행복…… 속에서 말하는 것을 어느 때보다 더 주의 깊게 들으면서 불투명한 지역인 모성에 대한 접근을 확실히 시도할 수 있을 것이다. 그와 병행하여 우리는 동정녀를 통하여 서양이 만들어 냈고 아직도 끝나지 않은 한 역사의 에피소드들을 그려 볼 수 있었던 '모성성'의 그 경이로운 구축물 속을 보다 명료하게 들여다보기를 시도할 수 있을 섯이다.

그런데 그녀가 속한 성 중에서 유일하게 두 가지 성 모두를 위반하는[4] 그 모성적 형상 속에서, 무

---

3) 융은 이처럼 마리아와 그리스도의 '신성한 결혼' 관계와 원죄에 대한 동정녀를 과보호함으로써 인류의 가장자리에 둔 것에 유의하였다. 그는 바티칸이 성모 승천일을 승인한 것이 교리로서 한 것이라고 강하게 주장하였으며 그것이 개신교에 비해 가톨릭교가 중요한 공헌을 한 것이라고 보았다.

4) 앞의 책에서 마리나 워너가 인용한 세둘리우스의 말처럼 "그녀에게 견줄 만한 사람은 없다 / 으뜸가는 여인이나 앞으로 태어날 다른 여자들 중 누구와도 동등하지 않다 / 여성 중에서 유일하게 / 그녀는 하느님의 마음에 들었다."

전에 회한으로 무너져 버리던 증오. 다른 사람의 경우 그러한 모성적 혐오는 뒤늦게 나타나는 성적 쾌감의 절정처럼 가벼운 경련으로 흥분할 수도 있다. 여자들은, 물론 자기들끼리는, 어머니와 함께 잊혀진 몸과 몸의 야릇한 촉감을 재현할 수 있다. 말해지지 않은 것으로의 암묵적인 동조, 말로 표현할 수 없는 것의, 윙크의, 어조의, 몸짓의, 색조의, 냄새의 묵계. 우리는 우리의 신분증과 이름에서 해방되어, 그 안에, 정확성의 대양 속에, 명명할 수 없는 것의 정보 처리법 속에 들어 있다. 개인 간에 의사소통은 없지만, 원자들의, 분자들의, 약간의 말들의, 극히 짧은 문장들의 대응은 있다. 여성 공동체는 돌고래들의 공동체이다. 반대로 다른 여자가 그와 같이, 다시 말하면 자신을 특이한 존재라 하고 불가피하게 대결할 때, '나'는 '내'가 사라질 정도로 충격을 받는다. 그래서 상대방 여성을 있는 그대로 인정한다고 서

엇이 여성의 동일화 욕망과 그리고 상징적·사회적 질서를 감시하는 임무를 맡고 있던 자들의 매우 명확한 개입을 끌어낼 수 있게 했을까?

가설로서 동정녀의 그 모성성이 여성적 편집증을 다루는 한 가지 방법(가장 덜 효과적인 것들이 아닌)이라고 제시해 보자. 동정녀는 다른 성(남자)에 대한 여성적 거부를 이행하지만, 상대방에게 제삼자를 대립시킴으로써 그 다른 성을 굴복시킨다. 즉 동정녀인 나는 너로부터가 아니라 그분으로부터 잉태한다. 그것은 무염 시태(남자 없이 따라서 성에 의하지 않은)를 부여하고, 그것은 하느님에 의한 수태로서 그분의 존재에 의하여 한 여자가 그에 복종된 자신을 인정함으로써 무엇엔가 유익한 것이 된다.

동정녀는 한 여자를 천국의 여왕이자 지상의 제도(교회)의 어머니로 만듦으로써 권력의 편집증적 욕망을 수용한다. 그러나 동정녀

명하는 그 거부에는 두 가지 길이 남는다. 한 가지는 그 여자에 대해 알고 싶어 하지 않으면서 그녀를 무시하고, 그리하여 '나의 성 중에서 유일한' 나는 다정하게 그녀에게서 등을 돌린다는 것이다. 즉 자기의 힘을 겨냥하기에 충분히 합당한 수신자가 없을 때, 증오는 무관심의 호의로 변한다. 또 한 가지는 그녀, 그 상대방이 자기가 특이하다고 믿는 그 고집 때문에 격분한 나는 그녀의 주장에 맞서 맹렬히 추격한다. 그리하여 나는 힘의 충격, 증오의 충격(맹목적이고 귀가 멍멍하지만 고집스러운)의 영원한 회귀 속에서만 휴식을 찾게 된다. 나는 그녀를 그녀 자신으로 보지 않고, 그녀를 넘어서 특이성에 대한 주장을 겨냥한다. 그 주장은 한 여자 아이, 혹은 우리를 구성하는 혈장의 주름, 우리를 통합하는 우주의 울림 이외의 것이라는 용납할 수 없는 야심이다. 특이성에 대한 갈망은 생각할 수 없는 야심이고, 그것은 비

는 그녀를 아기 예수 앞에 무릎을 꿇게 함으로써 그러한 과대망상증을 억제하기에 이른다.

동정녀는 강력한 구순성의 투입(젖가슴)에 의해, 고통(흐느낌)의 더 큰 가치 부여에 의해, 그리고 유성(有性)의 육체를 오성의 청각으로 대체하고자 자극함으로써 살인이나 탐욕의 욕망을 마멸시킨다.

동정녀는 성모의 죽음 또는 성모 승천일이라는 매우 미화된 표상에 의하여 시간과 죽음에서 제외되었다는 편집증적 환몽을 수용한다.

동정녀는 '한' 여인의 영상을 '유일한 것'이라고 제시하면서 특히 다른 여인의 배제(그것은 아마도 기본적으로 그 여인의 어머니의 배제일 것이다.)에 동조한다. 죄가 없기 때문에 여성 중에서 유일하고, 어머니 중에서 유일하며, 인간 중에서 유일하다는 것이다. 그러나 그러한 유일성에 대한 갈망의 인정은 유일성이 오직 격앙된 마

자연적이며, 그러한 의미에서 비인간적이다. '유일성'("한 여자만이 있다.")에 사로잡힌 집착은 그것을 '남성적' 유일성이라고 규탄하면서 거부할 수밖에 없다. '나를' 여성의 명명할 수 없는 공동체로부터 개인적 특이성에 대한 전쟁으로 움직이게 하는 기묘한 여성의 그네 타기(balançoire)에서 '나'라고 말하는 것은 혼란스러운 일이다. 옛날 모계 사회의 중요한 문명들의 언어는 인칭대명사를 피해야 하고, 피하고 있다. 그 언어들은 문맥에게 주인공들을 구분하는 임무를 맡겼고, 물밑 대응이나 육체의 초언어적 대응을 되찾기 위하여 어조 속에 파묻는다. 그것들은 동양적이라는 예절을 느닷없이 난폭성, 살인, 피의 목욕으로 찢는 음악이다. 그것이 여성들의 담론이 아닐까?

기독교는 무엇보다도 그 그네를 고정시키고 싶어 하지 않았던가? 그 그네타기를 중지시켜 여성을 그네의 리듬에서 끌어내어 정조히즘을 통하여 이루어진다는 전제에 의해 즉시 억제된다. 말하자면 동정녀가 접근할 수 없는 중심으로 구현하는 여성적 이상에 합당한 구체적인 여성은 수녀, 순교한 여자, 또는 결혼한 여자일 경우에는 이러한 '세속적인' 조건에서 벗어나 자기 육체에 어울리지 않는 높은 전념하는 여자일 수밖에 없다. 그런데 거기에는 보상이 있다. 향락이 약속되어 있다.

동정녀의 모성적 표상은, 여성의 편집증에 관련된 양보와 억제의 교묘한 균형으로서, 한편으로는 모계의 사회적 유물들과 일차 나르시시즘의 무의식적 욕구들을, 다른 한편으로는 초자아의 공헌을 강력히 요구하고, 상징적 부성의 심급에 의지하는 교환과 신속하게 가속화된 생산에 기반을 둔 새로운 사회의 지상 명령들을 조화시키기 위한 사회적 노력을 성공적으로 마무리하는 듯하다.

그런데 오늘날 이 솜씨 좋은 균형의 구축물이 흔들리면서 다음과

신 속에 정착시키고자 하지 않았   같은 의문이 제기된다. 즉 여성적
던가? 지나치게 결정적으로……   정신 구조의 어떤 양상에 그러한
모성의 표상이 대답해 주지 않는 것인가? 아니면 그 표상은 20세기의 여
성들이 너무 강압적이라고 느끼는 대답밖에 주지 못하는 것인가?

물론 말해지지 않은 것은 우선적으로 모성의 육체에 부담이 된다. 그
어떤 시니피앙도 남김 없이 모성의 육체를 고양시킬 수는 없으니까. 왜
냐하면 시니피앙이란 언제나 의미, 의사소통 또는 구조인 데 비하여 어
머니·여인은 오히려 문화를 자연으로, 화자를 생물학으로 변질시키는
이상야릇한 주름이다. 여성의 모든 육체와 관련시켜 보면, 시니피앙이 포
섭할 수 없는 이 이질성은 임신(문화와 자연의 문턱)과 함께 그리고 아기
의 출생(이것은 여성을 그 유일성에서 끌어내어 타자에, 윤리에 접근하는
행운(확신이 아닌)을 준다.)과 함께 강렬하게 표출된다. 모성적 육체의 이
러한 특성들은 여성을 주름의 존재로, 삼위일체의 변증법과 그 보완적인
것들이 포섭하지 못하는 존재의 파국으로 만든다.

자기 자신을 위해서는 부인할 수 있지만, 다음 세대를 이어서 교육시
키기 위해 아이를 포함시켜야만 하는 사회규범을 전수하려고 이름 없는
사람이 되는 그러한 자기희생과 분만의 육체적이고 정신적인 고통에 대
한 침묵은 가벼운 일이 아니다. 환희 이면에 깔린 고통(마조히즘의 양면
성)을 통하여, 오히려 성도착으로 나아가지 않으려는 여성은 사실상 약
호화되고 기본적인 성도착적 행동을 자신에게 허용하는데, 그러한 행동
은 사회의 최종적 보장이며, 그런 행동이 없으면 사회가 재생될 수 없고,
규범화된 가정의 항구성을 보존할 수도 없을 것이다. 여성적 성도착은
욕망의 대상들의 분할이나 돈 후안 식 증식에 있는 것이 아니기 때문에
마조히즘의 개입에 의해 즉시 합법화되거나 아니면 편집증적이 된다. 즉
모든 성적 '방탕 행위들'은 아이가 그러한 누출을 봉합하기만 한다면 용

인될 것이고, 따라서 의미가 없어질 것이다. 여성적 '성도착'은 번식과 계속성의 욕망으로 법률의 욕망 속에 똬리를 틀고 있다. 그러한 성도착은 여성의 마조히즘을 (그 탈선에 대비하여) 구조의 안정자 수준으로 승급시키며, 어머니로 하여금 인간의 의지를 넘어서는 차원에 진입할 수 있게 하는 보장을 통하여 그녀에게 쾌락의 보상을 안겨준다. 그러한 약화된 성도착, 그러한 모성적 마조히즘과 법률의 대결, 모든 시대의 총체적 권력은 여성을 연합하는 데 그녀를 이용하고, 물론 쉽지는 않지만 성공한다. 그러나 '남성 지배 권력'에 봉사하는 어머니들의 반동적인 역할을 '고발하는 것'으로는 충분하지 않다. 그러한 역할이 무엇으로 모성의 생물학적이고 상징적인 잠재성에 대해 대답하는지를 알아보아야 할 것이다. 또한 거기에서 출발하여, 동정녀의 신화가 그 잠재성을 포섭하지 못하거나 더 이상 포섭하지 않으면서 어떤 식으로 그 확산이 여성을 무분별한 망동에 또는 그 문제를 가까이에서 관찰하기를 거부하는 진보적 투쟁주의를 통한 순수하고도 단순한 거부에 노출시키지 않을 때, 가장 두려운 막후공작에 노출시키는지를 이해하려고 노력해야 할 것이다.

동정녀의 신화에서 잊은 것 중에는 딸과 어머니의 전쟁도 있다. 그것은 보편적이고 특별하지만 결코 특이하지는 않은 것으로(여성 중에서 유일한 것으로) 마리아를 승격시킴으로써 당당하지만 너무도 신속하게 해결된 전쟁이다. 다른 여인과의 관계는 약 1세기 전부터 서양 문화에 사랑과 증오의 표상들을 재표명해야 할 필요성을 제기하고 있다. 그러한 표상들은 플라톤의 『향연』, 음유시인들 또는 '우리의 귀부인(Notre Dame)'에게서 물려받은 것이다. 그런 면에서도 모성은 하나의 지평을 연다. 여자는 (필연적인 것이 아니라도) 자기 친어머니의 자리를 차지하지 않고는(그녀 자신이 어머니가 되지 않고는, 그리고 특히 자기 딸과의 대면이 그녀에게 부과하는 동일한 것들의 차별화를 오랫동안 수련하지 않고는) 다른 여자에 대한 자신의 열정(사랑과 증오)을 체험하는 법이 거의 없기 때문이다.

하느님의 그리고 하느님에 대한 사랑은 하나의 단절을 품고 있다. 그것은 한편으로는 죄악을, 다른 한편으로는 내세를 명백히 밝히는 깨진 공간이다. 불연속성, 결여 그리고 자의성. 그것은 모든 이타성을 불가능한 것으로 위치시키는 상징 관계의, 기호의 지형학이다. 여기서 사랑은 불가능이다.

그와는 반대로, 어머니에게는 기이하게도 타자(어린이)라는 이 자의성은 당연한 것이다. 어머니에게 불가능이란 그런 것이다. 말하자면 불가능은 냉혹한 것 속에 흡수된다. 어머니는 이렇게 말하는 듯하다. 타자란 불가피함으로, 원한다면 타자를 하느님으로 만드세요. 그것이 더 자연스러울 거예요. 여하튼 그 타자는 더구나 나 자신은 아니지만 끊임없는 발아들의 유출이자 영원한 우주인 나로부터 나온 것이니까요. 타자는 너무나 자명하고 나에게도 분명하기 때문에 마지막에는 자기를 위해

결국, 이성의(남성의) 배제는 아이의 중재로 인해 실체화된 제삼자의 보호 아래에서는 이루어질 수 없는 듯하다. "나도 아니고 너도 아니지만, 그, 아이, 제삼자, 비인칭, 그래도 마지막 심급에서는 내가 되는 하느님……", 배′제가 있기 때문에, 여성은 이제부터 그 속에서 투쟁하는 여성 존재가 남아 있을 수 있도록 제삼자의 신격화가 아니라 강한 가치들 속의, 강력한 권력의 대용물들 속의 반투입(contre-investissements)을 요구한다. 오늘날 여성의 징하므로 신병은 정치, 과학, 예술에 대한 열정에 의해 지탱되고 흡수된다. 모성을 동반하는 그 변이체는 다른 변이체들 보다 더 쉽사리 이성에 대한 거부로서 여성이 지닌 것으로 분석될 수 있을 것이다. 무엇을 허용하기 위해서일까? 물론 원초적 남녀 양성체의 예정된 조화 속에 있는 '섹스 파트너들'에 대한 그 어떤 합의는 아니다. 그보다는

존재하지 않는다. 철학적인 회의보다 더 고집스러운 모성적 평온의 이 '그래도 그렇지'는 그 본질적 불신으로 상징계의 전능함을 훼손시킨다. 그 말은 성도착적 부인(否認)을 나타내고("내가 잘 알고는 있지만 그래도 그렇지.") 그리고 "다른 사람들과 흡사하고, 결정적으로 인류와 닮았다."는 의미에서 일반적인 것 속에 사회 관계의 기반을 구성한다. 그러한 태도는 우리가 타자(어린이)가 지닌 특히 비타협적인 요소를 모두 파괴해 버릴 수 있다고 생각할 때 두려움을 안겨준다. 더구나 모성적 사랑의 그러한 방식 속에는 모든 상이한 개체성을 질식시키는 납덩이 덮개가 뿌리를 박고 있기 때문이다. 그러나 바로 그곳에서 화자는 자신의 상징적 방어물이 무너지고, 자신의 말이 자기의 생물학을 드러내 보이는 능선이 나타날 적에 안식처를 찾아내기도 한다. 왜냐하면 나는 질병의, 성적·지적·신체적 열정의, 죽음의

두 성의 차이를 확인하고, 적합한 실현을 위한 각자의(무엇보다도 여성의) 모색 속에서 두 성의 비타협적이고 양립 불가능한 이해를 인정하는 쪽으로 인도하기 위해서이다.

따라서 오늘날 동정녀 이후로 별다른 담론 없이 남아 있는 모성을 둘러싼 의문들 중 몇 가지가 존재한다. 그 문제들은 요컨대 재생 중에 있다고 주장된 '제2의 성'을 위한 한 가지 윤리의 필요성을 제기한다.

그러나 여성적 윤리가 가능하다고 말하는 것은 아무것도 없다. 그리고 스피노자는 여성을 (어린이와 광인과 함께) 윤리로부터 제외시켰다. 그런데 현대성의 윤리가 더 이상 도덕과 혼동되지 않을 경우, 즉 윤리가 법률의 당혹스럽고 불가피한 문제 제기를 피하는 데 있지 않고 법률에게 몸과 언어 그리고 향락을 부여하는 데 있다고 할 경우, 그에 대한 재론은 여

시간을 생각하고 있으니까……. 성의 몫을 요구한다. 번식의(안정의) 욕망을 품고 있는 여자들의 몫. 자신이 죽음을 면할 수 없다는 것을 알고 있는 화자인 인류가 죽음을 견딜 수 있도록 기꺼이 마음 쓰는 여자들, 즉 어머니들의 몫 말이다. 왜냐하면 도덕에서 분리된 이단적 윤리, 이단자는 삶 속에서 인연, 생각, 따라서 죽음에 대한 사고를 되돌려 주는 존재에 불과할 수도 있기 때문이다. 이단자란 죽음의 부정(a-mort)이고, 사랑이다. 오 어머니, 사랑의 샘이여…… 그러니 「눈물 흘리는 성모」를 다시 들어 보자. 그리고 음악, 모든 음악은…… 여신들을 집어삼키고, 그에 대한 필요성을 가로채 버린다.

6부

사랑의 아픔—은유의 영역

거울을 통하여

극단적인 미학들 속에서 애정 관계의 담론을 찾는다는 것이 역설적으로 보일 수 있을 것이다. 사랑하는 대상의 단순한 이상화에 대한 직접적인 언어를 분명히 밝히는 대신에 그 대상이 빠져나가는 고통스러운 또는 황홀한 상태들을 분석하는 것은 이상야릇한 일이다. 그와 같은 선택은 단순히 어떤 이야기 속에 사랑의 포착에 대한 연출이 보다 많이 탐색되었다는 사실로 이루어진 것이 아니다. 그것은 근본적으로 두 가지 관찰에 의해 요구된다.

그 첫 번째는 정신분석적인 것으로, 이것은 사랑의 체험이 동등하게 그리고 본질적으로 사랑에 내재한 온갖 이상화의 기반이 되는 나르시시즘과 또한 그것이 지닌 공허, 겉치레, 불가능한 것의 후광에 의존하고 있음을 주장하는 것으로 이루어진다.[1] 더욱이 우리가 현재 그러한 사실을 목격할 수 있는 바와 마찬가지로 (종교적 · 도덕적 위기는 그런 양상 중

---

1) 이 책의 1부와 3부의 「나르시스, 새로운 정신착란」을 참조할 것.

하나에 지나지 않는 현상이다.) 사회적 합의가 그러한 이상화의 가능성을 조금만 두둔하든지 또는 전혀 두둔하지 못할 경우, 사랑의 이상주의 아래 감추어진 그 현실감의 상실은 있는 힘을 다해 드러난다.

두 번째로, 그 이상화를 사랑의 체험인 원초적 억압 아주 가까이에 언어로 옮겨 놓는 글쓰기와 작가가 우선적으로 언어를 가장 좋아하는 대상(남용과 부조리, 황홀과 죽음의 현장)으로서 투입한다는 것을 전제로 한다. 사랑의 명명은 언술(énoncé)보다 언술 작용(énonciation)을 더 강조한다.("내가 다른 사람과 함께 본 것을 되도록 근접하게 말해야 한다.") 그 명명은 필연적으로 나르시스적 전시(parade)가 아니라 나르시스적 체제로 우리에게 나타나는 것을 동원한다. 불확실하고 은유적 압축의 상태로 보이게 될 그러한 사랑의 언사는 나르시스적 체제의 항구성을 드러낸다. 그리고 그 언사에는 표면적으로밖에는 감히 말해질 수 없는, 사랑하는 연인들이 서로 매혹되는 거울 안에서 자기 논리를 찾아내고자 모험하지 않는 '하찮은' 사랑의 체험도 포함되어 있다. 이처럼 사랑의 고통스럽지만 구성적인 진실을 그런 식으로 말하기 때문에 그 글쓰기가 우리를 사로잡는다. 우리에게 고유한 사랑의 간격 사이에서 우리가 그 글쓰기의 독자가 되는 것은 그 사랑에 대해 덜 표면적이고, 더 근본적인 비전을 감당할 수 있을 때이다. 그것은, 반드시 우리의 파트너들과 나눌 수는 없지만, 우리의 꿈, 불안 그리고 향락이 증언해 주는 비전이기 때문이다.

은유의 지시 대상과 그 주체

언술 작용의 주체와 대상이 그들의 경계선을 혼동할 때 언어에 영향을 미치는 그 체제를, 의미의 이동이라는 일반적 의미에서, 은유라고 부르기로 하자. 우리가 미리 예측하는 것은 이 연구의 의도 중 한 가지가 언술 작용 주체의 특수한 조건에 관한 은유 이론을 설정한다는 것이다. 은유에 대한 철학적인 거부도 아니고, 모든 언어 행위에 대한 영향의 (역으로 대칭적인) 확대도 아닌 은유성에 대한 독서는 사변철학의 거리가 아닌 하나의 이론적 거리를 상정한다. 우리의 독서는 분석적 전이에 고유한, 애매모호한, 사랑의 거리를 구실로 삼아, 은유적 행위의 현대적 (의미론적, 통사론적, 담화론적) 분석에 의존한다.[2] 그렇지만 우리는 동일화(나르시시즘 그리고 이상화)의 복합적인 행위를 은유들로 표명하는 언술 작용 주체의 사랑의 체제 속에 확대된 그러한 은유성의 명료함을 이해하려고 노력할 것이다.

"은유적인 것은 형이상학의 경계선 안에서만 존재한다."라고 하이데거는 주장한다.[3] 이 주장은 형이상학 그 자체의 영역에서는 이론의 여지가 없다. 그리고 그것은 은유의 추방이라는 사실 자체에 의해서 영속될 수 있었던 철학적 담론에 고유한 은유성에 합당하다.[4] 그렇지만 이 논의에서는 우리의 논거에 본질적인 몇 가지 사항만을 재검토해 보자.

우리는 플라톤(『고르기아스』와 『파이드로스』를 참조할 것.) 이후로 철학적 담론이 그것의 진정한 존재 조건인 철학과 수사학 사이의 경계선을 설정하려는 강박관념에 사로잡혀 있음을 알고 있다.

---

2) I. A. Richards, *The Philosophy of Rhetoric*(1936); M. Black, *Models and Metaphors* (1962); R. Jakobson, "Deux aspects du langage et deux types d'aphasie", *Essais de linguistique*, éd. de Minuit, I(1965); "La Métaphore", *Langages*, n°. 54, Larousse(1979).

3) *Der Satz von Grund*(Pfullingen, Neske, 1957), 77~90쪽.(프랑스어 역, *Le Principe de raison*,(Gallimard, 1962), 112~128쪽)

4) 폴 리쾨르(Paul Ricoeur)가 이 문제와 데리다의 작품에서 그 뒤를 잇는 철학적·은유적 해체에 대해 몰두한 토의는 매우 훌륭하다. 『살아 있는 은유(*La Métaphore vive*)』(Seuil, 1975), 357쪽 이하를 참조할 것.

사고의 형태, 닮은 대상, 유추

우리가 알고 있듯이 유사성의 문제, '영상 만드는' 것의 문제는 모든 플라톤의 사상을 지배하고 있다. 우리는 하이데거 이후로 빛, '가시적인 것' 그리고 '영상'이 어떻게 '관념' 속에 감추어지고, 어휘화된 은유 즉 사고의 형태(*eidos*)라는 이름으로 사고 자체를 정립시키는지를 여러 차례 보여 주었다. 그런데 관념을 구성하는 이 모든 종류의 영상에서 은유를 떠받쳐 주고 있는 유사성의 부분을 떼어 놓아 보자. 로미오는 "이것은 동쪽이고, 줄리엣은 태양이다."라고 줄리엣에게 말한다. 그에게는 줄리엣과 태양은 똑같이 눈부시며, 그 둘은 눈부심에 의해 서로 닮았기 때문이다. 닮은 대상(*omoioma*)은 탐욕스러운 것(*atos*)이다. 플라톤은 『파이드로스』에서 사랑을 논할 때 이 용어를 사용하였다. 그리고 그는 사랑하는 영혼은 천상의 사물들의 모방(*imitation*)인 닮은 대상을, 그것들을 닮았고 바로 그런 이유에서 그 영혼을 사랑에 빠지게 만드는, 다시 말해서 정신을 잃게 만드는 지상의 사물들 속에서 알아본다고 주장하였다. 우리는 눈에 보이지 않지만 기억에 현존하는 이상을 닮은 것을 사랑한다. 즉 은유적 이동의 모든 움직임은 이미 닮은 대상과의 관계 속에 있고, 이 관계는 그리스 사상의 여명기에서부터 사랑을 영상화, 유사성, 상동화와 공모하게 하는 이점을 지니고 있다. 그리스적인 존재론은 그러한 움직임을 숨기려 했다. 그런데 우리는 바로 그 용어와 함께 플라톤의 그 움직임을 복음서 속에서 다시 찾게 된다. 복음서는 성스러운 이름들의 관계와 하느님과 피조물 사이의 관계를(바울, 「로마서」 6장 5절) 생각하기 위하여 닮은 대상에 대해 언급한다. 그러나 복음서의 사랑의 은유성으로부터 멀어지면서[5] 중

---

5) 이 책의 4부, 「하느님은 아가페이다」를 참조할 것.

세 신학은 아리스토텔레스의 유추(*analogia*) 개념에 대해 관심을 갖게 되는데, 그 중세 신학은 사랑하는 닮은 대상과 은유에 내재하는 감전을 생각할 수 있도록 하는 노력을 펼쳤다. 따라서 아리스토텔레스의 위치는 유추라는 철학적 범주의 창조라고 할 수 있는 '은유의 존재론화'에서 매우 중요하다. 존재론과 신학 사이에서 이러지도 저러지도 못한 아리스토텔레스의 사상은 끊임없이 어떤 화해를 모색하지만, 불가능한 그 화해는 존재론적 포부를 결정적으로 파산시킨다.[6] 그러한 갈등의 지표 중 하나는 모든 시성(poéticité)에서 벗어났지만 몇 가지 의미하는 시성의 효과에 주의 깊은 단일한 철학적 언어를 구축하고자 하는 노력이다.

그리하여 아리스토텔레스는 은유적 모호성을 철학의 영역 밖으로 떼어 놓은 후, 바로 그 영역 속에서 '모호성의 한 작은 부분'[7]을 정복하고자 하는 시도를 그치지 않았다. 한편으로 그는 술어 기능의 정확성을 점차 약화시킴으로써 거기에서 성공한다.(술어적 계사는 한 존재가 무엇이라고("소크라테스는 한 남자이다."(라고 말해진다)처럼, 그리고 무엇에 속하는 존재처럼 "소크라테스는 음악가이다."에서 '음악가'는 실체의 우연한 사건이므로) 이해될 수 있다.) 그러나 다른 한편 아리스토텔레스는 특히 유추에 대해 말하는데,(은유의 한 가지 경우라고 생각하면서 그가 그 용어에 부여하는 뜻과는 다른 의미로) 그것은 '존재의 다양한 의미'의 논리적 궁지를 처리하기 위해서였다. 존재는 하나이지만 우리는 여러 가지 방법으로 그 존재를 말할 수 있다. 유추에 의해서가 아니면 그 두 가지 가정을 어떻게 화해시킬 수 있겠는가? 사실상 아리스토텔레스는, 그 자신의 철학 밖에서 일자로서의 존재(l'être-Un)라는 플라톤 신학을 물려받았기 때문에,

---

6) 비유맹(J. Vuillemin), 『논리학에서 신학으로(*De la logique à la théologie*)』(Flammarion, 1967) 아리스토텔레스에 대한 다섯 가지 연구가 보여 주는 바와 같다.
7) 리쾨르, 앞의 책, 344쪽.

범주적 의미들의 다양성을 지닌 물리적 세계에 대한 자신의 담론과 그 유일한 존재(pros hen, ad unum)를 화해시키지 않을 수 없었다. 신의 본질(ousia)은 언제나 존재의 범주적 단일성에 잠재해 있다. 바로 이것이 『형이상학』이 유추라는 용어를 도입하면서 말하려고 한 것이다. 즉 "모든 사물의 원인은 유추에 의해 동일하다." 그리고 "실체의 원인은 모든 사물의 원인처럼 생각될 수 있다."[8] 생각할 수 있는 것, 존재론적인 것은 생각할 수 없는 신학적인 것에 의존하지만 생각할 수 없는 것이라 해도, 그리고 바로 그런 이유에서, 그것은 탐구의 구조를 제시한다. 이렇게 도입된 유추는 무엇보다도 귀속적 유추로 표명되기 이전에 비례적이고, 따라서 수학적일 것이다.[9] 시학(poétique)과 단절하면서 아리스토텔레스는 은유적이 아니라 선험적인 또 다른 담론의 이름으로 그 어떤 은유성을 되찾는다. 유추는 그의 연구에서 유일한 존재에 대한 증인이기 때문이다. 그리고 카르납과 러셀과 함께 술어 기능을 어떤 요소가 하나의 부류에 속하는 것이라고 정의하여, 귀속의 문제를 유추의 궤도에서 벗어나게 하기 위해서는 칸트 후기의 실증주의 논리의 모든 발전을 기다려야 했다. 그러나 도중에 상실되는 것은 술어 계사의 다른 의미들이고, 그로 인하여 특히 언술 작용의 행위 자체에 대한 의문을 유발하면서 행위 중인 존재를 지시하는 그 기능이 부각된다. 아리스토텔레스에게 유추의 철학적 재발견은 존재의 문제를 행위로서 열어 주는 장점과, 그와 동시에 비록 암묵적이기는 하지만 명명 행위(acte de la nommination)의 문제를 제기하는 장점을 가졌다. 아리스토텔레스의 일부 진술들은 그 점을 꽤 분명하게 밝히고 있다. 은유란 "행위 중인 사물들을 의미한다."(『수사학』 III, II, 1411 b, 24~25) "우리는 이야기하면서…… 또는 모든 인물들을 행

---

8) 『형이상학(Métaphysique)』, A 5, 1971, a 33~35.
9) 비유맹, 앞의 책, 22쪽을 참조할 것.

위자로, 행위 중인 인물(*energountas*)로 추정하면서 모방할 수 있다."(『시학』, 1448 a 24) "행동의 모방이 우화이다."(『시학』, 1450 a)

이러한 장점을 잊지 말아야 하고, 그것을 술어 기능 또는 움직임으로서의 술어 기능의 단순한 논리적 움직임 속에 매장시키지 말아야 한다. 왜냐하면 그러한 역학은 우리에게 다른 은유, 진실하고 시학적인 은유의 의미 작용을 밝혀 줄 것이기 때문이다. 이 지점에서는 단지 유추란, 철학적이라 해도, 일자로서의 존재와 행위에 종속된 존재 신학적(이 용어는 하이데거에 속한다.) 탐색(학문이 아니라)을 구축하고자 하는 생각에 필요 불가결하기 때문이다.

다른 한편 중세 신학은, 나름대로 성서적 담론의 시적 은유성에서 분리되면서, 성 토마스와 함께 존재론적 유추(*analogia entis*)를 가정하게 된다. 중세 신학은 우선 관계의 유추(*analogie de la proportio*, 용어들 사이에 확정된 거리와 엄격한 관계를 지니고 있는)와 관계의 단순한 유사성인(예를 들면 6과 3의 관계는 4와 2의 관계와 같다.) 비례의 유추(*analogie de la proportionalitas*)를 구분한다. 그러나 성 토마스가 인과성 그 자체를 유추라고 상정한 것은 외부적인 원칙에 의존하지 않고 무한한 하느님과 유한한 피조물 사이의 관계를 생각하기 위해서였다. 의미 작용의 (하느님과의 유추에 의한 피조물의) 관계는 하나의 효율이 된다. 말하자면 우리는 오직 피조물과 하느님, 그의 원칙과 그의 원인의 비율로써만 피조물에 따라서 하느님을 명명할 수 있고, 하느님 안에서는 현재 존재하는 것의 모든 완전함이 훌륭하게 존재한다.[10] 원인의 수준으로 격상된 그와 같은 유추는 사실상 문자 그대로 시적인 은유를 추방한다. 그러나 폴 리쾨르가 지적하듯이[11] 그러한 유추는 은유를 교묘하게 통합하기도 하는데, 그

---

10) 『신학 전서(*Somme théologique*)』, Ia, qu. 13, art. 5.
11) 같은 책, 356쪽.

때는 두 개의 유사한 의미(예를 들면 인간과 하느님을 '현자'라고 말하기) 를 검토하면서 성 토마스가 명명하는 행위(*nominis significatio*, '현명한 인간'에 고유하고 유추에 의하여 하느님에게 부여된)는 의미하는 속성을 지닌 존재(*res significata*, 하느님) 안에 한정시킬 수 없는 의미의 잉여분으로 넘쳐남을 확인할 때이다. 이 경우 새로운 술어의 움직임에 기인하는 그러한 의미의 잉여분은(의미하는 속성을 지닌 존재는 명명하는 행위보다 더 풍요롭다.) 엄밀히 말하자면 시에 특이한 은유적 효과이고, 그것을 성 토마스는 존재론적 유추로 한정시키고자 했다.

폴 리쾨르가 윤곽을 그린 은유의 철학적 역사에 관한 마지막 지적은 우리가 의도한 쪽으로 접근할 수 있게 해 준다. 축소 지향적인 형이상학적 해석에서 나왔고, 더구나 더 이상 공유되지 않는 그러한 은유 개념은 그 문제를 형이상학의 영역 속에 한정시키기에 적합하다는 것이 사실이다. 여기서 문제는 고유한 것과 비유적인 것, 근본적인 것과 이차적인 것, 유생적인 것과 무생적인 것 사이의 단순한 변동을 보는 해석인데, 거기에는 단어의 지배를 받고 통사적이고 담화적인 그 전개에 민감하지 않은 은유에 대한 순박한 이론에서만 통하는 여러 가지 형이상학적 구별이 있다. 리처드(I. A. Richards)와 막스 블랙(Max Black)의 작업과 또 다른 차원에서 그들 나름대로 은유를 문장과 담화에 위치시킨 벵베니스트(E. Benveniste), 야콥슨(R. Jakobson) 그리고 현대의 의미론자들의 업적들은 은유에 대한 아리스토텔레스의 해석에 고유한 몇 가지 잠재성을 개발하였다. 명사 '경향(*kurion*)'이나 '고유한 특성'으로 번역되는 *idion*은 단순히 은유적 움직임의 출발 용어를 지시하고, 그 그리스 철학자에게는 최초의, 원초적(*etumon*) '고유한 특성'의 의미는 가지지는 않았던 것 같다. 은유에 대한 현재의 이론은 두 가지 계층화되지 않은 의미 영역과 역시 계층화되지 않은 두 가지 지시 대상의 영역 사이의 충돌을 명백히 밝히고 있고, 그러면서 그에 대한 분석에서 은유적 움직임의 문장적 또는 담화적 문맥뿐만 아니라 지시적이고 상호 주관적인 행위로서의 언술 작용도 중시하고 있다.

'처럼 존재하기' 또는 '탈존재'

은유성은 결과적으로 우리에게는 행위 중인 일자 존재의 언술 작용처럼, 뿐만 아니라 오히려 그 반대로 지시 작용의 불확실성에 대한 공고처럼 보인다. ……처럼 존재하기(Être comme)는 존재하기와 비존재하기일 뿐 아니라 존재론, 말하자면 담론의 외부가 아닌 담론 자체의 제약으로 가능한 유일한 '존재'임을 주장하기 위한 탈존재(désêtre)에 대한 갈망이다. 은유적 전이의 '……처럼'은 그 제약을 받아들이는 동시에 그것을 전복시킨다. 그리고 기호들의 정체성을 개연화한다는 범위 내에서 그것은 지시 작용의 가능성마저 의문시한다. 존재하기? ── 탈존재.

폴 리쾨르는 그의 훌륭한 연구에서 행위 중인 은유의 의미론적 목표 특유의 '존재론적 격렬함'[12]에 대해 언급하고 있는데, 격렬함은 그 안에 개념이 포착할 미지의 것에 대한 예감을 품고 있다는 것이다. 바로 그 점에서 우리는 그와 의견을 달리한다. 리쾨르의 해석은 가능하지만 절대적이 아닌 그의 존재 신학적 범위 내에서 그가 너무도 강력하게 복권시켰던 은유를 결정적으로 존재론화한다. 리쾨르는 은유가 명명해야 하는 새로운 지시 작용을 공고한다고 말하면서 은유적 역학을 그가 명시적으로 그 계획을 고백하는 사변철학 속에 가두어 놓는데, 일자 존재에 종속

---

12) 리쾨르, 앞의 책, 379쪽.

되어 있는 그 철학은 우리가 이미 그와 함께 아리스토텔레스와 성 토마스에게서 간파한 작업과 비교될 수 있는 것이다.

그런데 은유성을 단순화시켜 역시 단순화된 형이상학으로 축소하지 않고서, 그리고 사변 철학의 범위 내에서 '개념의 예감'으로서의 결과들을 한정하지 않고서 은유성을 생각할 또 다른 가능성이 존재할까? 우리 생각에는 존재할 듯하다. 우리는 은유적 역학이 어쩔 수 없이 존재로 환원될 수 있는 지시 작용의 명칭을 토대로 이루어진 것이 아니라 화자 주체가 언술 작용의 행위에서 대타자와 유지하는 관계를 토대로 이루어졌다고 이해하고 있다. 분석적인 위치에서 본다면 바로 그 언술 작용이 우리에게는 담론 속의 의미와 의미 작용의 유일한 토대라고 생각된다.

여기서 우리가 요구하는 것은 단순한 관점의 반전, 즉 지시 대상인 외적 토대의 자리에 '마음 상태' 또는 담론인 내적 토대를 설정하기가 아니다. 주체는 지시적 외부와 대비되는 단순한 내부가 아니다. 화자 주체와 대타자 간의 관계에 대한 특수한 분절처럼 이해되는 주체의 구조는 현실의 위치 그 자체, 그 존재 또는 그 비존재, 그 전복 아니면 그 실체를 결정짓는다. 그러한 관점에서 존재론은 어느 주체가 자신의 대타자로의 전이 속에서 유지하는 유의미한 구조를 따르게 된다.[13]

우리는 아리스토텔레스적 은유의 최종적 지주는 행위 중인 존재임을 상기시킨 바 있다. 시적 은유뿐만 아니라 범주론은 오직 '움직임과 삶'을 회복시켜 준다. 그래서 아리스토텔레스는 "행위는 움직임이다."라고 강조한다. 그러나 존재론이 '힘'과 '행위'를 정의하는 데 부닥치는 여러 가지 어려움 앞에서 감히 다음의 명제를 제안해 보자. '행위 중인 존재'는 주체를 위하여 오직 상징적 접촉 속에, 다시 말하면 움직임 속에, 타자와의

---

13) 이 책의 1부 동일화에 대한 부분을 참조할 것.

전이 속에 존재할 수밖에 없다. 행위 중인 존재는 주체의 체험 속에서 이루어지고, 두 주체에게는 사랑이라는 불안정하게 만들고 (그리고) 안정시켜 주는 동일화의 절정 속에서 더더욱 이루어진다. 사랑 밖에서는 행위가 있을 수 없고, 마찬가지로 성행위도 없다. 왜냐하면 욕동과 이상까지 포함한 주체의 유의미적 구조가 흔들리는 것은 그 영역을 구성하는 난폭성 속이기 때문이다. 바로 그 속에서, 그리고 주체의 변화(사랑의 체험 속에서 주체의 과정 개시)를 통하여 그의 존재와 존재의 변화가 이루어지며, 원할 경우 그들의 개화와 전개가 완수된다. 그다음으로 우리에게 핵심 인지론적 질문을 제기하는 것은 더 이상 육체가 아니라 말하는 주체성이다. 즉 유동성이란 무엇인가? 혁신이란 무엇인가? 여기에서 시니피앙은 '무엇'이며, 그것들을 어떻게 말할 것인가? 주체적이고 담화적 쇄신과 위기의 역학으로서의 사랑의 체험, 그리고 그 언어학적 상관 요소, 은유성은 그러한 관점에서 보면 본질적인 논의의 중심에 있는 듯하다.

기호들의 일의성은 애매성을 거쳐 다소 진위를 결정할 수 없는 내포 의미 안에서 해소되는데, 이때 타자와의 일대일 관계에서 전이 중인 (사랑 중인) 언술 작용의 주체는 동일화, 전이의 작용 그것 자체를 언어의 단위들에게, 즉 기호들에게 전환한다. 지시 작용의 애매화 속에 존재하는 그러한 작용의 지시적 효과는 그 작용의 주체적 토대를 우리에게 감추지 말아야 할 것이다. 유의미한 단위('기호')는 (마치 공감각적인 은유에서처럼) 그것이 지닌 욕동적이고 감각적인 구성 요소들까지 문호를 개방한다. 그런가 하면 사랑의 전이 상태 속에서, 주체 자신은 감각에서부터 이상화에 이르는 열정을 불태운다.

이러한 해석을 받아들일 경우, 어째서 플라톤에게는 은유에 대한 철학적 사색이 사랑에 관한 그리고 그와 관련된 철학적 담론이 보장해야 하는 방향에 관한 사색에 뿌리를 내리고 있는지 그 이유를 우리는 이해할 수 있다. 그것은 플라톤이 존재 신학을 통하여 사랑과 은유의 제어를 동시에 겨냥하기 때문이다. 또한 우리는 일자와 말하는 존재가 그와 맺고 있는 관계에 의해(따라서 믿음에 의해) 문제된 신학적 담론만이 시적 영역에서부터 시작하여 그리고 그 영역 밖에서, 유추 이론의 경계 설정이 었던 은유와 근접하지 않을 수 없었는지 그 이유도 이해하게 된다. 결국 신학의 본질이 비워질 때, 그래서 데카르트와 함께 신학이 대타자를 이성이나 판단(*causa sive rationem*)의 위치에 유지시켜서 이성의 진정한 토대를 지속되었지만 그 기능을 상실한 유추가 아니라 오직 판단의 분절 속에서 찾게 될 때, 우리는 이중적인 추방을 맞게 된다. 태어나는 합리주의는 동일한 움직임으로 유추를, 존재 신학의 고유한 영역에서 은유성의 이러한 상처를, 그리고 사랑하는 자아(Ego affectus)인 그 상관물을 멀리한다. 판단과 생각하는 자아(*Ego cogito*)가 생겨날 수 있도록.

정신분석 ── 시와 역사

정신분석의 입장은 은유가 쟁점이 되고 사랑의 주체가 희생을 치르는 서양식 담론의 진정한 변동을 확신시켜 준다. 정신분석은 이처럼 해석적 담론의 역사와 유형 속에서 수치스러울 수밖에 없는 입장을 밝힌다. 시적 담론 속에서 은유성의 생산을 지배하는 동일한 사랑의 조건들을 따라 작용하는 정신분석은 그래도 시적 담론과의 일정한 거리를 유지한다. 왜냐하면 정신분석은 그 담론의 인식 효과를 만들어 내기 때문이다. 그것은 정신분석이 시적 담론의 개념을 산출한다는 말일까? 만약 그러하다면 정신분석은 사변 철학이나 존재 신학과 다르지 않을 것이다. 오히려 사변 철학과 가까운 정신분석이 그 담론을 정확하게 분석한다고 말할 수 있을 것이다. 그것은 각각의 개념을 은유로 분산시키면서 혹은 모든 기호는 어쩔 수 없이 그 이상화적 개념의 포착을 해체하기 위하여 분명히 밝혀야 하는 잊힌 은유라는 사실을 확인하면서가 아니다. 그것은 담론의 유형들(예를 들면 '시적 담론'은 '분석적 담론'이 아닌 '철학적 담론'은 아니다.)을 유지하면서이다. 또 한편으로는 은유들의 생산 현장(사랑하는 상태에서처럼 그리고 시에서처럼)과 다른 한편으로는 일시적인 해석의 현장이 되는 그러한 특이성을 스스로에게 부여하면서 그렇게 할 수 있다. 분석적 해석에서 절대의 자리에 지속을 도입하는 것은 바로 그 일시적인 것("현재로서는 그것이 이것을 말하고자 한다.")이다. 정신분석은 서양의 역사주의에서 가장 내면화된 계기이다. 그 일시적인 것이 또한 전이의 역학 속에 주관적인 만남의 우연을 도입한다. 나로 하여금 말하게 하는 것이 사랑의 충격이라면, 그리고 그 말이 하나의 이야기를 가질 수 있다면, 그것은 우리의 사랑, 우리의 담론 외부에는 절대적인 것이 없다는 사실을 의미한다. 당신의 실제 이야기가 그렇게 할 수 없듯이, 그 누구도 우리의 담론이 지닌 의미 작용의 지시 작용을 억류하지 못한다. 사랑에 빠지기, 거기에는 가슴이 뛰고 열정적인 독특한 의미가 있지만, 그것은 단지 여기 그리고 지금을 위한 것이지, 다른 결합에서는 부조리할 수도 있다. 처음으로 사랑과 은유성이 함께 불가피하게 신성하거나 신성시될 수 있는 외적 존재(Rex externa)의 권위적 지배에서 빠져나왔다. 그처럼 극단적으로 탈존재화되고 비인간화된 사랑과 은유성은 이제부터 그 모든 원천 속에 전개된 언어의 운명이 된다. 주체 그 자체도 하나의 주체, 즉 우리의 사랑을 펼칠 수 있고, 시니피앙의 무한이기도 한 유일한 무한 내부에서 다르게 갱신할 수 있는 일시적인 사건에 지나지 않으니까. 사랑, 그것은 말해진 그 무엇이다. 또한 그것은 단지 그 무엇에 불과하다. 시인들은 언제나 이 사실을 알고 있었다.

이제부터 사랑의 문체들이 애정 상태에 본질적인 은유성의 다양하고 역사적인 실현처럼 우리 앞에 펼쳐질 것이다. 마치 서양의 주체가 2000년 동안 이제는 공식화된 사랑의 약호 속에 남겨진 사랑의 태도들을 통하여 체험한 삶의 또 다른 이름인 그 치료법의 문체적 변이형들인 것처럼.

의미 전이들의 유형학을 향하여

중세 궁정풍의 수사학은 어떻게 은유가 동시에 기도, 노래와 말해지지 않은 것, 매우 극단적이고 가장 난해한 텍스트 속에서 귀부인의 이름뿐만 아니라 전언의 의미 자체를 무겁게 압박하는 비밀이 되는지를 관찰할 수 있게 해 줄 것이다. 사랑하는 향락의 극치인 기쁨(*joi*)은 음유시인의 흥분과 기호들의 자가 소진에 지나지 않는다.

17세기의 뒤늦은 신비주의적 위기는 잔 귀용(Jeanne Guyon)의 작품을 통해서, 하느님이 귀용 부인에게 그랬던 것처럼 엄격하고 이상화된 담론 외적 절대의 지배적 위치에 종속된 사랑의 은유성 속에서, 어떻게 '순수한 사랑'의 그러한 이상이 은유적 열광을 중단시켜서, 은유들의 통속화나 침묵으로 이끌고 가는지를 볼 수 있게 해 줄 것이다.

낭만주의적 은유성의 작열과 더 나아가서 보들레르의 은유성은 은유가 어떻게 실추된 대상('해골')에 의해서 그리고 성스러운 이상("하느님은 죄의 동기, 소득을 가져오는 죄의 동기이시다.", 「불꽃」)을 통해서 마치 모든 지시 작용을 흐리게 하기 위한 것처럼 대조법적인 것이 되고, 그리하여 '말씀'을 있는 그대로의 육체 그 자체의 열정을 향해 개방하기 위한 것처럼 공감각 현상으로 완성되는지를 우리에게 말해 줄 것이다.

우리와 더 가깝지만 언제나 기이한 말라르메는 네르발이 발언한 것이상으로 음험하게 사랑의 무능함에서 오는 우울증을 명명하였다.[14) 이성에 매혹된 그는 불확실한 사랑에 빠짐을 레이스로 장식하였지만(그의 기호들은 너무도 생략적이고, 구멍들이 나 있다.) 그의 사랑에 빠짐은 다시 시작되다가 이성의 불가능한 동일화 소유에 의해 결국에는 중단되고 만다. '울림이 있는 부질없음(inanité sonore)'처럼 표백되고 노래로 불린 그 사랑의 언어는 은유라기보다는 차라리 생략이다. 실어증의 가장자리에서 압축된 최종 형식이다.

자기중심주의자 스탕달의 사랑의 환몽은 현대적 사랑이 어떻게 냉소와 성적 불능의 도움으로 정치적인 사건 또는 외교적인 계략이 되는지를 보여 줄 것이다. 그러나 '결정 작용(cristallisation)'은 이상적인 영상으로, 즉 애인처럼 죽은 어머니에 의해 유지되는 힘의 대결이다. 이때 은유는 불가능한 탐색의 환유 속으로 스며든다. 그러나 그 사랑의 추적은 이상(은유)이 존재한다는 믿음에 의해 저절로 지탱된다. 그 믿음을 해석하기 위해서는 심리학의 시대로 들어와야 한다.

끝으로 조르주 바타유의 짧은 텍스트 「나의 어머니」는 에로티시즘이 사랑하는 체험의 추한 모습의 비밀이 되기를 그치고, 외설적이면서 잔인한 자신을 숨김없이 시인할 때, 어떻게 사랑의 담론이 더 이상 은유로 진술되지 않고 한편으로는 빠진 것이 있는 이야기로, 다른 한편으로는 명상으로 진술되는지를 우리에게 보여 줄 것이다. 마치 사랑, 즉 상대방에 대한 어떤 이상화가 지속되고, 그 이상화가 (낭만주의적이든 초현실주의적이든) 좁은 의미로는 은유인 그것의 의미론적 과장의 조건이 될 수 있기 위해서는 욕망에 대한 모든 것이 말해지지 않아야 하는 것처럼 보여 줄 것이다. 그것은 외설 문학이 우리에게서 은유성을 박탈한다는 것

---

14) 『우리의 겉치레 종교(Notre religion le semblant)』 128~131쪽을 참조할 것.

을 의미하는가? 외설 문학은 아마도 우리에게 엄격한 의미에서의 은유를 아껴줄지 모르지만 의미의 전이(transfert-de sens)를 아끼지는 않는다. 언어에서 욕망의 고백은 이야기의 영역을 열어 준다. 기욤 드 로리스의 시적인 『장미 이야기』가 장 드 묑의 이야기체 『장미 이야기』가 될 때 우리는 그러한 변화가 훌륭하게 이루어지고 있음을 볼 수 있다. 말하자면 시대가 아직은 성의 대담성을 많이 허용하지 않았지만, 그러나 2부에서는 우리에게 애정 상황의 격렬성이 면제된 것은 아니다. 그리고 그러한 사실은, 그 시대의 모든 페미니스트에게 충격을 안겨 준 것 이외에도, 1부의 은유성을 2부의 교훈적인 우의성(allégorisme)으로 바꾸었다. 바타유에게는, 확대경에서처럼, 근친상간인 사랑의 핵심에 대한 외설적 고백이 생략 부호들과 자유연상으로 이루어진 이야기, 즉 고전적이면서도 분산된 설화를 만들어 낸다.

이와 같이 이해된 문학은 마치 의미가 구성되었다가 파괴되고, 의미가 새로워진다고 생각할 수 있을 때 사라져 버리는 특혜 받은 영역처럼 우리에게 나타난다. 바로 그것이 은유의 효과이다. 마찬가지로, 문학적 체험은 본질적으로 동일한 사람을 타자와의 동일화를 통하여 불안하게 만드는 사랑의 체험처럼 드러난다. 그러한 점에서 문학은 신학의 경쟁자이고, 신학은 문학과 같은 영역에서 절대를 통하여 사랑이 지닌 위험한 계기를 지배하면서 사랑을 믿음으로 공고히 다진다. 오늘날 문학은 '신비주의적' 재생(문학이 새로운 사랑의 공간을 창조하는 한)의 원천인 동시에, 문학이 유통시키는 유일한 믿음이 고통스럽기는 해도 최고 권위로서의 그 고유한 성과에 대한 보장인 한에서 신학에 내재하는 부정(négation)이다. 텅 빈 하늘에서, 우리 자신의 생산품과 사랑에 빠진 우리는 미학적 종교로부터 벗어나지 못한다. 상상계의, 자아의, 나르시스의 종교인 미학적 종교는 헤겔이 생각했던 것보다 더 고달픈 삶을 산다. 아마도 그는,

신학과의 결산을 원하면서, 그러기 위해서, 신학이 배려하는 계략을 가졌던 우리의 사랑을 고려해야 했던 것을 잊었는지도 모른다. 그 이후로 믿음은 떠났지만 언제나 사랑에 빠진, 따라서 상상적이고 자아 중심적이며 나르시스적인 우리는 미학이라는 마지막 종교의 신도들이다. 우리는 모두 은유의 주체이다.

음유시인들
—'위대한 궁정 노래'에서 우의적인 이야기로

무엇을 할 때는 말을 하는 것이다

처음에는 오크어(langue d'oc)로, 그다음에는 프랑스어로 노래한 남부 프랑스 음유시인들과 그 뒤를 이은 북부 프랑스 음유시인들의 궁정풍은 12세기의 기적적인 창작물로서, 그것은 처음으로 집단적인 방식으로 섬세한 사랑(*fin amor*)을 세계에 부과하였고, 즐거운 만큼 이상적인 이 순화된 완전한 사랑에 대해 우리는 아직도 후기 낭만주의적 향수를 간직하고 있다. 그 궁정풍이 아랍이나 카타리파의 신비주의의 영향을 받았다 해도, 그것은 우리가 앞에서 살펴본 바와 같이 성 베르나르의 시토회의 신비주의가 찬미하게 될 '사랑하는 자아는 존재한다.(*Ego affectus est*)'의 사랑의 열정을 세속적인 차원으로 옮겨놓았다는 것이 사실이다. 철 이른 르네상스인 신비스러운 12세기는 사랑하는 영혼 속에 저세상의 찬란함을 빛나게 할 줄을 알았다. 초월적 내재성의 축제인 섬세한 사랑은 그러나 본질적으로 '감각'의 예술이다. 중세 궁정의 단순한 윤리로 축소될 수 없고, '지배자의 부인'(문자 그대로 다스리는 귀부인(*domina*))의 매우 객관적인 가치 부여로도 환원될 수도 없는 그 사랑은 하나의 약호를 지닌다.

거기에는 '완료(fin)'를 겨냥하고, 간통으로 남는 관계의 감상적인 동시에 색정적인 채색이 들어 있다. 은유적 시초에는 여자에게는 군주(suzerain)의 역할이 그리고 남자에게는 봉신(vassal)의 역할이 부여되어, 귀부인은 '움켜잡음'을, 남자는 '봉사'를 행사하였다. 명예(영지인 동시에 영광스러운 칭호)와 몫(궁정 신하들의 균형, 친교는 외부 세계로부터 그들을 분리한다.)으로 이루어진 그 사랑은 귀부인으로부터의 보상(merce)을 포함하고 있고, 조금도 플라토닉한 것으로 남지 않는다. 그 사랑이 비밀로 남아 있어야 하는 또 하나의 이유가 있다. 그 귀부인의 이름에 대한 터부(senhal)는 그의 찬양과 완벽함의 조건 중 하나이다. 그러나 우리가 궁정 노래들에서 추론하는 사랑의 처신에 대한 규칙들은 종종 궁정풍의 본질적 실현과, 적어도 여러 세기를 넘어서 우리에게 전해지는 실현이 주술이라는 사실을 망각하게 내버려둔다. 궁정풍은 사랑하기의 예술이 되기 이전에, 아니면 차라리 그런 예술이기 때문에 예술인 동시에, 하나의 언술 작용이다. 어떤 언술 작용일까?

노래가 된 가사

처음에 이 사랑의 담론은 그리스의 서정시와 마찬가지로 노래였다. 언어학자는 그만큼 본질적인 궁정 수사학의 그러한 양태에 대해 주의력을 기울이는 데 익숙해 있지 않다. 사실 우리는 음유시인들의 264개의 가락을, 즉 현재 보관된 시의 약 10분의 1만을 소유하고 있을 뿐이다.[15] 그리

---

15) 마루(H. I. Marrou), 『음유시인들(Les Troubadours)』, Éd. du Seuil(1971), 80쪽을 참조할 것.

고 보유하고 있는 열여덟 가지 멜로디의 상당량은 단지 베르나르 드 방타두르의 작품에 속한다. 그 밖에도 지속, 즉 리듬과는 아무 상관없이 음의 높이를 지적하기 위한 그레고리오 식의 엄격한 사각형 각서들에 의한 기호 표기법은 궁정 노래에 대한 증거 해독을 매우 불확실하게 만든다. 그러나 리듬 표기의 부재는 단순한 기술상의 약점이 아니라 한 가지 특이성을 드러내 보이는 듯하다. 그것은 우리가 템포 루바토(*tempo rubato*)라고 부르는 샹송의 유연한 움직임 속에서 멜로디와 개인적인 변주가 지배한다는 것이다. 굴곡, 쾌락의 주술, 표현력이 강한 모음 발성, 짧게 끊어진 곡선들로 이루어지거나 아니면 그 반대로 파동 치는 어군들을 대상으로 삼은 복잡하고, 풍요롭고, 외설스러운 가창시의 성격은 사실상 노래하는 자의 사랑의 환희에 대한 첫 번째 약호화이고, 그의 즐거움 또는 기쁨의 표지이다. 그 용어는 남성 형식과 여성 형식 두 가지로 입증되었고 그것은 향락, 생명력, 미화하고 정화하는 약동, '존재의 축제'를 나타낸다. 그리하여 아르노 드 마뢰유(Arnaud de Mareuil)는 이렇게 노래한다. "물고기들의 삶이 물속에 있듯이, 나의 삶은 기쁨 속에 있으니, 인제나 그 속에서 내 삶을 누리리라." 노래는 그것의 본질적인 시니피앙이자 시니피에이다. 노래는 지시적인, 객관적인 의미 작용을 가지지 않는다. 그것은 기쁨의 의미이다.

노래는 은유가 아니다. 그러나 향락의 가장 직접적인 기재로서의 노래는 이미 하나의 전이이고, 빠져나가는 절대적 의미에 대한 정동의 갈망이다.

우리는 이러한 음악적 결정 불가능성의 담론, 목소리의 파상적이고 기쁨에 찬 머뭇거림의 담론 속에서의 등가물은 평면적 혹은 명료한 문체(*trobar leu*)에 대립되는 폐쇄적 문체(*trobar clus*)의 규칙이라고 강조할 수 있을 것이다.

폐쇄적 문체는 완결된 풍요로운 문체를 낳고, 폐쇄적 문체가 불분명성을 지니게 되는 경우, 완결된 풍요로운 문체는 비의적인 형식주의 탐구 방식으로 그 불분명성을 통합하지 않고, 주관적인 동시에 유의미한 단위들에 불을 당기면서 비밀스러운 사랑 그 자체의 연금술에 고유한 필연성처럼 그것을 통합한다. 랭보 도랑주는 낱말들을 교착시키기,(entrebescar los motz) 얽히게 하기에 대해 말하게 된다.("생각에 잠긴 듯이 사색적이 된 나는 어둡고 채색된 희귀한 낱말들을 서로 얽히게 한다.")

낱말들을 얽어 짜기

이제 우리는 노래의 환희에 넘친 주술의 높이에 도달하고자 갈망하는 수사학적 테크닉 속에 들어가게 된다. 사랑의 참여(participation)[16]라는 체험에서 기호들과 개인들의 그러한 오용을, 그러한 의미론적 발산을 일의적 기호로 번역하려면 어떻게 해야 할까?

동음어나 인접 음색의 사용은 음악성을 증대시키지만, 그러나 특히 기호의 내부에는 의미에 대한 의혹을 지니게 한다. "아르노는 손톱(ongle)과 삼촌(oncle)에 대한 노래를 보내어 / 그의 음경에서 영혼까지 욕망하는 애인을 가진 잔인한 여인에게 환심을 사려 하는데 / 그 애인의 후광이 방 안 전체에 들어와 있다."(아마도 베르트랑 드 보른의 글임.)

대립의 장치('그의 음경에서 영혼까지')는 논리적 역설을 도입하고 그 역설 또한 의미에 대한 정동의 우월성을 강조한다. 같은 의미에서 아르노

---

16) 이 단어는 metexis(공유), metexein(공유하다)의 의미로 이해해야 할 것이다. 플라톤은 『티마이오스』에서 이 단어를 그렇게 상정하였고, 아리스토텔레스의 뒤를 이어 성 토마스도 참여의 복잡한 이론으로서 이 단어를 전개하였다.

다니엘 드 리베락을 주목하게 된다. "나는 바람을 줍는 아르노이다 / 나는 황소를 데리고 산토끼를 사냥하며 / 물살을 거슬러 헤엄을 친다"[17]

그러나 낱말들을 뒤섞는 이 예술은 음유시인에게는 무의미의 탐색처럼 체험된 것이 아니라, 더 좋은 말이 없으니 기쁨 속에서 정동이 의미를 초과하고, 그리고 표상되지 않았고 표상할 수 없는 것을 증명하는 한 정동이라고 부르게 될 것에 대한 탐색처럼 체험되었다. "나로서는 낱말들을 뒤섞기 위한 것만큼의 간직할 만한 이유가 되는 의미들이 필요하다고 생각한다."라고 기로 드 보르뇌유는 주장한다. 그러나 그는 다음과 같이 명시한다. "왜냐하면 탐색된 의미는 가치를 가져오고, 그 가치가 굴레 벗은 무의미를 규탄하는 것과 비례하여 의미를 부여하기 때문이다. 그러나 나는 어떤 노래도 처음에는 결코 그다음에 들을 때만큼의 가치가 있지 않다고 생각한다."

그러한 낱말들을 얽어 짜기(*entrebescar los motz*)의 구문론적 귀결은 대개 구의 병렬이며, 그것은 문장의 언술 작용의 결정적 자세를 회피하고 그 노래의 굴곡을 따른다. "왜냐하면 기도도, 놀이도, 비올라도 그녀로부터 / 나를 등나무의 가로 줄기로써 갈라놓을 수 없기 때문에 …… 내가 무슨 말을 하고 있는가? 하느님이 나를 침수시키거나 파멸시키기를 ……."(아르노 다니엘) 결국 기쁨에 의한 의미 작용의 범람이 집중되는 곳은 역시 은유의 모호성 속이다.

---

17) 나는 교토의 선 예술(art zen) 회고전에서 완벽하게 그러한 명상에 고유한 정신을 집약한 것 같은 그림을 보았다. 선 화가 조세추(Josetsu, 1413년경)는 호박을 가지고 메기를 잡으려는 한 인물을 그리고 있다. 그런데 그것은 부조리의 연출이 아니라 공허의 재현이다. '나마즈(namazu, 메기)'라는 이 물고기에 관한 신화적 함축성에 대해서는 레비 스트로스의 『가면의 길(*La Voie des masques*)』(Skira, 1975), II, 89쪽 이하와 C. Ouwehand, *Namazu-e and thier themes*(Leiden, 1964) —— 일본 민속 신앙의 측면에 관한 해설서를 참조할 것.

그러한 사실을 예시하기 위하여 아르노 다니엘의 노래를 들어 보자.[18)]
이 텍스트는 노래에 대한 노래가 되고, 궁정풍의 은유가 지니고 있는 몇
가지 모호성을 분명하게 보여 주는 장점을 가지고 있다.

> En cest sonet coind' e lèri
> Fauc motz e capug e doli,
> E seran verai e cèrt
> Quan n'aurai passat la lima;
> 5 Qu'Amors marves plan' e daura
> Mon chantar, que de lièi mòu
> Qui prètz mantén e govèrna.
>
> Tot jorn melhur et esmèri,
> Car la gensor sèrv e còli
> 10 Del mon, çò'us die en apèrt.
> Sieus sui del pò tro qu'en cima,
> E si tot venta ilh freid' aura,
> L'amors qu'inz el còr mi plòu
> Mi ten chaut on plus ivèrna.
>
> 15 Mil messas n'aug e'n prfèri

---

18) 피에르 벡이 번역하여 소개한 정선된 텍스트 『음유시인 선집(*Anthologie des troubadours*)』, édition bilingue, 10/18(1979), 186쪽 이하를 참조할 것. 고대 프로 방스어로 된 시적이며 철학적인 원문 텍스트의 모호성을 명료하게 번역해 준 베르 나르 세르키글리니에게 감사한다.

E'n art lum de cera e d'ôli
Que Dieus m'en don bon issèrt
De lièis on no'm val escrima;
E quan remir sa crin saura
20 E'l còrs gai, grailet e nòu
Mais l'am que qui'm dès Lusèrna.

Tan l'am de còr e la quèri
Qu'ab tròp voler cug la'm tòli,
S'om ren per ben amor pert
25 Que'l sieus cors sobretracima
Lo mieu tot e no s'eisaura;
Tant a de ver fait renòu
Qu'obrador n'a e tavèrna.

No vuolh de Roma l'empèri
30 Ni qu'òm m'en fass apostòli,
Qu'en lièis non aja revèrt
Per cui m'art lo còrs e'm rima;

E si'l maltrach no'm restaura
Ab un baisar anz d'an nòu,
35 Mi auci e si enfèrna.

Ges pel maltrach qu'eu sofèri

De ben amar no'm destòli,
Si tot me ten en desèrt,
Qu'alssi'n fats los motz en rima.
40　Pièitz trac aman qu'òm que laura,
Qu'anc plus non amèt un òu
Cel de Monclá N'Audièrna.

Ieu sui Arautz qu'amás l'aura
E chatz la lèbr' ab le bòu
45　E nadi contra subèrna.

— 라보(R. Lavaud)의 텍스트

　1. 이 희귀하고 쾌활한 음악에 나는 가사들을 짓고, 그 틀을 짜서 다듬는다. / 줄질만 끝내면 그 가사들은 / 진실하고 확실한 것이 되리라. / 왜냐하면 사랑은 주저하지 않고 / 그녀에서 비롯된 나의 노래를 / 평탄하게 만들고 황금빛으로 물들게 하니까. / 나의 가치를 유지하고 지배하는 그대.

　(또는 — 이 장식적이고(동사 coindrir(장식하다)는 '틀을 짜다(charpenter)'를 필요로 한다.) 즐거운 음악에 / 나는 가사를 짓고, 그 틀을 짜며 신음한다.(동사 dolar(괴로워하다)) / 내가 그 위에 운(lime 대신에 rime)을 붙이면 / 그 가사들은 진실하고 확실한 것이 된다. / 왜냐하면 악질적인 사랑('나쁜(marves)'은 '심술궂은(malvatz)'과 치환될 수 있다.)은 한탄하고(동사 planher '한탄하다') / 그녀가 격하시키고(동사 moure, mover '값을 깎아내리다') 그렇지만 / 가치를 유지하고 지배하는 나의 노래를 지속시킨다.

2. 매일처럼 나는 조금씩 좋아지고 세련된다. / 아니면 나는 금을 정련한다.(동사 *esmerar* '금을 정화하다'를 참조하자.) / 왜냐하면 나는 이 세상에서 착한 여인 / (혹은 아름답게 만들기, 장식)을 섬기고 존경하니까(동사 *gensar* '장식하다, 아름답게 만들다'를 참조하자.) 나는 말을 돌리지 않고 당신에게 말한다. / 나는 발끝에서 머리까지 그녀의 것이고, / 차가운 바람이 분다 해도 내 가슴을 빗물처럼 적시는 사랑은 / 가장 차가운 겨울 바람에도 나를 보호해 준다.

3. 나는 수많은 미사를 듣고 봉헌한다.(아니면 소리 높여 말한다. 동사 말하다(*proférar*)를 참조하자.) / 나는 밀납과 기름의 불꽃을 태우고 그래서 그 검술이 나를 보호해 주지 않는 그녀에 대해 / 또는 어떤 방어도 필요없는 그녀에 대해 / 하나님이 나에게 좋은 해결책을 주시도록. / 그녀의 금발 머리와 / 쾌활하고 날씬하고 순결한 육체를 보고 있노라면 / 나는 루체른 도시(또는 빛. 동사 '빛을 발하다(luzir)', 명사 '램프(luzerna)'를 참조하자.)를 내게 줄 수 있을 사람보다도 그녀를 더 사랑한다.

4. 나는 가슴으로 그녀를 사랑하고 그녀를 그리워한다.(또는 그녀를 욕망한다.) 누군가가 그녀를 너무 사랑하여 그녀에 대한 사랑 때문에 한 존재를 잃을 수 있다면, / 나는 내 자신으로부터 그녀를 제거할 것이다.(또는 그녀를 내 아내로 삼는다고(*tolir por molher*) 상상한다.) / 그녀의 육체가 나의 몸 전체를 침수시켜 / 물이 마르지 않게 해 주소서. / 그만큼 나를 마모시켰기 때문에(또는 재생시켰기 때문에) / 그녀는 장인(또는 가게, 선술집, 사용료)을 동시에 소유한다.

5. 나는 로마 제국도 원하지 않고 / 교황이 되는 것도 원하지 않는다. /

내 마음을 불태우며 나를 괴롭히는 / 그녀에게로 되돌아갈 수 없다면 / 새
해가 오기 전에 그녀가 키스로 / 나의 이 불행을 치유하지 못한다면 / 그녀
는 나를 죽이고 스스로 지옥으로 가야 할 테니.

　(또는 ― 나는 로마 제국도 나를 교황으로 만드는 것도 원치 않는다. 내
가 그녀에게 역전을 하게끔 하지 못한다면(동사 *revertar*와 *reversari*, '위치
바꾸기'를 참조하자.) 그녀를 위해 내 마음은 예술을 만들고 운을 맞춘다.
(동사 *rimar*는 '금이 가게 하다'와 '운을 맞추다' 등을 참고하자.)

　6. 나를 고독 속에 빠뜨린다 해도 나를 괴롭히는 고통은 / 깊이 사랑하
기에서 나의 방향을 전혀 돌려놓을 수 없다. / 이처럼 나는 운을 맞추어
가사를 짓고 있으니까. / 나는 땅을 가는 사람을 사랑하면서 더 잘 견뎌낸
다.(또는 나는 끌어당긴다.) / 왜냐하면 몽클리의 남자는 / 오디에른 부인을
계란 한 알의 가치 이상으로 / 사랑한 적이 없으니까.

　7. 나는 바람을 줍는 아르노다. / 나는 황소를 데리고 산토끼를 사냥하
며 / 물살을 거슬러 헤엄친다.

단테가 칭송하고 에즈라 파운드가 번역한 풍요로운 문체(*trobar ric*)의
명장 아르노 다니엘은 노래와 사랑을 동시에 노래한 이 걸작을 창작하였
는데, 이 작품은 간결함과 양면성으로 우리를 매혹한다. 이미 다른 음유
시인들에게서 주목한 바 있는 모호성은 여전히 관능적이면서도 감상적인
궁정풍의 어휘 자체 속에 자리 잡고 있다. 그러나 이 경우 그 모호성은
있는 그대로의 애정 상태의 깊은 의미를 엮어 간다. 추상적인 것과 구체
적인 것이 겹치고,(방어 / 검술, 루체른 / 빛, 견디다 / 끌어당기다 등등), 관
능적인 공시 의미가 귀부인에 대해 실망한 존경심을 침투할 뿐만 아니

라,(찾는다 / 욕망하다, 그녀의 육체가 내 몸을 침수한다 등등) 처음부터 대립적인 쌍들이 텍스트의 틀을 짜고 있다. 다듬다 / 괴로워하다, 유지하다 / 깎아내리다, 상실하다 / 지니다, 마멸 / 재생, 일터 / 선술집(작업 / 도취), 범람하다 / 말리다…… 그리고 음성적인 것들에서 시작되는 의미론적 변화 운 / 줄칼, 나쁜 / 악질적인…… 또한 마지막 표정에 이르기까지,("나는 황소를 데리고 산토끼를 사냥하며 물살을 거슬러 헤엄을 친다.") 이런 것들은 독자를 불확실성 속에 빠트리며, 가역성과 기호들의 의미론적이고 음성적인 오용은 은유적 의미의 모호성을 그 절정으로 가져간다. 사랑이 노래의 은유인가, 아니면 노래가 사랑의 영상인가? 사랑·노래는 행복한가 아니면 괴로운가? 아마도 두 가지 모두일 것이다. 반대되는 것들의 결합, 역설, 비, 침수, 환희일 것이다.

음유시인 중에서 최초의 시인이자 가장 완벽한 푸아티에 백작은 궁정풍의 주술이 일정하고 객관적이며 편협한 지시 작용을 가진 것이 아니라 필연적으로 허무와 결정 불가능한 것의 환기를 통과한다는 사실을 강조하였다. "나는 순수한 허무의 시를 쓸 것이다." 그리고 또 "나는 시구를 짓는데, 무엇으로 짓는지는 알지 못한다."

두 가지 전언의 모호성 ── 귀부인인가 아니면 환희인가?

사실 극단적인 경우 궁정 노래는 묘사도 하지 않고 이야기도 하지 않는다. 궁정 노래는 본질적으로 그것 자체의 전언이고, 사랑의 강렬함을 나타내는 기호이다. 그 노래에는 대상이 없다. 귀부인은 거의 정의되지 않았고, 그리고 억류된 현재와 부재 사이에서 사라지는 그녀는 단순한 상상적 수신자이자 주술의 구실이다. 몽환적인 배치 같지만 이야기의 행위가 없고, 어휘에는 구체적 의미를 유지하는 힘도 없으며, 사랑의 어휘에는 더더욱 없는 궁정 노래는 그 자체의 기록을 참조하게 한다. 그 노래를 들으면서 읽어야 하고, 무의미와 '의미'의 신비주의적 형이상학의 총체라는 두 가장자리를 향해, 자기 한계를 넘어선 단일 의미의 폭넓은 수송 운동처럼 그 노래를 해석해야 한다. 그 주술의 극단은 재빨리 궁정풍의 수사학을 종교 속에 기재하도록 이끌어가서, 그 귀부인을 성모 마리아로 만들게 한다. 그 시대의 이념이 거기에 기여했을 뿐만 아니라 궁정풍의 언술 작용의 역학까지도 의미의 상실과 의미의 실체 사이에서 줄다리기를 하다가 팽팽해져 그렇게 되어 버린 것이다.

종국에는 궁정풍의 전언을 매번 전언 1과 전언 2로 분해해야 한다. 전언 1은 문자 그대로의 의미 작용으로 구성되어, 귀부인을 지시 대상으로 갖게 되고, 전언 2는 오로지 환희만을 지시하고 있고, 노래뿐만 아니라 정의되지 않은 구문이나 역설 또는 어휘 자체의 은유성이 도입한 의미의 과잉, 즉 '의미 이상의 요소'를 기호로서 갖는다. 전언 2의 지시 대상은 적어도 역설적이다. 왜냐하면 노래의 환희가 되면서 지시 대상은 언술 작용 주체의 과정 자체에, 그것의 수행적 향락에 주술을 붙잡아 맨다. 이것은 나르시시즘의 절정일까? 아니면 지시 대상들의 혼돈(음유시인에게는 가끔 '그녀'가 노래이자 귀부인이다.)을 넘어서, 주술이 언어학적 언술이 담당하지 못하는 움직임 중의 의미, 즉 참여의 의미, 사랑의 동일화의 의미를 지니고 있다는 사실에 대한 고백일 것이다. "나는 노래로가 아니면 감히 말을 할 수 없다."라고 쿠시 성주는 말한 바 있다.[19]

---

19) 『쿠시 성주의 노래(Chanson du châtelain de Couci)』. Éd. Lerond, Chanson VIII (Paris, 1964), Zumthor가 인용함.

궁정풍의 완성은 (완결과 끝이라는 의미에서) 주술이 서술을 위해 사라지는 것을 보게 된다. 노래가 단테적인 위엄을 잃는 바로 그러한 진행을 통하여,(단테는 음악과 언어를 하나로 또한 같은 것으로 합치면서 시의 완벽한 실현을 찬양하였다.) 궁정풍의 언술 작용은 보다 더 문자 그대로의 의미가 되었다. 궁정풍의 약호를 만들어 내는 은유들은 어휘화되고, 따라서 평범해졌다. 우의(allégorie)가 궁정풍 언술 작용의 형상성을 표현하게 된 것이다. 그러나 은유 특유의 의미론적이고 주관적인 긴장의 의인화인 우의는 은유의 무덤이다. 우의는 고정시키고 도덕론을 펼친다. 그것은 윤곽을 뚜렷이 드러내고, 안정시키며, 점으로 그린다. 노래에서 이야기로의 변천을 위치시키기 위해서는 샤를 도를레앙의 발라드와 론도를 상기할 수 있을 것이다. 주술의 수사학을 고집하고 텍스트에서 일반적이거나 애매모호한 모든 환기를 걷어내어 구체적인 것, 객관적인 체험, 극단적으로 진부한 것을 보여 주는 샤를 도를레앙의 문체는 아마도 개인적인 특징일 것이다.

그러한 사실은 일반적인 진화로서 남아 있다. 문채로서의 우의는 추상적인 가치들('위험', '미덕' 등)의 세계에 대한 암시를 유지한다. 그러나 우의는 놀이와 환희에 특유한 모호성을 잃는다. 그것은 개념화하고 명확하게 말한다. 우의와 함께 이야기(récit)는 전언 2로의 문호 개방이나 의존 또는 불안정성이 전혀 없이 전언 1의 의미론적 세계에 자리 잡는다. 본질적이고 내재적인 기쁨과 환희의 신성한 상기가 되기를 그치면서 이야기는 심리적인 것이 된다. 이제부터 귀부인은 실질적으로 그 대상이 되고, 타자의 포착과 유혹의 심리적 굴곡은 서술(narration)의 탐색 영역으로서 열린다. 『장미 이야기』는 분명하게 서정시에서 이야기하기로, 은유에서 우의로의 동요를 보여 준다. 그러나 그와 함께 한 가지 얻는 것이 있다. 그것은 사랑의 상호 작용에 특유한 공격성을 분명히 드러내기이다.

이제 환희는 더 이상 문제되지 않는다. 궁정풍은 유혹과 소유가 되었고, 주술은 사실주의가 되었다.

바로 사드에게서 그러한 서술적 논리가 절정을 이루서 그처럼 사드가 대거 말하지 않은 것(소타자와 대타자를 죽임으로서의 향락)을 노출시키는 움직임 그 자체 속에서 소설적인 것을 완성한다.

노래에서 이야기로, 향락에서 심리적 사실주의로의 이행 속에서 우의는 근본적인 역할을 맡는다. 궁정풍 그 자체의 내부에서 그러한 움직임을 더 자세히 살펴보자.

노래에서 이야기로

복잡한 과정을 거친 후 14세기에는 노래와 시가 분리된다. 그 과정에서 처음에는 운문으로 되고 결국 산문으로 된 이야기가 태어난다. 그러한 진화는 두 가지 중요한 양상을 내포하는데 이에 대해 중세 연구가들이 최근에 많이 강조하고 있다. 한편으로 궁정풍의 주제들은 일상생활 묘사에 자리를 양보하고, 그리하여 일상적인 것 쪽으로 향한 담론의 그 어떤 평범화가 이전의 이상화를 대신하여 풍자적인 재치의 개화를 동반하게 된다. 주술적 언술 작용의 외부에서 담론의 대상이 나타나면 즉시 그 대상은 다소 제어된 공격성의 희생물이 된다. '웰빙(bonne vie)'으로 이루어진 식단을 바탕으로 한 상투 어구들과 그리고 결국 귀부인에 대한 악의적 이미지(1424년 알랭 샤르티에의 「인정 없는 아름다운 귀부인」 또는 1481년 장 몰리네(의 작품들 등)는 궁정풍의 완결이 보여 주는 그러한 양상을 잘 집약하고 있다. 그러나 궁정 세계의 가장 깊은 변화는 노래가 이야기 앞에서 지워지는 이러한 수사학의 수준에서 고찰된다.

다른 한편으로는 사실상, 이야기에 특유한 논리에 기초하기보다는 오히려 절들과 시절들에 계속 기반을 두는 서술적인 노래[20]이기 때문에 텍스트는 결국 노래로 된 이야기(*récit chanté*)가 된다. 이 노래로 된 이야기는 서정적인 '나'를 대신하는 3인칭('그*il*')의 행동에 특유한 시간 속에서 전개된다. 위대한 궁정 노래에 선행하거나 병행하는 이 노래로 된 이야기는 무엇보다도 교회의 의식을 받아들인다. 『외랄리의 노래(*La Séquence d'Eulalie*)』(9세기), 성 에티엔이나 성 알렉시의 '노래들'(12세기)은 고통의 주제와 노래를 통하여 일의적 언어 지시에 계속 저항하는 내적 체험과 그 이후로 점차 지배적인 외부 세계를 결합시킨다. 궁정풍의 영역 밖에서는 노래의 흡수가 매우 일찍이 이루어졌다. 그리하여 12세기의 첫 3분의 1 기간에는 노래 없이 운문화된 이야기가 등장한다.(1120년, 1140~1150년) 체제가 다른 두 가지 유형의 담론은 따라서 동시대적인 것, 즉 위대한 궁정 노래와 노래 없이 운문화된 이야기가 된다. 그것은 마치 주술적인 상태와 동일시된 애정 상태의 계시가, 동일한 사회 속에서, 언술 작용 주체의 열성적이 아니라 관찰적인 위치에 의해 평정된 한 외부의 지시작용과 통제에 대립되었던 것과도 같다. 집단적 서사시(대부분 무훈시들) 또는 개인적인 이야기인 노래에서 벗어난 이야기가 소설이 된다. 비록 초기 소설들(특히 알렉상드르 달베릭 피장송, 1130년)이 노래로 만들어졌다 해도, 크레티앵 드 트루아의 작품(1160~1190년)이 증명하는 것처럼 거대한 소설적 모험은 이미 운문적 서술의 구문적 과감성과 다음 행으로의 걸침 기법 너머로 싹튼 산문의 산실이었다.

따라서 이야기는 제삼자의 모험들을 기초로 하는 특유의 논리에 의하여, 텍스트의 1차 초안의 (사랑의) 언술 작용의 소용돌이들을 멀리하게

---

20) Zumthor, 앞의 책, 287쪽을 참조할 것.

되고, 소설을 언술의 특권적인 영역으로 만들게 된다. 비록 많은 텍스트가 본래의 의미로 되돌아오기를 그치지 않는다 해도, 그러한 자가 지시성은 위대한 노래에서 자신의 환희를 찬미하는 주술의 수행적 열광과는 아무 관계가 없다. 자가 지시 작용은 교훈적이고 설명적이며 도덕적이다. 그것은 향락을 겨냥하는 것이 아니라 의사소통과 교훈을 겨냥한다.

사회적 움직임이 음유시인(자기 열정과 자기 노래의 주체)을 신앙의 가장자리에서 대타자를 향한 사랑의 종속으로부터 끌어내, 연기자로서 참여할 수 있지만, 최종적으로는 그가 의미를 보유하고 있는 현실에서 벗어난 작가로 만드는 그 노선을 주재하였다는 사실은 의심할 여지가 없다. 우리는 여기에서 멈추지 않을 것이다.[21] 단지 12~13세기를 통과하였고, "사랑하는 자아는 존재한다.(*Ego affectus est*)"를 '작가'의 위치로 기울게 한 그 진정한 혁명 속에서 행한 우의의 핵심 기능만을 강조해 보기로 하자.

사랑에 빠진…… 나르시스의 소설

두 가지 본을 가진 『장미 이야기』는 우리에게 그 작품의 완벽한 역학을 제시한다. 기욤 드 로리스가 쓴 1부(1236시행)는 보다 시적이고 보다 불가사의한데, 그것은 우의로 감싸인 4058시행을 포함하고 있으며 그 우의들은 '만남'과 '꿈'의 형상에 따라 하나의 이야기로 함께 묶여 있다. 시

---

21) 이 주제에 대해서는 특히 R. Bezzola, 『서양 궁정 문학의 기원과 형성(*Les Origines et la formation de la littérature courtoise en Occident*)』, Paris, 5 vol., 1958~1963를 다시 읽자. 소설의 탄생 시기의 저자와 연기자에 대해서는 크리스테바의 『소설 텍스트(*Le Texte du roman*)』(Mouton, 1970)를 참조할 것.

인은 귀부인의 애정 표시를 받아내기 위해 그녀에게 글을 써서, 자기가 스무 살 때 꾸었던 꿈에 대해 알려준다. 꿈으로 보여 주는 중세 수사학의 진부한 생각은 기욤 드 로리스 자신의 고백에서부터 스키피오 장군의 꿈과 그 꿈에 대한 마크로비우스[22]의 해설까지 거슬러 올라간다. 그러나 여기서 꿈 이야기는 두 가지 담론 세계를 결합시킨다. 그중 하나는 저자의 말에 의하면 '사랑의 기술이 모두 담긴 것'이고, 다른 하나는 자기 열정의 주체로서 등장하는 것이 아니라 자기 이야기의 저자인 동시에 연기자인 한 개인으로 등장하는 주인공이 겪게 될 연속적인 시련의 이야기이다. 꿈 이야기의 골조에 지나지 않는 이야기 자체는 상대적으로 단순하다. 무시무시한 인물들('증오', '탐욕', '슬픔', '궁핍')이 지키는 담(mur) 앞에 도착하면서 시인은 5월의 어느 아름다운 아침에 문을 두드린다. '한가한 여인(Oiseuse)'이라는 우아한 소녀가 그에게 '기분 전환(Déduit)'의 과수원(티불레까지 거슬러 올라가는 고전적 공시 의미를 지닌 전통적인 장소이자 천국을 상기시키는 기독교적인 장소)의 문을 열어 주는데, 거기에는 한 무리의 쾌활한 아가씨들과 귀인들이 뛰놀고 있었다. 그들은 '아름다움', '부유함', '관대함', '솔직함', '예의 바름', '청춘' 등이다. 시인도 그들에 섞여서 정원을 돌아다니다가 샘물 앞에서 넘어진다. 그 샘물 속에는 두 개의 수정이 그 정원을 반사하고 있었다. 어떤 기록은 바로 그것이 옛날 나르시스를 삼켜 버린 샘임을 알려준다. 그러나 우리의 주인공 시인은 자세히 쳐다보았고, 아마도 반사하는 그 돌들의 도움을 받아 하나의 영상을 보는데 그것은 자기 영상과는 다른 것, 즉 장미 봉오리였다. 그 꽃(사랑하는 대상의 상징)을 꺾고 싶은 강렬한 욕망은 그에게 사랑의 신이 사랑하게 만드는 다섯 개의 황금 화살('아름다움', '단순함', '솔직함',

---

22) (옮긴이) 꿈에 대한 저서의 해설서를 쓴 로마 시대의 문법학자이자 작가.

'동행' 그리고 '아름다운 닮은꼴')을 쏘았음을 깨닫게 해 준다. 그다음 그는 궁정 약호의 십계명을 가르침받는다. 그 십계명은 궁정 생활의 계율들을 요약한 진정한 교과서이다. 그것은 자기 외모에 신경 쓸 것, 천박함과 오만함을 피할 것, 절도 있을 것과 겸손하게 말할 것, 유쾌하고 명랑하며 관대해 보일 것, 여자들을 비방하지 말고 그들에게 절대적인 존경심을 가질 것 등이다. 그러나 탐색의 일차적 우여곡절은 궁정 사랑의 우의적 개요를 모험 이야기로 전환한다. 이야기 속에서 그리고 이야기를 통해서 우리의 그 탐색을 후원하는 인물로 탈바꿈하거나('예의 바름'의 아들 '후한 접대', 혹은 '솔직함'과 '동정심'처럼) 아니면 '장미'에의 접근을 방해한다.(다정한 '장미'의 수비꾼, '위험', '수치심', '공포', '험구' 그리고 '질투'처럼.) 애정 표시(꽃봉오리를 둘러싼 푸른 잎사귀 선물 그리고 키스까지도)를 얻어내기에 성공한 연인은 사실상 그 여자 친구의 불행을 초래한다. 왜냐하면 '장미'는 견고한 성채의 성탑 속에 감금되어 있기 때문이다. 연인 그 자신도 그의 열정을 돌려놓고자 하는 '인물들'의 습격을 받는다. '이성'은 사랑에 불리하게 작용하고, 그런가 하면 '친구'는 수비꾼들의 호감을 얻어낼 계책을 충고하기 때문이다. 우리는 지금 논리학의 한가운데에 와 있다. 논증이 열정보다 우세하다. 사랑하는 여인과 떨어져 있는 연인은 한탄하고, 기욤의 텍스트는 독백 한가운데에서 끝난다.

강력하면서도 사랑에 의해 포위된 '나'는 참고 견딜 수 있었던 것과는 정반대로, 시적이면서도 서술적인 이 텍스트 속에 자신을 표현한다. 우의로 된 '인물들'이 언제나 연인의 모습은 아니지만, 그들은 대개 연인이 섬세한 사랑(fin amor)의 공간 속에 항상 그를 존속시키는 외적인 힘과 벌이는 갈등을 가리킨다. 그 텍스트의 중요한 주제는 한 자유로운 개인의 심리적 솔선행위도 아니고 그에 대한 방해도 아니며, 열정의 공간 그 자체, 사랑의 공간인 듯하다. 담, 과수원, 샘은 그 경계를 긋고 있고, 그래서 심리적 체험의 양상들처럼 보이기보다는 서정적인 '나'가 푯말을 세우고 순화시키는 사랑의 영역의 여러 가지 양상들로 보일 수도 있다. 공간·시간의 갈등은 궁정풍의 약호를 위치시키고, 그것이 지닌 '의미 작용(senefiance)'을 해설해 주는 지시 작용의 담론과 시련들의 시간적 연속을 그려 내는 서술적 담론 사이의 대립에 민감한 그 텍스트를 팽팽하게 당기는 듯하다. 정확히 말하자면 거기에서 약간 불투명한 '의미 작용'이 생기는데, 그것은 의미 작용이 이야기하는 사람의 개인적 환각에 의해서, 구축되었거나 아니면 그 이상으로 좁은 의미에서 궁정의 계율에 대한 참조에 의해서 구축된 개인적인 요소이기 때문일 뿐만 아니라, 텍스트의 모호성 그 자체 때문이기도 하다. 우리는 그 '인물들'이 그들의 이름에서 시작하여 논리적으로 우리가 그들에게서 기다리던 담론을 반드시 갖지는 않음을 이미 지적한 바 있다. 그 밖에도 어휘와 문장들의 의미 작용은 대개 모호하게 남아 있고, '문자 그대로'의 의미는 해석을 요구한다. 비록 인물들이 크레티앵 드 트루아가 이미 설정한 소설적 전통에 의거하여 구축되었다 해도, 의미의 다가성은 의도적인 것 같고, 그 다가성은 샘물 깊숙이 정원의 단일적 영상을 복수화하고 분산시키는 수정(水晶)의 상징에 의해 짜인 듯하다. '장미'의 추구 역시 언제나 문자 그대로의 의미를 초월하는 '가려진' 의미의 추구인 것 같다. 그렇기 때문에 기욤 드 로리스의 텍스트는 위대한 노래에 더욱 가깝다. 비록 '장미'가 '연인' 밖에 있는 대상이고, 나르시스의 샘을 넘는다 해도, 시인은 우의에서 우의로, 해설에서 해설로 시적 의미 그 자체를 탐구하러 떠나기 때문이다. 거기에 장미가 있다면 그것은 나르시스적 세계의 빛의 굴절에 내재하는 환영에 지나지 않는다. 그러니 '문자 그대로의 의미'는 전혀 그 의미가 아니므로 속지 말자. 기욤이 보기에도 문제가 되는 것은 글쓰기에 본질적이고 그 전개에 동연적인 사랑 —— 공간 내에서의 하나의 구축(수정들의 번쩍거림)

인 것 같다. 그 시인은 사랑의 공간이 글쓰기의 공간이라고 말하는 듯하다. 그리고 그에게 모든 의미 작용은, 천국에서 단테의 '나르시스적인' 환상과 마찬가지로, 허구에 지나지 않는다. 따라서 모든 의미 작용은 사랑이자 시라고 하는 유일한 참의미의 근사치이고, 뿐만 아니라 유추(우의)이다. 사실상 문제되는 것은 어떤 공간이나 우리를 둘러싼 운명에 특유한 역학의 구축이지 심리적인 모험은 아니다. 그것은 무엇보다도 이야기가 의미 대상(objet-de-sens)에 대한 탐색의 형상에 종속하는 것으로 암시된 그것이다. 보다 충격적인 방법으로는 프루아사르의 『사랑에 빠진 오를로주(*Orloge amoureuse*)』에서 이야기를 총괄하는 움직이는 기계라는 주제가 짐작하게 하는 그것이 아니겠는가?

인물이 된 우의 혹은 도덕화

우의는 정확히 노래가 그 절정이 되는 서정적 언술 작용과 서술적 언술작용 사이의 긴장 선상에 위치한다. 우리는 아르노 다니엘을 통해서 어떻게 궁정풍의 어휘 자체가 관능적인 의미론의 세계와 고상한 의미론적 세계 사이의 긴장에, 그리고 일련의 다른 이분법들에 작용하는 불안정한 은유성의 결과인지를 볼 수 있었다. 위대한 노래의 궁정적 담론 내내 전개되는 그 은유는 고상한 문자 그대로의 의미로 정착된다. 그러한 안정화는 우리로 하여금 주관적 수행으로서의 그리고 환희 혹은 향락으로서의 언술 작용을 떠나게 하고, 그리하여 궁정풍을 가치와 규칙의 의미론적 약호로 읽도록 이끌고 간다. 그러나 기욤 드 로리스는 마치 그의 해설에 의해 회복된 다음성(*polyphonie*)이 주술과 등가물이 될 수 있었던 듯이 의미론적 세계의 다가성을 계속 찾게 된다. 그러나 비유적인 것의 우연적 다음성에도 불구하고, 문자 그대로의 의미는 그 다음성으로부터 떨어져 나오고, 의인화라는 간접적 수단을 통하여 이야기의 흐름을 지배하는 요소로서 인정될 것을 주장한다. 예를 들면 하나의 인물이 된 '미덕'은 해설과는 관계없는 자신의 의미를 자기에게 특유한 말과 행위로 지시하게 된다. 우리는 이제 더 이상 언술 작용의 차원이나 의미론적 약호의 차원에 있지 않고, 행위인 동시에 해석인, 행동하고 자신을 증명하는 이야기 속에 들어와 있는 것이다. 의인화된 우의는 이야기를 한편으로는 역사 속으로, 다른 한편으로는 즉각적으로 도덕적인 이데올로기 속으로 인도한다. 우의는 어휘화된 은유이고, 그것은 자신에게 의미를 부여하기 위해 추론하고 작용한다. 이야기는 우의로 완결된 은유의 선적인 (시간적으로) 그리고 교화적인(이데올로기를 통한) 보완물일까?

『장미 이야기』(1275~1280)를 '계속 이어 간' 장 드 묑은, 궁정 사랑의 공간을 벗어나, 대상을 모험적이고 공격적으로 손에 넣는 시간 속으로 그를 이끌어가는 움직임을 통하여 우의의 완결을 교훈성으로 완성시킨다. '섬세한 사랑'은 끝나고, 관심을 끌 수 있는 것으로는 출산과, 우연적으로는, 그에 대한 술책에 지나지 않는 쾌락이 오래 살아남는다. 이 거대한 만 18000개의 시행 속에서 기욤 드 로리스의 텍스트와의 유일한 공통점은 우의뿐이다. 그러나 그의 은유적 긴장에서 완전히 벗어난 우의는 그 후로 저자의 철학적 혹은 우주생성론적 개념에 대한 모형인 교육 수단이 된다. 장 드 묑이 더 이상 우의를 믿지 않았기 때문에 그런 것은 아니다.[23] 그 반대로, 그와 함께 우의는 이미 기욤 드 로리스와 덜 교훈적인 그 이전의 다른 저자들에게서 볼 수 있었던 우의에 특유한 논리를

---

23) 조스(H. R. Jauss), 「1180과 1240년 사이의 우의적 형식의 변화(La transformation de la forme allégorique entre 1180 et 1240)」, *Humanisme médiéval*(Paris, 1964), 108~109, 111, 112쪽을 참조할 것.

끝까지 따라감으로써 정상적으로 완성되었다. 단지 신비주의와 교회에 반대하여 자연주의와 지식을 강요하던 사회·역사적 압력들이, 의인화된 우의에 특유한 수사학적 잠재성을 이 철학적인 작가에게는 과도하게 개발시켰다. 17~18세기적인 풍모를 지닌 과학적이고 철학적인 첫 번째 프랑스 시인 장 드 묑은 사실상 '궁정풍'과 '사랑'에 우리가 그 고대풍의 반향을 잘 알고 있는 '자연'과 '정령'에 대한 숭배를 대립시켰는데, 그것은 물론 알랭 드 릴과 그의 저서 『자연의 탄식(De planctu naturae)』과 곧바로 이어진다. 12세기의 플라톤 후계자들과 13세기의 아리스토텔레스 후계자들에게서 많은 영향을 받은 자연 숭배는 원죄와 신의 은총을 거부하지만 하느님을 무시하지는 않았다. 내적 공간은 영혼과 그 안감 격인 언술 작용의 깊은 곳으로의 여행을 위해서가 아니라 외부에 대한 인식과 소유의 여행을 위해 폐쇄된다.

풍자적인 이야기 ── 정복해야 할 대상

언술 작용의 외부에 위치하게 된 귀부인은 더 이상 찬미받을 이유가 없다. 나머지 세계와 마찬가지로 정복해야 할 대상인 여성 인물은 풍자에 시달린다.(장 드 묑은 뤼트뵈프와 13세기의 풍자 작가들에게서 많은 영향을 받았을 것이다.) 크리스틴 드 피장의 격분과 17세기 초까지 계속된 장 드 묑에 대한 여성들의 분노[24]는 점차 지배적이 된 '이성'이 '사랑('과 '환희'를 추방해야 했고, 그것들과 함께 여성이 아니라(실제로 여자가 궁

---

24) 포셰(Claude Fauchet), 『프랑스어와 시의 기원(Recueil de l'origine de la langue et poésie française)』(1910)을 참조할 것.

정풍의 중요한 관심 대상이 된 적이 있는가?) 이성과의 가능한·불가능한 만남에 의존된 가능성까지도 추방해야 했던 그 담론에 영향력을 행사할 수 없었다. 카니발과 풍자의 대상이 된 여성은 서양의 세속 사회가 프랑스 남부와 북부의 음유시인들과 함께 스스로에게 부여했던 이상화의 그 어떤 방식에 종지부를 찍게 된 것이다. 하느님에 대항하는 투쟁 그리고 사실주의와 과학의 발달은 이상화 가능성의 그 어떤 결핍을 음화로서 내포한다. 르네상스는 그 폐해를 느끼지 못하는데, 그것은 인간적이고 합리적인 이상의 주장에 의해, 그리고 웃음, 즉 이상의 형제를 살해한 쌍둥이이자 끊임없이 전복되는 자기 옥좌와 떨어질 수 없는 그 거인에 의해 지탱되었기 때문이다. 궁정풍이 우리에게 다시 영향을 미치기 위해서는 낭만주의자들을 기다려야 했다. 그러나 이번에는 불길한 이상이 아니라면 불가능한 이상으로서 등장한다. 좋은 의미에서는 향수로, 대부분의 경우는 우울증으로 나타나지만, 더 이상 환희로서는 결코 나타나지 않는다.

순전한 침묵―잔 귀용의 완전함

잔 마리 부비에 드 라 모트(Jeanne-Marie Bouvier de la Motte, 훗날 기용 뒤 세누아의 부인)가 1648년에 태어났을 때 프랑스는 이미 데카르트 적이 되어 가고 있었다. 데카르트가 1649년에 『영혼의 정념에 대한 개론 (*Traité sur les passions de l'âme*)』을 출간했을 때 잔은 한 살밖에 되지 않았다. 그 책에서 결정론자이며 자연주의자인 데카르트는 "영혼의 중요 한 근거지"는 "두뇌 속에 있는 작은 샘"이라고 주장했다. 성 토마스에게 명백했던, 정념이 사유에 종속되는 움직임이 데카르트의 저서에서 당당 하게 완성된 것이다. 데카르트는 정념보다도 사유(항목 50, 74)와 인식 (항목 139)의 우위성을 단언하였다. 얼마 후 파스칼은 『영혼의 정념에 대한 담론(*Discours sur les passions de l'âme*)』(1654)에서 사랑 속에 이성 을 끌어넣기를 강조하였고, 사랑으로부터 그 무분별이 아니라 진실에 대 한 정확하고 명료한 통찰력을 받아들였다. 진정한 인지에 대한 사랑의 이러한 종속은 오직 하느님의 사랑에서만 유래하는 하나의 진리에 대한 중세의 주장과는 대립된다. 이성에 의해 폐위된 신앙은 인지 속에서 사 라지는 사랑의 변동을 동반한다. 철학사는 그러한 사상가들의 텍스트 속 에서 사랑과 명시적으로 동일화된 하느님을 참조하여 구성된 기독교적 주체가 어떻게 생각하는(Cogito) 주체에게 굴하게 되는지 세밀하게 추적할 수 있을 것이다.

정적주의와 정치

그러한 맥락에서 정적주의자요 '순수 사랑 협회'의 창설자인(1690년, 콜베르 재상의 딸인 슈브뢰즈, 보빌리에 그리고 모르트마르트와 함께) 잔 귀용의 신비주의적 체험은 시대에 뒤떨어진 감이 있다. 더더욱 그녀는 보쉬에와 함께 수사학뿐만 아니라 이성과 신뢰할 만한 여러 가지 제도에 사로잡힌 기독교 교회에 의해 이단자로 선고를 받았다. 잔 귀용은 우선 1688년에 7개월 반 동안 파리 성모 방문소에 감금되었다. 1694년에 그녀의 학설을 검토하기 위한 특별 법정이 소집되었고,[25] 법정은 보쉬에가 그녀의 무죄를 주장하는 듯한 인상을 남긴 다음 감금형을 선고했다. 잔느는 1696년에서 1703년까지 보지라르와 바스티유 감옥에 투옥되었고, 1706년부터는 독방 생활이 허용되었다. 잔 귀용은 1717년, 69세로 블루아에서 세상을 떠났다.[26]

---

25) 재판정은 통송(Tonson), 샬롱(Châlon)의 주교이자 후일 파리 대주교가 된 드 노아유(de Noailles)와 보쉬에로 구성되었다.

26) 이 사건의 몇 가지 세부 사항은 상기해 볼 가치가 있다. 저서 『인생』을 집필하고 난 후 잔은 보쉬에에 의해 이단자가 아님이 인정되었다. 그렇지만 잔보다는 페늘롱을 더 생각한 보쉬에가 생각을 바꾼 듯하고, 귀용의 사례를 보다 자세히 검토하기 위해 임명된 위원회도 누그러지지 않았다. 잔은 그녀의 『변명(Justifications)』을 집필하고 페늘롱은 『논집』을 낸다. 중상모략의 캠페인이 거세게 일어난다. 파리의 주교 하를레 드 샤르발롱(Harlay de Charvallon)은 잔 귀용의 글을 이단으로 금지한다. 1695년 잔은 모(Meaux)에서 보쉬에 곁에 정착하고 검열 결과에 승복한다고 서명한다. 그다음 보쉬에는 그녀가 가톨릭 공인 증명서를 가지고 모를 떠나게 한다.

잔 기용의 진술에서 적어도 겉으로 보기에 너무나 부드럽고, 천진난만하며 순진한 그 정적주의는 루이 14세, 마자랭, 프롱드, 베르사유, 보방을 목격했을 뿐만 아니라 덜 엄격하다고 할 수 없는 얀센파, 프로테스탄트의 엄격한 싸움들과 신교도 박해를 목격한 한 세기의 복판에서 외설스러운 그 무엇을 지니고 있었다. 이때는 대분열의 세기였고, 상대방 파벌의 선택은 무엇보다도 '역사의 방향'이 되었다. 사실 귀족층의 일부를 끌어들였고, 정치적 함축 의미('순수 사랑'의 동조자들은 가톨릭 동맹과 독신자당과 연결되어 있었다.)가 결여되지 않았던 잔느의 체험은 그러나 기상천외한 것으로 남아 있다.[27] 하느님의 사랑 속에서 자아의 소진을 찬양하

그 후 궁정 친구들의 경악 속에서 그녀는 구금된다. 페늘롱은 자신의 캉브레 교구에서 잔에 대한 검열 결과를 출판하기를 거부한다. 1697년 1월, 페늘롱은 정적주의자들의 사상에 호의적인 『성인들의 잠언에 대한 해설(Explication des maximes des saints)』을 출판한다. 2월에 보쉬에는 『기도 상태에 대한 지도(Instruction sur les états d'oraison)』로 그에 답하는데, 거기에서 보쉬에는 잔 귀용을 격렬하게 공격한다. 보쉬에는 맹트농 부인과 왕이 잔의 학설을 유죄로 판결하게끔 유도하고, 자기 조카인 보쉬에 주교의 중재로 교황청이 페늘롱에게 유죄 선고를 내리도록 시도한다. 페늘롱은 궁정의 신망을 잃게 되고, 주거지를 캉브레로 지정받게 되며, 부르고뉴 공작의 가정교사직도 잃게 된다. 1698년 6월, 보쉬에는 『정적주의에 대한 보고(Relation sur le quiétisme)』를 출간한다. 7월에 페늘롱은 그에 대한 답으로 『정적주의에 대한 보고에 대한 회답』을 쓴다. 9월에 보쉬에는 『충고(Remarques)』를 썼고, 11월에 페늘롱은 『충고에 대한 대답』으로 답한다. 1699년 교황의 교서는 『잠언집』을 단죄한다. 그러나 보쉬에는 만족하지 않는다. 왜냐하면 프랑스 교회는 언제나 그 '교서들'을 받기를 거부하였기 때문이다. 같은 해에 페늘롱은 『텔레마르크』를 썼고, 많은 사람들은 그것이 루이 14세에 대한 강력한 공격이라고 생각한다. 그는 나라를 구하기 위하여 국가 자체와 왕을 단합시켜야 한다는 것을 암시하는 편지를 슈브뢰즈(Chevreuse) 공작에게 쓰지 않았던가? '순수 사랑'은 결국 정치적으로도 뚜렷한 영향력을 가지고 있었다. 1700년 보쉬에는 잔 귀용을 부분적으로 복권시킨다.

27) 그 시대는 신비주의적인 폭발을 정신병으로 취급하지 않았다 해도 경계하였다. 우리는 쉬랭(Surin) 신부, '천사들 중의 잔'('진정한 성인들과 동화하는 것이 적절하지 않는 질병'이라고 앙리 브레몽(Henri Brémond)은 『프랑스인들의 종교적 감정에 대한 문학사(Histoire littéraire du sentiment religieux en France)』(1916), éd. 1924,

는 그녀의 겸허는 신앙의 가장 이성적인 요소들에 반항한다는 의미에서 반동적이다. 그러한 겸허는 사실상 주관성의 알 수 없는 그 어떤 깊은 원천에 대한 신뢰와 생명력에서 비롯되는데, 그것들은 어린 시절의 영역과 합류할 뿐만 아니라 사고하는 성인(成人)의 문명을 온통 생략해 버리는 유럽을 벗어난 어느 문화를 상기시킨다.

타락

그러한 특성이 공식적이고 점차 이성적인 신앙에, 물론 작지만 집단적인 저항을 대립시킬 수 있었던 이단적 흐름 내부에 자리를 잡았던 것은 사실이다. 『정적주의에 대한 보고』(1694~1695)에서 그의 여자 친구인 잔 귀용 너머로 페늘롱을 겨냥한 모(Meaux)의 주교 보쉬에 의하면, 여자 선지자들 역할을 하는 그 여자를 스페인 태생으로 이태리 신부였고 1675년에 유죄 선고를 받은 몰리노스가 창설한 정적주의[28] 테두리 안에

---

t. ⅴ에서 썼다.) 그리고 루이즈 뒤 네앙(Louise du Néant)을 기억하게 된다. 루이즈 뒤 네앙의 '광란과 괴상한 짓들'은 '극찬을 받기 위해' 병원을 떠나기 전 1677년에 살페트리에르 병원에 감금되기에 충분했다. 단지 그보다 몇 년 전에 '순수 사랑', '무위(désoccupation)', 특히 '비열함'의 여성 신비주의자는 한 남자에 의해 아무런 위험이 없다고 추천되었는데, 사실 그가 루이 13세와 리슐리외 재상이 매우 존경했다고 하는 장 크리소스톰(Jean Chrysostome, 1594~1646) 신부이다. 이 '성스러운 비열함'이라는 협회의 창설자 신부는 그의 『내적 인간(Homme intérieur)』(1684년 Boudon 출판)에서 잔 귀용과 페늘롱에 합당한 기도 상태의 묘사를 "전반적인 상실, 자신의 이해관계와, 그리고 시간적인 것과 정신적인 것의 완전한 소멸"이라고 썼다.(H. 브레몽의 앞의 책, Ⅵ, 234~240쪽 참조.)

28) 우리는 정적주의 학설을 다음과 같이 요약할 수 있었다. "첫째, 이 세상의 삶에는 완전한 상태가 있는데 그 상태에서는 보상의 욕망과 고통의 두려움이 없다. 둘째, 너무도 하느님의 사랑으로 불타고, 너무도 하느님의 뜻에 의탁한 영혼들이 있다. 그

위치시킨다. 보쉬에는 정적주의자들이 "내적 침묵 속에서 모든 특이한 생각에서 추출된, 지극히 숭고하고 순수한 하느님"과의 융합적 접근이 자아 소진을 통해서 그들에게 가져다줄 '평화로 나아가'고자 한다고 규탄한다. 자아 소진과 평화의 주된 목적성에 이어, 정적주의자들의 또 하나의 특징이 가장 많은 반대를 낳았다. 그것은 "어떤 타락은 하느님이 영혼을 하느님 그 자신 안에서 더 높은 단계의 자아 소진에 오르게 하기 위하여 사용하는 수단일 수도 있다."라고 믿는 데 있었다. 타락에 대한 그러한 권고는 필연적으로 정적주의자들에 의해 사실상 죄악의 범주를 폐지한다는 것을 함축하였고, 또한 교회와 사회적 합의가 비도덕적이라고 간주하던 것을 장려할 수밖에 없었다. 보쉬에가 논의한 '있을 수 없는 가정'은 사랑·버림의 이론과 비도덕주의에 대한 미묘한 권고 사이에 연결을 만든다. 그러한 가정은 '만일 있을 수 없는 데도' 하느님이 우리를 저주하고자 한다면, 우리는 거기에 동의해야 한다고 생각하는 것으로 귀결되기 때문이다. 기독교 신비주의의 몇 가지 양상(프랑수아 드 라 살과, 그리고 드니 라레오파지트)에 전혀 이질적인 것이 아닌 정적주의의 그러한 양상은 기용 부인의 경우에서 절정의 형태를 취하는 듯하지는 않지만, 그렇다고 우리가 다른 정적주의자들에게서 알게 된 통음 난무적인

영혼들은 유혹 상태에서 하느님이 그들을 영원한 형벌에 처하였다고 믿게 될 경우 자기들의 구원을 위해 하느님에게 희생을 하게 된다." 몰리노스는 정적주의를 무위와 무관심의 상태라고 불렀고 그 상태에서 영혼은 수동적으로 천상의 빛의 반영을 받는다고 보았다. 아무것도 욕망하지 않으면 영혼도 성사와 양속의 실천을 면제받는다. 이러한 교훈 중 하나에 충실했던 귀용 부인은 결국 종교 행위에서 영원히 면제받게 하는 지속적인 명상을 목표로 삼았다. 그의 『성인들의 잠언에 대한 해설』에서 페늘롱은 그중 몇 가지 국면을 책임지고 이어받았지만 다른 부분에 대해서는 격렬히 반박하였다. 그리고 그는 자신의 논거들('참'과 '거짓'이라는 이름이 붙은 단락으로 구성된 그 논거들은 대화의 진정한 예술이다.)의 합리성을 신앙 속에서 사랑의 퇴행의 강도와 결합시키면서 정통적 노선에 남아 있으려고 노력했다.

형태가 덜한 것도 아니다. 가슴을 드러낸 의상을 입은 그녀의 대담성, 그녀의 첫 고해신부이자 바르나바회 성직자 프랑수아 라콩브와의 지나칠 정도로 강한 친밀감,(그들은 함께 여행을 하였다.) 또는 페늘롱과의 의심스러운 관계(보쉬에 신부가 교황청에서 발설한 페늘롱의 '여자 친구(amica)'라는 애매모호한 용어는 교황청이 1699년에 단지 '교서'를 따라서이기는 하지만 저서 『성인들의 잠언』에 유죄 판결을 내리는 데 결정적이었던 것 같다.) 등에 대해서 우리가 무슨 말을 할 수 있었든 간에, 잔 귀용은 자신의 욕망들을 무의식적 혹은 전의식적 환몽 상태로 유지하였던 듯하다.

"그들의 승화는 혼합되었다"

작품 『인생』[29]에서 그녀가 순진하게 제시하는 그대로 그녀의 꿈을 읽든가, 아니면 그 꿈에 대해 보쉬에가 제출한 비평들을 읽어서, 그 여자의 성적 갈망을 도출해 내야 할 것이다. 깊은 사랑에 빠진 이 여인의 모든 수수께끼는 그와는 반대로 자신의 욕망을 내맡겨서 그로부터 오직 '순수 사랑'만을 추출하는 연금술에 있다. 비록 그녀가 동화 『당나귀 가죽』, 『돈키호테』 또는 몰리에르의 작품을 읽었다 해도, 그녀는 즉시 페늘롱과의 관계(부르고뉴 공작의 가정교사 페늘롱에게 그의 이력이나 영광에 너무도 해로운 신앙 상실을 안겨준 관계)를 승화 속에 위치시켰다. 어떤 것도 놓치지 않는 생시몽은 그러한 사실을 훌륭하게 보았고 이렇게 말하였다.

---

29) 『잔 귀용의 자서전(La vie de Mme J.-M. B. de la Motte-Guyon, écrite par elle-même)』(Cologne, 1720), 3 vol.

"아직도 불투명한 그 시대에, 그 이후 세상을 떠들썩하게 했고 세상에 너무 알려졌기 때문에 특별히 언급하지 않아도 될 그 귀용 부인에 대해 그가(페늘롱이) 말하는 것을 나는 들었다. 페늘롱은 그녀를 만났다. 그들의 정신은 서로에 대해 호감을 가졌고, 그들의 승화는 혼합되었다. 그 이후로 두 사람 사이에서 개화되는 그 체계와 새로운 언어를 서로가 잘 이해하였는지는 나도 잘 모르겠다. 그러나 그들은 그러한 사실을 서로 설득하였고, 그래서 두 사람 사이의 관계가 이루어졌다." 이 간결한 스케치에는 모든 것이 놀라울 정도로 정확하다. 그것은 "그들의 승화는 혼합되었다.", "······그 체계와 새로운 언어를 그들 서로가 잘 이해하였는지는 나도 잘 모르겠다.", 잔이 만들어 냈거나 아니면 사람들이 그녀를 둘러싸고 만들어 낸 "너무나 떠들썩한 소문"에 대한 지적, 생시몽으로 하여금 '그녀에 대해 특별히 언급하기'를 거부한다고 쓰게 한 경망스러움이 아니라면 여성 혐오의 의혹 등이다. 어쩌면 "페늘롱이 그녀를 만났다."를 제외하고는 모든 것이 놀라울 정도로 정확하다. 왜냐하면 그들의 서한집을 읽어 보면 그녀가 그를 만났고, 그와 혼합되기 위하여 승화 속으로 그를 끌어들였다. 잔은 그 후 다음과 같이 상기한다. "내 딸의 결혼식 얼마 전에 내가 이미 말한 바와 같이[30] M. A. d. F(페늘롱 신부)를 알게 되었다. (······) 우리는 내적 생활에 대해 몇 가지 대화를 나누었는데, 그는 나에게 많은 반론을 제기하였다. 나는 평소와 같은 소박함을 가지고 그에게 답하였고, 그것에 대해 그가 만족했다고 믿을 근거를 나는 가지고 있다. 그 당시 몰리노스 사건에 대한 소문이 요란했기 때문에 사람들은 아주 단순한 일에도 의혹을 가졌고, 그러한 문제들을 소재로 쓴 글 중에 가장

---

30) 1689년 재무장관 푸케(Fouquet)의 딸 베퇸 샤로스트(Béthune-Charost) 공작부인 집에서 만난 것이다. 잔은 41세였고, 이단 짓과 방탕죄로 성모 방문소의 수녀원, 그리고 바스티유 감옥과 루르드 감옥에 감금되었다가 방금 풀려났을 때의 일이다.

많이 쓴 용어들에 대해서도 의혹을 가졌다. 그것이 나로 하여금 내 경험에 대해 그에게 깊이 있게 설명할 계기를 준 것이다." 그 뒤에 이어지는 서한집은 잔 쪽은 다작이었고, 페늘롱 쪽은 절제되었다. 즉시 모성적인 (아내로서가 아니라 정신적인) 위치를 차지한 그녀의 열광은 필연적으로 그를 아들처럼, 그리고 어머니가 장래와 정신적 영광을 확보해 줄 책임이 있는 탕자처럼 취급하게 된다.[31] 페늘롱은 보다 신중하고, 더 비판적이다. "당신에 대한 냉정하고 무미건조한 나의 애착과 비교될 수 있는 것은 아무것도 없습니다.(그러나 심정의 표출이 없고 특별한 관심도 없이, 냉정하고 무미건조한 것이 '순수 사랑'의 바탕이 아닌가요?)" 또 이런 글도 있다. "당신은 아직도 교양인들의 존경에 집착하시는군요. 제가 그처럼 자주 말씀드린 자아는 여전히 당신이 깨트리지 못한 우상이지요." 또한 그는 맹트농 부인에게는(1696년) 이렇게 썼다. "나는 한 번도 그녀와 그녀의 글에 대해 어떤 자연스러운 취향을 가져 본 적이 없습니다." 우리가 최소한 말할 수 있는 것은 이 말은 곧 '순수 사랑'에 대한 솔직한 부정이고, 페늘롱뿐만 아니라 앞으로 감금될 잔의 실총으로 가득 차 있다는 것이다. 그 말은 단순히 페늘롱 쪽의 인간적인, 너무나 인간적인 자기

---

31) 잔 귀용 드 라 모트(*de la Motte*, 결혼 전의 이름)가 드 라 모트(*de la Mothe*) 페늘롱 신부에게 편지를 썼다는 사실에 주목할 것이다. 이 우연한 동음성이 사실상 잔느가 즉시 자기와 자기 '아들' 페늘롱 사이에서 상상하는 가족관계에 조금이나마 영향을 주지 않았을까? 전기 연구가들은 그의 친어머니 드 라 콥트(de la Copte) 여인이 페늘롱에게 큰 영향을 끼쳤다고 보고한다. 아름답고 가난한 처녀였던 그의 어머니는 스캔들에까지 이르는 어떤 불운을 안고 페늘롱 집안에 들어가게 되었다. 어찌 되었든 간에 잔은 "그에 대한 하느님의 의도에 관해 가장 큰 확신"을 가지고 있었고(『편지』VII, P.-M. Masson, "Fenelon et Jeanne Guyon", Hachette, 1907 참조), 페늘롱이 "하느님의 교회를 밝혀 주는 뜨겁고 빛나는 등불"이 될 것이라고도 했다. 페늘롱이 부르고뉴 공작의 가정교사가 되자, 얼마 전에 자기 '아들'에게 큰 임무가 주어질 것임을 '예견한' 잔은 그 임명이 바로 자신의 예언이 실현된 것이라고 생각했다.

방어일까? 아니면 부르고뉴 공작의 가정교사가 지닌 자연주의적 도덕성
이 황태자의 프랑스 교회파 가정교사의 신학적 합리주의와 실제로는 우
리가 알고 있는 것보다 덜 깊은 불화 상태에 있었다는 말일까?[32]

그러나 개인적인 이야기를 넘어서 우리는 '그들의 체계'와 '그들의 언
어'(생시몽)를 검토해야 할 것이다. 어떤 체계와 언어 말인가?

욕망과 표상의 포기

교황 인노켄티우스 12세의 유명한 '교서'가 밝히고 있듯이 정적주의가
보상이나 형벌이 없는 하느님의 사랑의 상태를, 개인적인 완전 추구나
구원에 대한 욕망이 없는 무관심의 상태를, 하느님의 속성과 그리스도의
인간성을 고려하지 않는 명상 행위를 겨냥하고, 그래서 찾아낸다고 말한
다면, 잔 귀용은 그녀의 학설의 본질적 양상들로 미루어 본다면 정적주
의자이다. 그녀가 정적주의자인 것은 어린애 같은 상태의 탐구를 통해서
허무의 절정에까지 이르는 자기 버림, 자기 소진에 대한 독려에 의해서

---

32) 귀용 부인에 대한 유죄 판결의 순간에 쓴 페늘롱의 다음과 같은 말을 상기하자.
    "그녀에게 유죄 판결을 내린 고위 공직자들(귀용 부인의 학설을 검토하기 위해
    1699년에 소집된 '법정'에 대한 암시)은 그들이 출판한 글들을 따라 판결을 했다.
    그러고 나서 그녀를 감금하고 불명예의 책임을 지게 하였다. 나는 그녀를 정당화하
    거나 변호하거나 그녀의 상태를 완화시키기 위한 말은 한마디도 한 적이 없다. 내가
    알고 있는 것을 안다는 것이 이미 많은 것을 하는 것이 아닌가? 불행한 여인, 그 여
    자로부터 내가 감화밖에 받은 것이 없는 그녀를 위하여 내가 할 수 있는 최소한의
    것은 다른 사람들이 그녀에게 유죄 판결을 내리는 동안 침묵하는 것이다."(『페늘롱
    에 대한 새로운 역사』에 실린 말. 이 책은 '페늘롱 후작의 명에 의해 출판되었으나
    인쇄된 책은 거의 모두 폐기되었다.', M. Aimé-Martin이 쓴 『페늘롱 작품집
    (Oeuvres de Fénelon)』의 「서문」(Paris, 1835))

이다. 또한 그녀는 무사 무욕 속에서 즉각적인 투명함처럼 사랑하는 사람들에게 주어지는 하느님의 지속적인 현존에 대해 놀라울 정도로 낙관적이고 환희에 찬 확신을 가진 정적주의자이다. 무엇보다도 그녀는 사랑으로 가득 찬 복된 명상 속에서 죄는 피할 수 있다고 확신하면서 형벌과 지옥에 대해 생각하기를 거부함으로써 더욱더 정적주의자가 된다. 종국에는 '사랑받는 자'를 사랑하는 현존 속에서 자신의 죽음에 도달하기 위하여 그녀가 방법을 떠나고 생각을 떠나, 뿐만 아니라 언어도 떠나 순전한 침묵 속에서 절정을 이루는 즉각적 의사소통을 권장하는 정적주의자가 된다.

유년기는 그러한 '순수 사랑'의 가장 민감하고 가장 객관적으로 상상할 수 있는 상태이다. 1672년에 아버지와 자기 딸이 죽자 잔은 아기 예수와 '신비 결혼'을 한다. 1690년에 그녀가 '순수 사랑 협회'를 창설했을 때, 사람들은 '아기 예수 연합 수도자 협회'라고도 불렀다. 그 회원들은 '크리스토플레들(Christofflets, 아기 예수를 업고 다니고자 하는 사람들)'이거나 '미슐랭들(Michelins, 너무 어려서 걸을 수 없어, 그들의 스승 성 미카엘이 업고 다니는 사람들)'이었다. 잔은 물론 '미슐랭들', 전혀 가진 것이 없는 자들을 선호했다. 그들은 속수무책의 어린이 상태로 빠져 드는 사람들이고, "자신의 모든 이해관계와 고유한 사색의 상실"에 가장 가까운 사람들이다. 훗날 잔은 토농(Thonon)과 다른 곳에서 겪은 위기에 대해 말하면서 "나는 어린애처럼 즐겁게 괴로워한다."라고 표현하였다. 시련을 겪었으나 행복한 유년기는 모든 표상 가능성을 상실하면서, 이상 속에서 자신이 소멸될 때까지 이상에게 자신을 위임한다. 그런 움직임의 절정은 아마도 그녀의 작품 『인생』의 몇몇 페이지에 들어 있는데, 거기에서 우리는 '자아'가 시력도 없고 생각도 없지만, 자신이 대타자의 사랑 속에 있다는 것을 영광스러워하는 명명할 수 없는 무(無)로 변신하는 것을 읽게 된다.

"요즘 나는 나의 정신 상태에 대해서 거의 혹은 전혀 이야기할 수가 없다. 그것은 나의 상태가 소박하고 불변하게 되었기 때문이다. 이 상태의 바탕은, 내 속에서 명명할 수 있는 것을 아무것도 찾아낼 수 없기 때문에, 깊은 소진이다. 오로지 내가 알고 있는 것은 하느님은 무한히 성스럽고 정의롭고 선하고 복되며, 그분은 자기 속에 모든 선행을 지니고 있고, 나는 불운을 지니고 있다는 사실이다. 나는 내 밑으로 아무것도 보지 못하고, 나보다 더 비열한 것은 아무것도 없다. 선은 하느님 안에 있다. 내가 공유할 수 있는 것은 허무뿐이다. 보지 못하고 변화 없는 항상 동일한 상태에 대해 뭐라고 말할 수 있겠는가? 메마름은, 내가 그것을 갖는다면, 나에게는 가장 만족스러운 상태와 같을 테니까. 모든 것이 광대무변함 속에 소실되었다. 그리고 나는 원할 수도 없고 생각할 수도 없다. 마치 바닷속에 빠져 소멸된 작은 물방울 같다. 그 물방울은 물속에 휩싸일 뿐 아니라 흡수되어 버렸다. 그러한 하느님의 무한함 속에서 그 물방울은 더 이상 자신을 볼 수는 없다. 그러나 그 물방울은 단지 대상들을 마음의 취향에 따라 식별하지 않고, 하느님 속에서 그것들을 식별한다. 그 물방울에게는 모든 것이 암흑이고 모호하다. 하느님 쪽에는 모든 것이 빛이고, 그분은 물방울이 알고 있는 것이 무엇인지, 어떻게 그것을 알게 되었는지를 전혀 알지 못하도록 내버려두지 않는다. 거기에는 아우성, 괴로움, 고통, 쾌락, 불확실성 같은 것은 없고, 완전한 평화만이 있다. 자기 안에 있는 것이 아니라 하느님 안에 있기 때문이다. 말하자면 자기를 위한 어떤 이해관계도, 추억도, 자신의 활동도 없다. 하느님은 피조물 속에 그렇게 존재한다. 자신의 불행이나 위엄에 대해 생각하지 않아도, 그 피조물에게는 불행, 허약함, 가난이 있다. 내 속에 어떤 선이 있다고 믿는다면 착각한 것이고, 하느님에게 잘못을 저지르는 것이다. 모든 선은 그분 안에,

그분을 위해 있다. 내가 무언가 만족을 느낄 수 있다면, 하느님은 있는 그대로이고, 그리고 그분은 언제나 그대로일 것이라는 사실에 대한 만족이다. 그분이 나를 구원하신다면, 무상으로 구원하실 것이다. 왜냐하면 나에게는 공덕도 위엄도 없으니까."

"나는 사람들이 그러한 허무에 어떤 신뢰를 갖는 것에 놀란다. 나는 그런 말을 했다. 그러나 나는 사람들이 내게 묻는 것에 잘 대답하는 것인지 잘못하는 것인지 당황하지 않고 대답해 버린다. 내가 잘못 말한다 해도 놀라지 않는다. 말을 잘해도 내가 잘나서라고 생각하기를 경계한다. 나는 가지 않고 가고 있으며, 어디로 가는지 보지도 못하고 알지도 못한다. 나는 가고 싶지도 않고 멈추고 싶지도 않다. 의지와 본능이 사라졌다. 가난과 헐벗음이 나의 몫이다. 나에게는 신뢰도 없고 의심도 없다. 결국 아무것도, 아무것도, 아무것도 없다."[33]

---

33) 페늘롱에게서도 비슷한 사고를 볼 수 있다. "예수 그리스도는 무한히 작은 순간 동안 이 세상에 유배된 우리가 이 삶을 우리 존재의 유년기처럼, 그리고 쾌락이 순간적인 꿈에 지나지 않고, 모든 악이 유익한 혐오에 지나지 않는 어두운 밤처럼 바라보기를 원한다." "완전한 기독교인이 되기 위해서는 모든 것, 생각까지도 박탈당해야 합니다. 그러니 당신의 상상에 침묵을 부과하세요. 끊임없이 하느님에게 말하세요. 정신이 아닌 마음으로 깨우치게 해 주세요. 성인들이 믿었음을 나로 하여금 믿게 해 주세요. 성인들이 사랑했던 것처럼 나도 사랑하게 해 주세요."(1710년 『람세(Ramsai)와의 만남』) '하느님의 사랑'에 대한 철학적 담론에서 『딸들의 교육(Education des filles)』과 『텔레마크(Télémaque)』의 저자 페늘롱은 극히 귀용 부인식으로 명시한다.

　　　"사랑의 본성에 의한 네 번째 증거

사랑은 영혼의 움직임이며, 그 움직임을 통하여 영혼은 그것이 식별하는 대상들을 지향하고 결합하고 집착한다. 우리는 어떤 대상에서 발견하는 완전 때문에 혹은 그것이 우리에게 일으키는 쾌락 때문에 그 대상에 집착한다. 바로 그 대상의 우월성이 사랑의 완전성을 만든다. 대상이 완전할수록, 우리가 비열한 동기로 그 대상을 지향할 경우, 더욱더 우리의 사랑은 불완전하다. 내가 하느님을 사랑하는 것이 오로지 그분이 나에게 쾌락을 일으키기 때문이라면, 내가 사랑하는 것은 하느님이 아니라 나 자신이다. 내가 그분을 향해 나아가고, 그분에게 집착하는 것은 사실이다. 그

잔은 "완전하게 사랑하는 사람은 오직 그 자신이 완전히 죽었기 때문에 완전히 사랑할 수 있다."[34]라고 페늘롱에게 썼다. 순수 사랑은 "노동 없는 노동", "수동적인 밤", "모든 것의 박탈", "죽음", "소유권 포기"처럼 묘사되었다.[35]

우리는 그러한 "성스러운 초연함"이 생시르 여학교에 전염되자, 학교 당국이 자극을 받았다는 사실을 이해한다. 처음에는 유혹을 느꼈던 맹트농 부인이 물러섰고, 반대 당의 뒤 페롱 부인은 "자칭 하느님의 의지에 대한 체념, 그것은 구원받기를 원하는 만큼 솔직하게 천벌에 동의하라고 부추기는 것이다. 그 사람들이 가르치는 그 유명한 포기 행위는 그런 것으로 구성되었고, 그 포기 행위 다음에는 자기의 운명을 영원히 형벌 속

러나 나는 오직 나를 위해서만 그분에게로 나아가고 그분에게 집착한다. 그와는 반대로, 참사랑은 우리가 사랑하는 것의 탁월성에 정당한 평가를 내리는 것이다. 사랑의 본성은 자기로부터 나오고, 자신을 망각하고, 사랑하는 대상을 위하여 자신을 희생하고, 그 대상이 바라는 것만을 원하고, 그의 행복 속에서 우리의 행복을 찾아내는 것이다. 나머지 모든 것은 사랑의 본질에 전혀 들어가지 않는 우연한 일에 불과하다.

인간적이고 영웅적인 사랑은 성스러운 사랑의 영상이다.

세속적인 사랑에 대해 말하면서 상상력은 지고한 이성의 그러한 특징들을 모방한다. 상상력은 그 특징들을 잘못 적용하지만, 그것들을 우리 존재의 바탕에서 찾아낸다. 고상한 열정에 대해 그려 보여 주는 그림에서 우리는 주인공들이 사랑하는 것을 위하여 목숨을 거는 한에서만 그들에게 관심을 갖는다. 인간적인 감정의 모든 아름다움과 상승을 이루는 것은 그러한 환희와 자기 망각이다.

나는 그러한 환희가 피조물에게는 결코 실재가 아니라는 데 동감한다. 피조물에게는 우리 자신에게서 빠져나올 힘도 없고, 우리를 피조물에 붙잡아 둘 권리도 없다. 결국 우리는 하느님 밖에서, 교묘하거나 조잡한 방법으로 우리에게 이로울 때만 피조물을 사랑한다. 오직 하느님만이 무한히 사랑스럽게 보이면서, 그리고 자신의 사랑을 우리에게 각인하면서 우리를 우리 자신 밖으로 끌어낼 수 있다. 피조물에게는 소설적이고 옳지 못하며 불가능한 것이 지고의 존재에게는 실재적이고 정당하며 마땅한 것이다."

34) Masson, 『서한집(Lettres)』, 47쪽.
35) 앞의 책, 29~30, 32쪽 등.

에 넣기만 하면 되는 것이다."라고 공격했다. 포르루아얄 수도원의 유명한 논리학자이자 문법학자인 피에르 니콜 역시 그만큼 엄격했다. 그는 다음과 같이 말했다. "정적주의는 악마의 술책이다. 악마는 인간의 구원을 수행하는 모든 신비와 하느님의 모든 속성을 폐기하고자 욕망하면서 거기에서 성공하지 못하자, 거짓 정신적 인물들에게 더 이상 생각하지 않도록 하는 방법을 채택하게 함으로써, 적어도 기억 속에서 그런 것들을 소멸시키는 비밀을 찾아내었다."[36]

판단에 대항하는 보호?

사실상 고유한 속성들의 소멸, 욕망, 의지, 개인적 이해의 감소, 자아의 죽음은 논리적인 상관물로서의 하느님을 역시 속성들이 박탈된 단순한 눈부신 현존으로 만든다. 이상에서 속성들의 껍질을 벗기며 잔은 특히 그 이상을 자신의 판단과 형벌에서 벗어나게 하여 순수하게 그리고 헌신적으로 사랑하는 하느님, 그녀가 찬양하고 영광을 돌릴 수밖에 없는 하느님으로 만드는 것이다. 두려워하거나 기도하지도 않는다. "내가 보던 모든 것은 당신을 사랑하도록 가르쳤습니다. 비가 오면 나는 모든 물방울이 사랑과 찬양으로 변하기를 원했습니다. 나는 이 세상에서 이루어지는 모든 선과 결합하였고, 당신을 사랑하기 위해 모든 사람들의 마음을

---

36) Fr. Mallet-Joris가 『잔 귀용 전집(*Jeanne Guyon*)』(Flammarion, 1978), 241쪽에서 인용하였다. 보쉬에는 그러한 이단을 규탄하는 데 매우 거친 어휘들을 사용하였는데, 아마도 그것은 특히 페늘롱이라는 인물을 규탄하기 위해서였을 것이다. "교회가 이제까지 가져 본 적 없는 가장 강력한 원수로부터 교회를 구해야 한다. 나는 올바른 정신으로 주교들이나 왕자들이 드 캉브레 씨를 편안히 쉬게 놔두지 말아야 한다고 생각한다."

갖고 싶었습니다." 그녀는 작품 『인생』에서, 수많은 좌절, 병마, 버림받음과 그녀에게 큰 타격을 주지 않은 것 같은 여러 번의 이사 중에서도 그런 글을 썼다. 우리는 『격류(*Torrents*)』(1684년 이전에 쓴 신학적인 시) 속에서 그러한 찬양의 극치를 찾아볼 수 있다. 그리고 특히 그녀의 『아가 해설(*Explication du Cantique*)』("신비주의적 의미와 내면 상태의 올바른 표상에 따라 해석된 솔로몬의 아가"는 1685년부터 집필하여 1704년에 출판한 그녀의 작품 『성서에 대한 성찰(*Examen de l'Ecriture sainte*)』에 들어 있다.)에서도 절정에 달한 찬양을 읽을 수 있다. 성서의 「아가」에 대한 유추적이고 감각적인 담론은 잔에 의한 독해에 따르면 사랑받는 하느님과의 지속적인 결합을 강조하기에 적합하지만, 그러나 그의 지향을 계시하는 데는 기여하지 못한다. 그녀에게 꽃, 멧비둘기, 계절 들은 우리가 흠뻑 적셔 있는, 넘쳐나는 하느님의 현존에 대한 증거들이다. 그러한 상호 영향은 향기(보들레르적인 주제로 뛰어난 사랑의 주제이다.) 속에서 연인들의 결합에 대한 가장 강력한 은유를 찾아낸다. 텍스트는 "당신의 이름은 넓게 번지는 기름과 같아요."라고 쓰고 있다. 그리고 잔은 하느님의 현존에 대하여 "더 널리 확산됨에 따라 무분별하게 증대되는 넓게 퍼진 방향제와 같고, 초심의 영혼이 그 힘과 감미로움에 완전히 젖어 든 너무나 뛰어난 향내"와 연결시킨다. 보쉬에는 그처럼 거들먹거리면서 하느님의 사랑을 받을 만하다고 자만하는, 그처럼 즉각적이고, 그처럼 완전히 공유된 사랑 속에서 교활하게도 자신이 하느님과 동등하다고까지 믿는 그러한 확신에 격분하여 반발한다. 잔느는 동요하지 않는다. "이러한 결합이 오직 죽은 후 저세상에서만 이루어질 수 있다고 말하는 사람들이 있다. 그러나 나는 그러한 결합이 이 세상에서도 이루어질 수 있다고 확신한다. 그 차이는 이 세상 삶에서는 우리가 보지 못하면서 소유하고 있고, 저세상에서는 우리가 소유하고 있다는 것을 본다는 사실이다."

우리를 사랑하는 보이지 않는 자를 소유한다는 이 확신은 어디에서
오는 것일까?

지옥은 꿈이다

잔은 지옥을 믿지 않는다. 그녀가 지옥이 꿈에 지나지 않는다는 확신
을 갖게 된 것은 아홉 살 때, 어떤 꿈을 꾸기 전에 학교 선생님에게 "현
재까지는 지옥에 대해 의심했다."라고 고백할 때부터였다. "지옥은 나에
게 무시무시하게 어두운 장소로 보였고 그곳에서 영혼들이 고통을 받고
있었어요." 꿈속의 그 장소, 그 무의식의 공포를 그녀는 무시하고 싶어
했다. 놀라운 일은 그녀가 그렇게 하는 데 성공했다는 것이다. 물론 어떤
노력이 없었던 것은 아니다. 왜냐하면 그녀가 그 고통에서 벗어나려면
욕망을 포기 상태로 소멸시켜야 한다고 고백하기 때문인데, 글쎄! 이성
적 사유나 성찰에 귀 기울이지 않고 "포기에 굳건히 매달려야 한다"[37]는
것이다. "아무것도 원하지 않는 의지"는 그 상상적 동기들을 찾도록 우
리를 부추기는 지옥을 (무의식을?) 도려내는 데 필요할 것이다.

기호학적 투쟁 ─ 감정들은 명명될 수 있는가

결국 잔이 권장하는 것은 기호와 그 사용의 일반적 개념에 반대되는

---

37) 『모든 사람이 가장 편하게 실천할 수 있는 기도를 위한 간결하고 매우 용이한 '방
법'』(1883).

기호학이다. 말의 예술을 다루는 보쉬에는 그 사실을 알고 있다. 그래서 그는 태초에 있었고 지배하던 말에 대한 느낌들을 판정하는 대신에, 잔이 "느낌에 대한 말들을 판정하고 있다."라고 분노한다. 결국 그녀는 언어 내면에 신비한 '숨은 의미'를 남아 있게 한 것이다. 귀용 부인과 페늘롱의 대담에서 은밀히 영향을 받았고, 여하간 영감을 얻은 책『기도 상태에 대한 지침서(*Les Instructions sur les états d'oraison*)』에서 보쉬에는 표상 불가능하다고 간주된 모든 상태도 사실상 명명할 수 있다고 주장한다. 귀용을 통하여 보쉬에는 개신교와 투쟁을 벌이는 듯하다. 그래서 그는 잔의 기도의 진정한 대상인 그 공허(*vide*)를 놓쳐 버린다. 말하자면 '자아'가 비워지고 자기 전체가 사랑하는 하느님과 동등한 '주체'가 되는 체험을 지나쳐 버린다.(잔은『인생』에서 자신이 그리스도의 아내요 어머니, 더 나아가 그리스도 그 자신이라고 말함으로써 보쉬에를 소름 끼치게 했다.)

'순수 사랑'의 기도는 잔이 열세 살 때 읽은 성녀 잔 드 샹탈과 성 프랑수아 드 라 살에게서 그 선례들을 찾을 수 있다. 그 기도는 말 없는 사랑의 담론으로서 처음에는 방법, 이성, 판단 규칙까지도 떨쳐버리고 종국에는 일종의 무지식과 신중함에 의해 실려 가도록 자신을 내버려둔다. "오, 나의 하느님! 그들이 방법론적으로 '사랑' 자체를 사랑하도록 가르칠까요?"라는 외침을 우리는『간단한 방법(*Le Moyen court*)』에서 읽을 수 있다. 다음과 같은 외침도 있다. "미덕은 영혼 속에 아무런 고통 없이 들어온 것 같아야 한다는 것을 주시해야 한다. 왜냐하면 내가 말하는 영혼은 그것에 대해 생각하지 않으니까. 그 영혼이 맡아 하는 일은 사랑하는 동기나 이유가 없는 일반적인 '사랑'이니까. 그 영혼이 기도하는 동안 그리고 하루 내내 무엇을 하느냐고 물어보라. 영혼은 사랑한다고 말할 것이다. 그러면 그대가 사랑하는 데 어떤 동기나 이유를 가졌나요? 영혼은 거기에 대해 아는 것이 없고 전혀 알지 못한다. 영혼이 알고 있는 모든

것은 자기가 사랑하고 있고, 자기가 사랑하고 있는 것을 위해 고통 받고
자 애를 태운다는 것이다. 그러나 오, 영혼이여, 그대를 이처럼 고통으로
이끌고 가는 것은 어쩌면 그대가 사랑하는 그분의 고통을 보는 것일까
요? 아! 슬프게도, 나는 그런 생각을 하지 않고, 또한 그런 고통들이 내
정신에 들어오지 않아요, 하고 영혼은 말하리라. 그렇다면 그것은 그대가
그분 속에서 보는 미덕을 닮고자 하는 욕망인가요? 슬프게도, 나는 그런
것을 생각하지 않아요. 그렇다면 도대체 그대는 무엇을 하는가? 나는 사
랑을 해요. 그대의 마음을 빼앗은 것은 그대의 '연인'의 모습 아닌가요?
나는 그 아름다움을 쳐다보지 않아요. 도대체 그게 무엇인가? 나는 아무
것도 몰라요. 내 마음 깊은 곳에서 확실히 나는 깊은 상처를 느끼지만,
그 상처가 얼마나 감미로운지 내 아픔 속에서 나는 휴식을 취하고, 나의
고통으로 즐거움을 만들어요."

우울증에 걸린 '무'

그러나 잔이 겪는 고통, 병마, 자폐 상태는 무(無)로 향한 생각의 뒤집
기를 훨씬 더 멀리 이끌어 갔다. "주님, 바로 이 병마 속에서 당신은 말
이외에 당신에게 속한 모든 피조물과 대화하는 다른 방법이 있다는 것을
조금씩 나에게 가르쳐 주셨습니다. 말로 표현할 수 없는 침묵 속에
서…… 천사들의 언어를……." 잔 특유의 '이 침묵의 의사소통'은 주체
를 가장 비밀스럽고, 가장 원초적인 나르시스적 깊은 곳에 잠기게 한다.
그리고 그 주체가 침묵의 의사소통을 하는 데 성공한다고 믿을 경우, 그
것은 상대방의 동일한 나르시스적 침잠이 완벽하게 투사와 동일화에 적
합하기 때문이다.

그러나 '침묵의 의사소통'을 열정적으로 신봉하는 이 여인은 수다스러운 작가이다. 풍성한 서한문, 작품 『인생』, 개론들, 그리고 특히 너무도 장황하고, 그처럼 증후를 드러내는, 그처럼 격류를 타는 것 같아서 실제로 『격류』[38] 그 자체인 첫 번째 텍스트 등은 언어가 이 공허의 명상가에게 쾌락의 장(場)으로 남아 있음을 보여 준다.

성적인 대상 ── 언어

그녀의 향락이 텅 빈 자아를 불타는 이상 속으로 즉각 옮기는 것이라면, 그녀의 즐거움은 말과 글쓰기 속에 있다. 잔은 특히 페늘롱에게, 그리고 그를 위해 글을 썼지만, 글쓰기가 계속 살아남기 위해서는 수신자들이 증가하거나 다양하게 바뀔 수는 있다. 슬그머니 뒷걸음질하고, 때로는 허술하며, 문체에 대한 배려가 없고, 물론 일시적으로 반짝하지만, 엄격한 목표가 없으며, 상당히 느슨한 글쓰기. 내용과 형식에서 반복적이고 상투적인 그녀의 시 『격류』를 예로 들면 그녀의 글쓰기는 도취적이고 몽유병적이며 자동적인 그 무엇을 가지고 있다. 잔은 그런 것에 어리석게 속아 넘어갈 사람이 아니었다. 그리고 어째서 사람들이 그녀를 '미친 여자'로 취급했는지도 잘 알고 있었다. 아마도 그녀는 사랑스러운 만큼 고통스럽고, 그다지 탐색하고 싶지 않았던 그 지옥 같은 내적 공간에 글쓰기가 측량주를 세울 수 있게 했다는 사실을 알지 못했을 것이다. 그것은 특히 『격류』에서 유효하다. 『격류』는 가족에 의해 재산과 라콩브 신

---

38) 책의 제목으로는 약간 모호하고 기이하게 보일 수 있는 은유를 발전시키고 완화하기 위하여 첫 보증판의 「서문」은 『격류』에 '정신적인'이라는 품질 형용사를 첨가하고 있다.

부와 밀접한 관계를 맺고 있던 젝스 지방의 ≪가톨릭 소식지≫를 박탈당한 잔이 극도의 신체적·정신적 위기에 처해 있던 생의 매우 중요한 시기에 쓰였다. 이때가 1683년이었고, 우리가 앞에서 말했듯이 그녀는 1688년에 성모 방문소에 감금된다.

글쓰기는 도덕적이거나 능동적인, 실용적인 의지를 필요로 하지 않고 "포기하기에 군건히 견뎌낼" 수 있게 해 주는 '의지의 닮은꼴'일 수 있다. 그러한 지구력은 텍스트를 통하여 측정과 재구성의 진정한 작업을 동시에 시행한다는 조건 아래서 '텅 빈' 자신을 주장할 수 있는 자아에게 어떤 권위를 부여한다. 환몽적인 소비와 의미의 소멸인 이 글쓰기는 차라리 표류와 결합하는 언사라고 하겠다.

"어머니는 내가 나이에 비해 상당히 크다고 생각하셨다"

오늘날 우리는 잔의 유년기에서 그러한 사랑의 체제에 대한 이유들을 찾아보고 싶었다. 그 유년기에서 우리가 찾아낼 수 있는 것은 객관적인 실패들과 주관적인 승리자 의식뿐이다. 임신 8개월 만에 태어난("나의 어머니는 끔찍한 공포를 가졌었다.") 잔은 즉시 다리와 등에 염증을 앓았고, 그 염증을 수반한 종기는 암의 일종인 괴저병에 이르게 했다. 사람들은 그녀가 죽을 것이라고 믿었지만 병에서 완쾌되었다. 그리하여 그녀는 그 시대의 모든 아이들처럼 유모에게 맡겨졌다. 유모에게서 떨어지자마자 또다시 가족으로부터 멀어졌다. 수녀원에 맡겨진 것이다. 일곱 살 때 그녀는 의붓자매들과 함께 우르술라 동정회 수녀 학교에 들어갔으나 그곳에서 의붓자매들과의 갈등이 있어 도미니크 수녀 학교에 들어가게 되는데 그곳에서 천연두에 걸렸다. 그녀가 유일하게 행복했던 순간은 열다섯 살 때 사촌을 사랑하던 때였던 것 같다. 그러나 부모들은 그 순정적 연애에 급히 종지부를 찍고 그녀를 결혼시켰다. 그녀는 결혼 계약에 서명할 때까지도 누구와 결혼하는지 알지 못했다. 남편은 그녀보다 훨씬 나이가 많은, 부유하고 관대한 사람이었으나 젊은 아내에게는 까다롭고 참기 어려운 존재였다. 그녀는 다섯 아이의 어머니가 되었는데 둘은 어려서 죽었다. 큰아들이 천연두에 걸리자, 그녀도 두 번째로 천연두에 걸리게 된다. 두 사람은 치명타를 맞는다. 그러나 그것은 그녀가 겪는 역경의 극히 일부에 지나지 않는다. 특히 반항의 부재와 사실상 조숙한 어떤 '정적주의'(『인생』을 쓰면서 이미 정적주의자가 되었던 그녀가 차후에 단순히 상상하였을 수도 있는)를 가지고 그녀가 자신의 불행을 받아들인다는 것에 우리는 유의하게 된다. 그러나 정적주의자로서의 '자세'가 지울 수 없었던 유일한 서글픔이 지속되었다. 그것은 무심하고 냉정하다 못해 잔인한 자기 어머니에 대해서였다. "어머니는 내가 나이에 비해 상당히 크다고 생각했고, 그래서 보통 때보다 더 자신의 마음대로 오직 나를 돋보이게 하고, 많은 패거리들을 만나게 하고, 나를 멋있게 치장시킬 생각만 했어요……." "어머니는 내가 자신의 마음에 들기 때문에 조금 더 나를 사랑했을 뿐이었어요. 어머니는 나보다 내 남동생을 더 좋아하지 않을 수 없었겠지요. 내가 아파서 내 마음에 드는 무엇을 가지고 있을 적에 내 남동생이 그것을 요구하면, 동생은 건강한데도 어머니는 나에게서 그것을 빼앗아 그에게 주었으니까요."

매정한 어머니, 고독, 노골적이고 부당하고 모욕적인 박탈감……. 잔느는 등에 난 종기와 다리의 괴저에까지 새겨진 그 조숙한 상처의 치유를 그 상상적 인물(사랑으로 충만하고 어린아이 같은 언어 이전의 기도로써 마음껏 사랑하고 직접 접근할 수 있는 하느님)을 상상하면서(그리고 실재적인 존재로 만드는 데 성공하면서) 찾게 된 것일까?

아버지 이외의 다른 의지 없이……

그녀의 부모는 없는 것 같았지만 억압적이지는 않았다. 언젠가는 잔이 다른 환경의 아이들과 길에서 노는 것이 발견되기도 하였다. 그것은 당연히 그녀를 돌보아야 할 손길이 소홀했다는 것을 말해 준다. 잔은 사랑의 공백 속에서 자라지만, 독단적인 초자아 때문에 괴로워하지는 않는다. 그러한 고독과 소홀함의 세계 속에서 이상화된 한 존재가 변치 않고 남아 있다. 그녀가 자신의 유년 시절에 대해 쓴 이야기를 읽어 보면, 잔에게 가장 주의를 기울인 사람은 그녀의 아버지인 듯하다. 상당히 징후를 나타내는 일로서 그녀는 자신에게 귀감이 된 성녀 잔 드 샹탈이 "언제나 아버지의 뜻 이외의 다른 의지를 지니지 않았던 것 같다."라는 사실에 주목했다. 그 성녀와 똑같이, 재치와 꾀가 많은 잔도 아버지의 의지에 완전히 자신을 내맡기기 위하여 결국, 조금은 만족한 심정으로 남편이 누구인지도 모르는 정략결혼을 받아들임으로써 오로지 아버지의 뜻만을 따르는 것이 아니었을까?

상처받은 나르시시즘이 가족 이외의 구성원(유모, 수도원 수녀 등)을 통해서 초자아적 법망들 사이를 빠져나와, 그 바탕이 '자아의 이상'의 전제 조건, '이상적 자아'를 구성하는 장소인 우리가 상상의 아버지라고 부르는 것에 뿌리를 내리는 여러 방어물을 형성하기에 모든 것이 너무도 잘 정돈된 것 같다. '순수 사랑'이란 다름 아닌 '결합'의 지속성 속에서, 공허에서 '일자'에게로, 오로지 '그' 안에서만 존재하는 '자아'에서 텅 빈 '자아'인 '그'에게로의 영원한 미끄러짐이 아닌가? 더구나 잔이 자신의 결혼에 대한 심한 신경증적 상태에서 벗어나게 되는 것은 사실 불편한 입장에서 매번 교회의 한 사제의 옹호를 받으면서이다. 무엇보다도 그것은 라콩브 신부의 역할이었고, 마침내는 공식 교리에는 어긋나지만 훨씬 훌륭하게 페늘롱이 맡았던 역할이었다. 울음, 두통, 남편과 그 가족과의 성격적인 부조화. 이 모든 결혼의 현실은 물론 그녀를 고통스럽게 만드는 객관적인 이유들이었고, 독서도 기도도 현실적으로 그 이유들을 제거해 주지는 못하였다. '순수 사랑'의 균형이 그녀의 글 속에 생겨나기 위해서는 남편 귀용의 서거(1676년)와[39] 라콩브 신부와의 관계와 그다음 페늘롱과의 관계를 기다려야 했다.

인위적인 어머니 같은 침묵

다른 한편, 무언의 의사소통에 대한 귀용 부인의 열정은 잠재적 이상화에 의해서 일찍부터 고정되고 강화된 나르시시즘의 대륙과 관련된 듯한데, 그 잠재적 이상화는 무엇이라고 꼬집어서 말할 수 없는 어머니 쪽의 정동을 사로잡고 있다. 전 오이디푸스적이어서뿐만 아니라 정서적으로 피폐해서 포착할 수 없는 어머니, 다시 말하면 너무도 상처를 주거나 너무나 부재한 어머니였다. 침묵은 그러한 모성적 결핍에 대한 고통을 진정시킨다. 침묵은 그러한 결핍에 의해 팬 아픔과 주체를 화해시킨다. 즉 침묵은 그 결핍을 감싸 주고, 부드럽게 길들인다. 침묵이 결핍을 생각하지 않아도 그 상처를 치료해 준다고 말할 수 있을 것이다. 인위적인 어머니 같은 침묵. 그리하여 이상의 지지를 받은 '자아'는 그 고통을 자

---

39) 잔은 28세에 과부가 된다. 그때부터 그녀는 라콩브 신부와 다른 사람들과 함께 제네바, 토농, 베르사유, 그르노블 등지로의 열정적인 여행으로 그녀를 인도하게 될 다양한 작품에 헌신하게 된다. 페늘롱이 주재하는 《가톨릭 소식지(Nouvelles Catholiques)》에 관여하면서도 잔은 고위 직책을 거부하였고, 여러 기구보다도 여론에 영향을 끼칠 수 있는 기도와 글쓰기 사업에 전념하였다.

기 것으로 만들고, 그것을 중화시키고 진정시킨다. 어떤 제삼자에 대한 그리고 제삼자의 사랑보다 더 엄격한 규율에 대한 복종을 전제로 하는 마조히즘도 없고, 편집증도 없다. 그것은 여성 히스테리 환자가 말로 표현할 수 없는 동성애적 성욕 속에서 어머니에게 사로잡힌 정동을 지녔기 때문에 괴로워하는 그런 상태이다. 말하자면 도라(Dora)가 병에 걸리고, 자기의 정신분석가를 회피하고, 남성들을 증오하며 결국 어머니의, 다른 여자의 성에 끊임없이 강박적이 되는 그 지점에서, 잔은 자폐증 쪽을 선택한다. 싸움질도 없으며, '다른 사람들'은 말할 것도 없고 일차 대상의 추구도 없다. 잔은 아직 자아 아닌 존재와 대타자 사이의 원초적 경계선의 강화를 추구하며, 성공한다. 그것은 나르시시즘의, 이상과 인접한 공백의 가장자리로서, 일차 이상화의 약속된 땅이다. 작가 프랑수아즈 말레 조리스가 잔에 대한 예찬으로 가득 찬 감동적인 저서에서 말한 것처럼,[40] 잔이 건강하고 자연스럽고 생기발랄한 소녀였기 때문에 그러했을까? 잔이 자신의 인물 됨됨이에 대해 제시하는 꽤 쾌활한 인물의 재구성과는 달리, 그녀의 글쓰기는 오히려 탈현실과 행동, 꿈과 사회적 압력의 기로에서 끊임없이 흔들리는 존재라는 인상을 준다. 그녀는 현실 또는 실재의 한 조각을 공고히 하기 위하여 엄청난 노력을 펼친다. 자기의 고유한 것으로 소유하지도 못하는, '자신의 것'도 아닌 불가능한 실재, 그러나 거기에서 '침묵'과 '순수 사랑'이라는 상상적 기제 덕분에 그녀는 지탱된다. 그것은 육체와 감각이 표현할 수 없는 검은 정동 속에서 동요되기 쉬운 자신의 허약성을 가장 충실하게, 가능한 한 가장 단단하게 가공하는 정신적 작업이다. 그처럼 내밀하게 나르시시즘에 뿌리박힌 개인들에게는 점점 더 구속적이기는 하지만, 사회적 이념적 환경은 이단적이라 해도

---

40) 『잔 귀용 전집』을 참조할 것.

그녀의 정신 작업에 적합하였음을 확인할 수밖에 없다. 그 아버지, 그 모든 이단적인 아버지들…… 오늘날 정신분석가는, 역시 그리고 당분간, 우리에게 '자아의 이상'의 지주가 될 수 있어야 할 것이다.

언어의 변태성욕으로서의 아버지 해석판(père-version)

드디어 그 후로 표상과 특히 합리적 표상을 지배하는 의식에 대항하는 평온하지만 너무도 격렬한 투쟁이 일어났다. 잔이 충돌하게 된 것은 보쉬에를 넘어서 데카르트였다. 꿈 그 자체도 결국 이념[41]을 구성하는 표상과 동일한 것이라고 주장하는 데카르트의 철학에 대해, 사랑에 빠진 잔이, 실어증, 허무, 명명할 수 없음에 이르기 바로 직전 상태인 병적 다변증에 사로잡힌 잔이 반대하고 나섰다. 무엇을? 증상들과 불안의 원천이자 모성애의 희생적 항구라고 할 수 있는 언어 내면의 단순한 히스테리적 환몽을? 그게 아니면 기도였던 '노동 아닌 노동' 덕분에, 또한 글쓰기라는 그 환몽적 도려내기 덕분에 그녀가 더 이상의 무엇을 제안하는 것일까? 아마도 그것은 방법과 이념의 담론이 그녀에게 지정하는 경계선 너머로 명명 가능한 것의 테두리를 확장할 수 있는 가능성일 것이다.

---

41) 데카르트는 이념을 영상으로 영상을 이념으로 정의하고, 더 나아가 꿈의 영상도 그에게는 물론 의식적인 이념의 대응물처럼 보였다. "데카르트의 철학은 결국 표상 이론의 가장 불확실한 변이체가 된다. 그 이론에 의하면 이념들은 체험의 직접적인 대상이 되어야 한다."(W. Röd, 「체험에 대한 데카르트적 이론에서 꿈의 논증(L'argument de rêve dans la théorie cartésienne de l'expérience)」, Etudes philosophiques (1976), n° 4, 461~473쪽 참조.)

　보쉬에는 정적주의자들과의 투쟁에서 철학자 말브랑슈가 그에 대해 아무런 제안도 하지 않은 것을 유감으로 생각하면서 말브랑슈에게 편지를 쓴 것과 마찬가지로, 적어도 정적주의자들과 투쟁해야 할 필요성에 대해서는 데카르트주의에 동의한다.

창조주 하느님의 표백된 유사물인 이성의 받침대·주체의 체험이 아니라 영구성과 부재의 장치이자 상실과 충만의 변증법인 사랑에 빠진 한 주체의 체험을 기호들 속에 옮겨놓으면서 말이다. 그런 주체는 17세기 말에는 낡아빠진 것이었다. 그렇지만 그 주체는 증상에 대한 주장에 의해서, 그리고 나르시스적이라고 불리는 정서들을 우리가 명명할 수 없다는 점에서 매우 현대적이다. 잔은 자기들 쪽으로 미래를 쥐고 있던 의기양양한 적수들 앞에서 패배한 전사처럼 그 영역을 지적한 셈이다. 가까운 미래를 말이다. 그녀 이전에 다른 사람들(성녀 테레사, 생 장 드 라 크루아 등)은 더욱더 많은 재능을 가지고 또한 더욱더 많은 사회·역사적인 이해와 함께 그에 대한 담론을 구축할 줄 알았다. 잔으로 말하자면, 그녀는 멍청해 보인다. 그래서 여하간 그녀의 선배들에게서보다도 그녀에게서 더욱 쉽게 증상들을 찾아내는 어떤 시선, 즉 우리의 시선에 의해 포착되는 것이 틀림없다. 그 모든 동우회들, 시시한 활동, 절반은 세속적이고 절반은 신학적인 서신들, 절반은 연애편지이고 절반은 감화적인 편지들……. 그녀는 두 가지 약호 사이에 들어 있다. 그녀는 언어의 퇴폐를 통하여 즐기는 자신의 나르시스적 드라마에 기울어 있고, 또한 그 시대에 덜미가 잡혀, 합리적인 활동으로 전환할 준비도 되어 있다. 아니면 단순히 받아들일 수 있는 이면(어린 시절, 솔직성 그리고 자신의 일부 텍스트 속에 흔하게 흡수된 사교계적 프레시오지테도 잊지 않고)을 거기에 대립시킬 준비가 되어 있다.

그렇지만 장래가 양양한 주장들의 패배자들이 당연히 받아야 할 사랑을 가지고 그녀의 글을 읽어 보자. 그들의 문제는 곧 우리의 문제이다. 형태가 다르고, 해결 방법도 다르지만…….

왜냐하면 표상 불가능한 것과 주체와의 대립은 나르시스적 구조의 드러냄과 관계가 있다고 말할 수 있기 때문이다. 그 구조는, 실어증이나 정신병 속에서 붕괴되지 않고, 그 일관성의 최종적 정점에, 주체성의 '영도 (零度)'처럼 존재하게 하는 것에, 즉 상상적 아버지에 매달린다. 그것은 표상 불가능한 것에 대한 숭배가 상상적 아버지에 대한 숭배임을 말한다. 상상적 아버지는 우리를 사랑하는 자이지 우리를 심판하는 자가 아니다.

서양은 그 구조적 필연성의 또 다른 접근을 잘 알고 있다. 말하자면 '아들'은, 상상적 아버지에게 예배를 드리는 대신, 그분의 심급을 공략한다. 성부와 성자, 나르시시즘의 사회화, 정신병자가 실패한 바로 그곳에서 성공하기. 바로 그런 것이 기독교 교회를 영상들로 빛나게 만드는 예술가의 사명이다. 음유시인들과 조이스에 이르기까지 예술가는 명명 불가능한 것의 가장 가까운 데에서 나르시시즘이라는 사랑의 곡선을 명명하려고 시도한다. 거기에서 비롯되는 명명하기는 필연적으로 폭발적이 되어, 분쇄된다. 상상적 아버지에 대한 표상 불가능한 숭배에 잠재해 있는 동성적 리비도는 외부로 드러나면서 서서히 거기에서 해소되고, 승화되면서 소진된다.

그러나 한 가지 단순한 이야기가 잔의 '침묵'에 대한 현대적이고 고통스러운 진술이 될 수 있으리라.

계속 이야기하기, 또는 실망한 언사

수잔은 '운명'에 짓눌린 채 정신분석을 받으러 온다고 생각하고 있다. 나치 수용소에서 죽은 아버지는 그녀에게 어느 화창한 날의 추억만을 남겼다. 그날 아버지는 아기 수잔을 자전거에 태우고 산책을 나섰다. 그녀는 아버지의 따뜻한 체온과 매달렸던 감각을 간직하고 있다. 돌아가셨다고? 반드시 그렇지는 않다. 왜냐하면 수잔에게 그 신화적인 아버지는 단지 '여행 중'일 뿐이다. 전쟁 후 몇 년 동안 그녀는 아버지의 죽음을 믿지 않고, 여하간 아버지를 기다렸다. 그러나 우리는 그녀가 아버지를 다시 만날 것을 믿고 있었다고 생각할 수 있다. 왜냐하면 오래전부터 수잔은 동갑내기인 장애자 로제와 동거하고 있기 때문이다. 수잔은 그에게 헌신적이다. 숭고한 사마리아 여인이면서도 이미 짜증이 난 그녀는 그렇다고 그의 곁을 떠나지도 못하고, 그의 영원한 반려자가 되기로 체념하지도 못하고 있었다. 수잔은 굉장히 말이 많고, 열정적으로 말한다. 여백을 두지 않고, 구두점 없이, 끊임없이 자신을 표현하는 어두운 힘을 가졌다고나 할까? 그러나 내용이 전혀 없는 말이기도 하다. 열띤 그런 담론에는 권태가, 때로는 의식적이고 명석한 자만심이 깃들어 있다. "내가 흥분하지만 나는 흥분한다는 것을 믿지 않아요. 그게 아니에요. 그런 척할 뿐이지요. 내가 말하는 것과 있는 그대로의 것 사이에는 거리감처럼 움푹 팬 공간이 있습니다. 그런데 그게 뭔지 나도 몰라요……." 로제와 동거하기 전 수잔은 어머니와 함께 살았다. 어머니는 미친 듯한 열정, 전적인 찬동 그리고 끊임없는 분노 그 자체였다. "나는 프랑스어에 서툴렀어요. '분리(scission)'라고 해야 할 때 '혼돈(confusion)'이라고 하고 또는 그 반대로 말하기도 했어요."라고 수잔이 말했다. 개체 분화의 드라마를 드러내는 그러한 말실수는 모녀가 그들만의 언어를 가지고 있다는 사실을 수반했다. 그녀들 둘만의 언어, 그녀들이 지닌 어떤 지식도 공유할 수 없는 사적인 언어, 그것은 독일어였다. 그것은 어머니의 언어인데, 딸은 그 언어를 이해할 뿐 말을 하지는 못하였다. 그러나 모국어의 수동적 소비자인 딸은 모성적 포옹의 흥분을 그녀가 하는 사회활동의 중립적이고, 거리감 있고, 실망스러우면서도 현존하는 감정 억제로써 되돌려 줄 줄은 알고 있었다. 수잔은 실내장식가이자 사업가였기 때문이다. 모든 것을 눈으로 보고, 만져 보고, 돈을 따지는……. "사실을 말씀드리면, 내 직업은 나를 냉정한 여자로 만들어요." 그러니까 불감증 여자이다.

히스테리에는 이상한 교착어법(*chiasme*)이 있는데(교착어법은 시신경이 형성하는 교차, 즉 단순한 우연임을 기억하자.) 그것은 일차 나르시시즘을 상기시킨다. 그것은 마치 욕동들이 상징적 정신 구조로 안내하는 정신적 기재로서 요동하는 바로 그 장(場)에 주체가 자리 잡는 것과 같다. 그러한 교차로에 위치한 히스테리 환자는 요동칠 수밖에 없다. 어머니 쪽에서 그녀/그는 말로 표현할 수 없는 욕동적 흥분을 되찾는다. 아버지 쪽에서 그녀/그는 언어 속에, 상징계에 뿌리를 내리면서 자신의 몸을 그것으로 가득 채운다. 히스테리 환자의 지나친 다변은 결국 실어증이다. 나르시스적 교차점에 육체 자체에 대한 욕동적 발현의 차단을 창출함으로써 그 참을 수 없는 교착어법을 해결하는 시도가 될 수 있는 그 증상(고통 또는 불안)은 정신 공간을 구성하고자 하는 욕동/언어의 분리가 실패임을 드러낸다.

히스테리 환자가 '무의미한 담론, 쓸데없는 담론'(페미니즘은 이러한 담론을 '남성 우월주의적' 담론이라고 선언하고, 남성 우월주의에 반기를 들면서 투쟁적인 이념으로 만들었다.)을 벌인다는 느낌은 이 책의 45~46쪽(「나는 아니야」 — 옮긴이)에서 밝힌 바와 같이 일차 나르시시즘에 비추어 보면 명확해지는 듯하다. 한쪽으로는 어떤 대상이고 다른 한쪽으로는 상상적 아버지로, 결국 그것은 양쪽을 다 받아들이고, 정신적 기재에서 욕동적 발현의 교묘한 분화인 공백에 근거를 두고 있는 나르시스적 형성물이다. 나르시스적 전시는 그 공백을 대상과 맞서게 하여 욕동, 만족감, 혹은 혐오로 그것을 채우고자 하는 시도일 것이다. 그러한 나르시스적 전시는 언어 사용력을 작동시키는 (거기에서 흥분한 활동 등이 비롯된다.) 상상적 도피의 양상도 띨 수 있다. 그러한 활동은 마치 망명에 처한 것처럼 '무의미한', '쓸데없는' 것으로 남게 된다. 수잔은 종종 마조히스트적인 시나리오를 통하여 그와 같은 나르시스적 승리를 연출한다. 그녀는 한 쌍의 친구 부부, 즉 엄마와 아빠 놀이에서 제삼의 요소이고, 그 부부는 물론 나중에 그녀를 제거하기 위해 그녀를 이용한다. 그러나 그 부부 관계에서 그녀는 확연히 그 '중심', 아마도 '아무것도 아닌 것'이라는 느낌을 갖게 되지만, 그러한 느낌은 그들 각자에게 개별적으로, 그리고 두 사람 함께에게는 '모든 것'이, 즉 즐기는 것이 되도록 허락한다.

사라져 버린 아버지, 여행 중인 아버지는 아마도 그 히스테리 환자의 흥분된 실망의 역동적 원인일 것이다. 그는 축출된 (정신병자인) 아버지도 아니고 사망한 (강박관념적인) 아버지도 아니지만 '있을 수 있었을 텐데', 그러나 '없는' '조건법 과거형'의 아버지이다. 그럴 수도 있었을…… 아마도…… 그게 아니라…… 수잔의 비극적인 이야기는 보다 평범한 상황을 우리에게 감추지 말아야 한다. 말하자면 히스테리 환자의 아버지는 항상 이미 어머니의 욕망에서 '사라진 그리운 사람', 항상 이미 실망하여 슬픔에 잠긴 모성의 대륙에서는 자리를 떠난 부재자여서, 그와 마주한 미래 화자의 상상적 아버지는 비중 있는 무게를 갖지 못한다. 그와 마주한 상상적 이미지는 오로지 근거지 부재(不在)로서만 정당화될 수 있기 때문이다.

그러한 맥락에서 정신분석가는 주체의 나르시시즘을 '부드럽게 만들고자' 하는 유혹을 받는다. 비열함의 측면에서 그것은 어머니의 초언어적 충격이고, 그 충격은 물론 언어를 빠져나가고, 언어의 한계를 벗어나는 흥분의 쇄도를 통하여 전이 속으로 호출된 것이다. 표상 불가능한 이러한 정동은 흔히 '사물의 핵심을 찌르지 못하는' 언어에 대한 히스테리적 담론의 불만처럼 진술된다. 그 정동은 또한 상상적 고뇌처럼 또는 진정한 신체적 고통처럼 체감될 수도 있다. 그러나 나르시스적 교착어법의 회전 장치는 상상적 아버지 쪽으로의 전이를 추진할 수 있다. 이 경우 주체는, 자신의 분석가의 이상화를 통하여, 자신의 개인적 선사 시대의 아버지에게 위임된다. 그는 남자이자 여자이고, 아버지이자 어머니로, 일종의 양성적 존재일 수도 있다. 결국 모든 기록부는, 그러한 요동의 대리자들(언어의 또는 행동의)이 상상적 아버지가 통합되지 않은 오이디푸스적 심급의 판결 앞에 아무것도 아니고 쓸데없는 정동에서 단절되어 나타나기 이전에, 유혹의 담론 속에서 작용한다.

엄격하게 정신분석적인 틀을 유지하면서 흥분막이로 사용하기, 즉 정신분석의 틀 속에서 이상화의 전이를 해석하며 욕동적 쇄도를 야기하기, 바로 이것이 초기에 정신분석가가 피분석자로 하여금 자신의 이마고(imago)[42]의 역학을 구축하게 하고, 또한 그것을 말하는 기호들의 역학도 구축할 수 있게 인도하는 것이다. 우리가 알게 되는 것은 욕동들(Triebregung)을 만나게 하면서 실망한 담론에게 의미를 다시 부여하는 것을 목표로 하는 이 역동성은 나르시시즘의 재구축을 통과하고, 나르시시즘의 결핍이 물론 표상의 소멸처럼 나타나는 것의 바탕이라는 사실이다.

---

42) (옮긴이) 유년기에 무의식적으로 형성되는 이성인 아버지 또는 어머니를 이상화한 영상.

보들레르 또는 무한, 향수 그리고 펑크

자아의 분무와 집중. 모든 것이 거기에 있다.

사랑, 그것은 매춘에 대한 취향이다. (……)
예술이란 무엇인가? 매춘이다.
—「불꽃」

보들레르(1821~1867)에게 텍스트는 명시적인 사랑의 체험을 우선으로 한다. 그리고 그 사랑의 체험 속에는 두 가지 테두리가 독해에 제기된다. 한편으로는 육체의 파괴적인('가학적인'이라고도 한다.[1]) 열정이고, 다른 한편으로는 접근할 수 없지만 절대적이고 필연적인 이상의 열광적 숭배이다. 연인으로서의 보들레르, 가톨릭 신자 보들레르, 신비주의자 보들레르. 그가 동일한 사람이 아닐지 모르지만, 그의 텍스트는 모두 은유를 바탕으로 한다.

---

1) 블랭(G. Blin), 『보들레르의 사디즘(*Le Sadisme de Baudelaire*)』(Corti, 1948)을 참조할 것.

철학의 법정에 선 나르시스

조르주 바타유와의 논쟁으로 유명해진 텍스트[2]에서 사르트르는 보들레르의 내밀성을 진단하면서 시인 보들레르에게서 "자신의 거울이 된 마음과의 어둡고도 투명한 대면"을 발견한다. 그가 바로 철학의 법정에 선 나르시스이고, 그는 모반적 철학 의식에 도달하지 못하고 '반성적 의식', 이원성의 단순한 '좌절된 초안'에 머물러 있도록 선고받았다. 사르트르는 결국, 비록 나르시스로 분류되었지만, 보들레르에게 '이차적 체계'에 따라서 사고할 것과 철학적 또는 정치적 입장까지도 택할 것을 요구한다. 그렇게 하다 보니 사르트르는 허약하기 때문에 악의적이고, 분리되었기 때문에 사랑에 빠진 조숙한 자아를 유지하기 위하여 비열함[3]과 전쟁을 벌이는 진정한 보들레르의 세계 옆을 지나쳐 버린다. 보들레르의 시 세계가 보여 주는 사랑의 정체성의 고고학에 대한 정곡을 찌르는 증언 앞에서, 그리고 분리와 해체로 이루어진 그의 고통 앞에서 그 시인에게 가족과 사회를 향해 '그들의 부르주아적 미덕이 잔인하고 어리석다'는 것을 '선포하기'를 요구한다는 것은 적어도 비상식적인 일이다. 보들레르의 작

---

2) 사르트르, 『보들레르의 유고에 대한 서문(*Préface aux écrits ultimes de Ch. Baudelaire*)』, Ed. Point du jour, 1946; 사르트르, 『보들레르(*Baudelaire*)』(Gallimard, 1946)도 참조. 조르주 바타유의 반론도 참조할 것. "사르트르는 시인을 제거할 의도를 가지고 그 시인에 대해 말한다."(「벌거벗은 보들레르(Baudelaire mis à mu)」, *Critique*(1947), 8~9쪽) "반영된 사물과 그것을 숙고하는 의식의 정체성을 추구함으로써 시가 불가능한 것을 추구한다는 것은 사실이다. 그러나 사물의 반영으로 환원되지 않고자 하는 유일한 방법이 결과적으로 불가능한 것을 추구하는 것이 아닐까?"(「보들레르(Baudelaire)」, *La Littérature et le mal, Oeuvres complètes*, IX, 197쪽) 또한 블랭의 앞의 책도 참조할 것.

3) 크리스테바, 『공포의 권력, 비열함에 대하여(*Pouvoirs de l'horreur, Essai sur l'abjection*)』, Éd. du Seuil(1981)를 참조할 것.

품은 모두 은유적 격정 속에서 입증되고 소멸된다. 말하자면 그의 작품은 의미의 상승과 충격의 입장을 제외한 '입장'을 가지고 있지 않다. 사형 집행인들(훈장, 아카데미)의 쪽을 선택할 수도 있었을 시인이고 보면, 그가 실제로 '사임'한 것이 문제일까? 아니면 반대로, 가학적이고 권태로운 형상들이 말하는 존재에게 힘들고 난폭한 의미 출현의 심오한 논리를 드러내는 동물성과 법질서 사이에서의 견디기 힘든 처지가 문제가 되는 것일까?

그렇지만 그 '패자'가 '인간적인 작품'을 만들어 낸다. 그리고 그러한 비본래적 행위는 사르트르가 보기에 '창작의 휴머니즘'을 통하여 그의 인간 혐오증을 대속한다. 그런데 사실은 더 복잡하여, 이제부터 문제되는 것은 그러한 '휴머니즘'의 '기독교적인 영향'이다. 그리고 사르트르는 그것을 지드의 '성적 비정상성'과 대치시켰는데, 지드는 나름대로 또 다른 도덕관을 주장할 수 있었던 것 같다.

사실 우리는 보들레르에게서 향락에 대한 가톨릭적인 해결책을 목격한다. 덜 도덕적이고 덜 교훈적인 그 해결책은 죄악을 법질서 속에 있게 하고, 명명할 수 없는 것을 기호들에 대한 바로크적인 열정 속에, 창조주의 무한을 피조물들의 한정되고 무력증적인 유한성 속에 있도록 만든다. 그러나 그러한 이념을 넘어서, 어쩌면 산문가이기보다는 시인인 보들레르에게는 글쓰기 과정이 그 향락의 가능성 자체를 특이성과 함께 생겨나게 한다. 바로 그 과정에서 우수(*Spleen*) 혹은 고통이라는 그의 개인적 차이가 응고된 것이 아니라 고양되어 체험될 수 있고, 무한과 허무 사이에서 작열하는 정상(crête)이 될 수 있는 것이다. 거기에는 오직 한 가지 열광만이 있다. 그것은 기호들의 출현과 재구축의 열광이다. 그러한 작전은 끊임없이 다시 만들어진 어린 시절을 닮았고, 그 '어린 시절'은 실제로 시인이 너무나 자주 호소하여서, 비평가들은 글쓰기 행위 이전의 유년기와 동일시하는 경향을 갖게 되었다. 그 유년기란 다름 아닌 실제 어린아이의 육체와 마찬가지로 전체가 성욕으로 자극된 몸이지만, 이 경우는 욕동에서 이상으로 옮겨 가는 그 자신을 다양한 글쓰기로 펼치고 있다.

'원하면 되찾을 수 있는 어린 시절', '모든 것을 새로운 것으로 보는 이 아이는 언제나 도취되어 있다.' 이 아이가 이상과 비열함, 영상과 공백, 무한과 무의미 사이에서 갈팡질팡하는 우리의 나르시시즘들을 탐색하는 작가이자 고고학자가 아니고 누구란 말인가?

그렇지만 우리에게 제기되는 문제가 없는 것은 아니다. 악에 의해 고양된 그러한 글쓰기의 최종적 수신자인 듯한 방정성과 도덕, 또한 너그러운 후원의 그 이상적인 심급은 무엇인가? 조제프 드 메스트르는 보들레르에게 가능한 사회를 위한 전반적인 틀로서 그의 신정 정치(神政政治)뿐만 아니라, 블랭이 정확히 본 것처럼, 기도자의 의지를 외부에서 지령을 받은 자기 숭배와 결합하는 그의 기도(prière)에 대한 이해도 보여 준다. 즉 기도는 '인간에게 맡겨진 역학'이라는 것이다. 그러나 보들레르는 그 체계를 그의 고유한 역학 속에서 숙고하고, 그 신정 정치에서는 오직 대타자의 절대적 필요성만을 간직하는데, 그 대타자는 어떤 실존자가 채울 필요가 없는 존재의 순수한 터전이다. "하느님이 존재하지 않는다 해도, '종교'는 여전히 성스럽고 거룩하다."(「불꽃」) 마찬가지로 1861년 그가 종교적 위기를 겪을 당시에도 그는 어머니에게 이런 편지를 썼다. "석 달 동안, 괴상하지만 단순히 분명한 모순에 빠져 저는 시간마다 기도를 드렸습니다.(누구에게? 어떤 한정된 존재에게? 저로서는 전혀 알 수가 없습니다.)"(1861년 4월 1일자 편지) 글 쓰는 동안 내내 그 터전을 향한 긴장이 남아 있게 된다. 그 터전은 그가 자기 상실과 자신의 우수를 글로 쓰는 데 필요한 심급이고, 그것은 위치가 그를 '공중에 떠오름'으로 '궁극적인 영혼'이 되도록 보장해 주고,(「낭만주의 예술론」) '분수'나 '불꽃' 같은 시 제목들이 강하게 특기하는 원칙이다.

아버지의 기능은? 보다 정확히 말해서 그것은 나르시스적 구조가 펼쳐지고 언급될 수 있게 하는 '상상적 아버지[4]'의 터전이다. 만약 보들레르가 자신의 허약한 동일성 속에 존재할 수 있게 하는 누군가에 의해 관찰된다면, 그 타자는 다름 아닌 상징 그 자체일 것이다. "다정한 눈초리로 그를 관찰하는 상징의 숲을 통하여." 그는 「넝마주이의 포도주」의 판본 중 하나에서 사랑하는 그 대타자를 예찬한다. "모두가 명명하는 자의 선행의 위대함이여."

그리하여 향기로 가득한 만큼 독재적인 어머니와의 나르시스적 열정의 아픔은 "모두가 명명하는 자의 선행"과 함께 유지된 그 계약 덕분에, 마치 기호들의 개화처럼, 다시 말해 언어의 괴롭고도 황홀한 조작처럼, "악의 꽃들"처럼 진술된다.

그와는 반대로 성적 광란 속에서 휴식이나 흔적, 상징도 없이 우리의 몸과 마음이 고갈되었을 때 우리는 자주 실망한 연인이 되고, 의미 없는 우리의 담론들은, 모성적 지배를 넘어서 실망한 아버지들과 맺은 관계의 불행을 드러내 보인다. 쥐스틴처럼…….

쥐스틴 또는 메마른 나뭇가지

처음 몇 번의 정신분석 면담에서 그녀는 내 눈을 피하고, 머리끝부터 유혹적으로 드러낸 가슴 깊숙이까지 빨개지거나, 아니면 그녀의 대화가 자기도 모르게 그녀의 불안에 대해서 내게 말하도록 이끌고 갈 때는 신

---

4) 이 책 1부의 41쪽 이하 참조.

경질적인 웃음을 터뜨렸다. 그녀의 변태적 두려움에는 발달된 지성이 첨가되었고, 그 지성에서 그녀가 뚜렷한 자부심을 끌어내고 있지만 점점 더 억제에 사로잡히게 되었다. 명문 대학 출신인 쥐스틴은 한때 지나친 성행위 때문에 '자신을 망쳤고',("그 짓 하다가 세상을 떠날 거예요.") 그러한 성행위는 그녀를 소멸시키고 극빈화 지경으로까지 몰고 갔다.

쥐스틴은 그러한 상태의 원천을 알고 있다고 말했다. 그녀가 창피하게 생각하는 그녀의 어머니는 모험주의자에다 점점 더 어려지는 자신의 연인들에 대해 만족할 줄 모르는 파괴자였다. 어머니는 그 연인들을 딸과 함께 즐기기를 원했고 딸은 그러한 제의에 매혹되거나 두려워했다. '숨막히는', '구역질 나는' 그 어머니는 아주 어린 유년기의 쥐스틴을 심각한 피부병으로 몰아갔고, 그 병은 그녀를 다른 모든 접촉으로부터 단절시켰다. 그 후 쥐스틴은 공부에 몰두하면서 그 '한없는 혐오'와 거리를 두었다. "그 세계에서 빠져나오기 위해서는 엄마가 이해 못 하는 그 무엇인가를 해야만 했어요." 그 '세계에서 빠져나오기' 역시, 모성적 '수치심'을 비쳐 주는 거울처럼, 격화된 성의 경쟁이었고, 쥐스틴은 남녀를 즐기게 하는 일에 온몸을 던졌다.

그러한 광란적 색정에 대해 그녀는 변태적인 묵설법으로, 그러면서도 진정한 수줍음으로 자세히 묘사했다. 왜냐하면 그녀의 상징적 수단들은 성 본능(Eros) 속에 빠져든 육체에서 분리되었고, 이성적으로 쥐스틴은 사실상 자기 피부만을 내맡기는 그 섹스 난장판에서 물러나 있었기 때문이다. "거기서 빠져나오면 내 살갗은 아파요.", "내 피부는 벌겋게 부어오르고 몹시 아파요."

실제로 쥐스틴은 그녀가 전이의 도움을 받고 말한 것처럼 사랑받지 못하고 사랑하지 못하는 것을 고통스러워했다. "나는 적당한 거리를 찾아내질 못해요." 그녀의 마지막 애인인 마약 중독자 루이는 "결국에는 자기 친어머니를 더 좋아해요." 아주 최근에 사귄 베르나르는 성행위에서 여자처럼 행동하고, "나에게서 오로지 쾌락만을 추구하지 나를 자기 집에서 잘 수 있게 허락하지 않아요." 쥐스틴은 작은 방 안에 틀어박혀 있다가 점점 싫증이 나는 섹스 난장판을 위해서만 그 방에서 나왔다. 그런데 얼마 전부터 그 방 안에 기거하면서 그녀는 시를 쓰기 시작했다. 그녀의 아버지("성도착자, 허약한 자, 낙오자, 그는 나를 유혹할 생각만 해요.")는 어린 딸의 성기를 "나의 시의 여신(muse)"이라고 불렀다.

어머니의 눈에는 실존하지 않는 그 아버지로부터 쥐스틴은 한 가지 영상을 끌어낸다. 즉 아버지의 유일한 작품인 그가 정원에 심은 월계수가 이제는 완전히 죽어 버린 것이다. 그러자 쥐스틴은 꿈을 꾼다. 자동차 안에서, 한 남자 같은 여자와 한 여자 같은 남자 사이에 끼여, 갇힌 공간 속에서 숨이 막히던 그녀의 귀에 확성기로 그녀의 아버지가 국장으로 승진했음을 알리는 소리가 들린다. 그 꿈의 '어리석음' 때문에 처음에 그녀는 웃었지만, 곧 '승진한' 아버지를 보고 싶다는 자신의 욕망 앞에서 감격한다. 그녀의 섹스 난장판의 다소 피학대음란증적 자동차(성 본능)를 포기한다는 것은 그때부터 쥐스틴의 야망이 된다. 쥐스틴은 아버지에 대한 이상적인 영상을 정복하기 위해 떠나는 것이 아니라,(그 인물의 실상은 물론 그런 데에 적합하지 않다.) 그녀가 이상화 가능한 대상을 상정하는 한 사랑하는 관계의 진정한 창조를 위하여 출발하는 것이다. 그 타자가 황홀하거나 반복된 성욕 위에 세워진 지옥이 아니기를, 그리고 그가 숭고한 부분을 가질 수 있기를 바라면서. 숭고함이 존재한다는 사실을 쥐스틴이 깨달은 것은 어린 시절의 정원을 다시 찾아가 보면서이다. 아버지의 월계수에는 오직 메마른 나뭇가지 하나만 달려 있는데도 나무가 수액과 푸르름으로 빛나고 있음을 발견한 것이다. 그리고 그 모든 것은 그녀가 없는 동안에 이루어졌다.

이러한 행로에서 정신분석가는 사랑하는 '좋은 엄마'가 되거나 엄격한 '친아버지' 역할을 할 필요가 없다. 그저 이방인처럼 자리 잡고 있어야 한다. 즉 성을 지닌 동시에 거리를 둔 해석을 해 주고, 쥐스틴의 숨 막힘에 그녀의 침묵보다는 현재의 언사를 통하여 구두점을 찍어야 한다. 언사와 시간의 원천은 성적인(내용물의, 즉 피부의) 폭발 앞에서의 공포증적 불안을 지연시키고, 그리하여 제삼자, 의미(형태, 영상, 이념)의 증여자인 이방의 대상 속에서 정동들을 치정적 분노가 폭발하는 바로 그 장소와 연결시킨다. 숭고함이란 그러한 격분의 형식이 아닌가?

그러나 정신분석적 언사가 동일한 지점에서 작용한다는 것은 언사에게 예술의 숭고성(이것은 격분을 보거나 들을 수 있게 하지만, 바로 그러한 무언극을 통하여 격분을 하나의 문체 속에 전위시킴으로써 우리를 격분으로부터 정화시킨다.)도, 억제의 위엄(이것은 격분을 배제하고, 그 억압으로 격분의 힘을 뒷받침한다.)도 부여하지 않는다. 올바른 정신분석적 해석은 순간적이고, 본질적으로 미완성이며, 작품도 법칙도 아니다. 그런 해석은 성적 격분을 건드리고 북돋아서 전위시키고, 있는 그대로 존재하게 할 뿐만 아니라 의미의 차원에서 그것을 소비할 적에 사랑의 시간과 공간을 창조한다.

구성주의와 고통 ── 시적 기호

보들레르가 모든 것 위에 시적 창조의 조건으로서 상징 원리를 위치시킬 때, 그는 육체를 절대시하는 초현실주의의 흐름과 정반대 입장에 서게 된다.[5] 순수하게 추상적인, 말하자면 수학적인 보들레르의 무한은 구성주의적인 면을 지니고 있다. 그 무한은 '만들다(faire)'의 어원적 의미에서 '시로 만들다(poétiser)'를 가능하게 하기 때문이다. "총체는 숫자이고, 숫자는 총체 속에 들어 있고, 숫자는 개체 안에 있다."(『불꽃』) 예술이란 공간의 표지이다. "그것은 숫자이고, 숫자는 공간의 해석"[6]이기 때문이다. 『인공 낙원(Les Paradis artificiels)』에서 '무한에 대한 취향의 타락'에 반발하면서 그는 음악이 되기 위하여 시선과 비천한 열정뿐만 아니라 의미 작용으로부터도 멀어져야 하는 시의 구성 자체에 의하여 신이 되기를 갈망한다. 이때 시각은 '내면의 청각'이 되고, 청각은 '내면의 시각'이 되어 음악이라는 완전히 숫자적인 구성을 포착하게 한다.[7] 보들레르가 선언하는 것이 진정 감각의 죽음인가? 아니면 감각에 가장 가까운 기표의 지고한 약호화, 즉 "음악으로 표현되는 다양한 감각에 대한 예찬"(『나심(Mon coeur mis à nu)』)인가?

승화적 노력과 관능적 음란성을 지니고 있는 그러한 음악은 전반적인 보들레르의 예술과 마찬가지로 고통에 가깝다. "바이올린은 가슴을 파고드는 면도날처럼 고통을 준다." 또한 "멀리서 들려오는 인간의 신음 소리 같은 / 짜증 나게 하고 부드러운 음악 소리."

상징계와 상상계의 무한을 하염없이 말하기, 그것은 나르시스의 목표가 아니라 숫자와 기호 속에서 자신을 창조하는 예술가의 목표이다. 사르트르에 의하면, 보들레르의 무한은 비(非)유한, 즉 '끝날 수 없는 것', '어

---

5) 블랭, 『보들레르(Baudelaire)』(Gallimard, 1939), 101쪽을 참조할 것.

6) O. C.(La Pléiade, 1975), I, 702쪽을 참조할 것. 또한 Joseph de Maistre, Soirées, VIII, Oeuvres, V, 94~103쪽도 참조할 것. "나는 오직 숫자만을 믿는다. 그것은 기호요, 음성이요, 지성의 언사이다. 숫자는 도처에 있기 때문에 나는 도처에서 그것을 본다.", 블랭이 인용함, 앞의 책, 104쪽.

7) "음표들은 숫자들이 된다. 그래서 당신의 정신이 어느 정도 수학적인 적성을 지녔다면, 멜로디, 들리는 화음은 육감적이고 관능적인 성격을 간직하면서 광대한 수학적 작용으로 탈바꿈하며, 그 경우 숫자는 숫자를 낳는다."(「인공 낙원」, O. C., I, 419쪽) 이 문제에 대해서는 블랭, 앞의 책, 152쪽 이하를 참조할 것.

느 정도 접근할 수 있지만 도달하기에는 불가능한 것'이다. 그러나 우리는 그것이 의미의 시적 열광의 무한, 이론가 보들레르가 요구하는 무한의 그 내재성에 가장 가까운 시적 언어의 결정 불가능한 공시라고 생각할 수 있을 것이다. 보들레르적인 인간은 "한쪽은 상승하려 하고 다른 한쪽은 하강하려는 반대적이지만 원심적인 두 가지 움직임의 충돌"이라는 것이 사실이라면 그러한 긴장이 바로 보들레르가 자신의 미학 속에서 또 그 미학을 통하여, 그리고 더 한정적으로는 의미의 무한이자 심연인 그의 은유들의 움직임 자체 속에서, 또한 그 은유들을 통하여 실현하고 있는 것이라고 어찌 생각하지 않을 수 있겠는가?

온통 기호의 존재인 보들레르는 "실질적으로 하느님 속에"[8] 있은 적은 없는 듯하다. "한 번도 환희가 찾아온 적이 없는 나의 마음은 / 공연을 기다리는 연극 무대이어라 / 언제나, 언제까지나 헛되이 기다리는……"[9] 만일 글쓰기의 주체가 오직 언어의 매혹적인 조작에서만 하느님과 동일하게 된다면, 그 하느님은 '자아'가 아니다. 사랑하는 부모의 내투사로 이루어진 그 어떤 내면성도 그를 채워 주지 못한다. 그의 정체성의 지표들은 외부적인 것, 즉 상징들로 남아 있을 것이다. 그것들은 단지 무한과 그 상실에서 분리된 두 영역을 향해 열어 주는 경계선을 긋게 해 줄 뿐이다. 따라서 무한의 축조자는 허무의 축조자이다. "정신적으로 그리고 육체적으로 나는 항상 심연의 느낌을 가졌다. 잠의 심연뿐만 아니라 행동, 꿈, 추억, 욕망, 시선, 회한, 아름다움, 숫자 등등의 심연의 느낌을."[10]

---

8) 블랭, 앞의 책, 176쪽을 참조할 것.
9) 「악의 꽃(Les Fleurs du mal)」, LIV, *O. C.*, I, 55쪽.
10) 「내면 일기(Journaux intimes)」, *O. C.*, I. 668쪽.

사랑하는 죽음(Amor mortis) ─ 위장

그러한 전망에서 볼 때, 사랑은 죽음의 이면일 뿐 아니라 죽음에 의지하고 있다. "사랑은 '인류'의 골통 위에 앉아 있다."(「사랑과 골통」) 나르시스의 공허에 사로잡힌 사랑하는 여인 그녀 자신은 치신경이 제거되고, 피골이 상접한 채, 열정에서 벗어났다. 그녀는 이처럼 욕망하고 내버리는 어머니보다는 덜 위험하게 된다. "축제에 갈 준비가 완료된 키 큰 여자 해골을 상상해 보세요."(「살롱」, 1859) 그래서 우리는 사랑이란 "세속 수녀들이 좋아하는 억제되고, 신비하고, 베일에 가려진 사랑"(「불꽃」)처럼 상상될 수 있다는 것을 이해하게 된다.

예술이 그러하듯 사랑 역시 '매춘'이라고 말하는 것은 단지 첫 번째 명제의 역설적 역전만은 아니다. 세속 수녀에게는 창녀나 시인에게서와 마찬가지로 정련되지 않은 욕망의 소진과, 닮은꼴(semblant) 속으로의 주체의 이입이 있다. 그 닮은꼴은 사랑하는 대타자, 즉 보호하는 동시에 밝혀 주는 사상적 아버지에서 유래하는 불확실하고도 보호받는 향락을 동반한다. 그 대타자는 상처 받은 자아에게 '유일한' 의미의 이름으로 지탱하게 해 준다. 다른 곳에서…… 매춘은 승화의 음화, 즉 예술의 야행성 누이이다.

"왜냐하면 열정은 자연스러운 것이고, 너무도 자연스러워서 순수미의 영역에 치욕적인, 부조화적인 음색을 도입하지 않을 수 없기 때문이다. 열정은 너무도 친근하고, 너무도 강렬하여 시의 초자연적 영역에 자리 잡고 있는 순수한 '욕망', 우아한 '멜로디', 숭고한 '절망'을 분노케 하지 않을 수 없다."[11] 아름다움에 대한 보들레르의 예찬은 승화 자체에 대한,

---

11) O. C., II, 114, 334쪽.

즉 육체, 열정 그리고 가까이에서 또는 멀리서 욕망들의 요람인 가족을 상기시키는 모든 것을 중화하는 그 횡단에 대한 예찬이다. 환몽 속에서 그러한 승화가 송장 같은 혹은 불감증적인 경직성에 손을 내민다. 아마도 '시체'와 '불감증'은 항상 가족적인 마지막 심급에서 성욕에 대항하는 방어에 속하기 때문일 것이다. 그러한 병적이고 냉랭한 주제들은 승화적 실현의 어떤 역류를 표상하거나, 아니면 그것의 신경증적인 심리의 음화를 나타낸다.

반대로, 기호들이 전적으로 무한한 조응을 감당할 때, 그 기호들이 융합하는 성운들, 보들레르가 그처럼 자주 환기시킨 압축된 향기들이 될 때, 그 경직성은 증발한다. 그리하여 보편화된 은유성으로 증발된 자아는 '비천한' 열정의 영역이 아니라 전체가 아름다움이 된 향락 그 자체의 지층이 된다. 이것은 기호, 차라리 기호들의 충돌, 은유적 놀이의 결정 불가능한 의미 작용, 즉 '추측에 길을 열어 주는 약간 모호한 그 무엇'으로 이해되어야 할 것이다.

글쓰기는 향락을 여과하고, 반면 환몽('시체', '송장', '성 불감증' 등)과 그것이 끌어들이는 실존적인 모습(우수, 댄디즘)은 향락에 제동을 걸도록 되어 있다. 향락을 제거하기 위해서가 아니라 그것을 억제하기 위해서다. 죄책감은 그러한 억제의 원인이 되면서 시적이고 환몽적인 체제 속에는 타자가 받아들일 수 없는, 그가 거부한 그 무엇이 있을 것이라고 추측한다. "잊힌 과오 때문에 받은 사형 선고 (……) 그 기소에 대해 나는 왈가왈부하지 않는다. 꿈속에서도 설명되지 않은 큰 과오."[12] 보들레르가 두려워하는 것은 어린 나이의 추억('장난감의 교훈'을 참조할 것)인 자아의 조숙한 열광일까? 과오와 엄청난 갈증 사이의 타협 중 하나는 너무나

---

12) "Poèmes à faire", O. C., 371쪽.

도 자주 꾸며낸 속임수에 지나지 않은 듯한 병마 또는 아픔을 통하여 어머니를 향한 냉소적이고, 위장된 거짓 호출일 것이다. "엄마가 아파하는 것을 보는 나는 얼마나 괴로운지 모릅니다. 보다 진실하고 보다 믿을 만한 것이 무엇이겠습니까. 하지만 사실 나는 이 모든 것을 순전한 과장들이라고 여긴답니다."[13] "현재에도 그리고 과거에도 언제나 저에게 책임이 있고 제가 못된 인간입니다."[14] "나는 향락과 영예 그리고 권력을 미칠 듯이 갈구합니다."[15]

송장과 천국

두 가지 사랑의 대상이 보들레르의 텍스트를 수놓고, 그 대상들은 수많은 해설자들에게 신비적 체험을 상기시킨다.

한쪽에는 비열한 것, 즉 여자·본성, 비천한 육체, 송장, 부패가 있다. "추악한 송장 / 조약돌이 깔린 침대 위에",(「송장」) "내가 관련된 추악함", "너의 흡혈귀의 시체",(「흡혈귀」) "분노하지 않고 내가 너를 치리라." 또는 "그렇지만 당신은 이 쓰레기와 같으리라 / 그 지독한 악취와 같으리라."(「송장」) 또한 "시신을 뒤따르는 한 무리의 유충들처럼",(「악의 꽃」, XXIV) 또는 성모의 반대편에 있는 "모든 여인 중에서 선택되어 / 초라한 내 남편의 혐오의 대상이 된" 시인의 어머니처럼.(「축복」) 결국 조르주 상드라는 사탄의 화신 앞에서 시인은 "어떤 혐오감의 전율 없이는 그 바보 같은 피조물에 대해 생각할 수가 없다."(「나심」, XXVII) "사랑에서 서

13) 『서간집(Correspondances)』(La Pléiade, 1973), I, 113쪽.
14) 1861년 6월 21일, 어머니에게 보낸 편지.
15) 1856년 11월 4일의 편지.

글픈 것은 그것이 공범 없이는 이루어질 수 없는 범죄라는 사실이다."
(「나심」, XXXV) "자신의 피난처에서 사랑은 / 어둠 속에, 숨어서, 운명의
화살을 당긴다. / 나는 그의 낡은 병기창의 기구들을 잘 알고 있지. 범죄,
혐오감 그리고 광기를!"(「가을의 소네트」)

　다른 한쪽에는 지적으로는 하느님이라고 명명되고("하느님은 통치하기
위하여 존재할 필요조차도 없는 유일한 존재이다.", 「불꽃」) 주관적으로는
전 오이디푸스기의 상상적 아버지 그늘에서 사랑을 받기 때문에 숭고한
어머니의 추억을 되찾는 이상화된 저 높은 곳이 있다. "나는 간직하였네,
일그러진 내 사랑의 형태와 신성한 본질을."(「송장」) "원초적 광선의 성
스러운 가마에서 길어낸"(「축복」) 이 "추억들의 어머니, 안방마님 중의
마님"(「악의 꽃」, XXXV)은 "여명처럼 눈부시고 / 그리고 밤처럼 위로한
다."(「전부」) 마치 "어떤 태양도 그 불꽃을 시들게 할 수 없는 별들과 같
도다."(「살아 있는 횃불」) "나의 어린 시절에는 엄마에게 열정적인 사랑
을 가졌던 시기가 있었어요. 두려움 없이 듣고 읽으세요. (……) 나는
언제나 엄마 안에서 살고 있었고, 엄마는 오로지 제 속에만 존재했어요.
엄마는 우상인 동시에 친구였지요."(1861년 5월 6일, 오피크 부인에게 보
낸 편지) "……나에게는 무엇인가가 없어진 것 같아요. (……) 나에게
없는 것은 엄마예요. 나에게는 온갖 것을 다 이야기할 수 있고, 아무 거
리낌 없이 함께 웃을 수 있는 사람이 아무도 없어요." "……여성적 세계
(mundi muliebris)에 대한, 넘실대고, 번쩍이며 향기로운 그 모든 장치
에 대한 조숙한 취향이 수준 높은 천재를 만들어 낸다."(「아편쟁이 Ⅶ,
어린 시절의 슬픔」)[16] "향기로운 천국이여, 그대는 멀기만 하구나."(「모에
스타 에라분다」) 등등.

---

16) 「인공 낙원」, O. C.(La Pléiade, 1975), Ⅰ, 499쪽.

우리가 확인한 바에 의하면 보들레르의 이러한 양면성은 구체적인 애정관계에서 구현된다. 즉 한편으로는 잔느 뒤발과의 성관계, 그리고 다른 한편으로는 마리 도브룅과 마담 사바티에 부인과의 결정화된 사랑이다. 특히 우리는 애정관계의 사악하고 공격적이며, 가학적인 성향을 강조해 왔다. "사랑의 행위에는 고문 혹은 외과 수술과 아주 흡사한 면이 있다."[17] "사랑의 유일하고 지고한 육감은 악행을 범한다는 확신 속에 있다."[18] 결국 우리는 그의 '성적 무능'에 충격을 받았다고 생각하게 된다.(사르트르)

그러나 보들레르의 여성에 대한 부정적인 영상 속에서 오피크 장군 부인에 대한 단순한 근친상간적이고 오이디푸스적인 복수만을 보는 것은 경솔한 일이다. 보다 근본적으로 그 '송장'은 한계가 없고, 엉뚱하고, 심층적으로 나르시스적이라고 할 수 있는 위기로 인해 피폐해진 육체를 가리킨다. 사실 우리가 문학에서 꿈속과 마찬가지로 '내'가 꿈꾸거나 '내'가 말하는 것은 '내'가 존재하는 것임을 인정한다면, 보들레르적인 비열함은 주체와 타자 사이가 불분명한 것이다. 말하자면 불가능하다고 시인하는 정체성의 부패이다.

그런데도 그 비열함은 기호로, 문자로, 텍스트로 말하는 사람을 결정적으로 구성하는 어떤 계약을 통하여 그리고 그 계약 속에서 유지되고 존재하며 소비된다. "하느님은 죄의 동기인데, 수익을 가져다주는 죄의 동기이다."(「불꽃」, XVII) 보들레르에게 신비주의자적인 면이나 신비가 있다면 그것은 바로 여기에 있다. 즉 대타자와 유지된 계약 덕분에 은유적으로 '증발된' 자기 자신을 이야기하는 그 황폐한 자아의 가능성 속에 있다. 그는 확대된 은유성을 통해서 정신 현상의 모든 단계를 포괄하여, 원초적 억압을 대신한다. 정체성의 흔들림에 대한 그러한 '증발 현상'은 언

---

17) 『불꽃(Fusées)』, 651, 659쪽을 참조할 것.
18) 같은 책, 652쪽.

어 수단들에 의해 생겨난 것으로, 그것은 단지 심리 상태의 잔해에 지나지 않을 수 있다. 프로이트 이후로 우리는 심리 상태의 잔해란 신체 자체의, 특히 신체 표면의(피부의) 투영으로서의 자아의 담론임을 알고 있다. 이 경우는 그와 반대로 다른 곳, '저세상'에 중심이 맞춰진 주체가 ("그곳에는 모든 것이 질서와 아름다움일 뿐……." 「여행에의 초대」) 자아·육신의 해체된 담론을 향기로 탈바꿈한다.

보들레르의 향기는 침입받는 동시에 침입하는 모성적 육체에 도취한 추억을 압축하는 통합된 암시적 의미들을 지니고 있다. 그리고 그 암시적 의미들은 아마도 공격적 배설의 숭고한 이면일 것이다. 그러나 향기는 그러한 의미들과 함께, 특히 의미와 언어의 분쇄, 정체성 자체의 분쇄의 알레고리이다.("낡은 변두리, 나에게는 모든 것이 알레고리가 된다.") 그래서 보들레르적 신비주의의 핵심은 바로 알레고리의 역동성 그 자체이거나, 보다 한정적이고 보다 분명하게는 은유의 역동성이다.

스베덴보리, 생 마르탱 그리고 특히 조제프 드 메스트르의 영향은 '조응'과 우주적 상징주의를 설정하는 그 체험 속에서 고려되어야 한다. 다른 한편, 보들레르가 즐기던 참고 서적 중에서 애드거 앨런 포, 호프만 그리고 퀸시의 글들은 감각과 형상들의 역전성을 강조한다. 결국 마리화나와 그가 복용한 온갖 환각제는, 모든 한계가 혼동된 채 "이따금 개성이 사라지는"(「포도주와 마리화나에 대하여」)[19] 지각 작용의 혼합으로 이끌어간다.

'하나로(ad unum)'의 원리에서 현상들의 술어가 오로지 유추에 의해서만 진술될 수 있음을 연역하던 형이상학적인 전통에서처럼, 보들레르는 너그러운 지주인 '하나의 대타자'의 논리적 가능성 쪽으로 기울어지면

---

19) 같은 책, 393쪽.

서 자신의 담론을 유추의 망처럼 간주한다. 그렇기 때문에 창조는 "사물들의 내밀하고 비밀스러운 관계, 조응, 유추"를 상상하는 "거의 성스러운 기능"이며, 또한 바로 그런 이유에서 "적극적으로 무한과 관계를 맺고 있다."[20] 그리고 "나는 언제나 즐겨 눈에 보이는 외부의 자연 속에서 정신적 차원의 향락과 인상을 특징짓기에 유용한 예와 은유를 찾았다."[21] "이성적인 인간은 자연이란 말하자면 언어, 알레고리, 틀, 압착 세공품이라는 것을 이해하기 위해 푸리에가 이 땅에 태어나기를 기다리지 않았고…… 우리는 스스로에 의해서 그리고 시인들을 통해서 그것을 알고 있다."[22] "하느님이 이 세상을 복합적이고 비가시적인 총체라고 말씀하신 이후로 사물들은 언제나 상호적 유추에 의하여 자신을 표현하였다."[23] 공백과 무한 사이에 펼쳐진 이 우주 속에는 사랑도 존재한다. 사랑은 무엇보다도 유추이다. "이처럼 아름답고 조용한 나라에서…… 그대 또한 그대의 유추 속에 둘러싸이지 않겠어요? 그래서 신비주의자들처럼 말하자면, 그대의 고유한 조응 속에 자신을 비춰 보지 않겠어요?"(「여행에의 초대」, 『산문시』)

사랑의 은유 ── '정신적인 은유'와 '반정립적인 은유'

그런데 보들레르가 분명히 지적하고 있는 것은 그러한 '신비적 변신들'의 원동력과 최종의 증언이 동시에 들어 있는 것은 예술 그 자체의, 특

---

20) 같은 책, Ⅱ, 1976, 329쪽과 621쪽.
21) 같은 책, 148쪽.
22) 1856년 1월 21일 투스넬에게 보낸 편지.
23) O. C., Ⅱ, 784쪽.

히 시의 체제 속이라는 것이다.

모든 은유는 그 교차로의 지표이고 그곳에서 작가(또는 연인)는 '꽃들의 언어'와 '침묵하는 사물들'의 언어 사이에서 '꽃들'을 향해 그리고 '악'을 향해 사방으로 끌어당겨진 자신을 발견한다. 왜냐하면 모든 은유는 정확히 말해서 비유적 의미와 문채의 융합(동일화)이며, 동시에 혼동된 의미 작용을 통하여 잠재 의미의 무한과 무의미의 공백을 향한 의미의 '상승'(드 메스트르는 '공중 부상'이라고 했는데, 이 용어는 보들레르적인 황홀감에 매우 적절한 단어이다. 「분수」, 「상승」을 참조할 것.)이기 때문이다.

은유는 융합이다. 왜냐하면 두 가지 용어가 온전하게 지속되는 비교와는 달리, 은유는 두 부분 중 어느 것도 배제하지 않으면서 이원성을 환원하기 때문이다.("모든 모순성은 단일성이 된다.", 「인공 낙원」[24])

더욱이 보들레르적 은유는 흔히 은유적 압축의 '정신적이고' 추상적인 의미론적 극점에 의해 지배된다. 그러므로 일상적 은유의 구체적인 부분과 추상적인 부분은 작품 「조응」의 저자에게는 그것들이 지닌 고유한 견실성을 잃게 되며, 그리고 확대된 상징성의, 일반화된 이상화의 인상을 자아낸다. 보들레르는 「낭만주의 예술」[25]에서 "만물의 조응과 상징성은 모든 은유의 목록이다."라고 쓰면서 바로 그 유명한 소네트 「조응」을 그와 같이 해명하고 있다. 보들레르에게 은유는 감각적인 대상과의 동일화에 의해서 상상된 정신적인 요소보다는 정신적인 요소와의 동일화에 의해 포착되도록 스스로를 내버려두는 대상에서 생긴다. 그리하여 "이 가구들, 이 꽃들, 이것은 그대이다. 하늘의 깊이를 반사하는 이 조용한 운하들, 이것 역시 그대이다……."(「여행에의 초대」, 『산문시』) 또는 "그대의 드레스, 그것은 나의 욕망이리라.", "나의 '질투' 속에서…… 나는 의심으

---

24) O. C., Ⅰ, 394쪽.
25) O. C., Ⅱ, 117쪽.

로 안감을 댄…… '망토'를 그대에게 재단해 줄 수 있으리라.", "경건한 마음으로 나는 그대에게 아름다운 구두를 만들어 주리라."(「어느 마돈나에게」) "그대의 머리, 그대의 몸짓, 그대의 모습은 / 아름다운 풍경처럼 아름답도다."(「너무도 쾌활한 여인에게」) 보들레르는 사실상 '가시적인 존재에 의해 우리에게 전달된 정신적 감각'에 대해서, 그리고 '색채, 윤곽, 소리와 향기의 정신적 의미'에 대해서 말하고 있다.(「낭만주의 예술」)[26]

다른 한편 반정립적 은유의 풍부함("자연은 살아 있는 기둥들의 성전이다." — 자연 대 성전, 살아 있는 대 기둥)은 구조주의를 즐겁게 해 준 이원론적 논리의 원리 위에 많은 텍스트를 구축하고자 하는 그의 경향을 잘 보여 준다.[27]

보들레르는 자기 세계의 이러한 이원성을 불가능한 사랑과 동등한 것으로 주장한다. "나는 짓궂은 하느님이 / 슬프게도! 암흑에 대한 그림을 그리라고 강요하는 화가와 같도다……."('유령, 즉 암흑') 또는 "나는 비가 많이 오는 나라의 왕과 같도다 / 부유하지만 무능하고, 젊지만 아주 늙어서, / 굽실거리기를 경멸하는 자기 선생들을 / 자기 개들과 다른 짐승들과 함께 지겨워한다."(「우수」) 보들레르적인 은유의 이러한 모순적 논리는 초현실주의를 예고하고, 보들레르가 괴짜 브뢰헬이나 그랑빌에 대해 말하면서 즐겨 환기시키던 환상적 또는 바로크적 전통에 뿌리를 내리

---

26) 같은 책, 132, 621쪽.

27) 로만 야콥슨과 레비 스트로스, 「샤를르 보들레르의 고양이들(Les chats de Charles Baudelaire)」, *L'Homme*, Ⅱ, Ⅰ, janvier-avril 1962를 참조할 것. 저자들은 보들레르의 수사학적 양면성 속에서 「고양이들」을 쓴 이 시인의 남녀 양성적 천성에 흡수된 것으로 보이는 여성 제거의 지표를 막연하게 느끼는 듯하다. 그것은 아마도 향락을 서술하거나 아니면 감축하는 구조주의적 방식일 것이다. 그와는 반대로 장 포미에(Jean Pommier)는 이 문제를 정면으로 접근하고 있다. 『보들레르의 신비주의(*La Mystique de Baudelaire*)』(Les Belles Letltres, 1932).

고 있다. "병든 두뇌의 망상, 열병의 환각, 꿈속에 보이는 장면들의 변화, 이념들의 괴상한 연상 작용, 우연적이고 잡다한 형태들의 배합."[28)]

은유의 압축은 또한 보들레르적인 시간의 하부 구조가 아니던가? 은유가 무한한 의미와 부조리로 이루어진 것처럼, 영원을 내포하고 있지만 죽음에 의해 분쇄될 수도 있는 그 순간이 아니던가? "나는 모든 것을, 단번에 원합니다."(1855년 12월 20일의 편지) 그는 또한 "천국도 한 번에 가져가고" 싶어 하고,(「인공 낙원」) "1분 속에서 3분을 보고자 한다."(「불꽃」) 마찬가지로 환각제의 가장 큰 미덕은 시인의 말에 의하면 '시간의 작업'을 단축하는 것이다.

사실 그러한 반정립성은 논리적 차원에서 자아와 의미의 분열, 즉 무한을 만들어 내는 분열을 계시하는 듯하다. "나는 모든 창문을 통하여 오직 무한만을 본다."(「심연」) 언어의 일의적 단위들과 그 체계를 구성하는 한계는 시인이 '무한의 탐구자들'인 저주받은 여인들만큼 갈구하는 무한을 지녔기 때문에 용납할 수 있는 것이다. 사랑의 광란적인 축제와 글은 충족되지 못했지만 무한을 향해 뻗어 있다는 사실의 후광으로 둘러싸여 있다. "그대가 천국에서 왔건 지옥에서 왔건 그게 무슨 상관이랴 / 그대의 눈, 미소, 발이 나에게 / 사랑하면서도 한 번도 체험하지 못한 무한의 문을 열어 준다면."(「미에 대한 찬가」)

글쓰기 행위가 그래도 한 텍스트에서 다른 텍스트로 끊임없이 의미와 독해의 무한을 향해 이끌고, 다시 이끌어가는 쾌락의 부재 너머에서, '한

---

28) *O. C.*, II, 573쪽. 보들레르적 우주의 의미론적 모호성에 대해서는 위베르가 자세히 연구한 바 있다. "L'Esthétique des *Fleurs du mal*, Essai sur l'ambiguïté poétique", Pierre Cailler, éd., Genève(1953). 저자는 특히 공간적·연대기적·성적·도덕적 모호성과 그리고 그가 대조의 모호성이라고 부르는 것과 회화적인 것과 냉소적인 것 사이의 끊임없는 왕복을 동시에 지적하고 있다.

번도 체험하지 못한 무한'이 '하늘을 파내는' 공허의 지평이기도 하다. 그러나 무엇보다도 문제가 되는 것은 역시 저자의 성적 무능 앞에서 질겁한 연민인 그러한 의미론적 공허이다. 이것은 아마도 각각의 은유를 수수께끼로 아연실색게 하고, 압축으로서의 의미와 시적 언술 작용이 생겨나는 기본적인 나르시스적 실망에 근거를 둘 수 있을 것이다. '공허(무한한 공허의 감각)', 이것은 보들레르가 계획한 시의 제목이기도 하다.[29]

공감각 — 향기의 군림 혹은 비가시적 은유

그런데 은유의 압축은 "그 행동이 지각의 영역에 이르기까지 연장되는 절차"[30]이다. 바로 거기에서 은유는 변신 또는 공감각이 되고, 은유가 만들어 내는 무한화된 의미는 독특하게 육감적이고 관능적인 향락으로 전환한다. "오! 하나로 용해된 나의 모든 감각의 신비한 변신이여." "모든 것이 나의 넋을 빼앗을 때 / 무엇이 나를 유혹하는지 나는 알지 못한다."(「전부」)라고 보들레르는 쓴 바 있다. 그리고 다른 곳에서는 주체의 참다운 객체화에 자리를 양보하는 사랑의 대상의 그러한 실종을 설명한다. "당신의 눈이 나무를 응시합니다. (……) 시인의 뇌리에서는 아주 자연스러운 비교에 지나지 않는 것이 당신의 뇌리에서는 현실이 될 것입니다. 처음에 당신은 한 나무에게 당신의 열정, 당신의 욕망, 당신의 우울증을 제공하지요. 그러면 나무의 신음 소리와 흔들림은 당신의 것이 되고, 머지않아 당신은 그 나무 자체가 되지요."(「인공 낙원」)[31] 동일화의

---

29) 『다양한 작품들(Oeuvres diverses)』, O. C., I, 371쪽.

30) 프로이트, 『재치 있는 말과 무의식과의 관계(Le Mot d'esprit et ses rapports avec l'inconscient)』, coll. Idées(Gallimard), 252쪽을 참조할 것.

절정에서는 안정적인 대상 없이 사랑하는 연인은 자신의 명상과 동일화 된다. 즉 연인이 명상 속으로 지나가고, 그 자신이 명상이 된다. 그래서 예술가는 예언자와 마찬가지로 동시에 "원인이자 결과이고, 주체이자 객체이며, 최면술사이자 몽유병 환자"이다.(「인공 낙원」)[32] 우리가 일반화된 혹은 추상적인 용어의 영상화라고 완곡하게 간주하는 모든 은유는 그와 같은 변신을 품고 있고, 그 변신 속에서 주체는 오직 이해하고, 보고, 만지고, 맛보고, 느낀 대상과 동일화됨으로써만 안정이 된다. 프로이트의 '일차 동일화'를 상기시키는 그러한 절차의 정점은 보들레르에 의하면 천복 즉 동양인들의 지복(kief)이고, 그 안에서 "인간은 신이 되어 있다." 은유란 일차 동일화의 영구적인 찬양일까?

그러한 글쓰기 상태(우리가 사랑하는 상태라고 말하는 것과 같은)의 하부 구조는 공감각이다. 그것은 하부 기호들, 의미는 있어도 의미 작용을 가지고 있지 않은 기호학적 지표들의 압축이다. 다양한 지각들의 기록부 (청각, 시각, 후각, 촉각)에 분산되어 있는 그 일부의 하부 기호들과 지표들은 표현과 고유의 감각을 존재하도록 하기 위해 다른 것들로부터 그것들의 향락을 차용한다. "그녀의 숨결은 음악을 만든다 / 마치 음성이 향기를 만들듯이."(「악마」) 그러나 이러한 교환은 또한 하나의 전염이자 압축이다. 공감각이란 불안정 상태에 있는 언어, 아직은 존재하지 않고, 이미 더 이상 존재하지 않는 언어 속의 은유이다. 작품 「조응」을 다시 읽어야 한다.[33]

---

31) O. C., I, 419~420쪽.

32) 같은 책, 398쪽.

33) 작품 「조응」은 위고("A Albert Dürer"), 네르발(Chimères 참조), 샤토브리앙("숲은 하나님의 첫 번째 성전이었다……", Le Génie du christianisme, O. C., éd Garnier, II, 293~294쪽) 등에서 영향을 받았다고 본다. 모든 낭만주의 미학, 특히 후기 낭만주의 미학은 지각에 이르기까지 모든 혼합된 예술의 종합적 열정에 젖어

아이들의 살갗처럼 신선하고

오보에처럼 부드럽고, 초원처럼 푸른 향기들이 있네,

— 그리고 부패한, 풍부한, 의기양양한 다른 향기들도,

무한한 사물들의 팽창력을 지닌 그것들은,

호박, 사향, 안식향 그리고 분향처럼,

정신과 감각의 황홀을 노래하도다.

향기 ── 보이지 않는 압축

향기, 전형적인 보들레르의 주제이자 거부의(사디즘의?) 그리고 송장의 ("해로운 향기를 지닌 폭군적인 시르세(Circée)", 「악의 꽃」, CXXVI) 승화로서의 향기는 그 소네트의 말미에서 지배력을 공감각에까지 확대하는 그 은유의 은유가 된다. 향기는 조응의 문장(blason)이고, 유심론적 저자들에게서처럼 비의적 위계질서를 구성하는 것과는 거리가 먼 그 조응은 어휘들과 감각으로 압축되면서 그것들 서로의 정체성을 분쇄한다. 폭탄처럼. 분무기처럼.

향기는 이처럼 시각에 선행하고, 가장 모호한 연인들과 가장 냉담한 언사들의 정의되지 않은 정체성의 격정이 행해지는 원초적 세계의 가장 강

있고, 지각은 그 예술들의 기반이 되며, 바그너적인 혼합주의를 초월하는 것을 목표로 한다.(M.-A. Chaix, *La Correspondance des arts dans la poésie contemporaine* (Alcan, 1919) ; Irving Babbit, *The New Laokoon. An assay of the confusion of the Arts*, 6e éd.(New York, 1924) ; J. Pommier, *La Mystique de Baudelaire*(Les Belles Lettres, 1932)를 참조할 것.)

력한 은유이다. "지독히 강한 향기가 있어 그것에게는 모든 물질이 / 다공적(多孔的)이다. 그런 향기는 유리도 뚫고 들어가는 것 같다."(「유리병」)

육감이 시각에 의해 발동된 경우에도 영상은 덧없고 포착 불가능하다. 사랑받는 대상은, 사실상 우리가 그 대상을 쳐다보지도 못하기 때문에, 포착되게 하지 않는다. "번개…… 그러고 나서 밤. '덧없는 아름다움' / 그 시선이 나를 갑자기 다시 태어나게 하였네 / 그대를 오로지 영원 속에서만 볼 수 있을까? / 이곳에서 아주 먼 다른 곳에서! 너무 늦었어! 어쩌면 영원히 못 볼지도 몰라 / 그건 그대가 어디로 도피하는지 내가 알지 못하고, 내가 어디로 가고 있는지 나도 모르기 때문이지, / 오 내가 사랑하였을 그대여, 오 그것을 알고 있던 그대여!"(「지나가 버리는 영혼」) 도시인 보들레르의 세계는 본질적으로 햇빛의 부재로 인해 어둠침침하고, 햇빛은 열정의 불꽃으로 압도되어 가려지고, 안쪽으로 기울어졌다. "……하늘 저 밑에도, / 개인적인 불길로 반짝이던 / 그 경이로움을 비추어 줄 태양의 / 그 어떤 흔적도 없이."(「파리의 꿈」) "심오하고, 경이로운 매력으로 우리를 도취시키는 / 현재 속에 되살아난 과거여! / 이처럼 연인은 사랑하는 육체 위에서 / 추억의 오묘한 꽃을 꺾는다."(「유령」)

프루스트의 모든 세계가 이미 이 시 속에 들어 있다는 것이 사실이라면, 우리는 보들레르 특유의 방식으로 어떻게 은유적 모호성이 시각을 벗어나는 움직임이 되고, '두 눈을 감고'가 유년 시절의 후각적 삼투현상을 환기시키는지를 확인할 수 있을 것이다. 시각적 영상에 선행하는 사랑하는 여인과의 그러한 융합은 향일성적(héliotrope)이라고 부르는 은유를 그 정점에 그리고 그 붕괴에 이끌고 간다. 말하자면 형태를 증여하면서도 황폐하게 하는 제삼자처럼, 볼 수 있게 하는 것이 아니라 눈부시게 하는 태양으로 이끌어간다. "두 눈을 감고, 어느 무더운 가을 저녁나절에, / 뜨거운 그대 젖가슴의 내음을 들이마실 때, / 단조로운 태양의 불꽃이 눈부시게 하는/행복한 고장들이 내 눈앞에 펼쳐지네."(「이국적 향기」)
다른 글에서는 과거뿐만 아니라 머나먼 세상을 암시하는 그 '향기로운
숲'을 상기하면서 보들레르는 다음과 같이 명시한다. "다른 영혼들이 음
악 위를 떠돌듯이, /오, 내 사랑이여! 나의 영혼은 그대의 향기 위를 헤엄
치누나."(「머리칼」) "그리고 배의 흔들림이 어루만지는 나의 영혼은 / 오,
풍요로운 나태여, 그대를 되찾을 수 있으리, / 향긋한 여가의 무한한 흔들
어 잠재우기를."(같은 시)

그러나 기쁨으로 가득 찬 이 분무의 세계는 소멸할 지경에 처해 있다.
왜냐하면 그것이 지닌 육감은 죽음의 위협도 지니고 있기 때문이다. "그
대의 향기로 가득 찬 그대의 치마폭에 / 괴로움에 찬 내 머리를 묻고 / 시
든 한 송이 꽃처럼 들이마신다 / 사라진 내 사랑의 감미로운 흔적을."(「레
테 강」)

더욱이 여자는 사납고 집어삼키는 야수이자 순수한 동물적 욕망이며,
그렇기 때문에 그가 '아름다움'이라고 부르는 기호들의 분무를 통하여 자
신을 지키고자 하는 사람에게는 위험하기까지 하다. "그대의 손이 황홀
해진 내 가슴 위로 미끄러지지만 아무 소용이 없네. / 여인이여, 그 손이
찾는 것은 여자의 손톱과 날카로운 이빨로 / 망가뜨려진 장소라네 / 더 이
상 내 마음을 찾지 마오. 짐승들이 그것을 먹어 치웠으니."(「만담」) "오
아름다움, 영혼들의 냉혹한 재앙이여! 이것은 그대가 원하는 것. / 축제처
럼 반짝이는 불타는 그대의 두 눈으로, / 짐승들이 아껴 남긴 그 넝마들
을 불태우라."(「같은 시」)

그러한 탐색의 중심에서 정체성의 상실이 떠오른다. 그 상실은 쾌락과
수면의 무의식에 의해 삼켜지는 두려움을 동반한다. "사람들이 막연한
공포로 가득 찬, 어디로 끌고 갈지 알 수 없는 / 거대한 구멍을 두려워하
듯이 나는 잠이 두렵다."(「심연」) 보들레르적 사랑은 하나하나가 그러한

죽음에 대한 취향을 가졌고, 동시에 바다(mer) / 어머니(mère)에 대한 취향을 지닌다. "이 언약들, 이 향기들, 이 끝없는 입맞춤들이 / 우리의 측량 장치에 금지된 심연으로부터 되살아날 것인가, / 깊은 바닷속에서 몸을 씻고 난 후 / 회춘한 태양이 하늘 높이 떠오르듯이? / 오, 언약들! 오, 향기들! 오, 끝없는 입맞춤들이여!" 도취한 사랑의 정체성으로 향내 나는 구름은 난폭성, 상처들 그리고 재해의 한 영역이다. "내 마음은 군중이 퇴색시킨 왕궁이다 / 그곳에서 사람들은 술에 취하고, 서로 죽이고, 머리채를 쥐고 싸운다! / 드러낸 그대의 목을 둘러싸고 향기가 헤엄치누나!"(「만담」)

그런데 부패에서 분향으로, 치명적인 육감에서 인식('육감과 인식으로 이루어진 황홀')으로 뒤집는 변신 속에서 사랑의 대상은 도대체 어디에 있는가? 흩뿌려진 자아는 오로지 은유로써만 중심이 잡히고, 글로 쓰일 수 있다. 옮겨 가기(metaphorein), 그것은 한 대상을 향한 전이가 아니라 '영매의 힘에 의해 공중에 떠오름(lévitation)', 비가시적인 대타자를 향한 승천이다.

보들레르적인 사랑은 악을 사형으로, 자아의 부패로 말할 수 있는 능력일 것이다. '일자' 의미를 잘못된 상태로 놓기 같은 은유, 무한 속에서 시소의 표명 같은 은유는 그래서 사랑의 담론 그 자체이다. 즉 하느님이 사탄으로 전향하고 또 그 반대로도 되는 바로 그 지점이다.

오로지 '외양'뿐이다

멋쟁이 취향 댄디즘의 문제가 남아 있다.

사르트르가 강조한 것처럼 댄디즘은 '반자연주의, 인위성, 불감증'과 관련이 있다. 너무 일찍 상처 받은 나르시스가 타자의 시선 속에 자신의 영상을 고정하기 위해 증인을 필요로 한다는 것, 그와 동시에 그 정당성을 인정하는 시선이 그를 사물화하고 고정하며, 주체 혹은 대상이 되는 불분명함 속에 존재하는 감미로운 혼잡을 그에게 금하는 것. 그런 것이 보들레르에게 있어서의 댄디즘의 개념마저 모호하게 하는 쪽으로 이끌고 간다. "⋯⋯멋쟁이 즉 댄디라는 단어는 성격의 정화와, 이 세계의 모든 도덕적 장치에 대한 섬세한 이해를 함축한다. 그러나 다른 한편으로 댄디는 무감각을 열망한다. 바로 그러한 면에서 채울 수 없는 열정, 보고 느끼는 열정에 사로잡힌 화가 기(Guys) 씨는 댄디즘으로부터 강력하게 떨어져 나간다."[34]라고 보들레르는 썼다. 도발적이고 노출광인 댄디는 결국, 죽음의 욕동에 대한 일시적 동결인 고독과 공백의 느낌 속에서 드러나는 상처 받은 나르시시즘의 그 이면에 가장 가까운 사람일 것이다. 한편으로는 의미 작용의 부재를 의미하고, 다른 한편으로는 격렬한 익살을, 진정성에 대한 순진한 신봉자들로 그런 어릿광대짓에 대경실색한 자들에 대해 격노한 도전을 의미하는 인위적인 만큼 충격적인 모습(영상)을 구축하기, 바로 이것이 단순히 부르주아 사회에서 '기생하는' 예술가의 사회적 불안이 아닌 한 가지 태도이다. 보다 심층적으로는 이 설익은 처신 '펑크'는, 이상을 욕망하면서도 증오하는 그림자 아래서, 전 오이디푸스적 내면 풍경 쪽으로 완전히 돌아선 주체성 내부에서의 '고유한 특성'의 파산, '진정성'의 죽음을 가리킨다. 그것은 나르시스의 샘에서 요동하는 샘물처럼 결정 불가능하고, 유동적이며, 일시적인 정체성의 임시적이고 공허한 합성에 지나지 않지만, 시인은 그것에 대한 탐색가가 되고, 언어에 의한 건축가도 된다. 시적 예술에서 피해자는 자기 조건의 창조자가 된다. 왜냐하면 그 조건을 시 형식으로 말하면서 시인은 자기를 위해 그리

---

34) O. C., Ⅱ, 691쪽.

고 우리를 위해 항구적인 고통에 대한 무통증적·무감각적 방어를 유발시키기 때문이다. '외양(looks)'이란 비존재의 치료이고, 나르시스적 고통에 대한 마취술이다. 사르트르가 말했듯이, 여기서 '선택'이 문제라고 말하는 것은(보들레르는 가족 환경이 실제로 그를 미리 만들었던 그대로 창조하였을 것이다.) 다른 해결책을 위해 일부 해결책을 물리칠 자유를 갖게 되는 고의적인 선택이 문제될 수 없다는 점에서 정확하지가 않다. 진정 우리는 철학자나 기술자보다는 시인이 되겠다고 선택하는가? "예술에서는 이것이 별로 주목되지 않은 사실이고, 인간의 의지에 맡겨진 부분은 우리가 생각하는 것보다는 훨씬 적다."[35]

겉치레와 함께 댄디의 그러한 냉담한 과시, 정신 에너지의 투입을 중단한 치장에 대한 그 취향은 위장된 남성성에서 역시 위장된, 그럼으로써 오직 그리고 최종적으로 중성화된 여성성으로 변하고 싶은 유혹일 수도 있다. 정체성이 부적절하게 됨으로써 강화되는 그러한 전이의 지배에서, 여자처럼 꾸미기(긴 곱슬머리, 분홍색 장갑, 머리 염색과 마찬가지로 채색된 손톱)는 사실상 동성애로의 이행은 아니다. 거기에는 동일한 성의 대상을 사도마조히즘적으로 추구하는 성적 편집증이 결여되어 있다. 여자로 치장한 댄디는 사실상 (다른 사람들에게 또는 자기 마음속으로) 여성성, 모성성이 본질적인 것이라고 생각하는 데에 항의하고 있는 것이다. 닮은꼴로 꾸미기, 기호, 정동들을 소진하고 억지로 댄디처럼 보이게 하는 텍스트 이외에 본질적인 것은 아무것도 없다. 그리고 우아하면서도 성직자다운 그 냉엄성 속에 억압되어 있는 외침은 그가 끊임없이 떨어져 나오려는 모성적인 여성의 비천함('송장')에 대항하여 투쟁하는 한 가지 모습이다. 댄디가 기대하는 유일한 여성성은, 비록 그가 자기 것으로 만들

---

35) 『낭만주의 예술(*Art romantique*)』, 573쪽.

어 이용한다고 해도, 그 이유가 외부적이라는 것을 인정하는 상징적 창조성(시 그 자체)이다. 하느님 또는 조제프 드 메스트르의 신 중심적 입장은 자신이 여론이 아니라 외부의 상징적 심급에 의존하고 있음을 알고 있는 그 위장의 절대 권위에 완전히 부합한다.[36] 그러한 점에서 이 상징적 종속을 인정한다는 것은 각각의 주체에 내재적인 어떤 여성성을 진정으로 인정하는 것이다. 바로 그런 각도에서 「불꽃」의 이 알쏭달쏭한 문장 "편재적 권력의 근거로서의 교회의 여성성(féminéité)에 대하여"[37]를 이해해야 할 것이다. 교회의 입장에서, 달의 위치에서, 또한 상징적 권력에 의해 선택받은 자의 입장에서, 시인이 자신을 글쓰기의 상태로 유지하기 위해 상상하는 것은 엄격하면서도 사랑하는 대타자이다.

댄디즘을 한가한 사람들이 자신을 위해 상징적 공동체를 찾고 있는 부르주아 세계 속의 이 '아무짝에도 쓸모가 없는 자'인 예술가의 귀족적 취향에 대한 플로베르 이후의 반응이라고 말하기와, 그리고 보들레르적인 '선택'이라는 고통스러운 상황 속에서 그 예술가가 설사 가장 고상하다 해도 한 집단의 가능성마저 파괴하면서 오직 분파적인 괴짜 엘리트들만을 받아들인다는 것을 주장하기 — 이런 것은 글쓰기를 산업화 시대의 사회 논리적 맥락에 종속시켜 이해하는 것이다. 그와는 달리 보다 근본적으로 글쓰기의, 특히 '고유한 특성'의 드라마를 탐색하는 현대적 글쓰기의 동기와 목적은 본질적으로 고독하고 비사회적이다. 그것은 '사회적 개인'의 성 본능 문제를 개인의 탓으로 돌리는 신경증보다도 원자론적인 또는 원인을 알 수 없는 집단적인 강박 관념에 더 가깝다.

---

36) 사르트르는 여론에 종속된 여성성, 부르주아 계층의 여성성은 타자의 시선에 관련된 그 종속성으로 보들레르를 유혹한다고 생각한다. 그러나 대타자와 대면한 화자 각자의 종속 앞에서 보들레르의 매혹은 더 깊이가 있다.

37) O. C., I, 650쪽.

낭만주의 그리고 특히 그 때늦은 변이형들은 프랑스 대혁명이 열어놓은 제도적이고 종교적인 위기에 뒤이어, 개인의 전무후무한 불안을 담론화시켰다. '대지', '군주', '하느님'에 대한 강력한 신화들은 미리 말로 표현할 수 있는 것과 눈으로 볼 수 있는 것의 경계선에서 은밀히 방황을 간주하고 있었다. 또한 이 주관적 불안정이 말로 옮겨질 수 있을 때는, 기적적이며 일시적으로 조화된 약혼들이, 궁정풍의 약혼처럼 그 일을 떠맡게 되었다. 사실주의라는 커다란 흐름 앞에서, '자아의 분무 작용'은 오로지 성스러운 이상의 후원을 받으며 황홀이나 음악으로만 진술되었다. 그러나 생산과 요구의 사회(시에 관한 사르트르의 담론은 이에 대한 가장 충격적인 징후이다.)는 사랑의 체험을 평가절하하고, 향락의 글쓰기를 '기생충'의 수준으로 떨어뜨릴 수밖에 없었다. 최선의 경우라 해도, 그의 눈에는 그 사회가 과거의 유물로서 아니꼽게 귀족적이고, 장식적이거나 종교적이며, 여하간 고풍스러운 기생충인 것이다. 애정 상태와 동의어인 그러한 글쓰기(동일화의 한계에서의 체험) 속에서 작가가 오로지 자본주의 사회의 비생산적인 귀족이나 상징계의 그늘에서 물신들(fétiches)을 보호하는 교회 편에 기식하는 피난자의 자리밖에 찾지 못한다면, 그 글 속에서는 작가의 과오나 '실패'의 증거보다는 오히려 그 사회 자체에 대한 고발을 볼 수밖에 없다.

그러한 맥락에서 바타유는 스스로 "책임이 있다"라고 말하고, 애정 상태의 단언에 대한 권리보다는 죄악에 대한 권리를 요청하기를 좋아했다. 그러나 그의 제물 희생적 입장은, 그것이 사회적 합의와 특히 제물의 효율성과 생산성에 열중한 합의가 어떤 식으로 애정 상태와 동연적인 향락의 담론을 배제하는 것(죄의식을 느끼게 하는 것)으로 이루어지는지를 지적할 때, 정확한 판단이 될 것이다.

승화

그러므로 보들레르를 열린 시간성 속에서 생각하자. 자기 세기의 포로인 이 죄수는 적어도 2000년간의 사랑의 역사를 썼고, 그의 텍스트는 역시 비시간적이기 때문이다.

그런데 사랑의 담론의 두 가지 커다란 형상이 우리의 전통 속에서 드러난다. 그중 하나는 오이디푸스 콤플렉스에 의해 안정화된 개체들과 함께 작용한다. 나르시스적 사랑의 위기가 야기하는 열정의 고통을 통하여 그 형상은 이상의 보호 아래 주체/대상의 경계를 유지하고, 이상은 사랑의 파트너들의 두 가지 나르시시즘에게 자신들의 '고유한 특성'을 계속 보존하면서 서로 뒤섞일 수 있게 해 준다.

또 하나의 형상은 상처 받고, 구멍 뚫린, 피 흘리는 '자아'를 발견하는데, 그 자아는 자신의 부분들이나 격정을 성 본능화함으로써 자신의 상실에 대비하거나 또는 자신의 상실을 치장하고자 시도한다. 성도착은(엿보기 취미와 과시 행위에서부터 노폐물에 대한 성애화와 사도마조히즘에 이르기까지) 이때 나타나 주체도 아니고 대상도 아닌, 취약한 필름인 비열한 것들의 화면을 제안하는데, 그 화면 속에서는 타자를 위한 일자(un)가 되는 공포와 두려움이 분명히 표명된다. 그것은 현대판 '자신의 사형을 집행하는 자(héautontimorouménos)'("나는 상처이고 그 칼이다!")를 위한 '인간 모습의 횡포'이다.

그러나 이 지옥은 그 이면을 가지고 있다. 그것은 은유와 변신인데 그것을 통하여 사랑의 고통은 글쓰기의 상태가 된다. 그것은 성도착의 도려내기(또는 무한화, 아니면 제한 없애기)로서의 글쓰기이다. 바로 그런 것에 의하여 글쓰기는 무심리적인 것이 되고, 더 심하게 말하면 비인간적이고, 악마적 또는 천사적인 것이 된다. 천사와 사탄의 이쪽과 저쪽에서 은유는 불안정한 대상으로 의미의 구름을 만들어 내고, 그리하여 단단하고 괴로워하고 조각난 자기 몸을 압축된 언어로 이루어진 향기로운 승화로 전이하는 사랑에 빠진 성도착자의 성공한 담론이 될 것인가?

그렇다면 그러한 담론이 존재하고, 그 은유가 있을 수 있게 하는 시동 장치는 어디에서 유래하는가?

우리는 그 시인의 아버지이자 성직자요, 철학자이자 상원의 관리였던 조제프 프랑수아 보들레르를 생각하게 된다……. 그렇지만 우리에게는 수수께끼 같은 어두운 지대가 남아 있다. 미지의 지대로서. 마치 하나의 은유처럼.

스탕달과 시선의 정치
—— 한 자아주의자(égotiste)의 사랑

> 나에게 사랑은 언제나 사업 중에서 가장 중요한 사업이었고,
> 무엇보다도 유일한 사업이다.
> ——『앙리 브륄라르의 생애』

열정의 정치 ——『적과 흑』, 『파르마의 수도원』

스탕달(1783~1842)에게 사랑이 정치적 사건의 비극적이고도 역설적인 화려함으로 나타나기 위해서는 중세의 도도한 귀족 신분에 사로잡힌 만큼 프랑스 대혁명과 나폴레옹이 일으킨 전쟁들의 격정에 사로잡혀 있던 샤를 10세 통치 아래의 프랑스가 필요했을 것이다.

이것이 발자크가 그의 라스티냐크와 올빼미 당원들과 함께 우리를 그러한 놀이에 익숙하게 만들지 않았다는 말은 아니다. 그러나 인간 희극의 복잡성 속에서는 발작적인 사랑이 돈이나 육체 이상으로 소설의 주도권을 이끌어가는 것 같지는 않다. 그와 반대로, 40대의 스탕달이 출판한 『1830년의 연대기』에서 앙투안 베르테의 소송(1827년 12월 「법원 판결록

(Gazette des tribunaux)」에 실린)은 『연애론(De l'amour)(1822)』의 저자가 정확히 정치의 내밀하고도 최고의 단계로서의 사랑에 대한 세련된 전개를 펼칠 수 있는 구실을 제공하였다. 스탕달의 소설 『적과 흑』의 정치적 역량은, 그 작가가 쥐라 산맥의 공원과 파리의 살롱 또는 귀족들의 여러 가지 음모를 거쳐 지방과 파리의 사교계와 사회적 동요 속을 두루 비춰 보던 '거울' 안에 들어 있음도 확실하다. 그러나 보다 내면적으로는, 낭만적인 혹은 신비주의적인 것에서 정치적 사랑이 되는 사랑의 감정의 변신은 기본적으로 소설가의 편견을 드러내고, 동시에 그것은 새로운 사고방식을 반영한다. 스탕달은 20세기에는 그러한 변신이 지배적이 되리라고 예측하였다. "그리고 나는 복권을 산 셈인데 그 특상은 1935년에 읽히다로 제한되었지요."[1]

종교는 부패했고, 타르튀프 같은 위선자들이 도처에서 판친다. 따라서 사랑의 연금술이 도피하게 되는 곳은 그리워하거나 혐오하는 타자의 황홀한 찬양에 있지 않다. 레날 부인의 공포증적 자연스러움과 신비주의적 감정 토로는 그 소설의 두 번째 정치 부분 속으로 쓸려 나간 고전풍이고, 그것들이 매혹적인 힘을 되찾는 것은 오직 단두대를 마주한, 죽음의 이면으로서이다. 실제로 영원한 사랑은 그처럼 역사적이다. 그리고 그 사랑은 『적과 흑』과 함께 국가 안에서의 권력 정복의 냉혹하고도 타산적이며 야심 차고도 음험한 논리에서 그 특징들을 빌려오면서 새로운 모습을 만들어 내게 될 것이다.

8년 후 『파르마의 수도원』(1838년 작품으로 1839년에 출판됨)은 파브리스라는 인물을 등장시키는데, 그도 『적과 흑』의 주인공 쥘리앙 소렐과

---

1) 『앙리 브륄라르의 생애(Vie de Henry Brulard)』, Oeuvres intimes, Ⅱ(La Pléiade, 1982), 745쪽.

마찬가지로 나폴레옹을 동경한다. 그러나 이 경우는 정복하고자 하는 귀족 부인 곁에서가 아니라 어머니와 고모 사이에서 그렇게 하며, 그리고 그는 평생 단 한 번의 행운만을 생각한다. 그것은 직업에서 성공하기 또는 여자들의 환심을 사기이다. 그러나 산세베리나가 그를 사랑한다는 것을 눈치 채면서 그 야심 찬 젊은이는 행동 지침으로 '자신의 장래를 망치지 않기 위해' 그녀의 감정을 상하게 하지 않으면서 그녀를 피하겠다고 결심한다. 권력이 여자들에게 달려 있기 때문에, 모든 것이 그녀들을 위해 위장되고, 실제로 유일한 권력을 목표로 하는 사랑에 달려 있다. 그러나 위장과 사실을 어떻게 구별할 것인가? 따라서 사랑과 정치는 하나가 될 수밖에……

그러한 사랑의 정치화는 물론 그 역학을 플라톤의 동성애적 에로스에 특유한 사도마조히즘적인 힘의 대결과 접근시킨다. 그리하여 마틸드 드라 몰의 애인 쥘리앵 소렐은 정부인 그녀에게서 남성의 특성들을 기꺼이 인정한다. 그렇지만 연인들 각자가 다른 서로에 대한 지배력을 확보하기 위한 일련의 조작과 거짓 위장(스탕달은 그들을 기꺼이 '적수들'처럼 묘사하고 있고, 마틸드는 쥘리앵이 당통(Danton)이 될 수 있다는 생각으로 흥분해 있다.)은 눈물이 열정을 북돋아 주는 신체적 매력과 조화를 이루는 애정의 대양으로 지탱된다.

쥐라 산맥 지방의 목수 아들에게는 이상하게도 어머니가 없다. 독자는 모든 것을 배신적이고 서글픈 아버지의 구두쇠 근성과 어린 쥘리앵이 유아기 때부터 형들과 적수들에게서 겪는 학대에서 알게 된다. 그런데 그 와중에 어머니는 어떻게 되었는가? 그 결핍을 메우는 것은 레날 부인의 몫이고, 그녀는 그 일을(청춘기의 첫 열정의 육감적 근원을, 죽음의 고통스러운 순간의 감미로운 육감을) 훌륭하게 해낸다. 또한 아주 소극적인 파브리스의 어머니, 델 동고 공작 부인의 역할은, 이 경우 더욱 근친상간적이지만, 고모인 비련의 지나 델 동고 피에트라네라 산세베리나 모스카에게로 위임된다. 이 긴 이름은 스탕달이 그 자신이라고 상상하는 가면을 쓴 인물과 그 고모를 접근시킨다. 숭고한 산세베리나는 가족적이면서 원초적이고, 레날 부인의 사랑보다 훨씬 더 권위적이고 남성적인 '본능적 사랑'을 구현하게 되며, 또한 자기 조카의 야심을 돕기 위하여 열정을 억제하면서 책략, 위장, 외교적 수완, 모든 정치적 수단을 능숙한 솜씨로 이끌고 간다. 산세베리나의 의지 또는 욕망은 어디에서 끝나는가? 파브리스의 의지와 욕망은 어디에서 시작하는가? 누가 누구의 무기인가? 아니면 그들은 전쟁과 정복, 범죄와 감옥, 피와 가면의, 다시 말하면 '현대판' 사랑 이야기인 스탕달의 소설이 창조하는 것 같은 '사랑 사건'의 하수인들인가? "한 여자를 사랑할 경우 우리는 '내가 저 여자와 무얼 하고 싶은 거지?'라고 스스로에게 묻는다."[2]

치명적인 열정, 죽음의 열정. 바로 이것이 쥘리앵과 마틸드의 세계와 거의 마찬가지로 쥘리앵과 레날 부인의 세계를, 그리고 더 은밀한 방식으로 지나와 클레리아 사이에서 연출된 파브리스의 사랑을 구성하는 전략적 사랑의 공고한 이면이다. 그렇지만 그의 위장과 외교 수완들은 모성적 육감의 현기증으로 범람하게 된다. 실제로 정치적 사랑은 하느님을 믿지 않으며, 그것은 사랑의 감정이 지닌 성스러운 자발성을 냉소적으로 분쇄하기까지 한다. 그러나 그 사랑은 언제나 비밀스러운 어머니의 후광으로 둘러싸여 있다.

이 정치적 사랑의 모성적 측면에 대해 재론하기 전에 우선 거기에서 순전히 외교적인 요소들을 들추어내 보자. 그에게 영감을 불어넣는 야심은 그를 소유하기보다 정복하기를 열망하는 돈 후안주의에 속하게 한다. 쥘

---

2) 같은 책, 532쪽.

리앵 소렐에게 사랑한다는 것은 자신의 나폴레옹을 만들고, 지배하고, 가장 강한 존재가 된다는 것을 의미한다. 최소한 처음의 위선(연인은 최고의 냉정성으로부터, 아무런 관능성이나 흥분 없이, 마치 『아르망스(*Armance*)』가 우리에게 불행을 이야기해 주는 그 '무능한 남편'의 성불능에 도전하기 위한 것처럼 자기 먹이를 정복하기 위해 돌진한다.)은 스탕달적인 애인을 정동에 의해 움직이는 위선자 타르튀프로 만든다. 사실상 일찍이 사랑이 그처럼 덜 다정스럽고, 그처럼 철저하게 고의적인 적은 없었다. 한 번도 한 여성에 대한 사랑이 되기 이전에, 권력이나 명예의 세속적인 겉모습 뒤에서 그처럼 명확하게 대타자에 대한 사랑이 없었던 적도 없었다. 쥘리앵은 자기 애인을 자연스럽게 사랑하지 않는다. 그리고 그가 레날 부인에게 관심을 갖는 것은 베리에르나 베르지의 훈련장이 그에게 마련해 놓은 전투장에서 실제로 나폴레옹적인 전투는 아니라도 나폴레옹처럼 될 수 있음을 확인하기 위해서이다. 질투에 대한 수많은 직관처럼 진실을 꿰뚫어 보는 레날 부인의 매혹적인 착각으로 말하자면, 쥘리앵의 참된 정부는 가정교사 쥘리앵의 침대 매트리스 속에 감추어진 초상화의 인물이라는 사실을 믿는 것이다. 그 인물은 우리가 기억하듯이 더도 덜도 아닌 나폴레옹이다.

산세베리나의 정치적 재능은 그녀의 사랑의 재능과 뒤섞인다. 『파르마의 수도원』에서 사랑의 가시적인 면은 물론 질레티와의 결투에서 흥분 잘하는 파브리스의 경솔한 언동을 통하여 연출되지만, 특히 그 소설의 축조술 자체를 따라서, 산세베리나의 계산된 교태 부리기 덕분에 파르마 왕의 궁전에서도 잘 드러난다. 스탕달은 자신의 에로틱한 세계를 이중화하였다. 즉 산세베리나는 정치적 투쟁을 사교계에서 개시하고, 파브리스는 성채의 돌담 속에서…… 클레리아에 대한 위장된 사랑의 비밀 속으로 피신한다. 한쪽은 궁전이고, 다른 쪽은 성채, 외교술과 감옥, 전투와 고독이다. 그동안 사랑하는 연인은 언제나 숨바꼭질을 하면서 상대방에게 꼬투리를 남기지 않는다. 그러나 그에게는 두 가지 가능한 놀이가 있다. 그것은 산세베리나를 위한 그리고 그녀와 함께 하는 정치와, 부드럽지만 열정적인 것과는 거리가 먼 유혹자 파브리스에 대한 클레리아의 냉철한 관찰이다. 근본을 파헤쳐 보면 산세베리나와 파브리스는 고모와 조카 사이이고, '정치적 심정'을 지녔기 때문이다.

그러나 벼락 같은 사랑은 절제와 타산의 놀이를 깨뜨린다. 그리고 그것을 우선적으로 체험하는 것은 여자들이다. 레날 부인, 클레리아 그리고 보니파스 드 라 몰의 근엄한 후손까지도 그녀들에게 어떤 일이 일어나는지 모른다. 억제할 수 없는 사랑에 놀라고 흥분되어 있기 때문이다. 쥘리앵 역시 '자기가 레날 부인을 열렬히 사랑하고 있음'을 발견하고, 뤼시앵 뢰뱅은 샤스텔레르 부인이 찾아왔다는 말에 말문이 막혀 "거의 알아듣지 못할 말을 몇 마디 한다." 열정의 이 혼란스러운 심연은 오직 계산된 정치의 표면에서만 열린다. 그러한 계산된 정치는 물론 시대적 특징으로서 필요 불가결한 것일 뿐만 아니라 유일하게 자아주의자의 관심을 끌고, 그가 '사랑'이라는 별명을 붙인 그러한 권력 잡기의 환상적 실현으로서 인정된다. 스탕달에게 있어서 사랑하는 자는 권력을 사랑하는 자이다.

위장

위대한 모성적 열정의 말로 표현할 수 없는 것(그리고 실현 불가능한 것)을 유보하고 있는 겉치레와 가면의, 위장과 어림잡음의 사랑은 다국어주의가 프랑스어를 파괴하고, 제임스 조이스 이전 시대적인 다성성을 통하여 배우 또는 외교관 연인의 본질적인 거짓을 표현하는 내면의 일기

장에서 가장 명백하게 진술된다. "나는 사교계의 연인을 갖고 싶다. 그것은 빅토린을 절대적으로 사랑하는 데 필요하다. 비록 내가 꿈꾸던 그 숭앙하는 절대적인 여인을 찾아냈다 해도."[3] 마치 어떤 정부도 '그' 정부가 아닌 것같이, 어떤 언어도 사랑의 의미를 포착할 수 없었다. 여자들과 언어들은 모두 교환 가능하지만, 그러나 외국 여자는 매혹, 수수께끼들로 가득 찬 미끼로 그리고 접근 불가능한 매력으로 형성된 최고의 권력을 간직할 테니까.

육감적인 사랑이 문제일까? 아니면 '여성'의 마술적 권력에 대한 사랑이 '명예에 대한 사랑(love of glory)'인가?(그런데 스탕달은 그것을 간접적으로 말하기 위해 영어를 선택하고 있다. 왜냐하면 외국어는 본원적 열정의 제약을 멀리 해 주기 때문이다.) "나는 내 자신을 잘 알게 되었고, 행복을 찾기 위해서는 '회고록'의 사원에 문을 두드려야 했으며, 나에게는 사랑이 '명예에 대한 사랑'에 의해 추방되지 않은 유일한 열정이지만, 그 열정은 명예에 대한 사랑에 종속되거나 고작해야 순간들만을 차지할 뿐이라는 것을 깨달았다."[4]

환몽으로서의 결정 작용

"당신은 세 여자를 차지하는 것이 더 좋은가, 아니면 이 소설을 쓰는 것이 더 좋은가?"라고 스탕달은 『파르마의 수도원』의 여백에 적고 있다. 우리가 믿고 싶은 것보다는 덜 드물고 부조리하며, 끊임없이 저자와 작품을 괴롭힌 이 딜레마가 그 해답을 소설들의 존재 자체 속에서 찾아낸

---

3) 『일기(*Journal*)』(1804), Oeuvres intimes, La Pléiade, I.(1981), 127쪽.
4) 같은 책, 112쪽.

다. 스탕달적 사랑의 중심은 글쓰기와 접근하여, 정복했거나 아니면 '놓쳐 버린' 여인들의 그 매듭으로 이루어진다. 그것은 결정 작용이라고 불린다. 실제로 스탕달을 읽으면 여인들을 '소유한다'는 사실과 소설을 '쓴다'는 사실을 조정할 수 있는 것이 결정 작용의 사랑이라는 것을 알게 된다. 성적인 열정이나 문학적인 직업과 혼동되지 않으면서 그러한 애정 상태는 성, 언어, 글쓰기를 관통하고, 최종적으로는 '환몽' 속에 집약된다.

실현 불가능한 그러한 사랑은(모든 대상은 실망스럽기 때문에) 절대적인 것이 되다 보면(이상적 대상은 존재하니까) 자아주의자의 언어와 어깨를 나란히 하게 되고, 그 언어는 절대적인 위장이어서 그것을 통하여 배우·외교관이 도달하고자 하는 자아의 심층을 표현하기에도 역시 부적합하다.[5] 순전히 언어학적인 면에서 우리가 스탕달의 다언어 현상에서(그의 복합적인 이름에서처럼) 찾아보게 되는 것은 그러한 언어 활동의 부인과 또한 그 실체의 표지이다. 사랑하는 자의 문체에 관하여 우리는 상투적 표현에 의해 함정에 빠진 만큼 진부한 단어들을 경시하는 스탕달의 그 어떤 '메타언어적' 태도와 함께, 속어에 대한 멸시, 과학적이 되고자 하거나 단지 정확하게 되고자 하는 언어로의 고상한 유배를 지적한 바 있다. 자아주의자의 '거짓 자아'는 그러한 개인 언어 속에서 알아보게 되고, 그리고 성적 무능자의 추진력은 물론 상투적인 문구에 이르기까지 냉각되었을 뿐 아니라, 말로 표현할 수 없는 열정의 밑바닥에 이르기까지 사랑 받고 다듬어진 글쓰기에서 실현된다. 그러나 '폭풍 속에 살아 있는' 사랑, 셰익스피어, 코르네유, 모차르트 그리고 롤랑 부인에 비견되는 '떨리는' 사랑[6]을 찬양하기 위하여 자신의 세기로부터 '벗어나고'자 하던

---

5) Michel Creuzet, 『스탕달과 언어(*Stendhal et le langage*)』(Gallimard, 1981)을 참조할 것.

6) 『문학 일기(*Journal littéraire*)』, éd. V, del Litto et Ernest Abravanel, Cercle

자의 사랑의 재능이 폭발하는 곳은 언어의 '작은 단위들' 속이 아니다. 그것은 특히 사랑의 상호 작용의 표상인 그 초언어적 산물 속에서, 즉 사랑에서 가능함 그리고 불가능함의 영상 속, 환몽 속에서 명확히 드러난다.

이 기술적 용어는, 스탕달적인 영혼을 보호하는 결정체 왕궁들을 사랑하는 애호가들에게 충격을 주면서, 스탕달적인 '결정 작용'과 함께 공동으로, 가시적인 것의 매혹과 찬양적인 굴절의 미끼를 가리킨다. 잘츠부르크 근처 할라인의 소금 광산에 광부들이 '겨울에 잎이 떨어진 나뭇가지'를 던져 넣었다가 몇 달 후 '번쩍이는 결정화로 뒤덮인'[7] 그 유명한 나뭇가지를 다시 보게 되듯이, 사랑에 빠진 사람은 그의 정부가 접근할 수 없고, 실망스럽고, 볼수록 더 아름답고 현실에서 멀어진 사랑하는 여인의 영상을 구축한다. "사랑하는 것과 좋지 않은 사이일수록 우리에게는 상상적인 해결 방법을 지닌 결정 작용이 생긴다."[8]

스탕달은 어린 시절부터 연극에 열광하여, 여배우 퀴블리 양과 사랑에 빠지기도 하고, 미술에 대한 글도 썼으며, 자신의 내면적 글을 데생으로 채우기도 했다. 연극적이고 몰래 엿보기를 좋아한 이 환몽의 대가는 시적이고 은유적인 사랑의 글쓰기의 정반대 쪽에서 모습을 드러낸다. 사실 시선에 의해 고정된 그의 사랑들은 그를 향기, 색채 그리고 소리들이 뒤섞이는 보들레르적 공감각으로 인도하지는 않는다. 아름다움의 심층부가 아니라 표층에서, 여성적 관능성의 닫힌 문 앞에서 감격적인 흠모로 경직되고, 또한 아편 중독자처럼 열렬한 현혹을 음미하는 자도 아닌 스탕

---

du bibliophile(1802), 33, 27쪽과 23쪽.

7) "작은 나뭇가지, 박새의 다리보다도 가는 그 나뭇가지들은 움직이고 눈부신 작은 수정들로 뒤덮였다. 우리는 본래의 그 나뭇가지를 더 이상 알아볼 수가 없다……." (『연애론』, Éd. Garnier-Flammarion(1965), 433쪽)

8) 같은 책, 43쪽.

달은, 카바니스의 우울증 환자처럼 자신을 묘사한다. 환각에 빠진 인간 카바니스는 자신을 잊어버리며 자신의 대상까지도 망각하지만 끊임없이 그것을 뒤쫓는다.[9] 환몽 속에서 욕망의 대상에 대한 도피적·'환유적' 논리에 그처럼 가까이 가 본 경우는 거의 없다.

그러나 스탕달적인 사랑의 환몽은, '그 이면으로서', 감정 전이(Einfü hlung)를 정당화하는 이상화의 은유적 '대상'을 거기에 첨가한다는 조건에서만 이해될 수 있다.[10] 사랑하는 여인의 육체 각각은 숭고한 사상 그 자체를, 다시 말하면 인생행로의 실패가 그처럼 절대적인 것에 냉소적인 빛을 던져도, 숭고함, 행복, 절대적인 연인이 존재할 수 있다는 것을 주장하는 그 믿음을 열광시키지 않는가?

따라서 스탕달적인 사랑의 무대는 서로 교환된 눈짓에서 시작하여, 손길과 드러낸 가슴을 스쳐 지나가는 연인들의 정신적이고 감각적인 공간을 펼친다. 우리는 레날 부인의 정원에서 있었던 무더웠던 혹은 시원했던 저녁 시간과, 쥘리앵이 자기 정부와의 거리를 없애기도 하고 강제로 두기도 하던 전략을 상기하게 된다. 그러나 권력과 복종의 의식은 보이지 않는 곳에서 연출되며, 정치에 특유한 사랑의 정복이 이루어지는 것은

---

9) "우울증 환자의 경우, 방해받는 움직임은 주저와 유보로 가득 찬 결정들을 만들어 낸다. 감정들은 숙고되었고, 의지는 우회로를 통하여서만 그들의 목적지로 향하는 듯하다. 그리하여 우울증 환자의 식욕이나 욕망은 욕구의 성격보다는 오히려 열정의 성격을 띤다. 흔히 참다운 목적도 관점을 완전히 상실한 듯하다. 대상에 대해서는 강한 충동이 주어진다. 그 충동은 전혀 다른 대상을 향할 것이다."(Cabanis, *O. C.* (Paris, Bossanges frères, 1824), III, 「인간의 신체와 정신의 관계(Rapports du physique et du moral de l'homme)」, 414쪽) 그리고 사실상 작가에게는 '자신에게 강요하는 미신적이고 감상적인 결핍'까지도 알아낼 수 있는데, 그 결핍들은 '매우 자주 환영을 추구하고, 환상들을 체계화하는 데 사용되었다.'(같은 책, 415쪽)

10) 이 책 1부의 「감정 동화」에서 「증오의 동일화, 사랑의 동일화」까지, 그리고 「'이상'의 역학」에서 「직접적이고 절대적인 일차 동일화」까지를 참조할 것.

두 가지 사랑의 공간을 사이에 둔 무언의 홍분 속이다. 결국 '결정 작용'은 연극적이라기보다는 은근한 암시로 가득 차고, 말로 표현할 수 없는 이상을 향해 휘어지며, 이상화적 은유의 약동에 의해 지탱되고, 은유적 의미를 암시하는 심층부 쪽으로 열리는 명명 불가능한 것을 향해 전이된 것으로 드러난다. 그러나 그 움직임이란 신비로서의 심리학을 향한 가시적인 것의 열림이 아니고 무엇이겠는가?

그러나 스탕달의 사실적 세계에서는 모든 것이 실제로 그리고 다른 곳에서보다도, 순진한 독자가 믿고 있는 것 이상으로 해석에 달려 있다. 즉 독자에게 요구된 동일화의 투영에 달려 있다. 사랑의 의미에 대한 해석이 더 노골적이든, 보다 신중하든 간에 그 해석은 언제나 결정 불가능한 것이 된다. 그러나 그 이후의 스탕달적인 사건들을 지배하는 것은 바로 이 결정 불가능이지, 파트너들의 행동과 감정에 대한 어떤 진실이 아니다. 그러나 사랑이 있기 위해서는 누군가가 있어야 하고, 그 사람을 위해서는 결정 불가능한 그 세계에 대한 해석이 언제나 이상적이어야 한다. 여러 가지 의혹에도 불구하고 이루어진 메뉴가 결국에는 연인들의 가능한 융합의 의미만을 갖는 그 누구 말이다. 그 역할은 대개 사랑에 빠진 여성 인물이 담당한다. 레날 부인은 결국 쥘리앵의 애무를 더 이상 경계하지 않게 되고, 그러나 그 애무에 대해 필연적으로 궁정풍으로, 이상적으로 약호화된 은유적 의미를 단번에 부여하기에 이른다. 남자 주인공이 더욱 본질적인 위장을 연기할 수 있는 공간에서는 정부인 여자가 사랑의 의미의 정점을 쥐고 있다. 여자는 그것을 믿고, 남자는 연기를 한다.

장애물과 시선

은유들에 대한 해석의 공간에 자리 잡은 사랑의 환몽은 만족을 찾는
것이 아니라 시선이 부닥치게 되는 장애물들에서 양분을 취한다.

사실 만족을 박탈당한 연인은 사랑의 정동의 가장 강력한 거리 설정
자이면서 최고의 매체인 시선을 통하여 사랑하는 여인을 흡수한다. 주관
적 감정의 강도를 가시적인 것 속에 옮겨놓는 욕망이 도피하는 곳은 바
로 아름다움의 심미적인 동시에 사랑을 갈망하는 예찬 속이다.(스탕달은
1817년에 『미술사(Histoire de la peinture)』를 집필하였으며, 그 후 1820년
에 『연애론』을 썼고 1822년에 출판하였다.) 스탕달은 카바니스에게서 감
동에 충실한 기호로서의 영상에게 부여한 중요성을 읽을 수 있었다.[11] 그
러나 태곳적부터 사랑에 빠진 자들은 시각에게 사랑하는 전율의 첫 번째
전령사의 역할을 부여하지 않았던가? 거울 애호가였던 스탕달은("소설은

---

11) 이 점에 대해서는 앞의 책『연애론』에 대한 미셸 크로지에의 서문을 참조할 것. 카
바니스가 인용한 시각은 감각의 첫 번째 인상이며 그것을 통하여 호감이 작용한다.
"시각은 사물들의 형태와 위치를 알게 해 주며 많은 유용하고도 신속한 통고를 해
준다. 그것을 전해 주는 요소처럼, 어떻게 보면 생동하고 찬란하며 숭고한 인상들은
많은 이념과 지식의 원천만이 아니다. 그 인상들은 또한, 혹은 최소한 사고에 전적
으로 관련될 수 없는 수많은 정서적 결정들을 생산하거나 내리게 한다. (……) 자발
적 움직임의(생물들의) 양태들은 모든 우리의 실존에 연결로 쓰이는 어떤 존재와
비슷한 '자아'를 내포하고 있음을 우리에게 알려준다. 이 순간부터 그 양태들과 우
리 사이에는 다른 관계들이 정립된다. 그래서 아마도 그들의 외부 행위들이나 외관
의 움직임이 나타내는 정서들과 이념들과는 관계없이, 그들의 육체에서 발산된 빛나
는 광선들, 특히 그들의 시선이 던지는 빛은 생명과 감정이 결여된 육체에서 나오는
빛과는 다른, 몇 가지 신체적 성격을 갖는다."(카바니스, 앞의 책, IV, 338∼339쪽)
투시력에 대한 진정한 신비주의는 사랑의 체험과 마찬가지로 관찰에 의존하고 있는
이러한 '과학' 속에서 표현된다. "그러한 시력의 범위와 힘을 통하여 그들(새들)은
멀리서 그들이 사랑하는 대상들을 발견하고 인정한다."(같은 책, 339쪽)

대로를 활보하는 거울이다.",『적과 흑』) '거울 단계'의 고고학자들이 우리에게 계시했던 것을 알고 있었다. 가시적인 타자가 아름다운 것은 우리가 지닌 풍부한 다정함을 거기에 투영하기 때문이며, 다른 한편으로는 우리만 홀로 비극적으로, '성적 불능(fiasco)'으로 남겨두면서 우리의 자기성애적 떨림으로는 향유할 수도 접촉할 수도 없는 것을 그(혹은 그녀) 속에서 어느 정도 결정화할 수 있게 하기 때문이다. 말하자면 그때부터 우리에게는 타자의 시선이 존재하기 때문이다. 여전히 구분되지 않고 남아 있는 주체와 객체를 즐겁게 뒤섞는,[12] 사랑하는 여성에 대한 시각적 예찬은 음악의 언어가 가장 잘 표현할 수 있고,[13] 그리고 물론 방어적이기 때문에 필요한 모든 해명이 분명 말살할 수밖에 없는 하나의 몽상이다.

사랑하는 대상의 이러한 시각적 흡수는 그 대상의 파괴이고, 사랑받는 자의 시선에 대한 전적인 복종이다. 사랑 속에는 정확히 눈에 보인 아름다움은 없다. 보는 사람의 환상, 시선만이 남아 있다. "당신이 어떤 여인에게 관심을 갖기 시작하는 순간, 당신은 더 이상 실제로 있는 그대로 그녀를 보지 않고, 그녀가 그렇게 생겼으면 하고 당신이 바라는 대로…… 오직 사랑하기 시작한 젊은이의 눈으로서만 그녀를 본다."[14] "사실상, 나에게 사랑은 언제나 사업 중에서 가장 중요한 사업이었고, 무엇보다도 유일한 사업이었다."[15] 그리고 즉시, 사랑에 대한 이러한 정의는 전적으로 시선의, 시선을 받으면서 바라보는 여인의, 질투의 만화경인 포착할

---

12) "인생의 불행들 중 하나는 우리가 사랑하는 것을 보고 그것과 말을 하는 그 행복이 분명한 추억을 남기지 않는다는 것이다."(『연애론』, 58쪽) "우리는 시선으로 모든 것을 말할 수는 없지만, 그러나 언제나 시선을 부정할 수는 있다. 왜냐하면 그것은 있는 그대로 반복될 수 없기 때문이다."(같은 책, 93쪽)

13) 『연애론』, 6장.

14) 같은 책, 336쪽.

15) 『앙리 브륄라르의 생애』, 767쪽.

수 없는 영상들의 질투 어린 그림자의 지배 아래 들어간다. "내가 사랑하는 여자가 어느 경쟁자를 은밀하게 쳐다보는 것을 보는 것보다 나를 더 두렵게 한 것은 아무것도 없었다."[16]

요컨대 눈으로 보는 성적 쾌락의 진부한 제조실에서 스탕달은 이상화의 요인인 욕구불만 부분을 강조하는 이점을 가지고 있다. 욕구불만은 결국 성행위의 연기를 강요하고, 이상화의 인내력에 지나지 않는 사랑의 시간으로 인도하는 것 같다.

'격한 눈초리의 의혹'을 야기시키는 장애물은 그것의 가장 강력한 동력일 것이고, 그리고 모든 스탕달의 연인들은 저항함으로써 자신을 탐나는 존재로 만든다. 특히 스탕달이 1818년에 밀라노에서 만난 뎀보스키 장군의 전 부인 메틸드 비스콘티의 경우가 그러하다. 스탕달이 그녀에 대해 느낀 열정은 『연애론』에 중요한 골조를 제공한다. 스탕달은 그 '사건'에서 그저 '평범한 영혼'의 소유자인 메틸드의 오직 냉정하고 강경한 의지 때문에 방문을 매달 두 번으로 줄이게 되었다. 그 후에는, 작가의 서신들을 믿는다면, 그는 그녀에게 "한 달에 네 번 30분", 게다가 또 "저녁 시간 중 하루는 15분"을 할애해 달라고 할 것을 고려했다. 그 이전의 안젤라 피에트라그루아와의 격렬한 관계가 더 행복했던 것은 아니었다. 그 열렬한 이탈리아 여인은 열쇠 구멍을 통하여 자신이 다른 남자 연인들과 노는 모습을 엿보게 함으로써 작가를 구경꾼의 역할로 만들어 버리는 모욕적인 착상을 가졌는데, 그것은 그녀가 알고 있던 스탕달의 욕망을 길게 설명해 주는 부분이다. 그러나 우리는 피에르 다뤼 백작 부인과 그 후의 퀴리알 백작 부인에 대한 스탕달의 사랑도 지적할 수 있을 것이다. 1830년에 스탕달의 청혼을 받고도 1833년에 다른 남자와 결혼해 버

---

16) 같은 책.

린 줄리에타 리니에리에 대한 사랑, 또는 마지막으로 사망하기 얼마 전 신비스러운 얼린에 대한 사랑, 그 모든 사랑은 추구되었거나 꾸며낸 장애물의 부분을 내포한다. 그 장애물은 그러한 사건들을 '전투' 혹은 '전쟁'으로 만들고, 만족되지 못한 정동이 방황하며 오로지 상상계 속에서만 충족되기 때문에 더욱더 '결정화적'인 것이 된다. 『연애론』에 실리지 않았던 「성적 불능에 대하여」(1853년 미셸 레비의 보유본)는 "그에게는 신과도 같이, 극도의 사랑과 극도의 존경심을 동시에 불어넣는 한 존재" 앞에서 사랑에 빠진 자의 성적 실패를 정당화하고 있다.[17] 왜냐하면 "영혼이 수치심에 사로잡혀 그것을 극복하는 데 신경을 쓸 경우, 그 영혼은 쾌락을 갖는 데 쓰일 수 없기 때문이다." 사랑이 하나의 환몽이라면, 사랑은 정동을 표상 불가능한 지옥으로 받아들이면서 그것을 말소시킬 위험을 무릅쓴다.

그 경우 우리는 육체적 사랑에는 거부감이 뒤따르고 살인적 난폭성으로 채색된다는 것을 이해하게 된다. "모든 사랑은, 제아무리 격렬하고, 다른 것들보다 더 빠르게 가장 격렬한 것이 된다 해도 결국 끝나기 마련이다. 사랑이 끝나면 싫증이 찾아온다. 이것은 무척 자연스러운 일이어서 얼마 동안은 서로 피하게 된다."[18] 그리고 안젤라 피에트라그루아에 대해서는 "그녀와의 사랑은 나를 괴롭히는 우울증(noir)을 벗겨내지 못했다. 나는 화가 나서 집으로 돌아왔다. 내가 사자였다면 피나는 살점을 찢어 버리는 데에서 쾌락을 느꼈을 것이다. (……) 왜냐하면 나는 힘의 행위를 벌임으로써 위로를 받았을 것이기 때문이다."[19] 성적 불능의 이면인 이 복수·사랑은 무엇보다 항구적인 우울증의 가장 힘든 시점이다. "안젤라가 나를

---

17) 『연애론』, 328쪽.
18) 「폴린에게 보낸 편지(Lettre à Pauline)」, 『서간집』(La Pléiade, 1968), I, 107쪽.
19) 『일기』(1811), Éd. La Pléiade, I, 앞의 책, 751쪽.

사랑하지 않았다면 나는 끔찍한 순간들을 체험했을 것이다. (……) 그러나 그녀는 나를 사랑하고 있어서 권태가 나를 사로잡는다."[20]

사랑에 빠진 스탕달은 자기 생애가 일련의 여자들의 이름들로 요약될 수 있다고 실토한다. 그는 볼테르 작품의 주인공 자디그가 했던 것처럼 먼지 위에 그 이름들을 새겨 놓는다. "비르지니(퀴블리), 안젤라(피에트라그루아), 아델(르뷔펠), 멜라니(길베르), 미나(드 그리샴), 알렉상드린(쁘티), 내가 사랑한 적이 없는 앙젤린 베레이테르, 메틸드(뎀보스키), 클레망틴, 줄리아, 그리고 기껏 한 달 동안 사귄, 그녀의 세례명도 기억나지 않는 아쥐르 부인, 그리고 경솔하게도 어제 알게 된 아말리아(베티니)."[21] 스탕달은 계속 말한다. "이 매혹적인 여자들 대부분이 나에게 선심을 베풀지는 않았다. 그러나 문자 그대로 그 여자들은 나의 전 생애를 차지하였다."

패배에 대한 미묘한 맛보기, 군대적 취향이 유혹하지만 채워 주지는 못하는 승리에서보다도 실패에서 맛보는 희열. "오늘 아침 나는 이런 생각을 했다. 특이하고도 매우 불행한 것은 나의 승리들(군사적인 것들로 가득한 머리로 내가 그렇게 불렀던 것처럼)이 나의 패배가 나에게 안겨준 깊은 불행의 오직 절반에 불과한 즐거움도 가져다주지 못했다고."[22]

더구나 성적 불능은 오로지 사랑의 눈부심이 대가를 치르는 그 무엇이다. 말하자면 야심가는 온갖 군사 전략을 펼쳐 봐도 소용이 없다. 그는 자신이 성불능자이자 소심한 애인임을 시인하는 영원한 베르테르를 제거해 버리지 못한다. "그런데 나는 지나치게 멀리까지 갔어. 여자들의 호감을 사는 자가 되기보다는, 거의 무심하게 그리고 특히 다른 사람들에 대한 허영심도 없이 나는 내가 사랑한 여자들에 대해 열정적이었어. 그래

---

20) 같은 책, 760쪽.
21) 『앙리 브륄라르의 생애』, 541쪽.
22) 같은 책, 532~533쪽.

서 성공을 놓치고 성적 불능을 당한 거야. 아마도 황궁의 어떤 남자도 사람들이 수상 부인의 애인이라고 믿고 있던 나보다 여자를 덜 가지지는 않았을 테니까."[23]

불행한 연인, 즉 탐미주의자. 활동적인 창조자이기보다는 예술과 여성에 매혹된 명상가. 억지로 사랑을 행사하지 않으면서 즐기는 예술 중 하나에 대한 사랑으로서 여성을 사랑하기. "내 삶의 통상적 상태는 음악과 미술을 사랑하는 불행한 연인의 상태였다. 다시 말하면 그러한 예술의 산물들을 즐기되, 서투르게 실천하지는 않았다."[24]

여자 정부

잘츠부르크의 가지가 은유화하게 된 그 사도마조히즘적 희열은 스탕달적인 사랑의 참된 대상인 지식의 문제를 몽상적인 것으로 만든다. 그만큼 이 경우 참된 것은 상상적인 것일 수밖에 없음이 분명하기 때문이다. 위엄은 갖추었지만 근친상간적인 면에서 욕망을 일으키는 어머니가 미루어진 만큼 육감적인 영상들에 대한 그의 탐색 뒤에서 떠오른다면 ("나는 어머니에게 키스를 퍼붓고 싶었고, 옷을 입지 않고 있기를 바랐다……."[25] 스탕달은 예를 들면 알베르트 드 뤼방프레를 '열렬히' 사랑하면서 자기의 "행복을 사냥하러 가는 모습이 전혀 변하지 않았다."라고 기록하고 있다.) 그러한 여성 형상은 동시에 그리고 즉시 여자 정부와 죽은 여자의 형상임을 확인하지 않을 수 없다.

---

23) 같은 책, 572쪽. 알렉상드린 다뤼에 대한 암시.
24) 같은 책, 548쪽.
25) 같은 책, 556쪽.

스탕달적인 정부는 그 용어의 강한 의미로서 이해해야 한다. 여자가 주인이고, 남근이 여자 애인에 의해 성대하게 구체화되기는 드물다. '귀부인'이 자기 아버지 또는 남편의 태양 같은 권력을 반영하는 달이라는 것을 중세의 관능성은 알고 있었다. 그리고 초현실주의자들의 '미친 사랑'은 그것의 동성애적 내막과 거의 가깝다.[26] 그러나 스탕달적인 연인은 남성적인 힘을 조금도 전달하지 않는 여자를 사랑한다. 그는 오로지 여성적인 위엄을 사랑한다. 스탕달에게 여성적인 위엄은 공상적인 남성들(퇴폐적인 부르주아, 창백한 귀족, 또는 어느 정도 고풍스럽거나 얼빠진, 도전적이고 냉혹한 협잡꾼……)의 세계에서는 여성적 본질에 속한다. 그를 유혹하는 것은 두려움을 줄 정도로 밀고 나가는 여자의 남성스러움이다. 증거를 대라고? 위풍당당한 이탈리아 여인들을 제외하고도 다음과 같은 확인들이 있다. "3년 동안 탐낸 정부는 말 그대로 실제 정부라고 할 수 있다. 그 여자에게 가까이 가면 몸이 떨린다. 그런데 내가 떠는 남자는 지루해하지 않는다고 돈 후안 족속들에게 말할 것인가."[27] "다혈질의 남자는 기껏해야 한 종류의 정신적 성불능밖에 알지 못한다. 그것은, 그런 남자가 메살린과의 밀회를 맞이할 때, 그리고 침대 속으로 들어가는 순간, 그가 얼마나 무서운 재판관 앞에서 자신을 드러내 보일 것인가를 생각하게 되는 때이다."[28] 더구나 특히 거만하고 욕심나는 여자들은 그녀들의 애인들이 정복하기에 이르는 남자들과 동일시된다는 조건에서만 사랑에 응하지 않는가? "그 도도한 (여인들의) 성격은 그 여자들이 다른 남자들과도 관대하게 처신한다고 생각하는 남자들에게 기꺼이 응한다."[29]

---

26) Xavière Gautier, 『초현실주의와 성욕(Surréalisme et sexualité)』(Gallimard, 1971)을 참조할 것.

27) 『연애론』, 242쪽.

28) 같은 책, 330쪽.

29) 같은 책, 98쪽.

클로랭드 또는 브라다망드, 마틸드, 지나, 클레리아도 그 '사건'의 참다운 힘이다. 이 사건에서 그 육감적인 심리소설가는, 허영심 많은 자들의 비방을 받고, 겉으로는 패배하고, 정복당하고, 괴로워하는, 한마디로 베르테르처럼 열정적인 연인의 역을 즐겨 연기한다. 그렇게 함으로써 스탕달은 프랑스적이라고 부르면서 멸시하는 언제나 정복자의 근사한 역할을 연기하기를 희망하는 돈 후안의 허영심에서 벗어난다고 믿는다.

스탕달적인 연인(금지되고 순결한 어머니를 예찬하는 자)의 형세는 사실상 보다 유치하고, 보다 청소년기적이다. 예수의 축복을 받은 코레주의 마돈나(Madone du Corrège) 앞에서 감탄하는 무신론자인 그는 이렇게 썼다. "이 다정한 영혼들에게는 하느님의 심판에 대한 두려움이 마돈나의 사랑을 통하여 드러난다. 그 영혼들은 많은 고통을 겪었고, 너무도 놀라운 사실들, 즉 아들의 부활, 그가 하느님인 것을 발견하기 등을 통해 그 고통에서 위로받은 그 불쌍한 어머니를 소중히 섬긴다."[30] 헤아릴 수 없는 모성애만큼 그 아들의 신성에 매혹된 스탕달은 "인간의 약점은 사랑을 필요로 하고" 그리고 어떤 신성도, 결과적으로 그리고 기적적으로 "하느님 자신보다 더 하느님인"[31] 그 성모 마리아에 "더 합당한 사랑인 적은 없었다"는 사실을 받아들인다.

---

30) 「로마 산책(*Promenades dans Rome*)」, 『이탈리아 여행(*Voyages en Italie*)』(La Pléiade, 1973), 979쪽.

31) 같은 책, 985쪽. 이 주제와 스탕달, 사랑 그리고 죽음에 대한 자세한 것은 Micheline Levowitz-Treu, 『스탕달의 사랑과 죽음(*L'Amour et la Mort chez Stendhal*)』, éd. du Grand Chêne(1978)을 참조할 것.

저자 베르테르

황홀함에 넋을 잃은 어린이가 '작은 성공'을 거두면 왕 또는 거기에 포함하여(혹은 특히) 하느님이 되지 않는가? "그 모든 여자들(사랑의 명단에 적힌 여자들)과 함께 나는 언제나 어린이였다. 따라서 나는 큰 인기를 끌지 못했다."[32]

그의 사랑의 경주는 돈 후안을 한 대상에서 다른 대상으로 달리게 하던 사로잡기·거세라는 어두운 두려움이 아니라 거부하는 어머니의 세계가 지배하는 완전히 구강적이고 시각적인 갈증에 의해 추진되는 듯하다. 정부가 거절한다? 그렇다면 나는 내가 부러워하는 무대의 주인공일 것이다. 나는 그 무대를 내 눈 속에, 내 입 속에, 내 혀 속에 가지게 될 테니까. 그와 같은 사랑의 환몽이 사실상 그의 베르테르를 여주인공들의 저자로 변형시킨다. 그 경우 작가는 야심가들(쥘리앵 소렐 또는 파브리스 델 동고)의 가면을 자신에게 씌워서 레날 부인이나 산세베리나의 열정이 될 것이다. 여성적인 열정을 소유(지배)할 수 없어서 그 열정이 될 것이다. "……사랑에서 소유하기는 아무것도 아니고, 즐기는 것이 전부다."[33] 이 영원히 조숙한 청소년은 플로베르가 자신이 보바리 부인이라고 주장한 것처럼, 레날 부인도 아니고 산세베리나도 아니다. 재기 발랄하고, 활기차고, 슈테판 츠바이크의 말대로 "발포성을 지닌" 스탕달은 심리 연구가 중에서 가장 프랑스적이다. 왜냐하면 그는 한 여성을 위한 열정과 한 여성의 열정의 중간 지대에 완전히 자신을 위치시키기 때문일 것이다……. 그는 '그녀'와도 '그'와도 동일시되지 않는다. 말하자면 그의 사랑의 심리학은 여성 권력에 의해 지배된 관찰하는 열정의 힘의 영역에서

---

32) 『앙리 브륄라르의 생애』, 544쪽.
33) 『연애론』, 122쪽.

정체성의 분무 현상을 포착한다.

청소년기 사랑의 환몽이 확립되는 그 중간 지대에서, 사랑은 연인들의 시선의 마력적이고 주도적이며 변태적인 힘의 지배를 받을 것이다. 어떤 이상한 텍스트에서 시선의 특권이(어쩌면 냉소적으로?) 사랑하는 감정의 강렬성을 지배하면, 클레리아는 파브리스를 더 이상 만나지 않겠다는 맹세를 한다.[34]

그러한 시선의 세계에서 시각의 사랑(amour-vision)은 자기 정부의 장소를 향한 연인의 투영을 표현한다. 야심가의 가면을 쓰고 작가는 슈퍼우먼의 근본적 비밀이 되는 열정을 자기 것으로 만든다. 그리고 그러한 흡수는 그 작가를 초능력적인 인간, 초인으로 만든다. 사랑할 만한 여인들, 진정한 여인들은 스탕달에게 있어서 코르네유적인 영웅적 여인들, 대표적인 지배자들, 상상적 남근들이다. 그녀가 나를 욕구불만에 빠트리고, 따라서 나는 사랑에 빠진 자의 관점에서 그녀를 본다. 나는 나를 위해 그녀를 본다. 따라서 나는 글을 쓰는 눈이다. 글쓰기는(일부 당대 사람들의 심기를 몹시 건드렸던 스탕달의 그 유명한 자신감보다도[35]) 남근적인 여성 권력을 극복하는 최종의 증거이다.

스탕달 자신의 심히 자기만족적인 고백에 따르면 '놓쳐 버린' '가련한 여자들'을 사람들이 자주 조롱한 바 있다. 스탕달의 허영심은, 이중 장치

---

34) "기적들. 특혜 받은 자는 손가락에 반지를 끼고 있고, 여자를 쳐다보면서 그 반지를 꼭 잡기 때문에 마치 수녀 엘로이즈(Héloise)가 신학자 아벨라르(Abélard)를 사랑했던 것처럼 그녀는 그 남자를 열렬히 사랑한다. 그 반지에 약간 침이 묻어 있다면, 쳐다본 여자는 단지 다정하고 헌신적인 여자 친구가 된다. 한 여자를 쳐다보면서 그리고 손가락에서 반지를 빼면 그 이전의 특권에 근거하여 불어넣어진 감정들은 사라진다."("Les privilèges", *Oeuvres intimes*, II(La Pléiade), 983쪽.)

35) 블랭, 『스탕달과 인격의 제문제(*Stendhal et les problèmes de la personnalité*)』(Corti, 1958), 17쪽을 참조할 것. 텐(Taine)과 다른 비평가들을 뒤이어 블랭은 스탕달에게서 "화술에 대한 지나친 보안"을 지적하였다.

와 보상적 평형 속에서 자기 펜의 마력적인 힘을 분명히 보여 주기 위하여, 베르테르적 약점 이상인 그 약점에 대해 시간을 끌 필요가 있었음이 확실하다. 사랑에서 중요한 것은 성적인 성공이라기보다는 전지전능함을 가진 환몽이다. 보이기 위해 치장한 여자들은 그러한 환몽을 표상하기에 좋은 위치에 있으며, 그리고 자기 나름대로의 글쓰기(그런 점에서 여성적 가면의 라이벌)는, 물론 여성들을 통하여, 그러나 최고로 위엄 있게 그 환몽을 상연할 수 있다. 차원 높은 글쓰기란 냉소적이고 고독하다. 성적 무능에 빠진 베르테르의 입장은 글쓰기의 돈 후안이 명확해지기 위한 최종의 계략일까?

여성성 살해하기

그렇지만 죽은 여인이 있다. 앙리 베일, 즉 스탕달은 자신이 사랑했다고 고백하는 어머니를 1790년, 7세에 잃는다. 『연애론』은 질투 때문에 살해되었고 "죽음의 품 안에서도 너무나 아름다운" 마돈나 피아의 이야기를 상기시킨다. 섬세하게 묘사된 베아트리체 첸치, 노출된 이탈리아 관들에 대한 관심, 눈길을 끈 클로랭드의 죽음, 레날 부인과 클레리아의 죽음에 대해서도 들려준다. "나는 마틸드 때문에 절망에 빠져 있다. 그녀는 죽어 가고 있다. 나는 부정한 그녀보다 죽은 그녀를 더 사랑한다."[36] 이 몇 가지 예는 죽은 여자가 스탕달의 상상 세계에서 사랑의 욕망이 도피하는 지점처럼 기록된다는 것을 상기시켜 주기에 충분하다. 너무 일찍 여읜 어머니의 단순한 재출현일까? 시체처럼 차가운 불감증에 대한 보

---

36) 『앙리 브륄라르의 생애』, 541쪽.

들레르적인 예찬, 즉 무감각하고 매정하며 따라서 결정적으로 남근적인 여성에 대한 숭배일까? 아마도 특히, 이 죽은 여자들에게는 다른 여자(다른 성)가 되는 자질을 상실하고, 애인의 욕망된 힘과 혼동되는 듯한 사랑하는 여인을 이상화하는 스탕달적인 방식이 있을 것이다. 대상·바라봄(vision-objet)과 주체·시각(regard-sujet)은 뒤섞이고 구분할 수 없게 되어, 마치 저세상인 것처럼, 죽음에 의해 객관화되고 무한화된 욕망의 대상의 평온한 예찬 속에서 겹쳐진다. 단테에게 베아트리체가 시체가 아니듯이 스탕달에게 죽은 여인은 시체가 아니다. 죽은 여인은 금지된 어머니가 그 후광으로 둘러싸여 있는, 만질 수 없는 절대이다. 죽은 여인, 그것은 더구나 다른 관점에서 향수로서의 향락이다. 손에 닿을 수 있지만 영원히 상실된, 불가능한 존재이다. 바로 그러한 점에서 여자(타자, 대상)는 죽은 후의 사랑인 최고의 결정 작용 속에서 다시 태어나기 위하여 소멸되는데, 죽은 후의 사랑 속에서 저자는 그녀를 소유하고, 그녀 너머로 자신을 소유하고 싶은 욕망의 전능성을 투영한다. 남근의 이상화가 여성의 육체를 살해하기의 기반 위에서 구축된다는 것을 정부이자 죽은 그 여자들이 우리에게 상기시킨다.

그렇다면 정확히 말해서 눈으로 본 대상과 그 시선의 융합 속에서 죽은 사람은 누구인가? 사랑받는 여자? 아니면 그 연인의 '여성성', 즉 그의 명명할 수 없는 열정, 거울 단계 이전의 보이지 않는 모성적 영역에 온순하게 도사리고 있는 베르테르적이고 나르시스적인 그의 약점?

그의 잔인성을, 적어도 유년기의 그의 잔인성을 정제하는 어떤 교태가 스탕달에게는 이상한 것이 아니다. "나의 첫 번째 기억은 나의 사촌이자 제헌 국회의원인 재치 있는 남편을 둔 피종 뒤 갈랑 부인의 뺨과 이마를 깨물었던 것이다……."[37] 그리고 단테를 읽던 어머니와 어린 소년의 사랑을 요약하자면, 어머니는 "약간 살이 쪘고, 신선함 그 자체였으며",

"아주 예뻤고", "그 모습에는 고상함과 완벽한 평온함이 들어 있었다. 나로 말하자면, 말할 수 없을 정도로 사악해져서, 나는 어머니의 매력을 열광적으로 사랑하였다."[38]

그러나 우리는 특히 여자를 죽게 하지만 살아남게도 하는 글쓰기를 통해 죽은 여자의 이 최종적 포착과 가명의 논리 사이에 어떤 유사성을 지적할 수 있을 것이다.

가면극

복수적인 이름을 통하여 스탕달은 베일이라는 본명이 지닌 그르노블적 중압감을 피하고 『천일야화』에 어울릴 만한 일련의 가명으로 자신을 위장한다. 그 가면들은 분명히 수신자에 대한 상당한 공격인 만큼("당신은 나를 알 수 없을 것이오.", 그런 것이 그들에 대한 도전이다.) 다양한 형식의 퍼즐로 이루어진 정체성 속에서 결정적으로 시들어 가는 은밀한 내밀성의 방어("본질은 명명 불가능한 것으로 남게 된다.")이기도 하다. "사람들이 나를 믿을까? 나는 기꺼이 가면을 쓰겠다. 더없는 즐거움으로 나는 성을 바꾸겠다. 내가 매우 좋아하는 『천일야화』는 내 머릿속 4분의 1 이상을 차지하고 있다. 종종 나는 앙젤리크의 반지를 생각한다. 나의 가장 큰 기쁨은 훤칠한 금발의 독일 남자로 변하여 파리 시내를 산책하는 것이리라."[39] 사회적 관습은 그 복수적인 이름을 모두 진정성이 없는 일련의 배반으로

---

37) 같은 책, 551쪽.
38) 같은 책, 557쪽.
39) 『자기중심주의의 추억(Souvenirs d'égotisme)』, *Oeuvres intimes*, II(La Pléiade), 453쪽.

받아들인다. 그렇지만 소설 속 인물들의 창조는 실제로 가명의 목적을 드러내면서 그러한 가면에 대한 가장 충실한 표현이 된다. 그것은 저자를 죽이는 글쓰기의 무한한 힘을 강제로 부과하고, 또한 그러한 희생으로부터 이제는 끝없는 부정과 재표명의 변증법 속에 사로잡힌 가면들을 만들어 내기 때문이다.[40]

아버지의 성(Nom paternel) 살해하기인 스탕달의 가명은 무엇보다 프랑스적인 음색의 희생이다.(스탕달이란 독일의 작은 도시의 이름이다.[41]) 프랑스적인 이름이 죽어서 프랑스어의 경이로움을 통하여 위험과 죽음을 무릅쓰는 사랑에 빠진 남녀 주인공들을 만들어 낼 저자를 다시 태어날 수 있게 한 것이다. 가명은 환몽과 마찬가지로 비밀을 숨기는 훌륭한 기량이다. 보이게 하는 것은 (환몽적 결정 작용뿐만 아니라 가명인 그 저자 자신에 의해 지어진 이름과 마찬가지로) 욕동의 비개인적인 밤 속에 어두운 열정의 명명 불가능한 흔적을 스스로 간직할 수 있게 한다. 그와 같이 피난처에 살아 있게 보전된 어머니는 살아 있는 죽은 여자란 말인가? 조각 같은 정부들인 그 여주인공들(산세베리나들, 클레리아들, 마틸드 드 라 몰들)이 여걸들의 투구를 쓰고 숭고한 그녀들의 약점을 드러낼 때, 작

---

40) J. Starobinski, 「가명의 스탕달(Stendhal Pseudonyme)」, *L'Oeil vivant*(Gallimard, 1961)을 참조할 것. 저자는 스탕달의 복수적인 이름이 자기를 "허용된 것보다 자기 자신에게 더 내성적이고 이방인적이 될 수 있기를 소원하는 사람"으로 만든다고 확인한다.(같은 책, 244쪽)

41) 말하자면 자기 어머니와 외할아버지의 손자인 스탕달은 끊임없이 그 세련된 가뇽(Gagnon) 박사를 몹시 좋아하면서도 매우 냉소적으로 자기 유년 시절의 그 '비극적인 사건'인 집안 이야기를 반복하였는데, 그것은 "어머니와 외할아버지 사이에서 나는 앞니 두 개를 부러뜨렸다."(『앙리 브륄라르의 생애』, 578쪽) 어쨌든 아버지에 대한 아들의 원한이 그처럼 심하게 표현된 적은 거의 없다. 단호하고 결정적인 오이디푸스로서 스탕달은 선언한다. "아마도 아버지와 나보다 더 철저히 상극적인 두 인물을 우연히 모이게 한 적은 일찍이 없었을 것이다."(같은 책, 597쪽)

가가 소생시키는 것은 시원적이고 죽은 그 어머니가 아니겠는가? 스탕달의 여인들이 지닌 비상식적인 용기인 그러한 광기는 아마도 죽은 어머니가 죽음의 욕동으로, 말하자면 열정으로 살아나는 순간일 것이다. 자신의 '감미로운 육감'을 의식하지 못하는 레날 부인의 촌티 나는 정숙한 따뜻함은 쥘리앵을 향한 열정의 과감성 속에서 폭발한다. 잠든 여인의 기적적인 깨어남처럼, 음산한 시골 생활의 살아 있으면서도 죽은 인질의 소생처럼…… 하지만 그것은 결국 그녀를 죽음으로 이끌어가기 위해서이다.

두 여자 사이에서

스탕달적인 사랑의 이중 현상은 두 여자 사이에 있는 연인의 입장이라는 관능적 세계의 그 불변수 속에서 또 다른 조명을 받는다. 쥘리앵 소렐은 레날 부인과 마틸드 사이에 있고, 뤼시앵 뢰뱅은 샤스텔레르 부인 또는 도캥쿠르 부인 또는 그랑데 부인 사이에 있다. 파브리스 델 동고는 산세베리나와 클레리아 사이, 산세베리나와 마리에타 사이, 산세베리나와 포스타 사이에 있다. 그리고 처음에는 산세베리나와 자신의 어머니 사이에 있다.

이러한 여성적 '이중주'는 단순히 사랑받는 여인의 두 가지 변이형만은 아니다. 열정적인 여자와 이지적인 여자, 고풍스러운 여자와 현대적인 여자, 모성적인 여자와 남성적인 여자, 고상한 여자와 천박한 여자 등등 이런 두 종류의 여자들은 용기 또는 격렬함, 또는 신중함 아니면 위험성, 또는 자제력에 대한 자신의 선호도를 배합하면서 스탕달에게 사랑의 카드를 꾸밀 수 있게 한다. 그러한 이중주는 '결정 작용'의 역학 속에서 그 역할이 지배적인 질투심을(욕구불만, 부재, 거부 그리고 공포의 역할과 함께) 연출하는 데에만 쓰이는 것은 아니다. 스탕달에게 '두 여자 사이'는 보전의 전략도 암시한다. 그중 한 여자에게 삼켜져 버리지 않기 위해 이 자기중심주의자는 최소한 두 여자를 지녀야 한다. 거세에 사로잡힌 남성 성욕의 항구적인 계략으로서 결정 작용의 두 극(極)을 유지하기는[42] 물론 스탕달을 호기심에 이끌린 훔쳐보는 자(voyeur)로 만족시킨다. 스탕달의 이야기가 말하고자 하는 유일한 열정은 치명적이고, 감금 아니면 표상 불가능한 혼돈으로 이끌고 간다. 레날 부인, 카스트로 수녀원 원장, 클레리아 같은 여자들은 자신을 그러한 열정에 빠져 버리도록 내맡길 수 있다. 그러나 때때로 사랑이라고 밝혀지는 야심에 이끌려 행동하는 자아주의자는 자신을 가시적인 것의 표면에 남아 있게 해야 한다. 마치 여자란 다른 여자와 비교될 때에만 가시적이듯이. 그 밖에도 자아주의자는 자신이 다른 여자의 시선 속에 보일 때, 그리고 그것이 자신의 분신인 경쟁녀 또는 공모녀에게 목덜미가 잡히는 가장 위험한 순간에 이루어질 때, 자기의 정당성이 인정받는다고 느끼게 되고, 자기 정체성을 회복한다. 여기서 우리의 주인공을 두 여성 파트너와 함께 자기 성욕을 연기하도록 부추기는 것은 돈 후안 식으로 정복하고자 하는 욕망인 것 같지는 않다. 그보다는 자신의 야심을 위태롭게 할 수도 있는 열정에 의해 쓰러지지 않을까 하는 두려움인 것 같다. 이중주로 된 정부들은 우연적인 열정을 놀이, 즉 권력의 놀이로 변화시키는 그러한 상승의 물신적 지표들이 되도록 마련되어 있다.

비슷한 목적에서, 그 여자들의 순위 매기기, 수학적인 순서화 또는 사

---

42) 이따금 그 두 극은 계기적이다. 처음에는 레날 부인이고, 그다음에는 마틸드, 그러고는 레날 부인의 우세 속에서 두 여자가 함께 있다. 때로는 복잡하게 공존한다. 유혹적인 숙모 지나는 워털루 전쟁에서 돌아온 파브리스를 처음 만났을 때부터, 그리고 그가 유혹의 전투를 쌓아 올리기 이전에 클레리아를 '결정화'하지 않는가?

랑이라는 전쟁터에서의 책략 군사적 책략들들조차도, 사랑의 황홀 속에서 시선의 눈부심, 시력의 (그리고 자아의) 상실을 거부하기 위한 전략에 지나지 않을 것이다. "그 여자들을 가능한 한 가장 철학적으로 고찰하여, 나로 하여금 눈이 휘둥그레지고, 눈부시게 하여 나에게서 분명하게 보는 기능을 앗아가는 후광으로부터 그녀들을 벗어나게 하기 위하여 나는 이 부인들을 그들이 지닌 다양한 특징에 따라서 순서를 부여하겠다.(수학적 용어) 따라서 나는 그녀들의 일상적 열정인 허영심을 시작으로, 그들 중 두 명은 백작 부인이었고 한 명은 남작 부인이었음을 말해 두겠다……." "나는 사건들의 매력, 빛에 의한 눈부심(*dazzling*)을 파괴하려고 노력하면서 그것들을 군사적으로 취급하겠다."[43]

그러나 두 여자 사이가 향락의 계산된 회피를 허용할 경우, 남자 주인공의 비극적인 운명(그의 감옥과 살인은 특히 스탕달적인 상징들이다)은 결국 치명적인 위협의 극복할 수 없는 항구성을 드러낸다. 시초부터 사랑은 연인들을 죽도록 운명 지었다. 사랑, 그것은 죽음이다.

치명적인 남자와 여자라는 존재

결국 스탕달적인 '에로스'의 여성 이중주들은 남자를 여자들 사이의 교환 대상처럼 나타나게 한다. 스탕달이 보기에는 사회적 법규가 여성의 동성애 본능을 토대로 한 듯하고, 공범자이든 경쟁자이든 간에 그 동성애적 본능은 야심가들의 공적인 생애를 무대 뒤에서 규정하는 듯하였다. 더 나아가서는, 그리고 비록 사랑의 음모가 쥘리앵같이 자만심이 강한

---

43) 『앙리 브륄라르의 생애』, 544쪽.

남자 주인공에 의해 착수된 세계에 존재한다 해도, 결정적으로 결판을 내는 것은 도덕에 도전하는 여성의 열정과 대담성이다. 스탕달적 사랑은 여성들의 사건이다. 우리는 쥘리앵을 바라보는 레날 부인의 첫 시선이 그로 하여금 어린 소녀로 착각하게 만들었다는 사실을 기억하지 않는가? 스탕달적인 남자 애인은 은밀한 여성 동성애자이다.

여자 스탕달, 여성의 육체를 지닌 스탕달 —— 그는 이것을 명백히 카바니스에게서 영감을 받았고, 분명 그가 시각적인 만큼 감각적인 유일하고도 최상의 원천인 내향성의 과잉 중 하나라고 고백한다. "나는 매우 섬세한 여성의 피부를 가졌다.(그 후 나는 한 시간 이상 칼자루를 쥐고 있으면 항상 물집이 생겼다.) 평소에 멀쩡하던 내 손가락들은 아무것도 아닌 것에 찰과상을 입는다. 한마디로 내 몸의 표피는 여자 같다. 그래서 내가 더러워 보이거나, 축축하거나 거무칙칙해 보이는 것에 대해 참을 수 없는 혐오감을 갖는지도 모르겠다."[44]

그 밖의 것에서도 마찬가지지만 이 경우 순결함은 절대적이다. 그리고 스탕달적 여성 동성애는 예컨대 노련한 몰래 훔쳐보는 자이면서 그런 자신을 자랑스럽게 여기던 조각가 로댕이 거의 명시적으로 자신의 데생 속에 여자들끼리의 포옹을 노출시킨 그런 여성 동성애 같은 것은 결코 아님을 자인한다. 그와 대조적으로, 의무와 야심에 의해서만 사랑에 뛰어드는(물론 우발적인 성적 무능에 미리 대비하기 위하여) 스탕달적인 남성 허약성이 커플들의 즐거운 사랑놀이에 대해 우리에게 들려주는 것은 아무것도 없다. 시대적 특성이라고 해도 좋다. 그러나 우리는 스탕달이 샤스텔레르 부인의 순결함이 도캥쿠르 부인의 자유분방함보다 뤼시앵 뢰뱅의 이상화적 불꽃을 더 타오르게 한다는 것을 강조해서 보여 주고 있음을

---

44) 같은 책, 687쪽.

주목하게 된다.[45] 또한 "칼이 자르는 코르크나무같이" 라브넬 부인이 자아주의자의 귀에다 대고 하는 불쾌한 성적인 발언에 대한 규탄도 주목하게 된다. 자아주의자에게는 '남자의 육체'를 사랑하는 것이 문제가 아니며, 특히 프랑스어로 그것을 말한다는 것은 적절치 못하다. 차라리 이탈리아어가 더 어울릴 것이다.[46] 우리는 쥘리앵과 레날 부인이 함께 보낸 밤들이 그들의 사랑놀이의 유일한 세부 사항으로…… 레날 씨의 코 고는 소리로 묘사되었음을 주시하게 된다. 더욱이 쥘리앵이 마틸드의 방으로 올라가는 사다리 다루기가 초래한 위험에 대한 섬세한 묘사들을 야기하지만, 그러나 단지 간결한 문장 하나가 그 연인들의 성관계에 대해서 알려준다. "오늘, 그 신사 분들 중 한 사람이 잠시 그녀에게 말을 붙이자마자, 그녀는 쥘리앵에게 물어볼 질문이 생겼다. 그런데 그것은 그를 그녀 곁에 붙잡아 두기 위한 구실이었다. 그녀는 임신 중이었고 그 사실을 쥘리앵에게 알렸다." 그 대신, 우리는 베르바크 장군 부인과의 서신은 끝없는 묘사들로 가득 찬 대상이고, 그 묘사들은 물론 두 여인 사이에서와 마찬가지로 열정과는 거리가 먼 거짓말·허영심 속에 우리를 붙잡아 둔다는 사실도 주목하게 된다.

페미니스트 스탕달

스탕달은 페미니스트인가? 『연애론』의 일부 지면들은 결혼의 자유 선택, 이혼 가능성, 그리고 여성을 위한 교육을 주장하는 데스튀트 드 트라시의 개혁 강령을 공언하고 있다. 그는 여성을 위한 공평한 교육을 우애

---

45) *Souvenirs d'égotisme*, 460쪽을 참조할 것.
46) 같은 책.

있게 그리고 너그러운 마음으로 주장하거나, "여성으로 태어나는 모든 재능은 공공의 행복을 위해 상실되었고, 우연이 그들에게 자신을 보여줄 수단을 부여하면, 보시다시피 가장 어려운 재능에 도달하게 되지요." 라고 선언한다. 스탕달은 아마도 그 당시로서는 아주 보기 드문 자유분방한 정신을 소유한 사상가들 중 한 사람일 것이다. 그러나 그러한 '페미니즘'은 우리가 본 바와 같이 환몽적 이상으로 뒷받침된 여성의 이상화에 의해 지탱되었고, 마치 압축된 죽음의 욕동처럼 작가에게는 동일화의 중심이 된다. 작가란 명명할 수 없는 것을 명명하는 자인 것처럼, 여성은 육체와 두뇌 사이, 열정과 사회 사이를 용감하게 노 저어 나가기 때문에 작가의 상상적 닮은꼴이기도 하다. 보다 더 분명하게는 스탕달적인 여성성과 글쓰기의 접근이라는 의미에서는 사랑에 빠진 여자들이 글을 쓴다. 우리는 레날 부인의 치명적인 편지를 생각하게 되는데, 그 편지는 고해신부에 의해 암시를 받은 것이 사실이지만, 그것은 여전히 소설적 대단원의 진정한 동기로 남게 되어 쥘리앵의 몰락을 재촉한다. 또한 우리는 지나가 쥘리앵과 교신하기 위해 장안한 글쓰기도 기억할 수 있을 것이다.

무신론자 스탕달은 사랑을 영악하고 자만심 강한 자들의 공허한 야심 속에 위치시키기 때문에 그는 사랑조차도 믿지 않는다. 그러나 대문자로 쓴 '여성'을 믿는다. "프랑스에서 여자들의 왕국은 지나치게 거대하고, 힘 있는 '여성'의 왕국은 너무도 협소하다."[47]

스탕달의 여주인공들은 그들의 이타성이 남자 주인공들에게 능력을 발휘할 수 있게 하는 동반자들이 아니다. 그 여자들은 운명의 힘, 고대 신들의 권력을 가지고 있다. 자신들의 세속적인 면모를 통하여, 그 여자들은 돈 후안의 추종자들인 그 연인들의 사회적 권력을 확보해 주거나

---

47) 『연애론』, 21쪽. 크루제의 서문에서 재인용.

파괴하고, 다른 한편으로는 그녀들의 밤의 면모를 통하여 베르테르들의 광기와 죽음을 주도한다.

스탕달의 믿음

스탕달은 "여자들을 진실한 그대로 사랑하고", "그 어떤 본질도 한 번에 모든 여성들을 정의하지 않기"[48] 때문에 "여성적 신비를 믿지 않는다."는 선언이 나오기 위해서는, 아마도 시몬 드 보부아르의 열광과 권력에 대한 여성들의 갈망을 신성화하는 그녀다운 의지가 필요했을 것이다. 스탕달에 대한 그러한 해석은 스탕달적인 성욕의 문제를(소설 속의 성욕 또는 은밀한 글 속의 성욕 문제도) 자세히 논하지는 않는다. 그런 해석은 자신의 환경에 무의식적으로 반항하는 용감한 여주인공들에게 스탕달이 제공한 영상의 첫 단계만을 고려하고 있다. 또한 그런 해석은 자유주의적 무신론자였던 프랑스인 스탕달이 총애하던 여자들 모두가 고풍스러운 여자들, 즉 가톨릭교도들, 중세적 가치관에 사로잡힌 귀족 출신들, 비이성적인 이탈리아 여인들이라는 사실을 언급하기를 잊고 있다. 해방이라는 피상적인 영상을 넘어서, 스탕달은 여성참정권 주장자들과 너무도 가까운 여성해방운동의 제2세대가 전혀 요구하지 않는 성욕의 차이를 여성들 속에서 모색한다. 모성적이고 열정적이며 치명적이고 표상 불가능한 이타성, 그러나 소설적인 주체의(대문자로 쓰인 주체의?) 위대한 행동에서 작용하고 여성성이라고 명명되면서 은유화될 수 있는 그 이타성은 스탕달에 의해 물신화되어 세속적인 우상으로 변형되었다. 아버지들이 웃

---

48) 『제2의 성(Le deuxiéme Sexe)』, Ⅱ(Gallimard, 1949), 365쪽.

음거리밖에 되지 않는 그 세계에서 무엇이 사랑하도록 남아 있는가? 대문자 여성이 남아 있고, 그리고 역시 냉소적이고 또한 비록 사전에 실패한 '사건'이지만 성적 무능이 남아 있다. 이러한 것으로 『방탕아의 교리문답』(1803)을 만들 수 있으리라.

스탕달은 종교와 정반대되는 것으로 여성성의 사랑 속에 우상 숭배를 위치시킴으로써 믿음의 비밀 장치를 폭로하였다. 게다가 대문자 여성이 구현하고, 전투적인 남성이 규방 속에서 행사하는 남근적 권력의 탐색에 뿌리를 내린 그의 에로티시즘의 이중성은 스탕달의 세계를 정식 여성 해방 운동가보다 더 복잡하게 만든다. "평생을 같이 보낼 반려자로서 박식한 여자보다는 하녀를 더 좋아하지 않을 남자는 우리 가운데 아무도 없다."[49] 이 경구는 단지 몰리에르의 메아리뿐만 아니라 민주주의의 평등주의적 효과를 반향하는 것이다. 경건한 이탈리아 여인들에 반한 그 자유주의자가 암암리에 샤토브리앙적인 가톨릭적 열정을 가졌던 것일까? 어쨌든 『연애론』의 둘째 권은 사랑이 민주주의적 이성과는 대립된다는 것과, 해방은 신비를 보호해야 한다는 것을 내비치고 있다. 클레리아는 파브리스에 대한 사랑 때문에 자유주의자 아버지를 배반하지 않는가? 그러나 민주주의의 선각자 토크빌[50]의 선구자인 스탕달은 여자 정부들 앞에서 황홀해지면서 그리고 성적 무능에 빠지면서 자유주의적 사상과 여성적 자율성의 요구 사이의 모순을 드러내는 것만은 하지 않는다. 보다 간결하고 은밀하게 그는, 사랑 속에서 자기 번민의 도피처적 가치를 모색하는 한 남자의 에로티시즘을 표현한다. 스탕달이라는 가명은 여성해방 앞에서도 역시 모호하게 남아 있다. 장엄한 혹은 우스꽝스러운 여성해방은 그 야심가의 담론 속에서 최종적이고 숭고한 꽃 장식과도 같기 때

---

49) 『연애론』, 207쪽.
50) 크루제, Préface à *De l'amour*.

문이다. 그러나 그 해방은 열정적인 폭발(산세베리나)에 의해 또는 영리하고 감미로운 신중함(샤스텔레르 부인)에 의해 쓸려 나간다. 스탕달다운 사랑인 그 범죄의 세계에서는[51] 혁명 이전의 구체제 아래의 여주인공들과 안정적이거나 맹렬한 어머니들이 교육받고 해방된 현대의 젊은 아가씨들보다 우월하다. 스탕달적인 페미니즘이 존재한다면, 그것은 여성해방운동이 아마도 우리의 마지막 종교, 권위 있는 여성의 종교임을 암시하는 바로 그 숭배 속에 들어 있다. 원초적 어머니, 절대적 정부, 그녀는 죽지 않았다. 그녀가 우리를 사랑으로, 죽음으로 떠밀고 있으니까…… 우리의 성적 무능을 유머 감각을 가지고, 사랑을 가지고 받아들이자.

---

51) 스탕달은 범죄에 관한 서적들을 수집하였다. 그의 서재는 그중에서도 『유명한 신조들(*Causes célèbres*)』의 세 권, 『범죄 연대기(*Chroniques du crime*)』, 『중죄 재판소(*Cours d'assises*)』, 『최고 재판소(*Palais de justice*)』를 포함하고 있다. 이탈리아에서는 비극적인 이야기의 원고들을 수집하였다. Victor Brombert, *Stendhal Analyst or Amorist?* (Prentice Hall, 1962)를 참조할 것.

바타유와 태양 또는 유죄의 텍스트

라 로슈푸코는 "태양도 죽음도 뚫어지게 바라볼 수 없다."라고 말했다. 그리고 바타유는 『나의 어머니』의 등장인물인, 서술자라고 자처하는 젊은이가 자기 어머니의 성적 무절제를 이야기할 때 이 문장을 상기시킨다. 그 후로 그는 타락적인 만큼 강렬한 모성적 욕망의 공범자이고, 죽음 이외에는 그 무엇도 만족시킬 수 없는 그 어머니의 관능적 상연에서 때로는 노리개로, 때로는 희생자로 그가 지은 범죄의 억설적인 긍정을 우리에게 털어놓는다. "나의 눈에는 죽음이 태양만큼 신성하였다. 그리고 죄악 속의 내 어머니는 내가 교회 창문을 통해서 내다본 그 어떤 것보다도 하느님에게 더 가까웠다."[1]

의미의 소멸 ─ 외설적인 것

우리는 바타유의 관능적 체험을 죄의 논리를 끝까지 수용하여, 그 내

---

1) Éd. 10/18, 21쪽.

적 붕괴로 이끌어가는 가톨릭에게로 돌리는 경향을 가질 수 있다. 바타유에게 있어서 글쓰기의 이러한 중요한 면모는 물론 그 글쓰기가 지니고 있는 보편적 논리를 소멸시킬 수는 없을 것이다. 그가 "오직 완전한 어둠만이 빛과 유사하다."[2]라고 썼을 때, 우리는 상반된 두 가지 의미론적 영역(어둠, 빛)을 융합하고, 그리고 그 비종합적 결합의 긴장에 의하여 무의미의, 쇼크의 효과를 산출하는 반정립적 은유의 전개와 마주하게 된다. 하지만 허무와는 거리가 멀고, 이 경우 분명히 정립된 반정립적 은유의 그러한 역설적 계기는 최대 정동의 장(lieu)이다. 마치 햇빛에 의한 실명이나 죽음의 용납 불가와 같은 자격으로("태양도 죽음도 뚫어지게 바라볼 수 없다.") 주체와 의미의 관능적 격정이 은유적 조작과 반정립적 조작의 접합을 최대 약호화라고 생각하는 것과도 같다. 사람들은 은유란 가시적으로 만든다고 단순화시켜서 우리에게 말한다. 그러나 용납 불가능한 것과 눈을 멀게 하는 것을, 죽음과 태양을, 또는 근친상간을 가시적인 것으로 만들 수 있을까? 어떤 약호, 규약, 계약, 정체성도 그것을 감내하지 못하는데 어떻게 가시적이지 않은 것을 가시적으로 만들 수 있단 말인가? 더구나 이 경우 금지 사항이 없는 어머니의 사슬 풀린 열정인 듯한 표상 불가능한 것을 어떻게 가시적으로 만든다는 것인가? 그렇다면 문채화된 언어와 문학은 그 불가시적인 것뿐만 아니라 그 욕동적 강렬성에 알맞아야 한다. 문채화된 언어와 문학은 의미의 소멸과 의미의 격정을 산출해야 하는데…… 무엇을 향해서일까? 의미가 흐려지고, 그러나 애인의 숭고한 또는 혐오스러운 나체 앞에서 사랑에 빠진 주체를 사로잡는 열정의 혼미가 지속되는 지점을 향해서이다.

말하고 있는 한 우리는 결코 억압을 제거해 버릴 수 없다. 그러나 프

---

2) 같은 책, 39쪽.

로이트 이후로 욕망, 쾌락 그리고 사랑에 대한 검열이 없어졌다 해도 수사학적인 중요한 문제는 여전히 남아 있다. 검열의 제거에 대해 어떤 언어를 부여할 것인가? 생체 조직성 내에서의 성행위를 있는 그대로 명명하기는 그 주체들의 혼란스러운 과정으로서의 애정관계에 대해서는 아무 말도 하지 못한다. 그래서 이야기는 이중적인 기능을 맡아야 한다. 우선 그 이야기는 외설적이어야 한다. 그것은 할 수 있는 한 변태적인 은밀한 부분까지 환몽을 따라간다. 『나의 어머니』의 피에르는 자기 어머니의 여자 친구 레아의 애인이 되는데, 어머니가 레아를 그에게 바친 셈이다. 그 이후 피에르는 역시 어머니의 두 여자 친구 한시와 루루가 이루는 사도마조히즘적 커플에 반한다. 그 커플은 그 젊은이에게는 마치 전지전능하고, 초토화하고, 공격적이며 희생물을 강요하는 동시에, 결국에는 대상을 결여하기 때문에 고대의 신과 같이 자급자족하는 여성의 성욕처럼 그가 환상으로 품고 있던 일련의 것들을 표상한다. 어머니는 이렇게 말하지 않는가. "내가 정말로 여자들을 사랑하는지 나도 모르겠다. 나는 숲 속 말고는 어느 곳도 사랑한 적이 없다고 생각해. 나는 숲을 좋아하지 않았지만, 제한 없이 사랑하고 있었다. 나는 너만을 사랑했다. 그러나 내가 너에게서 사랑한 것, 그것에 대해 착각하지는 마라. 그건 네가 아니야. 나는 오직 사랑만을 사랑하고, 그리고 사랑에서도, 사랑하기의 불안만을 사랑한다고 믿고 있어. 오직 숲 속에서 또는 죽음이 (……) 찾아오는 날에만 그 불안을 느낄 수 있었어."[3]

---

3) 같은 책, 65쪽.

엄청난 이야기

그러나 변태적 관계의 단순한 지침, 그 일의적인 명명, 그것들의 '과학적인' 묘사는 사랑하기의 불안에 특유한 '엄청난 감정'과 견줄 수 있는 수준에 있지 못하다. 그리고 우선 이야기가 일관성이 없게 되는 것은 바로 그러한 엄청난 감정에 답을 하기 위해서이다. 예측, 편지, 에로틱한 장면의 난폭성과 무관한 명상적 사색의 도입 등등. 악당소설(roman picaresque) 또는 사드의 소설을 상기시키는 기법은 이 경우 단편 이야기의 공간 속에서 실천된다. 따라서 그 기법은 압축되었고, 정당함이 입증되지 않았으며 '사실임직하게 되어 있지'도 않았다. 그 기법은 결과적으로 욕망에 의해 혼미해진 의식의 황혼 상태를 환기시킨다. 게다가 성적인 것이라 해도 그 어떤 수수께끼도 일반화된 음란성 속에서 유지되지 못하기 때문에 시적인 비유로서의 '은유'는 이상화와 신비의 행렬과 함께 더 이상 통용되지 못한다. 그러나 압축의 긴장된 움직임은 '역설적인 명상'의 영역을 북돋우기 위하여 계속될 것이다. 중세 궁정풍 또는 낭만주의적 은유는 그러한 역설적 명상 앞에서 소멸된다. 숭고함에 대한 명상, 그것은 사랑의 본질적 중심, 즉 하느님에 대한 명상이다. 그 명상은 여하튼 사실상 역설적이다. 왜냐하면 외설적이고 공격적이며, 파괴적이고 치명적인, 또는 단순히 고통스럽고 비열한 매체 속에서 드러난 숭고함은 타락하고, 현기증 나며, 웃음을 자아내는 숭고함이다. "이 세상에서 하느님에 대해서가 아니면 무엇에 대해 소리 내어 웃을 것인가?" "나는 너무 자주 내 어머니를 사모하는 것 같다. 내가 어머니 사모하기를 그쳤는가? 그렇다. 내가 사모하는 것은 하느님이니까. 그렇지만 나는 하느님을 믿지 않는다. 그러니 난 미친놈인가? 단지 내가 알고 있는 것은 이렇다. 즉 허망한 생각인지 모르지만, 만일 내가 고통 속에서 소리 내어 웃는다면, 어머니를 쳐다보면서 내가 던졌고 나를 쳐다보면서 내 어머니가 던진 질문에 내가 대답을 할텐데이다. 이 세상에서 하느님에 대해서가 아니면 무엇에 대해 웃을 것인가?[4]

따라서 현대적인 사랑의 이야기는 사랑의 감정에 특유한 이상화와 충격에 대해 동시에 말하고자 한다. 숭고함이란 우리가 '비열함'이라고 불렀던 그 비주체·비객체이다. 성욕적 환몽은 사랑의 기반인 숭고함과 비열함이 '섬광'[5] 속에서 서로 만나는 그 온상에 도달하기 위하여 철학적인 명상을 수렴한다. 현대적 이야기는 본질적으로 누보로망이 꼬치꼬치 따져 잘게 부수기(effritement pointilleux) 속에서 우리를 믿게끔 하였던 것 같은 기술적 성과가 아니다. 조이스에서 바타유에 이르는 후기 신학적 목표, 즉 사랑의 섬광을 전달하기를 가졌다. 그것은 '나'가 비열한 붕괴, 자신의 혐오 아주 가까이에 남아 있으면서 숭고한 신성의 편집증적 차원에까지 솟아오른다는 목표이다. 그렇지 않으면 단순히 고독이라는 평범한 진술에 머물든지.

그러한 체험 속으로 우리를 인도하기 위해서 이야기는 성적 환몽을 노출시키면서 문자 그대로의 것이 된다. 계속 이어지지 않고, 구조도 없는, 단순한 자유연상이고, 표류이면서 이야기 사건들의 악순환이 된다. 그 밖에 서술은 그 마지막 움직임을 통하여 그 사건들에 의지하거나 그 것들을 해체시키기 위해 신학적 혹은 철학적 사색을 되찾음으로써 명상적이 된다. 그러나 그 작용들의 성과는 전이와 압축의 성과이고, 고양되어 신장하는 유루(epiphora)의 성과이다. 그것은 열정 또는 기호 없는 정동의 무의미를 향한 열림이다. 표상의 극치와 극단적 사실주의는, 그 두 가지가 모순적인 의미의 전이의 논리(성적·과학적·철학적 등등, 숭고

---

4) 같은 책, 82쪽.
5) 같은 책, 21쪽.

한·타락한 등등) 속에 붙잡혀 있을 때, 그와 같이 비가시적인 것의 환기에 귀착하게 된다. 그런데 하느님이 그러하듯 비가시적인 것, 그것은 바로 생각하는 동물의 극적인 체험, 음란함 속에 들어 있다. 그것은 무대 밖의 것이고, 표상하는 골조의 틈(언어, 담론 또는 이야기) 속에서 집요하게 주장하는 표상 불가능한 요소이다.

만일 지고한 태양의 의미에 반해 버린 은유가 향일성 식물이었다면, 현대적 이야기에서는 그것이 사라진다. 여기서는 자동 기술 속에 전개된 은유를 충동질하던 의미의 세련과 소멸의 움직임은 끝이 나는데, 자동기술에서 은유는 해바라기의 역할보다는 유성의 역할을 맡는다.[6] 의미의 전이와 압축의 영역 또는 유루의 영역은 표상 불가능한 것을 향해 기호들의 표면을 열게 되고, 그 표상 불가능한 것은 기호들의 기반이 되며, 사랑의 기류에 대한 말로 표현할 수 없는 부분일 경우에는 은연중 자신을 알리기 위해 담론적이고 서술적인 전략을 필요로 한다. 글로 쓴 에로티시즘은 언어로 표현된 긴장의 기능이고, "기호들 사이(entre-les-signes)"이다.

성적인 것을 말하기

그렇다면 은유는 어떻게 될까? 은유는 이야기의 생략인 압축의 변이체로 변한다. 또한 은유는, 변태적 연인이자 향락자인 '나'가 그것(더 이상 로미오의 태양도 아니고, 하느님 — 의미하는 존재, *Res significata*) — 도 아니지만, 아주 노골적인 어머니의 성)을 아무 거리낌 없이 정면으로

---

6) 리파테르(M. Riffaterre), 「초현실주의 시에 부연된 은유(La métaphore filée dans la poésie surréaliste)」, *La Production de texte*, Éd. du Seuil(1979)를 참조할 것.

보고 있으나 그것을 전부 말할 수 없다는 것을 암시하면서, 이야기 내내 다양한 지표들 속에 흡수되어 버린다. 현실은 있는 그대로를 자신에게 말할 수 없다. 그러한 신중함은 우울증의 무능함도 아니고 검열의 냉담한 억압도 아니다. 그 반대로 욕망이 사랑의 이상화에 물을 대어 준다면, 그 흐름은 화자를 그 징소리들에서 빠져나오게 하고, 그래서 그 뒤를 잇는 언어의 시험 속에서 말해지지 않은 기호가 관능적 불길의 가장 강렬한 등가물이 된다. 은유는 비존재의 기호이기 때문에, 이야기가 그 비존재의 몇 가지 성적 단계를 명시하는 바로 그 순간에, 의미의 중지 속에서 그 정점과 그 완수를 맞게 된다.

그러한 압축은 아무 거리낌 없는 이야기 속에서 장황함의 이면이 된다. 그것은 글의 행들 사이의 여백이기 때문이다. 주제상으로 그것은 향락의 불가분한 이면으로서 무능력의 고백(바타유는 자신이 '유죄'라고 한다.)이다. 문학의 정점은 우리에게 다다르면서 문학 자체 속에 그것이 할 수 없는 일을 드러내 보인다. 그것은 상업적인 예술에서 그처럼 착취당한 성에 대한 배려가 아니라, 바타유가 '절대적인 힘'이라고 부르는 것에 대한 유일한 증언이다. 열정의 감미롭고도 고통스러운 허약성을 보호하고 무한에 이르게 하는 사랑이다. 우리는 『나의 어머니』의 서술자가 자기 어머니의 성적 무절제를 환기시키면서 라 로슈푸코의 문장을 인용하였음을 상기시킨 바 있다. 태양, 섹스, 근친상간은 사실상 정면으로 뚫어지게 바라보게 되지 않고, 곁눈질로, 흥분 속에서, 관능적이고 명상적인 이야기, 즉 사랑의 이야기를 통해서 보여진다. 성 토마스 아퀴나스와 자유주의자들에게서 차용한 양상을 띤 신학적이고 철학적인 이야기인 그러한 서술적 명상은, 외설적인 의미의 출현에 의한 그 잠재적 의미의 중지와 평형을 이루면서 사랑하는 체험의 잠재적 의미를 무한히 연장시킨다. 결국 은유는 비가시적인 것 또는 눈부시게 하는 것을 향한 질주를 포기한 셈이다. 이제 은유는 명상과 음란성, 의미의 충만성과 의미의 도려내기 사이에서 즐겁고도 비난받는 탐구처럼 전개된다. 형이상학은 환희로, 전이로, 감각과 의미의 영구적인 움직임으로 귀착되었다.

죽음의 욕동

정신분석가는 『나의 어머니』의 서술자가 감미로운 예를 제공하고 있는 그러한 사랑의 주제를 어떻게 묘사해야 할지 망설이게 될 것이다. 성 도착적이라고? 편집광적("……나는 내가 하느님을 닮았다고 느꼈다.")이라고? 모성적 남근의 등가물인 막강한 여성적 리비도를 고집스럽고 강박적으로 믿는 사람이라고? 이제는 자기 어머니의 동성애 상대들만을 상상하고, 자기 자신을 수동적이고 산 제물을 바치는 성직자인 양 여성화하도록 선고받은 아버지의 오이디푸스적 적대자라고? 그러한 이름표들은 성도착에서 면죄되어 있을 또 다른 사랑을 암시하는 불리한 점을 지녔다. 즉 그 이름표들은 그 밖에도 사랑의 역학에 대한 핵심 문제를 은폐하고 있다. 사랑의 연금술에서 성적 욕동이 그것이 지닌 나르시시즘에 매인 이상화의 영향을 받는 것이 사실이라면, 사랑에서 에로스의 이면인 타나토스(Thanatos), 즉 죽음의 욕동은 어찌되는가? 외설적인 이야기에서 문제되는 것은 결국 죽음의 충동의 약화인데, 그에 대해 프로이트는 죽음의 욕동이 대상과 사랑에 선행한다고 말한 바 있다. 외설적인 이야기는 한편으로는 열정과 죽음의 주제에 의하여, 다른 한편으로는 의미론적 영역과 이질적 담론의 충격을 통하여 타나토스를 기호들 사이로 이끌고 간다. 타자인 어머니가 '에로스'보다 '죽음'인 리비도로 활기차 있다는 것, 바로 그것이 주관적이고 담론적인 역학의 조준점이다. 피카소의 여인들, 데 쿠닝의 여인들은 바타유의 『나의 어머니』처럼 그 죽음·어머니로부터 아무것도 빠트리지 않겠고, 그 죽음·어머니를 정면으로 또는 비스듬히 다루지만 그래도 여하간 작품의 철책 안에서 다루겠다고 하는 폭발적인 내기이다. 죽음·어머니를 기상천외한 추악함과 흥분에까지 이르도록 왜곡하면서 말이다. "아, 내 아들아, 이를 꼭 물어라. 너는 너의 음경, 손목처럼 나의 욕망을 조이는 격분으로 흠뻑 젖은 그 음경을 닮았구나."[7] 결국 문제는 금기 사항을 무시하는 어머니, 전(前) 오이디푸스기의 어머니로서 나의 가능한 정체성을 보유하고 있는 원초적 어머니이다. 잠재적으로 정신병을 앓고 있는 어머니이다. 이런 의미에서 음란한 이야기는 그러한 어머니와 벌이는 결판에 대한 영웅적 시도이다. 따라서 그런 이야기는 정신병의 가장 확대된 승화이다. 요컨대 성도착은 단지 유형성숙자(néotène)의 어쩔 수 없는 몫만은 아니다. 성도착은 그것이 생명의 원천에서, 즉 어머니 속에서 그의 출처를 취하는 것처럼 보이는 한, 주체가 '죽음'에 대립하는 첫 번째 방어 영역이기 때문이다. 「아가」는 "사랑은 죽음만큼 강하다."라고 노래하고 있다. 그리고 최근의 주석자들은 그 숭고한 사랑의 노래가 장례식의 대향연에서 나온 것이라고 추정한다.[8] 우리가 작가들이라고 부르는 그러한 정신 현상의 모험가들은 우리의 사랑이 감히 위험을 무릅쓰지 않는 심야의 끝까지 나아간다. 무의식이 강요하기 때문에 우리는 단지 문체의 강렬함에 정신이 혼미해진 상태로 남아 있다. 문체, 그것은 의미 상실의 증인이자 죽음의 파수꾼이다.

---

7) 같은 책, 126쪽.

8) Marvin H. Pope, 『아가(Song of Songs)』(Doubleday, 1977), 앞의 책 참조. 이 책의 120쪽 「은유들의 은유」를 참조할 것.

사랑병을 앓고 있는 외계인들

위기

정신분석가는 본래 위기를 청취하는 사람이다. 분석의 계약은 피할 수 없는 불안에서 태어나기 때문이다. 따라서 정신분석의 존재는 위기의 항구성, 불가피성을 드러낸다. 말하는 존재는 상처 받은 존재이다. 사랑하기의 아픔에 대한 어둔한 그의 언사와 인간에 공외연적인 '죽음의 욕동'(프로이트)이나 '비존재'(라캉)는, 그것들이 문명의 불안을 정당화하지는 못한다 해도, 그것을 결정한다.

그러한 통찰력은 반드시 비관주의("위기 앞에서 우리는 아무것도 할 수 없어, 그건 그런 거야.")에, 현재 순간의 비방("새로운 것은 아무것도 없고, 그것은 언제나 그랬어.")에 속하지는 않는다. 그렇지만 정신분석적 근본주의는 질의의 관점을 달리한다. 한편으로는 위기 바깥에 있다고 상상하는 시대나 사회는 정신분석가가 보기에는 징후적인 것들로서 나타난다. 즉 억압, 이상화 또는 승화의 그 어떤 기적을 통하여 '분열'의 불안이 믿을 수 있는, 견고한, 항구적인 가치들의 약호 속에서 안정되거나 조화될 수 있었을까? 다른 한편, 유대적이고 기독교적인 서양에서 정신분석가는 영원한 이동(*perpetuum mobile*)을 찾아낼 수 있고, 그 영원한 이동은, 본질적인 위기를 말하는 조건으로 키우고 또한 그것으로 스스로를 함양하면서, 오로지 서양만이 해결할 수 있지만 결코 거기에 도달하지 못하는 문제들을 창조하고, 그리하여 이제는 보편화된 타락 속에서 열정을 통하여 그 문제들을 끝없이 상징화한다. 도대체 그 위기는 어디에 있는가? 무엇이 위기의 고통스러운 영상을 구성하는가? 물론 무의식에 의해 부서진 의식이 그 영상을 구성하는 것은 아니다. 왜냐하면 의식은, 이처럼 '내적 체험' 또는 '잔혹 연극'의 작성의 증인인 바로크적인 혹은 조이스적인 새로운 담론을 산출하면서, 오로지 그 영상 속에서 자신을 인지할 수 있고, 그 속에 똬리를 틀고 앉아 그것에 대한 이야기를 할 수 있기 때문이다. 예술이 위기와 흡사할 수 있을 경우, 그 예술은 무엇보다도 부활이다. 위기가 존재하는 것은 오로지 안정된 영상들에 매료된 거울들을 위해서이다. 말하자면 시장과 통화의 변동에 얼이 빠진 계산 빠른 여자들을 위해서, '대차대조표'라는 현대의 신을 믿는 안정화의 의식을 위해서이다. 정신분석가는 예술가도 아니고 회계사도 아니다. 그 두 가지 사이에서 분석가는 열정의 절정을 이루는 마지막 형상들 중 하나이다.

거대 도시의 상궤를 벗어난 주민들인 피분석자들은 무엇에 대해 불평하는가? 우리가 '그' 현대적 아픔을 고립시킬 수 있는가? 20세기 말의 색깔을 제공하여, 20세기를 3000년대로 진입하게 하는 그 현대적 아픔 말이다.

정신 공간의 폐지

억제된 욕망이나 잘못 다루어진 에로스 이상으로 불평을 지배하는 것이 증오 또는 죽음의 욕동이라고 말하는 것은 옳지만 불충분하다. 프로이트는 「쾌락 원칙을 넘어서」(1920)에서부터 「문명에 대한 불안」(1929)과 「끝마칠 수 있고 끝마칠 수 없는 분석」(1937)에 이르기까지 그러한 사실을 이미 알고 있었다. 프로이트 이후 그리고 그와는 상관없이, 멜라니 클라인에서 사빈 스필레인(Sabine Spielrein)에 이르기까지의 여성 정신분석가들이 정신 현상의 그러한 병적 요소에 대해 끊임없이 강조해 왔다는 사실은 놀라운 일이다. 거세 콤플렉스를 거역하는 여성은 육체(최악의 경우 자기 자식의 육체)가 죽는 것을 보고서야 그것을 받아들일지 모른다. 더구나 개체화의 비극은 그녀에게 어머니의 너무도 난폭한 거부를 요구하고, 어머니를 통하여 사랑하는 대상에 대한 증오에서 여성이 즉각적으로 잘 알려졌으면서도 참을 수 없는 지역에 있기를 요구한다.

그때부터 피분석자들이 괴로워하는 것이 바로 정신 공간의 폐지이다. 그들은 고유한 영상을 포착하게 해 주는 샘물만큼 빛을 상실한 나르시스, 거짓 영상들(사회적 역할에서 대중 매체에 이르기까지)의 홍수 속에 빠졌고, 결과적으로는 실질 또는 장소를 잃은 나르시스의 처지에 놓여 있다. 이 현대적 인물들은 오늘날 우리가 일차 나르시시즘을 정립할 수 없다는 것을 증언한다.

화면도 아니고 상태도 아닌 일차 나르시시즘은 이미 하나의 구조이고, 그것은 오이디푸스 콤플렉스에 선행하고, 세 가지 사항과 함께 작용한다. 연결과 분리, 충만함과 비어 있음, 조정과 상실의 중심 매듭은 나르시스적 주체의 불안정성을 표상한다. 그 주체는 한편으로 자아의 이상의 유혹물이자 '개인적 선사 시대의 아버지'[1]인 사랑하는 상상의 아버지라는

---

1) 이 책의 1부 33쪽 「나르시시즘 — 공백의 화면」 이하, 22쪽 「사랑의 예찬」 이하, 168쪽 「죽음의 행로에서」 이하 등등을 참조할 것. 나르시시즘에 대해서는 Kohut, Kernberg, A. Green의 저작들 중에서 『생의 나르시시즘, 죽음의 나르시시즘

일차 동일화의 극을 향해 이끌리고, 다른 한편으로는 원초적 어머니라는 욕망과 증오, 매혹과 혐오의 극을 향해 이끌리고 있는데, 그 원초적 어머니는 욕구들을 담은 그릇이 되기는 그쳤지만 아직 욕망의 금기 대상으로 형성되지는 않았다. 즉 주체도 아니고 대상도 아닌 그 어머니는 거절과 분화의 거점인 '비열함', 추잡함이다. 기독교의 붕괴는 그 세 가지 심급을 미해결 상태로 남겨두었다.

동정녀의 형상(몸 전체가 온통 아버지의 말씀이 통과하는 하나의 구멍인 이 여자)은 그처럼 당연히 정신 내부의 모성적 '비천함'을 훌륭하게 포섭하였다. 그러한 안전 빗장 없이 여성의 비천함은 사회적 표상에 필요 불가결하게 되면서 여성들의 실제적 비방을 충동질하였다. 그 비방은, 반(反) 여성 해방 운동이 재발할 수 있는 구실을 주었을 뿐만 아니라, 특히 어떤 비종교적인 법규도 더 이상 보장해 주지 못하는 모성성에 대한 그녀들 자신의 거부의 표상을 나르시스적으로 옹호할 수 없는 여자들의 분발에도 구실을 주었다. 여성 해방 운동가의 1세대는 '여성·대상'을 통하여 모성적 성욕이라는 나르시스적 상처를 거부하였고, 그것을 자유사상가적이라기보다는 감시자적인 남자 같은 여성 투사의 이미지와 대치시켰다. 두 번째 세대는 아주 최근에 와서 여성 간의 순정적 사랑을 구실로 사도마조히즘적 피폐를 되살리기 전에, 구심적이고 부드럽고 진정된 여성의 성욕을 권장하였다.

그와 평행으로, 사랑하는 아버지에 대한 비종교적 변이형의 부재는 현대적 담론이 우리의 이상화적 구축물의 지하층인 일차 동일화를 수용할 수 없게 만든다. 그리하여 고아 신세가 된 남성 동성애는 상대방 남자와

(*Narcissisme de vie, narcissisme de mort*)과, 전반적인 견해와 참고 문헌을 찾으려면 *La Nouvelle Revue de psychanalyse*, no 13(printemps 1976)을 참조할 것.

의 대면에서 여성적인 위치를 추구하면서 오직 즉각적인 성의 실현만을 조우한다. 한편 여성은 부성적이라고 추정된 '법'을 자기 것으로 만들기 위한 중개물이 필요하게 되고, 그로 인하여 자신이 편집병에 팽개쳐졌다고 느낀다.

현대적 담론의 이러한 두 가지 부재 사이에서 나르시스는 고유한 영역을 소유하지 못한다. 아버지의 가치를 지니지 못한 그는 잠재적이지만 욕망이 없는 남성 동성애자의 음화(en négatif)이다. 비천한 어머니에게 넘겨진 그는 어머니에게서 벗어나기 위해 성모에게 도움을 청할 수는 없다. 더욱 불리한 것은, 해방된 현대인인 그는 어머니와 투쟁할 권리를 감히 자신에게 부여하지 못한다. 장(Jean)처럼 그는 억압받고 얼빠지며 무감각하고, 악몽으로 기진맥진하여 유폐되었고, 마치 행복한 나르시스가 될 수 있게 해 주는 것처럼 마약에 기울어질 각오가 되어 있다. 생각이 그에게서 벗어나고, 그의 말은 그의 육체처럼 텅 빈 듯하다. "각각의 낱말 사이에 여백들이 있어요."라고 알쏭달쏭한 장이 말한다. 그 나르시스의 낱말들은 전체를 이루지 못하는데, 그 이유는 공백이 낱말을 음절로 해체하고, 그것들을 날려 보내며, 그와 그의 대화자들 사이에 낱말들이 자리 잡기 전에 그것들을 폭파시켜 버리기 때문이라고 분명히 말한다.

줄리엣, 그녀는 냉담하고, 모욕당한, 분노로 가득 차게 만든 요란한 통음난무에 몸을 던졌고, 그리고 변태적인 아버지가 조정하는 삶의 회전문을 정지시키기 위해 언제나 병들어 버릴 준비가 되어 있었다. 좌파 투사인 그 아버지는 줄리엣이 몸을 내맡길 때까지, 그럼으로써 아버지의 가장 큰 즐거움(물론 비밀스러운)과 어머니의 가장 큰 수치심 때문에 벌 받은 딸에게 도적질하기는 계급 투쟁의 일부라는 것을 설득시켰다. "나는 글을 쓰고 싶지만 도저히 불가능해요. 그러기 위해 내가 차지할 자리가 없거든요."라고 줄리엣은 말했다.

그것은 어떤 대상도 제한하지 못하고 어떤 이상화 작용도 전위할 수 없는 죽음의 욕동이 절정에 달한 결과이다. 강박관념과 히스테리로 위장되었으나 점점 더 크게 감지할 수 있는 정신병에 가까운 것 — 바로 그 것이다. 신경증과 성도착 가까이에서 정신병적 증상의 빈발은 정신 공간에 대한 심각한 재검토를 나타내는 것이고, 그 문제에 대한 혁명적 탐색자가 된 정신분석은 서양적이고 사변적인 모든 역사를 물려받았다.

나르시스 — 나를 닮은 사람, 나의 형제

자칫 단순화할 위험성은 있지만, 오늘날 파괴된 그 정신 공간이 기독교 시대의 출현과 함께 고대의 종말에 구성되었다고 간주해 보자. 그것은 한편으로는 나르시스의 신화와 신플라톤학파의 정신적인 작업과, 다른 한편으로는 그리스도의 수난이 그 윤곽을 그리는 하나의 공간이다. 그 신화에 대해 오비디우스의 『변신』은 우리에게 완벽한 첫 판본을 남겨 주고 있다. 성도착 어린이 나르시스는 그 저서에서 최초의 현대적 반(反)영웅, 전형적인 반(反)신(non-dieu)으로 나타난다. 모호하고 늪지대 같은, 불가사의한 그의 비극은 안정된 지표들을 상실한 채 표류하는 인류의 불안을 요약한 것이 틀림없다. 그리스 조각의 위풍당당한 육체는 고대의 종말이라는 또 다른 위기가 왔을 때에 분산되었고, 그리하여 자기가 무엇을 원하는지 무엇을 좋아하는지도 모르는 어떤 존재의 병적이고 약간은 비극적인 이야기의 원인이 되었다. 오비디우스의 저서에서 우리는 새로운 정신착란(*novitas furoris*)을 읽는다. 그런데 거기에서 누가 포즈를 취하고 있는가?

흘러가는 자기 그림자를 사랑하는 사람은 사실상 자기 공간을 빼앗긴 사람이다. 그는 그 자신이 아무것도 아니기 때문에 아무것도 사랑하지 않는다. 샘물 속의 타자가 자신의 영상일 뿐이라는 사실을 깨닫게 될 때, 그 재현된 소유물을 감내하지 못하고 나르시스는 자살한다. 그러나 그는 부활한다. 그런데 그 부활은 단지 자기 육체의 자리를 차지하는 같은 이름의 꽃을 통해서만은 아니다. 나르시스는 플로티노스에서부터 시작하여 '교회의 신부들'에 이르기까지 사변적 사고의 천재성에 의해 보상되었다. 교회의 신부들은 나르시스의 과오에 대한 규탄 너머로 고유한 공간에 대한 나르시스의 심려를 복권시켜 주었다. 이제는 붕괴된 고대 도시(polis)에서 벗어나, 문명화된 세계(oïkouméné, 그 현대적 등가물은 선진 매체화이리라.)에 잠긴 인간은 형언 불가능한 고독에 사로잡혀 자기 자신을 되돌아보고, 정신적인 존재로서 자신을 되찾도록 불림을 받은 것이다.

우리는 플로티노스가 금욕적인 고독의 명상적 위엄을 구축하기 위하여 얼마나 노력하였는지 잘 알고 있다. 자족적인 그의 신은 반영(reflets)을 통하여 행동한다. 그 신은 반사들과 비본질적이지만 필요한 물수제비들(그것들은 나르시스에서 나온 것이 아니라 일자(一者)에서 나왔기 때문에)의 나르시스적 역학을 분명하게 따르고 있다. 그러한 성찰들은 이 경우 초월의 내재성을 통하여 반영의 움직임 자체를 그 통일성 속에 묶고, 그리하여 새로운 정신 현상을 구축한다. 서양의 영혼은 더 이상 달 너머의 세계에 사로잡힌 플라톤적인 '날개 달린 에로스'의 영혼이 아니라 사유의 원천인 동시에 빛인 '일자'의 중개에 의해 동일한 것 위에 고리를 채운 사유 공간의 영혼이다. 그리하여 서양의 내면성은 정신적 고독의 공간을 확립하기(monos pros monon)임이 확실해진다. 나르시스가 덧없기 때문에 치명적인 자기 영상과 마주한 음산한 대면은 기도 속에서 맞잡은 두 손에 의해, 즉 혼자 대 혼자에 의해 대체되었다. 신화적 비극은 명상과 자기 성찰로 변모되었다. 이제부터는 외부(dehors)에 대립되는 내면적인 삶, 즉 내부(*dedans*)가 있게 될 것이다. 플로티노스는 그러한 분리의 정점에, 말하자면 아무런 이타성 없이 '현자'의 명상에 잠긴 내부를 구성하는 '일자'의 태양처럼 밝은 외부에 있다.

사랑하기 혹은 생각하기

그리스도의 수난은 불가능을 끌어들이면서 자족적인 신의 사고에 의해 중화된 그러한 나르시시즘의 고요한 관조를 뒤죽박죽으로 만들어 펼쳐 놓았다. 죄악과 수난은 저세상 속에 자신을 비추어 보는 나르시스에게 이 지옥에서는 모든 것이 천국은 아니며, 하느님의 아들 자신도 그의 하느님 아버지에게 버림받을 수 있다는 것을 알려준다. '일자'는 십자가의 아가페에서는 하나의 대타자이다. 그러나 신학적 간교함은 구원이란 결국 나르시시즘의 계승이라는 사실을 잊지 않을 것이다. 우리는 자신을 사랑하듯 다른 사람을 사랑해야 할 뿐만 아니라 우리의 '고유한' 선행을 사랑하는 한에서만 우리의 사랑이 하느님에게 다가갈 수 있다. 자기애 (*Amor sui*)에 대해서 우리는 성 토마스 아퀴나스를 읽어 보았다. 그는 성 아우구스티누스의 뒤를 이어 사랑하기의 좋은 방법은 "하느님을 위하여 그리고 하느님 때문에" "자기 자신을 사랑하는 것"이라고 이미 권장한 바 있다. 그리하여 우리는, 사실상 매우 부수적인 현상인 그 어떤 이기심도 없이, 그 천사 박사 성 토마스가 '자신의 선행'을 하느님이라는 '선한 존재(*être bien*)'에 다가설 수 있는 유일한 접근임을 인정할 것을 권장하고 있음을 확인하였다. 이처럼 하느님을 자기 것으로 삼기와, 역으로 자기의 선을 신성화하기는 하나의 놀라운 변증법으로서, 그것을 통하여, 증여자이자 창조자인 '제삼자' 덕택으로 교회는 이제 하느님 덕분에 자신을 되돌아볼 수 있는 권리를 갖는 나르시시즘에게 구원을 약속한다.

서양의 자아가 예컨대 성 베르나르와 더불어 자신을 사랑하는 자아(*Ego affectus est*)처럼 자기를 상상할 수 있었던 한에서 그의 정신 공간(일차 나르시시즘의 반성적 그릇)은 무사하였고, 위기들을 끊임없이 통합할 수 있었다. 데카르트가 성 토마스의 희미해진 흔적들 위에 도입한 생각하는 자아의 영웅주의는 나르시스적 구원의 조치에서 등한시되어 온 외부의 정복으로 인도한다. 과학으로 정복해야 할 본성의 외부. 방탕한 성욕의 사도마조히즘적 역학으로 지배해야 할 쾌락 대상의 외부. 갈릴레오와 사드는 이러한 정복적 서사시의 영웅들이고, 그중 슈레베르 의장은 그 실추를 알게 된다. 프로이트에 의해 알려진 이 법조계의 인물은 인도주의와 부르주아 혁명을 따라서 안정화된 정신 공간(그의 정신 공간은 광선과 기본 언어에 의해 파괴되었다.)의 불가능성을 경험을 통해 알고 있다. 그에게서 무신론자의 세계는 오직 신비주의적 정신착란 속에서만 구성된다. 따라서 언제나 하느님의 도움으로 이루어지지만, 그 도움은 이제 의미를 상실한, 당치도 않는 도움이다. 우리는 그 진퇴양난에서 빠져나오지 못했다. 한편에는 갈릴레오와 혁명가 사드가 있고, 다른 한편에는 미치광이 입법자 슈레베르가 있으므로. 불안은 언제나 사랑의 배제에서, 즉 자신을 사랑하는 자아에서 생긴다.

우리는 부성애의 위기를 정신적 불안의 원인으로서 너무 자주 강조해 왔다. 빈번히 법과 초자아의 흉폭하지만 부자연스럽고 믿기 어려운 폭정을 넘어서 정신 공간의 결핍으로 인도하는 부성적 기능의 위기는 사실상 사랑하는 아버지의 점진적 쇠퇴이다. 공백의 부담을 지게 된 나르시스들이 괴로워하는 것은 부성적 사랑의 결핍 때문이다. 즉 타인이 되고자 혹은 여성이 되고자 갈망하는 그들은 사랑받기를 원한다.

성욕 문제로 프로이트에게 싸움을 건다는 것은 잘못된 일이다. 왜냐하면 그는 여자들을 이해하지 못했고, 자신의 동성애적 성향을 억압하였으며, '공처가' 유대인 부르주아로 남아 있었을 테니까……. 성본능의 왕도를 열어 준 프로이트의 발견은 사실상 정신 공간의 유지 불가능으로 기울어진다. 정신 공간을 유지할 수 없는 것은 그것이 착각, 환상, 거짓말로 채워졌기 때문이다. 『개요(Esquisse)』(1895)에서 『모세와 일신교』(1939)에 이르기까지 프로이트가 끊임없이 제안하고 쇄신한 그의 모든 도식, 개요, 주장 그리고 영역들에 대해 다시 한번 생각해 보자. 라캉은 프로이트를 바로 그런 문제에서 재론하였고, 위상학과 보로메오 매듭을 뒷받침으로 하여 그가 더 이상 내면적이라고 생각하지 않지만 그러나 공간화할 수 있고, 총체화할 수 있으며, 제어 가능하고 수학화할 수 있는 것으로 유지하고자 하는 시니피앙의 그러한 실험의 탈선과 무한성을 암시하였다. 그것이 가능할까?

엉뚱한 닮은꼴에 대하여 ─ 과정으로서의 상상계

정신분석의 쟁점(또한 정신분석의 위기)은 바로 여기에 있다. 우리는 불안에 사로잡힌 사람들, 자살 가능한 자들, 성불능자들의 정신적 붕괴 그 한복판에 하나의 정신 공간을, '일자'의 그 어떤 지배를 구축해야 하는가? 아니면 그 반대로 탈선, 일탈들을 추적하고 추진하며 조장해야 하는가? 우리의 현대적 나르시스들에게 고유한 공간, 하나의 '보금자리'를 다시 만들어 주는 것이 문제인가? 말하자면 아버지를 복원시키고, 어머니를 진정시키고, 만약 그러한 목표가 실현 가능하다면 상실과 방황의 지배자인 충만하고 반성적인 내부를 건설하도록 허용하는 것이 문제인가? 아니면 도취(무한을 위하여 고유한 특성과 성(性)을 희생시키는 마약에서 종교 음악에 이르기까지) 속에서만 충만감, 휴식, 만족을 찾아내는 그러한 고통의 빈발은 정신의 시대가 막을 내렸음을 가리키지 않는가?

나에게는 정신분석이 감시자라기보다는 그 울타리 바깥으로 나가는 출구의 일꾼처럼 생각된다. 낡은 정신 공간, 신경증 환자들이 이용하여 다소 견고해진 투영과 동일화의 기구는 더 이상 견디지 못하는가? 그렇다면 아마도 또 하나의 존재 방법, 비존재 방법이 그 자리를 차지하고자 하기 때문일 것이다. '정신분석'의 권위로 약속하고, 우리가 시행한 해석들의 심리학적 의미로 가득 채우면서 '우리의 고유한 특성'의 윤곽을 그 방법에게 부여하려고 시도하지 말자. 그것이 때로는 텅 비고, 정당하지 않고, 속임수임이 드러나더라도, 떠다니도록 내버려두자. 그것이 닮은 척하고, 그 닮은꼴이 건방을 떨고, 섹스가 가면이나 글로 쓰인 기호(눈부신 외부만 있고 내부에는 아무것도 없는)만큼 근엄하기 때문에 그만큼 비본질적일 수 있든지 간에, 그렇게 내버려두자.

지금 나는 유럽적인 정신 공간이 일본식으로[2] 흔들리고 있는 것을 보고 있는가? 그리고 분석가에게 '거짓 자아들'의 사회주의 제국의 주동자인 비정직성의 새로운 군림의 주체가 되어 달라고 요구하는 중인가? 모든 시대의 예술이 이러한 길을 이미 개척한 것이 아닐까?

분석가가 진실들을 생겨나게 할 뿐만 아니라 장이나 줄리엣의 고통을 치유하고자 노력하는 한, 그에게는 정신 공간을 건설하도록 그들을 도와주어야 할 의무가 있다. 그들이 삶에서 단역적인 인물들인 것을, 또는 쾌락의 밀물에 휩쓸린 조각난 육체의 파편들인 것을 괴로워하지 않도록 그들을 도와주어야 한다. 그래서 불안정하고, 열려 있고, 진위를 결정할 수

---

2) 일본 세계에 대한 정신분석적 접근을 위해서는 Doï Takeo, 『관용의 놀이(Le Jeu de l'indulgence)』, éd. Le Sycomore, Asiathèque(1980)를 참조할 것.

없는 공간에서 그들이 자신을 말하고 글로 쓸 수 있도록 도와주어야 한다. 정신분석적 담론의 자유 연상은 그러한 명명하기와 괴상한 글쓰기의 복수적 논리를 준비한다. 여기서의 문제는 '위기'(장의 공허)를 의미로 채우는 것도 아니고, 줄리엣의 애정 행각에 확실한 자리를 마련하는 것도 아니다. 문제는 그 남자의 '공허'와 그 여자의 '장외(Hors lieu)'가 본질적인 요소들, 진행 중인 작업에 필요 불가결한 '인물들'이 되는 담론을 촉발하는 것이다. 문제는 위기를 진행 중인 작업으로 만드는 것이다.

　말하기, 글쓰기? 설사 다의적이라고 해도 그것은 역시 '우리에게 고유한 특성'을 축조하는 것이 아닌가? 사회적 기관들이 이 외계인들, 일차 나르시시즘의 생존자들을 통합하기를 기다리면서, 그들의 무기력한 정체성이 필연적으로 거짓된 것으로, 말하자면 상상적인 것으로 구축되기에 가장 좋은 길을 발견하게 되는 것은 역시 상상력과 상징적 실현들 속에서이다. 행동 방식과 관습이 표상의 실패를 신체 기관의 결함이나 개인의 고통으로써가 아니라 특히 환상으로써 통합했을 때, 나르시시즘의 새로운 조정은 이루어질 것이다. 그 조정은 안정적인 영상을 죄의식에서 벗어나게 할 것이고, 그 진정성을 보장하는 선험적 '단일성'에 대한 투자를 중단할 것이다. 그것은 닮은꼴을, 상상계를 높이 평가할 것이다. 그러한 진위를 결정할 수 없는 열린 정신 공간에게 위기는 그 진실이 닮은꼴들을 흡수할 수 있는 골조 내에서는 고통이 아니라 하나의 기호이다. 나는 위기의 치유책으로서 상상계를 변론하고자 한다. 법을 열망하는 성도착자들의 외침인 '권력을 지닌 상상력'을 위한 변론은 아니다. 상상적인, 즉 환몽적인, 대담한, 격렬한, 비판적인, 까다로운, 소심한 구조물들에 의한 권력과 반권력의 포화 상태를 위한 변론이다. 그것들로 하여금 말하게 내버려두면 외계인들(E. T.)이 살 수 있을 것이다. 상상계는 나르시스적인 것이 빠져나가고, 편집증이 실패하는 바로 그곳에서 성공을 거둔다.

사랑의 담론과 전이

그런데 상상계는 전이의, 즉 사랑의 담론이다. 즉각적 소비를 갈망하는 욕망을 헤치고 사랑은 공백으로 제한되고, 금기들에 의해 옹호된다. 오늘날 우리가 사랑의 담론을 갖지 않았음은 나르시시즘에게 반박하지 못하는 우리의 무능력을 여실히 보여 준다. 실제로 사랑의 관계는 한편으로는 나르시스적인 만족감에, 다른 한편으로는 이상화에 기초를 두고 있다. 정신 공간의 '위기'가 '하느님의 죽음'에 그 뿌리를 박고 있지만, 서양에서는 "하느님은 사랑이시다."라는 말을 상기해 두어야 한다. 성 바울의 십자가의 아가페, 성 요한의 "하느님은 사랑이시다."는 물론 우리를 냉담하게 그리고 공허하게 만든다. 후기 낭만주의자인 프로이트는 사랑을 치료법으로 만든 첫 번째 사람이다. 그는 진리의 포착이 아니라 재생(우리를 일시적으로 그리고 영원히 새롭게 다시 태어나게 하는 사랑의 관계처럼)을 허용하기 위한 치료법을 만든 것이다. 왜냐하면 사랑처럼 전이는 우리가 말한 바와 같이 현대의 이론들이 논리와 생물학에서 '열린 체계들'이라고 부르는 것에 비교될 만한 진정한 자주적 조직화 과정이기 때문이다.

따라서 정신분석은 중세의 궁정풍, 자유사상 풍조, 낭만주의, 외설스러운 작품을 뒤이은 새로운 사랑의 약호를 창시하지는 않는다. 정신분석은 언어 공간을 구축하는 자로서 약호들의 종말과 사랑의 항구성을 각인한다. 한 육체가 관리 중인 시체가 아니라 살아 있는 몸이기 위하여 정신분석이 전이의 또는 사랑의 원칙에 필수적인 것을 지적할 경우, 역설적이지만 정신분석은 전이에 투입된 사랑의 관계를 심각하게 만들지 않는다. 정신분석의 협약은 파우스트와 악마의 협약처럼, 당신의 갱생, 재생, 젊음을 보장한다. 그러한 바탕 위에서 필연적으로 당신의 사랑의 위기는 일시적이고 비본질적인 계약일 수 있다. 프로이트는 문명 속의 불안에 대한 강력한 치유책 중에서 사랑의 관계를 제안하고자 고려했다가 재빨리 포기하게 되었는데, 그 이유는 사랑이 충족된 나르시시즘의 대양 같은 감정을 마련해 줄 경우, 사랑의 결별보다 더 큰 상처를 주는 것이 없다고 생각했기 때문이다.[3] 그런데 프로이트는 이 텍스트에서 정신분석적 치료가 사랑의 우여곡절을 초월하는 사랑에서 계속 양분을 취한다는 것을 언급하기를 잊어버렸다. 이상화 능력을 욕망과 증오의 한가운데로 동원하는 전이의 사랑 말이다. 그 사랑은 성도착의 도려내기와 진정시키기이다.

장과 줄리엣은 바로 그러한 능력을 구하기 위해 정신분석가를 찾아온다. 아마도 정신분석가는 그들의 나르시스인 상처들의 대체물을 어렴풋이나마 볼 수 있게 해 주는 유일한 사람일 것이다. 이념적, 도덕적 혹은 당파적인 암시 없이, 긴장을 풀고…… 사랑스럽게 듣는 단순한 청취를 통해서…….

제2위 천사 게루빔에서 외계인(E.T.)까지

기독교의 정신적인 작업 덕분에 나르시스는 안정을 되찾고, 음악적이고 회화적인 존엄성을 갖추게 되며, 변신을 통하여 여러 세대들을 감동시킬 수 있었다. 예를 들면 제2위 천사 게루빔(chérubin)으로서 말이다. 모차르트의 작품에서 그는 그것이 사랑인 줄도 모르고 밤낮으로 '한숨을

---

3) 프로이트, 『문명 속의 불안(*Malaise dans la civilisation*)』(PUF, 1971), 『전집』, XIV, 1930을 참조할 것.

짓는다'.

오늘날 나르시스는 정신 공간을 박탈당한 망명객, 사랑을 상실한 선사시대적 모습을 한 외계인이다. 불안정하고, 살갗이 벗겨진, 약간은 불쾌하고, 육체도 명확한 영상도 없는 어린이, 자신의 특성을 상실했기 때문에 욕망과 권력의 세계에서 이방인이 된 그 어린이는 오로지 사랑을 재발견하기만을 갈망한다. 외계인의 수는 점점 많아지고 있다. 우리는 모두 외계인이다.

이 현대적 증상과 제2위 천사 게루빔 사이의 유일한 공통점은 정신 공간에서 뿌리 뽑힌 그 사람을 순화시키고 우리를 사랑할 수 있게 만드는 언어가 언제나 상상적이라는 사실이다. 음악, 영화, 소설. 그 언어는 다의적이고, 진위를 결정할 수 없으며, 무한하다. 그것은 끊임없는 위기이다.

번역을 마치고

*

구조주의를 꽃피운 1960년부터 포스트모더니즘 시대와 20세기 말까지의 시기를 문화적으로 아우른다면 우리는 그 시기를 '비평의 시대'라고 부를 수 있을 듯하다. 왜냐하면 카뮈가 세상을 떠난 이후 창작 분야에서는 독창적인 문학 세계를 창조한 작가가 별로 눈에 띄지 않는 데 비하여, 비평계에서는 여러 '별'들이 눈부신 활동을 하였기 때문이다. 물론 사르트르, 보부아르, 사로트를 비롯하여 로브그리예, 미셸 뷔토르 등 누보로망 계열의 작가들에 이르기까지의 이른바 대가들이 살아 있기는 했지만 그들은 세상의 눈을 바꿔 놓을 만한 새로운 창작품을 선사해 주지 못하였다. 그에 비하여 비평계에서는 푸코, 데리다, 블랑쇼, 알튀세, 라캉, 롤랑 바르트 등이 활발한 저술 활동을 보여 주었다. 크리스테바도 거의 매년 한 권 이상의 저서를 내놓으면서 정력적인 저술 활동을 벌였고, 영국, 미국, 러시아 등 해외에서도 높은 평가를 받았다. 그러나 크리스테바에게 접근하기는 상당히 어려운 일이다.

크리스테바는 1960년대 문단 초기에는 구조주의 쪽으로 분류되면서 탈구조주의적 글쓰기를 보여 주었고, 아울러 대화주의, 상관 텍스트 개념 등을 선보였다. 그러다가 차츰 기호학 쪽으로 옮겨가면서 '기호분석'을 소개하였고, 그녀의 주저가 된 『시적 언어의 혁명』에서는 인류학, 철학, 사회학, 정신분석학 등 다양한 학문들의 종합을 보여 주었다. 파리 7대학에서 크리스테바가 언어학 강의를 맡고 있기 때문에 언어학 관련 저서도 집필했지만, 『태초에 사랑이 있었다』, 『사랑의 역사』, 『검은 태양』 등 주로 정신분석학의 관점을 보여 주는 저서들을 잇따라 내놓았다. 그 후로 크리스테바는 예술가와 문학 작가들을 다룬 책들을 냈고, 전공자들도 책을 쓰기 어려워하는 프루스트에 대한 저서도 발간했다. 그 후에 좀 쉴 것이라고 예상되었으나 크리스테바는 멜라니 클라인, 한나 아렌트, 콜레트라는 정신분석학, 철학 및 정치학, 문학을 대표하는 세 명의 여성 거장에 대한 깊이 있는 저서들을 연거푸 쏟아놓았다. 크리스테바의 탐색은 계속될 것이다. 현재 그녀는 교수로서, 정신과 의사로서의 활동뿐만 아니라 평화와 사회 복지를 위한 강연도 활발히 진행하기 때문에 앞으로 그와 관련된 저서도 나오지 않을까 예상된다.

*

크리스테바는 아직은 회고록을 집필할 시기가 아니라고 판단한 듯하다. 하지만 다양한 자료와 그녀와의 직접 대담을 통하여 그녀가 어떤 과거를 살았는지는 대개 알려져 있다.

크리스테바는 1941년 불가리아의 수도 소피아에서 의사인 아버지와 자연과학을 전공한 어머니 사이에서 태어났고, 음악을 하는 여동생이 하나 있다. 부모는 독실한 가톨릭 신자였고 어머니는 자녀 교육을 위해 교직 생활을 그만둔 여성이다. 아버지는 문학을 좋아하고 늘 책을 가까이하였다. 따라서 집안 식구들은 문화와 문학에 대한 화제로 늘 꽃을 피웠고, 특히 프랑스에 관한 것들을 사랑했다. 그리하여 딸 쥘리아가 유치원 갈 나이가 되자 부모님은 도미니크 수녀들이 운영하던 유치원에 보냈고, 그래서 쥘리아는 어려서부터 프랑스어를 모국어처럼 익힐 수 있었다.

중·고등학교 시절 크리스테바는 독실한 신자가 되고자 노력하면서 도스토예프스키를 비롯한 러시아 문학과 유럽의 고전, 현대의 문학작품들을 많이 읽었다. 소피아 대학에 진학한 크리스테바는 프랑스 문학과 영어 문헌학을 전공하였는데, 소피아 대학은 그녀에게 헤겔과 마르크스의 이론을 심도 있게 교육시켰다. 한편으로 크리스테바는 대학에서 가르치지 않는 러시아 형식주의를 연구하는 모임을 만들어 비밀리에 그에 대한 탐구를 하였는데, 그것이 후일 프랑스에 유학을 가서 바흐친과 그의 대화주의를 소개하고 상관 텍스트성(intertextualité) 개념을 창안할 수 있게 해 주었다. 또한 대학 시절 불가리아 청년단의 기자로 활약하면서 서유럽에 관련된 기사들을 자유롭게 접할 수 있었기 때문에 유럽 문화와도 가까워질 수 있었다. 석사 과정에서 크리스테바는 프랑스 현대 문학을 선택했다. 20세기 이전의 소설에 등장하는 인물들과는 달리 누보로망의 주인공들은 섬세하면서도 냉정하고 비인간적인 면을 보여 준다는 것이 그녀의 호기심을 끌었기 때문이다.

석사 학위를 마친 후 1965년에 크리스테바는 프랑스 정부 초청 장학생으로 선발되어 소원이던 프랑스 유학을 떠날 수 있게 된다. 일찍부터 프랑스어를 익히고 프랑스 문화를 가까이한 크리스테바로서는 자유로운 프랑스의 지적 풍토에 별다른 어려움 없이 적응하였다.

그 당시 프랑스는 구조주의 전성기를 구가하고 있었고, 크리스테바의 형식주의에 대한 지식은 프랑스의 구조주의자들에게 새로운 도움을 줄 수 있었기 때문에 그녀는 그곳에서 상당히 환대를 받았다. 롤랑 바르트의 강의 시간에 크리스테바는『바흐친의 작업』에 대한 발표를 하였는데, 그 당시 바흐친은 프랑스에 거의 알려지지 않았기 때문에 그 발표는 커다란 반향을 일으켰고 구조주의가 후기 구조주의로 옮아가는 계기를 마련하였다.

크리스테바는 ≪비평≫지를 비롯한 문학 전문 잡지들의 관심도 끌었다. 그녀는 학계와 문단의 다양한 인사들과 교류할 수 있었고, 특히 ≪텔 켈(Tel Quel)≫지를 중심으로 한 신비평 그룹의 작가, 비평가 들과 가깝게 지냈다. 그때의 이야기들은 소설『사무라이들』에서 가명을 사용하였지만 자세히 서술되었다. 크리스테바는 같은 불가리아 출신의 비평가 토도로프로부터 프랑스의 문학 사회학을 주도하던 골드만 교수를 소개 받았고, 골드만은 크리스테바의 논문 지도 교수가 된다. 또한 크리스테바는 언어학자 벵베니스트의 강의를 통하여 언어학과 관련된 여러 가지를 깨칠 수 있었고, 특히 롤랑 바르트의 강의에 열성적으로 참여했다. 그리하여 크리스테바는 골드만의 지도 아래「소설 진술의 기원」이라는 논문으로 제3과정 박사 학위를 받는다.

1966년 크리스테바는 친구인 제라르 주네트의 소개로 현재의 남편이며 ≪텔 켈≫지의 주간인 필립 솔레르스를 만나 그 잡지에 저자로서 참여하게 되고 ≪텔 켈≫지의 방향에도 지대한 영향을 미치게 된다. 1960년에 창간된 ≪텔 켈≫지는 변증법적 유물론에 철학적인 기초를 두면서 당시의 조류를 이루던 구조주의의 진로에서 큰 비중을 차지하고 있었다. ≪텔 켈≫지는 프로이트와 라캉의 정신분석에 대해서도 매우 긍정적이었고, 구조화된 사고를 해체하자고 주장하던 데리다도 그 잡지에 참여하였다.

1969년 크리스테바는 저서『기호분석을 위한 연구, 세미오티케』를 출판했다. 그때 이미 크리스테바는 구조주의를 초월하여 기호학과 정신분석을 토대로 한 텍스트 연구의 관점을 보여 주었다.

　1974년에는 『시적 언어의 혁명』을, 그리고 1977년에는 『소설 텍스트』 와 그리고 『다중 언어』를 출판하면서 비평 문단에서 주목받는 비평가로 자리를 잡았다. 그러한 발표를 통하여 크리스테바는 '기호분석', 즉 기호 의 정신분석, '의미 실천', '의미생성(signifiance)', '세미오틱 코라(chora sémiotique)', '본능적 언어 세미오틱'과 '구성적 언어 생볼릭', '현상 텍스 트'와 '생성 텍스트' 등의 개념과 용어들을 제시하였다.

　앞에서도 지적하였듯이 크리스테바의 글의 바탕에는 헤겔과 마르크스 의 유물론적 변증법의 영향이 배어 있다. 그뿐 아니라 고대, 현대의 서양 사상의 진화를 종합하면서 크리스테바는 점차 프로이트와 라캉의 정신분 석적 요소를 도입하여 자신의 방법으로 사용하고 있다. 그러한 이유에서 우리는 크리스테바의 글을 단계적으로는 구조주의 — 후기 구조주의적 단계, 기호학적 단계, 정신분석적 단계 등으로 구분할 수 있다. 그러나 실제로 어떤 글이 어떤 단계의 글이라고 단정하기는 어렵다. 그 여러 가 지 요소가 한데 섞여 있기 때문이다. 그러나 한 가지 확실한 것은 일부 기호학적 단계의 글을 제외하고는 그의 글들이 정신분석적인 분석을 주 로 보여 준다는 사실이다. 따라서 프로이트에서 라캉에 이르는 정신분석 의 큰 이론을 모르고는 그녀의 글들을 이해하기란 거의 불가능하다. 뿐 만 아니라 정신분석적인 요소를 빼놓는다 해도 크리스테바의 글의 논리 는 단순하지가 않다. 한 줄 한 줄이 안이하게 넘어가는 법이 없다. 따라 서 독자에게 크리스테바의 글 읽기는 무한한 인내를 요구한다. 그러나 가장 큰 장애물은 정신분석에 대한 이해 여부이기 때문에 사전 예비 지 식이 필요 불가결하다.

크리스테바가 자신과 정신분석이라는 주제로 글을 쓰거나 발표한 적은 없다고 생각된다. 크게 보면 물론 크리스테바는 프로이트의 이론을 가장 중요하게 원용하지만, 정신분석가 자격의 준비 과정에서는 주로 라캉과 그의 동료들에게서 교육을 받았고, 여성의 관점을 표명할 경우에는 멜라니 클라인의 이론에 의존하는 경우를 빈번히 찾아볼 수 있다. 그렇기 때문에 크리스테바는 '욕동', '정동(affect)', '전이', '압축', '전위', '나르시시즘', '오이디푸스 콤플렉스', '실재계', '상상계', '상징계', '거울 단계', '항문', '부성', '법', '선사 시대의 아버지', '페니스' 등등 일반 어휘와 정신분석 특유의 용어를 구분하지 않고 정신분석학적인 입장에서 그 용어들을 자연스럽게 자신의 글 속에 도입한다.

우리는 크리스테바의 글을 이해하기 위해 그녀가 쓰는 용어들의 정신분석학적 의미를 이해하는 것도 중요하지만 그에 앞서 정신분석에 대한 그녀의 입장부터 이해하는 것이 좋을 듯하다. 사실 크리스테바를 정신분석적인 전망에서 이해하고자 해도 어떤 단일적인 관점에서 접근할 수는 없을 것이다.

크리스테바는 뛰어난 분석·종합 능력을 소유하고 있고, 배운 것을 모두 자기 식으로 체계화하고 조직화하는 능력이 범상치 않다. 그런 능력은 기본적으로 부모에게서 물려받은 유전적인 것이 아닌가 생각된다. 아울러 정신분석에 입문하면서부터 크리스테바는 정신분석이 인간과 문학을 깊이 있게 연구할 수 있는 길을 열어 준다는 것을 깨달았던 듯하다. 그러나 아무래도 가장 중요한 이유는 자신이 처해 있던 상황과 연결시켜 살펴보아야 하겠고 그러한 사실은 몇 가지 인터뷰에서도 솔직하게 피력한 바 있다.

겉으로 보면 파리에 정착한 이후 크리스테바의 삶은 아무런 어려움을 모르는 승승장구를 보여 주는 듯하다. 학교 생활, 사생활, 명망 있는 인사들과의 교류, 문단에의 성공적 등단과 왕성한 집필 활동 등. 그러나 크리스테바도 나름대로 고민과 갈등을 지니고 있었던 듯하다. 우선 이방인으로서 느껴야 하는 외로움과 부모형제에 대한 그리움을 들 수 있다. 둘째로는 결혼 후 남편과의 미묘한 문제와, 출산과 육아 과정을 통하여 자신만이 느껴야 했던 감정들이 있었을 것이다. 그러한 것들로 인해 그녀는 정신분석적 접근이 내면적 인간성에 대한 성찰을 심화시키는 가장 좋은 방법임을 확신했다고 생각된다.

*

크리스테바의 정신분석에는 몇 가지 면과 단계 그리고 다양한 주제가 있다. '기호분석'이라는 용어 자체가 기호와 정신분석의 결합어임을 가르쳐주듯이 크리스테바는 구조주의 전성기 때부터 정신분석을 기호학과 접목시켜 텍스트를 연구하였다. 그녀는 정신분석을 참고하는 테두리를 정했지만 그 당시에는 기호학 위주의 입장을 유지하고 있었다. 그 후 『시적 언어의 혁명』에서는 철학적 고찰과 프로이트의 압축, 전이, 전위 등의 개념이 등장했고 『다중 언어』에서부터는 정신분석의 영역이 확대된다. 언어기호학적인 고찰이 우세하면서도 중세의 조토와 르네상스 시대의 조반니 벨리니에 대한 정신분석도 시도한다. 그런데 1987년의 『공포의 권력』과 1996년의 『반항의 의미와 무의미』에서는 정신분석적인 연구가 주류를 이루었다. 특히 1987년의 『검은 태양』은 우울증과 멜랑콜리에 초점을 맞춘 정신분석적 연구이다. 그러한 전망에서 크리스테바는 화가 홀바인의 『죽은 그리스도』, 네르발의 「상속받지 못한 자」, 도스토옙스키의 「고뇌의 글쓰기」 그리고 뒤라스의 「고통의 병」에 대한 정신분석적인 접근을 보여 주고 있다. 무엇보다도 정신분석 연구의 정점을 보여 주는 작품은 1983년에 발간한 『사랑의 역사』라고 하겠다.

*

정신분석의 임상은 피분석자가 비스듬히 누워 자신의 과거에 대해 이야기하는 것을 분석의가 들어 주고 그에 대해 응답하는 것으로 이루어진다.

우리가 잊지 말아야 할 것은 크리스테바가 현재 파리 7대학 교수이면서 정신분석 의사로서 일주일의 절반은 종합병원에서 진료를 한다는 사실이다. 그래서 크리스테바는 정신분석 임상의로서의 체험담을 저서 여러 곳에서 들려주고 있다. 1985년의 『태초에 사랑이 있었다(Au commencement était l'amour)』(한국어 번역판 『사랑의 정신분석』, 1999년, 민음사)와 『영혼의 새로운 정신병들(Les nouvelles maladies de l'âme)』 등에서는 주로 임상을 통한 실제적인 사례와 에피소드를 들려준다. 바꿔 말하면 임상 과정과 결과가 글쓰기에도 이용된다고 할 수 있다. 크리스테바의 창작 소설 『포세시옹, 욕망이라는 악마』에서 목이 잘려 나간 여주인공의 정신병과 아들에 대한 모성을 자세히 서술하는 것도 정신분석적인 사례 연구의 하나라고 볼 수 있다. 우리는 그러한 임상 체험을 통하여 중요한 깨달음을 얻는다. 인간의 내면에는 금력과 권력이, 그리고 그 저변에는 성욕이 도사리고 있어서 인간은 가히 욕망의 덩어리라고 할 수 있다. 그런데 대개의 경우 욕망은 채워지거나 완전히 만족되지 못하고 마음속에 응어리로 남아 있는 경우가 많다. 정신분석가는 그러한 응어리를 청취하고 언어로 그 응어리를 풀어 주어야 한다. 전이와 역전이가 가능하도록 유도하여 그 응어리가 안겨주는 고통을 경감시킬 수 있어야 하고, 또한 타인에 대한 에로스적 사랑을 아가페적 사랑으로 전위시킴으로써 피분석자와 분석가 사이에 신뢰와 사랑이 싹틀 수 있어야 한다. 크리스테바는 그러한 관계가 확대되면 인간 사회는 갈등 없이 평온하고 평화로울 수 있다는 사실을 절감하였고, 독자가 그 사실을 깨닫도록 이끌고 싶어 한다. 왜냐하면 정신분석은 근본적으로 사랑이며 또 사랑이 되어야 하므로…….

아가페란 본래 초기 기독교에서 쓰던 애찬을 의미하고, 그리스어로 그것은 '사랑하다'의 의미로 사용되었다. 그 사랑은 타인을 자기 본능의 충족 대상으로 삼는 것이 아니라 있는 그대로 아무런 목적의식 없이 아끼고 사랑하는 것이다. 그것은 품격이 높고 근원적이며 한 단계 높은 사랑으로, 기독교적 사랑과 가까우나 종교적 의미는 배제된 사랑이다.

*

정신분석은 사랑이고, 반드시 사랑이어야 하기 때문에 크리스테바가 사랑을 주제로 한 저서 『사랑의 역사』를 생각한 것은 자연스러운 일이다. 크리스테바 자신이 기독교인은 아니지만, 플라톤적인 이상성을 사변적 내면성으로 전환한 것이 서양 주체성의 역사라고 보면서, 모든 사람에게 일자, 즉 하느님은 사랑이어야 하고, 인간만이 가치 있는 삶을 통하여 하느님에게로 상승하여야 그분과 합류할 수 있다는 것을 알고 있다고 확신한다. 그렇기 때문에 사랑에 대한 역사적 고찰은 서양의 정신사가 어떤 과정과 전개를 보여 주는가를 연구하는 것이다.

그러한 전망 속에서 크리스테바는 모든 유대인들이 숭앙하는 솔로몬의 사랑에서부터 나르시시즘을 낳은 나르시스의 자기애, 중세 신학자들의 사랑에 대한 논의, 돈 후안의 탈도덕적 행각, 로미오와 줄리엣의 애증관계, 성모에 대한 사랑의 문제점, 중세 궁정 풍의 사랑, 잔 귀용의 정적주의적 사랑, 보들레르, 스탕달 그리고 바타유 등에 있어서의 사랑을 깊이 있게 분석함으로써 우리로 하여금 새로운 눈으로 사랑에 대한 상념을 정리하도록 도와준다.

이 책을 번역하면서 나는 제목의 번역에 고심하였다. 'Histoires d'amour'란 '사랑에 대한 이야기들'이라는 것이 올바른 번역이다. Histoire가 단수이면 '역사'라고 해야겠지만 복수이기 때문에 '이야기들'로 옮겨야 한다.(영역본도 'Tales of love'라고 번역하였다.) 결국 나는 '역사'라고 하기로 했다. 왜냐하면 먼저 나온 번역본이 '사랑의 역사'라고 했는데 책 제목을 바꾸면 독자에게 혼란을 줄 수도 있고, 고대에서 비교적 현대의 바타유에 이르기까지 다양한 서양의 대표적인 사랑을 망라하고 있기 때문에 '역사'라고 해도 괜찮겠다는 판단이 섰기 때문이다.

물론 이 책의 전개가 연대순을 엄격히 따른 것은 아니다. 다른 문명권에서의 사랑의 문제에는 침묵하고 있으며, 서양인 중에서도 반드시 들어가는 것이 좋겠지만 빠져 있는 사상가나 작가도 많이 있다. 그러나 어차피 누구라도 모든 사랑을 다 다룰 수는 없는 것이고, 어떤 기준에 의하든 선택은 불가피한 것이다.

크리스테바의 사랑의 선택 기준에 찬동하든 그렇지 않든 간에 사랑의 역사적 전개에서 크리스테바는 몇 가지 정신분석적인 주제가 약간의 변형을 통하여 반복되는 것을 지적한다. 그 대표적인 것이 나르시시즘, 즉 자기성애이다. 고대 그리스에서는 동성애를 즐기던 사람들이 많았지만 서양의 역사적 전개에서는 나르시스적 사랑 그리고 오이디푸스적 사랑이 조금 다른 모습을 하고 반복해서 나타난다는 것이다. 그와 함께 이상화, 동일화, 부권, 법률, 금기, 위반, 성도착, 에로티시즘 그리고 압축, 전이, 전위 등의 정신분석적 개념과 용어들도 자주 반복되어 등장한다. 크리스테바의 후기 저작에 접근하려면 특히 프로이트의 정신분석에 대한 소양이 필수적이지만 그렇다고 크리스테바가 프로이트의 이론을 모두 받아들이는 것은 아니다. 프로이트의 이론은 지나치게 남성=아버지의 입장을 대변하다 보니 부드럽고 따뜻한 어머니 또는 여성의 위치가 무시되었다는 것이다. 그런 문제가 있기는 하지만 사랑을 커다란 틀에서 보면 프로이트가 만든 울타리를 별로 벗어나지 않는다는 것이 크리스테바의 관점이다.

*

내가 아는 바로 현재 크리스테바는 장애자를 비롯한 소외되고 버림받은 사람들을 위한 사회 복지에 관련된 일도 하고 있다. 그러한 소재로 크리스테바가 새로운 저작을 집필할지 또 어떤 행동적인 실천에 뛰어들지 여부는 알 수 없다. 그러나 나는 이 책을 번역하면서 고생도 많았지만 한 가지 보람을 느꼈다. 그것은 특히 중세의 토마스 아퀴나스와 성 베르나르의 사랑에 대한 논의를 통하여 하느님에 대한 믿음을 보다 굳건히 갖는 계기를 얻었고, 흔들리는 인간을 위기에서 구해 줄 수 있는 키워드는 사랑뿐이라는 것을 깨달은 것이다.

다시 말하지만 크리스테바 읽기는 매우 난해하다. 원문으로 접하든 번역본으로 접하든 마찬가지다. 그래도 좀 더 크리스테바를 읽고 이해하고 깨닫기 위해서는 욕심 내지 않고, 천천히, 그녀 특유의 논리를 따라가면서 필요하면 다시 반복해서 읽는 것이 최선의 방법이 아닐까 생각한다. 딱딱한 것은 오래 씹을수록 맛을 더 느낄 수 있듯이.

한강을 내려다보며 여의도에서
김인환

김인환

이화여자대학교 불어불문학과 및 같은 과 대학원을 졸업하고 파리 소르본 대학교에서 박사 학위를 받았다. 이화여자대학교 불어불문학과 교수, 한국 불어불문학회 회장을 역임하였고 현재 이화여자대학교 명예 교수로 있다. 지은 책으로『쥘리아 크리스테바의 문학 탐색』,『프랑스 문학과 여성』(공저)이 있고, 옮긴 책으로『온종일 숲 속에서』,『복도에 앉은 남자』,『연인』등 마르그리트 뒤라스의 작품 외에『언어, 그 미지의 것』(공역),『사랑의 정신분석』,『포세시옹, 소유라는 악마』,『시적 언어의 혁명』,『검은 태양』을 비롯해 다수가 있다.

현대사상의 모험 20

사랑의 역사

1판 1쇄 펴냄 2008년 10월 30일
1판 4쇄 펴냄 2021년 1월 29일

지은이 쥘리아 크리스테바
옮긴이 김인환
발행인 박근섭·박상준
펴낸곳 **(주)민음사**

출판등록 1966. 5. 19. 제16-490호
주소   서울특별시 강남구 도산대로1길 62(신사동) 강남출판'
대표전화 02-515-2000 | 팩시밀리 02-515-2007
홈페이지 www.minumsa.com

ISBN 978-89-374-1621-7 (94100)
       978-89-374-1600-2 (세트)

* 잘못 만들어진 책은 구입처에서 교환해 드립ㄴ